SCHÄFFER

POESCHEL

Ulrich Niehus / Helmuth Wilke

Die Besteuerung der Personengesellschaften

7., aktualisierte und überarbeitete Auflage

2015
Schäffer-Poeschel Verlag Stuttgart

Gedruckt auf chlorfrei gebleichtem, säurefreiem und alterungsbeständigem Papier

Bibliografische Information der Deutschen Nationalbibliothek
Die Deutsche Nationalbibliothek verzeichnet diese Publikation in der
Deutschen Nationalbibliografie; detaillierte bibliografische Daten
sind im Internet über http://dnb.d-nb.de abrufbar.

Print ISBN 978-3-7910-3459-1   Bestell-Nr. 20451-0002
EPDF ISBN 978-3-7992-7000-7   Bestell-Nr. 20451-0151

© Schäffer-Poeschel Verlag für Wirtschaft · Steuern · Recht GmbH
www.schaeffer-poeschel.de
service@schaeffer-poeschel.de

Umschlagentwurf: Goldener Westen, Berlin
Umschlaggestaltung: Kienle gestaltet, Stuttgart
Satz: Dörr + Schiller GmbH, Stuttgart
Druck und Bindung: Schätzl Druck & Medien GmbH & Co. KG, Donauwörth

Printed in Germany
November 2015

Schäffer-Poeschel Verlag Stuttgart
Ein Tochterunternehmen der Haufe Gruppe

Vorwort zur 7. Auflage

Die vorliegende 7. Auflage berücksichtigt erneut eine große Zahl aktueller Urteile, Verwaltungsanweisungen und Gesetzesänderungen. Gleichwohl stehen sich bei vielen Kontroversen, die bereits die Bearbeitung der Vorauflage dominierten, die unterschiedlichen Auffassungen von BFH und Finanzverwaltung unverändert gegenüber, etwa bei der Übertragung von Wirtschaftsgütern zwischen Schwesterpersonengesellschaften, der Realteilung auf Nachfolgepersonengesellschaften oder der Reichweite der Trennungstheorie. Verzögert sich die Auseinandersetzung teilweise aufgrund der Anrufung des Bundesverfassungsgerichts, trägt hierzu auch die Finanzverwaltung das ihrige bei, etwa indem sie sich bei Unterliegen vor dem BFH mit »vorläufigen« Nichtanwendungserlassen unter Zuwarten auf Parallelverfahren einer Lösung verweigert, und in Einzelfällen wurde eine zunächst eingetretene Befriedung im Nachhinein durch rechtsprechungsbrechende Gesetzgebung ins Gegenteil verkehrt, z.B. bei der Anwendung des § 3 c Abs. 2 EStG in Betriebsaufspaltungsfällen. Im Detail wurde dennoch eine Reihe offener Fragen höchstrichterlich geklärt, etwa bzgl. der Fortführung von Ergänzungsbilanzen.

Für folgende Auflagen werfen anstehende Gesetzesvorhaben, die wegen des frühen Verfahrensstands nicht berücksichtigt wurden, ihre Schatten bereits voraus. So wird es ggf. zu einer Beschränkung der Buchwerteinbringung nach §§ 20, 24 UmwStG bei Gewährung sonstiger Gegenleistungen kommen, und bzgl. des Anwendungsbereichs von § 15 a EStG wird über den Einbezug von Sonderbilanzen diskutiert. Die weitere Entwicklung bleibt hier, verbunden mit einer gewissen Sorge um die Steuersystematik, abzuwarten.

Für die tatkräftige Unterstützung bei der redaktionellen Bearbeitung danken wir Frau Linda Schomacker sehr herzlich. Ein herzlicher Dank gilt auch Herrn Rudolf Steinleitner für seine stets geduldige und zugewandte verlagsseitige Betreuung der Neuauflage.

Stralsund/Berlin im September 2015
Prof. Dr. Ulrich Niehus
Prof. Dr. Helmuth Wilke

Vorwort zur 1. Auflage

Das in Deutschland geltende Unternehmenssteuerrecht ist rechtsformspezifisch geprägt: Während bei Kapitalgesellschaften eine strikte Trennung von Gesellschafts- und Gesellschaftersphäre erfolgt, blickt das Steuerrecht durch die Personengesellschaft quasi hindurch und besteuert deren Gesellschafter unmittelbar. Gleichwohl wird der Personengesellschaft selbst zunehmend eine steuerrechtliche Teilselbständigkeit zuerkannt, so etwa im Bereich der Einkünftequalifikation und -ermittlung. Bereits dieses Nebeneinander verschiedener Ebenen erschwert nicht nur den praktischen steuerrechtlichen Umgang mit Personengesellschaften, sondern stellt an ein entsprechendes Lehrbuch hohe Anforderungen.

Dies gilt um so mehr, als der Steuergesetzgeber in letzter Zeit insbesondere im Bereich der Personengesellschaften aktiv geworden ist, wobei er eine erkennbare steuerpolitische Linie nicht immer hat erkennen lassen. So haben die sich teils gegenseitig aufhebenden, teils widersprechenden Rechtsänderungen durch das Steuerentlastungsgesetz 1999/2000/2002, das Steuerbereinigungsgesetz 1999, das Steuersenkungsgesetz und das Steuersenkungsergänzungsgesetz die Verfasser nicht selten an den Rand der Verzweiflung gebracht und waren einer strukturierten, übersichtlichen Darstellung nicht eben zuträglich. Dennoch hegen wir die Hoffnung, mit dem vorliegenden Werk allen mit der Materie Befassten eine umfassende und dennoch kompakte Darstellung an die Hand zu geben, anhand derer sich die Besteuerung von Personengesellschaften mit überschaubarem Aufwand erarbeiten lässt.

Ganz besonders danken möchten wir Herrn Diplom-Wirtschaftsjurist Marcel Rosteck für seine engagierte redaktionelle Betreuung und Mitarbeit. Darüber hinaus gilt unser Dank Frau Annegret Rohstock und Herrn Martin Görlitz für ihre Unterstützung bei der Fertigstellung des Buches.

Über eine positive Aufnahme des Lehrbuches würden wir uns freuen und hoffen auf kritische Hinweise und Anregungen aus der Leserschaft.

Stralsund/Berlin im November 2000
Prof. Dr. Ulrich Niehus
Prof. Dr. Helmuth Wilke

Inhaltsverzeichnis

E Übertragung von Wirtschaftsgütern bei Personengesellschaften ... 197

Abkürzungsverzeichnis

A	Abschnitt	bzw.	beziehungsweise
a. A.	anderer Ansicht	DB	Der Betrieb (Zeitschrift)
Abb.	Abbildung	d. h.	das heißt
Abs.	Absatz	DStR	Deutsches Steuerrecht (Zeitschrift)
abzgl.	abzüglich	DStRE	Deutsches Steuerrecht Entscheidungs-
AdV	Aussetzung der Vollziehung		dienst (Zeitschrift)
a. F.	alte Fassung	DStjG	Deutsche Steuerjuristische Gesellschaft
AfA	Absetzung für Abnutzung		e. V.
AG	Aktiengesellschaft	DStZ	Deutsche Steuer-Zeitung (Zeitschrift)
AktG	Aktiengesetz	EBITDA	Earnings before interest, taxes,
Amtshilfe-	Gesetz zur Umsetzung der Amtshilfe-		depreciation and amortization
RLUmsG	richtlinie sowie zur Änderung steuer-	EFG	Entscheidungen der Finanzgerichte
	licher Vorschriften (Amtshilferichtlinie-	e. G.	eingetragene Genossenschaft
	Umsetzungsgesetz)	EK	Eigenkapital
Anm.	Anmerkung	ErbSt	Erbschaftsteuer
AO	Abgabenordnung	ESt	Einkommensteuer
ARAP	Aktiver Rechnungsabgrenzungsposten	EStB	Der Ertragsteuerberater (Zeitschrift)
Art.	Artikel	EStDV	Einkommensteuer-Durchführungs-
AV	Anlagevermögen		verordnung
Az.	Aktenzeichen	EStG	Einkommensteuergesetz
BA	Betriebsaufspaltung, Betriebsausgaben	EStH	Amtliches Einkommensteuer-Hand-
BayLfSt	Bayerisches Landesamt für Steuern		buch
BB	Betriebs-Berater (Zeitschrift)	EStR	Einkommensteuer-Richtlinien
BE	Betriebseinnahme	etc.	et cetera
BeBiKo	Beck scher Bilanzkommentar	EU	Einzelunternehmen, Einzelunter-
BeckVerw	Beck-Verwaltungsanweisungen		nehmer
BeSt	Beratersicht zur Steuerrechtsprechung	EuZW	Europäische Zeitschrift für Wirt-
	(Beilage EFG und HFR)		schaftsrecht
BewG	Bewertungsgesetz	e. V.	eingetragener Verein
BFH	Bundesfinanzhof	EWIV	Europäische wirtschaftliche Interessen-
BFHE	Sammlung der Entscheidungen des		vereinigung
	Bundesfinanzhofs	f.	folgende
BFH/NV	Sammlung amtlich nicht veröffentlichter	ff.	fortfolgende
	Entscheidungen des Bundesfinanzhofs	FG	Finanzgericht
BFH/PR	Entscheidungen des BFH für die Praxis	FördG	Gesetz über Sonderabschreibungen und
	der Steuerberatung (Zeitschrift)		Abzugsbeträge im Fördergebiet
BGB	Bürgerliches Gesetzbuch		(Fördergebietsgesetz)
BGBl.	Bundesgesetzblatt	FR	Finanz-Rundschau (Zeitschrift)
BGH	Bundesgerichtshof	FS	Festschrift
BGHZ	Entscheidungen des Bundesgerichts-	GbR	Gesellschaft bürgerlichen Rechts
	hofs in Zivilsachen	GenG	Genossenschaftsgesetz
BMF	Bundesminister der Finanzen	GewSt	Gewerbesteuer
BStBl.	Bundessteuerblatt	GewStG	Gewerbesteuergesetz
BT-Druck-	Bundestags-Drucksache	GewStR	Gewerbesteuer-Richtlinien
sache		GG	Grundgesetz
BV	Betriebsvermögen	ggf.	gegebenenfalls
BVerfG	Bundesverfassungsgericht	GHB	Gesamthandsbilanz
BVerfGE	Amtliche Sammlung von Entscheidun-	GHV	Gesamthandsvermögen
	gen des BVerfG	GmbH	Gesellschaft mit beschränkter Haftung

GmbHG	Gesetz betreffend die GmbH	NJW	Neue Juristische Wochenschrift (Zeitschrift)
GmbHR	GmbH-Rundschau (Zeitschrift)		
GMV	Gemeinschaftsmarkenverordnung	Nr.	Nummer
GoB	Grundsätze ordnungsmäßiger Buchführung	nrk.	nicht rechtskräftig
grds.	grundsätzlich	Nrn.	Nummern
GrS	Großer Senat	NZB	Nichtzulassungsbeschwerde
GS	Gedächtnisschrift	NZG	Neue Zeitschrift für Gesellschaftsrecht (Zeitschrift)
GuV	Gewinn- und Verlust-Rechnung	OHG	Offene Handelsgesellschaft
GWG	geringwertige Wirtschaftsgüter	p. a.	per annum
h. A.	herrschende Auffassung	PartG	Partnerschaftsgesellschaft
HEV	Halbeinkünfteverfahren	PartGG	Partnerschaftsgesellschafts-Gesetz
HFA	Hauptfachausschuss des Instituts der Wirtschaftsprüfer	PV	Privatvermögen
		R	Richtlinie
HFR	Höchstrichterliche Finanzrechtsprechung	RFH	Reichsfinanzhof
		rkr.	rechtskräftig
HGB	Handelsgesetzbuch	RND	Restnutzungsdauer
h. M.	herrschende Meinung	RStBl.	Reichssteuerblatt
i. d. F.	in der Fassung	Rz.	Randziffer
i. d. R.	in der Regel	S.	Seite
IDW	Institut der Wirtschaftsprüfer	SBV	Sonderbetriebsvermögen
IFRS	International Financial Reporting Standards	SE	Societas Europaea
		SEStEG	Gesetz über steuerliche Begleitmaßnahmen zur Einführung der Europäischen Gesellschaft und zur Änderung weiterer steuerrechtlicher Vorschriften
IFSt	Institut Finanzen und Steuern		
i. H. d.	in Höhe des/der		
i. H. v.	in Höhe von		
INF	Die Information für Steuerberater und Wirtschaftsprüfer (Zeitschrift)		
		SEVO	Verordnung über das Statut der Europäischen Aktiengesellschaft
InsO	Insolvenzordnung		
InvZulG	Investitionszulagengesetz	SoBA	Sonderbetriebsausgabe
i. S. d.	im Sinne des	SoBE	Sonderbetriebseinnahme
i. S. v.	im Sinne von	So-Bilanz	Sonderbilanz
i. V. m.	in Verbindung mit	StÄndG	Steueränderungsgesetz
JStG	Jahressteuergesetz	StB	Der Steuerberater (Zeitschrift)
KapCoRi-	Kapitalgesellschaften- und Co-Richtlinie-Gesetz	Stbg	Die Steuerberatung (Zeitschrift)
LiG		StbJb.	Steuerberater-Jahrbuch
KG	Kommanditgesellschaft	StEntlG	Steuerentlastungsgesetz 1999/2000/2002
KGaA	Kommanditgesellschaft auf Aktien		
KÖSDI	Kölner Steuerdialog (Zeitschrift)	SteuK	Steuerrecht kurzgefasst (Zeitschrift)
KSt	Körperschaftsteuer	SteuStud	Steuer und Studium (Zeitschrift)
KStG	Körperschaftsteuergesetz	stG	stille Gesellschaft
lt.	laut	StSenkG	Gesetz zur Senkung der Steuersätze und zur Reform der Unternehmensbesteuerung (Steuersenkungsgesetz)
MarkenG	Markengesetz		
MittBayNot	Mitteilungen des Bayerischen Notarvereins, der Notarkasse und der Landesnotarkammer Bayern (Zeitschrift)		
		StuB	Steuern und Bilanzen (Zeitschrift)
MoMiG	Gesetz zur Modernisierung des GmbH-Rechts und zur Bekämpfung von Missbräuchen	StuW	Steuer und Wirtschaft (Zeitschrift)
		T€	Tausend Euro
		TEV	Teileinkünfteverfahren
m. w. N.	mit weiteren Nachweisen	Tz.	Textziffer
MU	Mitunternehmer	u. a.	unter anderem
MU-Erlass	Mitunternehmer-Erlass	Ubg	Die Unternehmensbesteuerung (Zeitschrift)
n. F.	neue Fassung		

u. E.	unseres Erachtens	VZ	Veranlagungszeitraum
UmwG	Umwandlungsgesetz	WG	Wirtschaftsgut, Wirtschaftsgüter
UmwSt-	Umwandlungssteuererlass, BMF v.	WPg	Die Wirtschaftsprüfung (Zeitschrift)
Erlass	11. 11. 2011, BStBl. I 2011, S. 1314	ZGR	Zeitschrift für Unternehmens- und
UmwStG	Umwandlungssteuergesetz		Gesellschaftsrecht (Zeitschrift)
UntStFG	Gesetz zur Fortentwicklung des Unter-	ZIP	Zeitschrift für Wirtschaftsrecht
	nehmenssteuerrechts		(Zeitschrift)
UntStRefG	Unternehmensteuerreformgesetz 2008	Zollkodex-	Gesetz zur Anpassung der Abgaben-
u. U.	unter Umständen	AnpG	ordnung an den Zollkodex der Union
vGA	verdeckte Gewinnausschüttung		und zur Änderung weiterer steuerlicher
vgl.	vergleiche		Vorschriften
VSt	Vermögensteuer	zzgl.	zuzüglich

A Einführung, Grundlagen

»Die steuerliche Behandlung des Gewinns der Personengesellschaften stellt eines der verwickeltsten Kapitel des Rechts der Unternehmensbesteuerung dar« (KNOBBE-KEUK, 1993, S. 368). Die Komplexität dieses Gebietes ergibt sich zunächst aus der Vielzahl der möglichen Rechtsformen, in der Personengesellschaften organisiert sein können. Darüber hinaus billigt das Steuerrecht den Personengesellschaften in partiellem Einklang mit dem Zivilrecht nur in sehr eingeschränktem Umfang Rechts- bzw. Steuersubjektfähigkeit zu, so dass für die Besteuerung der Personengesellschaften in weiten Teilen nicht nur die Gesellschaft selbst, sondern zusätzlich die Ebene ihrer Gesellschafter von entscheidender Bedeutung ist. Hinzu kommt, dass auch bei Personengesellschaften die sich im Einkünftedualismus, also in der Unterscheidung von Gewinn- und Überschusseinkunftsarten manifestierende Systemlosigkeit des deutschen Steuerrechts deutlich zu Tage tritt, woraus sich je nach Vorliegen der einen oder anderen Einkunftskategorie auch bei wirtschaftlich vergleichbaren Sachverhalten vollkommen unterschiedliche Rechtsfolgen und infolgedessen erhebliche materielle Belastungsdifferenzen ergeben.

In diesem einleitenden Kapitel sollen zunächst die zivilrechtlichen Grundlagen der wichtigsten zu den Personengesellschaften zu zählenden Rechtsformen erläutert werden, da die steuerrechtliche Behandlung in vielerlei Hinsicht nur unter Rückgriff auf zivilrechtliche Prinzipien verständlich wird. Anschließend werden die konzeptionelle Ausrichtung und die wichtigsten systematischen Probleme der derzeitigen Besteuerung von Personengesellschaften aufgezeigt. Hierbei werden bereits die systematischen Grundlagen der Besteuerung von Mitunternehmerschaften erläutert, die den Kernbereich dieses Lehrbuches darstellen.

I Zivilrechtliche Grundlagen

Nicht nur im Bereich der Besteuerung von Personengesellschaften bildet das Zivilrecht in weiten Teilen die Basis der Ertragsbesteuerung. Diese prinzipielle Anerkennung zivilrechtlicher Grundwertungen auch für das Steuerrecht wird mit dem Begriff »Einheitlichkeit der Rechtsordnung« umschrieben und macht es erforderlich, sich zunächst Klarheit über die gesellschaftsrechtlichen Grundlagen zu verschaffen, bevor auf die eigentlichen Probleme der Besteuerung von Personengesellschaften eingegangen werden kann.

Zivilrecht als Basis der Ertragsbesteuerung

Die folgenden Abschnitte widmen sich daher den handels- und bürgerlichrechtlichen Spezifika der im Rahmen der Besteuerung von Personengesellschaften relevanten Rechtsformen.

1 Zum Begriff der Personengesellschaft

Gesellschaftsbegriff

Der Gesellschaftsbegriff im Zivilrecht umfasst private Personenvereinigungen, die von (zumeist) mehreren Personen zur Erreichung eines bestimmten gemeinsamen Zwecks durch rechtsgeschäftliche Vereinbarung begründet werden. Zur Untergruppe der Personengesellschaften gehören insbesondere die Gesellschaft bürgerlichen Rechts (GbR), die Offene Handelsgesellschaft (OHG), die Kommanditgesellschaft (KG), die stille Gesellschaft (stG) und die Partnerschaftsgesellschaft (PartG). Auf weitere Sonderformen wie die Partenreederei, die Europäische Wirtschafts- und Interessenvereinigung (EWIV) und Personengesellschaften ausländischen Rechts sei nur der Vollständigkeit halber hingewiesen.

Abgrenzung für steuerrechtliche Zwecke

Für das vorliegende Lehrbuch wird der Kreis der Personengesellschaften jedoch weiter gezogen, da bestimmte Rechtsverhältnisse, obwohl aus zivilrechtlicher Sicht nicht als Gesellschaftsverhältnis qualifiziert, steuerrechtlich wie Personengesellschaften behandelt werden. Nach der Rechtsprechung des BFH gelten als solche den Personengesellschaften wirtschaftlich vergleichbare Gemeinschaften insbesondere eheliche Gütergemeinschaften, Erbengemeinschaften und Bruchteilsgemeinschaften, aber auch bestimmte Nießbrauchsfälle (vgl. BFH v. 25.06.1984 – GrS 4/82, BStBl. II 1984, S. 751). Wenn im Weiteren also von Personengesellschaften die Rede ist, sind, soweit nichts anderes gesagt ist, diese Gemeinschaftsverhältnisse eingeschlossen.

2 Personengesellschaften i.S.d. Zivilrechts

2.1 Begriff und Wesen der Personengesellschaften

Merkmale einer Gesellschaft

Begrifflich ist unter einer Gesellschaft eine privatrechtliche Vereinigung zu verstehen, die von mindestens zwei natürlichen oder juristischen Personen zur Erreichung eines bestimmten gemeinsamen Zwecks durch rechtsgeschäftliche Vereinbarung (Gesellschaftsvertrag) begründet wird. Eine Gesellschaft verbindet deren Mitglieder nicht bloß zu einem vorübergehenden Schuldverhältnis; vielmehr schließen sich die Gesellschafter zur Verfolgung eines gemeinsamen Zwecks zu einer Rechtsgemeinschaft, eben der Gesellschaft, mit dem Charakter eines Dauerschuldverhältnisses mit eigener Struktur zusammen.

Für das Vorliegen einer Personengesellschaft im zivilrechtlichen Sinne bedarf es also folgender zwingender Merkmale:

1. Verfolgung eines gemeinsamen Zwecks;
2. Entstehung durch rechtsgeschäftliche Vereinbarung;
3. Beteiligung mehrerer Personen.

Fehlt es an nur einer dieser Voraussetzungen, kann man im zivilrechtlichen Sinne nicht mehr von einer Gesellschaft sprechen. Demnach zählen etwa Körperschaften des öffentlichen Rechts nicht zu den Gesellschaften, da es an einer privatrechtlichen Vereinbarung fehlt. Ebenso sind eheliche Lebensgemeinschaften und Erbengemeinschaften keine Gesellschaften i.S.d. Zivilrechts, da es ihnen an der Verfolgung eines speziellen Zwecks mangelt (vgl. zu diesen aber A I 3). Darüber hinaus erscheint die Konstruktion einer rechtsgeschäftlichen Vereinbarung hier fraglich.

Grundsätzlich unterschieden werden zwei Kategorien von Gesellschaftsformen, deren jeweilige Grundtypen im BGB geregelt sind: Einerseits die Gesellschaft bürgerlichen Rechts (GbR oder BGB-Gesellschaft, geregelt in §§ 705 ff. BGB) als zivilrechtlicher Grundtypus der Personengesellschaft, andererseits der eingetragene Verein (e. V., geregelt in §§ 21 ff. BGB) als Grundtypus der Körperschaft. Die folgende Tabelle zeigt die grundlegenden Unterschiede:

Gesellschaften und Körperschaften i. S. d. BGB

	Gesellschaft	Körperschaft
Grundtyp	GbR	e. V.
Mitglieder	Feste Mitgliederzahl; Gesellschafterwechsel untypisch	Wechsel von Mitgliedern vorgesehen und üblich
Willensbildung	Durch alle Gesellschafter; grds. Einstimmigkeit	Durch Mitgliederversammlung und Vorstand; Mehrheitsprinzip
Rechtsstellung	Grds. keine eigene Rechtspersönlichkeit, keine juristische Person	Eigene Rechtspersönlichkeit, selbständige juristische Person
Gesellschaftsvermögen	Gesellschaftsvermögen gehört allen Gesellschaftern zur gesamten Hand	Gesellschaftsvermögen gehört dem Verein als solchem
Organisationsgrundlage	Gesellschaftsvertrag	Satzung
Haftung	Gesellschafter haften für Gesellschaftsschulden persönlich	Mitglieder haften für Vereinsschulden nicht persönlich
Organschaftliche Vertretung	Selbstorganschaft	Fremdorganschaft

Zu beiden Grundtypen existiert eine Reihe von Sonderformen. Im Bereich der Personengesellschaften sind dies insbesondere die

Ausprägungen der Personengesellschaft

- offene Handelsgesellschaft (§§ 105 ff. HGB),
- Kommanditgesellschaft (§§ 161 ff. HGB),
- stille Gesellschaft (§§ 230 ff. HGB),
- Partenreederei (§§ 489 ff. HGB) und
- Partnerschaftsgesellschaft (§§ 1 ff. PartGG),
- Europäische Wirtschafts- und Interessenvereinigung (§ 1 ff. EWIV-AG, Art. 1 ff. EWIV-VO),

die jeweils als spezielle Ausprägungen der GbR zu betrachten sind. Von Interesse kann weiterhin die Unterbeteiligung an einem Anteil an einer der genannten Rechtsformen sein. Zu den Körperschaften des privaten Rechts gehören neben dem eingetragenen Verein (e. V.) insbesondere die Kapitalgesellschaften (GmbH, §§ 1 ff. GmbHG; AG, §§ 1 ff. AktG; KGaA, §§ 278 ff. AktG; Societas Europaea (SE), Art. 1 SEVO), die eingetragenen Genossenschaften (e. G., § 1 ff. GenG) und die nicht rechtsfähigen Vereine i. S. d. BGB. Daneben existieren Mischformen, von denen insbesondere die GmbH & Co. KG und die Betriebsaufspaltung von Bedeutung sind.

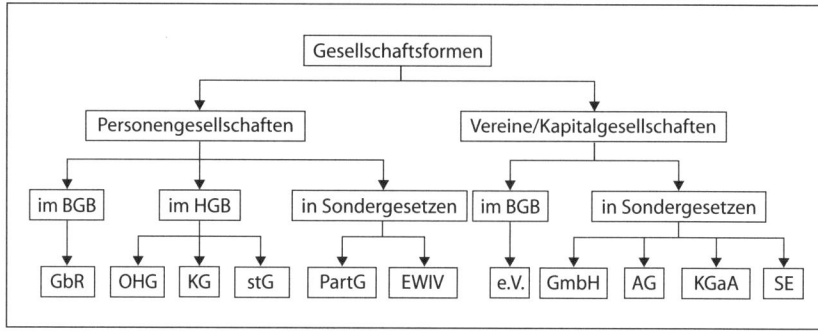

Abb. 1 Gesellschaftsformen

Gesellschafter steht im Vordergrund

Im Gegensatz zu den Kapitalgesellschaften steht bei den Personengesellschaften i.d.R. nicht die bloße monetäre Beteiligung an der Gesellschaft in Form der Hingabe von Kapital im Vordergrund, sondern die persönliche Mitarbeit der Gesellschafter. Dies zeigt sich auch daran, dass im Grundsatz die Gesellschafter die Geschäfte selbst führen, die Gesellschaft vertreten (Selbstorganschaft gegenüber der Fremdorganschaft bei Kapitalgesellschaften) und für Schulden der Gesellschaft persönlich und (zumeist) unbeschränkt haften. Weiteres Indiz für die Bedeutung, die dem einzelnen Gesellschafter in der Gesellschaft zugemessen wird, ist die Tatsache, dass die Mitgliedschaft an Personengesellschaften vom Grundsatz her nicht übertragbar und nicht vererblich ist.

Unterschiedlichkeit der einzelnen Personengesellschaften

Dennoch darf nicht übersehen werden, dass die skizzierten Grundzüge des Wesens einer Personengesellschaft im Einzelfall erheblich differieren können. Dies liegt zum einen daran, dass die unterschiedlichen Rechtsformen (GbR, OHG, KG, usw.) von sich aus bereits grundlegende Unterschiede in der Rechtsstellung der Gesellschafter vorsehen. So kommt z.B. die Stellung eines Kommanditisten aufgrund seiner Haftungsbeschränkung und seines Ausschlusses von der Geschäftsführung der eines Gesellschafters einer Kapitalgesellschaft recht nahe. Zum anderen unterliegt die konkrete Ausgestaltung des Gesellschaftsvertrags in weiten Teilen der Vertragsautonomie. Insbesondere im Innenverhältnis, d. h. im Verhältnis der Gesellschafter untereinander, sind die gesetzlichen Regelungen dispositiv und können folglich im Gesellschaftsvertrag abweichend von den gesetzlichen Bestimmungen vereinbart werden. Dies führt in der praktischen Vertragsgestaltung z.B. in Bezug auf Veräußer- und Vererbbarkeit von Anteilen an Personengesellschaften zu einer Annäherung an Regelungen, wie sie für Anteile an Kapitalgesellschaften gesetzlich fixiert sind.

Wesentliche gesellschaftsrechtliche Regelungsbereiche

Gesellschaftsrechtliche Regelungsbereiche sind insbesondere Organisationsform, Gründung und Beendigung, innere Struktur, Willensbildung, Geschäftsführung, Vertretungs- und Haftungsbestimmungen, aber auch Fragen des Eintritts, Austritts und Wechsels von Gesellschaftern. Nach einer kurzen Charakterisierung der wichtigsten Rechtsformen werden in den folgenden Abschnitten die diesbezüglichen Regelungen in ihren Grundzügen dargelegt. Im Interesse einer kurzen und übersichtlichen Darstellung wird bei den einzelnen Regelungsbereichen jeweils zunächst die Rechtslage bei der GbR dargestellt und anschließend auf Abweichungen bei den übrigen Rechtsformen eingegangen.

2.2 Die Gesellschaftsformen im Überblick

2.2.1 Die Gesellschaft bürgerlichen Rechts (GbR)

Die Gesellschaft bürgerlichen Rechts stellt den Grundtypus aller Personengesellschaften dar und ist in den §§ 705 bis 740 BGB geregelt. Aufgrund der Kodifizierung der GbR im Bürgerlichen Gesetzbuch wird sie häufig auch als »BGB-Gesellschaft« bezeichnet. Wesen dieser Gesellschaftsform ist der Zusammenschluss mindestens zweier Gesellschafter mittels Gesellschaftsvertrag zur Erreichung eines gemeinsamen Zwecks. Die Gesellschafter verpflichten sich im Gesellschaftsvertrag insbesondere dazu, den Gesellschaftszweck zu fördern und die vereinbarten Beiträge zu leisten (§§ 705, 706 BGB). *(Grundtypus der Personengesellschaft)*

Die GbR kann kein Handelsgewerbe i. S. d. HGB betreiben, ansonsten wäre sie OHG oder KG. Ebenso führt sie keine Firma im handelsrechtlichen Sinn, sondern wird durch die Namen ihrer Gesellschafter bezeichnet. Gleichwohl kann sie sich eine eigenständige Geschäftsbezeichnung wählen. *(Kein Kaufmann, keine Firma)*

Die GbR kommt als reine Innengesellschaft oder als Außengesellschaft vor. Im ersten Fall tritt nach außen nur einer der Gesellschafter in Erscheinung, der z. B. Verträge im eigenen Namen abschließt. Der oder die übrigen Gesellschafter werden dadurch nur im Innenverhältnis untereinander berechtigt oder verpflichtet. Im Fall der Außengesellschaft dagegen tritt die Gesellschaft selbst nach außen auf und nimmt am Rechtsverkehr teil. *(Innen- oder Außengesellschaft)*

Wie alle anderen Personengesellschaften besitzt auch die GbR keine eigene Rechtspersönlichkeit, ist also keine juristische Person. Gleichwohl ist sie, soweit sie Außengesellschaft ist, nach der Grundsatzentscheidung des BGH v. 29.01.2001 (II ZR 331/00, NJW 2001, S. 1056) sowie v. 16.07.2001 (II ZB 23/00, DStR 2001, S. 2221) insoweit rechtsfähig, als sie durch Teilnahme am Rechtsverkehr eigene Rechte und Pflichten begründet. In diesem Rahmen ist sie zugleich im Zivilprozess aktiv und passiv partei- und auch selbst insolvenzfähig (§ 11 Abs. 2 Nr. 1 InsO). Zudem wird ihr durch die Rechtsprechung die Fähigkeit zur Beteiligung als Gesellschafterin an Kapitalgesellschaften, Personenhandelsgesellschaften und anderen GbRs sowie zur Eintragung im Grundbuch unter der im Gesellschaftsvertrag vorgesehenen Bezeichnung zugesprochen (zu Letzterem vgl. BGH v. 04.12.2008 V ZB 74/08, BGHZ 179, S. 102). Weiterhin ist sie nach § 7 Nr. 3 MarkenG, Art. 3 GMV markenrechtsfähig und nach Auffassung der Literatur auch erbfähig (vgl. PALANDT/WEIDLICH, 2012, § 1923, Rn. 7). *(Rechtsfähigkeit i. S. d. Zivilrechts)*

2.2.2 Die Offene Handelsgesellschaft (OHG)

Die OHG ist gemäß § 105 Abs. 1 HGB eine Gesellschaft, deren Zweck auf den Betrieb eines Handelsgewerbes unter gemeinschaftlicher Firma gerichtet ist (Personenhandelsgesellschaft) und bei der alle Gesellschafter persönlich und unbeschränkt nach außen haften. *(Handelsgesellschaft)*

Dogmatisch hat sie ihre Wurzeln im BGB, weshalb auch, soweit nichts anderes bestimmt ist, die Vorschriften über die GbR Anwendung finden. Streng genommen ist sie eine Sonderform der GbR, deren Rechtsnatur auf die Bedürfnisse des Handelsverkehrs zwischen Kaufleuten zugeschnitten ist. *(Grundlage: GbR-Recht)*

Rechtsfähigkeit i.S.d. Zivilrechts

Nach § 124 HGB ist die OHG insoweit im Zivilrecht rechtsfähig, als sie unter ihrer Firma Rechte erwerben, Verbindlichkeiten eingehen sowie vor Gericht klagen und verklagt werden kann. Dies schließt Grundbuchfähigkeit und die Möglichkeit, Gesellschafter einer anderen Personengesellschaft zu sein, ein und gilt insbesondere auch für Verträge zwischen der Gesellschaft und ihren Gesellschaftern.

Eintragung auch ohne Handels-gewerbe

Obwohl eine OHG i.d.R. auf den Betrieb eines Handelsgewerbes (§ 1 Abs. 2 HGB) unter gemeinsamer Firma (§§ 17 ff. HGB) gerichtet ist, kann eine gewerblich oder vermögensverwaltend tätige OHG auch ohne Betreiben eines Handelsgewerbes durch die insoweit konstitutiv wirkende Eintragung in das Handelsregister begründet werden (§ 105 Abs. 2 HGB).

Stets Außengesell-schaft

Die OHG ist stets Außengesellschaft; die bei der GbR mögliche Beschränkung auf eine reine Innengesellschaft ist nicht möglich.

2.2.3 Die Kommanditgesellschaft (KG)

Grundlage: OHG-Recht

Die Kommanditgesellschaft, geregelt in den §§ 161–177 a HGB, ist wie die OHG regelmäßig auf den Betrieb eines Handelsgewerbes gerichtet. § 161 Abs. 2 HGB erklärt das Recht der OHG für anwendbar, sofern besondere Regelungen für die KG dem nicht entgegenstehen. Dies gilt z. B. auch für die Möglichkeit, eine gewerblich oder vermögensverwaltend tätige KG trotz fehlenden Handelsgewerbes durch Eintragung in das Handelsregister zu begründen.

Komplementäre und Kommanditisten

Gegenüber der OHG unterscheidet sich die KG insbesondere hinsichtlich der Haftung der Gesellschafter: Während der oder die Komplementäre dem OHG-Gesellschafter entsprechen, insbesondere zur Geschäftsführung befugt sind und mit ihrem gesamten privaten Vermögen haften, ist die persönliche Haftung des oder der Kommanditisten auf ihre Einlage beschränkt. Soweit sie ihre Kommanditeinlage geleistet haben, ist die persönliche Haftung der Kommanditisten ausgeschlossen (§ 171 Abs. 1 HGB). Zur Geschäftsführung sind die Kommanditisten nicht befugt; ihnen stehen lediglich die in § 166 Abs. 1 HGB fixierten Kontrollrechte zu.

2.2.4 Die Stille Gesellschaft (stG)

Beteiligung am Handelsgewerbe eines anderen

Die stille Gesellschaft ist in den §§ 230 bis 237 HGB geregelt. Stiller Gesellschafter ist, wer sich am Handelsgewerbe eines anderen mit einer Einlage beteiligt, die in dessen Vermögen übergeht. Als Gegenleistung partizipiert der Stille am Ergebnis aus dem Handelsgewerbe.

Reine Innengesell-schaft

Die stG ist zwar Gesellschaft im rechtlichen Sinn, die Beziehungen der Gesellschafter sind aber weniger durch ein für Gesellschaftsverhältnisse typisches Vertrauensverhältnis, das auf eine Arbeits- und Haftungsgemeinschaft gerichtet ist, als vielmehr durch eine zum Zwecke der Kapitalanlage begründete schuldrechtliche Bindung gekennzeichnet. Somit ist die stG keine nach außen gerichtete Handelsgesellschaft, sondern eine reine Innengesellschaft.

Typische und atypische stG

Für die steuerliche Behandlung bedeutsam ist insbesondere die Unterscheidung in typische und atypische stille Gesellschaften, die sich hinsichtlich des Umfangs der Mitspracherechte und/oder der Vermögensbeteiligung des stillen Gesellschafters unterscheiden (vgl. hierzu A I 2.4).

2.2.5 Die Partnerschaftsgesellschaft (PartG)

Da die Gründung einer Handelsgesellschaft der Ausübung eines Gewerbes bedarf, war der Zusammenschluss für Freiberufler lange Zeit nur in der Form der GbR möglich. Die Kapitalgesellschaften blieben ihnen häufig aus berufsrechtlichen Gründen verschlossen. Mit dem Inkrafttreten des Partnerschaftsgesellschaftsgesetzes (PartGG) am 01.07.1995 ist die Möglichkeit des Zusammenschlusses von Freiberuflern in einer Partnerschaftsgesellschaft geschaffen worden.

Zusammenschluss von Freiberuflern

§ 1 Abs. 1 PartGG klassifiziert die PartG als Zusammenschluss zur gemeinsamen Ausübung eines freien Berufes. Was unter einem freien Beruf zu verstehen ist, umschreibt § 1 Abs. 2 PartGG in enger Anlehnung an § 18 Abs. 1 Nr. 1 EStG. Infolgedessen ist die PartG vom Betrieb eines Handelsgewerbes ausgeschlossen, kann also keine Kaufmannseigenschaft i.S.d. HGB erlangen und folglich nicht ins Handelsregister eingetragen werden. Ähnlich den Personenhandelsgesellschaften muss sie einen Gesamtnamen führen, der die Rechtsform erkennen lässt.

Keine Kaufmannseigenschaft

In zivilrechtlicher Hinsicht erlangt die Partnerschaftsgesellschaft wie die OHG Rechtsfähigkeit. Das folgt aus § 7 Abs. 2 PartGG, der § 124 HGB für anwendbar erklärt. Die Vertretungsmacht für die PartG ergibt sich aus § 7 Abs. 3 PartGG i.V.m. §§ 125 ff. HGB. Jeder Gesellschafter ist danach befugt, die PartG gegenüber Dritten zu berechtigen oder zu verpflichten. Eine abweichende gesellschaftsvertragliche Regelung ist möglich. Ganz besonders deutlich zeigt sich die Affinität zur OHG in den Vorschriften über die Partnerhaftung, denn § 8 Abs. 1 PartGG enthält eine dem OHG-Recht nachempfundene Regelung. So haften die Partner gesamtschuldnerisch und die §§ 129, 130 HGB gelten entsprechend. Eine Ausnahme hiervon macht aber § 8 Abs. 2 PartGG, wenn nur einzelne Partner mit der Bearbeitung eines Auftrags befasst waren. In diesem Fall haften für berufliche Fehler nur diese Partner neben der Partnerschaft. Ebenfalls dem OHG-Recht entlehnt sind die Vorschriften der §§ 9 f. PartGG, die die Auflösung und Beendigung der PartGG entsprechend dem OHG-Modell betreffen.

OHG-Recht gilt weitgehend entsprechend

2.2.6 Die Unterbeteiligung

Eine Unterbeteiligung ist ein nicht gesetzlich geregeltes vertragliches Rechtsverhältnis, durch das ein Gesellschafter einer Personengesellschaft einem Dritten (dem Unterbeteiligten) eine Beteiligung an seinem Gesellschaftsanteil einräumt.

Keine gesetzliche Regelung

Die Unterbeteiligung ist ihrer rechtlichen Konstruktion nach grundsätzlich eine GbR. Eine stG liegt nicht vor, da keine Beteiligung am Handelsgewerbe, sondern am Gesellschaftsanteil eines anderen vorliegt. Dennoch kommen in Teilbereichen aufgrund der Nähe zur stG nicht die allgemeinen Grundsätze des BGB, sondern die für die stG geltenden Rechtsgrundsätze zur Anwendung. Dies gilt insbesondere, mangels gesellschaftsvertraglicher Vereinbarung, für Kontrollrechte, Gewinnbeteiligung, Kündigung und Auseinandersetzung.

Grundsätzlich GbR, teilweise Recht der stG anwendbar

Der Unterbeteiligte tritt nach außen nicht in Erscheinung und erwirbt regelmäßig kein Gesamthandseigentum am Vermögen der Hauptgesellschaft. Es handelt sich daher um eine reine Innengesellschaft zwischen dem Haupt- und dem Unterbeteiligten. Rechtsbeziehungen zwischen dem Unterbeteiligten und der Hauptgesellschaft bestehen nicht.

Innengesellschaft

Typische und atypische Unterbeteiligung

Aus steuerrechtlicher Sicht wird wie bei der stG in typische und atypische Unterbeteiligungsgesellschaften unterschieden. Kriterium dieser Unterscheidung ist auch hier der Umfang der Mitspracherechte und/oder der Vermögensbeteiligung des Unterbeteiligten.

Bei der weiteren Darstellung der zivilrechtlichen Spezifika wird auf die Unterbeteiligung aus Gründen der Übersichtlichkeit nicht mehr gesondert eingegangen. Es gelten hier die Ausführungen zur GbR und stG analog.

2.3 Entstehung von Personengesellschaften

2.3.1 Gesellschaftsvertrag, Formvorschriften

I.d.R. keine Formerfordernisse

Personengesellschaften entstehen grundsätzlich durch Abschluss eines gegenseitigen, auf die Vereinigung von Leistungen gerichteten Gesellschaftsvertrags. Besondere Formerfordernisse bestehen weder bei der GbR noch bei den übrigen Rechtsformen; notwendig sind lediglich zwei einander entsprechende Willenserklärungen der zukünftigen Gesellschafter. Ein Gesellschaftsvertrag kann daher auch stillschweigend bzw. konkludent zustande kommen. Wie die GbR können auch OHG und KG durch formlosen Vertrag begründet werden, sofern kein Grundstück eingebracht werden soll. Auch die stG entsteht durch formlosen Vertrag (§§ 230 Abs. 1, 231 Abs. 2 HGB). Lediglich ein Partnerschaftsvertrag bedarf nach § 3 Abs. 1 PartGG der Schriftform.

Schriftform generell sinnvoll

Generell bietet sich jedoch die Schriftform an, handelt es sich doch um einen schuldrechtlichen Vertrag über einen meist unbestimmten Zeitraum. Streitigkeiten, insbesondere über Rechte und Pflichten der Gesellschafter, können so vermieden oder zumindest einfacher geklärt werden. Zudem kommt bei Personenhandelsgesellschaften wegen der Registerformalitäten eine Formlosigkeit praktisch nicht in Frage.

U.U. Beurkundung notwendig

Soweit mit dem Gesellschaftsvertrag die Übertragung des Eigentums an einem Grundstück einhergeht, ist die notarielle Beurkundung nach § 311b BGB zwingend vorgeschrieben.

2.3.2 Kaufmannseigenschaft, Registereintrag

Kaufmann ist jeder, der ein Handelsgewerbe i.S.d. HGB betreibt. Gemäß § 1 Abs. 2 HGB ist jeder Gewerbebetrieb als Handelsgewerbe zu klassifizieren, es sei denn, dass das Unternehmen nach Art oder Umfang keinen in kaufmännischer Weise eingerichteten Geschäftsbetrieb erfordert. Personenhandelsgesellschaften (OHG, KG) sind grundsätzlich Kaufleute kraft Rechtsform (§ 6 Abs. 1 HGB).

Keine Kaufmannseigenschaft der GbR

Die Errichtung der GbR setzt keinen Gewerbebetrieb voraus, so dass sie nicht Kaufmann kraft Rechtsform sein kann. Aber auch dann, wenn sie ein Gewerbe betreibt, fehlt es an der Kaufmannseigenschaft, wenn das Unternehmen weder der Art noch dem Umfang nach einen in kaufmännischer Weise eingerichteten Geschäftsbetrieb erfordert. Ist der Geschäftsbetrieb der GbR hingegen als Handelsgewerbe anzusehen, weil entweder beide Kriterien des Handelsgewerbes erfüllt sind oder sich die Gesellschaft in das Handelsregister eintragen lässt (§ 2 HGB), so liegt gemäß § 105 Abs. 1 HGB eine OHG vor. Damit sind bei der GbR als solcher die

Kaufmannseigenschaft und infolgedessen auch ein Eintrag in das Handelsregister ausgeschlossen.

Dies ist bei der OHG grundsätzlich anders: Da sie im Regelfall zum Betrieb eines Handelsgewerbes errichtet wird, erlangt sie Kaufmannseigenschaft nach § 1 Abs. 1 HGB. Die Eintragung in das Handelsregister wirkt in diesem Fall lediglich deklaratorisch, hat also nur rechtsbekundenden Charakter, ist aber gleichwohl obligatorisch (§ 106 Abs. 1 HGB). Daneben kann auch eine Gesellschaft, die kein Gewerbe betreibt oder deren Betrieb nach Art oder Umfang einen in kaufmännischer Weise eingerichteten Geschäftsbetrieb nicht erfordert, gemäß § 105 Abs. 2 HGB durch Eintragung in das Handelsregister die Rechtsform einer OHG annehmen. Die Eintragung hat hier rechtsbegründenden (konstitutiven) Charakter. Eine solche Gesellschaft ist gemäß § 2 i.V.m. § 1 Abs. 1 HGB Kaufmann. Das zur OHG Gesagte gilt für die KG entsprechend.

Deklaratorische oder konstitutive Eintragung bei OHG und KG

Die stille Gesellschaft ist nicht Kaufmann i.S.d. HGB und wird daher nicht im Handelsregister eingetragen. Voraussetzung zur Begründung einer stillen Gesellschaft i.S.v. § 230 HGB ist jedoch, dass der tätige Gesellschafter oder Geschäftsinhaber ein Handelsgewerbe betreibt. Da sich gemäß § 1 PartGG in einer Partnerschaftsgesellschaft ausschließlich Angehörige freier Berufe zusammenschließen können, kann die PartG mangels Ausübung eines Handelsgewerbes nicht in das Handelsregister eingetragen werden und damit keine Kaufmannseigenschaft erlangen. Sie wird stattdessen in das Partnerschaftsregister eingetragen.

StG, PartG keine Kaufleute

2.4 Rechte und Pflichten im Innenverhältnis

Im Rechtsverhältnis der Gesellschafter untereinander ist eine Vielzahl einzelner Rechte und Pflichten denkbar. Im Rahmen dieser Kurzdarstellung sollen aufgrund ihrer Bedeutung in der Praxis insbesondere behandelt werden

- die Pflicht zur Erbringung der gesellschaftsvertraglich vereinbarten Beiträge,
- das Recht (und auch die Pflicht) zur Geschäftsführung sowie
- die Vermögensrechte, insbesondere der Anspruch auf Gewinnbeteiligung und -entnahme.

Die Rechte und Pflichten der Gesellschafter im Innenverhältnis sind zwar gesetzlich geregelt, können aber im Gesellschaftsvertrag hiervon abweichend vereinbart werden (dispositives Recht).

Dispositives Recht

2.4.1 Beitragspflicht

Die Verpflichtung, Beiträge zur Förderung des gemeinsamen Zwecks zu erbringen, ergibt sich in erster Linie aus dem Gesellschaftsvertrag und kann neben der Einbringung von einzelnen Sachen (z. B. Geld, Grundstücke oder Maschinen) auch Rechte oder Sachgesamtheiten (z. B. ganze Betriebe) umfassen. Denkbar ist auch eine Nutzungsüberlassung an Sachen, das Erbringen von Dienstleistungen für die Gesellschaft oder das Unterlassen bestimmter Handlungen, z. B. einer Aufnahme einer mit der Gesellschaft in Wettbewerb stehenden Tätigkeit.

Art des Beitrags

Sachen und Rechte werden regelmäßig durch Übertragung des Eigentums eingebracht; denkbar ist aber auch eine Überlassung lediglich des wirtschaftlichen Werts ohne Eigentumsübergang; in diesem Fall bleibt der Gesellschafter im Außenverhältnis Eigentümer, während Nutzen, Lasten und das Risiko von Verlust und

Art der Erbringung

Wertminderung auf die Gesellschaft übergehen. Die Einbringung von Sachgesamtheiten kann ggf. auch durch Sonder- oder Gesamtrechtsnachfolge nach den Vorschriften des UmwG erfolgen, z. B. durch Ausgliederung nach § 123 Abs. 3 UmwG. Beiträge in Form von Dienstleistungen werden sukzessive durch Erbringung der gesellschaftsvertraglich fixierten Leistungen bewirkt.

Folgen bei Verletzung der Beitragspflicht

Werden die Einlagen nicht oder nicht wie vereinbart erbracht, liegt eine Pflichtverletzung des Gesellschafters vor, die grundsätzlich zur Schadenersatzpflicht gem. §§ 280 ff. BGB führt. Daneben bestehen ggf. Ausschließ- oder Kündigungsrechte der übrigen Gesellschafter.

2.4.2 Geschäftsführungsbefugnis

Unter Geschäftsführung sind die tatsächlichen oder rechtsgeschäftlichen Tätigkeiten zu verstehen, die darauf gerichtet sind, den Geschäftszweck zu verwirklichen oder dessen Verwirklichung zu fördern. Die Geschäftsführung bezieht sich nicht etwa nur auf das Innenverhältnis der Gesellschaft, sondern umfasst als Oberbegriff jede für die Gesellschaft wahrgenommene Tätigkeit, die nicht das Gesellschaftsverhältnis und seine Gestaltung betrifft. Sie ist daher abzugrenzen von den sogenannten Grundlagengeschäften (Gründung, Umwandlung, Gesellschafterwechsel etc.), bei denen grundsätzlich alle Gesellschafter zustimmen müssen.

Im Zusammenhang mit dem Innenverhältnis ist nicht die Geschäftsführung als solche, sondern die Befugnis zur Geschäftsführung zu erörtern, weil diese sich aus den Rechtsbeziehungen der Gesellschafter untereinander ergibt. Es geht also um das »rechtliche Dürfen oder Müssen« im Verhältnis zu den anderen Gesellschaftern.

GbR: Einstimmig-keitsprinzip

Bei der GbR steht die Geschäftsführung allen Gesellschaftern gemeinsam zu und setzt im Grundsatz Einstimmigkeit voraus, § 709 Abs. 1 BGB. Eine Ausnahme hiervon bildet § 744 Abs. 2 BGB, der im Notfall, d. h. wenn die Interessen der Gesellschafter gemeinsam ein sofortiges Handeln objektiv erfordern, auch ein Handeln des einzelnen Gesellschafters ermöglicht. Darüber hinaus kann (und wird häufig) das Einstimmigkeitsprinzip zugunsten einer Mehrheitsregelung gesellschaftsvertraglich abbedungen (§ 709 Abs. 2 BGB). Die Geschäftsführung kann auch bereits auf gesellschaftsvertraglicher Ebene einem oder mehreren Gesellschaftern übertragen werden (§ 710 BGB). Die nicht mit der Geschäftsführung beauftragten Gesellschafter sind dann von dieser ausgeschlossen und können lediglich die übrigen Verwaltungsrechte, insbesondere diejenigen der §§ 712 Abs. 1, 716, 723 BGB ausüben.

Für die übrigen Rechtsformen gelten die folgenden Besonderheiten:

OHG: Einzel-geschäftsführung

Bei der OHG sind gemäß § 114 Abs. 1 HGB zunächst wie bei der GbR die Gesellschafter grundsätzlich in gleichem Maße zur Geschäftsführung berechtigt und verpflichtet, jedoch ist nach § 115 HGB abweichend von § 709 Abs. 1 BGB bei gewöhnlichen Geschäftsführungsmaßnahmen jeder Gesellschafter allein zu handeln berechtigt, wobei den übrigen zur Geschäftsführung berechtigten Gesellschaftern ein Widerspruchsrecht zusteht.

KG: Geschäftsführungsbefugnis beim Komplementär

Bei der KG gelten über § 161 Abs. 2 HGB zwar grundsätzlich die OHG-Regeln; § 163 HGB erklärt aber für das Innenverhältnis der KG-Gesellschafter die Vorschriften der §§ 164–169 HGB für vorrangig. Danach obliegt die Geschäftsführung grundsätzlich dem Komplementär, § 164 HGB. Den Kommanditisten bleiben nur ein Widerspruchsrecht bei Handlungen, die über den gewöhnlichen Betrieb des Handelsgewerbes hinausgehen, sowie Kontrollrechte, die sich im Wesentlichen in Einsichts- und Prüfungsrechten erschöpfen (§ 166 HGB). Gleichwohl können auch hier abweichende Regelungen in den Gesellschaftsvertrag aufgenommen werden.

Bei der stillen Gesellschaft besteht regelmäßig keine Geschäftsführungsbefugnis des Stillen. Dies ergibt sich bereits dadurch, dass durch die stille Gesellschaft der Stille lediglich an dem Handelsgewerbe eines anderen beteiligt ist. Mangels eigenen Betriebs der stillen Gesellschaft als solcher ist eine Geschäftsführung durch den Stillen daher nur schwer vorstellbar. Ihm werden in § 233 HGB lediglich Informationsrechte ähnlich denen eines Kommanditisten in § 166 HGB zugestanden. Ein Widerspruchsrecht analog zu § 164 HGB sieht das HGB für die stille Gesellschaft jedoch nicht vor. Gleichwohl sind auch bei der stillen Gesellschaft abweichende gesellschaftsvertragliche Abreden möglich. So kann dem Stillen sogar Geschäftsführungsbefugnis in gleichem Umfang wie dem Geschäftsinhaber gegeben werden. In diesem Fall kann, ebenso wie bei der Überlassung von Vermögensrechten, die über die Teilhabe am laufenden Ergebnis hinausgehen, eine sogenannte atypische stille Gesellschaft vorliegen.

> **StG: Mangels eigenen Betriebs keine Geschäftsführung**

Für das Innenverhältnis der PartG gilt nach § 6 Abs. 3 PartGG grundsätzlich OHG-Recht, also Geschäftsführungsbefugnis aller Partner allein, wobei den Übrigen ein Widerspruchsrecht zusteht. Zu beachten ist, dass anders als bei der OHG der einzelne Partner nicht von der Geschäftsführung hinsichtlich der von ihm selbst erledigten beruflichen Angelegenheiten ausgeschlossen werden darf (vgl. § 6 Abs. 2 PartGG). Hier wird also beschränkend in die ansonsten wie bei der OHG bestehende Vertragsautonomie eingegriffen.

> **PartG: Einzelgeschäftsführung**

2.4.3 Gewinn- und Verlustbeteiligung, Entnahmerecht

Die für Art und Zeitpunkt der Gewinn- und Verlustverteilung bestehenden gesetzlichen Regelungen sind recht dürftig und werden daher ganz überwiegend im Gesellschaftsvertrag näher bestimmt. Mangels einer solchen Vereinbarung gilt das Folgende:

> **Gesellschaftsvertrag!**

Bei der GbR hat jeder Gesellschafter grundsätzlich erst nach Auflösung der Gesellschaft einen Anspruch auf Gewinnverteilung. Bei Gesellschaften, die auf einen längeren Zeitraum angelegt sind, hat jedoch im Zweifel zum Ende eines jeden Geschäftsjahres der Rechnungsabschluss und die Gewinnverteilung zu erfolgen (§ 721 BGB). Hierbei ist der Gewinn, wenn auf gesellschaftsvertraglicher Ebene keine anderweitigen Verteilungsgrundsätze festgeschrieben wurden, ohne Rücksicht auf die geleisteten Beiträge in gleichen Beträgen auf die Gesellschafter zu verteilen (Gewinnverteilung nach Köpfen).

> **GbR: nach Köpfen**

Für die OHG bestimmt § 120 HGB eine jährliche Ermittlung des Gewinn- bzw. Verlustanteils. § 121 HGB enthält den gesetzlichen Verteilungsgrundsatz, wonach jedem Gesellschafter zunächst ein Anteil am Jahresgewinn i. H. v. 4 % seines Kapitalanteils zusteht. Der verbleibende Rest des Gewinns wird nach Köpfen zu gleichen Teilen verteilt. I. H. d. 4 %igen Verzinsung sind Entnahmen grundsätzlich zulässig; der darüber hinaus gehende Gewinnanteil des letzten Jahres darf nur entnommen werden, soweit dies der Gesellschaft nicht zum Schaden gereicht. Weitergehende Entnahmen sind nur mit Zustimmung der anderen Gesellschafter möglich (§ 122 Abs. 2 HGB).

> **OHG: 4% des Kapitals, Rest nach Köpfen**

KG: 4 % des Kapitals, Rest in angemessenem Verhältnis

Die gesetzlich vorgesehene Gewinnverteilung der KG erfolgt hinsichtlich der 4 %igen Verzinsung des Kapitalanteils nach den für die OHG geltenden Grundsätzen (§§ 167, 168 i.V.m. 120, 121 HGB). Der Restgewinn wird »in angemessenem Verhältnis« verteilt. Eine Verlustbeteiligung eines Kommanditisten kommt nur in Betracht, solange sein Kapitalkonto einen positiven Saldo ausweist (§ 167 HGB). Während das Entnahmerecht des Komplementärs dem eines OHG-Gesellschafters entspricht, steht den Kommanditisten kein eigenständiges Entnahmerecht zu. Sie haben lediglich Anspruch auf Auszahlung ihres Gewinnanteils, und dies auch nur dann, wenn ihr Kapitalanteil nicht, z.B. durch Verluste, unter die bedungene Kapitaleinlage abgesunken ist.

Gewinnanteil des Stillen: »in angemessenem Umfang«

Der stille Gesellschafter nimmt am Gewinn und Verlust des Geschäftsinhabers »in angemessenem Umfang« teil (§ 231 HGB). Der Gewinn- bzw. Verlustanteil ist zum Schluss jedes Geschäftsjahrs zu errechnen und dem Stillen auszubezahlen bzw. gegen seine Vermögenseinlage zu verrechnen (§ 232 HGB). Am Verlust ist der Stille jedoch grundsätzlich nur bis zum Betrag seiner Einlage beteiligt. Auch diese (beschränkte) Verlustbeteiligung kann jedoch vertraglich ausgeschlossen werden. Zu beachten ist, dass der Stille regelmäßig nicht am Vermögen des gewerblichen Betriebs des Geschäftsinhabers, sondern nur am laufenden Ergebnis beteiligt ist. Dies bedeutet, dass er im Grundsatz nicht an außerordentlichen Erträgen teilhat, z.B. an den stillen Reserven, die u.U. bei Aufgabe des Betriebs durch den Geschäftsinhaber realisiert werden. Erstreckt sich die vertraglich vereinbarte Beteiligung des Stillen dagegen abweichend von diesem Grundsatz auch auf die stillen Reserven und/oder den Firmenwert, spricht man von einer sogenannten atypischen stillen Gesellschaft.

PartG: wie GbR

Mangels eigener Gewinnverteilungs- und -entnahmevorschriften gilt für die PartG GbR-Recht (vgl. § 1 Abs. 4 PartGG).

2.5 Rechte und Pflichten im Außenverhältnis

Strikt von den oben behandelten Fragen des Innenverhältnisses, also den Rechtsbeziehungen der Gesellschafter untereinander und gegenüber der Gesellschaft, zu trennen ist das im Folgenden angerissene Außenverhältnis, das sich auf Rechtsverhältnisse zwischen der Gesellschaft bzw. ihren Gesellschaftern und Dritten bezieht.

2.5.1 Vertretungsbefugnis

Der Regelung der Vertretungsmacht kommt besonders bei der GbR eine große Bedeutung zu. Im Vergleich zur Geschäftsführungsbefugnis zeitigt die Vertretungsmacht viel weitreichendere Rechtsfolgen für die übrigen Gesellschafter, verpflichten doch die zur Vertretung der Gesellschaft Befugten durch rechtsgeschäftliches Handeln unmittelbar die Gesamthand als solche.

GbR: Gesamtvertretung, abänderbar

Die Gesellschafter einer GbR haben auch im Außenverhältnis gleiche Rechte und Pflichten, d.h. sie vertreten die Gesellschaft gemeinsam nach außen. Das Gesetz sieht keine Vertretung der übrigen Gesellschafter durch einen Gesellschafter vor, kennt also keinen gesetzlichen Vertreter der GbR. Aufgrund des Einstimmigkeitserfordernisses bei der GbR handeln die Gesellschafter einer GbR im Rechtsverkehr mit Dritten im Grundsatz gemeinschaftlich. Gemäß § 714 BGB kann jedoch durch Gesellschaftsvertrag einem oder mehreren Gesellschaftern die Vertretungsmacht übertragen werden. Dies wird im Übrigen bereits dann vermutet, wenn in Abweichung von der gesetzlichen Regelung (gemeinschaftliche Geschäftsführung) die Geschäftsführungsbefugnis einem einzelnen Gesellschafter übertragen wurde. Einzelgeschäftsführungsbefugnis führt daher nach § 714 BGB im Zweifel zur Einzelvertretungsmacht. Für die Ausübung der Vertretung gelten die allgemeinen Vorschriften über die Vertretungsmacht der §§ 164 ff. BGB. Die Entziehung der Geschäftsführungsbefugnis (§ 712 BGB) und der Vertretungsmacht (§ 715 BGB) ist bei grober Pflichtverletzung oder Unfähigkeit zur Geschäftsführung durch Beschluss der übrigen Gesellschafter möglich.

Die gesetzlichen Regelungen zur Vertretung der OHG finden sich in §§ 125 bis 127 HGB. Sie sind im Gegensatz zu den Regelungen zum Innenverhältnis nur geringfügig dispositiv. Grund hierfür ist der Schutz der Gläubiger: Diese sollen sich nicht durch gesellschaftsvertragliche, von ihnen selbst nicht zu beeinflussende Abreden einer anderen Gestaltung gegenüber sehen, als sie das Gesetz vorsieht.

Nach § 125 Abs. 1 HGB ist jeder Gesellschafter im Grundsatz zur Alleinvertretung der Gesellschaft berechtigt, kann also die Gesellschaft durch eigene Willenserklärung berechtigen oder verpflichten. Hierin unterscheidet sich die OHG von der GbR, bei der die Gesellschafter gemeinschaftlich die Geschäfte führen und eine Vertretung durch Einzelne nur auf vertraglicher Grundlage möglich ist. Vom Prinzip der Einzelvertretung kann bei der OHG durch Gesellschaftsvertrag in zwei Fällen abgewichen werden:

OHG: Alleinvertretung durch jeden Gesellschafter

- § 125 Abs. 1 HGB ermöglicht es, einzelne Gesellschafter vertraglich von der Vertretung auszuschließen;
- nach § 125 Abs. 2 HGB kann Gesamtvertretung vertraglich vereinbart werden.

In beiden Fällen wird die abweichende Regelung nach außen nur wirksam, sofern sie im Handelsregister eingetragen ist (§ 125 Abs. 4 HGB). Daneben ist nach § 127 HGB der Entzug der Vertretungsmacht durch gerichtliche Entscheidung auf Antrag der übrigen Gesellschafter möglich.

Die Vertretung der KG erfolgt durch die Komplementäre nach den für die OHG geltenden Vorschriften. Die Kommanditisten sind nach § 170 HGB zur Vertretung nicht berechtigt. Dieser gesetzliche Ausschluss von der Vertretung ist zwingend und kann nicht durch Gesellschaftsvertrag geändert werden. Wohl aber kann dem Kommanditisten, ggf. auch als im Gesellschaftsvertrag vereinbartes Sonderrecht, Prokura nach §§ 48 ff. HGB erteilt werden.

KG: Alleinvertretung durch jeden Komplementär

Bei der stG bedarf es keiner Vertretung, da sie als reine Innengesellschaft nach außen nicht in Erscheinung tritt. Der Geschäftsinhaber verpflichtet sich durch rechtsgeschäftliches Handeln selbst, nicht dagegen die Gesellschaft. Infolgedessen kann auch eine Vertretung der Gesellschaft durch den Stillen nicht in Betracht kommen.

StG: keine Vertretung, da Innengesellschaft

Die Vertretungsmacht der PartG ergibt sich aus § 7 Abs. 3 PartGG i. V. m. § 125 Abs. 1 HGB. Jeder Partner kann danach die PartG gegenüber Dritten berechtigen oder verpflichten. Eine abweichende Regelung ist entsprechend den für die OHG geltenden Regelungen möglich.

PartG: Alleinvertretung durch jeden Partner

2.5.2 Haftung für Gesellschaftsschulden

OHG: primäre, unmittelbare, unbeschränkte und unbeschränkbare Haftung

Bei der OHG haftet gemäß § 128 HGB jeder Gesellschafter persönlich für Verbindlichkeiten der Gesellschaft, und zwar primär, unmittelbar, unbeschränkt und unbeschränkbar. Dies bedeutet, dass der Gesellschafter bezüglich der Schulden

- sogleich durch den Gläubiger in Anspruch genommen werden kann und dieser nicht erst gegen die Gesellschaft klagen muss (primär);
- das haftende Gesellschaftsvermögen nicht durch das Privatvermögen des Gesellschafters im Sinne einer Nachschusspflicht erweitert wird, sondern der Gläubiger sich unmittelbar aus dem Privatvermögen des Gesellschafters befriedigen kann (unmittelbar);
- die Haftung unbeschränkt und unbeschränkbar ist, sowohl summenmäßig als auch gegenständlich.

Hierbei ist es unerheblich, aus welchem Grund und auf welche Weise die Gesellschaftsschulden entstanden sind. Die Regelung ist zwingend und kann durch den Gesellschaftsvertrag in keinerlei Hinsicht abbedungen werden.

Gesamtschuldnerische Haftung

Auch eine Begrenzung auf eine lediglich quotale Haftung nach Maßgabe der Beteiligungsquote des Gesellschafters ist im Verhältnis zu den Gläubigern unwirksam. Jeder Gesellschafter haftet einzeln für die gesamten Verbindlichkeiten der Gesellschaft (gesamtschuldnerische Haftung i.S.v. § 421 BGB). Folglich kann sich der Gläubiger an jeden Gesellschafter einzeln wenden und von ihm die Begleichung der gesamten Verbindlichkeit verlangen. Übersteigt dies die Möglichkeiten des in Anspruch genommenen Gesellschafters, so kann sich der Gläubiger durch Inanspruchnahme der übrigen Gesellschafter befriedigen. Im Innenverhältnis steht den zahlenden Gesellschaftern insoweit ein Ausgleichsanspruch gegen die Gesellschaft und gegen die übrigen Gesellschafter zu, gegen die Letzteren jedoch nur, soweit sie über ihre Quote hinaus in Anspruch genommen wurden.

GbR: Akzessorietät wie bei der OHG anstatt Doppelverpflichtungslehre

Auch die Gesellschafter einer GbR haften für Verbindlichkeiten der Gesellschaft als Gesamtschuldner. Wurde die persönliche Haftung des GbR-Gesellschafters zuvor überwiegend auf die sogenannte Doppelverpflichtungslehre gestützt, wonach für die GbR vorgenommene Rechtsgeschäfte neben der Gesellschaft auch grundsätzlich jeden Gesellschafter unmittelbar berechtigten bzw. verpflichteten, sind aufgrund der derzeitigen höchstrichterlichen Rechtsprechung zur Rechtsfähigkeit der GbR deren Schulden nunmehr ausschließlich ihr selbst zuzurechnen. Die Haftung des Gesellschafters kann infolgedessen nicht auf eigener rechtsgeschäftlicher Verpflichtung beruhen, sondern ergibt sich (erst) aus dem Gesetz, und zwar in analoger Anwendung des für die OHG geltenden § 128 HGB (sogenannte akzessorische Haftung, vgl. BGH v. 29.01.2001 – II ZR 331/00, NJW 2001, S. 1056). Hieraus folgt u.a., dass die persönliche Haftung des Gesellschafters nicht auf rechtsgeschäftlich begründete Schulden der Gesellschaft beschränkt ist, sondern sich auch auf gesetzliche Verpflichtungen (z.B. Steuerschulden) erstreckt (vgl. z.B. BGH v. 24.02.2003 – II ZR 385/99, NJW 2003, S. 1445).

Haftungsbeschränkung beim Kommanditisten

Bei der Haftung für die Gesellschaftsschulden der KG ist zwischen Komplementären und Kommanditisten zu unterscheiden. Während die Komplementäre einer KG wie die Gesellschafter einer OHG gesamtschuldnerisch, unmittelbar, unbeschränkt und unbeschränkbar sowie primär haften, ist die Haftung der Kommanditisten auf die Höhe ihrer noch nicht gezahlten Einlage beschränkt (§ 171 Abs. 1

HGB). Die Höhe der Einlage bestimmt sich durch den in der Eintragung ins Handelsregister angegebenen Betrag (§ 172 HGB). Diese sogenannte Haftsumme kann von der im Innenverhältnis vereinbarten Pflichteinlage abweichen. Zu beachten ist jedoch, dass der Kommanditist für solche Verbindlichkeiten unbeschränkt haftet, welche vor Eintragung der KG in das Handelsregister begründet werden, es sei denn, der Kommanditist hatte der Geschäftsaufnahme vor Eintragung nicht zugestimmt oder dem Gläubiger war die Beteiligung als Kommanditist bekannt (§ 176 HGB).

Da die stG als reine Innengesellschaft kein eigenes Vermögen hat und infolgedessen bei ihr selbst Gesellschaftsschulden nicht denkbar sind, kann ohne besondere Vereinbarung mit dem Gläubiger auch keine Haftung des Stillen für Gesellschaftsschulden entstehen. Die Haftung für Schulden des gewerblichen Betriebs trifft daher nur den Geschäftsinhaber selbst.

StG: Haftung nur beim Geschäftsinhaber

Die Nähe des PartGG zum OHG-Recht wurde bereits bei der Geschäftsführung und Vertretung deutlich. Dies setzt sich in den Vorschriften über die Partnerhaftung fort, die ebenfalls dem OHG-Recht nachempfunden sind. Nach § 8 Abs. 1 Satz 1 PartGG haften die Partner gesamtschuldnerisch. § 8 Abs. 1 Satz 2 PartGG ordnet für die Ausgestaltung der Haftung die analoge Anwendung der §§ 129, 130 HGB an. Eine wichtige Ausnahme enthält jedoch § 8 Abs. 2 PartGG.

PartG: wie OHG

2.6 Ausscheiden, Eintritt und Gesellschafterwechsel

Die GbR ist eine streng personalistische Gesellschaft und hängt, jedenfalls nach ihrer gesetzlichen Grundkonzeption, von der unveränderten Zusammensetzung des Kreises ihrer Mitglieder ab. Hieraus ergibt sich einerseits, dass die Gesellschaft mit dem Ausscheiden eines Gesellschafters automatisch aufgelöst wird, und andererseits, dass der Beitritt neuer Gesellschafter nur mit Zustimmung der bisherigen erfolgen kann. Auch der Gesellschafterwechsel, d. h. das Ausscheiden eines alten bei gleichzeitigem Eintritt eines neuen Gesellschafters, ist grundsätzlich nicht vorgesehen. Diese Grundsätze gelten in ähnlicher Weise für die OHG, die KG und die PartG, jedoch bleibt hier die Gesellschaft bei Ausscheiden eines Gesellschafters (z. B. durch Tod, Kündigung oder Gesellschafterbeschluss, vgl. § 131 Abs. 3 HGB) bestehen.

Sämtliche Regelungen in diesem Bereich sind dispositiv. Insbesondere hinsichtlich des Gesellschafterwechsels und der Fortsetzung der Gesellschaft können und werden in der Praxis vielfältige vertragliche Abreden getroffen, die den Fortbestand der Gesellschaft bei verändertem Gesellschafterbestand sicherstellen.

2.6.1 Folgen des Ausscheidens: Abfindung und Anwachsung

Scheiden Gesellschafter einer GbR, OHG, KG oder PartG aus und besteht die Gesellschaft unter den verbleibenden Gesellschaftern fort, verliert der Ausscheidende seine dinglichen Rechte am Gesellschaftsvermögen und erhält an deren Stelle einen schuldrechtlichen Abfindungsanspruch, meist i. H. d. Verkehrswertes seines Gesellschaftsanteils. Der Anteil des Ausscheidenden am Gesellschaftsvermögen wächst den übrigen Gesellschaftern nach § 738 Abs. 1 BGB zu.

Gesamthandsgesellschaften: Anwachsung

Bei der stG kommt das Ausscheiden des Stillen der Auflösung der Gesellschaft gleich. Der Stille hat gemäß § 235 HGB Anspruch auf Rückzahlung seiner Einlage, bei atypischer stiller Beteiligung ggf. auch auf die auf ihn entfallenden stillen Reserven einschließlich des Firmenwerts.

StG: Auflösung

2.6.2 Folgen des Eintritts: Abwachsung und Einlage

Gesamthands-gesellschaften: Abwachsung

Die Aufnahme eines neuen Gesellschafters in die GbR erfolgt durch gesonderten Aufnahmevertrag. Wie die bisherigen Gesellschafter ist der Eintretende zur Leistung von Beiträgen verpflichtet (Einlageverpflichtung). Aufgrund der Einlage wird der Eintretende entsprechend seinem Anteil an Gewinn und Vermögen der Gesellschaft beteiligt. Insoweit verringern sich ggf. die Anteile der bisherigen Gesellschafter (Abwachsung). Diese Grundsätze gelten analog für OHG, KG und PartG.

StG: Begründung einer neuen stG

Bei der stillen Gesellschaft dagegen ist der Eintritt zusätzlicher Gesellschafter nicht denkbar; vielmehr wird mit jedem neuen Stillen eine eigene stG begründet.

2.6.3 Gesellschafterwechsel und Anteilsübertragung

Es wurde bereits ausgeführt, dass ein Wechsel in der Person der einzelnen Gesellschafter gesetzlich nicht vorgesehen ist, einzelvertraglich aber sehr wohl vereinbart werden kann, wobei dies regelmäßig an die Zustimmung der bisherigen Gesellschafter geknüpft wird. Zu einer Ab- oder Anwachsung kommt es in diesem Fall nicht, denn die Anzahl der beteiligten Personen ändert sich nicht. Der neue Gesellschafter übernimmt den Anteil des Veräußernden und tritt in dessen Rechte und Pflichten ein.

Dies gilt für alle behandelten Rechtsformen mit Ausnahme der stG. Für diese gilt, dass der Geschäftsinhaber jederzeit zur Veräußerung seines Geschäfts berechtigt ist, wobei dem Stillen in diesem Fall jedoch nach § 723 BGB das Recht zur außerordentlichen Kündigung zusteht. Eine besondere Regelung für die Fortführung einer OHG mit den Erben eines Gesellschafters enthält § 139 HGB.

2.7 Beendigung von Personengesellschaften

Die Beendigung der Personengesellschaften verläuft zweistufig: Zunächst erfolgt die Auflösung der Gesellschaft aufgrund eines vertraglich vereinbarten oder gesetzlich geregelten Auflösungsgrundes. Anschließend erfolgt die Liquidation, d.h. die Abwicklung und Auseinandersetzung über das Gesellschaftsvermögen. Nach Abschluss der Liquidation ist die Gesellschaft vollständig beendet.

2.7.1 Auflösung

Auflösungsgründe

Gründe für die Auflösung einer GbR können sein:
- Auflösungsbeschluss der Gesellschafter;
- Ablauf der gesellschaftsvertraglich vereinbarten Zeitdauer;
- Erreichen oder Unmöglichwerden des Gesellschaftszwecks (§ 726 BGB);
- Vereinigung aller Gesellschaftsanteile in einer Hand (z.B. durch Anwachsung oder Erbschaft); eine Einmann-GbR ist nach h.M. nicht möglich;
- ordentliche oder außerordentliche Kündigung durch einen Gesellschafter (§§ 723 ff. BGB);
- Tod eines Gesellschafters (§ 727 BGB);
- Insolvenz eines Gesellschafters (§ 728 BGB);
- Kündigung durch den Privatgläubiger eines Gesellschafters (§ 725 BGB).

Dies gilt bei der OHG in gleicher Weise; allerdings führen dort die letzten vier Gründe lediglich zum Ausscheiden des Gesellschafters, während die OHG als solche mit den verbleibenden Gesellschaftern bestehen bleibt (§ 131 Abs. 3 HGB). Zusätzlich ist nach § 133 HGB die Auflösungsklage durch einen Gesellschafter aus wichtigem Grund möglich.

Bei der KG gilt grundsätzlich das zur OHG Gesagte; allerdings führt der Tod des einzigen Komplementärs (nicht dagegen der Tod des einzigen Kommanditisten, soweit noch mindestens zwei Komplementäre verbleiben!) zur Auflösung der Gesellschaft, da die KG ohne einen voll haftenden Komplementär nicht bestehen kann. Verbleiben durch Ausscheiden aller Kommanditisten nur noch Komplementäre, wird die KG zur OHG.

Die Auflösungsgründe der stillen Gesellschaft entsprechen weitgehend denen der GbR, die der Partnerschaftsgesellschaft denen der OHG.

2.7.2 Liquidation und Auseinandersetzung

Im Rahmen der Liquidation der GbR sind zunächst schwebende Geschäfte abzuwickeln (§ 730 Abs. 2 BGB), der Gesellschaft überlassene Gegenstände zurückzugeben (§ 732 BGB) und Gesellschaftsschulden zu begleichen (§ 733 Abs. 1 BGB). Anschließend folgt die Auseinandersetzung der Gesellschafter über das verbliebene Vermögen. Hierbei werden vorrangig Einlagen zurückerstattet (§ 733 Abs. 2, 3 BGB); sodann wird ein eventuell vorhandener Überschuss nach dem Gewinnverteilungsschlüssel verteilt bzw. Verluste nach dem Verlustverteilungsschlüssel ausgeglichen (§§ 734 ff. BGB). Erst nach Abschluss der Auseinandersetzung ist die GbR endgültig beendet.

Grundlagen im BGB

Bei OHG, KG und PartG gelten zusätzliche Verfahrenserfordernisse, z. B. Registeranmeldung, Bestellung von Liquidatoren, Firmenzusatz »in Liquidation«, auf die hier nicht weiter eingegangen werden soll.

Ggf. weitere Verfahrenserfordernisse

Bei der stG kann mangels eigenen Gesellschaftsvermögens keine Liquidation erfolgen. Auch eine Liquidation über das Vermögen des Geschäftsinhabers erfolgt nicht, vielmehr ist die stille Gesellschaft mit der Auflösung unmittelbar beendet. Der Stille erhält kraft Gesetzes einen Anspruch auf Auszahlung seines Auseinandersetzungsguthabens durch den Geschäftsinhaber.

3 Aus steuerrechtlicher Sicht vergleichbare Rechtsgemeinschaften

Steuerrechtlich werden die für Personengesellschaften geltenden Grundsätze nicht nur auf die zuvor dargestellten Personengesellschaften i. S. d. Zivilrechts, sondern darüber hinaus auch auf bestimmte Gemeinschaftsverhältnisse angewendet. Nach der Rechtsprechung des BFH kommen als solche den Personengesellschaften wirtschaftlich vergleichbare Gemeinschaften insbesondere eheliche Gütergemeinschaften, Erbengemeinschaften und Bruchteilsgemeinschaften in Betracht (vgl. BFH v. 25.06.1984 – GrS 4/82, BStBl. II 1984, S. 751; v. 05.07.1990 – GrS 2/89, BStBl. II 1990, S. 837; v. 03.07.1995 – GrS 1/93, BStBl. II 1995, S. 617). Wesentlicher Unterschied zu den Gesellschaften ist, dass es den Gemeinschaften regelmäßig an der Verfolgung eines gemeinsamen Zwecks oder zumindest an der Bestimmtheit eines solchen fehlt. Die Gemeinschafter sind vielmehr lediglich durch das gemeinsame Innehaben eines Rechts aneinander gebunden.

**Eheliche Güter-
gemeinschaft**

Haben Ehegatten abweichend vom gesetzlichen Güterstand der Zugewinngemeinschaft Gütergemeinschaft vereinbart und betreibt einer der Ehegatten einen
Gewerbebetrieb, so ist der andere Ehegatte an den erzielten Erträgen, stillen Reserven, Schulden etc. auch ohne Vorliegen eines Gesellschaftsverhältnisses beteiligt.
Dies führt aus ertragsteuerlicher Sicht zum Vorliegen eines einer Gesellschaft wirtschaftlich vergleichbaren Rechtsverhältnisses, auf das die Rechtsgrundsätze zur
Besteuerung von Personengesellschaften analog angewendet werden.

Erbengemeinschaft

Führt eine Erbengemeinschaft den zum Nachlass gehörenden Gewerbebetrieb
ohne Abschluss eines Gesellschaftsvertrags fort, liegt mangels rechtsgeschäftlicher
Vereinbarung ebenfalls kein Gesellschaftsverhältnis, sondern lediglich ein Gemeinschaftsverhältnis vor. Auch dieses Gemeinschaftsverhältnis wird jedoch in steuerlicher Hinsicht wie eine Personengesellschaft behandelt. Dies erklärt sich daraus, dass
es bei wirtschaftlicher Betrachtung für die steuerliche Behandlung keine Rolle
spielen kann, ob die Miterben die Fortführung des Betriebs gesellschaftsvertraglich
regeln oder den Status der Erbengemeinschaft bestehen lassen.

**Bruchteils-
gemeinschaft**

Auch in Fällen, in denen mehrere Personen zu Bruchteilen an einzelnen Wirtschaftsgütern, insbesondere an Grundstücken, beteiligt sind (Bruchteilsgemeinschaften), kann ein Rechtsverhältnis gegeben sein, das trotz des Fehlens der Verfolgung eines gemeinsamen Zwecks in steuerlicher Hinsicht einer Personengesellschaft wirtschaftlich vergleichbar ist. Dies gilt insbesondere in Fällen der Betriebsaufspaltung und bei Vorliegen eines gewerblichen Grundstückshandels.

II Strukturen der Besteuerung von Personen-
gesellschaften

1 Rechtsfähigkeit und Steuersubjekteigenschaft
der Personengesellschaften

Schließen sich natürliche und/oder juristische Personen zu einer Personengesellschaft zusammen, so ist für die Besteuerung zunächst zu klären, wer als steuerliches Subjekt für die von dieser Gesellschaft erzielten Einkünfte fungiert. Einerseits
ist es vorstellbar, die Personengesellschaft steuerlich mit den Kapitalgesellschaften
gleichzustellen, mit der Folge, dass die Gesellschaft selbst die betreffenden Einkünfte zu versteuern hätte. Andererseits könnte das Steuerrecht die rechtliche Hülle der
Gesellschaft ignorieren, die von der Gesellschaft erzielten Einkünfte unmittelbar den
Gesellschaftern zurechnen und bei diesen der Besteuerung unterwerfen. Zur Klä-
rung dieser Frage ist es hilfreich, einen Blick auf die zivilrechtliche Stellung der
Personengesellschaften, insbesondere auf deren Rechtsfähigkeit, zu werfen.

**Keine bzw. nur
Teilrechtsfähigkeit
der Personen-
gesellschaft**

Zivilrechtlich besitzen Personengesellschaften zumindest ihrer Grundkonzeption nach keine eigene Rechtspersönlichkeit (vgl. A I 2.2.1). Dieses Prinzip wird
allerdings insbesondere bei den Personenhandelsgesellschaften (OHG, KG) und auch
bei der Außen-GbR durchbrochen, die insoweit eine Zwitterstellung einnehmen, als
ihnen zwar keine uneingeschränkte Rechtspersönlichkeit zugestanden, in vielen
Bereichen aber zivilrechtliche Rechtsfähigkeit eingeräumt wird. Dies zeigt sich
beispielsweise darin, dass Personenhandelsgesellschaften und Außen-GbRs Eigen-

tum erwerben, Verbindlichkeiten aufnehmen, vor Gericht klagen und verklagt werden und schuldrechtliche Verträge (selbst mit den eigenen Gesellschaftern) schließen können (vgl. zur Rechtssubjektivität der Gesamthandsgesellschaft SCHMIDT, K., 2002, S. 196 ff.). In dieser Hinsicht sind OHG, KG und Außen-GbR der zivilrechtlichen Stellung einer Kapitalgesellschaft angenähert, was dafür sprechen könnte, zumindest Unternehmen in diesen Rechtsformen im Sinne einer gleichmäßigen Besteuerung auch steuerlich wie juristische Personen zu behandeln und folglich das Trennungsprinzip zur Anwendung zu bringen, wonach die Gesellschaft auch steuerrechtlich eine Abschirmwirkung gegenüber ihren Gesellschaftern entfaltet und Verträge zwischen Gesellschaft und Gesellschaftern steuerrechtlich wirksam sind (siehe hierzu NIEHUS/WILKE, Die Besteuerung der Kapitalgesellschaften, 2014, S. 4 ff.)

1.1 Grundsatz: Durchgriff auf die Ebene der Gesellschafter

Für den Bereich der Personensteuern folgt das deutsche Steuerrecht bis dato allerdings dem zivilrechtlichen Grundsatz, dass Personengesellschaften keine allgemeine Rechtspersönlichkeit besitzen, und versagt ihnen unabhängig von der Qualifikation als Handelsgesellschaft die Gleichstellung mit den juristischen Personen. So finden sich die Personengesellschaften nicht in der abschließenden Aufzählung körperschaftsteuerlicher Subjekte in den §§ 1 und 2 KStG, und auch als unmittelbare einkommensteuerliche Subjekte sind die Personengesellschaften nicht in Betracht zu ziehen, da gemäß § 1 EStG ausschließlich natürliche Personen der Einkommensbesteuerung unterliegen. Gleiches gilt bei der ErbSt (vgl. BFH v. 14.09.1994 – II R 95/92, BStBl. II 1995, S. 81) und ehemals der Vermögensteuer, die im Weiteren aber nicht Gegenstand der Betrachtung sind. Aufgrund der fehlenden einkommen- bzw. körperschaftsteuerlichen Steuersubjekteigenschaft erfolgt insoweit ein Durchgriff durch die Personengesellschaft auf die Ebene der Gesellschafter. Die von der Personengesellschaft erzielten Einkünfte werden den Gesellschaftern anteilig als originäre eigene Einkünfte zugerechnet und bei diesen der Einkommen- bzw. Körperschaftsteuer unterworfen (sogenanntes Transparenzprinzip; vgl. hierzu z. B. BFH v. 03.05.1993 – GrS 3/92, BStBl. II 1993, S. 616; siehe auch A II 3.2.1).

Personengesell-schaft ist kein Steuersubjekt i. S. d. EStG bzw. KStG; Transparenzprinzip

Anders indes im Bereich der Umsatz- und der Gewerbesteuer: hier verwirklicht die Personengesellschaft als solche die Unternehmereigenschaft (§ 2 Abs. 1 UStG) und ist selbst Steuerschuldner (§ 5 Abs. 1 Satz 3 GewStG). Gewerbesteuerlich folgt aus der Steuerschuldnerschaft der Personengesellschaft allerdings nicht, dass die Gesellschaft zugleich als Unternehmer des Betriebs anzusehen ist. Vielmehr ändert § 5 Abs. 1 Satz 3 GewStG nichts an dem Umstand, dass die Gesellschafter die Unternehmer (Mitunternehmer) des Betriebs sind (vgl. BFH v. 03.04.2008 – IV R 54/04, BStBl. II 2008, S. 742) und die Gewerbesteuer materiell einer mitunternehmerbezogenen Konzeption folgt, was etwa am Einbezug der Sonderbetriebseinnahmen und -ausgaben in den Gewerbeertrag sowie am partiellen Untergang des vortragsfähigen Gewerbeverlusts gemäß § 10 a GewStG im Fall des Ausscheidens eines Mitunternehmers aus der Personengesellschaft (vgl. BFH v. 03.09.1993 – GrS 3/92, BStBl. II 1993, S. 616) zu erkennen ist. § 5 Abs. 1 Satz 3 GewStG ist vielmehr vollstreckungsrechtlich motiviert, ermöglicht die Regelung doch wegen rückständiger Gewerbesteuerbeträge zum einen unmittelbar in das Gesellschaftsvermögen zu voll-

Anders bei der Umsatz- und Gewerbesteuer

strecken (vgl. BFH v. 03.04.2008 – IV R 54/04, BStBl. II 2008, S. 742), zum anderen könnte ebenso gut der einzelne Gesellschafter für die gesamte Gewerbesteuerlast der Gesellschaft, d.h. nicht etwa nur für die auf seinen Gewinnanteil zurückzuführende Gewerbesteuerlast, haftungsrechtlich in Anspruch genommen werden (zur Haftung für Gesellschaftsschulden siehe A I 2.5.2).

1.2 Ausnahme: Steuersubjekteigenschaft der Gesellschaft hinsichtlich der Einkünftequalifikation und -ermittlung

Personengesellschaft als Subjekt der Einkünfteerzielung und -ermittlung

Ungeachtet der fehlenden ertragsteuerlichen Steuersubjekteigenschaft der Personengesellschaften hinsichtlich der Besteuerung selbst, wenn man die Gewerbesteuer einmal vernachlässigt, erlangen diese gleichwohl insoweit eine gewisse steuerrechtliche Teilrechtsfähigkeit, als zumindest die Art und Höhe der Einkünfte der Gesellschaft durch einen Vermögensvergleich oder eine Überschussrechnung der Gesellschaft und nicht etwa durch Vermögensvergleiche oder Überschussrechnungen der einzelnen Gesellschafter zu ermitteln sind (vgl. BFH v. 03.05.1993 – GrS 3/92, BStBl. II 1993, S. 616). In einem weiteren Schritt ist sodann der von der Gesellschaft erwirtschaftete Gewinn bzw. Überschuss auf die Gesellschafter für die Zwecke der Besteuerung zu verteilen (vgl. BFH v. 03.07.1995 – GrS 1/93, BStBl. II 1995, S. 617 m.w.N.). Die Gesellschaft ist damit Subjekt der Einkünfteerzielung und -ermittlung, nicht jedoch Subjekt der Besteuerung.

Gesonderte und einheitliche Feststellung der Einkünfte

Dies ist auch verfahrensrechtlich motiviert, da gemäß §§ 179 Abs. 2 Satz 2, 180 Abs. 1 Nr. 2 a AO die von der Personengesellschaft erzielten Einkünfte gesondert und einheitlich festzustellen sind. Gesonderte Feststellung bedeutet dabei, dass die Ermittlung der Einkünfte der Personengesellschaft und damit zugleich des jeweiligen Anteils des einzelnen Gesellschafters an diesen Einkünften keine unselbständigen Bestandteile der Steuerbescheide der einzelnen Gesellschafter sind, sondern vielmehr davon separiert in einem eigenen Verfahren festgestellt werden. Einheitliche Feststellung bedeutet, dass gegenüber den Gesellschaftern der Personengesellschaft inhaltlich übereinstimmende Feststellungsbescheide ergehen. Dieser Feststellungsbescheid dient als Grundlagenbescheid für die nachfolgenden Einkommen- bzw. Körperschaftsteuerbescheide der Gesellschafter und ist selbständig anfechtbar. Der Sinn und Zweck dieser Vorgehensweise ist in der Verfahrensökonomie sowie der Sicherstellung der Gleichmäßigkeit der Besteuerung zu erblicken, da mehrfache Feststellungen hinsichtlich derselben Besteuerungsgrundlagen und die Möglichkeit von Qualifikationskonflikten auf diese Weise vermieden werden (vgl. KOENIG/KOENIG, 2014, § 179 Rz. 2 f.).

Ausnahmen zur Gewährleistung einer »sachlich zutreffenden« Besteuerung

Andererseits lässt der BFH die einheitliche Betrachtung der Personengesellschaft hinsichtlich der Einkünfteerzielung dann zugunsten einer gesellschafterbezogenen Sichtweise in den Hintergrund treten, »wenn andernfalls eine sachlich zutreffende Besteuerung des Gesellschafters nicht möglich wäre« (BFH v. 03.07.1995 GrS 1/93, BStBl. II 1995, S. 617 unter C.IV.3.b)). Dies bedeutet, dass im Einzelfall bezüglich des Vorliegens bestimmter Besteuerungsmerkmale bereits bei der Einkünftequalifikation, aber auch bei der Einkünfteermittlung ein Durchgriff durch die Einheit der Gesellschaft auf die Ebene des Gesellschafters erfolgen kann, soweit dies im Sinne einer sachgemäßen Besteuerung erforderlich ist, wie die folgenden Beispiele belegen:

- So kann für einen Gesellschafter unter Einbezug von Sonderbetriebsausgaben (vgl. hierzu C V 2) die Einkünfteerzielungsabsicht negiert werden, obwohl sie für die Gesellschaft als solche und damit für die übrigen Gesellschafter durchaus besteht. Für den betreffenden Gesellschafter hat dies zur Folge, dass der ihm zuzurechnende, in diesen Fällen zumeist negative Ergebnisanteil als steuerlich unbeachtlich eingestuft wird (vgl. hierzu auch SCHMIDT/WACKER, 2015, § 15 Rz. 183). **Einkünfteerzielungsabsicht**

- Konsequent im Sinne eines Durchgriffs auf die Gesellschafterebene zeigt sich der BFH auch insoweit, als er die Grundstücksverkäufe einer vermögensverwaltenden GbR in die Überlegung miteinbezieht, ob einer ihrer Gesellschafter einen gewerblichen Grundstückshandel betreibt. Ist dies der Fall, so erzielt dieser Gesellschafter, im Unterschied zu der auf der Ebene der Gesellschaft festgestellten Einkunftsart, gewerbliche Einkünfte (vgl. BFH v. 03.07.1995 – GrS 1/93, BStBl. II 1995, S. 617). **Art der Einkünfte**

- Auch bei der Ermittlung der Einkünfte selbst erweist sich mitunter ein Durchgriff auf die Gesellschafter als erforderlich. Bezieht etwa eine Personengesellschaft eine Dividende von einer Kapitalgesellschaft, so kann eine zutreffende steuerliche Behandlung eben nicht ohne Ansehen der Person des jeweiligen Gesellschafters erfolgen: Insoweit, als die Dividende anteilig auf an der empfangenden Personengesellschaft beteiligte Kapitalgesellschaften entfällt, ist § 8 b Abs. 1 i.V.m. Abs. 6 KStG anzuwenden, es sei denn, § 8 b Abs. 4 KStG schließt dies aus; soweit sie natürlichen Personen zuzurechnen ist, gelangt das Teileinkünfteverfahren bzw. das System der Abgeltungsteuer zur Anwendung. **Einkünfteermittlung**

Von derartigen im Einzelfall vorzunehmenden Durchgriffen auf die Ebene der Gesellschafter einmal abgesehen, erfolgt jedoch die Einkünftequalifizierung und -ermittlung auf der Ebene der Gesellschaft. Dabei vermag eine etwaige außergesellschaftliche Tätigkeit der Gesellschafter die steuerliche Qualifizierung der Betätigung der Personengesellschaft nicht zu beeinflussen; ein umgekehrter Durchgriff, vom Gesellschafter auf die Gesellschaft, erfolgt mithin nicht (vgl. BFH v. 25.01.1996 – IV R 76/92, BFH/NV 1996, S. 678; zur insoweit speziellen Problematik bei Schwesterpersonengesellschaften vgl. BFH v. 17.12.2008 – IV R 85/06, BFH/NV 2009, S. 477). Ist die Höhe der Einkünfte der Gesellschaft festgestellt, so werden anschließend den Gesellschaftern diese Einkünfte anteilig zugerechnet und bei ihnen der Einkommensteuer, soweit es sich um natürliche Personen handelt, bzw. der Körperschaftsteuer, soweit beispielsweise eine Kapitalgesellschaft die Gesellschafterstellung innehat, unterworfen.

2 Grundstruktur der Besteuerung von Personengesellschaften

Nicht anders als bei der natürlichen Person hängt auch die ertragsteuerliche Behandlung der von Personengesellschaften erzielten Einkünfte in hohem Maße von der Art der Einkünfte ab, die i.d.R. auf der Ebene der Gesellschaft selbst zu beurteilen ist (vgl. A II 1.2). Dabei ist zwischen Überschusseinkünfte erzielenden Personengesellschaften einerseits und Gewinneinkünfte erzielenden Personengesellschaften andererseits zu unterscheiden.

2.1 Vermögensverwaltende Personengesellschaften

Ideelle Bruchteils-
betrachtung

Erzielt die Gesellschaft ausschließlich Überschusseinkünfte, z. B. Einkünfte aus Kapitalvermögen oder Einkünfte aus Vermietung und Verpachtung, so liegt eine sogenannte vermögensverwaltende Personengesellschaft vor. Die steuerliche Behandlung der von der Gesellschaft erzielten Einkünfte entspricht in materieller Hinsicht weitgehend derjenigen bei einem einzelnen Steuerpflichtigen; nur werden die Einkünfte nicht nur einem Steuerpflichtigen, sondern allen Gesellschaftern anteilig im Verhältnis des vereinbarten Verteilungsschlüssels zugerechnet. Die gesamthänderische Bindung des Vermögens wird dabei gedanklich aufgelöst und die zum Gesellschaftsvermögen zugehörigen Wirtschaftsgüter werden den Gesellschaftern nach Maßgabe ihrer Beteiligungsquote an der vermögensverwaltenden Personengesellschaft gemäß § 39 Abs. 2 Nr. 2 AO anteilig zugerechnet (vgl. SÖFFING, Stbg 1996, S. 289, 292 f.; STRAHL, KÖSDI 2001, S. 12 802). § 39 Abs. 2 Nr. 2 AO fingiert mithin steuerrechtlich eine Berechtigung der Mitglieder der Gesamthand nach Bruchteilen (vgl. DRÜEN in TIPKE/KRUSE, § 39 AO Tz. 86), was bezüglich der Vermögensebene einen Durchgriff durch die Gesellschaft auf die einzelnen Gesellschafter zur Folge hat, so dass die im gesamthänderischen Eigentum der Gesellschaft befindlichen Wirtschaftsgüter im Grundsatz jeweils anteilig dem Privatvermögen der Gesellschafter zuzurechnen sind. Um Privatvermögen handelt es sich deshalb, weil die Personengesellschaft bzw. der jeweilige Gesellschafter vermittels der betreffenden Wirtschaftsgüter Überschusseinkünfte erzielt, die Existenz von Betriebsvermögen jedoch das Erzielen von Gewinneinkünften voraussetzt.

Diese ideelle Bruchteilsbetrachtung hat insbesondere zur Folge, dass

- Erwerbe und Veräußerungen zwischen der vermögensverwaltenden Personengesellschaft und deren Gesellschaftern insoweit keine einkommensteuerliche Wirkung entfalten, als der Veräußerer oder Erwerber selbst an der Gesellschaft vermögensmäßig beteiligt ist (vgl. BFH v. 06.10.2004 – IX R 68/01, BStBl. II 2005, S. 324; v. 02.04.2008 – IX R 18/06, BStBl. II 2008, S. 679; hierzu auch BRUNSBACH/MOCK, BB 2013, S. 1051);
- im Fall der Veräußerung einzelner Wirtschaftsgüter ertragsteuerlich relevante Merkmale, z. B. die Beteiligungsgrenze i. S. v. § 17 EStG oder Besitzzeitdauer i. S. v. § 23 EStG, auf den jeweiligen Gesellschafter mit seinem ideellen Bruchteil zu beziehen sind (vgl. BFH v. 09.05.2000 – VIII R 41/99, BStBl. II 2000, S. 686);

BEISPIEL 1 ▨▨▨

Die vermögensverwaltende AB-GbR, Gesellschafter sind A (75 %) und B (25 %), hat am 02.01.2012 einen 2 %igen Anteil an der Z-GmbH erworben. Veräußert die GbR diesen Anteil, so ist dies für A steuerbar gemäß § 17 EStG, da ihm ideell anteilig 1,5 % der Beteiligung zuzurechnen sind, während für B ein steuerbarer Sachverhalt i. S. v. § 20 Abs. 2 Nr. 1 EStG vorliegt. ◀|

- die Anschaffung oder Veräußerung einer unmittelbaren oder mittelbaren Beteiligung an einer vermögensverwaltenden Personengesellschaft als Anschaffung oder Veräußerung der anteiligen Wirtschaftsgüter gilt (vgl. §§ 20 Abs. 2 Satz 3, 23 Abs. 1 Satz 4 EStG);
- Mietverträge zwischen einer vermögensverwaltenden Personengesellschaft und einem Gesellschafter steuerrechtlich nicht anzuerkennen sind, wenn und so-

weit diesem das Grundstück nach § 39 Abs. 2 Nr. 2 AO anteilig zuzurechnen ist (vgl. BFH v. 18.05.2004 – IX R 83/00, BStBl. II 2004, S. 898).

Erhält der Gesellschafter von der vermögensverwaltenden Gesellschaft auf der Basis schuldrechtlicher Verträge Vergütungen für Dienstleistungen oder die Überlassung von Wirtschaftsgütern, sind diese beim Gesellschafter so zu versteuern, als würden die Leistungen Dritten gegenüber erbracht. Sie stellen mithin für die Gesellschaft Werbungskosten dar und sind beim empfangenden Gesellschafter innerhalb der zutreffenden Einkunftsart (z.B. Einkünfte aus Gewerbebetrieb, selbständiger Arbeit oder nichtselbständiger Arbeit) zu berücksichtigen. Dies gilt in vollem Umfang und nicht etwa nur bezüglich des Teils der Vergütung, der im Sinne einer Bruchteilsbetrachtung von den anderen Gesellschaftern getragen wird. § 39 Abs. 2 Nr. 2 AO steht dem nicht entgegen, da hiernach lediglich die anteilige Zuordnung von Wirtschaftsgütern, nicht aber von Leistungsvergütungen erfolgt (vgl. ENGEL, Vermögensverwaltende Personengesellschaften im Ertragsteuerrecht, 2015, S. 140 f.). Sind die Vergütungen hingegen als Ergebnisverteilung (sprachlich ungenau als Gewinnvorab) zu qualifizieren, so sind sie als Ergebnisbestandteil des betreffenden Gesellschafters aus der vermögensverwaltenden Gesellschaft zu erfassen (vgl. ENGEL, Vermögensverwaltende Personengesellschaften im Ertragsteuerrecht, 2015, S. 138 ff.; TULLOCH/WELLISCH, DStR 1999, S. 1093; zur Abgrenzung von Ergebnisvorab und Sondervergütung FG Berlin-Brandenburg v. 15.01.2013, EFG 2013, S. 928).

Vergütungen für Leistungen des Gesellschafters

Gehört die Beteiligung an einer vermögensverwaltenden Personengesellschaft bei einem der Gesellschafter zu dessen Betriebsvermögen, so handelt es sich, soweit die Einkünfte aus der Personengesellschaft auf den betreffenden Gesellschafter entfallen, nicht mehr um Überschusseinkünfte, sondern vielmehr um Gewinneinkünfte. Kennzeichen dieser vermögensverwaltenden Gesellschaften ist es mithin, dass die Gesellschaft selbst sowie die privat beteiligten Gesellschafter Überschusseinkünfte erzielen, während auf Ebene der betrieblich beteiligten Gesellschafter Gewinneinkünfte vorliegen. Ursache unterschiedlicher Einkunftsarten von Gesellschaft und Gesellschafter kann zudem die Annahme eines gewerblichen Grundstückshandels für einen oder mehrere Gesellschafter aufgrund des Einbezugs ihrer außerhalb der Gesellschaft getätigten Grundstücksgeschäfte sein, wenn die Gesellschaft selbst die Grenze zum gewerblichen Grundstückshandel nicht überschritten hat. Wegen der Unterschiedlichkeit der Einkünfte der Gesellschafter werden diese Gesellschaften als sogenannte Zebragesellschaften bezeichnet.

Zebragesellschaften

Materiell-rechtlich ist dabei unstreitig, dass das Ergebnis des betrieblich beteiligten Gesellschafters nicht (mehr) als Anteil am Gesamthandsüberschuss der Gesellschaft, verstanden als Überschuss der Einnahmen über die Werbungskosten, sondern vielmehr als anteilig mit dem gesamthänderisch gebundenen Vermögen der Gesellschaft erzielter Gewinn zu verstehen ist; entsprechende Schwierigkeiten bei der Einkünfteermittlung sind damit vorprogrammiert (vgl. hierzu NIEHUS, DStZ 2004, S. 143, 144 f.). In verfahrensrechtlicher Hinsicht war dabei lange Zeit strittig, ob die Umqualifizierung in gewerbliche Einkünfte für den betrieblich beteiligten Gesellschafter bereits im Rahmen der einheitlichen und gesonderten Feststellung für die Gesellschaft oder erst auf der Ebene der Veranlagung des Gesellschafters zu erfolgen habe. Nach Auffassung des GrS des BFH ist Letzteres der Fall: Die verbindliche Entscheidung über die Einkünfte eines betrieblich an einer vermögensverwaltenden

Gesellschaft beteiligten Gesellschafters sei sowohl ihrer Art als auch ihrer Höhe nach durch das für die persönliche Besteuerung dieses Gesellschafters zuständige Wohnsitzfinanzamt zu treffen (vgl. BFH v. 11.04.2005 – GrS 2/02, BStBl. II 2005, S. 679).

2.2 Gewinneinkünfte erzielende Personengesellschaften

Völlig andere Wertungen ergeben sich indes, wenn die Personengesellschaft selbst einen Betrieb zum Gegenstand hat und sie infolgedessen Gewinneinkünfte, mithin Einkünfte aus Land- und Forstwirtschaft, Gewerbebetrieb oder selbständiger Arbeit erzielt.

Im Grundsatz keine anteilige Zurechnung der WG auf die Gesellschafter

In diesen Fällen erfolgt im Grundsatz keine anteilige Zurechnung der Wirtschaftsgüter des Gesellschaftsvermögens auf die Gesellschafter, sondern vielmehr sind die Wirtschaftsgüter, die im Eigentum der Personengesellschaft stehen, als Betriebsvermögen der Gesellschaft anzusehen. § 39 Abs. 2 Nr. 2 AO wird durch § 15 Abs. 1 Nr. 2 EStG verdrängt (vgl. BFH v. 25.02.1991 – GrS 7/89, BStBl. II 1991, S. 691, C.III.2.; kritisch DRÜEN in TIPKE/KRUSE, § 39 AO Tz. 90). Diese Verdrängungsthese mag durch den Umstand gerechtfertigt sein, dass § 39 Abs. 2 Nr. 2 AO eine getrennte Zurechnung der Wirtschaftsgüter nur insoweit anordnet, als dies für die Besteuerung erforderlich ist. Vergegenwärtigt man sich, dass der getrennten Zurechnung im Bereich der vermögensverwaltenden Personengesellschaften steuerliche Relevanz insbesondere deswegen zukommt, um die Frage der Steuerbarkeit im Fall der Veräußerung von Wirtschaftsgütern steuersystematisch zutreffend beantworten zu können, so ist bei einer Gewinneinkünfte erzielenden Personengesellschaft eine solchermaßen getrennte Zurechnung der Wirtschaftsgüter im Grundsatz entbehrlich, da infolge der Zugehörigkeit der Wirtschaftsgüter zum Betriebsvermögen etwaige Veräußerungsgewinne bzw. -verluste stets steuerbar sind. Allerdings weicht die h. M. von dem Grundsatz, dass § 39 Abs. 2 Nr. 2 AO bei Gewinneinkünfte erzielenden Personengesellschaften nicht zur Anwendung gelange, bereitwillig wieder ab, soweit dies im Sinne einer zutreffenden Besteuerung geboten ist, so etwa im Fall des Erwerbs eines Mitunternehmeranteils, welcher, der Bruchteilsbetrachtung folgend, als Erwerb ideeller Anteile der hinter dem Mitunternehmeranteil stehenden Wirtschaftsgüter qualifiziert wird (vgl. BFH v. 06.05.2010 – IV R 52/08, BStBl. II 2011, S. 261; SCHMIDT/WACKER, 2015, § 16 Rz. 452; siehe hierzu G II 1 sowie I). Zwar kann auch diese fallweise Anwendung der Bruchteilsbetrachtung auf den Gesetzeswortlaut des § 39 Abs. 2 Nr. 2 AO gestützt werden, wonach eine solche eben nur insoweit zu erfolgen habe, als eine getrennte Zurechnung für die Besteuerung erforderlich ist, die Reichweite dieser Klausel allerdings ist durchaus umstritten.

Unterscheidung in Mitunternehmer und Nicht-Mitunternehmer

Bei Gewinneinkünfte erzielenden Personengesellschaften ist es zudem erforderlich, deren Gesellschafter für steuerliche Zwecke danach zu unterscheiden, ob sie als Mitunternehmer dieses Betriebs anzusehen (Normalfall) oder lediglich als Kapitalanleger zu qualifizieren sind. Während im Fall des Nicht-Mitunternehmers der Gesellschaftsanteil regelmäßig den Charakter einer zum Privatvermögen gehörenden Kapitalbeteiligung hat und die Gewinnanteile zu den Einkünften aus Kapitalvermögen zählen, ist ein Mitunternehmer anteilig am gesamthänderisch gebundenen Betriebsvermögen und damit auch am Gewinn der Gesellschaft beteiligt. Der Mitunternehmer erzielt folglich je nach Art des Betriebs anteilig Einkünfte aus Land- und Forstwirtschaft, Gewerbebetrieb oder selbständiger Arbeit. Darüber hinaus hat die Unterscheidung in mitunternehmerische und nicht mitunternehmerische Beteiligung des Gesellschafters zusätzliche weitreichende Auswirkungen: So werden gemäß § 15 Abs. 1 Nr. 2 EStG Vergütungen an den Mitunternehmer für Tätigkeiten im Dienst der Gesellschaft, die Überlassung von Wirtschaftsgütern oder die Hingabe von Darlehen dem Gewinnanteil hinzugerechnet, und die hiermit in Zusammenhang stehenden Wirtschaftsgüter werden als Betriebsvermögen der Gesellschaft qualifiziert (sogenanntes Sonderbetriebsvermögen). Im Fall des Nicht-Mitunternehmers ist dies hingegen anders: Ein solcher Gesellschafter erzielt mit etwaigen Leistungsvergütungen Einkünfte aus der jeweils verwirklichten Einkunftsart, und eine Zurechnung der diesbezüglich eingesetzten Wirtschaftsgüter zum Betriebsvermögen der Gesellschaft erfolgt nicht; vielmehr sind diese Wirtschaftsgüter nach allgemeinen Grundsätzen dem Privatvermögen bzw., wenn etwa die Überlassung aus seinem nebenher bestehenden Einzelunternehmen erfolgt, dem Betriebsvermögen des betreffenden Gesellschafters zuzurechnen.

Das folgende Schaubild verdeutlicht die erläuterten Grundkonstellationen:

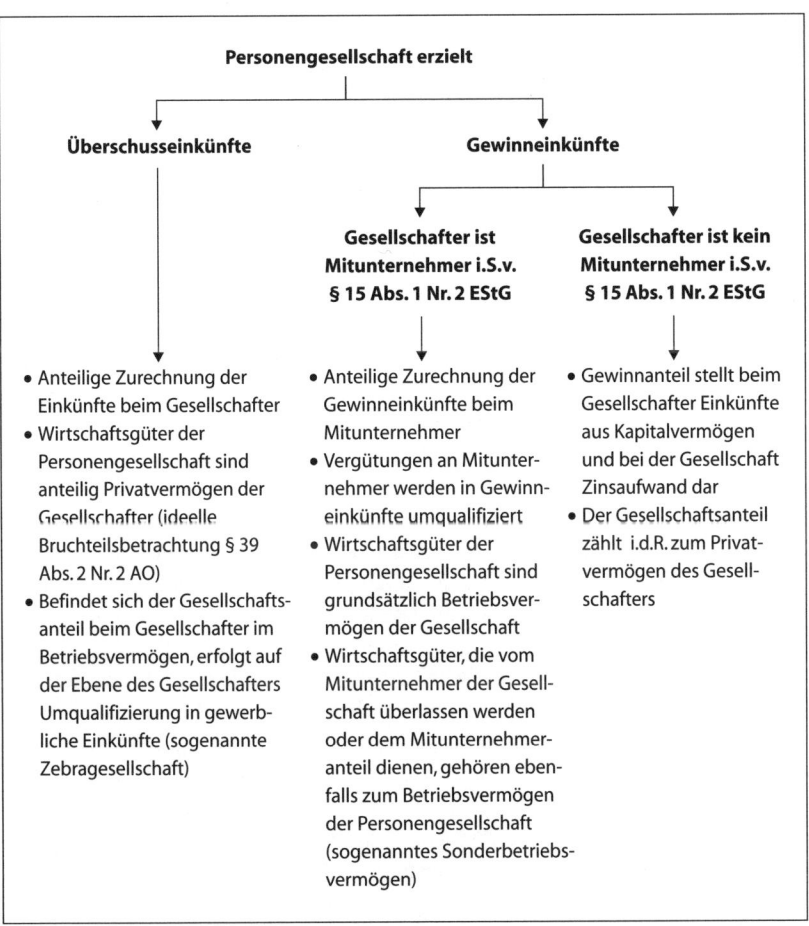

Abb. 2 Grundstruktur der Besteuerung von Personengesellschaften

Im Zentrum dieses Lehrbuchs stehen Personengesellschaften, die einen Gewerbebetrieb zum Gegenstand haben und deren Gesellschafter als Mitunternehmer anzusehen sind. Auf die Besonderheiten vermögensverwaltender Gesellschaften wird nur vereinzelt hingewiesen.

3 Konzeptionelle Grundlagen der Besteuerung von gewerblichen Mitunternehmerschaften

Zentrale Rechtsnorm zur Besteuerung von Personengesellschaften ist § 15 Abs. 1 Nr. 2 EStG. Zwar erfasst diese Vorschrift unmittelbar nur solche Personengesellschaften, die steuerrechtlich als Gewerbebetrieb gelten und deren Gesellschafter als Mitunternehmer anzusehen sind. Über die §§ 13 Abs. 7, 18 Abs. 4 Satz 2 EStG werden die Rechtsgrundsätze der Besteuerung von Mitunternehmerschaften jedoch auch auf solche Personengesellschaften angewendet, die Einkünfte aus Land- und Forstwirtschaft oder selbständiger Arbeit erzielen.

Auf diese Sachverhalte wird jedoch nur am Rande eingegangen. Die folgenden Ausführungen beschränken sich daher auf den Fall gewerblicher Mitunternehmerschaften.

3.1 Einkünftezurechnung und -qualifikation gemäß § 15 Abs. 1 Nr. 2 EStG

Gewerbliche Einkünfte = Gewinnanteil + Sondervergütungen

Nach § 15 Abs. 1 Nr. 2 EStG gehören zu den gewerblichen Einkünften eines Gesellschafters einer Personengesellschaft

- die Anteile am Gewinn einer OHG, KG oder einer anderen Gesellschaft, bei welcher der Gesellschafter als Unternehmer (Mitunternehmer) anzusehen ist, und
- die Vergütungen, die der Gesellschafter von der Gesellschaft für seine Tätigkeit im Dienst der Gesellschaft oder für die Hingabe von Darlehen oder für die Überlassung von Wirtschaftsgütern bezogen hat.

Die gewerblichen Einkünfte, die für einen Gesellschafter einer Personengesellschaft aus seiner Beteiligung resultieren, setzen sich folglich aus zwei Teilen, nämlich dem auf ihn entfallenden Anteil am gesamthänderisch erzielten Gewinn der Gesellschaft einerseits und den sogenannten Sondervergütungen andererseits zusammen. Beide Komponenten sind additiv miteinander verbunden.

Zurechnungsnorm

Begreift man die Personengesellschaft selbst als Subjekt der Einkünfteerzielung, so kann § 15 Abs. 1 Nr. 2 EStG hinsichtlich des auf den Gesellschafter entfallenden Anteils am gesamthänderisch erzielten Gewinn dahingehend verstanden werden, dass die von der Gesellschaft erzielten Einkünfte den Gesellschaftern gleichsam als »fremde« Einkünfte anteilig zugerechnet werden (vgl. KNOBBE-KEUK, 1993, S. 365 f.; HÜTTEMANN, DStJG 2011, S. 291, 296). Insoweit wäre § 15 Abs. 1 Nr. 2 EStG als Zurechnungsnorm zu begreifen. Vertritt man indes die Auffassung, nicht die Gesellschaft, sondern vielmehr die Gesellschafter erzielten kraft eigener Tatbestandsverwirklichung in ihrer gesellschaftsrechtlichen Verbundenheit originär eigene gewerbliche Einkünfte, so wirkt § 15 Abs. 1 Nr. 2 EStG insoweit lediglich deklaratorisch (vgl. KIRCHHOF/REISS, 2015, § 15 Rz. 162; SCHMIDT/WACKER, 2015, § 15 Rz. 163; siehe hierzu A II 3.2.1).

Vergütungen, die ein Gesellschafter von einer Personengesellschaft bezieht, an der er selbst als Mitunternehmer beteiligt ist, werden gemäß § 15 Abs. 1 Nr. 2 EStG in gewerbliche Einkünfte umqualifiziert: Ihrer Art nach wären diese Vergütungen unter den Einkünften aus selbständiger oder nichtselbständiger Arbeit, aus Kapitalvermögen oder aus Vermietung und Verpachtung zu subsumieren; durch § 15 Abs. 1 Nr. 2 EStG werden sie nunmehr den von der Personengesellschaft erzielten gewerblichen Einkünften zugerechnet. § 15 Abs. 1 Nr. 2 EStG wird daher auch als Qualifikationsnorm bezeichnet.

Qualifikationsnorm

Der Qualifikationscharakter der Regelung lässt sich dahingehend interpretieren, dass die zivilrechtliche Wirksamkeit der den Sondervergütungen zugrunde liegenden Verträge zwischen der Gesellschaft und dem betreffenden Gesellschafter grundsätzlich auch steuerrechtlich anerkannt wird. Dies bedeutet, dass sowohl der handelsrechtliche Jahresüberschuss als auch der steuerrechtliche, gesamthänderisch erzielte Gewinn der Gesellschaft um den entsprechenden Betrag der Vergütung gemindert ist. Die auf die einzelnen Gesellschafter entfallenden Gewinnanteile verringern sich entsprechend. Durch die Hinzurechnung der Sondervergütungen zu den gewerblichen Einkünften des betreffenden Gesellschafters wird nun erreicht, dass diese Beträge, obwohl von der Gesellschaft als Aufwand gewinnmindernd behandelt, letztlich nicht den Gesamtgewinn der Gesellschaft vermindern. Die auf der Gesamthandsebene existente Aufwandswirksamkeit der Sondervergütungen wird mithin neutralisiert.

BEISPIEL 2

Gesellschafter der AB-OHG sind A und B. Am Gewinn und Verlust sind A und B je zur Hälfte beteiligt. A führt die Geschäfte der OHG und erhält hierfür aufgrund eines zivilrechtlich wirksamen Anstellungsvertrags eine monatliche Vergütung von 8.000 €.

LÖSUNG Die Gehaltszahlungen an A werden innerhalb der Gewinnermittlung der OHG als Personalaufwand, d. h. gewinnmindernd behandelt. Der sich aus der Gesamthandsbilanz der Gesellschaft ergebende steuerliche Gewinn der OHG ist um die Gehaltszahlungen von 96.000 € gemindert und betrage 400.000 €.

Von diesen 400.000 € sind je 200.000 € als Gewinnanteil und damit als gewerbliche Einkünfte A und B zuzurechnen. § 15 Abs. 1 Nr. 2 EStG kann insoweit als Zurechnungsnorm verstanden werden.

Die Gehaltszahlungen i. H. v. 96.000 € dürfen jedoch den Gesamtgewinn der OHG nicht mindern. Sie sind als Sondervergütung dem gesamthänderisch erzielten Gewinn wieder hinzuzurechnen. Für A stellen die Gehaltszahlungen mithin keine Einkünfte aus nichtselbständiger Arbeit dar, wie man nach ihrer Beschaffenheit zunächst vermuten würde, sondern werden in gewerbliche Einkünfte umqualifiziert. § 15 Abs. 1 Nr. 2 EStG ist insoweit Qualifikationsnorm.

Die endgültige steuerliche Gewinnverteilung gestaltet sich daher wie folgt:

	OHG	A	B
Steuerbilanzieller Gewinn der OHG	400.000 €	200.000 €	200.000 €
Sondervergütung A	96.000 €	96.000 €	–
	496.000 €	296.000 €	200.000 €

Das Ergebnis ist wie folgt zu lesen: Der Gesamtgewinn der OHG beträgt 496.000 €. Von diesem Gesamtgewinn entfallen 296.000 € auf Gesellschafter A und 200.000 € auf Gesellschafter B. Beide erzielen insoweit Einkünfte aus Gewerbebetrieb. ◀|

Auf den ersten Blick wirkt der soeben skizzierte Mechanismus lediglich formal: Die Einkünfte aus selbständiger Arbeit (§ 18 EStG), aus nichtselbständiger Arbeit (§ 19 EStG), aus Vermietung und Verpachtung (§ 21 EStG) oder aus Kapitalvermögen (§ 20 EStG) werden unter bestimmten Voraussetzungen in gewerbliche Einkünfte »verwandelt«. Bei näherem Hinsehen wird jedoch deutlich, dass mit dieser Umqualifizierung erhebliche materielle steuerliche Konsequenzen verbunden sind:

Gewerbesteuerliche Erfassung der Sondervergütungen

So beschränkt sich die Umqualifizierung der Sondervergütungen nicht auf den Bereich der Einkommensteuer, sondern greift auch gewerbesteuerlich durch. Bei der Ermittlung des Gewerbeertrags nach § 7 ff. GewStG fungiert nicht etwa nur der gesamthänderisch erzielte Gewinn der Personengesellschaft als Ausgangsgröße, sondern vielmehr derjenige Gewinn aus Gewerbebetrieb, der bei der Ermittlung des einkommen- oder körperschaftsteuerlichen Einkommens zu berücksichtigen ist; diese Größe aber schließt die gemäß § 15 Abs. 1 Nr. 2 EStG zu gewerblichen Einkünften umqualifizierten Sondervergütungen ein (vgl. z. B. BFH v. 25. 02. 1991 – GrS 7/89, BStBl. II 1991, S. 691, m. w. N. sowie H 7.1 (3) GewStH). Im Ergebnis werden somit die Sondervergütungen auch bei der Ermittlung des Gewerbeertrags nicht zum Abzug zugelassen.

Steuerliche Verhaftung der stillen Reserven der WG des SBV

Einkommensteuerlich bewirkt die Umqualifizierung der Sondervergütungen, dass für die steuerliche Ermittlung der hieraus resultierenden Einkünfte nicht mehr die §§ 18–21 EStG einschlägig sind, sondern eben § 15 EStG zur Anwendung kommt. Bezüglich der vormaligen Überschusseinkunftsarten (§§ 19–21 EStG) bedeutet dies, dass nunmehr die Einkünfte als Gewinn und nicht mehr als Überschuss der Einnahmen über die Werbungskosten zu ermitteln sind. Diejenigen Wirtschaftsgüter, die vornehmlich zur Erzielung der gewerblichen Einkünfte Verwendung finden, sind folglich dem Betriebsvermögen zuzurechnen und ihre wertmäßigen Veränderungen sind innerhalb des periodischen Vergleichs des Betriebsvermögens zu erfassen. Durch diese Steuerverhaftung der betreffenden Wirtschaftsgüter werden mithin etwaig erzielte Veräußerungsgewinne auch außerhalb der Grenzen des § 23 EStG und der Anwendungsvoraussetzungen des § 17 EStG bzw. § 20 Abs. 2 EStG sowohl einkommen- als auch gewerbesteuerbar (vgl. BFH v. 03. 04. 2008 – IV R 54/04, BStBl. II 2008, S. 742). Da diese Wirtschaftsgüter nicht im Gesamthandseigentum der Gesellschaft stehen, sondern sich vielmehr im Eigentum nur eines oder mehrerer Gesellschafter befinden, werden sie steuerlich als Sonderbetriebsvermögen des betreffenden Gesellschafters bezeichnet (vgl. hierzu C II 2.2).

BEISPIEL 3 ▰▰▰▰▰▰▰▰▰▰▰▰▰▰▰▰▰▰▰▰▰▰▰

Variiert man das Beispiel 2 dahingehend, dass A keine Gehaltszahlungen von der OHG bezieht, sondern stattdessen der OHG ein Gebäude vermietet hat und hierfür einen jährlichen Mietzins i. H. v. 96.000 € erhält, so gilt Folgendes:

LÖSUNG Die Mietzahlungen stellen für A gewerbliche Einkünfte dar. § 15 Abs. 1 Nr. 2 EStG bewirkt insoweit eine Umqualifizierung der ihrer Art nach eigentlich Einkünfte aus Vermietung und Verpachtung darstellenden Einkünfte. Darüber hinaus ist das vermietete Gebäude nicht dem Privatvermögen des A zuzurechnen, sondern gilt als Betriebsvermögen der OHG. Da es im Eigentum des A steht, ist es diesem unmittelbar zuzurechnen und wird als Sonderbetriebsvermögen des A bezeichnet. Veräußert A das Gebäude, so ist das Veräußerungsergebnis, (d. h. die Differenz zwischen Veräußerungspreis und Buchwert des Gebäudes), sei es positiv oder negativ, steuerlich relevant und rechnet zu den gewerblichen Einkünften des A, die dieser als OHG-Gesellschafter erzielt. Die Umqualifizierung der Einkünfte hat insoweit eine Steuerverhaftung der stillen Reserven bzw. stillen Lasten bewirkt. Ohne Umqualifizierung wäre das Veräußerungsergebnis steuerlich irrelevant, da es der privaten Vermögenssphäre zuzurechnen gewesen wäre. Eine Versteuerung würde allenfalls bei einer Veräußerung innerhalb der Veräußerungsfrist des § 23 EStG erfolgen. ◀|

Über die Erfassung der Veränderungen der Vermögensebene hinaus bewirkt die Umqualifizierung, dass die für die Überschusseinkunftsarten geltenden Pausch- und Freibeträge nicht mehr zur Anwendung kommen (z. B. Werbungskosten-Pauschbetrag gemäß § 9a Satz 1 Nr. 1 EStG bzw. Sparer-Pauschbetrag gemäß § 20 Abs. 9 Satz 1 EStG). Infolge der Umqualifizierung von Vergütungen für die Hingabe von Darlehen in gewerbliche Einkünfte entfällt zudem die Möglichkeit, derlei Vergütungen dem gesonderten Steuersatz für Einkünfte aus Kapitalvermögen (§ 32d EStG) zu unterwerfen. Da die Vergütungen nunmehr als Sonderbetriebseinnahmen den Einkünften aus Gewerbebetrieb zuzurechnen sind, findet zudem das Verbot des Abzugs der tatsächlich mit der Erzielung der Einnahmen in Zusammenhang stehenden Werbungskosten (§ 20 Abs. 9 Satz 1 EStG) keine Anwendung mehr; vielmehr können entsprechende Aufwendungen als Sonderbetriebsausgaben abgezogen werden.

Keine einkunfts-artenspezfischen WK-Pauschbeträge bzw. Abzugsverbote

Ersetzt man die Personengesellschaft durch eine Kapitalgesellschaft, so ergeben sich infolge des Trennungsprinzips völlig andere Rechtsfolgen: Da nunmehr die vorgenannten Rechtsbeziehungen zwischen Gesellschaft und Gesellschafter auch steuerlich Wirkung entfalten, schmälern beispielsweise die Geschäftsführungsvergütungen, die eine GmbH an ihren geschäftsführenden Gesellschafter zahlt, den Gewinn und damit im Gleichschritt den Gewerbeertrag der GmbH. Der Gesellschafter erzielt insoweit Einkünfte aus nichtselbständiger Arbeit, vorausgesetzt die Vergütung gerät nicht in die Fänge des Konstrukts der verdeckten Gewinnausschüttung. Zudem gibt es bei Kapitalgesellschaften kein Sonderbetriebsvermögen; vielmehr sind die von einem Gesellschafter »seiner« Kapitalgesellschaft überlassenen Wirtschaftsgüter nach allgemeinen Grundsätzen seinem Privatvermögen bzw. Betriebsvermögen (wenn die Überlassung etwa aus seinem nebenher bestehenden Einzelunternehmen erfolgt) zuzurechnen.

Unterschiede ggü. Kapital-gesellschaften

3.2 Gesetzgeberische Motivation und theoretische Leitbilder

3.2.1 Bilanzbündeltheorie, Einheitstheorie und Transparenzprinzip

Die ursprüngliche Motivation der Einführung des § 15 Abs. 1 Nr. 2 EStG war die Absicht des Gesetzgebers, eine steuerliche Gleichbehandlung zwischen dem Einzelunternehmer und dem Gesellschafter einer Personengesellschaft herzustellen. Das hinter diesem Gedanken stehende Leitbild ist in der sogenannten Bilanzbündeltheorie zu suchen, die vom Reichsfinanzhof als theoretische Grundkonzeption der Besteuerung von Personengesellschaften entwickelt und vom BFH in ihren Grundzügen lange Zeit bestätigt wurde (vgl. RFH v. 14.07.1937 – VI A 422/37, RStBl. 1937, S. 937; BFH v. 29.09.1966 – IV 308/64, BStBl. III 1967, S. 180).

Bilanzbündeltheorie

Die Bilanzbündeltheorie fußt auf der Annahme, dass sich das Vermögen von Personengesellschaften aus mehreren Einzelbetriebsvermögen zusammensetzt, je-

Gleichstellung mit Einzelunternehmer

der Mitunternehmer also gedanklich als ein Einzelunternehmer anzusehen sei, mit der Konsequenz, dass die Gesamthandsbilanz der Personengesellschaft im Ergebnis eine konsolidierte, d. h. aus den Einzelbilanzen der Gesellschafter sich summarisch ergebende, in diesem Sinne also »gebündelte« Bilanz sei (vgl. KNOBBE-KEUK, 1993, S. 362 m. w. N.). Die Personengesellschaft als solche wird bei dieser Sichtweise quasi negiert. Als Konsequenz der Bilanzbündeltheorie hat sich die Besteuerung des Gesellschafters einer Personengesellschaft an der Besteuerung eines Einzelunternehmers zu orientieren.

Einzelunternehmer: Vergütungen »an sich selbst« sind Entnahmen

Hauptproblem der Gleichstellung des Mitunternehmers mit dem Einzelunternehmer ist die Tatsache, dass der Mitunternehmer einer Personengesellschaft von dieser auf schuldrechtlicher Basis Vergütungen für Dienstleistungen, Überlassung von Wirtschaftsgütern und Hingabe von Darlehen erhalten kann, die bei der Gesellschaft aus handelsrechtlicher Sicht Aufwand darstellen und damit nicht im Gewinn der Gesellschaft enthalten sind. Demgegenüber kann der Einzelunternehmer keine Verträge mit sich selbst abschließen, setzt doch ein Vertrag immer zwei sich gegenüberstehende Vertragsparteien voraus. Daher kann sich der Einzelunternehmer weder Lohn für die Führung der Geschäfte (Unternehmerlohn) oder Zinsen für die Überlassung von Darlehen zahlen, noch kann er sich selbst oder seinem Einzelunternehmen gegen Entgelt Wirtschaftsgüter überlassen, um diese gewerblich zu nutzen. Alle solche »Vergütungen« an sich selbst werden als den Gewinn nicht mindernde Entnahmen aus dem Einzelunternehmen qualifiziert. Zwar haben diese Entnahmen das Betriebsvermögen gemindert, sind jedoch gemäß § 4 Abs. 1 Satz 1 EStG dem Unterschiedsbetrag zwischen dem Betriebsvermögen am Schluss des Wirtschaftsjahres und demjenigen am Schluss des vorangegangenen Wirtschaftsjahres wieder hinzuzurechnen. Der auf diese Art und Weise ermittelte Gewinn gehört bereits per se zu den Einkünften aus Gewerbebetrieb, und die gewerblich genutzten Wirtschaftsgüter sind ungeachtet der »Überlassung an sich selbst« Betriebsvermögen, etwaige stille Reserven sind damit steuerverhaftet.

Mitunternehmer: Gleichstellung durch Umqualifizierung der Vergütungen

Anders ist dies im Fall von Personengesellschaften: Hier erfolgt die Qualifikation gesetzestechnisch nicht in der Weise, dass die den Gesellschaftern gewährten Vergütungen unmittelbar als Entnahmen qualifiziert werden, sondern vielmehr werden die zwischen Gesellschaft und Gesellschafter geschlossenen Verträge auch steuerrechtlich akzeptiert, über die Zurechnung der daraus resultierenden Vergütungen zu den gewerblichen Einkünften via § 15 Abs. 1 Nr. 2 EStG anschließend jedoch ihrer materiellen Wirkung beraubt. Dies bewirkt im Ergebnis eine Umqualifizierung der Vergütungen von der hinsichtlich der eigentlichen Beschaffenheit zutreffenden Einkunftsart in gewerbliche Einkünfte. Soweit vom Gesellschafter der Gesellschaft Wirtschaftsgüter zur Nutzung überlassen werden, die nicht im Eigentum der Gesellschaft, sondern eben im Eigentum eines oder mehrerer Mitunternehmer stehen, sind diese so zu stellen, als würde der Mitunternehmer sie im Rahmen eines Einzelunternehmens nutzen. Daher muss mit der Umqualifizierung der Einkünfte in gewerbliche Einkünfte die Umqualifizierung der Wirtschaftsgüter als dem Betriebsvermögen zugehörig einhergehen. Da es sich bei derartigen Wirtschaftsgütern nicht um solche handelt, die allen Gesellschaftern gesamthänderisch zustehen, werden diese Wirtschaftsgüter nicht als Gesamthandsvermögen, sondern als Sonderbetriebsvermögen des betreffenden Gesellschafters bei der Gesellschaft bezeichnet.

Der BFH hat diese konzeptionelle Auslegung des § 15 Abs. 1 Nr. 2 EStG bis in die siebziger Jahre hinein angewendet. Allerdings hat er der gesamthänderischen Bindung des Gesellschaftsvermögens insoweit Bedeutung beigemessen, als die einzelnen Mitunternehmer durch Zusammenschluss zu einer Gesellschaft in der Verfügungsmacht über das Gesellschaftsvermögen durch die anderen Gesellschafter beschränkt sind. So wurde etwa eine unterschiedliche Wahlrechtsausübung durch die einzelnen Mitunternehmer, z. B. bei der Wahl der AfA-Methoden oder hinsichtlich des Umfangs der Herstellungskosten für ihren gedanklichen Anteil an den einzelnen Wirtschaftsgütern, nicht anerkannt (vgl. BFH v. 14. 01. 1958 – I R 159/57 U, BStBl. III 1958, S. 75). Insofern kann schon früh von einer sukzessiven Hinwendung des BFH zur Gesamthandsvorstellung, weg von der Bilanzbündeltheorie, gesprochen werden. Gleichwohl wurde die gesellschafterbezogene Sichtweise zunächst in vielerlei Hinsicht beibehalten; so wurden z. B. Veräußerungsvorgänge zwischen Gesellschafter und Gesellschaft insoweit als Einlage bzw. Entnahme angesehen, als der Gesellschafter selbst an der Personengesellschaft beteiligt war.

BFH bis Mitte der siebziger Jahre: Bilanzbündeltheorie mit Einschränkungen

BEISPIEL 4

A und B sind Mitunternehmer der gewerblich tätigen AB-OHG. A, der zu 40 % an Gewinn, Verlust und Vermögen der OHG beteiligt ist, verkauft zu marktüblichen Konditionen ein Grundstück seines Privatvermögens an die Gesellschaft.

LÖSUNG Obwohl zivilrechtlich wirksam ein Kaufvertrag zwischen der OHG und ihrem Gesellschafter A geschlossen wurde, galt die Auffassung, A habe das Grundstück insoweit, als er selbst an der OHG beteiligt war (40 %), in sein gedanklich existierendes Einzelunternehmen eingelegt; die Bewertung erfolgte insoweit gemäß § 6 Abs. 1 Nr. 5 EStG. Nur zu 60 % lag demnach ein Veräußerungsgeschäft vor, nämlich i. H. d. Beteiligungsquote des B, der insoweit entsprechende Anschaffungskosten hatte. Entsprechend waren aus steuerlicher Sicht auch nur 60 % des Kaufpreises als Entgelt für die Veräußerung des anteiligen Wirtschaftsguts zu erfassen, während 40 % des Kaufpreises als Entnahme von A beurteilt wurden. ◄|

Literatur, Rechtsprechung und Finanzverwaltung sind ab Mitte der siebziger Jahre immer weiter von der Bilanzbündeltheorie abgerückt und haben die zumindest partielle Selbständigkeit der Personengesellschaft immer stärker in den Vordergrund gerückt (vgl. z. B. BFH v. 25. 06. 1984 – GrS 4/82, BStBl. II 1984, S. 751). Diese als sogenannte Einheitstheorie bezeichnete theoretische Leitlinie geht davon aus, dass Personengesellschaften zwar keine »vollständigen« Steuerrechtssubjekte sein können, weil nicht die Gesellschaft selbst, sondern ihre Gesellschafter einkommen- bzw. körperschaftsteuerpflichtige Steuersubjekte sind, jedoch wird der Personengesellschaft insoweit Steuerrechtssubjekteigenschaft zugebilligt, als sie in der Einheit ihrer Gesellschafter Merkmale eines Besteuerungstatbestands verwirklicht, die den Gesellschaftern für ihre Besteuerung zuzurechnen sind. Im Unterschied zur Bilanzbündeltheorie, die steuerrechtlich den Gesellschafter als Individuum in den Mittelpunkt rückte, betont die Einheitstheorie die gesellschaftliche Verbundenheit der Gesellschafter miteinander und bewirkt damit eine, wenngleich nur teilweise steuerrechtliche Verselbständigung der Gesellschaft gegenüber ihren Gesellschaftern. Der Einheitstheorie zufolge ist die Gesellschaft (und nicht der einzelne Gesellschafter) Subjekt der Gewinnerzielung, Gewinnermittlung und Einkünftequalifikation (vgl. bereits A II 1.2), und die Ebene der Gesellschafter erlangt erst in einem zweiten Schritt, nämlich bei der Zurechnung des gesamthänderisch erzielten Ergebnisses, Bedeutung.

Hinwendung zur Einheitstheorie

Materielle Folgen der Einheitstheorie

Folgen dieser konzeptionellen Neuorientierung sind insbesondere, dass

- zu fremdüblichen Bedingungen abgeschlossene Veräußerungsgeschäfte zwischen der Gesellschaft und ihrem Gesellschafter steuerrechtlich anzuerkennen sind; in diesen Fällen erfolgt mithin keine Aufteilung mehr in eine entgeltliche Übertragung einerseits und eine Einlage bzw. Entnahme andererseits, sondern vielmehr liegt vollumfänglich eine Veräußerung durch die Gesellschaft und eine Anschaffung durch den Gesellschafter (bzw. umgekehrt) vor;
- Darlehensforderungen eines Gesellschafters gegenüber der Gesellschaft nicht in einen Einlageanteil und einen Darlehensanteil gegenüber der Gesellschaft aufzuteilen sind, sondern auch steuerrechtlich bei der Gesellschaft in vollem Umfang Schulden und beim Gesellschafter in vollem Umfang Forderungen gegenüber der Gesellschaft sind;
- die Personengesellschaft selbst Mitunternehmer einer anderen Personengesellschaft sein kann (vgl. auch K II).

Gleichstellungsthese gilt weiterhin

Gleichwohl hat die mit § 15 Abs. 1 Nr. 2 EStG verbundene Überlegung, wonach der Mitunternehmer steuerrechtlich dem Einzelunternehmer gleichzustellen sei, weiterhin Gültigkeit, gelangt allerdings nicht mehr in jedem Fall, sondern eben nur noch in den im Gesetz genannten Tatbeständen zur Anwendung. Folglich bleibt es bei der Umqualifizierung von Vergütungen der Gesellschaft an den Gesellschafter für Tätigkeiten im Dienst der Gesellschaft, für die Hingabe von Darlehen oder die Überlassung von Wirtschaftsgütern. Nur wird dies nicht mehr dadurch begründet, dass die Sondervergütungen ohnehin Bestandteil des Gewinnanteils seien, da sie lediglich Entnahmen darstellten, sondern vielmehr werden der Anteil am Gesamthandsgewinn der Gesellschaft und die Sondervergütungen erst durch § 15 Abs. 1 Nr. 2 EStG additiv miteinander verbunden. Bereits der Wortsinn der Vorschrift, so die derzeitige Auffassung des BFH, schließe es aus, die Sondervergütungen als Teil des Gewinnanteils anzusehen (vgl. BFH v. 25.02.1991 – GrS 7/89, BStBl. II 1991, S. 691).

Vielheit der Gesellschafter wirkt sich aus

Zu beachten ist allerdings, dass diese auch steuerrechtliche Verselbständigung der Personengesellschaft nicht absolut wirkt, sondern ihre Grenzen vielmehr dann erreicht, wenn andernfalls eine sachlich zutreffende Besteuerung des Gesellschafters nicht möglich wäre (siehe hierzu bereits A II 1.2), da Steuersubjekt eben nach wie vor der Gesellschafter selbst ist. Insofern wirken sich gesellschafterbezogene steuerlich relevante Umstände, soweit sie in einem unmittelbaren Zusammenhang mit den Einkünften der Gesellschaft stehen, eben auch innerhalb der Einkünfteermittlung der Gesellschaft aus, so dass zumindest in diesen Fällen steuerrechtlich durch die Gesellschaft hindurchgesehen wird und die hinter der Gesellschaft stehenden Gesellschafter in ihrer Vielheit auch für solche Fragen, die man wegen der partiellen Steuerrechtssubjektivität der Gesellschaft eigentlich auf Ebene der Gesellschaft beantworten wollte, wieder in den Vordergrund treten. Je stärker dabei die Vielheit der Gesellschafter berücksichtigt wird, desto größer ist die Verwirklichung des Transparenzprinzips, während umgekehrt eine stärkere Betonung der Einheit der Gesellschaft zu einer größeren Annäherung an das Trennungsprinzip führt (vgl. HHR/RÄTKE, § 15 EStG Anm. 89 ff.).

Der Gesetzgeber irrt dabei zwischen diesen beiden Polen hin und her: So betonte er im Steuerentlastungsgesetz 1999/2000/2002 noch die Einheit der Personengesellschaft, indem unentgeltliche Übertragungen bzw. solche gegen Gewährung bzw. Minderung von Gesellschaftsrechten stets zum Teilwert zu erfolgen hatten (§ 6 Abs. 5 Satz 3 EStG i. d. F. des StEntlG 1999/2000/2002) und die Personengesellschaft als Steuerpflichtiger i. S. d. § 6 b EStG galt, so Abs. 10 der Vorschrift in der damaligen Fassung. Letzteres hatte etwa zur Folge, dass die Tatbestandsvoraussetzungen des § 6 b EStG nur noch auf Ebene der Gesellschaft als solcher, nicht aber für den einzelnen Gesellschafter zu prüfen waren und auch von der Gesellschaft erzielte Veräußerungsgewinne i. S. d. § 6 b EStG nur noch auf die Anschaffungs- oder Herstellungskosten von Reinvestitionswirtschaftsgütern der Gesellschaft selbst übertragen werden durften. Hinzu kam, dass der Gesetzgeber im Entwurf des StSenkG eine Option für Personenunternehmen vorgesehen hatte, sich wie eine Kapitalgesellschaft besteuern zu lassen, was bei entsprechender Wahlrechtsausübung zu einer Besteuerung entlang des Trennungsprinzips geführt hätte. In der endgültigen Gesetzesfassung besann sich der Gesetzgeber indes wieder auf das Transparenzprinzip, indem er die angedachte Option zur Körperschaftsteuer verwarf und zudem § 6 Abs. 5 Satz 3 EStG gesellschafterbezogen ausformulierte. Verstärkt wurde diese Rückbesinnung durch die mit dem UntStFG bewirkte Abkehr von der gesellschaftsbezogenen Sichtweise des § 6 b EStG; auch hier ist nunmehr wieder der Gesellschafter Steuersubjekt: Veräußert die Gesellschaft etwa ein Grundstück und will zur Neutralisation des Veräußerungsgewinns eine Rücklage gemäß § 6 b EStG bilden, so ist eben gesellschafterbezogen zu prüfen, ob die Tatbestandsvoraussetzungen des § 6 b EStG, insbesondere die sechsjährige Zugehörigkeit zum Anlagevermögen, erfüllt sind. Für diejenigen Gesellschafter, bei denen dies z. B. infolge ihres späteren Eintritts in die Gesellschaft nicht der Fall ist, scheidet sodann eine entsprechende Rücklagenbildung aus.

Letztlich geht es bei der Grundkonzeption der Besteuerung der Personengesellschaft um die Frage, ob die Gesellschafter mit ihren Gewinnanteilen aus der Gesellschaft originär eigene Einkünfte versteuern, also solche, die sie gemeinsam mit den anderen Gesellschaftern selbst erzielt haben (so KIRCHHOF/REISS, 2015, § 15 Rz. 162 f.; BFH v. 03.02.2010 – IV R 26/07, BStBl. II 2010, S. 751), oder es sich dabei vielmehr um von der Gesellschaft als solcher erzielte Einkünfte handelt, die sodann den Gesellschaftern für die Zwecke der Besteuerung gleichsam als fremde Einkünfte zugerechnet werden (so HÜTTEMANN in SCHÖN/HÜTTEMANN, Die Personengesellschaft im Steuerrecht, S. 39, 43; HENNRICHS in TIPKE/LANG, 2015, § 10 Rz. 14). Dabei folgt erstere Auffassung dem Transparenzprinzip umfassend und berücksichtigt die einzelnen Gesellschafter mit ihren individuellen steuerrechtlichen Besonderheiten bereits bei der Einkünftequalifikation und der Einkünfteermittlung, soweit dies für eine sachlich zutreffende Besteuerung erforderlich ist. Bei dieser Sichtweise erweist sich die viel beschworene partielle steuerrechtliche Verselbständigung der Personengesellschaft lediglich als praktisches Prinzip, das im Ernstfall bereitwillig aufgegeben wird. Einen Rückfall in die Bilanzbündeltheorie bedeutet dies gleichwohl nicht. Vielmehr werden auch bei der mit Vielheitsbetrachtung einhergehenden Betonung des Transparenzgedankens fremdübliche Veräußerungen zwischen Gesellschaft und Gesellschafter vollständig als wechselseitige Anschaffung und Veräußerung gewertet, während etwa im Fall gesellschaftsrechtlich veranlasster Übertragungen zwischen Gesellschaft und Gesellschafter hingegen die Gesellschafterebene in den Vordergrund rückt und folglich (zumindest partiell) kein zur Aufdeckung stiller Reserven führender Transfer anzunehmen ist. Demgegenüber be-

Originäre Einkünfte des Gesellschafters oder Zurechnung »fremder« Einkünfte?

deutet die Ansicht, den Gesellschaftern würden die von der Gesellschaft erzielten Einkünfte als fremde Einkünfte zugerechnet werden, eine stärkere Hinwendung zum Trennungsprinzip, und nach dieser Auffassung wären wohl auch gesellschaftsrechtlich veranlasste Übertragungen zwischen Gesellschaft und Gesellschafter vollumfänglich als zur Aufdeckung stiller Reserven führende Entnahmen bzw. Einlagen anzusehen. Konsequenterweise wird aus dieser Perspektive de lege ferenda für eine Einbeziehung zumindest bestimmter Personengesellschaften in die Körperschaftsteuer plädiert (vgl. HENNRICHS in TIPKE/LANG, 2015, § 10 Rz. 15 m. w. N.).

Die unterschiedlichen Grundpositionen zur Besteuerung der Personengesellschaften sind in der nachfolgenden Abbildung noch einmal dargestellt:

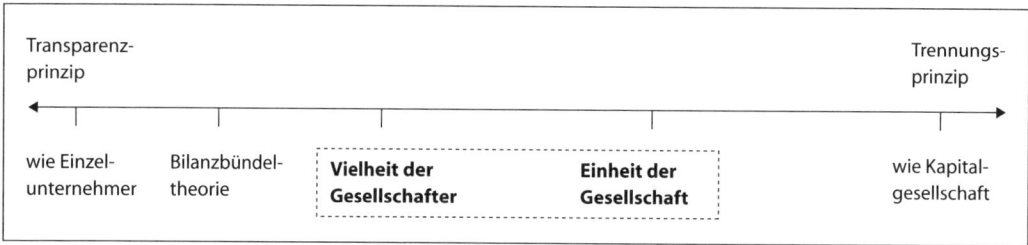

Abb. 3 Grundpositionen zur Besteuerung von Personengesellschaften

3.2.2 Grundsatz der zeitnahen Besteuerung

Besteuerung der Gewinne im Entstehungsjahr

Im Ergebnis unstreitig ist, dass der von der Personengesellschaft erzielte Gewinn bereits im Entstehungsjahr auf Ebene der Gesellschafter der Besteuerung unterworfen wird, wobei es nicht darauf ankommt, ob der Gewinn entnommen oder in der Gesellschaft belassen wird. Die Frage ist nur, auf welche Art und Weise diese unmittelbare steuerliche Belastung des Gewinns im Entstehungsjahr für den Bereich der Personengesellschaft zu begründen ist.

Folgt man der Auffassung, dass die Gesellschafter in ihrer gesellschaftsrechtlichen Verbundenheit originär eigene Einkünfte erzielen, so folgt daraus zugleich, dass die erzielten Gewinne auch unmittelbar anteilig von dem jeweiligen Gesellschafter zu versteuern sind. Vertritt man hingegen die Ansicht, die Gesellschaft als solche würde die Einkünfte erzielen, so kann § 15 Abs. 1 Nr. 2 EStG eingedenk der Tatsache, dass die Gesellschaft eben kein vollständiges Steuerrechtssubjekt ist, mithin die nach diesem Verständnis von ihr erzielten Gewinne nicht von ihr selbst, sondern von den Gesellschaftern zu versteuern sind, dahingehend verstanden werden, dass die Regelung dafür Sorge trägt, auch bei Personengesellschaften derlei Gewinne bereits im Entstehungsjahr der Besteuerung zu unterwerfen. Mit anderen Worten: ohne § 15 Abs. 1 Nr. 2 EStG wäre eine Besteuerung auf der Ebene der Gesellschafter nicht möglich, dies allerdings weder zum Entstehungszeitpunkt der Einkünfte noch später, so dass die Gewinne ohne eine Zurechnung auf die Gesellschafter quasi in einer Sphäre der Nichtbesteuerung verweilen würden. Vergegenwärtigt man sich zudem, dass der Grundsatz einer zeitnahen Besteuerung für den Einzelunternehmer und für Kapitalgesellschaften ohnehin gilt, weil es sich bei diesen eben um vollständige Steuerrechtssubjekte handelt, welche die von ihnen erzielten Einkünfte auch selbst versteuern, so würde bei letzterer Sichtweise § 15 Abs. 1 Nr. 2 EStG das Prinzip einer steuerlichen Belastung des Gewinns bereits im

Entstehungsjahr für den Bereich der Personengesellschaften komplettieren, indem die Vorschrift eben die unmittelbare steuerliche Zurechnung auf die Gesellschafter anordnet. Insoweit kann die Regelung auch als Bemühen um die Realisierung einer rechtsformneutralen Ausgestaltung der Unternehmensbesteuerung eingeordnet werden (vgl. KNOBBE-KEUK, 1993, S. 362, 368 f.).

B Gewerbliche Mitunternehmerschaft: Voraussetzungen und Kriterien

Zentrale Rechtsnorm zur Besteuerung gewerblicher Mitunternehmerschaften ist § 15 Abs. 1 Nr. 2 EStG, für dessen Anwendung die folgenden Tatbestandsvoraussetzungen erfüllt sein müssen:
- Existenz eines Gesellschaftsverhältnisses oder einer wirtschaftlich vergleichbaren Rechtsgemeinschaft;
- Gewerblichkeit dieses Rechtsgebildes;
- Mitunternehmereigenschaft der Gesellschafter.

I Gesellschaftsverhältnis oder vergleichbare Rechtsgemeinschaft

§ 15 Abs. 2 Nr. 1 EStG beschränkt sich nicht nur auf die explizit genannten Rechtsformen der OHG und KG, sondern erfasst zugleich alle anderen zu den Personengesellschaften im zivilrechtlichen Sinn zählenden Gesellschaftsformen, so z.B. die GbR, die stille Gesellschaft, die Partenreederei und die Partnerschaftsgesellschaft. Darüber hinaus erstreckt sich der Anwendungsbereich auch auf solche Personenmehrheiten, die zivilrechtlich zwar nicht als Gesellschaften eingeordnet werden, diesen aber wirtschaftlich vergleichbar sind, wie etwa Erbengemeinschaften (vgl. hierzu A I 3). Zu begründen ist diese Ausweitung des Anwendungsbereichs durch eine teleologische Auslegung der Vorschrift. So hätte das alleinige Festhalten am Wortlaut des § 15 Abs. 1 Nr. 2 EStG zur Folge, dass bestimmte Personenmehrheiten, obwohl wirtschaftlich einer Personengesellschaft vergleichbar, steuerrechtlich nicht erfasst würden. Insoweit aber würde der Sinn und Zweck der Regelung, die Einkünfte des einzelnen Steuerpflichtigen bei einem gemeinschaftlichen Bezug von Einkünften aus einem gewerblichen Unternehmen zu bestimmen, verfehlt, so dass es geboten ist, auch solche Personen als Mitunternehmer anzusehen, die nicht in einem zivilrechtlichen Gesellschaftsverhältnis einer Außen- oder Innengesellschaft, sondern in einem wirtschaftlich vergleichbaren Gemeinschaftsverhältnis zueinander stehen (vgl. BFH v. 25.06.1984 – GrS 4/82, BStBl. II 1984, S. 751, unter C. V.3.b) bb)).

Normzweck rechtfertigt Ausdehnung auf vergleichbare Rechtsgemeinschaften

II Gewerblichkeit der Personengesellschaft

1 Zur Gewerblichkeit als Tatbestandsmerkmal einer Mitunternehmerschaft i. S. v. § 15 Abs. 1 Nr. 2 EStG

Keine rechtsform-abhängige Besteuerung bei Personengesellschaften

Voraussetzung für eine unmittelbare Anwendung des § 15 Abs. 1 Nr. 2 EStG ist die Gewerblichkeit der Personengesellschaft. Die unbefangene Lektüre des § 15 Abs. 1 Nr. 2 EStG schürt zunächst einmal die Vermutung, ein jeder Gesellschafter, der als Mitunternehmer einer OHG, einer KG oder einer anderen Personengesellschaft anzusehen ist, erziele bereits aus diesem Grunde, mithin unabhängig von der Tätigkeit der Gesellschaft, gewerbliche Einkünfte. Insoweit könnte man geneigt sein, auch eine Personengesellschaft, die lediglich Land- und Forstwirtschaft oder eine selbständige Tätigkeit zum Inhalt hat, unmittelbar unter § 15 Abs. 1 Nr. 2 EStG zu subsumieren. Dieser weitgehenden Auslegung des § 15 Abs. 1 Nr. 2 EStG steht steuersystematisch gleichwohl entgegen, dass eine quasi rechtsformabhängige Besteuerung der Personengesellschaften, im Unterschied zu den Kapitalgesellschaften, weder besteht noch vor dem Hintergrund einer durch § 15 Abs. 1 Nr. 2 EStG bezweckten weitgehenden Gleichstellung von Einzelunternehmer und Mitunternehmer zu rechtfertigen wäre. Gesetzessystematisch ist dies an der Existenz des § 13 Abs. 7 bzw. § 18 Abs. 4 Satz 2 EStG zu erkennen, welche eine sinngemäße Anwendung des § 15 Abs. 1 Nr. 2 EStG auf Personengesellschaften mit land- und forstwirtschaftlichen Einkünften bzw. Einkünften aus selbständiger Arbeit anordnen. Würden derartige Gesellschaften ohnehin bereits durch § 15 Abs. 1 Nr. 2 EStG erfasst, so wären diese beiden Vorschriften überflüssig (vgl. SÖFFING, 2005, Rn. 244). Zudem bestimmt § 15 Abs. 3 EStG, dass unter bestimmten Voraussetzungen eine Personengesellschaft auch dann in vollem Umfang als Gewerbebetrieb gilt, wenn sie nicht oder nicht ausschließlich gewerblich tätig ist. Eine solche Bestimmung wäre indes überflüssig, wenn bereits aufgrund der Rechtsform als Personengesellschaft gewerbliche Einkünfte angenommen würden (vgl. auch DÖTSCH in SCHÖN/HÜTTEMANN, Die Personengesellschaft im Steuerrecht, S. 7, 16).

Auch OHG bzw. KG nicht in jedem Fall gewerblich

Zu beachten ist, dass auch bei einer als OHG oder KG in das Handelsregister eingetragenen Personengesellschaft nicht geschlossen werden kann, dass die jeweilige Gesellschaft ein Handelsgewerbe und damit idealiter steuerrechtlich einen Gewerbebetrieb i. S. d. § 15 Abs. 1 Nr. 1 und Abs. 2 EStG innehabe, da gemäß §§ 105 Abs. 2, 161 Abs. 2 HGB auch lediglich vermögensverwaltende Personengesellschaften durch die Eintragung in das Handelsregister die Rechtsform einer OHG bzw. KG erlangen können (vgl. SCHMIDT/WACKER, 2015, § 15 Rz. 181). Das Vorliegen gewerblicher Einkünfte ist folglich auch bei solchen Gesellschaften anhand eigener steuerrechtlicher Kriterien zu prüfen.

Drei Möglichkeiten zur Gewerblichkeit

§ 15 EStG normiert dabei für Personengesellschaften, positiv formuliert, drei Möglichkeiten zur Gewerblichkeit: So kann die Gesellschaft

1. eine gewerbliche Tätigkeit i. S. v. § 15 Abs. 1 Satz 1 Nr. 1 i. V. m. Abs. 2 EStG ausüben;
2. teilweise gewerbliche Einkünfte erzielen und sodann nach der sogenannten Abfärberegelung des § 15 Abs. 3 Nr. 1 EStG insgesamt als gewerblich gelten;

3. zwar keine gewerbliche Tätigkeit ausüben, jedoch bei Erfüllung bestimmter Parameter hinsichtlich der Kriterien Haftung und Geschäftsführung als sogenannte gewerblich geprägte Gesellschaft ebenfalls vollumfänglich als gewerblich gelten.

Diese unterschiedlichen, zur Gewerblichkeit der Personengesellschaft führenden Tatbestände seien nachfolgend aufgezeigt.

2 Gewerblich tätige Personengesellschaft

Die Gewerblichkeit der Personengesellschaft ergibt sich im einfachsten Fall dadurch, dass die Gesellschafter gemeinsam in ihrer Verbundenheit als Gesellschaft den in § 15 Abs. 1 Satz 1 Nr. 1 i.V.m. Abs. 2 EStG normierten Tatbestand der gewerblichen Betätigung verwirklichen. Dies setzt voraus, dass die Tätigkeit der Gesellschaft durch die Kriterien der Selbständigkeit, Nachhaltigkeit, Beteiligung am allgemeinen wirtschaftlichen Verkehr und Gewinnerzielungsabsicht gekennzeichnet und weder als Land- und Forstwirtschaft noch als selbständige Tätigkeit oder als reine Vermögensverwaltung zu charakterisieren ist.

BEISPIEL 5

X und Y gründen die XY-GbR. Die GbR erwirbt mehrere Mietshäuser und vermietet die Wohnungen. Weitere Tätigkeiten übt die GbR nicht aus.

LÖSUNG Da die Tätigkeit der GbR als reine Vermögensverwaltung zu qualifizieren ist, liegt keine gewerbliche Tätigkeit vor. Andere zur Gewerblichkeit der GbR führende Tatbestände sind ebenfalls nicht gegeben. X und Y sind, da keine unternehmerischen Einkünfte erzielt werden, keine Mitunternehmer i.S.v. § 15 Abs. 1 Nr. 2 EStG, sondern erzielen als Gesellschafter der XY-GbR Einkünfte aus Vermietung und Verpachtung gemäß § 21 EStG. Veräußern sie ein Mietshaus, so unterliegt der Veräußerungsgewinn nicht der Besteuerung, soweit die Veräußerung außerhalb der zehnjährigen Frist des § 23 Abs. 1 Satz 1 Nr. 1 EStG erfolgt. Zu beachten ist hier allerdings die Abgrenzung zum gewerblichen Grundstückshandel. ◀

Angemerkt sei, dass die Prüfung, ob eine gewerbliche Tätigkeit vorliegt, im Grundsatz für die Gesellschaft selbst, d.h. ohne Berücksichtigung der durch den jeweiligen Gesellschafter außerhalb der Gesellschaft verwirklichten steuerrechtlichen Merkmale vorzunehmen ist (zur Ausnahme bei freiberuflichen Mitunternehmerschaften vgl. B IV 7). Diese Qualifikation der Einkünfte auf Ebene der Gesellschaft schließt allerdings nicht aus, dass anschließend auf Ebene des jeweiligen Gesellschafters eine andere Qualifikation seines Teils der Einkünfte erfolgt. Dies zeigt sich insbesondere bei der Beurteilung des Vorliegens eines gewerblichen Grundstückshandels auf Gesellschafts- bzw. Gesellschafterebene: So sind bei einer Personengesellschaft hinsichtlich des Überschreitens der sogenannten Drei-Objekt-Grenze nur Veräußerungen durch die Gesellschaft selbst mitzuzählen, nicht dagegen solche der Gesellschafter. Umgekehrt gilt dies allerdings nicht: Bei der Prüfung des Vorliegens eines gewerblichen Grundstückshandels auf der Ebene des Gesellschafters sind Veräußerungen durch eine Personengesellschaft, an der er beteiligt ist, i.d.R. zu berücksichtigen (vgl. hierzu A II 1.2 sowie A II 2.1).

3 Abfärberegelung bei teilweise gewerblichen Personengesellschaften

3.1 Tatbestandsvoraussetzungen und Rechtsfolgen

Grundaussage

Ist eine Personengesellschaft nur teilweise gewerblich tätig oder erzielt sie zum Teil gewerbliche Beteiligungseinkünfte und übt sie daneben eine nicht gewerbliche, jedoch steuerbare, d.h. eine unter die übrigen sechs Einkunftsarten zu subsumierende Tätigkeit aus, so gilt die Gesellschaft gemäß § 15 Abs. 3 Nr. 1 EStG in vollem Umfang als Gewerbebetrieb. Diese gesetzlich verordnete vollumfängliche Gewerblichkeit hat zur Folge, dass nunmehr die bis dato nicht gewerblichen Einkünfte der Personengesellschaft als gewerblich qualifiziert werden (vgl. z.B. BFH v. 18.10.2006 – XI R 9/06, BStBl. II 2007, S. 266). Bildlich wird dies als Abfärbung der gewerblichen Einkünfte auf die übrigen Tätigkeiten der Personengesellschaft bezeichnet (sogenannte Abfärbe- oder Infektionstheorie).

Normzweck: Schutz des Gewerbesteueraufkommens

Der Normzweck des § 15 Abs. 3 Nr. 1 EStG soll in erster Linie in einer Vereinfachung der Gewinnermittlung sowie im Schutz des gewerbesteuerlichen Aufkommens bestehen. Aus der Sorge heraus, das Gewerbesteueraufkommen könnte geschmälert werden, indem eine Personengesellschaft mit zweierlei Einkunftsarten innerhalb der Einkünfteermittlung gewisse Verlagerungen zu Lasten des gewerblichen Teils der Einkünfte Platz greifen lässt, fingiert der Gesetzgeber, dass eine solche Personengesellschaft insgesamt gewerbliche Einkünfte erzielt. Diese Schutzfunktion für das Gewerbesteueraufkommen ist nicht zuletzt daran erkennbar, dass es an einer § 15 Abs. 3 Nr. 1 EStG vergleichbaren Regelung bei den Einkünften aus Land- und Forstwirtschaft sowie den Einkünften aus selbständiger Arbeit fehlt, da die Einkünfte aus diesen Einkunftsarten ohnehin nicht der Gewerbesteuer unterliegen. Erzielt eine Personengesellschaft mithin Einkünfte aus selbständiger Arbeit und ist nebenher vermögensverwaltend tätig, so realisiert sie zweierlei Einkunftsarten (vgl. Sächsisches FG v. 04.11.2014, HaufeIndex 7436554).

Tatbestandsvoraussetzungen: Personengesellschaft, die ...

Tatbestandsvoraussetzung von § 15 Abs. 3 Nr. 1 EStG ist zunächst einmal, dass es sich bei der Gesellschaft um eine OHG, eine KG oder eine andere Personengesellschaft handeln muss. Bei wirtschaftlich vergleichbaren Rechtsgemeinschaften, wie etwa der Erbengemeinschaft, greift die Abfärberegelung hingegen nicht ein. Zwar werden diese Rechtsgemeinschaften bezüglich § 15 Abs. 1 Nr. 2 EStG der Personengesellschaft gleichgestellt, aber eben auch nur dort. Dies bedeutet, dass eine Erbengemeinschaft nur insoweit gewerbliche Mitunternehmerschaft ist, als sie auch tatsächlich gewerblich tätig ist, während sie mit ihren etwaigen übrigen Einkünften der jeweils zutreffenden Einkunftsart unterfällt (vgl. BFH v. 23.10.1986 – IV R 214/84, BStBl. II 1987, S. 120), folglich nebeneinander verschiedene Einkunftsarten realisieren kann.

... eine mit Einkünfteerzielungsabsicht unternommene Tätigkeit ausübt und ...

Zudem erfordert § 15 Abs. 3 Nr. 1 EStG, dass die Gesellschaft neben ihrer gewerblichen Tätigkeit bzw. ihren gewerblichen Beteiligungseinkünften eine weitere mit Einkünfteerzielungsabsicht unternommene Tätigkeit ausübt. Gedanklich vor dem Eingreifen der Abfärberegelung muss sie folglich weitere, nicht gewerbliche, jedoch steuerbare Einkünfte erzielen (wollen). Der Sinn und Zweck der Einschränkung, dass nicht steuerbare Tätigkeiten nicht von der Abfärberegelung erfasst werden, ist darin zu erblicken, dass andernfalls nicht steuerbare Liebhabereieinkünfte der Personengesellschaft (z. B. das Betreiben eines Pferdegestüts ohne Gewinnaussichten) durch § 15 Abs. 3 Nr. 1 EStG in gewerbliche und damit steuerbare Einkünfte verwandelt werden könnten, woraufhin sich die ursprünglich im nicht steuerbaren Bereich erzielten Verluste doch noch steuerlich auswirken würden.

Und schließlich muss die Personengesellschaft gewerbliche Einkünfte erzielen, die sodann auf ihre übrigen steuerbaren Einkünfte abfärben. Diese abfärbenden gewerblichen Einkünfte können in der 1. Alternative des § 15 Abs. 3 Nr. 1 EStG daraus resultieren, dass die Personengesellschaft neben ihrer nichtgewerblichen Tätigkeit eine originär gewerbliche Tätigkeit i. S. d. § 15 Abs. 1 Satz 1 Nr. 1 EStG entfaltet. Gemäß § 15 Abs. 3 Nr. 1 EStG wird in der 2. Alternative eine Abfärbung jedoch auch dann ausgelöst, wenn die betreffende Personengesellschaft zwar keine eigene gewerbliche Tätigkeit ausübt, jedoch Einkünfte aus der Beteiligung an einer gewerblichen Personengesellschaft bezieht. Ausgelöst wurde diese im JStG 2007 verfügte Ergänzung des Wortlauts des § 15 Abs. 3 Nr. 1 EStG durch das BFH-Urteil vom 06. 10. 2004 (IX R 53/01, BStBl. II 2005, S. 383), in welchem der IX. Senat entgegen der bis dahin vorherrschenden Rechtsprechung und Verwaltungsauffassung entschieden hatte, dass die Abfärberegelung nicht eingreife, wenn sich eine vermögensverwaltende Personengesellschaft an einer gewerblich tätigen anderen Personengesellschaft beteiligt. Da weder Schwierigkeiten bei der Ermittlung von Einkünften unterschiedlicher Einkunftsarten bestünden noch die Gefahr einer (willkürlichen) Minderung der gewerbesteuerlichen Bemessungsgrundlage vorliege, sei eine Anwendung von § 15 Abs. 3 Nr. 1 EStG in dieser Fallkonstellation letztlich nicht zu rechtfertigen (bereits NIEHUS, FR 2002, S. 977). Während der VIII. und der IV. Senat, Letzterer allerdings mit gewissen Einschränkungen, dieser Rechtsprechungsänderung zugestimmt hatten (vgl. BFH v. 06. 11. 2003 – IV ER -S- 3/03, BStBl. II 2005, S. 376), hielt die Finanzverwaltung an ihrer bisherigen Rechtsauffassung fest und verfügte im Vorgriff auf eine Festschreibung ihrer Auffassung durch den Gesetzgeber (sic!) einen Nichtanwendungserlass (vgl. BMF v. 18. 05. 2005, BStBl. I 2005, S. 698). Diese gesetzliche Festschreibung ist mit dem JStG 2007 erfolgt, wobei die geänderte Fassung des § 15 Abs. 3 Nr. 1 EStG auch für Veranlagungszeiträume vor 2006 gelten soll. Verfassungsrechtlich erscheint dies bedenklich, da insoweit ein Verstoß gegen das aus dem Rechtsstaatsprinzip (Art. 20 Abs. 2 GG) abgeleitete Rückwirkungsverbot von Gesetzen vorliegt (vgl. HHR/STAPPERFEND, § 15 EStG Anm. 1403; a. A. FG Düsseldorf v. 02. 08. 2007, EFG 2008, S. 62, rkr.; FG Bremen v. 18. 08. 2010, EFG 2011, 723, nrk., Rev. eingelegt, Az. BFH: IV R 39/10).

Die unmittelbare Rechtsfolge der Vorschrift erscheint zunächst formalistisch: Die ihrer Beschaffenheit nach nichtgewerblichen Einkünfte der Personengesellschaft werden in gewerbliche Einkünfte umqualifiziert. Vergegenwärtigt man sich aber den innerhalb der sieben Einkunftsarten herrschenden Einkünftedualismus, so wird deutlich, dass eine jede Umqualifizierung von Einkünften, also das Subsumieren eines Sachverhalts unter eine andere als die ihrer Art nach eigentlich zutreffende Einkunftsart, zahlreiche materielle Konsequenzen implizieren kann. Aus der Verlagerung in den gewerblichen Bereich resultiert hier Folgendes:

1. Da die sich aus § 2 Abs. 1 Satz 2 GewStG ergebende Gewerbesteuerpflicht der Personengesellschaft auch den über die Abfärberegelung des § 15 Abs. 3 Nr. 1 EStG als gewerblich qualifizierten Teil der Personengesellschaft umschließt, unterliegen auch diese Gewinnbestandteile nunmehr der Gewerbesteuer.

… daneben gewerbliche Einkünfte erzielt

Rechtsfolgen: Umqualifizierung in gewerbliche Einkünfte, zudem …

… Gewerbesteuer und …

... gewerbliches Betriebsvermögen

2. Die der originär nichtgewerblichen Tätigkeit dienenden Wirtschaftsgüter stellen fortan gewerbliches Betriebsvermögen dar. Waren die Wirtschaftsgüter vor der Umqualifizierung einer der Überschusseinkunftsarten zuzurechnen, so bewirkt dieser Wechsel zu einer Gewinneinkunftsart nunmehr die Steuerverhaftung der in den Wirtschaftsgütern enthaltenen stillen Reserven bzw. stillen Lasten. Dagegen entfällt diese erstmalige Steuerverhaftung durch die Umqualifizierung, wenn die Wirtschaftsgüter bereits vorher einer Gewinneinkunftsart, beispielsweise den Einkünften aus selbständiger Arbeit, zuzurechnen waren.

BEISPIEL 6

Wie Beispiel 5; jedoch errichtet nun die XY-GbR einen Kiosk, um die Mieter mit den Dingen des täglichen Bedarfs zu versorgen.

LÖSUNG Die Anwendung der Abfärberegelung des § 15 Abs. 3 Nr. 1 EStG bewirkt, dass die Tätigkeit der GbR fortan in vollem Umfang als gewerblich gilt, da sie durch das Betreiben des Kiosk teilweise gewerblich tätig ist.

Für X und Y bedeutet dies, dass nunmehr auch

- die Einkünfte aus Vermietung und Verpachtung als gewerblich gelten und damit der Gewerbesteuer unterliegen;
- eine Gewinneinkunftsart vorliegt und damit die Veränderungen innerhalb der Vermögenssphäre steuerbar sind, stille Reserven und stille Lasten folglich erfasst werden. ◄|

Regelung ist nach Auffassung des BVerfG und des BFH verfassungsgemäß, da sie ...

§ 15 Abs. 3 Nr. 1 EStG wird von Teilen der Literatur als verfassungswidrig angesehen, da die Regelung ausschließlich bei Personengesellschaften, nicht aber bei Einzelunternehmern eingreift und insoweit eine Ungleichbehandlung bewirkt (vgl. SCHULZE-OSTERLOH in GS Knobbe-Keuk, 1997, S. 531; STAPPERFEND, StuW 2006, S. 303, 305 ff.; DRÜEN, GmbHR 2008, S. 393, 402; a.A. KIRCHHOF/REISS, 2015, § 15 Rz. 147). Allerdings haben sowohl das BVerfG (v. 26.10.2004 – 2 BvR 246/98, FR 2005, S. 139; v. 15.01.2008 – 1 BvL 2/04, FR 2008, S. 818) als auch der BFH (v. 29.11.2001 – IV R 91/99, BStBl. II 2002, S. 221 m.w.N.) in ständiger Rechtsprechung die Regelung als verfassungsgemäß angesehen, da die bestehende Ungleichbehandlung von Einzelunternehmer und Personengesellschaft im Wesentlichen aus dreierlei Gründen gerechtfertigt sei:

... die Einkünfteermittlung vereinfacht, ...

1. So ermögliche § 15 Abs. 3 Nr. 1 EStG eine Vereinfachung der Ermittlung der Einkünfte gemischt tätiger Personengesellschaften, indem alle Einkünfte der Gesellschaft typisierend als gewerbliche Einkünfte behandelt werden, woraufhin eine andernfalls erforderliche Aufteilung auf die jeweiligen Einkunftsarten entfalle. Hiergegen ist allerdings einzuwenden, dass von der abfärbenden Wirkung des § 15 Abs. 3 Nr. 1 EStG ausdrücklich diejenigen Tätigkeitsbereiche der Personengesellschaft ausgeschlossen sind, die nicht mit Gewinnerzielungsabsicht betrieben werden (vgl. DRÜEN, FR 2000, S. 177, 183), und ebenso gilt die Abfärberegelung nicht für Personengesellschaften, die teilweise land- und forstwirtschaftlich bzw. freiberuflich und teilweise vermögensverwaltend tätig sind. Der vorgenannte Vereinfachungseffekt stellt sich mithin in zahlreichen Fallkonstellationen nicht ein.

... das Gewerbesteueraufkommen schützt und ...

2. Zudem diene der Regelung dem Schutz des Gewerbesteueraufkommens, da, wie ausgeführt, die Personengesellschaft im Zuge der andernfalls gebotenen Aufteilung der Einkünfte dazu neigen könne, diese vornehmlich dem nichtgewerblichen Tätigkeitsbereich zuzuordnen, um somit die gewerbesteuerliche

Bemessungsgrundlage zu verringern. Gleichwohl vermag es nicht einzuleuchten, weshalb der Gesetzgeber zunächst durch § 15 Abs. 3 Nr. 1 EStG das Vorliegen gewerblicher Einkünfte fingiert, wenn er im Anschluss daran mit der durch § 35 EStG gewährten Steuerermäßigung bei gewerblichen Einkünften bestrebt ist, die vorherige Fiktion ihrer materiellen Belastungswirkung wieder zu berauben (vgl. NIEHUS, FR 2002, S. 977, 988). Allein die Notwendigkeit, den Gemeinden die Gewerbesteuer als Finanzquelle zu erhalten, genügt als Rechtfertigung (auch) dieses gesetzlichen Widerspruchs nicht (in diesem Sinne auch HEY, FR 2001, S. 870, 877).

3. Und schließlich könne die Abfärbewirkung durch das sogenannte Ausgliederungsmodell vermieden werden (hierzu sogleich). Es erscheint allerdings fragwürdig, dass eine Norm nur deshalb nicht verfassungswidrig sein soll, weil es durch entsprechende Sachverhaltsgestaltungen möglich ist, aus dem Anwendungsbereich der Norm zu entkommen (vgl. SCHULZE-OSTERLOH in GS Knobbe-Keuk, 1997, S. 531, 537 f.; DÖTSCH in SCHÖN/HÜTTEMANN, Die Personengesellschaft im Steuerrecht, S. 7, 24.).

... vermieden werden kann

3.2 Möglichkeiten zur Vermeidung der Abfärberegelung

Will man der Abfärberegelung entgehen, so kann dies einerseits mit dem Hinweis versucht werden, dass die Personengesellschaft nicht zweierlei Tätigkeiten, sondern vielmehr nur eine sogenannte einheitliche Gesamtbetätigung ausübe. Andererseits besteht die Möglichkeit, eine zweite Personengesellschaft zu gründen und fortan die gewerblichen Einkünfte von der einen und die nicht gewerblichen Einkünfte von der anderen Personengesellschaft erzielen zu lassen (sogenanntes Ausgliederungsmodell).

Sind die beiden Tätigkeiten der Personengesellschaft in dem Sinne untrennbar miteinander verbunden, dass sie sich gegenseitig bedingen und nach der Verkehrsauffassung als Einheit zu betrachten sind, so ist entscheidend, welche der Tätigkeiten der Gesamttätigkeit das Gepräge gibt. In diesem Fall verwirklicht die Personengesellschaft von vornherein nur eine Einkunftsart und die Tatbestandsvoraussetzung von § 15 Abs. 3 Nr. 1 EStG, mithin das Erzielen von zweierlei Einkunftsarten auf Ebene einer Personengesellschaft, ist nicht erfüllt. Mangels Trennbarkeit der gemischten Tätigkeiten greift die Regelung nicht ein (vgl. BFH v. 24.04.1997 – IV R 60/95, BStBl. II 1997, S. 567; v. 18.10.2006 – XI R 9/06; BStBl. II 2007, S. 266).

Einheitliche Gesamtbetätigung

BEISPIEL 7 ▮▮▮

Die Ingenieure A und B gründen die AB-GbR. Für ihre Kunden erstellen sie Systemsoftware und veräußern ihnen die passende Hardware. Die GbR vertritt die Auffassung, sie erziele einheitlich freiberufliche Einkünfte.

LÖSUNG Geht man davon aus, dass die GbR eine einheitliche Tätigkeit ausübt, d.h. die beiden Tätigkeiten sich nicht trennen lassen, so ist das Unternehmen nach Auffassung des BFH (v. 24.04.1997 – IV R 60/95, BStBl. II 1997, S. 567) allerdings insgesamt als gewerblich anzusehen, da der An- und Verkauf von Waren einer freiberuflichen Tätigkeit wesensfremd ist. Die GbR konnte durch den Verweis auf eine einheitliche Gesamtbetätigung zwar die Anwendung von § 15 Abs. 3 Nr. 1 EStG vermeiden, die Gewerblichkeit selbst allerdings nicht. ◄|

Ausgliederungsmo-dell, aber Gefahr der Betriebsaufspaltung

Das Ausgliederungsmodell ist dadurch gekennzeichnet, dass die gewerbliche Tätigkeit auf eine zweite, ggf. beteiligungsidentische Personengesellschaft verlagert wird. Fortan werden die nicht-gewerblichen Einkunftsarten durch die eine Personengesellschaft verwirklicht, während die andere Gesellschaft ausschließlich gewerbliche Einkünfte erzielt. Ein Anwendungsfall von § 15 Abs. 3 Nr. 1 EStG ist nicht (mehr) gegeben, da gewerbliche und nichtgewerbliche Einkunftsarten nicht mehr auf Ebene einer Personengesellschaft zusammentreffen. Sollte dabei allerdings die freiberufliche der gewerblichen Gesellschaft wesentliche Betriebsgrundlagen zur Nutzung überlassen, so ist zu beachten, dass dies steuerrechtlich zu einer mitunternehmerischen Betriebsaufspaltung führen kann (vgl. KORN, KÖSDI 2003, S. 13 605, 13 614; zur Betriebsaufspaltung siehe K III). Zwar hätte man durch die Ausgliederung die Gesamtgewerblichkeit zunächst vermieden, sich anschließend jedoch im Wege der Betriebsaufspaltung wieder eingehandelt, da die ausgegliederte freiberufliche Gesellschaft aus der Überlassung der wesentlichen Betriebsgrundlagen gewerbliche Einkünfte erzielt, welche gemäß § 15 Abs. 3 Nr. 1 EStG auf ihre übrigen Einkünfte abfärben würden. Nach Auffassung des BVerfG stellt die Gefahr, beim Ausgliederungsmodell unversehens eine Betriebsaufspaltungssituation herbeizuführen, allerdings kein unzumutbares Risiko für die Steuerpflichtigen dar (vgl. BVerfG v. 15.01.2008 – 1 BvL 2/04, FR 2008, S. 818).

3.3 Einschränkungen der Abfärberegelung

Unabhängig von den vorstehenden Möglichkeiten einer Vermeidung der Abfärberegelung ist zu beachten, dass die Rechtsprechung zumindest in mehreren Fallkonstellationen für eine Einschränkung des Anwendungsbereichs bzw. der Rechtsfolgen von § 15 Abs. 3 Nr. 1 EStG votiert hat.

3.3.1 Äußerst geringfügige Gewerblichkeit

Relative und absolute Bagatellgrenze

Mit Urteil vom 11.08.1999 (XI R 12/98, BStBl. II 2000, S. 229) ist der XI. Senat des BFH zwar im Grundsatz der bisherigen Rechtsprechung gefolgt, nach welcher § 15 Abs. 3 Nr. 1 EStG auch bei Vorliegen einer nur geringfügigen gewerblichen Betätigung zur Anwendung gelange, hat im Streitfall jedoch mit Hinweis auf den Grundsatz der Verhältnismäßigkeit die Abfärbung aufgrund der Tatsache verneint, dass der Anteil der gewerblichen an den gesamten Einnahmen der Personengesellschaft mit 1,25 % als unerheblich vernachlässigt werden könne. Würde man in diesem Fall nämlich eine Umqualifizierung vornehmen, so der BFH, so würde die originär gewerbliche Tätigkeit eine Bedeutung erlangen, welche ihr in Anbetracht der äußersten Geringfügigkeit nicht zukomme, und die Rechtsfolge einer Gesamtgewerblichkeit wäre folglich unverhältnismäßig. Der IV. Senat des BFH hat sich insoweit den Ausführungen des XI. Senats angeschlossen und bezüglich der unschädlichen Geringfügigkeitsgrenze in einem AdV–Verfahren die Auffassung vertreten, dass auch bei einem gewerblichen Umsatzanteil von bis zu 2,81 % des Gesamtumsatzes die Rechtsfolge des § 15 Abs. 3 Nr. 1 EStG nicht eintrete (vgl. BFH v. 08.03.2004 – IV B 212/03, BFH/NV 2004, S. 954). Nachdem sich auf Ebene der Finanzgerichte eine muntere Rechtsprechung zu der Frage entwickelt hatte, bis zu welchem gewerblichen Umsatzanteil noch eine äußerste Geringfügigkeit anzunehmen sei, herrscht nach den Entscheidungen des BFH in den entsprechenden Revisionsverfahren nunmehr weitestgehend Klarheit (vgl. BFH v. 27.08.2014 – VIII R 16/11, BFH/NV 2015, S. 592; VIII R 41/11, BFH/NV 2015, S. 595; VIII R 6/12, BFH/NV 2015, S. 597): Nach Auffassung des VIII. Senats des BFH greift die Abfärberegelung nicht ein, wenn die originär gewerblichen Nettoumsatzerlöse 3 % des gesamten Nettoumsatzes der Gesellschaft und den Betrag von 24.500 € nicht übersteigen. Dabei hat der BFH der relativen Bagatellgrenze einen absoluten Wert zur Seite gestellt, da andernfalls Personengesellschaften mit hohen nichtgewerblichen Umsätzen privilegiert gewesen wären, hätten sie doch bei Nichtüberschreiten der 3 %-Grenze absolut betrachtet erhebliche gewerbliche Umsätze tätigen können, ohne dass die Abfärberegelung ausgelöst worden wäre. Zudem – und dies erscheint wichtiger – hat der BFH die zusätzliche absolute Grenze mit dem Normzweck der Regelung zum Schutz des Gewerbesteueraufkommens gerechtfertigt. Da bei einem gewerblichen Nettoumsatz von nicht mehr als 24.500 € aufgrund des gewerbesteuerlichen Freibetrags gemäß § 11 Abs. 1 Satz 3 Nr. 1 GewStG ohnehin keine Gewerbesteuer angefallen wäre, besteht keinerlei Gefahr, dass hier durch die vorrangige Zuordnung von Aufwendungen zum gewerblichen Bereich das Gewerbesteueraufkommen geschmälert werden könnte. Verwirrend ist auf den ersten Blick allerdings, dass der BFH dabei auf Umsatzerlöse von 24.500 € abgestellt hat, wo sich doch der gewerbesteuerliche Freibetrag auf den Gewerbeertrag bezieht, mithin auf eine Größe, die man, vereinfacht ausgedrückt, erhält, indem von den Erlösen die Aufwendungen abgezogen werden, wenn man gewerbesteuerliche Hinzurechnungen und Kürzungen einmal außer Acht lässt. Für die Sichtweise des BFH sprechen dabei zwei Argumente: Erstens kann durch das Abstellen auf die Umsatzerlöse für die Frage, ob § 15 Abs. 3 Nr. 1 EStG zur Anwendung gelangt, eine getrennte Gewinnermittlung für den gewerblichen und den nichtgewerblichen Bereich unterbleiben, was die Angelegenheit vereinfacht. Zweitens ist man bezüglich der Gewerbesteuer quasi auf der sicheren Seite: Gäbe es überhaupt keine Aufwendungen im gewerblichen Bereich und folglich auch keinerlei gewerbesteuerliche Hinzurechnungen, so würde bei einem gewerblichen Nettoumsatz von 24.500 € der Gewerbeertrag eben diesem Wert entsprechen, wenn man etwaige Kürzungen einmal vernachlässigt, und würde durch den gewerbesteuerlichen Freibetrag stets auf null abgesenkt werden, so dass keinerlei Gewerbesteuer entstünde. Erkennbar bedarf es für die nicht existente Gewerbesteuer keinerlei Schutzwirkung durch § 15 Abs. 3 Nr. 1 EStG. Da letzterer Fall allerdings eher untypisch ist, hätte allerdings einiges dafür gesprochen, unter Annahme einer idealtypischen Aufwandsquote eine höhere unschädliche Umsatzgrenze zu wählen (vgl. KORN, NWB 2015, S. 1042, 1043).

Darüber hinaus ist anzumerken, dass nun zwar Klarheit bezüglich der Bagatellgrenzen an sich besteht, gleichwohl ergeben sich zumindest zwei Folgefragen:

Offene Fragen

Erinnert man sich daran, dass auch das Erzielen gewerblicher Beteiligungseinkünfte grundsätzlich abfärbende Wirkung zeitigt, so stellt sich unweigerlich die Frage, ob dies auch dann noch der Fall ist, wenn diese Beteiligungseinkünfte, ggf. auch die gehaltene Beteiligung selbst, nur von äußerster Geringfügigkeit sind (offengelassen in BFH v. 26.06.2014 – IV R 5/11, BStBl. II 2014, S. 972). Hier wäre es denkbar, als relative Grenze das Verhältnis von gewerblichem Beteiligungsgewinn zum Gesamtgewinn zu verwenden und als absolute Grenze den Wert von 24.500 € auf den Beteiligungsgewinn zu beziehen (so KORN, NWB 2015, S. 1042, 1048;

Gilt dies auch für gewerbliche Beteiligungseinkünfte?

ähnlich KANZLER, FR 2015, S. 512, 513; a.A. SCHMIDT/WACKER, 2015, § 15 Rz. 189).

Was ist die Rechtsfolge der Nichtanwendung?

Fraglich ist zudem, was denn nun eigentlich die Rechtsfolge des Nichteingreifens der Abfärberegelung ist. Auf den ersten Blick scheint dies auf der Hand zu liegen: Unterbleibt die Abfärbung, so verwirklicht die Personengesellschaft gewerbliche und nicht gewerbliche Einkünfte, z.B. Einkünfte aus selbständiger Arbeit, aus Land- und Forstwirtschaft oder vermögensverwaltende Einkünfte, die jeweils separat zu ermitteln sind. Im Urteil VIII R 6/12 ist der BFH, ohne dies zu problematisieren, allerdings der Vorinstanz gefolgt und hat aufgrund der Nichtanwendung der Abfärberegelung einheitlich Einkünfte aus selbständiger Arbeit festgestellt. Eine gesetzliche Grundlage für diese Unterordnung der gewerblichen Einkünfte unter eine andere Einkunftsart ist freilich nicht erkennbar. Zwar mag ein solches Alles-oder-nichts-Prinzip aus Gründen der Vereinfachung begrüßenswert sein (so KANZLER, FR 2015, S. 512, 514), da sodann zwei unterschiedliche Einkünfteermittlungen auf Ebene der Personengesellschaft nicht mehr erforderlich sind, und bei einem Zusammentreffen von unterschiedlichen Gewinneinkunftsarten letztlich auch hinnehmbar sein, fraglich erscheint dies allerdings, wenn eine vermögensverwaltende Personengesellschaft äußerst geringfügige gewerbliche Einkünfte erzielt. In diesem Fall geht es eben nicht nur um die Gewerbesteuer, sondern auch um die steuerliche Verhaftung der zur Erzielung der gewerblichen Einkünfte eingesetzten Wirtschaftsgüter. Ob die Finanzverwaltung hier ohne Weiteres einer Zuordnung dieser Wirtschaftsgüter zum grundsätzlich nicht steuerverhafteten Privatvermögen folgt, erscheint fraglich.

Auswirkungen für die Praxis

Insgesamt ist für den Rechtsanwender die vorstehend beschriebene Situation als höchst unbefriedigend zu beurteilen: Nicht nur, dass er sich mit § 15 Abs. 3 Nr. 1 EStG einer aus steuersystematischer Perspektive in höchstem Maße fragwürdigen Regelung gegenübersieht, hinzu kommt, dass, trotz der Grundsatzurteile des BFH zur Nichtanwendung der Abfärberegelung, im Einzelfall, z.B. bei Vorliegen betrieblicher Beteiligungseinkünfte, nach wie vor Rechtsunsicherheit besteht. Zudem besteht die Gefahr, die restriktiven Bagatellgrenzen »aus Versehen« zu überschreiten, so dass man für eine rechtssichere und dauerhafte Vermeidung von § 15 Abs. 3 Nr. 1 EStG weiterhin auf das Ausgliederungsmodell wird bauen müssen.

3.3.2 Weitere Fälle

Keine Abfärbung aus dem SBV

Mit Urteil v. 28. 06. 2006 (XI R 31/05, BStBl. II 2007, S. 378) hat der BFH entschieden, dass gewerbliche Einkünfte, die ein Gesellschafter einer freiberuflich tätigen Personengesellschaft in seinem Sonderbetriebsvermögen bei dieser Gesellschaft erzielt, nicht auf die Einkünfte der Gesellschaft im Gesamthandsbereich abfärben. Es ist allerdings darauf hinzuweisen, dass sich diese etwas merkwürdige Situation, die Annahme gewerblicher Einkünfte im Sonderbereich bei freiberuflichen Einkünften im Gesamthandsbereich, im entschiedenen Fall lediglich aufgrund einiger prozessualer Besonderheiten einstellte.

Beteiligungseinkünfte färben erst bei Bezug ab

Bezüglich § 15 Abs. 3 Nr. 1 EStG 2. Alternative ist einschränkend anzumerken, dass die Abfärberegelung voraussetzt, dass die gewerblichen Beteiligungseinkünfte auch tatsächlich bezogen worden sind. Das Bestehen der Mitunternehmerstellung allein vermag indes die Abfärbung nicht auszulösen. Mit dem Bezug der Einkünfte ist nicht etwa der tatsächliche Zufluss gemeint, sondern vielmehr sind die Einkünfte i.S.v. § 15 Abs. 1 Nr. 2 EStG in dem Veranlagungs- bzw. Feststellungszeitraum bezogen, in dem sie dem Mitunternehmer, hier der Obergesellschaft, nach den Gewinnermittlungsvorschriften zuzurechnen sind. Weicht nun das Wirtschaftsjahr der Obergesellschaft von demjenigen der Untergesellschaft ab, so kann es folglich sein, dass die Abfärberegelung nicht unmittelbar bei Beteiligungserwerb, sondern ggf. erst im nachfolgenden Veranlagungszeitraum eintritt (vgl. BFH v. 26.06.2014 – IV R 5/11, BStBl. II 2014, S. 972).

Im Unterschied zu den vorstehend beschriebenen Fallkonstellationen, in denen § 15 Abs. 3 Nr. 1 EStG nicht zur Anwendung gelangte, ist die Abfärberegelung auch dann anzuwenden, wenn eine ansonsten freiberuflich tätige Personengesellschaft teilweise eine zwar gewerbliche, jedoch von der Gewerbesteuer befreite Tätigkeit ausübt. In diesem Fall gelte, so der BFH mit Urteil vom 30.08.2001 (BStBl. II 2002 – IV R 43/00, S. 152), zwar die Abfärberegelung, allerdings färbe dabei nicht nur die Gewerblichkeit, sondern ebenso die gewerbesteuerliche Befreiung auf die übrigen Einkünfte ab. Infolge dieser doppelten Abfärbung kommt es in diesem Fall mithin zu keinerlei gewerbesteuerlicher Belastung.

Gewerbesteuerbefreiung färbt ggf. mit ab

4 Gewerblich geprägte Personengesellschaft

Gemäß § 15 Abs. 3 Nr. 2 EStG gilt als Gewerbebetrieb in vollem Umfang die mit Einkünfteerzielungsabsicht unternommene Tätigkeit einer Personengesellschaft, die keine gewerbliche Tätigkeit ausübt und bei der ausschließlich eine oder mehrere Kapitalgesellschaften persönlich haftende Gesellschafter sind und nur diese oder Personen, die nicht Gesellschafter sind, zur Geschäftsführung befugt sind. Typisches Beispiel dieser sogenannten gewerblich geprägten Personengesellschaften ist die nicht gewerblich tätige GmbH & Co. KG, bei der die GmbH die einzig persönlich haftende und geschäftsführende Gesellschafterin ist.

4.1 Von der Geprägerechtsprechung zu § 15 Abs. 3 Nr. 2 EStG

§ 15 Abs. 3 Nr. 2 EStG basiert auf der bis 1984 vom BFH vertretenen sogenannten Geprägerechtsprechung, nach welcher eine GmbH & Co. KG, an der die GmbH als alleinige Komplementärin beteiligt ist, auch dann als gewerblich anzusehen sei, wenn die KG selbst nicht gewerblich tätig ist (vgl. z.B. BFH v. 03.08.1972 – IV R 235/67, BStBl. II 1972, S. 799). Begründet wurde diese Rechtsprechung mit der Überlegung, dass die GmbH kraft Rechtsform ausschließlich gewerbliche Einkünfte erziele (§ 8 Abs. 2 KStG) und insoweit die KG präge. Mit Beschluss vom 25.06.1984 (GrS 4/82, BStBl. II 1984, S. 751) hat der Große Senat des BFH die Geprägerechtsprechung aufgegeben und rechtfertigte diese Änderung seiner vorherigen Rechtsprechung mit dem Argument, der neueren Judikatur des BFH zur einkommensteuerlichen Behandlung der Personengesellschaften entsprechen zu müssen, die in Abkehr von der Bilanzbündeltheorie nunmehr die Einheit der Gesellschafter in ihrer gesamthänderischen Verbundenheit betone. Angesichts dieser steuersystematischen Wende war die Geprägerechtsprechung nicht mehr haltbar, denn wie sollten Besteuerungsmerkmale einzelner Gesellschafter auf die Gesellschaft durchschlagen,

Aufgabe der Geprägerechtsprechung

wenn man, nunmehr der Einheitstheorie folgend, den einzelnen Gesellschafter bei der Einkünftequalifikation und Einkünfteermittlung nicht mehr so recht, jedenfalls nicht vordringlich, zur Kenntnis nehmen, sondern diese Fragen vielmehr bereits auf Gesellschaftsebene beantworten wollte?

Reaktion des Gesetzgebers

Jedoch stellte der Gesetzgeber postwendend den alten Rechtszustand wieder her, indem er die bisherigen Inhalte der Geprägerechtsprechung in der Regelung des § 15 Abs. 3 Nr. 2 EStG Gesetz werden ließ. Nach der Gesetzesbegründung erfolgte dies, um eine aus dem Wegfall der Gewerblichkeit vormals gewerblich geprägter Personengesellschaften resultierende steuerfreie Entstrickung stiller Reserven und die damit einhergehenden Steuerausfälle zu vermeiden (vgl. BT-Drucksache 10/4513, S. 22). Im Ergebnis wurde erreicht, dass die Rechtslage, wie sie vor der Rechtsprechungsänderung durch den BFH vorlag, weiter (und bis heute) Bestand hat. In negativer Hinsicht bemerkenswert daran ist, dass hier eine Dauerregelung geschaffen wurde, um einer aus der Rechtsprechungsänderung des BFH hervorgegangenen Übergangsproblematik Herr zu werden (vgl. KNOBBE-KEUK, BB 1985, S. 941, 942 ff. mit Vorschlägen für geeignete Übergangsregelungen).

4.2 Tatbestandsvoraussetzungen und Rechtsfolgen

Tatbestands-voraussetzungen

Als tatbestandliche Voraussetzungen einer gewerblich geprägten Personengesellschaft sind nach § 15 Abs. 3 Nr. 2 EStG folgende Punkte anzuführen:
- Existenz einer Personengesellschaft;
- Ausüben einer steuerbaren, jedoch keiner gewerblichen Tätigkeit;
- nur eine oder mehrere Kapitalgesellschaften bzw. eine gewerblich geprägte Personengesellschaft (§ 15 Abs. 3 Nr. 2 Satz 2 EStG) als persönlich haftende Gesellschafter. Dabei kann eine gewerbliche Prägung auch durch eine ausländische Kapitalgesellschaft bewirkt werden (vgl. BFH v. 14.03.2007 – XI R 15/05, BStBl. II 2007, S. 924). Entgegen dem Gesetzeswortlaut des § 15 Abs. 3 Nr. 2 Satz 2 EStG genügt im Fall der doppelstöckigen Personengesellschaft für die gewerbliche Prägung auch die Beteiligung einer originär gewerblich tätigen Personengesellschaft, deren einziger persönlich haftender und zur Geschäftsführung befugter Gesellschafter eine Kapitalgesellschaft ist (vgl. BFH v. 08.06.2000 – IV R 37/99, BStBl. II 2001, S. 162).
- Geschäftsführung nur durch die vorgenannten Kapitalgesellschaften oder durch Nichtgesellschafter.

Rechtsfolgen

In der Rechtsfolge erzielt die gewerblich geprägte Personengesellschaft in vollem Umfang gewerbliche Einkünfte, was sich in zweierlei Hinsicht auswirkt: Erstens sind die fortan entstehenden Wertveränderungen auf der Vermögensebene nunmehr steuerbar, während zuvor etwaige Veräußerungsgewinne (aber auch -verluste) grundsätzlich im nichtsteuerbaren Bereich verortet waren, und zweitens ist auch die gewerblich geprägte Personengesellschaft Gewerbebetrieb i.S.d. § 2 Abs. 1 Satz 2 GewStG und damit gewerbesteuerlich belastet (vgl. KNOBBE-KEUK, 1993, S. 729 f.; BFH v. 20.11.2003 – IV R 5/02, BStBl. II 2004, S. 464).

Bezüglich der Anwendung von § 15 Abs. 3 Nr. 2 EStG verdienen die folgenden Punkte besondere Beachtung:

Nachrangigkeit von § 15 Abs. 3 Nr. 2 EStG

Die Regelung ist nachrangig zu prüfen: Übt die betreffende Personengesellschaft eine gewerbliche Tätigkeit aus, so erzielt sie bereits gemäß § 15 Abs. 1 Satz 1 Nr. 1 EStG bzw. bei Vorliegen einer teilweise gewerblichen Tätigkeit gemäß § 15

Abs. 3 Nr. 1 EStG gewerbliche Einkünfte; dass sie darüber hinaus ggf. auch die Kriterien der gewerblichen Prägung erfüllt, ist unerheblich. Diese Nachrangigkeit von § 15 Abs. 3 Nr. 2 EStG besteht wohl auch dann, wenn die Personengesellschaft zwar keine eigene gewerbliche Tätigkeit ausübt, jedoch wegen des Beziehens von Einkünften aus der Beteiligung an einer gewerblichen Personengesellschaft i.S.v. § 15 Abs. 1 Satz 1 Nr. 2 EStG gemäß § 15 Abs. 3 Nr. 1 EStG in vollem Umfang gewerbliche Einkünfte erzielt, wenngleich § 15 Abs. 3 Nr. 2 EStG ausschließlich auf das Ausüben einer gewerblichen Tätigkeit i.S.v. § 15 Abs. 1 Satz 1 Nr. 1 EStG verweist. Im Ergebnis ist festzuhalten, dass § 15 Abs. 3 Nr. 2 EStG erst dann in Betracht zu ziehen ist, wenn sich aus § 15 Abs. 1 Satz 1 Nr. 1 bzw. Abs. 3 Nr. 1 EStG keine Gewerblichkeit ergibt.

BEISPIEL 8

Einziger Komplementär der X-KG ist X. Die KG ist Eigentümerin zahlreicher Mietshäuser und insoweit lediglich vermögensverwaltend tätig. Sowohl der Komplementär als auch die Kommanditisten erzielen folglich Einkünfte aus Vermietung und Verpachtung. Nach einiger Zeit scheidet X aus und an seine Stelle als Komplementär tritt die Y-GmbH. Die Tätigkeit der KG ist unverändert als reine Vermögensverwaltung zu charakterisieren.
LÖSUNG Die KG erzielt weder gewerbliche Einkünfte gemäß § 15 Abs. 1 Satz 1 Nr. 1 EStG noch gemäß § 15 Abs. 3 Nr. 1 EStG. Mit dem Eintritt der GmbH in die KG wird ein Gewerbebetrieb i.S.d. § 15 Abs. 3 Nr. 2 EStG begründet. Die Gesellschafter erzielen fortan gewerbliche Einkünfte. Die betrieblich genutzten Wirtschaftsgüter gelten als in das Betriebsvermögen eingelegt und sind dementsprechend mit den sich nach § 6 Abs. 1 Nr. 5 und Nr. 6 EStG richtenden Werten anzusetzen. ◂|

Durch Berufung eines Kommanditisten zur Geschäftsführung der KG können die Rechtsfolgen des § 15 Abs. 3 Nr. 2 EStG vermieden werden. Maßgeblich ist hierbei die gesetzliche oder gesellschaftsvertragliche Befugnis zur Geschäftsführung im Innenverhältnis der Gesellschafter untereinander. Zwar sind gemäß § 164 Abs. 1 Satz 1 HGB die Kommanditisten von der Führung der Geschäfte der KG ausgeschlossen, gleichwohl kann gemäß § 163 HGB diese Regelung gesellschaftsvertraglich in der Weise abbedungen werden, dass der Kommanditist allein oder gemeinschaftlich mit einem oder mehreren persönlich haftenden Gesellschaftern zur Führung der Geschäfte befugt ist (vgl. hierzu GRUNEWALD in Münchener Kommentar zum HGB, 2012, § 164 Rn. 22 f.). Eine sich lediglich auf ein Dienstverhältnis gründende Befugnis zur Führung der Geschäfte reicht allerdings nicht aus, um die Anwendung des § 15 Abs. 3 Nr. 2 EStG zu vermeiden. Bei einer GmbH & Co. KG, deren alleinige Geschäftsführerin die Komplementär-GmbH ist, ist zudem zu beachten, dass der zur Führung der Geschäfte der GmbH berufene Kommanditist nicht wegen dieser Geschäftsführungsbefugnis auch als zur Führung der Geschäfte der KG berufen anzusehen ist, so dass eine derartige Geschäftsführungsbefugnis bei der GmbH die Anwendung von § 15 Abs. 3 Nr. 2 EStG nicht ausschließt (vgl. BFH v. 23.05.1996 – IV R 87/93, BStBl. II 1996, S. 523).

> **Gesetzliche oder gesellschaftsvertragliche Geschäftsführungsbefugnis entscheidend**

BEISPIEL 9

An der vermögensverwaltenden PX GmbH & Co. KG sind die PX GmbH als Komplementärin sowie P und X als Kommanditisten beteiligt. Die GmbH ist alleinige Geschäftsführerin der KG, P ist als Geschäftsführer der PX GmbH bestellt.

LÖSUNG Die KG erzielt weder gewerbliche Einkünfte gemäß § 15 Abs. 1 Nr. 1 EStG noch gemäß § 15 Abs. 3 Nr. 1 EStG. Die KG ist gemäß § 15 Abs. 3 Nr. 2 EStG gewerblich geprägt. Dass Kommanditist P als Geschäftsführer der GmbH vermittels der Geschäftsführungsbefugnis der GmbH bei der KG die Geschäfte der KG führt, verhindert deren gewerbliche Prägung nicht. ◀|

Keine gewerbliche Prägung einer GbR

Bei einer rein vermögensverwaltenden GbR, an der neben natürlichen Personen auch eine oder mehrere Kapitalgesellschaften beteiligt sind, findet § 15 Abs. 3 Nr. 2 EStG keine Anwendung. Dies folgt aus der Überlegung, dass für § 15 Abs. 3 Nr. 2 EStG das gesetzliche Leitbild des persönlich haftenden Gesellschafters nach den Regelungen des BGB und HGB maßgebend ist, wonach dieser als OHG- oder BGB-Gesellschafter für die Verbindlichkeiten der Gesellschaft grundsätzlich persönlich und unbeschränkt haftet. Zwar kann für den jeweiligen Gesellschafter ein Haftungsausschluss beim einzelnen Vertragsabschluss mit der Zustimmung des jeweiligen Vertragspartners erreicht werden (vgl. hierzu BGH v. 27.09.1999 – II ZR 371/98, DStR 1999, S. 1704; v. 21.01.2002 – II ZR 2/00, DStR 2002, S. 816), allerdings wirkt ein solcher Haftungsausschluss eben auch nur für den betreffenden Vertragsabschluss, verändert jedoch die Rechtsstellung des Gesellschafters als persönlich haftender Gesellschafter ansonsten nicht. Haften nun aber neben der Kapitalgesellschaft natürliche Personen aufgrund ihres gesellschaftsrechtlichen Status persönlich und unbeschränkt, so sind insoweit die Tatbestandsvoraussetzungen des § 15 Abs. 3 Nr. 2 EStG nicht erfüllt und eine gewerbliche Prägung der betreffenden Gesellschaft scheidet aus (vgl. FG München v. 17.10.2008, EFG 2009, S. 253, rkr.; FG Hamburg v. 29.10.2008, EFG 2009, S. 589, rkr.; FG Hessen v. 03.07.2013, EFG 2013, S. 1912, nrk., Rev. eingelegt, Az. BFH: IV R 35/13; BMF v. 17.03.2014, BStBl. I 2014, S. 555).

Steuersystematische Beurteilung

Im Ergebnis ist festzuhalten, dass durch die gesellschaftsvertragliche Gewährung der Geschäftsführungsbefugnis für den Kommanditisten bzw. durch die Beteiligung einer natürlichen Person als Komplementär an der KG de facto ein Wahlrecht bezüglich der Gewerblichkeit der Gesellschaft besteht. Es verwundert daher nicht, dass die gewerblich geprägte Personengesellschaft ein der Beratungspraxis willkommenes Gestaltungsinstrument ist (kritisch hierzu NIEHUS, StuW 2008, S. 359, 372): So kann beispielsweise die gewerbliche Prägung als Instrument zur Erhaltung einer vormaligen, inzwischen jedoch weggefallenen Gewerblichkeit eingesetzt werden, um die andernfalls anstehende Aufdeckung und damit Versteuerung der stillen Reserven hinauszuschieben oder zur Schaffung eines Betriebsvermögens zur steuerneutralen Ausgliederung einzelner Wirtschaftsgüter genutzt werden. Eine steuersystematische Rechtfertigung für eine derartige Einkünftequalifikation nach Wahl (vgl. HENNRICHS in TIPKE/LANG, 2015, § 10 Rz. 67) ist allerdings nicht erkennbar, und die damit einhergehende Ungleichbehandlung ist auch in verfassungsrechtlicher Hinsicht kritisch zu beurteilen (vgl. REISS in K/S/M, EStG § 15 Rz. A 237 b; TIPKE, Die Steuerrechtsordnung, Bd. II, 2003, S. 686).

III Mitunternehmerstellung des Gesellschafters

1 Vorbemerkungen

Zusätzlich zum Vorliegen einer gewerblichen Personengesellschaft oder einer vergleichbaren, gewerbliche Einkünfte erzielenden Rechtsgemeinschaft ist auf der Ebene des einzelnen Gesellschafters oder Gemeinschafters dessen Stellung als Mitunternehmer des Betriebs zu beurteilen. Angemerkt sei jedoch, dass nicht nur Gesellschafter gewerblicher Personengesellschaften steuerrechtlich Mitunternehmer sein können, sondern dies ebenso für die Gesellschafter einer Einkünfte aus Land- und Forstwirtschaft bzw. Einkünfte aus selbständiger Arbeit erzielenden Personengesellschaft gilt. Auch bei diesen Gesellschaften handelt es sich, weil sie Gewinneinkünfte, mithin unternehmerische Einkünfte erzielen, grundsätzlich um Mitunternehmerschaften, deren Gesellschafter, wenn sie die nachfolgend dargestellten Merkmale erfüllen, Mitunternehmer sind.

Ein allgemeiner Rechtsbegriff des Mitunternehmers existiert nicht, vielmehr handelt es sich hierbei um einen Typusbegriff, der nur durch eine unbestimmte Anzahl von Merkmalen umschrieben werden kann. § 15 Abs. 1 Nr. 2 Satz 1 EStG verwendet zunächst den Begriff des »Unternehmers« und setzt dahinter in Klammern den Begriff des Mitunternehmers. Die Begriffe sind gleichrangig. Sie unterscheiden sich lediglich durch den Umstand, dass der Einzelunternehmer Alleininhaber eines Unternehmens ist, während der Mitunternehmer zusammen mit anderen Mitunternehmern in gesellschaftlicher Verbundenheit seine unternehmerische Tätigkeit ausübt (vgl. BFH v. 03.05.1993 – GrS 3/92, BStBl. II 1993, S. 616). Die Gesamtheit der einzelnen Mitunternehmer wird demzufolge als Mitunternehmerschaft bezeichnet (vgl. z.B. SÖFFING, 2005, Rn. 241).

Mitunternehmer als Typusbegriff

Dabei lassen sich zunächst persönliche und sachliche Merkmale unterscheiden. In persönlicher Hinsicht kann grundsätzlich jede natürliche oder juristische Person Mitunternehmer einer Personengesellschaft sein. Darüber hinaus kann auch eine Personengesellschaft (Obergesellschaft) selbst wiederum Mitunternehmerin einer anderen Personengesellschaft (Untergesellschaft) sein (vgl. hierzu K II).

Persönliche Merkmale

In sachlicher Hinsicht ist erforderlich, dass der Mitunternehmer Gesellschafter bzw. Gemeinschafter der Personengesellschaft bzw. Rechtsgemeinschaft ist (vgl. hierzu auch B IV 8). Unternehmereigenschaft bzw. Mitunternehmereigenschaft nach § 15 Abs. 1 Nr. 2 EStG ist darüber hinaus im Wesentlichen durch das Tragen von Unternehmerrisiko bzw. Mitunternehmerrisiko und durch die Möglichkeit, Unternehmerinitiative bzw. Mitunternehmerinitiative entfalten zu können, gekennzeichnet. Entscheidend ist dabei das Gesamtbild der Verhältnisse, so dass beide Merkmale zwar vorliegen müssen, im Einzelfall jedoch mehr oder weniger stark ausgeprägt sein können und von daher bedingt kompensierbar sind (vgl. BFH v. 25.06.1984 – GrS 4/82, BStBl. II 1984, S. 751; v. 03.05.1993 – GrS 3/92, BStBl. II 1993, S. 616; SCHMIDT/WACKER, 2015, § 15 Rz. 262).

Sachliche Merkmale

2 Mitunternehmerrisiko

Teilhabe an Erfolg oder Misserfolg des Unternehmens, …

Mitunternehmerrisiko trägt ein Gesellschafter dann, wenn er eine gesellschaftsrechtliche oder dieser wirtschaftlich vergleichbare Teilhabe am Erfolg oder Misserfolg des Unternehmens aufweist (vgl. BFH v. 25.06.1984 – GrS 4/82, BStBl. II 1984, S. 751; v. 14.08.1986 – IV R 131/84, BStBl. II 1987, S. 60; v. 09.10.1986 – IV R 235/84, BStBl. II 1987, S. 124). Vermittelt wird dieses Risiko regelmäßig durch die Beteiligung am Gewinn und Verlust sowie an den stillen Reserven einschließlich eines Geschäftswerts (vgl. BFH v. 25.06.1984 – GrS 4/82, BStBl. II 1984, S. 751).

… wobei unbeschränkte Außenhaftung ausreicht

Gleichwohl bewirkt das Fehlen einer solchen Beteiligung im vorstehenden Sinne nicht automatisch den Ausschluss der Mitunternehmerstellung des betreffenden Gesellschafters. Vielmehr hat der BFH in ständiger Rechtsprechung bezüglich persönlich unbeschränkt haftender Gesellschafter, die weder am Vermögen noch am Gewinn und Verlust der Gesellschaft beteiligt sind, entschieden, dass in diesem Fall das insoweit nur gering ausgeprägte unternehmerische Risiko durch eine stark ausgeprägte unternehmerische Initiative kompensiert werden könne, so dass im Ergebnis eine Mitunternehmerstellung zu bejahen sei. Dem stehe auch eine Vereinbarung nicht entgegen, nach welcher die Mitgesellschafter (im Innenverhältnis) verpflichtet sind, den Komplementär von der Haftung freizustellen, da letztlich nicht ausgeschlossen sei, dass der Komplementär trotz dieser Freistellungsvereinbarung in Anspruch genommen werde, etwa dann, wenn die Freistellungsverpflichteten ihrer Verpflichtung infolge wirtschaftlicher Schwierigkeiten nicht nachkommen können (vgl. BFH v. 25.04.2006 – VIII R 74/03, BStBl. II 2006, S. 595).

Beteiligung an stillen Reserven

Das Kriterium »Beteiligung an den stillen Reserven« zielt auf eine Beteiligung bei Ausscheiden des Gesellschafters bzw. bei Auflösung der Gesellschaft ab. Nicht gemeint ist jedoch die Beteiligung an der Aufdeckung stiller Reserven im laufenden Geschäftsprozess. Dies zeigt sich am Fall des typisch stillen Gesellschafters: Zwar ist dieser in aller Regel über seine Gewinnbeteiligung an den laufend zur Aufdeckung kommenden stillen Reserven beteiligt, nicht jedoch an solchen Reserven, welche erst im Zeitpunkt der Beendigung der Gesellschaft bzw. bei seinem Ausscheiden aus der Gesellschaft realisiert werden. Insoweit trägt der typisch stille Gesellschafter kein Mitunternehmerrisiko (vgl. auch B IV 4).

Dabei ist allerdings stets den Gegebenheiten des Einzelfalls Rechnung zu tragen. Ist beispielsweise den stillen Reserven keine wesentliche wirtschaftliche Bedeutung für den Gesellschafter beizumessen, so ist eine Beteiligung an den stillen Reserven für die Erfüllung des Kriteriums Mitunternehmerrisiko nicht unbedingt erforderlich (vgl. BFH v. 05.06.1986 – IV R 272/84, BStBl. II 1986, S. 802).

Kurzzeitige Gesellschafterstellung genügt ggf. nicht

Ist die Gesellschafterstellung befristet, so kann dies der Annahme entgegenstehen, der betreffende Gesellschafter trage ein Mitunternehmerrisiko, da es wegen der befristeten Zugehörigkeit zur Gesellschaft insbesondere an einer Teilhabe an einer von der Gesellschaft erstrebten Betriebsvermögensmehrung in der Form eines entnahmefähigen laufenden Gewinns oder eines die Einlage übersteigenden Abfindungsguthabens oder eines zu erwartenden Gewinns aus der Veräußerung des Gesellschaftsanteils fehlen kann (vgl. BFH v. 25.06.1984, GrS 4/82, BStBl II 1984, S. 751). Dies wird insbesondere dann der Fall sein, wenn ein nicht persönlich haftender Gesellschafter den Gesellschaftsanteil im Durchgangserwerb lediglich eine logische Sekunde gehalten hat, da es ausgeschlossen ist, dass es »während« dieser Zeit zu einer ihm anteilig zuzurechnenden Betriebsvermögensmehrung der Gesellschaft kommt; daran soll auch ein etwaiger Handelserfolg, den er aus der Weiterveräußerung seines Anteils erzielt, nichts ändern (vgl. FG München v. 07.10.2008, EFG 2009, S. 184, rkr.).

3 Mitunternehmerinitiative

Mitunternehmerinitiative bedeutet in erster Linie die Teilhabe an unternehmerischen Entscheidungen, wie sie den Gesellschaftern z.B. in der Gesellschafterversammlung oder als Geschäftsführer, Prokuristen oder leitenden Angestellten obliegen (vgl. BFH v. 25.06.1984 – GrS 4/82, BStBl. II 1984, S. 751 m.w.N.). Da nun die KG explizit als Gesellschaftsform in § 15 Abs. 1 Nr. 2 EStG genannt ist, wäre es erstaunlich, wenn der BFH bei einem typischen Kommanditisten, dessen Rechtsstellung nach dem Leitbild der §§ 164 ff. HGB ausgestaltet ist, die Möglichkeit zur Entfaltung von Mitunternehmerinitiative verneinen würde (vgl. BIRK/DESENS/TAPPE, 2014, § 6 Rz. 1114). Die Anforderungen des BFH an das Kriterium der Mitunternehmerinitiative sind dementsprechend bescheiden.

Teilhabe an unternehmerischen Entscheidungen

So genügt regelmäßig die Möglichkeit zur Ausübung von Gesellschafterrechten, die wenigstens den Stimm-, Kontroll- und Widerspruchsrechten angenähert sind, die einem Kommanditisten nach dem HGB zustehen oder die den gesellschaftsrechtlichen Kontrollrechten nach § 716 Abs. 1 BGB entsprechen (vgl. BFH v. 25.06.1984 – GrS 4/82, BStBl. II 1984, S. 751 m.w.N.). Erst wenn dem Gesellschafter noch weniger Rechte als die ohnehin schwachen Mitwirkungsmöglichkeiten eines Kommanditisten zustehen, ist die Möglichkeit der Entfaltung einer Mitunternehmerinitiative zu verneinen (vgl. z.B. BFH v. 11.10.1988 – VIII R 328/83, BStBl. II 1989, S. 762).

Einem Kommanditisten vergleichbare Rechtsstellung genügt

Bei einer nur kurzeitigen Gesellschafterstellung kann es allerdings gerechtfertigt sein, das Bestehen von Mitunternehmerinitiative für den betreffenden Gesellschafter zu verneinen, etwa dann, wenn er wegen der nur kurzen Beteiligungsdauer von seinen ihm vertraglich zustehenden Gesellschafterrechten keinen Gebrauch machen kann (vgl. FG München v. 07.10.2008, EFG 2009, S. 184, rkr.).

Kurzzeitige Gesellschafterstellung ggf. schädlich

IV Mitunternehmerschaft bei ausgewählten Gesellschaftsformen

1 Offene Handelsgesellschaft

Unter der Voraussetzung, dass es sich nicht um eine lediglich vermögensverwaltende Gesellschaft handelt, sind die Gesellschafter einer OHG regelmäßig als Mitunternehmer anzusehen. Aufgrund ihrer Geschäftsführungsbefugnis sowie ihrer unbeschränkten Haftung für die Schulden der Gesellschaft ist sowohl das Kriterium der Mitunternehmerinitiative als auch des Mitunternehmerrisikos erfüllt.

OHG als Mitunternehmerschaft

2 Kommanditgesellschaft

2.1 Mitunternehmerstellung des Komplementärs

Komplementär als Mitunternehmer

Bezüglich des persönlich haftenden Gesellschafters (Komplementär) einer KG kann grundsätzlich auf die Ausführungen zu den Gesellschaftern einer OHG verwiesen werden. Ergänzend ist allerdings zu berücksichtigen, dass der BFH die Mitunternehmereigenschaft des Komplementärs selbst dann bejaht hat, wenn dieser nicht am Gewinn teilhat, im Innenverhältnis zu den Kommanditisten wie ein Angestellter behandelt und von der Haftung freigestellt wird (vgl. BFH v. 11.06.1985 – VIII R 252/80, BStBl. II 1987, S. 33; siehe auch B III 2).

2.2 Mitunternehmerstellung der Kommanditisten

Kommanditisten einer KG sind regelmäßig dann als Mitunternehmer anzusehen, wenn sie die Rechte und Pflichten innehaben, die ihnen nach dem HGB-Regelstatut zustehen.

Mitunternehmerinitiative, wenn zumindest HGB-Regelstatut besteht

Die Möglichkeit, Mitunternehmerinitiative entfalten zu können, bejaht der BFH für den Kommanditisten demnach bereits dann, wenn die recht bescheidenen gesetzlich vorgesehenen Möglichkeiten der Einflussnahme des Kommanditisten auf die Geschäftsführung gesellschaftsvertraglich nicht eingeschränkt werden. Zu nennen sind hier:

- das Widerspruchsrecht gemäß § 164 HGB,
- das Kontrollrecht gemäß § 166 HGB sowie
- die Möglichkeit der Stimmrechtsausübung gemäß §§ 161 Abs. 2, 119 HGB.

Wird dem Kommanditisten dagegen kein Stimmrecht auf der Gesellschafterversammlung zugestanden und ist sein Widerspruchsrecht nach § 164 HGB abbedungen, kann er offensichtlich keinerlei Mitunternehmerinitiative entfalten, so dass er nicht als Mitunternehmer zu qualifizieren ist, sondern der Gesellschaft wie ein Kapitalanleger gegenübersteht (vgl. BFH v. 11.10.1988 – VIII R 328/83, BStBl. II 1989, S. 762).

Mitunternehmerrisiko, wenn Beteiligung an Ergebnis, stillen Reserven und Geschäftswert besteht

Das Tragen von Mitunternehmerrisiko ist zumindest dann zu bejahen, wenn der Kommanditist am laufenden Gewinn und Verlust der KG sowie bei Liquidation an den stillen Reserven einschließlich eines Geschäftswertes beteiligt ist. Sieht dagegen der Gesellschaftsvertrag von Anfang an keine Beteiligung des Kommanditisten am laufenden Gewinn der KG vor, sondern billigt ihm nur eine feste Verzinsung seiner Einlage in Höhe eines für Darlehen üblichen Zinssatzes zu, verneint der BFH das Tragen von Mitunternehmerrisiko und qualifiziert den Kommanditisten als reinen Darlehensgeber (vgl. BFH v. 28.10.1999 – VIII R 66–70/97, BStBl. II 2000, S. 183). Dies ist z.B. auch für den Fall anzunehmen, dass der Gesellschaftsvertrag das Ausscheiden eines Kommanditisten vor dem Erreichen der Gewinnphase vorsieht und bis zum Zeitpunkt des Ausscheidens auch keine nennenswerten stillen Reserven entstehen (vgl. ZIMMERMANN, 2013, Kapitel B, Rz. 19). Zur Mitunternehmerstellung der Komplementär-GmbH bei einer GmbH & Co. KG siehe K I 1.2.

3 Gesellschaft bürgerlichen Rechts

Auch die Gesellschafter einer gewerblichen GbR gelten als Mitunternehmer. Aufgrund ihrer persönlichen Haftung für die Schulden der Gesellschaft (siehe hierzu A I 2.5.2), ihrer Beteiligung am Gewinn und Verlust sowie an den stillen Reserven als auch am Geschäftswert tragen sie Mitunternehmerrisiko, und, da sie gemäß § 709 BGB gemeinschaftlich zur Geschäftsführung befugt sind, vermögen sie, Mitunternehmerinitiative zu entfalten (vgl. HHR/HAEP, § 15 EStG Anm. 379). Das Kriterium der Mitunternehmerinitiative ist selbst dann erfüllt, wenn der Gesellschafter gesellschaftsvertraglich zwar von der Geschäftsführung ausgeschlossen ist, ihm jedoch das Kontrollrecht gemäß § 716 BGB zusteht (vgl. HHR/HAEP, § 15 EStG Anm. 314 m.w.N.). Mögliche Ausprägung einer gewerblichen GbR ist z.B. der Zusammenschluss von Kleingewerbetreibenden, also Gewerbetreibenden, deren Unternehmen einen nach Art oder Umfang eingerichteten Geschäftsbetrieb nicht erfordert, und die insoweit kein Handelsgewerbe gemäß § 1 Abs. 2 HGB betreiben. Bei zahlreichen GbRs scheitert die Mitunternehmerschaft allerdings bereits an dem Fehlen einer gewerblichen Betätigung, so z.B. bei Fahr-, Wohn- und Tippgemeinschaften (vgl. SCHMIDT/WACKER, 2015, § 15 Rz. 326).

4 Stille Gesellschaft

Hinsichtlich der Frage, ob der stille Gesellschafter im Verhältnis zum Inhaber des Handelsgeschäfts lediglich als Darlehensgeber oder aber als Mitunternehmer des Betriebs anzusehen ist, kommt insbesondere der vertraglichen Ausgestaltung der Ergebnisbeteiligung und der Mitwirkungsrechte des Stillen erhebliche Bedeutung zu. Je nach Ausgestaltung des Gesellschaftsvertrags liegt eine typisch oder atypisch stille Gesellschaft vor.

Typisch oder atypisch stille Gesellschaft

4.1 Typisch stille Gesellschaft

Von einer typisch stillen Gesellschaft spricht man dann, wenn sich die Ausgestaltung des Gesellschaftsverhältnisses im Wesentlichen nach den §§ 230 ff. HGB richtet. Hiernach beschränken sich die Ansprüche des Stillen auf die Beteiligung am laufenden Ergebnis des Handelsgeschäfts und auf die eingeschränkten Kontrollrechte des § 233 HGB. Im Falle der Auseinandersetzung erhält der Stille lediglich seine Vermögenseinlage zurück, etwaig gebildete stille Reserven einschließlich eines Geschäftswerts stehen dem Inhaber des Handelsgeschäfts zu.

Keine Vermögensbeteiligung, Kontrollrechte nach § 233 HGB

In diesem Fall ist der stille Gesellschafter regelmäßig kein Mitunternehmer. Vielmehr steht er dem Geschäftsinhaber wie ein Darlehensgeber gegenüber und erzielt dementsprechend keine gewerblichen Einkünfte, sondern Einkünfte aus Kapitalvermögen gemäß § 20 Abs. 1 Nr. 4 EStG. Dies gilt allerdings nur, soweit sein Status inhaltlich tatsächlich dem eines Darlehensgebers gleicht und er nicht aufgrund abweichender gesellschaftsvertraglicher Abreden als Mitunternehmer anzusehen ist, so deutlich § 20 Abs. 1 Nr. 4 EStG.

Keine Mitunternehmerschaft, Einkünfte aus Kapitalvermögen

4.2 **Atypisch stille Gesellschaft**

Mitunternehmer-schaft, Einkünfte i.S.v. § 15 EStG

Weicht bei einer stillen Gesellschaft der Gesellschaftsvertrag grundlegend von der gesetzlichen Struktur der §§ 230 ff. HGB ab, so wird diese ggf. als atypisch stille Gesellschaft bezeichnet, mit der Folge, dass der stille Gesellschafter steuerrechtlich als Mitunternehmer des Handelsgeschäfts gilt und sein Gewinnanteil zu den gewerblichen Einkünften i.S.v. § 15 Abs. 1 Nr. 2 EStG zählt (vgl. ausführlich OFD Frankfurt v. 03.11.2008, BeckVerw 251877 sowie OFD Erfurt v. 23.10.2003, FR 2003, S. 1299).

Beteiligung an stillen Reserven und Geschäftswert oder ...

Nach der Rechtsprechung des BFH ist dies insbesondere dann der Fall, wenn der stille Gesellschafter über die Beteiligung am laufenden Gewinn und Verlust hinaus auch an der Vermögenssubstanz des Unternehmens beteiligt ist und infolgedessen ein ausgeprägtes Mitunternehmerrisiko trägt, etwa weil sein Auseinandersetzungsanspruch nicht nur seine geleistete Einlage, sondern auch anteilige stille Reserven einschließlich eines etwaigen Geschäftswerts umfasst (vgl. BFH v. 27.05.1993 – IV R 1/92, BStBl. II 1994, S. 700; v. 13.07.1993 – VIII R 85/91, BStBl. II 1994, S. 243). Hinsichtlich der Möglichkeit, Mitunternehmerinitiative entfalten zu können, reichen nach Auffassung des BFH in diesem Fall die Kontrollrechte des § 233 HGB aus (vgl. BFH v. 27.01.1994 – IV R 114/91, BStBl. II 1994, S. 635). Im Schrifttum wird u.E. jedoch zu Recht argumentiert, dass ein atypisch stiller Gesellschafter nur dann Mitunternehmerinitiative entfalten könne, wenn ihm Mitwirkungsrechte gewährt werden, die über die sich aus § 233 HGB ergebenden Kontrollrechte hinausgehen, so etwa ein Widerspruchsrecht entsprechend § 164 HGB oder ein Kontrollrecht, dass sich an § 716 BGB orientiert (vgl. HHR/HAEP, § 15 EStG Anm. 393).

... hohe Gewinn-beteiligung und Geschäftsführungs-befugnis

Auch ohne Beteiligung an der Vermögenssubstanz, also an stillen Reserven und Geschäftswert, kann der stille Gesellschafter u.U. Mitunternehmer sein. Nach der Rechtsprechung des BFH ist dies der Fall, wenn der Stille aufgrund einer sehr hohen laufenden Ergebnisbeteiligung (Gewinnabsaugung) zumindest ein eingeschränktes Mitunternehmerrisiko trägt und das Merkmal Mitunternehmerinitiative in besonders starkem Maße ausgeprägt ist, etwa weil dem Stillen aufgrund von Weisungsbefugnissen de facto die Geschäftsführung obliegt (vgl. BFH v. 15.10.1998 – IV R 18/98, BStBl. II 1999, S. 286).

Auch bei fehlender Verlustbeteiligung, wenn hohe Initiativ-rechte

Ist der stille Gesellschafter zwar am Zuwachs des Geschäftswerts und an den stillen Reserven, nicht aber am Verlust des Unternehmens beteiligt, so kann er dennoch als Mitunternehmer anzusehen sein, wenn seine Initiativbefugnisse besonders ausgeprägt sind. Hierfür genügt es allerdings nicht, dass die Kontrollbefugnisse des Stillen (§ 233 HGB) i.S.d. Rechte nach § 716 BGB ausgedehnt werden. Erforderlich ist vielmehr, dass dem stillen Gesellschafter Aufgaben der Geschäftsführung, mit denen ein nicht unerheblicher Entscheidungsspielraum und damit auch ein Einfluss auf grundsätzliche Fragen der Geschäftsleitung verbunden ist, zur selbständigen Ausübung übertragen werden (vgl. BFH v. 07.11.2006 – VIII R 5/04, BFH/NV 2007, S. 906).

Gesamtbild der Verhältnisse entscheidend

Die Bezeichnung im Gesellschaftsvertrag als typisch oder atypisch stille Beteiligung ist für die steuerrechtliche Beurteilung des Gesellschaftsverhältnisses nicht maßgebend (vgl. BFH v. 12.11.1985 – VIII R 364/83, BStBl. II 1986, S. 311). Es kommt vielmehr auf eine auf den Einzelfall bezogene wirtschaftliche Betrachtung unter Einbezug des Gesamtbildes der Verhältnisse an.

5 Unterbeteiligung

Die (gesetzlich nicht geregelte) Unterbeteiligung ist wie die stille Gesellschaft eine reine Innengesellschaft. Im Unterschied zur stillen Gesellschaft wird durch die Unterbeteiligung allerdings lediglich eine mittelbare Unternehmensbeteiligung durch einen Gesellschaftsvertrag mit einem Gesellschafter, nicht aber durch einen Gesellschaftsvertrag mit dem Träger des Unternehmens realisiert. Zivilrechtlich ist die Unterbeteiligung ihrem Wesen nach daher eher GbR als stille Gesellschaft.

Dennoch kann eine Unterbeteiligung aus steuerrechtlicher Perspektive vereinfacht als stille Beteiligung an einem Gesellschaftsanteil charakterisiert werden, da die steuerrechtliche Wertung der Unterbeteiligung derjenigen bei einer stillen Gesellschaft vergleichbar ist (hierzu auch GROH, FS Priester, 2007, S. 107 ff.). So werden auch Unterbeteiligungsgesellschaften je nach Vorliegen der Voraussetzungen einer Mitunternehmerschaft analog zur stillen Gesellschaft als typisch oder atypisch bezeichnet.

Typische und atypische Unterbeteiligungen

Zunächst ist festzuhalten, dass ein Unterbeteiligter nur dann Mitunternehmer sein kann, wenn der Hauptbeteiligte seinerseits Mitunternehmer der Hauptgesellschaft ist. Ist die Hauptgesellschaft dagegen lediglich vermögensverwaltend tätig oder erfüllt der Hauptgesellschafter die Kriterien der Mitunternehmerschaft nicht, und erzielt er infolgedessen z.B. Einkünfte aus Vermietung und Verpachtung, so erzielt der Unterbeteiligte unabhängig von der Ausgestaltung des Unterbeteiligungsvertrags grundsätzlich Einkünfte aus Kapitalvermögen (vgl. BFH v. 17.12.1996 – IX R 30/94, BStBl. II 1997, S. 406). In dem Ausnahmefall, dass der Unterbeteiligte selbst als Vermieter nach außen in Erscheinung tritt und umfassende Mitwirkungsrechte erhält, erzielt zwar auch er Einkünfte aus Vermietung und Verpachtung; eine Mitunternehmerschaft liegt aber mangels Erzielung von Gewinneinkünften auch hier nicht vor (vgl. BFH v. 03.12.1991 – IX R 155/89, BStBl. II 1992, S. 459; kritisch PICKHARDT-POREMBA/ENGELSING, DStZ 2000, S. 281, 285 ff.).

Atypische Unterbeteiligung setzt mitunternehmerische Hauptbeteiligung voraus

Analog zur steuerlichen Behandlung der stillen Gesellschaft nimmt der BFH eine Mitunternehmerschaft grundsätzlich nur dann an, wenn der Unterbeteiligte entsprechend seinem Anteil am Gesellschaftsanteil des Hauptbeteiligten mittelbar auch an einem Geschäftswert und an den stillen Reserven im Betriebsvermögen der Hauptgesellschaft beteiligt ist (vgl. BFH v. 06.07.01995 – IV R 79/94, BStBl. II 1996, S. 269). Zur Entfaltung von Mitunternehmerinitiative genügt es, wenn dem Unterbeteiligten mindestens die Kontrollrechte eingeräumt werden, die § 233 HGB einem stillen Gesellschafter gewährt und die denen eines Kommanditisten nach § 166 HGB entsprechen (vgl. BFH v. 02.10.1997 – IV R 75/96, BStBl. II 1998, S. 137). Liegt danach keine Mitunternehmerschaft, sondern eine typische Unterbeteiligung vor, so erzielt der Unterbeteiligte Einkünfte aus Kapitalvermögen.

Analogie zur stillen Gesellschaft

Sind dagegen die Voraussetzungen einer atypischen Unterbeteiligung erfüllt, so bestehen zwei Mitunternehmerschaften (vgl. BFH v. 19.04.2007 – IV R 70/04, BStBl. II 2007, S. 868; KIRCHHOF/REISS, 2015, § 15 Rz. 197; a.A. HHR/HAEP, § 15 Anm. 430): Zum einen die Hauptgesellschaft, zum anderen die Unterbeteiligungsgesellschaft, deren Sinn und Zweck es ist, im Innenverhältnis den Unterbeteiligten an den Rechten und Pflichten des Hauptbeteiligten aus dessen Beteiligung an der Hauptgesellschaft teilhaben zu lassen (vgl. SCHMIDT/WACKER, 2015, § 15 Rz. 365).

Atypisch Unterbeteiligter ist mittelbarer Mitunternehmer der Hauptgesellschaft

Zudem ist der Unterbeteiligte gemäß § 15 Abs. 1 Nr. 2 Satz 2 EStG als mittelbarer Mitunternehmer der Hauptgesellschaft anzusehen (vgl. BFH v. 02. 10. 1997 – IV R 75/96, BStBl. II 1998, S. 137; SCHMIDT/WACKER, 2015, § 15 Rz. 370; KIRCHHOF/ REISS, 2015, § 15 Rz. 197). Auf den ersten Blick scheint Letzteres allerdings mit dem Wortlaut des § 15 Abs. 1 Nr. 2 Satz 2 EStG nicht vereinbar zu sein, ist doch der Unterbeteiligte zivilrechtlich, weil die Unterbeteiligungsgesellschaft als Innengesellschaft nicht Gesellschafterin der Hauptgesellschaft sein kann, nicht »über eine Personengesellschaft«, sondern lediglich über einen Gesellschafter an der Gesellschaft beteiligt, an der die Hauptbeteiligung besteht. Indes hat der BFH § 15 Abs. 1 Nr. 2 Satz 2 EStG nicht zivilrechtlich, sondern vielmehr entlang seines steuerlichen Normzwecks ausgelegt und die Unterbeteiligungsgesellschaft als Mitunternehmerin der »Hauptgesellschaft« angesehen, woraufhin der Unterbeteiligte mittelbarer Mitunternehmer der Hauptgesellschaft ist (vgl. BFH v. 02. 10. 1997 – IV R 75/96, BStBl. II 1998, S. 137; kritisch KORN/CARLÉ/BAUSCHATZ, § 15 Rz. 138; 274). Zur doppelstöckigen Personengesellschaft siehe K II.

6 Treuhandverhältnisse

Fremdnützige Vollrechtstreuhand

Ähnlich wie durch ein Unterbeteiligungsverhältnis kann auch durch einen Treuhandvertrag, der auf einen Gesellschaftsanteil an einer Personengesellschaft gerichtet ist, eine mittelbare Unternehmensbeteiligung erreicht werden. Bedeutsam ist dabei insbesondere die fremdnützige Vollrechtstreuhand. Bei dieser wird allein der Treuhänder zivilrechtlich Gesellschafter der Personengesellschaft, wobei er die Rechte aus der Beteiligung nur unter Beachtung des mit dem Treugeber geschlossenen Treuhandvertrags ausüben darf (vgl. SCHMIDT, K., 2002, S. 1827, 1829 ff.). Im Rahmen des Gesellschaftsverhältnisses wird der Treuhänder sodann zwar im eigenen Namen, aber ausschließlich auf Rechnung des Treugebers tätig. Darin unterscheidet sich das Treuhandverhältnis vom Unterbeteiligungsverhältnis, da bei Letzterem der Hauptbeteiligte für eigene und fremde Rechnung Gesellschafter ist, während der Treuhänder ausschließlich für fremde Rechnung handelt, nämlich für die des Treugebers (vgl. BFH v. 24. 05. 1977 – IV R 47/76, BStBl. II 1977, S. 737).

Treugeber ist Mitunternehmer, …

Als Mitunternehmer ist dabei regelmäßig der Treugeber anzusehen, da der Treuhänder die für die Mitunternehmerinitiative erforderlichen Rechte, z. B. Stimm-, Kontroll- und Widerspruchsrechte, im Innenverhältnis pflichtgebunden für den Treugeber ausübt und der Treugeber im Innenverhältnis – ggf. über eine Freistellungsverpflichtung gegenüber dem Treuhandkommanditisten – auch ein entsprechendes Mitunternehmerrisiko trägt (vgl. BFH v. 16. 05. 1995 – VIII R 18/93, BStBl. II 1995, S. 714). Voraussetzung dafür ist allerdings dreierlei: Erstens muss das Treuhandverhältnis nachgewiesen sein, wobei § 159 AO eine besondere Nachweispflicht für den Treuhänder statuiert, und auch tatsächlich durchgeführt werden. Zweitens muss der Treugeber das Treuhandverhältnis beherrschen, so dass die mit der zivilrechtlichen Gesellschafterstellung des Treuhänders verbundene Verfügungsmacht im Innenverhältnis zugunsten des Treugebers in einem Maße eingeschränkt ist, dass deren rechtliche Inhaberschaft als »leere Hülle« erscheint (vgl. BFH v. 20. 01. 1999 – I R 69/97, BStBl. II 1999, S. 514). Und schließlich muss der Treuhänder als Gesellschafter der Personengesellschaft in einem rechtlichen und tatsächlichen Verhältnis zur Personengesellschaft und ihren Gesellschaftern stehen, das ihn selbst als Mitunternehmer und damit als Träger originärer gewerblicher Einkünfte erscheinen ließe, wenn er ganz oder teilweise auf eigene Rechnung handeln würde (vgl. BFH v. 24.05.1977 – IV R 47/76, BStBl. II 1977, S.737; HHR/HAEP, § 15 EStG Anm. 423).

Ist der Treugeber Mitunternehmer, so ist ihm gemäß § 39 Abs. 2 Nr. 1 Satz 1 AO die Einkunftsquelle, mithin der Anteil an der betreffenden Personengesellschaft, zuzurechnen und er erzielt Einkünfte i.S.v. § 15 Abs. 1 Nr. 2 EStG. Ob er dies kraft eigener Verwirklichung des Einkünftetatbestands tut (so KOENIG/KOENIG, 2014, § 39 AO Rn. 61) oder ihm die Einkünfte lediglich zugerechnet werden (so BFH v. 24.05.1977 – IV R 47/76, BStBl. II 1977, S.737), kann hier dahinstehen. Auch werden etwaige Sondervergütungen, die der Treugeber von der Personengesellschaft bezieht, gemäß § 15 Abs. 1 Nr. 2 EStG in die betreffende Gewinneinkunftsart der Gesellschaft umqualifiziert, und Wirtschaftsgüter, die der Treugeber der Gesellschaft zur Nutzung überlässt, sind seinem Sonderbetriebsvermögen bei der betreffenden Personengesellschaft zuzurechnen (vgl. SCHMIDT/WACKER, 2015, § 15 Rz. 296).

Demgegenüber ist der Treuhänder regelmäßig nicht als Mitunternehmer der Personengesellschaft anzusehen, eben weil er seine gesellschaftsrechtlichen Mitwirkungs- und Kontrollrechte nur auf Weisung des Treugebers ausüben darf, so dass er selbst keine Mitunternehmerinitiative entfalten kann, und er für Rechnung des Treugebers handelt, er folglich kein Mitunternehmerrisiko trägt. Etwas anderes kann indes gelten, wenn für den Treuhänder eine unbeschränkte Außenhaftung besteht. In diesem Fall trägt der Treuhänder über die persönliche unbeschränkte Haftung ein Unternehmerrisiko, das allein durch die Zusage des Vertretenen, ihn im Innenverhältnis von allen Verbindlichkeiten freizustellen, im Regelfall nicht ausgeschlossen wird, weil die tatsächliche Realisierbarkeit dieses Rückgriffsanspruchs ungewiss ist. Dem Umstand, dass der Treuhänder im Innenverhältnis den Weisungen des Treugebers unterliegt, kommt demgegenüber keine entscheidende Bedeutung zu (vgl. BFH v. 04.11.2004 – III R 21/02, BStBl. II 2005, S. 168).

... Treuhänder im Regelfall nicht

7 Zusammenschluss von Freiberuflern

Schließen sich mehrere Freiberufler in der Rechtsform einer GbR oder einer Partnerschaftsgesellschaft zusammen, so ist in beiden Fällen steuerrechtlich eine »andere Gesellschaft« i.S.v. § 15 Abs. 1 Nr. 2 EStG gegeben, die zwar nicht gewerblich ist, für die aber gemäß § 18 Abs. 4 Satz 2 EStG die Regelung des § 15 Abs. 1 Nr. 2 EStG entsprechend anzuwenden ist. Dies bedeutet, dass, wenn die Gesellschafter Mitunternehmerrisiko tragen und Mitunternehmerinitiative entfalten können, sie folglich als Mitunternehmer der Gesellschaft anzusehen sind. Ebenso bestimmt sich über die analoge Anwendung von § 15 Abs. 1 Nr. 2 EStG der Umfang der Einkünfte aus selbständiger Arbeit für die Mitunternehmerschaft bzw. den einzelnen Mitunternehmer: Diese setzen sich, wie bei einer gewerblichen Mitunternehmerschaft auch, zusammen aus dem gesamthänderisch erzielten Gewinn, der anteilig den

Mitunternehmerschaft auch bei Freiberuflern

Mitunternehmern zuzurechnen ist, sowie etwaigen Sondervergütungen, die der betreffende Mitunternehmer für Tätigkeiten im Dienste der Gesellschaft, die Hingabe von Darlehen oder für die Überlassung von Wirtschaftsgütern bezogen hat (vgl. HHR/BRANDT, § 18 Anm. 429).

Insgesamt gewerbliche Einkünfte bei Beteiligung Berufsfremder

Bezüglich der Frage, ob eine Personengesellschaft freiberufliche Einkünfte erzielt, stellt der BFH allerdings auf die persönliche Qualifikation der einzelnen Gesellschafter ab und anerkennt in ständiger Rechtsprechung die Einkünfte der Personengesellschaft nur dann als freiberuflich, wenn alle Gesellschafter die geforderten Merkmale eines freien Berufs aufweisen, denn die tatbestandlichen Voraussetzungen der Freiberuflichkeit können nicht von der Personengesellschaft selbst, sondern nur von natürlichen Personen erfüllt werden. Das Handeln der Gesellschafter in ihrer gesamthänderischen Verbundenheit und damit das Handeln der Gesellschaft darf kein Element einer nicht freiberuflichen Tätigkeit enthalten (vgl. BFH 10.10.2012 – VIII R 42/10, BStBl. II 2013, S. 79). Stellt man aber auf das gemeinsame Handeln der Gesellschafter ab, so folgt daraus unmittelbar, dass bei Beteiligung eines nicht qualifizierten Gesellschafters die Gesellschaft originär gewerbliche Einkünfte gemäß § 15 Abs. 1 Nr. 1 i.V.m. Abs. 2 EStG erzielt (deutlich REISS, Personengesellschaften, FS Kirchhof Bd. II, 2013, S. 1925, 1930; WENDT, StbJb. 2013/2014, S. 33, 61). Leitete man die Gesamtgewerblichkeit der Personengesellschaft in derlei Konstellationen früher aus § 15 Abs. 3 Nr. 1 EStG her (vgl. BFH v. 09.10.1986, BStBl. II 1987, S. 124; v. 11.06.1985, BStBl. II 1985, S. 584; KEMPERMANN, FR 2007, S. 577, 579), was erkennbar auf der Annahme basierte, die Gesellschaft würde durch den nicht qualifizierten Gesellschafter gewerblich tätig, was anschließend zu einer Abfärbung auf die an sich freiberuflichen Tätigkeiten der qualifizierten Gesellschafter und damit in vollem Umfang zu gewerblichen Einkünften der Personengesellschaft führte, so ist diese Sichtweise nunmehr überholt (vgl. WENDT, StbJb. 2013/2014, S. 33, 61; a.A. wohl SCHMIDT/WACKER, 2015, § 18 Rz. 43). Ergibt sich aber, der neueren Rechtsprechung des BFH folgend, die Gewerblichkeit der freiberuflichen Personengesellschaft bei Beteiligung Berufsfremder aus § 15 Abs. 1 Nr. 1 i.V.m. Abs. 2 EStG und nicht mehr als Folge der Abfärberegelung, so ist klar, dass die einschränkenden Überlegungen zum Anwendungsbereich der Abfärberegelung bei äußerst geringfügiger Gewerblichkeit dann auch keine Rolle spielen können (vgl. WENDT, StbJb. 2013/2014, S. 33, 61). Folglich erzielt die Gesellschaft auch dann, wenn der Berufsfremde nur in relativ geringem Umfang beteiligt ist, gewerbliche Einkünfte (im Ergebnis ebenso BFH v. 28.10.2008 – VIII R 69/96, BStBl. II 2009, S. 642, wenngleich mit verwirrender Begründung).

Kapitalgesellschaft ist berufsfremd

Konsequent nimmt der BFH ohne Rücksicht auf die Voraussetzungen des § 15 Abs. 3 Nr. 2 EStG auch dann eine gewerbliche Personengesellschaft an, wenn sich an einer bei isolierter Betrachtung freiberuflichen Personengesellschaft eine Kapitalgesellschaft mitunternehmerisch beteiligt, und zwar selbst dann, wenn an Letzterer ausschließlich Berufsträger beteiligt sind (vgl. BFH v. 08.04.2008 – VIII R 73/05, BStBl. II 2008, S. 681; v. 04.05.2009 – VIII B 220/08, BFH/NV 2009, S. 1429). Die mitunternehmerische Beteiligung einer Kapitalgesellschaft ist insoweit der Beteiligung eines Berufsfremden gleichgestellt. Dies gilt ebenso für eine nach § 50 Abs. 1 StBerG bzw. § 28 WPO mögliche StB/WP GmbH & Co. KG (vgl. BFH v. 10.10.2012 – VIII R 42/10, BStBl. II 2013, S. 79; hierzu auch WENDT, StbJb. 2013/2014, S. 33, 59 ff.: a.A. KUBATA/RIEGLER/STRASSEN, DStR 2014, S. 1949, 1951: Kapitalgesell-

schaft infolge eines Durchgriffs auf ihre qualifizierten Gesellschafter nicht berufsfremd).

Zwar scheint die Konstellation der Beteiligung Berufsfremder an einer ansons- **Abgrenzung zur**
ten freiberuflichen Personengesellschaft derjenigen einer Zebragesellschaft auf den **Zebragesellschaft**
ersten Blick vergleichbar zu sein, gleichwohl ist zu beachten, dass der BFH hinsichtlich der Frage, ob eine Personengesellschaft ein gewerbliches Unternehmen betreibt,
allein auf deren Tätigkeit, wie sie sich in der gemeinschaftlichen Betätigung ihrer
Gesellschafter widerspiegelt, abgestellt hat (vgl. BFH v. 10.10.2012 – VIII R 42/10,
BStBl. II 2013, S. 79; v. 08.04.2008 – VIII 73/05, BStBl. II 2008, S. 681). Diese
gemeinschaftliche Betätigung ist bei dem hier in Rede stehenden Fall im Ergebnis
eine gewerbliche, während im Fall der Zebragesellschaft auf Ebene der Gesellschaft
eine vermögensverwaltende Tätigkeit vorliegt, die sodann auf Ebene des Gesellschafter nicht wegen seines Tuns, sondern wegen allgemeiner Grundsätze (z.B.
Zuordnung der Beteiligung zu seinem Betriebsvermögen oder § 8 Abs. 2 KStG)
ggf. umzuqualifizieren ist. Demgegenüber wird die Auffassung vertreten, dass
sich das Fehlen der Merkmale des § 18 Abs. 1 Nr. 1 EStG erst auf der Gesellschafterebene auswirke und es folglich nur bei dem berufsfremden Gesellschafter zu einer
Umqualifizierung in gewerbliche Einkünfte komme, während die übrigen (qualifizierten) Gesellschafter weiterhin Einkünfte aus selbständiger Arbeit erzielten (vgl.
HENNRICHS in TIPKE/LANG, 2015, § 10 Rz. 62 m.w.N.; KUBATA/RIEGLER/
STRASSEN, DStR 2014, S. 1949, 1954).

Zu beachten ist, dass auch die lediglich kapitalmäßige Beteiligung eines an sich **Lediglich kapital-**
nicht Berufsfremden zur Gewerblichkeit der ansonsten freiberuflich tätigen Per- **mäßige Beteiligung**
sonengesellschaft führt (vgl. BFH v. 16.04.2009 – VIII B 216/08, BFH/NV 2009, **von Berufsträgern**
S. 1264), da eine rein kapitalmäßige Beteiligung als der Freiberuflichkeit wesens- **schädlich**
fremd angesehen wird. Auch hier scheint es schwerlich vorstellbar, zunächst zweierlei Tätigkeiten der Gesellschaft – eine freiberufliche und eine gewerbliche –
anzunehmen, woraufhin die gewerbliche Tätigkeit auf die freiberufliche Tätigkeit
abfärben würde, sondern vielmehr ist die Tätigkeit der Gesellschaft wegen der
Beteiligung des inaktiven Gesellschafters von vornherein insgesamt als gewerblich
zu beurteilen.

Im Fall doppel- oder mehrstöckiger Personengesellschaften sind die Einkünfte **Doppel- und mehr-**
der Untergesellschaft nur dann als freiberufliche Einkünfte zu qualifizieren, wenn **stöckige Personen-**
die folgenden Tatbestandsvoraussetzungen erfüllt sind (vgl. BFH v. 28.10.2008 – **gesellschaften**
VIII R 69/06, BStBl. II 2009, S. 642): Erstens müssen nicht nur die an der Untergesellschaft unmittelbar beteiligten Gesellschafter, sondern auch sämtliche über die
Obergesellschaft an der Untergesellschaft mittelbar beteiligten Gesellschafter die
Merkmale eines freien Berufs erfüllen. Und zweitens ist, weil jeder Gesellschafter
eigenverantwortlich und leitend tätig sein muss, zur Anerkennung einer doppelstöckigen Freiberufler-Personengesellschaft zu verlangen, dass alle Obergesellschafter – zumindest in geringfügigem Umfang – in der Untergesellschaft leitend und
eigenverantwortlich mitarbeiten. Ist beides erfüllt, so erzielt die Untergesellschaft
und ebenso die Obergesellschaft Einkünfte aus selbständiger Arbeit. Für die Obergesellschaft gilt dies allerdings nur dann, wenn auf ihrer Ebene neben der Beteiligung
an der freiberuflichen Untergesellschaft keine § 15 Abs. 3 Nr. 1 EStG auslösende
gewerbliche Beteiligung oder eine gewerbliche Tätigkeit vorliegt. Erzielt die Untergesellschaft nach den vorstehenden Kriterien hingegen gewerbliche Einkünfte, weil

etwa einer der Obergesellschafter nicht leitend und eigenverantwortlich in der Untergesellschaft tätig wird, so folgt daraus für die Obergesellschaft, dass, weil sie mit ihrem Gewinnanteil aus der Untergesellschaft insoweit gewerbliche Beteiligungseinkünfte erzielt, über § 15 Abs. 3 Nr. 1 EStG auch ihre ggf. daneben erzielten, originär freiberuflichen Einkünfte als gewerbliche Einkünfte qualifiziert werden.

Interprofessionelle Mitunternehmerschaften

Nach der BFH-Rechtsprechung ist es unter bestimmten Voraussetzungen indes unschädlich, wenn sich Freiberufler unterschiedlicher Sparten zusammenschließen, so etwa bei einer aus einer wissenschaftlichen Dokumentarin und einem Arzt bestehenden GbR. Grundsätzlich, so der BFH, sei es bei derartigen interprofessionellen Mitunternehmerschaften für die Annahme der Freiberuflichkeit nicht erforderlich, dass jeder Gesellschafter in allen Unternehmensbereichen leitend tätig ist und an jedem Auftrag mitarbeitet. Vielmehr reiche es aus, dass die Berufsträger die mit einem übernommenen Auftrag verbundenen Aufgaben untereinander aufteilen und jeder den ihm zugewiesenen Aufgabenbereich aufgrund seiner Sachkenntnis eigenverantwortlich leitet. Eine gewerbliche Tätigkeit werde auch dann nicht ausgeübt, wenn jeder der beiden Gesellschafter nur auf dem Gebiet (leitend) tätig ist, für das er seine fachliche Qualifikation nachgewiesen hat (vgl. BFH v. 23. 11. 2000 – IV R 48/99, BStBl. II 2001, S. 241).

Von den Tätigkeitsbeiträgen abweichende Gewinnverteilung ist anzuerkennen

Nach zutreffender Auffassung des FG Düsseldorf (v. 13. 01. 2005, EFG 2005, S. 1359, rkr.) steht auch eine von den tatsächlichen Tätigkeitsbeiträgen der einzelnen Freiberufler abweichende Gewinnverteilung der Annahme einer insgesamt freiberuflichen Mitunternehmerschaft nicht entgegen. Vielmehr könne die Gewinnverteilung eben auch die ggf. unterschiedlichen Kapitalbeiträge der Mitunternehmer berücksichtigen (hierzu auch KEMPERMANN, FR 2007, S. 577, 580 f.). Die Finanzverwaltung ist dieser Auffassung gefolgt (vgl. OFD Hannover v. 01.07.2007, DStR 2007, S. 1628). Beteiligt sich ein Mitunternehmer, der die Kriterien der Freiberuflichkeit erfüllt, gleichwohl nur kapitalmäßig, mithin ohne eigenen Tätigkeitsbeitrag an der Gesellschaft, so führt dies allerdings (nach wie vor) zur Annahme einer insgesamt gewerblich tätigen Personengesellschaft (vgl. BFH v. 26. 11. 1970 – IV R 60/65, BStBl. II 1971, S. 249; OFD Hannover v. 01.07.2007, DStR 2007, S. 1628).

Ggf. Abfärberegelung, wenn nicht einheitliche Gesamtbetätigung

Sollten die Gesellschafter der Personengesellschaft in ihrer Verbundenheit nicht nur freiberuflich, sondern auch gewerblich tätig sein, so gilt Folgendes: Sind beide Tätigkeitsarten derart miteinander verflochten, dass sie sich gegenseitig unlösbar bedingen, so liegt eine einheitliche Tätigkeit vor, die steuerrechtlich danach zu qualifizieren ist, ob das freiberufliche oder das gewerbliche Element vorherrscht (vgl. BFH v. 24.04.1997 – IV R 60/95, BStBl. II 1997, S. 567). Lassen sich die Tätigkeiten dagegen separieren, so greift die in § 15 Abs. 3 Nr. 1 EStG kodifizierte Abfärberegelung mit der Folge ein, dass die Personengesellschaft insgesamt gewerbliche Einkünfte erzielt (siehe auch B II 3).

8 Verdeckte Mitunternehmerschaft

Innengesellschaftsverhältnis

Wie ausgeführt, kann grundsätzlich Mitunternehmer nur sein, wer zivilrechtlich Gesellschafter einer Personengesellschaft ist oder, in Ausnahmefällen, eine diesem wirtschaftlich vergleichbare Stellung innehat. Eine wirtschaftlich vergleichbare Stellung kann beispielsweise durch eine Rechtsbeziehung begründet werden, die zwar als Arbeits-, Darlehens- oder Pachtvertrag bezeichnet, in Wahrheit aber als zivilrechtliches Innengesellschaftsverhältnis zu werten ist. Aus der Tatsache, dass hier das Gesellschaftsverhältnis durch die bestehenden Rechtsbeziehungen verdeckt ist, erklärt sich die Bezeichnung als verdeckte Mitunternehmerschaft (unpräzise mitunter auch faktische Mitunternehmerschaft genannt). Zielsetzung der Qualifikation bestehender Rechtsverhältnisse als eine verdeckte Mitunternehmerschaft ist es, wirtschaftlich gleiche Tatbestände unabhängig von deren formeller Gestaltung steuerrechtlich gleich zu behandeln.

Kennzeichen einer verdeckten Mitunternehmerschaft ist zwar das Fehlen eines formalen Gesellschaftsverhältnisses, dennoch erfordert § 15 Abs. 1 Nr. 2 EStG zumindest das Vorliegen einer Art von Gesellschaftsverhältnis. Mitunternehmerinitiative und Mitunternehmerrisiko dürfen danach nicht lediglich auf einzelne Schuldverhältnisse als gegenseitige Austauschverträge zurückzuführen sein, sondern vielmehr setzt die Annahme einer verdeckten Mitunternehmerstellung ein gemeinsames Handeln zu einem gemeinsamen Zweck von einander gleichgeordneten Personen voraus (vgl. BFH v. 13.07.1993, BStBl. II 1994 – VIII R 50/92, S. 282). Dabei muss ein auf den Abschluss eines Gesellschaftsvertrags gerichteter Rechtsbindungswille der Beteiligten feststellbar sein (vgl. BFH v. 01.07.2003 – VIII R 2/03, BFH/NV 2003, S. 1564).

Voraussetzungen: Gemeinsames Handeln, gemeinsamer Zweck, Rechtsbindungswille

Mitunternehmerinitiative kann bei einer verdeckten Mitunternehmerschaft beispielsweise durch das Ausüben einer leitenden Tätigkeit aufgrund eines Dienstvertrages entfaltet werden und insoweit das fehlende Stimmrecht mangels Bestehen eines formalen Gesellschaftsvertrags kompensieren. Die Existenz eines Mitunternehmerrisikos wird man annehmen können, sobald die betreffende Person gewinnabhängige Vergütungen erhält und sie darüber hinaus einen wesentlichen Beitrag zur Kapitalausstattung des Unternehmens leistet, beispielsweise durch Überlassung eines Darlehens oder das Eingehen einer stillen Beteiligung. Kurzum, es muss ein Ertragsrisiko und ein Kapitalverlustrisiko gegeben sein.

BEISPIEL 10

(vgl. BFH v. 21.09.1995 – IV R 65/94, BStBl. II 1996, S. 66)
A ist alleiniger Gesellschafter-Geschäftsführer der Komplementär-GmbH einer Familien-GmbH & Co. KG. Seine Geschäftsführungsbefugnisse sind weder nach dem Gesellschafts- noch nach seinem Anstellungsvertrag eingeschränkt. Alleinige Kommanditistin ist die Ehefrau des A. Das ihr nach § 164 HGB zustehende Widerspruchsrecht ist vertraglich ausgeschlossen. Neben seinem Gehalt erhält A eine Tantieme, die sich nach dem positiven Jahresergebnis der KG bemisst.
Aufgrund seiner bestimmenden Stellung kann A, obwohl formal nicht Gesellschafter der KG, Mitunternehmerinitiative entfalten. Sodann genügt zur Annahme, er sei Mitunternehmer, bereits ein geringes Mitunternehmerrisiko. Im Streitfall bejahte der BFH dieses, da A in erheblichem Umfang am Jahresergebnis der KG aufgrund ungewöhnlich hoher Tantiemen teilnahm. Einer Teilhabe am Verlust, den stillen Reserven und dem Geschäftswert der KG bedurfte es insoweit nicht. ◀

C Laufende Besteuerung von gewerblichen Mitunternehmerschaften

I Überblick

Obwohl die Grundsätze des § 15 Abs. 1 Nr. 2 EStG auch auf Mitunternehmerschaften anwendbar sind, die keine gewerblichen Einkünfte, sondern Einkünfte aus Land- und Forstwirtschaft oder selbständiger Arbeit erzielen (vgl. §§ 13 Abs. 7, 18 Abs. 4 Satz 2 EStG), beschränkt sich die weitere Betrachtung aus Gründen der Übersichtlichkeit auf gewerbliche Mitunternehmerschaften.

Wie bereits in den vorhergehenden Abschnitten deutlich wurde, erstreckt sich die Ermittlung der Einkünfte eines gewerblichen Mitunternehmers über zwei Stufen. Diese durch § 15 Abs. 1 Nr. 2 EStG vorgegebene zweistufige Vorgehensweise erfordert die Ermittlung sowohl

Zweistufige Gewinnermittlung

- des Anteils des Mitunternehmers an dem gesamthänderisch erwirtschafteten Gewinn der Gesellschaft als auch
- die sich aus den Vergütungen ergebenden Einkünfte, die der Mitunternehmer *SBV* von der Gesellschaft für seine Tätigkeit im Dienst der Gesellschaft, für die Hingabe von Darlehen oder für die Überlassung von Wirtschaftsgütern bezogen hat.

Beide Stufen bilden aber insoweit eine Einheit, als erst ihre Aggregation den steuerlichen Gesamtgewinn ergibt, der von der betreffenden Mitunternehmerschaft erzielt wird. Dem wird auch dadurch Rechnung getragen, dass nicht der einzelne Mitunternehmer, sondern die Gesellschaft Subjekt der Gewinnermittlung ist. Steuerrechtlich wird der Personengesellschaft also insoweit eine partielle Rechtsfähigkeit zugebilligt, als der Gewinn auf Ebene der Gesellschaft zu ermitteln ist.

Additive Gewinnermittlung

Die Gewinnermittlung erfolgt grundsätzlich entsprechend der allgemeinen Gewinndefinition des § 4 Abs. 1 EStG nach dem folgenden Grundschema (soweit nicht eine Einnahmen-Überschuss-Rechnung nach § 4 Abs. 3 EStG in Betracht kommt, vgl. C III 1):

Allgemeine Gewinndefinition

	Reinbetriebsvermögen am Ende des Wirtschaftsjahres
./.	Reinbetriebsvermögen am Ende des vorangegangenen Wirtschaftsjahres
+	im Wirtschaftsjahr getätigte Entnahmen
./.	im Wirtschaftsjahr getätigte Einlagen
=	steuerpflichtiges Periodenergebnis

Nicht anders als bei Einzelgewerbetreibenden ergibt sich daraus auch für die Gewinnermittlung von Mitunternehmerschaften die Notwendigkeit der Definition und Abgrenzung des steuerlichen Betriebsvermögens. Allerdings ist diese Abgrenzung bei Personengesellschaften insoweit erschwert, als die Gesellschaft selbst nur hinsichtlich der Erzielung und der Ermittlung, nicht aber hinsichtlich der Versteuerung der Einkünfte Steuersubjekt ist, da Letztere auf der Ebene der Mitunternehmer erfolgt. Infolgedessen erschöpft sich die Definition und Abgrenzung des steuerlichen

Notwendigkeit der Abgrenzung des Betriebsvermögens

Betriebsvermögens einer Mitunternehmerschaft nicht im gesamthänderisch gebundenen Vermögen der Gesellschaft als solcher, sondern muss unter Umständen auch Vermögensteile der einzelnen Mitunternehmer mit einbeziehen, etwa wenn diese ihnen selbst gehörende Wirtschaftsgüter der Gesellschaft zur Nutzung überlassen.

Gesamthands- und Sonderbetriebsvermögen

Zum steuerrechtlichen Betriebsvermögen einer Personengesellschaft gehören damit diejenigen Wirtschaftsgüter, die

1. der Personengesellschaft selbst gehören (steuerrechtliches Gesamthandsvermögen),

   sowie diejenigen, die

2. einzelnen Mitunternehmern gehören, aber aus im Weiteren noch darzulegenden Gründen in den Betriebsvermögensvergleich der Personengesellschaft einzubeziehen sind (Sonderbetriebsvermögen).

1. Stufe: Gesamthandsbilanz- und ...

Auf der 1. Stufe der Gewinnermittlung wird der gesamthänderisch erwirtschaftete Gewinn ermittelt und aus diesem der Gewinnanteil der ersten Stufe des betreffenden Mitunternehmers abgeleitet. Die Gewinnermittlung auf dieser Stufe erfolgt durch einen Betriebsvermögensvergleich in der sogenannten steuerrechtlichen Gesamthandsbilanz, die dasjenige Vermögen ausweist, das den Gesellschaftern zur gesamten Hand gehört (Betriebsvermögen der Gesellschaft selbst).

... Ergänzungsbilanzergebnis

Gegebenenfalls sind auf der ersten Stufe zusätzlich sogenannte Ergänzungsbilanzen aufzustellen. Diese werden dann notwendig, wenn aufgrund bestimmter Vorgänge, z. B. dem späteren Eintritt eines neuen Gesellschafters, die in der Gesamthandsbilanz bilanzierten Wirtschaftsgüter den einzelnen Mitunternehmern tatsächlich mit anderen als den sich aus der Gesamthandsbilanz ergebenden Anteilswerten zuzurechnen sind. Die Gewinnermittlung der 1. Stufe umfasst daher sowohl die Gesamthandsbilanz als auch etwaige Ergänzungsbilanzen.

2. Stufe: Sonderbilanzergebnis

Auf der 2. Stufe der Gewinnermittlung finden zunächst die im Gesetz genannten Sondervergütungen Berücksichtigung. Diese erhöhen den jeweiligen Gewinnanteil desjenigen Gesellschafters, der die betreffende Vergütung von der Gesellschaft bezogen hat. Darüber hinaus ist zu berücksichtigen, dass bestimmte, zivilrechtlich nicht der Gesellschaft, sondern den Gesellschaftern selbst zuzurechnende Wirtschaftsgüter als Sonderbetriebsvermögen der Gesellschafter bei der Mitunternehmerschaft anzusehen sind. Ein Beispiel hierfür sind etwa Wirtschaftsgüter, die ein Gesellschafter an die Gesellschaft vermietet, an der er selbst beteiligt ist. Da die Mieteinnahmen als Vergütung für die Überlassung von Wirtschaftsgütern i. S. v. § 15 Abs. 1 Nr. 2 EStG beim Empfänger zu gewerblichen Einkünften führen, liegt es nahe, die hierfür eingesetzten Wirtschaftsgüter zum Betriebsvermögen zu zählen, so wie sie auch bei einem gewerblichen Einzelunternehmer, der die Wirtschaftsgüter für sein Unternehmen nutzt, Betriebsvermögen darstellen würden. Wie für die Gesamthandsbilanz ist für dieses Sonderbetriebsvermögen regelmäßig ein Betriebsvermögensvergleich durchzuführen (soweit nicht auch hier eine Einnahmen-Überschuss-Rechnung möglich ist), dessen Ergebnis dem Mitunternehmer als Bestandteil seines Gewinns aus der Mitunternehmerschaft zuzurechnen ist. Daraus folgt, dass auf der 2. Stufe einerseits die im Gesetz genannten Vergütungen, andererseits auch alle anderen mit dem jeweiligen Sonderbetriebsvermögen des Mitunternehmers in Zusammenhang stehenden Sonderbetriebsausgaben (z. B. Absetzung für Abnutzung, Teilwertabschreibungen, Anlagenabgänge, Reparatur- oder Finanzierungskosten) bzw. Sonderbetriebseinnahmen (insbesondere auch der Erlös aus der Veräußerung des betreffenden Wirtschaftsguts) zu berücksichtigen sind (vgl. BFH v. 20.06.1985 – IV R 36/83, BStBl. II 1985, S. 654; v. 23.10.1990 – VIII R 142/85, BStBl. II 1991, S. 401). Für den Bereich des jeweiligen Sonderbetriebsvermögens der Gesellschafter ist also eine eigene »kleine« Gewinnermittlung durchzuführen. Dies geschieht, indem für das Sonderbetriebsvermögen jedes Gesellschafters eine eigene Bilanz (sogenannte Sonderbilanz) aufgestellt und fortgeschrieben wird. Letzteres folgt unmittelbar aus der in § 4 EStG festgelegten Systematik der Gewinnermittlung im Wege eines Betriebsvermögensvergleichs: In diesen Bestandsvergleich einer Personengesellschaft ist eben nicht nur das gesamthänderisch gebundene Betriebsvermögen, sondern auch das im Eigentum eines, mehrerer oder aller Mitunternehmer befindliche Sonderbetriebsvermögen einzubeziehen.

§ 15 Abs. 1 Nr. 2 EStG konkretisiert insoweit für die Vielheit der Gesellschafter einer Personengesellschaft die in den §§ 4ff. EStG kodifizierten, auf einzelne natürliche Personen zugeschnittenen allgemeinen Gewinnermittlungsvorschriften (vgl. HENNRICHS in TIPKE/LANG, 2015, § 10 Rz. 100). Wie gezeigt mündet diese Verfeinerung der Gewinnermittlungsvorschriften bei Vorliegen einer Mitunternehmerschaft in eine aus der Gesamthandsbilanz sowie etwaigen Sonderbilanzen und Ergänzungsbilanzen zusammengesetzte, additive steuerrechtliche Gewinnermittlung. Mit der Aggregation der einzelnen Bilanzen erhält man den steuerlichen Gesamtgewinn der Gesellschaft und mit der anschließenden Verteilung auf die einzelnen Mitunternehmer deren gewerbliche Einkünfte (vgl. BFH v. 14.11.1985 – IV R 63/83, BStBl. II 1986, S. 58; v. 11.03.1992 XI R 38/89, BStBl. II 1992, S. 797).

Bevor die einzelnen Phasen der Gewinnermittlung in den folgenden Abschnitten ausführlich erläutert werden, fasst die nachfolgende Abbildung die systematischen Zusammenhänge der zweistufigen Gewinnermittlung noch einmal zusammen (vgl. ähnlich HENNRICHS in TIPKE/LANG, 2015, § 10 Rz. 109).

Dabei sei eine Mitunternehmerschaft aus zwei Personen (A und B) unterstellt. Die Gesellschafter haben ihre Beteiligung zu unterschiedlichen Werten von den Altgesellschaftern erworben und erhalten von der Gesellschaft Sondervergütungen, beispielsweise aufgrund eines Anstellungsvertrages oder der Überlassung von Wirtschaftsgütern.

Auf der 1. Stufe der Gewinnermittlung wirken sich diese Sachverhalte wie folgt aus: Die von der OHG an A und B gewährten Sondervergütungen werden in der Steuerbilanz der Gesellschaft aufwandswirksam behandelt. Sie verringern daher den gesamthänderisch erwirtschafteten Gewinn und somit zugleich den sich aus der Gewinnverteilungsabrede ergebenden Gewinnanteil des einzelnen Gesellschafters hieran. Aufgrund des Erwerbs des Mitunternehmeranteils von den Altgesellschaftern zu einem vom Buchwert abweichenden Wert, beispielsweise wegen der Vergütung anteiliger stiller Reserven und/oder eines nicht ausgewiesenen Firmenwerts im Kaufpreis, spiegelt der sich aus der Gesamthandsbilanz ergebende Anteilswert nicht den tatsächlichen Wertansatz für den jeweiligen Mitunternehmers wider. Es bedarf insoweit einer Wertkorrektur mittels Ergänzungsbilanzen. Die in diesen Korrekturbilanzen ausgewiesenen Mehr- oder Minderwerte sind jeweils zum Ende des Wirtschaftsjahres fortzuschreiben, so dass sich für den betreffenden Gesellschafter entsprechende Gewinnkorrekturen ergeben. Der Gewinnanteil von A bzw. B setzt sich daher aus ihrem Anteil am gesamthänderisch erwirtschafteten Gewinn und dem sich aus der Ergänzungsbilanz ergebenden Korrekturbetrag zusammen.

Additive Gewinnermittlung

Auf der 2. Stufe finden sodann die seitens der Gesellschaft dem jeweiligen Mitunternehmer gewährten Sondervergütungen sowie dessen weitere Sonderbetriebseinnahmen bzw. Sonderbetriebsausgaben Berücksichtigung, so z. B. die Abschreibungen bezüglich der an die Gesellschaft überlassenen Wirtschaftsgüter.

Das Sonderbilanzergebnis ergibt zusammen mit dem auf der 1. Stufe ermittelten Gewinnanteil des Mitunternehmers dessen gewerbliche Einkünfte i. S. v. § 15 Abs. 1 Nr. 2 EStG. Der sich aus dem Gewinn von A und B zusammensetzende Gesamtgewinn der Mitunternehmerschaft bildet sodann die Ausgangsgröße zur Ermittlung des Gewerbeertrags nach § 7 GewStG.

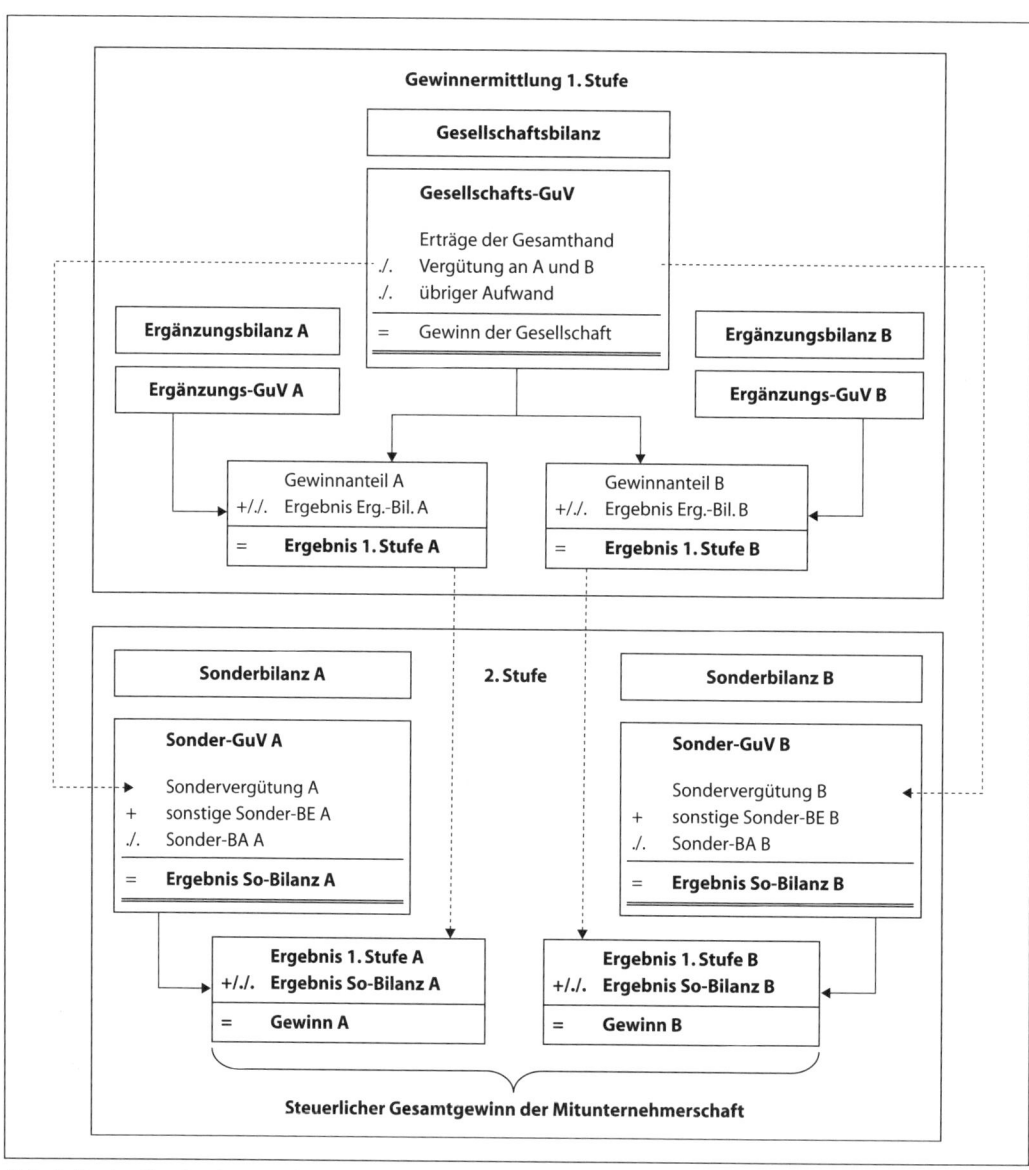

Abb. 4 Zweistufige Gewinnermittlung

Die Abbildung verdeutlicht, dass im Unterschied zu der Gewinnermittlung eines Einzelunternehmers die Gewinnermittlung bei einer Mitunternehmerschaft aufgrund der Vielheit der Mitunternehmer deutlich komplexere Strukturen aufweist: Während der Einzelunternehmer lediglich eine Bilanz und eine GuV-Rechnung aufstellen muss, sind zur Vornahme einer korrekten steuerrechtlichen Gewinnermittlung bei einer Mitunternehmerschaft ggf. zusätzlich Ergänzungsbilanzen und Sonderbilanzen einschließlich der zugehörigen GuV-Rechnungen erforderlich. In Abhängigkeit von der Anzahl der Mitunternehmer (in der Abbildung sind es lediglich zwei!) und den vertraglichen Beziehungen zwischen Gesellschaft und Gesellschaftern wird somit die steuerrechtliche Gewinnermittlung einer Mitunternehmerschaft zu einem recht komplizierten Gebilde.

II Handels- und steuerrechtliche Vermögensabgrenzung

Die Abgrenzung des Betriebsvermögens ist bei Personengesellschaften wie bei Einzelunternehmen Voraussetzung jeder Gewinnermittlung. Sie erschöpft sich nicht in der Bestimmung des gesamthänderisch gebundenen Betriebsvermögens der Gesellschaft, sondern bezieht das gegebenenfalls vorhandene Sonderbetriebsvermögen der Gesellschafter mit ein.

Vermögensabgrenzung als Voraussetzung jeder Gewinnermittlung

Zur Erläuterung der Grundprinzipien dieser Abgrenzung werden nachstehend die folgenden Fragen geklärt:

- Was ist unter dem gesamthänderisch gebundenen Vermögen im bürgerlichrechtlichen und handelsbilanziellen Sinn zu verstehen?
- Welche Unterschiede bestehen zwischen dem Vermögen in der handelsrechtlichen Gesamthandsbilanz und dem Betriebsvermögen, das in der steuerrechtlichen Gesamthandsbilanz der Mitunternehmerschaft auszuweisen ist?
- Wie ist der Begriff des Sonderbetriebsvermögens definiert, welche Arten von Sonderbetriebsvermögen werden unterschieden und inwieweit bestehen Gestaltungsspielräume?
- Welche Konkurrenzprobleme bestehen hinsichtlich der bilanziellen Zuordnung von Wirtschaftsgütern und wie werden sie von Rechtsprechung und Finanzverwaltung gelöst?

1 Handelsrechtliches (Bilanz-)Vermögen der Gesellschaft

Den Ausgangspunkt der Überlegungen bildet zunächst das handelsrechtliche Vermögen der Gesellschaft. Aus Gründen der Übersichtlichkeit beschränken sich die Ausführungen auf Personenhandelsgesellschaften (OHG, KG) sowie gewerbliche GbRs. Der Einbezug von atypisch stillen Gesellschaften erübrigt sich, da diese kein eigenes, gesamthänderisch gebundenes Vermögen besitzen. Für die übrigen als gewerbliche Mitunternehmerschaften in Frage kommenden Rechtsformen ergeben sich u.U. Besonderheiten, auf die hier nicht eingegangen werden soll (vgl. z.B. für die Erbengemeinschaft BFH v. 23. 10. 1986 – IV R 214/84, BStBl. II 1987, S. 120).

Gesamthandsgesellschaften

[handschriftliche Notiz am Rand:] Kein Einbezug atypischer stiller Gesellschaften kein gesamthänd. Vermögen

Begriff des Gesamt-handsvermögens

Trotz fehlender eigener Rechtspersönlichkeit können auch Personengesellschaften Eigentum erwerben. Es handelt sich insoweit um gemeinschaftliches Eigentum der Gesellschafter, sogenanntes Gesamthandsvermögen, das durch die gemeinschaftliche Berechtigung der Gesellschafter an den jeweiligen Vermögensgegenständen gekennzeichnet. Im Unterschied zur Bruchteilsgemeinschaft, bei welcher jeder Teilhaber über seinen Anteil an den Vermögensgegenständen verfügen kann, ist bei der Gesamthandsgesellschaft die Berechtigung des einzelnen Gesellschafters an den Vermögensgegenständen durch die gleiche Berechtigung der übrigen Gesellschafter beschränkt (vgl. DRÜEN in TIPKE/KRUSE, § 39 AO Rn. 81); er kann mithin nicht über die anteiligen Vermögensgegenstände, sondern lediglich, mit Zustimmung der übrigen Gesellschafter, über seinen Gesellschaftsanteil verfügen (vgl. SCHMIDT, K., 2002, S. 1321 f.).

Grundlage: bürger-lich-rechtliches Eigentum

Zum bürgerlich-rechtlichen, gesamthänderisch gebundenen Gesellschaftsvermögen gehören zunächst sämtliche Vermögensgegenstände, die durch Beiträge der Gesellschafter oder durch die Geschäftsführung für die Gesellschaft erworben wurden, sowie all das, was durch ein zum Gesellschaftsvermögen gehörendes Recht oder als Ersatz für Zerstörung, Beschädigung oder Ersatz eines zum Gesellschaftsvermögen gehörenden Gegenstands erworben wurde.

Wirtschaftliches Eigentum

Aus handelsbilanzieller Sicht sind darüber hinaus Fragen der wirtschaftlichen Zurechnung, beispielsweise im Fall von Leasingverträgen, Eigentumsvorbehalten, Sicherungsübereignungen und Kommissionsgeschäften, sowie der konkreten Bilanzierungsfähigkeit, d.h. des eventuellen Vorliegens eines Aktivierungs- oder Passivierungsverbots gemäß §§ 248, 249 Abs. 2 HGB, zu beachten. Die diesbezüglichen Probleme und Lösungen entsprechen denen bei Einzelgewerbetreibenden, so dass hier auf eine detaillierte Erörterung verzichtet wird.

Betriebliche Nutzung irrelevant

Von besonderer Bedeutung ist, dass es aus handelsbilanzieller Sicht anders als im Steuerrecht nicht darauf ankommt, ob bzw. inwieweit die Vermögensgegenstände von der Gesellschaft für betriebliche Zwecke genutzt werden. Infolgedessen sind im Gesamthandsvermögen stehende Vermögensgegenstände auch dann dem handelsrechtlichen Bilanzvermögen der Gesellschaft zuzurechnen, wenn sie von den Mitunternehmern ausschließlich für private Zwecke genutzt werden (vgl. FÖRSCHLE/RIES in BeBiKo, 2014, § 246 Rz. 63; IDW RS HFA 7, IDW Fachnachrichten 3/2012, S. 189 ff., Anm. 10). Handelsrechtlich erfolgt also keine Untergliederung des Vermögens der Gesellschaft in Betriebs- und Privatvermögen.

Kein SBV im Handelsrecht

Umgekehrt können Vermögensgegenstände, die zivilrechtlich nicht zum Gesamthandsvermögen, sondern zum Vermögen einzelner Gesellschafter gehören, nicht in der Handelsbilanz der Gesellschaft ausgewiesen werden. Dies gilt z.B. auch dann, wenn die Gesellschaft Vermögensgegenstände von dem Mitunternehmer mietet und betrieblich nutzt, denn der oben bereits erwähnte Begriff des steuerlichen Sonderbetriebsvermögens ist dem Handelsbilanzrecht fremd.

Schulden

Analog zu den Vermögensgegenständen ist handelsrechtlich mit den Schulden zu verfahren: Zu passivieren sind all diejenigen Schulden, die Verpflichtungen der Gesamthand darstellen. Dies gilt auch dann, wenn Darlehen ohne betriebliche Veranlassung aufgenommen werden, oder wenn es sich um Verpflichtungen der Gesellschaft gegenüber den Gesellschaftern handelt, beispielsweise aus Pensionszusagen, Dienstverträgen oder der Gesellschaft gewährten Darlehen.

2 Steuerrechtliches Betriebsvermögen der Gesellschaft

Bereits im Vorhergehenden wurde deutlich, dass das steuerrechtliche Betriebsvermögen einer Personengesellschaft neben dem steuerrechtlichen Gesamthandsvermögen aus den jeweiligen Sonderbetriebsvermögen der Mitunternehmer besteht. Im
Folgenden wird zunächst der Umfang des Betriebsvermögens in der steuerlichen
Gesamthandsbilanz erörtert. Anschließend werden Erscheinungsformen, Gestaltungsmöglichkeiten und Konkurrenzprobleme des Sonderbetriebsvermögens dargestellt.

*Gesamthands-
und Sonderbetriebs-
vermögen*

2.1 Betriebsvermögen der Gesamthand

Aus dem Grundsatz der Maßgeblichkeit der Handels- für die Steuerbilanz ist
zunächst abzuleiten, dass die (und nur die) zum handelsrechtlichen Bilanzvermögen
zählenden Vermögensgegenstände und Schulden steuerrechtlich zum notwendigen
Betriebsvermögen in der Gesamthandsbilanz gehören können. Da die Handelsbilanz
aufgrund des Vollständigkeitsgebots (§ 246 Abs. 1 HGB) bereits alle der Personengesellschaft zivilrechtlich und/oder wirtschaftlich zuzurechnenden Vermögensgegenstände unabhängig von der Art ihrer Nutzung enthält, also auch solche, die
nicht oder nicht ausschließlich von der Gesellschaft betrieblich genutzt werden, und
diese über den Maßgeblichkeitsgrundsatz zunächst in die Steuerbilanz zu übernehmen sind, kann es im Bereich des Gesamthandsvermögens von Personengesellschaften kein gewillkürtes Betriebsvermögen geben (vgl. BFH v. 23.05.1991 – IV R
94/90, BStBl. II 1991, S. 800; HHR/TIEDE, § 15 Anm. 462).

*Maßgeblichkeit der
Handels- für die
Steuerbilanz*

Der Maßgeblichkeitsgrundsatz findet seine Grenze jedoch dann, wenn der
steuerrechtliche Begriff des Betriebsvermögens (§ 4 EStG) eine Einengung des steuerrechtlichen Betriebsvermögens der Personengesellschaft gegenüber dem handelsrechtlichen Gesellschaftsvermögen gebietet, weil Wirtschaftsgüter, die handelsbilan-
ziell zwar zum Gesellschaftsvermögen gehören, steuerrechtlich durchaus notwendiges Privatvermögen darstellen können. Diese Konstellation ist insbesondere dann
gegeben, wenn die Zugehörigkeit zum handelsrechtlichen Gesellschaftsvermögen
nicht oder nicht mehr betrieblich veranlasst ist. Hierfür finden sich in Literatur und
Rechtsprechung zahlreiche Beispiele: Als notwendiges Privatvermögen werden z.B.
solche Wirtschaftsgüter eingestuft, bei denen bereits bei Erwerb erkennbar ist, dass
sie nur Verluste bringen können (vgl. BFH v. 22.05.1975 – IV R 193/71, BStBl. II
1975, S. 804), sowie Wirtschaftsgüter, die auf Dauer dazu bestimmt sind, eigenen
Wohnzwecken eines Gesellschafters zu dienen (vgl. BFH v. 30.06.1987 – VIII R
353/82, BStBl. II 1988, S. 418; a.A. KNOBBE-KEUK, 1993, S. 415 f.). Aus denselben
Gründen führt die Darlehensgewährung einer Personengesellschaft an ihren Mitunternehmer nicht zum Ansatz einer Darlehensforderung in der Steuerbilanz, sondern ist als Entnahme des Betrags durch den Mitunternehmer zu verstehen, wenn
für die Ausreichung des Darlehens keine wesentliche betriebliche Veranlassung
bestand (vgl. BFH v. 16.10.2014 – IV R 15/1, BStBl. II 2015, S. 267).

*Grundsätze der
Betriebsvermögens-
zugehörigkeit sind
zu beachten*

BEISPIEL 11 ▬▬▬▬▬▬▬▬▬▬▬▬▬▬▬▬▬▬▬▬▬▬

An der gewerblich tätigen X-OHG sind A und B zu je 50% beteiligt. Zum zivilrechtlichen
Gesellschaftsvermögen der OHG gehört ein Grundstück mit aufstehendem Einfamilienhaus,
das seit seiner Anschaffung von Mitunternehmer A unentgeltlich zu privaten Wohnzwecken
genutzt wird.

LÖSUNG Das Grundstück zählt zwar handelsrechtlich zum Bilanzvermögen, stellt aber dennoch kein steuerrechtliches Betriebsvermögen dar. Es befindet sich im Privatvermögen der beiden Mitunternehmer und ist daher weder in der steuerrechtlichen Gesamthandsbilanz noch in den Sonderbilanzen der Mitunternehmer auszuweisen. Ein bei einer späteren Veräußerung ggf. erzielter Veräußerungsgewinn würde steuerlich nicht erfasst, es sei denn, die Kriterien eines privaten Veräußerungsgeschäfts i. S. d. § 23 EStG sind erfüllt. Sodann handelte es sich jedoch um Sonstige Einkünfte i. S. d. § 22 EStG, nicht etwa um gewerbliche Einkünfte. ◀|

Zusammenfassend lässt sich das Verhältnis von handelsrechtlichem Gesellschaftsvermögen der Personengesellschaft und Betriebsvermögen in der steuerlichen Gesamthandsbilanz wie folgt charakterisieren:

1. Handelsbilanzielles Vermögen der Gesellschaft und Betriebsvermögen in der steuerlichen Gesamthandsbilanz sind im Grundsatz durch das Maßgeblichkeitsprinzip miteinander verknüpft.
2. Daraus folgt, dass Vermögen, das handelsrechtlich nicht zum bilanzierungsfähigen Gesamthandsvermögen gehört, auch steuerrechtlich nicht Betriebsvermögen sein kann.
3. Bilanzierungsfähiges Gesamthandsvermögen im handelsrechtlichen Sinne ist aber nicht ohne weiteres steuerliches Betriebsvermögen, sondern kann in Ausnahmefällen notwendiges Privatvermögen der Gesellschafter darstellen.

2.2 Sonderbetriebsvermögen der Gesellschafter

Gleichstellung mit Einzelunternehmer

Der Begriff des Sonderbetriebsvermögens erschließt sich zunächst unmittelbar unter Rückgriff auf die inzwischen nicht mehr vorherrschende Bilanzbündeltheorie als ursprüngliche theoretische Konzeption der Besteuerung von Personengesellschaften, nach der die Gesellschafter von Personengesellschaften wie ein Zusammenschluss von Einzelunternehmern betrachtet wurden. Aus bilanzbündeltheoretischer Sichtweise (vgl. hierzu A II 3.2.1) war es unmittelbar zwingend, dass z. B. Wirtschaftsgüter, die von der Gesellschaft betrieblich genutzt werden, aber nicht in deren Gesamthandseigentum, sondern im Eigentum eines Mitunternehmers stehen, unmittelbar Betriebsvermögen dieses einen Mitunternehmers darstellten (vgl. GROH, ZIP 1998, S. 89, 92). Bei Geltung der Bilanzbündeltheorie wurde der Begriff des Sonderbetriebsvermögens folglich gar nicht benötigt. Da der Mitunternehmer wie ein Einzelunternehmer zu behandeln war, musste ein ihm gehörendes, von der Gesellschaft betrieblich genutztes Wirtschaftsgut bereits nach den allgemeinen steuerrechtlichen Gewinnermittlungsvorschriften Betriebsvermögen darstellen. Nach Aufgabe der Bilanzbündeltheorie Mitte der siebziger Jahre sollte gleichwohl die Betriebsvermögenseigenschaft derartiger Wirtschaftsgüter weiterhin gelten. Dies erscheint bereits dadurch gerechtfertigt, dass ihre Nutzung gemäß § 15 Abs. 1 Nr. 2 EStG zu gewerblichen Einkünften führt (vgl. bereits BFH v. 01.04.1966 – IV 26/65, BStBl. III 1966, S. 365). Den Begriff des Sonderbetriebsvermögens verwendete der BFH erstmals in dem Urteil vom 05.07.1972 (I R 230/70, BStBl. II 1972, S. 928).

Gesellschaft und Gesellschafter als wirtschaftliche Einheit

Auch nach Abkehr von der Bilanzbündeltheorie ist die Gewinnermittlung der Personengesellschaft also keineswegs von der Ebene der Gesellschafter losgelöst; vielmehr werden die Gesellschaft und ihre Gesellschafter, bezogen auf das Betriebsvermögen, wirtschaftlich als eine Einheit betrachtet. Das Betriebsvermögen der

Personengesellschaft besteht demnach sowohl aus dem Gesamthandsvermögen der Gesellschaft selbst als auch aus dem Sonderbetriebsvermögen ihrer Gesellschafter. Gedanklich werden beide Teile zu einer Einheit zusammengefasst. Dieser Zusammenhang ist in Abbildung 5 dargestellt:

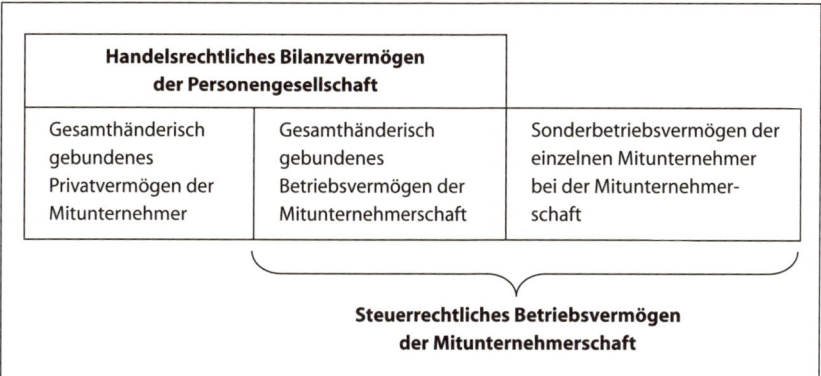

Abb. 5 Vermögensabgrenzung bei Mitunternehmerschaften

Zum Sonderbetriebsvermögen gehören solche Wirtschaftsgüter, die

- nicht dem Gesamthandsvermögen der Gesellschaft, aber
- einem, mehreren oder allen Gesellschaftern zivilrechtlich und/oder wirtschaftlich zuzurechnen sind sowie
- dem Bereich der gewerblichen Betätigung des oder der Mitunternehmer im Rahmen der Personengesellschaft zuzuordnen sind.

Wirtschaftsgüter
des SBV

Die Zurechnung zu einem oder mehreren Mitunternehmern kann sich auf das Alleineigentum eines Mitunternehmers bzw. das Bestehen einer Bruchteils- oder Gesamthandsgemeinschaft neben der eigentlichen Mitunternehmerschaft gründen, an der ein oder mehrere Mitunternehmer beteiligt sind (zur Bilanzierungskonkurrenz bei Schwesterpersonengesellschaften vgl. C II 3).

Die Zuordnung zur gewerblichen Betätigung im Rahmen der Mitunternehmerschaft kann darauf beruhen, dass das Wirtschaftsgut

SBV I und II

1. der Mitunternehmerschaft zur Nutzung überlassen wird (sogenanntes Sonderbetriebsvermögen I), oder
2. in einem unmittelbaren wirtschaftlichen Zusammenhang mit der Beteiligung des oder der Mitunternehmer steht, also der Beteiligung selbst dient oder ihr zu dienen bestimmt und geeignet ist (sogenanntes Sonderbetriebsvermögen II).

Die Unterscheidung in Sonderbetriebsvermögen I und II hat im Wesentlichen keine materiellen Folgen; im Einzelfall können sich jedoch Auswirkungen ergeben, so beispielsweise bezüglich etwaiger Bilanzierungskonkurrenzen bei Beteiligungen an zwei Personengesellschaften, bei der Frage, ob das betreffende Wirtschaftsgut des Sonderbetriebsvermögens als wesentliche Betriebsgrundlage anzusehen ist sowie hinsichtlich der korrespondierenden Bilanzierung in Sonderbilanz und Gesellschaftsbilanz (vgl. SCHMIDT/WACKER, 2015, § 15 Rz. 509; LEY, KÖSDI 2003, S. 13 907, 13 908).

Bedeutung der
Unterscheidung

In beiden Fällen ist danach zu unterscheiden, ob die Zuordnung zum Sonderbetriebsvermögen zwingend ist (notwendiges Sonderbetriebsvermögen I bzw. II)

Notwendiges und
gewillkürtes SBV

oder ob diese Zuordnung im Belieben des Mitunternehmers liegt, mithin gewillkürtes Sonderbetriebsvermögen I bzw. II gegeben sein kann. Die unterschiedlichen Möglichkeiten verdeutlicht folgendes Schaubild (in Anlehnung an BRÖNNER, 2007, Teil B Rz. 509):

	Unmittelbare Nutzung für betriebliche Zwecke der Mitunternehmerschaft	**Unmittelbarer wirtschaftlicher Zusammenhang mit der Beteiligung**	
Notwendiges Betriebsvermögen	Notwendiges Sonderbetriebsvermögen I	Notwendiges Sonderbetriebsvermögen II	**Sonderbetriebsvermögen bei der Mitunternehmerschaft**
Gewillkürtes Betriebsvermögen	Gewillkürtes Sonderbetriebsvermögen I	Gewillkürtes Sonderbetriebsvermögen II	
	Sonderbetriebsvermögen bei der Mitunternehmerschaft		

Abb. 6 Sonderbetriebsvermögen

Materielle Folgen der Zurechnung zum SBV

Der systematische Hintergrund der Qualifizierung von Wirtschaftsgütern als Sonderbetriebsvermögen wurde bereits erwähnt: Gemäß § 15 Abs. 1 Nr. 2 EStG werden durch ihre Nutzung bzw. Veräußerung Gewinneinkünfte erzielt. Materielle Folgen dieser Qualifikation sind insbesondere

- die Einbeziehung von Sonderbetriebseinnahmen und -ausgaben bei der Ermittlung des Gewerbeertrags der Personengesellschaft (vgl. BFH v. 03.04.2008 – IV R 54/04, BStBl. II 2008, S. 742);
- die Erfassung der stillen Reserven bei Ausscheiden aus dem Sonderbetriebsvermögen, z. B. bei Veräußerung oder Entnahme, sowie die Erfassung von außerplanmäßigen Wertminderungen (z. B. aufgrund technischen Fortschritts, Diebstahls, Zerstörung etc.) durch Teilwertabschreibung oder Absetzung für außerordentliche technische oder wirtschaftliche Abnutzung.

2.2.1 Notwendiges Sonderbetriebsvermögen

Notwendiges SBV I: WG, die der Mitunternehmerschaft unmittelbar dienen

Beim notwendigen Sonderbetriebsvermögen I handelt es sich um Wirtschaftsgüter, die dem Betrieb der Gesellschaft insoweit unmittelbar dienen, als sie objektiv erkennbar zum unmittelbaren Einsatz im Betrieb bestimmt sind. Dazu gehören insbesondere solche Wirtschaftsgüter, die der Gesellschaft von einem Gesellschafter überlassen und von ihr auch tatsächlich für betriebliche Zwecke genutzt werden (vgl. BFH v. 12.10.1977 – I R 248/74, BStBl. II 1978, S. 191 m. w. N.; 14.04.1988 – IV R 271/84, BStBl. II 1988, S. 667; 13.10.1998 – VIII R 46/95, BStBl. II 1999, S. 357).

Zivilrechtliche Ausgestaltung der Nutzungsüberlassung nicht entscheidend

Die Ausgestaltung der Nutzungsüberlassung ist hierbei nicht entscheidend; sie muss weder entgeltlich erfolgen noch besonderen zivilrechtlichen Anforderungen genügen. Grundlage können neben einer gesellschaftsvertraglich vereinbarten Beitragspflicht des Gesellschafters z. B. Miet-, Leih- oder Pachtverträge sein. Auch ding-

liche Nutzungsüberlassungen, z. B. durch Bestellung eines Erbbaurechts oder Nieß-
brauchs zugunsten der Gesellschaft, führen zur Qualifikation des belasteten Wirtschaftsguts als Sonderbetriebsvermögen des Gesellschafters bei der Mitunternehmerschaft. So qualifiziert der BFH ein Grundstück bereits dann als Sonderbetriebsvermögen, wenn ein Mitunternehmer ein Erbbaurecht an einem zuvor zu seinem
Privatvermögen gehörenden Grundstück zugunsten eines Dritten bestellt und dieser
das Grundstück an die Gesellschaft vermietet (vgl. BFH v. 07.04.1994 – IV R 11/92,
BStBl. II 1994, S. 796). Zur Nutzungsüberlassung eines Grundstücks, für das der
Gesellschafter selbst lediglich ein Nießbrauchsrecht innehat, vgl. BFH v. 18.03.1986
– VIII R 316/84, BStBl. II 1986, S. 713.

Nicht erforderlich ist es, dass die überlassenen Wirtschaftsgüter von der Personengesellschaft auch tatsächlich benötigt werden. Jede wie auch immer geartete
betriebliche Nutzung wird als ausreichend erachtet. Diese liegt bereits dann vor,
wenn die Wirtschaftsgüter von der Gesellschaft an Fremde weitervermietet werden.
Nach der Rechtsprechung des BFH werden auch solche Wirtschaftsgüter, die von der
Gesellschaft (eventuell noch) gar nicht betrieblich genutzt werden, als Sonderbetriebsvermögen klassifiziert, wenn sie objektiv erkennbar zum unmittelbaren
Einsatz im Betrieb der Personengesellschaft bestimmt sind.

**Notwendigkeit des
WG nicht erforder-
lich**

BEISPIEL 12 ▬▬▬▬▬▬▬▬▬▬▬▬▬▬▬▬▬▬▬▬▬▬▬▬▬▬▬▬▬▬▬▬▬

(vgl. BFH v. 19.02.1991 – VIII R 65/89, BStBl. II 1991, S. 789)
Der Gesellschafter einer Personengesellschaft, deren Gesellschaftszweck in der Errichtung
und Vermarktung von Eigentumswohnungen besteht, stellt seiner Gesellschaft ein ihm
gehörendes Grundstück für die Durchführung eines solchen Bauvorhabens zur Verfügung.
LÖSUNG Besteht, wie in dem vom BFH entschiedenen Fall, zwischen Gesellschaft und
Gesellschafter von Anfang an Einigkeit darüber, dass künftige Bauinteressenten mit der
Gesellschaft Baubetreuungsverträge abzuschließen haben, steht das Grundstück nicht nur
in der »Planungsphase des Objekts« der Gesellschaft praktisch uneingeschränkt zur Verfügung, sondern ist auch zur Realisierung des Bauherrenmodells unentbehrlich. Das über-
lassene Grundstück wird objektiv erkennbar unmittelbar für betriebliche Zwecke der Gesell-
schaft eingesetzt und gehört daher zum notwendigen Sonderbetriebsvermögen I.
Anders sind Fallgestaltungen zu beurteilen, in denen die Gesellschaft im Rahmen ihres
Geschäftsbetriebs gegen angemessenes Entgelt eine Leistung an den Gesellschafter selbst
erbringt. Errichtet beispielsweise eine KG, die ein Bauunternehmen betreibt, aufgrund eines
Werkvertrags mit dem Gesellschafter auf dessen Grundstück ein Gebäude, so wird das
Grundstück deshalb nicht zum Sonderbetriebsvermögen. Es dient nicht unmittelbar den
betrieblichen Zwecken der Gesellschaft, sondern den eigenbetrieblichen oder privaten Zwe-
cken des Gesellschafters. ◀|

Dem notwendigen Sonderbetriebsvermögen II werden solche Wirtschaftsgüter zugerechnet, die von der Gesellschaft zwar nicht betrieblich genutzt, aber unmittelbar
zur Begründung oder Stärkung der Beteiligung des Gesellschafters an der Gesellschaft eingesetzt werden (vgl. z. B. BFH v. 14.04.1988 – IV R 271/84, BStBl. II 1988,
S. 667). Die wichtigsten Vertreter derartiger Wirtschaftsgüter sind:

**Notwendiges SBV II:
Begründung oder
Stärkung der Betei-
ligung**

- Darlehen, die vom Gesellschafter zur Finanzierung oder Aufstockung seines
  Anteils an der Mitunternehmerschaft aufgenommen wurden;
- vom Kommanditisten einer GmbH & Co. KG gehaltene Anteile an der Komplementär-GmbH;
- vom stillen Gesellschafter einer GmbH & atypisch Still gehaltene Anteile an der
  das Handelsgewerbe betreibenden GmbH;

- Anteile an einer Kapitalgesellschaft, zu der die Mitunternehmerschaft besonders enge wirtschaftliche Beziehungen hat;
- Wirtschaftsgüter, die der Gesellschafter an Dritte zum Zweck der Vermietung an die eigene Personengesellschaft überlässt (vgl. BFH v. 31.03.2008 – IV B 120/07, BFH/NV 2008, S. 1320).

Darlehen zur Anteilsfinanzierung

Dass die Aufnahme eines Darlehens zur Anteilsfinanzierung in unmittelbarem Zusammenhang mit der Beteiligung steht und diese zu fördern gedacht und geeignet ist, liegt auf der Hand, hätte doch der betreffende Gesellschafter ohne das Darlehen seine Mitunternehmerstellung gar nicht eingehen bzw. ausbauen können. Materielle Folge der Zurechnung zum Sonderbetriebsvermögen ist insbesondere, dass die vom Gesellschafter für das Darlehen aufgewendeten Schuldzinsen Sonderbetriebsausgaben im Rahmen der Sonderbuchführung des Mitunternehmers darstellen und daher die Höhe der dem Mitunternehmer aus der Beteiligung insgesamt zuzurechnenden gewerblichen Einkünfte und den Gesamtgewinn der Mitunternehmerschaft mindern.

Mittelbare Überlassung

Die Qualifikation von an Dritte überlassenen Wirtschaftsgütern als Sonderbetriebsvermögen II, die von diesem Dritten wiederum an eine Personengesellschaft überlassen werden, an welcher der Eigentümer beteiligt ist, erscheint sachgerecht, ließe sich doch ansonsten die bei unmittelbarer Überlassung eintretende Zurechnung zum Sonderbetriebsvermögen auf einfache Weise durch Zwischenschaltung einer dritten Person umgehen. U. E. sollte aber in diesen Fällen die Zurechnung zum Sonderbetriebsvermögen nur dann eintreten, wenn die Nutzungsüberlassung an den Dritten mit der Weitervermietung an die Personengesellschaften wirtschaftlich verknüpft ist. Dies wird zumindest dann anzunehmen sein, wenn die vertraglichen Vereinbarungen unmittelbar aufeinander Bezug nehmen oder der Dritte als nahe stehende Person des Gesellschafters zu qualifizieren ist.

Anteile an der Komplementär-GmbH

Nach der Rechtsprechung des BFH zählen auch die Gesellschaftsanteile eines Kommanditisten an der Komplementär-GmbH zum notwendigen Sonderbetriebsvermögen II, soweit diese Anteile es dem Kommanditisten ermöglichen, über seine Stellung in der Komplementär-GmbH Einfluss auf die Geschäftsführung der GmbH & Co. KG auszuüben. Dadurch wird die Stellung des Kommanditisten, die ihm aufgrund seiner unmittelbaren Beteiligung an der KG zukommt, verstärkt. Dies gilt jedenfalls dann, wenn sich die Tätigkeit der GmbH auf die Geschäftsführung für die KG beschränkt oder wenn ihr daneben bestehender eigener Geschäftsbetrieb von ganz untergeordneter Bedeutung ist (vgl. BFH v. 23.01.2001 – VIII R 12/99, BStBl. II 2001, S. 825 sowie OFD München v. 02.04.2001, DStR 2001, S. 1032). Übt dagegen die Komplementär-GmbH neben ihrer Geschäftsführungstätigkeit für die KG noch eine andere Tätigkeit von nicht ganz untergeordneter Bedeutung aus, kann das Kriterium der Stärkung der Kommanditbeteiligung hinter die originäre Beteiligungsabsicht an der Komplementär-GmbH zurücktreten, mit der Folge, dass die GmbH-Beteiligung nicht dem notwendigen Sonderbetriebsvermögen II zuzurechnen ist (vgl. BFH v. 07.07.1992 – VIII R 2/87, BStBl. II 1993, S. 328). Ist die GmbH allerdings über ihre gesellschaftsrechtliche Beteiligung als Komplementärin hinaus auch wirtschaftlich mit der GmbH & Co. KG verflochten, beispielsweise durch Übernahme des Alleinvertriebs für die Produkte der KG, so sind nach Auffassung der Finanzverwaltung die GmbH-Anteile dem notwendigen Sonderbetriebsvermögen II auch dann zuzurechnen, wenn der eigene Geschäftsbetrieb der GmbH von nicht ganz untergeordneter Bedeutung ist (vgl. OFD Nordrhein-Westfalen v. 17.06.2014, HaufeIndex 7 186 193). Zu den Besonderheiten der Gewinnermittlung bei der GmbH & Co. KG vgl. K I 2.

Mit Urteil vom 16.04.2015 (Az. IV R 1/12, DStR 2015, S. 1362) hat der BFH entschieden, dass eine Minderheitsbeteiligung des Kommanditisten an der Komplementär-GmbH von weniger als 10 % nicht zu seinem notwendigen Sonderbetriebsvermögen bei der GmbH & Co. KG gehört, da eine solche Beteiligung dem Kommanditisten regelmäßig keinen erheblichen Einfluss auf die Geschäftsführung der GmbH & Co. KG vermitteln könne; dies gelte auch dann, wenn die Komplementär-GmbH erheblich (im entschiedenen Fall zu 99 %) an der GmbH & Co. KG beteiligt sei. Ausdrücklich offengelassen hat der BFH, ob dies etwa bei einem 25 %igen und damit eine Sperrminorität i. S. d. § 53 Abs. 2 GmbHG bewirkenden Anteil an der Komplementär-GmbH anders wäre. Eine Reaktion der Finanzverwaltung auf dieses Urteil steht noch aus.

BFH: Beteiligung an Kompl.-GmbH < 10 % kein notwendiges SBV II

Nach Auffassung des BFH gehört der Geschäftsanteil eines Kommanditisten an einer GmbH, die als Kommanditistin an derselben KG beteiligt ist, dann zu seinem Sonderbetriebsvermögen II bei der KG, wenn die GmbH keiner eigenen Geschäftstätigkeit nachgeht und ihr alleiniger Zweck die Beteiligung an der KG in einem erheblichen Umfang (im entschiedenen Fall 50 % des Festkapitals) ist. Da sich die Eigenschaft einer GmbH-Beteiligung als Sonderbetriebsvermögen II auch aus der besonderen Art der Geschäftsbeziehungen zwischen der Personen- und der Kapitalgesellschaft ergeben könne (hierzu sogleich), sei es vorstellbar, dass die GmbH eine für die KG wesentliche Funktion dadurch erfülle, dass sie ihr als Kommanditistin das erforderliche Eigenkapital zur Verfügung stellt (vgl. BFH v. 23.01.2001 – VIII R 12/99, BStBl. II 2001, S. 825).

Anteile an der als Kommanditistin beteiligten GmbH

Folgerichtig qualifiziert der BFH die vom stillen Gesellschafter einer GmbH & atypisch Still gehaltenen Anteile an der GmbH, an der er auch als stiller Gesellschafter beteiligt ist, als notwendiges Sonderbetriebsvermögen II des Stillen bei der Mitunternehmerschaft. Diese Qualifikation ist zwingend, sind doch alle Tätigkeiten der das Handelsgewerbe betreibenden GmbH unmittelbar der stillen Gesellschaft als Mitunternehmerschaft zuzurechnen. Der enge wirtschaftliche Zusammenhang zwischen den GmbH-Anteilen und der mitunternehmerischen stillen Beteiligung liegt hier grundsätzlich vor (vgl. BFH v. 15.10.1998 – IV R 18/98, BStBl. II 1999, S. 286 sowie OFD Frankfurt v. 03.11.2008, BeckVerw 251 877). Etwas anderes kann nur gelten, soweit die GmbH noch anderen Geschäftstätigkeiten von nicht ganz untergeordneter Bedeutung nachgeht, an deren Ergebnis der Stille im Rahmen der stillen Gesellschaft nicht partizipiert (vgl. OFD Frankfurt v. 23.12.2010, BeckVerw 251 779).

GmbH & atypisch Still

Die Eigenschaft von Anteilen an Kapitalgesellschaften als notwendiges Sonderbetriebsvermögen bei einer Personengesellschaft kann sich im Ausnahmefall auch ohne Vorliegen einer GmbH & Co. KG aus Geschäftsbeziehungen zwischen der Personengesellschaft und der Kapitalgesellschaft ergeben (vgl. hierzu auch OFD Frankfurt v. 23.12.2010, BeckVerw 251 779). So ist die Beteiligung des Gesellschafters an einer GmbH, der die Personengesellschaft ihr Anlagevermögen vermietet hat, ebenso als Sonderbetriebsvermögen angesehen worden wie die Beteiligung des Gesellschafters an einer Kapitalgesellschaft, die den Vertrieb für die Personengesellschaft übernommen hat, und die Beteiligung des Gesellschafters an einer Produkti-

Anteile an Kapitalgesellschaften allgemein

ons-GmbH, deren Erzeugnisse durch die Personengesellschaft vertrieben werden (vgl. BFH v. 06.07.1989 – IV R 62/86, BStBl. II 1989, S. 890, m.w.N.; v. 31.10.1989 – VIII R 374/83, BStBl. II 1990, S. 677 sowie OFD Nordrhein-Westfalen v. 17.06.2014, HaufeIndex 7 186 193). Kennzeichnend für diese Gestaltungen ist eine besonders enge wirtschaftliche Verflechtung zwischen der Personengesellschaft und der Kapitalgesellschaft dergestalt, dass die eine Gesellschaft eine wesentliche wirtschaftliche Funktion der anderen erfüllt (kritisch hierzu SÖFFING, BB 2003, S. 616), etwa indem die Kapitalgesellschaft die gewerbliche Tätigkeit der Personengesellschaft ergänzt oder aufgrund ihrer wirtschaftlichen oder organisatorischen Eingliederung in der Art einer Betriebsabteilung der Personengesellschaft tätig ist. Einen solchen Fall hat der BFH etwa dann angenommen, wenn die Tätigkeit der Kapitalgesellschaft überwiegend darin besteht, Wohnungen vorrangig an Arbeitnehmer der Personengesellschaft zu vermieten (vgl. BFH v. 14.01.2010 – IV R 86/06, BFH/NV 2010, S. 1096). Lediglich die Unterhaltung von Geschäftsbeziehungen, wie sie üblicherweise auch mit anderen Unternehmen bestehen, reicht dagegen im Regelfall nicht aus, um Anteile des Gesellschafters der Personengesellschaft an der Kapitalgesellschaft, mit der die Personengesellschaft Geschäftsbeziehungen unterhält, als notwendiges Sonderbetriebsvermögen zu qualifizieren, auch dann nicht, wenn diese Geschäftsbeziehungen besonders intensiv sind (vgl. BFH v. 31.01.1991 – IV R790, BStBl. II 1991, S. 786; v. 23.01.1992 – X R 36/88, BStBl. II 1992, S. 721 m.w.N.; hierzu auch SCHULZE ZUR WIESCHE, DStZ 2007, S. 602, 604 ff.). Vielmehr muss im Einzelfall und für jede Beteiligung getrennt entschieden werden, ob der Mitunternehmer seine Einflussmöglichkeit auf die Geschäftsführung der Kapitalgesellschaft im wirtschaftlichen Interesse der Personengesellschaft ausübt – dann sind die Anteile zum Sonderbetriebsvermögen II zu zählen – oder ob die Geschäftsbeziehungen auf eine Förderung des Unternehmens der Kapitalgesellschaft durch die Personengesellschaft hinauslaufen und damit der Gesichtspunkt der privaten Vermögensanlage in den Mittelpunkt rückt (vgl. BFH v. 23.02.2012 – IV R 13/08, BFH/NV 2012, S. 1112; SCHULZE ZUR WIESCHE, GmbHR 2012, S. 785, 787).

Nicht notwendig ist es für die Qualifikation als Sonderbetriebsvermögen, dass die Beteiligung einen beherrschenden Einfluss vermittelt (vgl. BFH v. 03.03.1998 – VIII R 66/96, BStBl. II 1998, S. 383); auch ist eine übereinstimmende Willensbildung bei beiden Gesellschaften nicht erforderlich (vgl. SCHULZE ZUR WIESCHE, GmbHR 2012, S. 785, 789). Allerdings genügt der Einfluss des Anteilseigners auf eine Kapitalgesellschaft zur Begründung von notwendigem Sonderbetriebsvermögen II dann nicht, wenn es sich um eine Minderheitsbeteiligung handelt und der Anteilseigner und Mitunternehmer weder in der Lage ist, seinen Willen in der Kapitalgesellschaft durchzusetzen, noch dazu, maßgeblichen Einfluss auf die laufende Geschäftsführung der Mitunternehmerschaft zu nehmen (vgl. BFH v. 17.11.2011 – IV R 51/08, BFH/NV 2012, S. 723; vgl. auch OFD Frankfurt v. 13.02.2014, HaufeIndex 6 822 494).

2.2.2 Gewillkürtes Sonderbetriebsvermögen

Zuordnung grundsätzlich wie beim Einzelunternehmer

Anders als im Bereich des Gesamthandsvermögens der Personengesellschaft ist die Zuordnung von Wirtschaftsgütern zum gewillkürten Sonderbetriebsvermögen des Gesellschafters durchaus möglich. Im Grundsatz kann der Mitunternehmer all jene Wirtschaftsgüter zu seinem gewillkürten Sonderbetriebsvermögen bei der Personengesellschaft zählen, die auch ein Einzelunternehmer als gewillkürtes Betriebsvermögen behandeln kann.

Im Vergleich zum Einzelunternehmer ist allerdings zu beachten, dass der Gesellschafter unabhängig von der Personengesellschaft keinen eigenen Betrieb unterhält; deshalb gehören Wirtschaftsgüter nur dann zum gewillkürten Betriebsvermögen, wenn sie sowohl objektiv geeignet als auch subjektiv dazu bestimmt sind, den Betrieb der Mitunternehmerschaft zu fördern oder der Beteiligung des Mitunternehmers zu dienen.

Beispiele für objektiv geeignete Wirtschaftsgüter in diesem Sinne sind

WG, die objektiv geeignet …

- Wertpapiere im Eigentum des Mitunternehmers, die zur Besicherung von Darlehensschulden der Gesellschaft eingesetzt werden. Diese sind nicht bereits notwendiges Sonderbetriebsvermögen (vgl. BFH v. 04.04.1973 – I R 159/71, BStBl. II 1973, S. 628);
- Wertpapiere, die der Besicherung von Darlehen zur Finanzierung der Einlage des Gesellschafters dienen (Sonderbetriebsvermögen II);
- fremdvermietete Grundstücke, die zuvor von der Gesellschaft genutzt wurden und aufgrund der späteren Fremdvermietung ihre Eigenschaft als notwendiges Sonderbetriebsvermögen verlieren. Wäre in diesem Fall eine Behandlung als gewillkürtes Sonderbetriebsvermögen nicht möglich, so wäre das Grundstück in das Privatvermögen zu überführen mit der Folge, dass der regelmäßig anfallende Entnahmegewinn versteuert werden müsste. Durch die Einstufung als gewillkürtes Sonderbetriebsvermögen kann insoweit die Realisierung der stillen Reserven zeitlich verschoben werden (vgl. zu einem ähnlichen Fall BFH v. 07.04.1992 – VIII R 86/87, BStBl. II 1993, S. 21);
- bewegliche Wirtschaftsgüter im Gesellschaftereigentum, z.B. Kraftfahrzeuge, die zu mindestens 10 % und höchstens 50 % für betriebliche Fahrten eingesetzt werden (vgl. Schleswig-Holsteinisches FG v. 30.11.2005, EFG 2006, S. 335, rkr.; die wegen der grundsätzlichen Bedeutung der Rechtssache zugelassene Revision scheiterte aus formalen Gründen, so dass es zu einer revisionsinstanzlichen Entscheidung nicht kam, vgl. BFH v. 13.10.2006 – XI R 4/06, BFH/NV 2007, 253; für gewillkürtes Betriebsvermögen bei gemischt genutzten Wirtschaftsgütern auch KIRCHHOF/REISS, 2015, § 15 Rz. 327).

Subjektive Bestimmtheit, dem Betrieb der Mitunternehmerschaft oder der Beteiligung des Mitunternehmers zu dienen, erfordert eine rechtzeitige, klare und eindeutige Widmung der Wirtschaftsgüter durch den Mitunternehmer. An die Einlage von Wirtschaftsgütern des gewillkürten Sonderbetriebsvermögens werden insoweit die gleichen Anforderungen gestellt wie an die Einlage eines Wirtschaftsguts in das gewillkürte Betriebsvermögen eines Einzelunternehmens. Besondere Bedeutung kommt dabei der buchmäßigen Behandlung zu, wenn diese auch nicht stets entscheidend ist. Aus der Aufnahme eines Wirtschaftsguts in die Buchführung wird sich i.d.R. auf den Willen des Steuerpflichtigen schließen lassen, das betreffende Wirtschaftsgut seinem Betriebsvermögen zurechnen zu wollen. Regelmäßig wird diese Zurechnung daher durch Ausweis des Wirtschaftsguts sowie der zugehörigen Sonderbetriebseinnahmen und -ausgaben in der Sonderbuchführung des Gesellschafters dokumentiert (vgl. BFH v. 07.04.1992, BStBl. II 1993 – VIII R 86/87, S. 21).

… und subjektiv dazu bestimmt sind, dem Betrieb oder der Beteiligung zu dienen

Hohe Anforderungen an Klarheit und Eindeutigkeit der Widmung

Strittig ist dagegen, ob sich diese Widmung ggf. auch aus anderen Umständen ergeben kann, etwa durch (fälschlichen) Ausweis in der Buchführung der Gesellschaft (zustimmend BFH v. 19.03.1981 – IV R 39/78, BStBl. II 1981, S. 731) oder bloße Mitteilung an das Finanzamt (vgl. SCHMIDT/WACKER, 2015, § 15 Rz. 530; BFH v. 07.07.1992 – VIII R 2/87, BStBl. II 1993, S. 328). So hat der BFH etwa entschieden, dass insbesondere bei der Überführung von Wertpapieren in das gewillkürte Sonderbetriebsvermögen eines Gesellschafters hohe Anforderungen an die Klarheit und Eindeutigkeit des Widmungsaktes zu legen sind. Wertpapiere unterlägen ständigen Kursschwankungen, so dass die Gefahr von willkürlichen Gewinnbeeinflussungen bestehe. Aus diesem Grunde könne es z.B. nicht zugelassen werden, dass die Buchung einer Einlage nachgeholt wird. Einnahmen und Aufwendungen eines Wertpapierbestandes, der als gewillkürtes Sonderbetriebsvermögen behandelt werden soll, müssen demnach zeitgerecht und fortlaufend in der Buchführung der Gesellschaft bzw. in der Sonderbuchführung des Gesellschafters festgehalten werden (vgl. BFH v. 23.10.1990 – VIII R 142/85, BStBl. II 1991, S. 401; vgl. hierzu auch BFH v. 21.04.2008 – IV B 105/07, BFH/NV 2008, S. 1470).

2.2.3 Bilanzierungskonkurrenz zwischen Sonderbetrieb und eigenem Betrieb des Mitunternehmers

BV des Einzelunternehmens oder SBV?

Bei der Erörterung des Sonderbetriebsvermögens wurde bisher die Vermögenszugehörigkeit der Wirtschaftsgüter vor Begründung ihrer Eigenschaft als Sonderbetriebsvermögen, also z.B. vor der Nutzungsüberlassung durch den Mitunternehmer an die Mitunternehmerschaft, außer Acht gelassen. In Literatur und Rechtsprechung hat aber gerade die Frage eine besondere Bedeutung erfahren, ob Wirtschaftsgüter, die ein Mitunternehmer der Mitunternehmerschaft zur Nutzung überlässt, auch dann als Sonderbetriebsvermögen bei der nutzenden Mitunternehmerschaft anzusehen sind, wenn sie bereits zuvor zum Betriebsvermögen beispielsweise eines gewerblichen Einzelunternehmens des überlassenden Mitunternehmers zählten.

Kein Problem bei WG des PV

Diese Frage stellt sich nicht, soweit es sich um solche Wirtschaftsgüter handelt, die ansonsten zum Privatvermögen des Mitunternehmers zählen würden, weil der Mitunternehmer keinen eigenen Gewerbebetrieb betreibt oder die betreffenden Wirtschaftsgüter ansonsten keinem eigenen Betrieb des Mitunternehmers zuzurechnen sind. In diesen Fällen führt erst § 15 Abs. 1 Nr. 2 EStG die Qualifikation der Wirtschaftsgüter als dem Betriebsvermögen zugehörig herbei und rechnet sie dem Sonderbetriebsvermögen bei der Personengesellschaft zu.

Zurechnungskonflikte

Ein Zurechnungskonflikt ergibt sich jedoch in den Fällen, in denen Wirtschaftsgüter bereits zum Betriebsvermögen eines anderen Betriebs des Mitunternehmers zählen, bevor sie die Voraussetzungen der Behandlung als Sonderbetriebsvermögen einer Personengesellschaft erfüllen. Hier stellt sich die Frage, welchem Betriebsvermögen sie nunmehr zuzurechnen sind. Dabei muss es sich bei dem anderen Betrieb nicht um ein gewerbliches Einzelunternehmen handeln, vielmehr sind alle Betriebe denkbar, die Gewinneinkünfte erzielen, also auch Betriebe der Land- und Forstwirtschaft oder der Selbständigen Arbeit. Darüber hinaus sind Konstellationen vorstellbar, in denen die Wirtschaftsgüter nicht einem Mitunternehmer allein gehören, sondern vielmehr einem (anderen) Gesamthandsvermögen zugehörig sind, an dem ein oder mehrere Gesellschafter der das Wirtschaftsgut nutzenden Personengesellschaft beteiligt sind (vgl. hierzu C II 3).

BEISPIEL 13 ▬▬▬▬▬▬▬▬▬▬▬▬▬▬▬▬▬

A ist gewerblicher Einzelunternehmer und Mitunternehmer der A&D-OHG. Im Betriebsvermögen seines Einzelunternehmens befindet sich seit 2000 ein Grundstück, das A ab Jahresbeginn 2013 an die A&D-OHG vermietet. ◀|

BEISPIEL 14 ▬▬▬▬▬▬▬▬▬▬▬▬▬▬▬▬▬

B betreibt seine freiberufliche Augenarzt-Praxis seit 2000 in einem ihm gehörenden Ärztehaus, das zum Betriebsvermögen der Praxis gehört. Ab Anfang 2013 vermietet er eine Etage an eine Kontaktlinsen-Vertriebs-OHG, an der er selbst zu 30 % beteiligt ist. ◀|

In diesen und einer Reihe weiterer denkbarer Fälle sind die oben erläuterten Voraussetzungen für das Vorliegen von notwendigem Sonderbetriebsvermögen I bei einer Mitunternehmerschaft gegeben, da die jeweiligen Grundstücke einem oder mehreren Mitunternehmern allein oder anteilig gehören und der Mitunternehmerschaft zur Nutzung überlassen werden. Da sie gleichzeitig zum Betriebsvermögen eines anderen Betriebs gehören, stellt sich die Frage, ob sie Betriebsvermögen dieses anderen Betriebs bleiben oder in das Sonderbetriebsvermögen der Personengesellschaft zu überführen sind.

Für die erste, der sogenannten Subsidiaritätstheorie folgenden Lösung spricht die Tatsache, dass die betreffenden Wirtschaftsgüter ja bereits Betriebsvermögen darstellten, mithin hinsichtlich ihrer stillen Reserven bereits steuerverhaftet sind. Einer (nochmaligen) Qualifizierung als Betriebsvermögen bedürfe es daher nicht. Folgt man dieser Sichtweise, so ist § 15 Abs. 1 Nr. 2 EStG lediglich als Qualifikationsnorm zu verstehen, die sicherstellen soll, dass diejenigen Wirtschaftsgüter, mit denen Einkünfte aus Gewerbebetrieb erzielt werden, auch zum Betriebsvermögen gezählt und in (irgendeinen) Betriebsvermögensvergleich oder eine Einnahmen-Überschuss-Rechnung einbezogen werden. Soweit diese Qualifikation als Betriebsvermögen ohnehin schon wegen der Zugehörigkeit zu einem anderen Betrieb vorzunehmen ist, wäre bei Geltung der Subsidiaritätstheorie eine Zuordnung zum Sonderbetriebsvermögen der Personengesellschaft nicht erforderlich. Diese Sichtweise wurde von Finanzverwaltung und Rechtsprechung bis Ende der siebziger Jahre vertreten.

Subsidiaritäts-theorie: kein SBV, wenn ohnehin BV

Heute wird die Subsidiaritätstheorie von Rechtsprechung und Finanzverwaltung jedoch abgelehnt (vgl. erstmals BFH v. 18.07.1979 – IV R 199/75, BStBl. II 1979, S. 750; v. 06.11.1980 – IV R 5/77, BStBl. II 1981, S. 307 v. 23.10.1986 – IV R 352/84, BStBl. II 1988, S. 128.; kritisch KNOBBE-KEUK, 1993, S. 448 f.; SÖFFING, DB 2007, S. 1994). § 15 Abs. 1 Nr. 2 EStG wird nach nunmehr h.M. nicht nur als Qualifikations-, sondern auch als Zurechnungsnorm verstanden. Dementsprechend werden Wirtschaftsgüter auch dann dem Sonderbetriebsvermögen bei einer Mitunternehmerschaft zugerechnet, wenn sie zuvor bereits zum Betriebsvermögen eines anderen Betriebs des Mitunternehmers gehört haben. Die Überführung aus dem Betriebsvermögen in das Sonderbetriebsvermögen erfolgt gemäß § 6 Abs. 5 Satz 2 EStG zum Buchwert (siehe E IV).

Heute h.M.: § 15 Abs. 1 Nr. 2 EStG ist auch Zurechnungs-norm!

Materielle Folgen

Die materiellen Folgen dieser Grundsatzentscheidung sind mannigfaltig. Beispielhaft seien einige erläutert (vgl. SCHMIDT/WACKER, 2015, § 15 Rz. 534; LEY, KÖSDI 2003, S. 13 907, 13 916):

- Da die Wirtschaftsgüter in den Betriebsvermögensvergleich bei der Mitunternehmerschaft einbezogen werden, wirkt sich das durch diese erzielte Ergebnis (z. B. laufende und außerordentliche Erträge, planmäßige Abschreibungen, etwaige Teilwertabschreibungen, Veräußerungsverluste) gewerbesteuerlich nicht mehr in dem Betrieb ihrer ursprünglichen Zugehörigkeit aus, sondern bei der Mitunternehmerschaft. Materiell bedeutsam ist dies z. B., wenn für die Personengesellschaft und den Einzelbetrieb unterschiedliche GewSt-Hebesätze zur Anwendung gelangen und/oder in einem Betrieb ein Gewerbeverlust besteht.

- Veräußert der Gesellschafter seinen Anteil an der Personengesellschaft und gleichzeitig das Sonderbetriebsvermögen oder entnimmt er dieses in das Privatvermögen, so liegt insgesamt eine Anteilsveräußerung i. S. v. § 16 EStG vor (vgl. hierzu G II). Der sich hierbei ergebende Veräußerungs- oder Aufgabegewinn wird gemäß §§ 16 Abs. 4, 34 EStG begünstigt besteuert. Würden die Wirtschaftsgüter des Sonderbetriebsvermögens noch dem ursprünglichen Betrieb des Mitunternehmers zugerechnet, so wäre nur der Gewinn aus der Veräußerung des Anteils am Gesamthandsvermögen der Personengesellschaft begünstigt, während der Gewinn aus der Veräußerung der betreffenden Wirtschaftsgüter aus seinem anderen Betriebsvermögen heraus als laufender Gewinn und damit ungemindert zu versteuern wäre.

- Andererseits wird die Veräußerung eines Mitunternehmeranteils dann nicht durch die §§ 16 Abs. 4, 34 EStG begünstigt, wenn zu den wesentlichen Betriebsgrundlagen der Mitunternehmerschaft gehörende Wirtschaftsgüter des Sonderbetriebsvermögens anlässlich der Anteilsveräußerung sozusagen in den anderen Betrieb des Steuerpflichtigen »zurückfallen« (siehe G II). Bei Geltung der Subsidiaritätstheorie wären diese Wirtschaftsgüter gar nicht erst in das Sonderbetriebsvermögen bei der Mitunternehmerschaft einbezogen worden, so dass die spätere Anteilsveräußerung in diesem Fall begünstigt bliebe.

Durchbrechung des Maßgeblichkeits- grundsatzes

In systematischer Hinsicht ist bemerkenswert, dass der Vorrang einer Zurechnung zum Sonderbetriebsvermögen gegenüber dem Verbleib innerhalb des ursprünglichen Betriebsvermögens nur steuerrechtlich Geltung erlangt, sich jedoch nicht innerhalb der jeweiligen Handelsbilanzen auswirken kann. Wie ausgeführt hat der Begriff des Sonderbetriebsvermögens handelsrechtlich keinerlei Bedeutung. Werden Wirtschaftsgüter nach den oben beschriebenen Grundsätzen nicht (mehr) in der Steuerbilanz des Einzelunternehmens, sondern in der Sonderbilanz des Gesellschafters bei der Personengesellschaft ausgewiesen, so verbleiben sie dennoch in der Handelsbilanz des Eigenbetriebs. Der Maßgeblichkeitsgrundsatz ist insoweit in Bezug auf den Ansatz dieser Wirtschaftsgüter durchbrochen.

BEISPIEL 15

Tischler T, dessen Unternehmen nach Art und Umfang einen in kaufmännischer Weise eingerichteten Geschäftsbetrieb erfordert, vermietet eine Holzbearbeitungsmaschine, die bisher zu seiner als Einzelunternehmen geführten Tischlerei gehörte und dort bilanziert wurde, an die ebenfalls einen Tischlereibetrieb unterhaltende T-KG, an der T selbst als Komplementär beteiligt ist.

LÖSUNG In der Handelsbilanz seines Einzelunternehmens ist die Maschine weiterhin auszuweisen, so dass Mieteinnahmen, Abschreibungen, ein eventueller Veräußerungsgewinn etc. im Handelsbilanzergebnis des Einzelunternehmens erfasst werden. Steuerrechtlich ist dagegen die Maschine dem Sonderbetriebsvermögen des T an der T-KG zuzurechnen mit der Folge, dass die vorgenannten Betriebseinnahmen und -ausgaben in der Sonder-Gewinn- und Verlustrechnung für T auszuweisen sind. In steuerrechtlicher Hinsicht werden sie somit zu einem Teil seines Gewinnanteils an der T-KG. Zur Bewertung der Maschine in der Sonderbilanz siehe E IV. ◀|

Besonderheiten sind dann zu beachten, wenn im Bereich des Sonderbetriebsvermögens ein Betriebsvermögensvergleich durchzuführen ist, im Einzelbetrieb des Gesellschafters das Wirtschaftsgut dagegen in eine Einnahmen-Überschuss-Rechnung i. S. v. § 4 Abs. 3 EStG einzubeziehen gewesen wäre.

Ggf. BV–Vergleich anstatt § 4 Abs. 3 EStG

BEISPIEL 16
Der freiberuflich tätige Architekt A, der den Gewinn seines Architekturbüros nach § 4 Abs. 3 EStG ermittelt, ist gleichzeitig Mitunternehmer der gewerblich tätigen Bau-OHG. Im Jahr 02 hat er für die Bau-OHG diverse Entwürfe angefertigt und dafür Honorare i. H. v. 20.000 € in Rechnung gestellt, von denen bis Jahresende erst 15.000 € an ihn ausgezahlt wurden.
LÖSUNG Würden die Honorarzahlungen zu den Betriebseinnahmen seines Architekturbüros gezählt, wären aufgrund des bei Gewinnermittlung nach § 4 Abs. 3 EStG anzuwendenden Zufluss-/Abflussprinzips in 02 lediglich die bereits zugeflossenen 15.000 € im Gewinn zu erfassen. Da es sich bei den Honoraren aber um Vergütungen i. S. v. § 15 Abs. 1 Nr. 2 EStG handelt, gehören sie zu den gewerblichen Einkünften des A aus seiner Beteiligung an der Bau-OHG. Dies hat zur Folge, dass auch die noch offenen Honorarforderungen i. H. v. 5.000 € zum Sonderbetriebsvermögen des A an der Bau-OHG gehören. Da aufgrund der Buchführungspflicht der Bau-OHG auch für das Sonderbetriebsvermögen ein Betriebsvermögensvergleich durchzuführen ist (vgl. C III 1), sind die noch offenen Honorarforderungen zum 31.12.02 in der Sonderbilanz des A sowie ein entsprechender Ertrag in der Sonder-Gewinn- und Verlustrechnung auszuweisen. In 02 sind folglich bereits 20.000 € zu versteuern. ◀|

3 Bilanzierungskonkurrenz bei Schwesterpersonen-gesellschaften

Personengesellschaften, an denen ganz oder teilweise dieselben Gesellschafter beteiligt sind, werden als Schwesterpersonengesellschaften bezeichnet. Erbringt nun eine dieser Gesellschaften eine Leistung für die andere Gesellschaft oder überlässt dieser Wirtschaftsgüter zur Nutzung, so ist zu fragen, ob ebenso wie bei der Überlassung aus dem Einzelunternehmen eines Mitunternehmers eine Zurechnung zum Sonderbetriebsvermögen vorrangig gegenüber der Zurechnung zum überlassenden Betriebsvermögen ist.

Zurechnung zum SBV vorrangig?

BEISPIEL 17
Die gewerbliche XYZ-KG (Gesellschafter sind X, Y und Z) überlässt ein in ihrem Eigentum stehendes Grundstück der gewerblichen XY-OHG (Gesellschafter sind X und Y) zur Nutzung.
Ist aufgrund der Nutzungsüberlassung durch die XYZ-KG das Grundstück anteilig dem Sonderbetriebsvermögen von X bzw. Y bei der XY-OHG zuzurechnen oder verbleibt es vielmehr im Betriebsvermögen der XYZ-KG? Stellen die Mieteinnahmen anteilig Sonder-

betriebseinnahmen von X und Y bei der XY-OHG dar oder stattdessen Betriebseinnahmen der gewerblichen KG? ◀|

BFH judiziert in diesem Fall gemäß der Subsidiaritätsthese

Zunächst einmal ist zu konstatieren, dass zwischen den Mitunternehmern der leistenden bzw. überlassenden Gesellschaft und der empfangenden Gesellschaft lediglich eine mittelbare Beziehung besteht; die Leistungserbringung der Mitunternehmer erfolgt quasi durch eine andere Personengesellschaft hindurch. Mit dem Argument, den Gesellschaftern einer gewerblichen Personengesellschaft werde erst das Ergebnis ihrer gemeinsamen Betätigung anteilig zugerechnet, womit sich eine anteilige Zurechnung einzelner Wirtschaftsgüter oder Geschäftsvorfälle auf die Gesellschafter nicht vereinbaren ließe, hat der BFH die vorgenannte Zurechnungsproblematik zugunsten des eigenen gewerblichen Betriebsvermögens bzw. der eigenen gewerblichen Betriebseinnahmen der leistungserbringenden Personengesellschaft entschieden (vgl. BFH v. 16.06.1994 – VIII R 63/93, BStBl. II 1996, S. 82; v. 22.11.1994, BStBl. II 1996, S. 93). Die von einer gewerblichen Personengesellschaft einer gewerblichen Schwesterpersonengesellschaft überlassenen Wirtschaftsgüter gehen folglich nicht anteilig in das Sonderbetriebsvermögen der an beiden Gesellschaften beteiligten Mitunternehmer bei der nutzenden Schwestergesellschaft über, sondern verbleiben im Gesamthandsvermögen der überlassenden Gesellschaft. Im Ergebnis praktiziert der BFH im Bereich der Nutzungsüberlassung zwischen Schwesterpersonengesellschaften die Subsidiaritätstheorie (vgl. SCHMIDT/WACKER, 2015, § 15 Rz. 536), zumindest soweit sich zwei gewerbliche Personengesellschaften gegenüberstehen.

LÖSUNG BEISPIEL 17

Das Grundstück verbleibt im Betriebsvermögen der XYZ-KG und die Mieteinnahmen stellen gewerbliche Einkünfte der XYZ-KG dar. ◀|

Auf die Ursache der Gewerblichkeit kommt es nicht an

Um der Subsidiaritätsthese im Bereich der Leistungsbeziehungen zwischen gewerblichen Schwesterpersonengesellschaften Geltung zu verschaffen, ist es ohne Belang, auf welchem Wege sich die Gewerblichkeit der überlassenden Personengesellschaft letztlich konstituiert hat. So finden die vorgenannten Durchbrechungen des Zuordnungscharakters des § 15 Abs. 1 Nr. 2 EStG nicht nur bei der aktiv gewerblich tätigen Personengesellschaft Anwendung, sondern beispielsweise auch bei einer gewerblich geprägten Personengesellschaft (vgl. BFH v. 16.06.1994 – IV R 48/93, BStBl. II 1996, S. 82), bei einer atypisch stillen Gesellschaft (vgl. BFH v. 26.11.1996 – VIII R 42/94, BStBl. II 1998, S. 328) und ebenso im Fall einer mitunternehmerischen Betriebsaufspaltung (vgl. BFH v. 23.04.1996 – VIII R 13/95, BStBl. II 1998, S. 325; siehe hierzu K IV).

BMF schließt sich an

Die Finanzverwaltung, die der Rechtsprechung zur Nutzungsüberlassung durch gewerblich tätige oder gewerblich geprägte Gesellschaften zunächst nur sehr eingeschränkt gefolgt war (vgl. BMF v. 18.01.1996, BStBl. I 1996, S. 86), hat sich der geänderten Rechtsprechung des BFH schließlich ausdrücklich angeschlossen und verfügt, dass im Fall der Nutzungsüberlassung an eine Schwesterpersonengesellschaft der Verbleib innerhalb des Betriebsvermögens der überlassenden gewerblichen Gesellschaft stets die zuvor präferierte Zuordnung zum Sonderbetriebsvermögen bei der nutzenden Gesellschaft dominiert, gleichgültig, ob sich die Gewerblichkeit der überlassenden Gesellschaft aus aktiver gewerblicher Tätigkeit, gewerblicher Prägung oder aus Betriebsaufspaltungsgrundsätzen ableitet (vgl. BMF v. 28. 04. 1998, BStBl. I 1998, S. 583).

Eine erweiterte Anwendung der vorgenannten Zurechnungsgrundsätze auf Fälle, in denen ein Mitunternehmer einen gewerblichen Betrieb unterhält und er im Rahmen dieses Betriebs Wirtschaftsgüter entgeltlich der Mitunternehmerschaft zur Nutzung überlässt, verneint die Finanzverwaltung explizit (vgl. BMF v. 28. 04. 1998, BStBl. I 1998, S. 583), so dass es in diesem Fall bei einer Qualifikation als Sonderbetriebsvermögen bleibt. Die Ursache der Gewerblichkeit des überlassenden Einzelunternehmers ist für diese Wertung unerheblich. Ebenso wirken sich die Grundsätze bezüglich der Zurechnung von Wirtschaftsgütern bei Schwesterpersonengesellschaften nicht in den Fällen sogenannter doppel- bzw. mehrstöckiger Personengesellschaften aus (siehe hierzu K II). Überlässt mithin die Obergesellschaft ein in ihrem Eigentum stehendes Wirtschaftsgut der Untergesellschaft zur Nutzung, so ist dieses dem Sonderbetriebsvermögen der Obergesellschaft bei der Untergesellschaft zuzurechnen (vgl. BMF v. 28. 04. 1998, BStBl. I 1998, S. 583, Nr. 1; BFH v. 07. 12. 2000 – III R 35/98, BStBl. II 2001, S. 316). Diese Zurechnung resultiert allerdings entgegen der Auffassung der Finanzverwaltung nicht aus § 15 Abs. 1 Nr. 2 Satz 2 EStG, sondern vielmehr aus § 15 Abs. 1 Nr. 2 Satz 1 EStG (vgl. MEYER/BALL, FR 1998, S. 1075, 1077).

Keine Anwendung bei Überlassung durch Einzelunternehmer sowie auf mehrstöckige Personengesellschaften

Auch findet die Subsidiaritätsthese dann keine Anwendung, wenn es sich zwar um Schwesterpersonengesellschaften handelt, die überlassende Personengesellschaft jedoch lediglich Einkünfte aus reiner Vermögensverwaltung erzielt. Um dem Sinn und Zweck des § 15 Abs. 1 Nr. 2 EStG, die Sondervergütungen den gewerblichen Einkünften und die hierfür eingesetzten Wirtschaftsgüter einem Betriebsvermögen zuzuweisen, zu entsprechen, werden in diesem Fall die überlassenen Wirtschaftsgüter insoweit anteilig dem Sonderbetriebsvermögen der an beiden Gesellschaften beteiligten Gesellschafter bei der empfangenden Mitunternehmerschaft zugerechnet. Die mittelbare Leistung des Mitunternehmers über einen nicht gewerblich tätigen Personenzusammenschluss steht hier der unmittelbaren Leistung gleich (vgl. BFH v. 22. 11. 1994 – VIII R 63/93, BStBl. II 1996, S. 93).

Ebenso bei Überlassung durch vermögensverwaltende Schwesterpersonengesellschaft

Unklar ist allerdings, wie die Bilanzierungskonkurrenz zu lösen ist, wenn eine freiberuflich oder land- und forstwirtschaftlich tätige Personengesellschaft ein Wirtschaftsgut einer gewerblichen Schwesterpersonengesellschaft zur Nutzung überlässt: Fraglich ist auch hier, ob das betreffende Wirtschaftsgut im Betriebsvermögen der überlassenden Personengesellschaft zu bilanzieren oder vielmehr anteilig im Sonderbetriebsvermögen der an beiden Gesellschaften beteiligten Gesellschafter bei der nutzenden Gesellschaft auszuweisen ist. Der BFH hat diese Frage bis dato offengelassen (vgl. BFH v. 10. 11. 2005 – IV R 29/04, BStBl. II 2006, S. 173). Folgt man der Begründung des BFH zur Hinwendung zur Subsidiaritätsthese bei der Überlassung von Wirtschaftsgütern zwischen gewerblichen Schwestergesellschaften, so kann u. E. nichts Anderes gelten, wenn die Überlassung durch eine freiberufliche oder land- und forstwirtschaftliche Personengesellschaft erfolgt: Auch in dieser Fallkonstellation ist einer Bilanzierung des betreffenden Wirtschaftsguts im Betriebsvermögen der überlassenden Gesellschaft der Vorzug zu geben (gl. A. KEMPERMANN, FR 2006, S. 276, 279). Dem steht allerdings entgegen, dass der BFH für etwaige Vergütungen, welche einer freiberuflichen Personengesellschaft für die Erbringung von Leistungen gegenüber ihrer gewerblichen Schwesterpersonengesell-

Fraglich bei Überlassung von freiberuflich oder land- und forstwirtschaftlich tätiger an gewerbliche Personengesellschaft

schaft gewährt werden, entschieden hat, diese seien als Sondervergütungen der an beiden Gesellschaften beteiligten Mitunternehmer bei der die Leistungen in Anspruch nehmenden Gesellschaft zu berücksichtigen (vgl. BFH v. 23.05.1979 – I R 56/77, BStBl. II 1979, S. 763). Fragwürdig wäre es u.E., die betreffenden Vergütungen anteilig als Sonderbetriebseinnahmen bei der nutzenden (gewerblichen) Gesellschaft zu erfassen (auch um deren gewerbesteuerliche Erfassung zu gewährleisten), die betreffenden Wirtschaftsgüter jedoch dem Betriebsvermögen der überlassenden Gesellschaft zuzurechnen (vgl. hierzu SCHMIDT/WACKER, 2015, § 15 Rz. 533 m.w.N.). Folgt man der Auffassung, dass sich die Rechtsfigur des Sonderbetriebsvermögens unmittelbar aus der Vorschrift über die Sondervergütungen (§ 15 Abs. 1 Nr. 2 EStG) ergibt (vgl. NEU, DStR 1998, S. 1250, 1251), so teilt gewissermaßen das überlassene Wirtschaftsgut das Schicksal der betreffenden Vergütungen. Dies aber bedeutet, dass entweder sowohl die Vergütungen als auch das Wirtschaftsgut als Sondervergütungen bzw. Sonderbetriebsvermögen bei der nutzenden Gesellschaft zu berücksichtigten sind, oder eben beide Komponenten – der Hinwendung zur Subsidiaritätsthese folgend – in die Gewinnermittlung der überlassenden Gesellschaft aufzunehmen sind.

III Gewinnermittlungsart und Ermittlung des Gesamtgewinns

1 Buchführungspflicht

BV-Vergleich nicht immer zwingend

Wie in den vorhergehenden Abschnitten bereits deutlich wurde, werden bei der Gewinnermittlung einer gewerblichen Mitunternehmerschaft mit der steuerrechtlichen Gesamthandsbilanz sowie etwaigen Ergänzungs- und Sonderbilanzen u.U. zahlreiche Bilanzen erstellt. Dies setzt voraus, dass die Ergebnisse der einzelnen Bereiche durch Betriebsvermögensvergleich ermittelt werden. Die Wahl dieser Gewinnermittlungsart ist aber keineswegs in jedem Fall zwingend. Auch bei Mitunternehmerschaften kann im Einzelfall eine Gewinnermittlung durch Einnahmen-Überschuss-Rechnung nach § 4 Abs. 3 EStG in Betracht kommen.

Einheitlich für alle Vermögensbereiche?

Der folgende Abschnitt widmet sich daher zunächst der Frage der Buchführungspflicht von Mitunternehmerschaften. Dies ist nicht nur für die Ermittlung des gesamthänderisch erzielten Gewinns zu diskutieren. Vielmehr ist zu erörtern, ob eine beispielsweise hinsichtlich des Gesamthandsvermögens bestehende Buchführungspflicht zwangsläufig auch zur Gewinnermittlung mittels Betriebsvermögensvergleichs innerhalb der Ergänzungs- und/oder Sonderbuchführung führt.

Wer stellt auf?

Darüber hinaus ist zu fragen, wen die eigentliche Pflicht zur Aufstellung der Bilanzen trifft: Die Gesellschaft als solche oder, was zumindest bezüglich der Sonderbilanzen vorstellbar erscheint, den einzelnen Mitunternehmer?

1.1 Gewinnermittlungsart hinsichtlich des gesamthänderisch erzielten Gewinns

Personenhandelsgesellschaften (OHG bzw. KG) sind als Kaufleute gemäß §§ 238 ff. HGB in handelsrechtlicher Sicht dazu verpflichtet, Bücher zu führen und regelmäßig Abschlüsse zu machen. Diese Buchführungspflicht gilt gemäß § 140 AO auch für die Steuerbilanz. Über § 140 AO ergibt sich also für Gewinneinkünfte erzielende Personenhandelsgesellschaften zunächst eine aus dem Handelsrecht abgeleitete und daher auch als derivativ bezeichnete Buchführungspflicht für die steuerliche Gesamthandsbilanz. Dies gilt unabhängig von der Höhe des Umsatzes und/oder Gewinns, da die für Kleinstkaufleute nach § 241 a HGB bestehende Befreiung von der Buchführungspflicht nur Einzelkaufleute betrifft.

OHG, KG: derivative Buchführungspflicht nach § 140 AO

Die Buchführungspflicht umfasst auch etwaige Ergänzungsbilanzen der Gesellschafter, denn diese weisen lediglich für den einzelnen Mitunternehmer Korrekturwerte hinsichtlich der in der Gesamthandsbilanz ausgewiesenen Wirtschaftsgüter aus. Die Ergänzungsbilanzen sind daher nicht getrennt von der Gesamthandsbilanz zu betrachten, sondern sind integraler Bestandteil des Betriebsvermögensvergleichs des gesamthänderisch gebundenen Vermögens.

Gilt auch für Ergänzungsbilanzen

Bei den übrigen Gesamthandsgesellschaften (GbR, PartG, wirtschaftlich vergleichbare Rechtsgemeinschaften) besteht mangels Kaufmannseigenschaft keine handelsrechtliche Buchführungspflicht bezüglich des gesamthänderisch gebundenen Vermögens. Steuerrechtlich kann daher eine Buchführungspflicht nicht über § 140 AO, sondern nur durch ein Überschreiten der in § 141 AO niedergelegten Grenzen entstehen. Danach ergibt sich eine eigenständige (originäre) steuerrechtliche Buchführungspflicht für gewerbliche oder land- und forstwirtschaftliche Betriebe, die einen Gewinn von mehr als 50.000 € oder einen Umsatz von mehr als 500.000 € erzielen bzw. deren selbstbewirtschaftete land- und forstwirtschaftliche Flächen einen Wirtschaftswert von mehr als 25.000 € aufweisen. Nach Auffassung der Finanzverwaltung sind bei der Prüfung, ob die Gewinngrenze überschritten wird, das Gesamthandsvermögen einschließlich Ergänzungsbilanzen und das Sonderbetriebsvermögen zusammenzufassen. Dagegen ist das Überschreiten der Umsatzgrenze nur für die von der Gesamthand bewirkten Umsätze zu prüfen, da Mitunternehmerschaft und Mitunternehmer umsatzsteuerrechtlich verschiedene Unternehmer sind (vgl. ZIMMERMANN, 2013, Kapitel B, Rz. 171).

Ansonsten Buchführungspflicht ggf. über § 141 AO

Erzielt eine Mitunternehmerschaft, die nicht bereits nach § 140 AO buchführungspflichtig ist, freiberufliche Einkünfte (z.B. Ärzte-GbR, Steuerberater-Partnerschaft) oder unterschreitet sie die Grenzen des § 141 AO (z.B. Einzelhandels-GbR), so kann die Gewinnermittlung entweder durch eine Einnahmen-Überschuss-Rechnung gemäß § 4 Abs. 3 EStG oder freiwillig durch einen Betriebsvermögensvergleich erfolgen.

Keine Buchführungspflicht bei Freiberufler-GbR bzw. PartG

Im Falle einer Mitunternehmerschaft ohne eigenes gesamthänderisches Vermögen (stille Gesellschaft, Unterbeteiligungsgesellschaft) ist die Frage der Gewinnermittlungsart zunächst einmal nicht auf der Ebene der Mitunternehmerschaft selbst, sondern auf der Ebene des Gewerbetreibenden oder der Obergesellschaft zu beurteilen. Gleichwohl wird auch für die stille Gesellschaft sowie für die Unterbeteiligungsgesellschaft die Aufstellung einer eigenen Steuerbilanz befürwortet (vgl. GROH, FS Kruse, 2001, S. 417, 422 ff.; ders., FS Priester, 2007, S. 107).

Keine Buchführungspflicht ohne Gesamthandsvermögen

1.2 Gewinnermittlungsart im Sonderbetriebsvermögen

§ 140 AO gilt nur für Gesamthands- und Ergänzungsbilanz

Die aus dem Handelsrecht abgeleitete, derivative steuerrechtliche Buchführungspflicht der Personenhandelsgesellschaften kann sich nur auf deren Gesamthandsvermögen beziehen, da in der Handelsbilanz nur das Vermögen der Personengesellschaft selbst, nicht aber das im Eigentum nur eines oder mehrerer Gesellschafter stehende steuerrechtliche Sonderbetriebsvermögen ausgewiesen wird. Es ist daher zu fragen, inwieweit die Gewinnermittlungsart für das Sonderbetriebsvermögen durch die Art der Ermittlung des gesamthänderisch erzielten Gewinns vorherbestimmt wird.

SBV: wie in Gesamthandsbilanz

Nach übereinstimmender Meinung von Rechtsprechung und Finanzverwaltung führt die Buchführungspflicht im Gesamthandsvermögen unmittelbar dazu, dass auch im Bereich des Sonderbetriebsvermögens ein Betriebsvermögensvergleich durchzuführen ist (vgl. BFH v. 23.10.1990 – VIII R 142/85, BStBl. II 1991, S. 401, v. 11.03.1992 – XI R 38/89, BStBl. II 1992, S. 797; H 4.1 »Aufzeichnungs- und Buchführungspflichten« EStH). Der BFH stützt diese Argumentation auf die Regelung des § 141 Abs. 1 Satz 1 AO, nach welcher gewerbliche Unternehmer, sofern für den einzelnen Betrieb die gesetzlichen Buchführungsgrenzen überschritten sind, verpflichtet sind, »für diesen Betrieb« Bücher zu führen und Abschlüsse zu machen. Zu dem Betrieb einer Personenhandelsgesellschaft gehöre folglich ihr gesamtes steuerrechtliches Betriebsvermögen und damit auch das Sonderbetriebsvermögen ihrer Mitunternehmer.

Begründung über § 141 AO unbefriedigend

Die Begründung über § 141 AO wird in der Literatur zutreffend kritisiert (vgl. HENNRICHS in TIPKE/LANG, 2015, § 10 Rz. 115). Sie ist insbesondere dann anzuzweifeln, wenn die Mitunternehmerschaft hinsichtlich des Gesamthandsvermögens bereits über § 140 AO buchführungspflichtig ist. Zum ersten erscheint es nicht zwingend, dass § 141 AO für solche Personenhandelsgesellschaften überhaupt anwendbar ist, und zum zweiten führt § 141 AO nur dann zur Buchführungspflicht im Sonderbetriebsvermögen, wenn die dort festgelegten Grenzen überschritten werden. Angenommen, eine gewerbliche OHG überschreitet die in § 141 AO konstituierten Grenzen nicht, wäre es dann zulässig, den Gewinn bezüglich des Gesamthandsvermögens wegen § 140 AO nach § 5 EStG, bezüglich des Sonderbetriebsvermögens aber, in Ermangelung einer Buchführungspflicht gemäß § 141 AO, im Wege einer Einnahmen-Überschuss-Rechnung nach § 4 Abs. 3 EStG zu ermitteln? Würde die Frage bejaht, müsste zusätzlich geklärt werden, ob hinsichtlich des Überschreitens der Grenzen nach § 141 AO auf die Personengesellschaft insgesamt (Gesamthands-, Ergänzungs- und Sonderbilanzen bzw. Gewinn- und Verlustrechnungen) oder nur auf den Bereich des Sonderbetriebsvermögens abzustellen wäre.

Wertekorrespondenz ist zu wahren

Gleichwohl lehnt auch das Schrifttum eine Mischung der Gewinnermittlungsmethoden grundsätzlich ab, da sie zu einer Verzerrung der Wertekorrespondenz zwischen Gesamthandsvermögen und Sonderbetriebsvermögen führen würde (vgl. dazu C III 2). Dennoch verbleibt das Problem, diese Ausweitung der Buchführungspflicht bezüglich des Sonderbetriebsvermögens dogmatisch zu begründen. Nach HENNRICHS ergibt sich dies bereits aus dem Regelungszweck des § 15 Abs. 1 Nr. 2 EStG, der die Anwendung unterschiedlicher Gewinnermittlungsmethoden eben nicht zulasse; § 5 Abs. 1 EStG sei insoweit lückenausfüllend anzuwenden (vgl. HENNRICHS in TIPKE/LANG, 2015, § 10 Rz. 115).

Besteht weder eine Buchführungspflicht nach § 140 AO noch nach § 141 AO, so kann die Gewinnermittlung (einheitlich für den Bereich des Gesamthands- und Sonderbetriebsvermögens) auch gemäß § 4 Abs. 3 EStG erfolgen. Sollte hier freiwillig ein Betriebsvermögensvergleich für die Gesamthand durchgeführt werden, muss dies auch für das Sonderbetriebsvermögen geschehen. **Ggf. Gewinnermittlung nach § 4 Abs. 3 EStG**

Auch bei Mitunternehmerschaften ohne Gesamthandsvermögen kann sich das Problem der Bilanzierungspflicht im Sonderbetriebsvermögen ergeben, etwa wenn ein atypisch stiller Gesellschafter ein Darlehen zur Finanzierung seiner Einlage aufnimmt. Hier ist in analoger Anwendung der dargestellten Grundsätze auf die Buchführungspflicht des Gewerbetreibenden abzustellen, in dessen Vermögen die stille Einlage geleistet wird. Ist der Gewerbetreibende buchführungspflichtig hinsichtlich dieses Betriebs, so ist auch das Ergebnis des Sonderbetriebsvermögens für den stillen Gesellschafter durch Vornahme eines Betriebsvermögensvergleichs zu ermitteln.

Abbildung 7 fasst die geltende Rechtslage noch einmal zusammen:

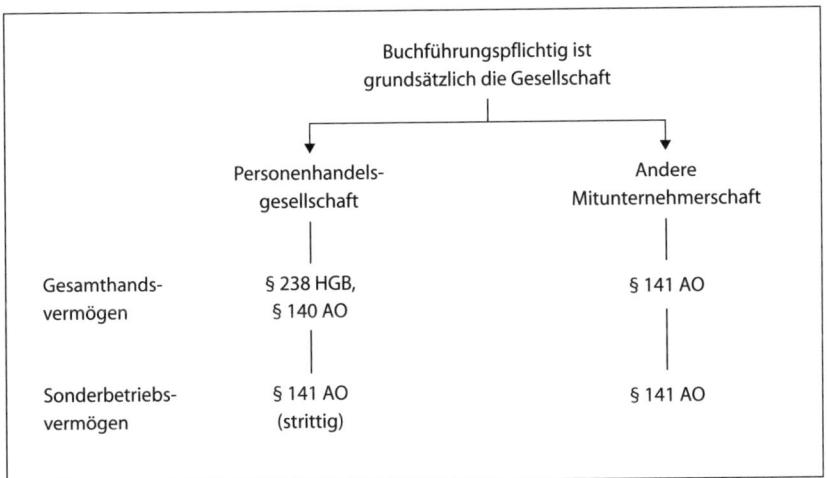

Abb. 7 Rechtsgrundlagen der Buchführungspflicht

Unabhängig von der Art der Gewinnermittlung im Sonderbetriebsvermögen ist die Frage zu klären, in wessen Zuständigkeitsbereich die Verpflichtung zur Vornahme der Gewinnermittlung fällt. Dies könnte einerseits der Mitunternehmerschaft, andererseits dem betreffenden Mitunternehmer selbst obliegen. Hiermit verbunden ist z. B. die Frage, ob die Zuordnungsentscheidung eines Mitunternehmers bezüglich eines Wirtschaftsguts des gewillkürten Sonderbetriebsvermögens nur innerhalb der Buchführung der Gesellschaft oder auch durch den Mitunternehmer in einer von ihm selbst erstellten Sonderbilanz erfolgen kann (vgl. SCHMIDT/WACKER, 2015, § 15 Rz. 530). **Zuständigkeit für Bilanzierung des SBV liegt …**

Nach der Rechtsprechung des BFH ist nicht der Mitunternehmer selbst, sondern die Personengesellschaft für das Sonderbetriebsvermögen ihrer Gesellschafter buchführungspflichtig (vgl. BFH v. 25.01.2006 IV R 14/04, BStBl. II 2006, S. 418; v. 23.10.1990 – VIII 142/85, BStBl. II 1991, S. 401). Im Schrifttum wird indes eine Bilanzierungspflicht des einzelnen Gesellschafters gefordert, da nur dieser selbst **… bei der Gesellschaft** über die erforderlichen Informationen zur Bilanzierung verfüge und deren Kenntnisnahme durch die anderen Gesellschafter für ihn nachteilig sein könne (vgl. KNOBBE-KEUK, 1993, S. 442 f.). Auch sind etwaige Bilanzierungswahlrechte, z. B. die Bildung einer Rücklage gemäß § 6 b EStG in der Sonderbilanz, vom Mitunternehmer persönlich auszuüben. Angesichts der Buchführungspflicht der Gesellschaft auch für die Sonderbilanz des Mitunternehmers wird dabei vermutet, dass die Sonderbilanz mit dem Mitunternehmer abgestimmt ist, wobei diese Vermutung bei einem ausgeschiedenen Gesellschafter nicht gilt (vgl. BFH v. 25.01.2006 – VI R 14/04, BStBl. II 2006, S. 418; hierzu auch LEY, WPg 2006, S. 904).

2 Zusammenfassung der einzelnen Bilanzen

Eng verknüpft mit der Frage der Buchführungspflicht ist die Überlegung, ob und auf welche Art und Weise die Gesamthandsbilanz (einschließlich eventueller Ergänzungsbilanzen) und etwaige Sonderbilanzen der einzelnen Mitunternehmer zu einer Gesamtbilanz der Mitunternehmerschaft zusammenzufassen sind. Die Beantwortung dieser Frage ist keineswegs nur von theoretischer Bedeutung, wie die nachfolgenden Beispiele belegen:

BEISPIEL 18

A und B sind Gesellschafter der AB-OHG. Die Gesellschafter beschließen, A eine Pensionszusage zu gewähren. Sowohl in der Handelsbilanz als auch in der Steuerbilanz der OHG ist eine Rückstellung für ungewisse Verbindlichkeiten gemäß § 249 Abs. 1 HGB, § 5 Abs. 1 Satz 1 EStG zu bilden.
Muss A in gleicher Höhe einen Aktivposten in seiner Sonderbilanz aktivieren, obwohl es zu diesem Zeitpunkt ungewiss ist, ob er jemals Zahlungen aus dieser Pensionsanwartschaft bezieht, eine Forderung also wirtschaftlich noch gar nicht entstanden ist? ◀|

BEISPIEL 19

Gesellschafter B gewährt der AB-OHG ein Darlehen. Das Darlehen weist er folgerichtig in seiner Sonderbilanz als Forderung, korrespondierend zu dem Passivposten der OHG in deren Steuerbilanz, aus.
Kann B die Forderung in seiner Sonderbilanz im Wege einer Abschreibung auf den niedrigeren Teilwert im Wert berichtigen, wenn die Rückzahlung des Darlehens durch die OHG zweifelhaft ist? Kommt es folglich zu einer Aufgabe der Wertekorrespondenz zwischen dem Ansatz in der Steuerbilanz der Gesellschaft und in der Sonderbilanz des Gesellschafters? ◀|

Additive Gewinnermittlung mit korrespondierender Bilanzierung

Nach wohl herrschender Literaturmeinung und Auffassung des BFH ist bezüglich der von § 15 Abs. 1 Nr. 2 EStG erfassten Rechtsbeziehungen zwischen Gesellschaft und Mitunternehmern in der Steuerbilanz und den Sonderbilanzen der Mitunternehmer korrespondierend zu bilanzieren ist (vgl. SCHMIDT/WACKER, 2015, § 15 Rz. 404 m. w. N.; HENNRICHS in TIPKE/LANG, 2015, § 10 Rz. 108; zur Reichweite der korrespondierenden Bilanzierung HERBST/STEGEMANN, DStR 2013, S. 176). Da sich der Gewinn des Mitunternehmers, wie bereits ausgeführt, aus seinem Anteil an dem gesamthänderisch erwirtschafteten Gewinn und seinem Sonderbilanzergebnis zusammensetzt, bezeichnet man diese Form der Gewinnermittlung als additive

Methode mit korrespondierender Bilanzierung. Bezüglich der genannten Beispiele gilt danach Folgendes:

- Unabhängig von den allgemeinen Bilanzierungs- und Bewertungsnormen sind in der Steuerbilanz der Gesellschaft passivierte Verpflichtungen zur Zahlung einer Sondervergütung zeit- und betragsgleich durch einen Aktivposten in der Sonderbilanz des Begünstigten oder aller Mitunternehmer auszugleichen (vgl. BFH v. 12.12.1995 – IV R 59/92, BStBl. II 1996, S. 219; siehe zur Pensionsrückstellung aber C V 1.2.1.2).

- Gewährt der Mitunternehmer einer Personengesellschaft seiner Gesellschaft ein Darlehen, so ist die Darlehensforderung in der Gesamtbilanz der Mitunternehmerschaft Eigenkapital der Gesellschaft. Darlehensverpflichtung in der Gesamthandsbilanz und Darlehensanspruch in der Sonderbilanz heben sich in der steuerlichen Gesamtbilanz also gegeneinander auf; eine gewinnmindernde Wertberichtigung der Darlehensforderung in der Sonderbilanz kann daher nicht erfolgen. Vielmehr wird dieser Verlust im Sonderbetriebsvermögen – ebenso wie der Verlust der Einlage in das Gesellschaftsvermögen – grundsätzlich erst im Zeitpunkt der Beendigung der Mitunternehmerstellung, also beim Ausscheiden des Gesellschafters oder bei Beendigung der Gesellschaft realisiert (ständige Rechtsprechung, vgl. etwa BFH v. 03.02.2005 – VIII 25/04, BFH/NV 2005, S. 1257; v. 19.05.1993 – I R 60/92, BStBl. II 1993, S. 714; zum Forderungsverzicht eines Mitunternehmers siehe HHR/TIEDE, § 15 Anm. 453 m.w.N.). Veräußert der Mitunternehmer seine Darlehensforderung dagegen zu einem unter dem Nennwert liegenden Preis an einen Dritten und bleibt die Verbindlichkeit der Gesamthand unverändert bestehen, wird der Verlust durch den veräußernden Mitunternehmer nach Auffassung des BFH unmittelbar realisiert (vgl. BFH v. 01.03.2006 – VIII R 5/03, BFH/NV 2003, S. 1523).

- Gewährt der Gesellschafter der Gesellschaft ein Darlehen, ist die Regelung des § 6 Abs. 1 Nr. 3 EStG, wonach Verbindlichkeiten mit einer Laufzeit von mindestens zwölf Monaten abzuzinsen sind, nicht anwendbar, da die Verbindlichkeit nicht nur in der Bilanz der Personengesellschaft als Fremdkapital zu passivieren, sondern korrespondierend hierzu in der Sonderbilanz des Gesellschafters zu aktivieren ist und sich mithin in der Gesamtbilanz der Mitunternehmerschaft zu Eigenkapital wandelt (vgl. BFH v. 24.01.2008 – IV R 37/06, BStBl. II 2011, S. 617).

Kein korrespondierender Aktivposten ist dagegen für passivierte Verpflichtungen im Rahmen von Austauschverhältnissen mit Mitunternehmern anzusetzen, wenn die Erfüllung der Verpflichtungen beim Mitunternehmer nicht zu einer Sondervergütung führt. So ist z.B. im Fall einer Rückstellung wegen einer Abbruchverpflichtung der Gesellschaft bzgl. Bauten auf einem vom Mitunternehmer überlassenen Grundstück ebenso wenig ein Aktivosten in der Sonderbilanz des Mitunternehmers zu bilden (vgl. BFH v. 28.03.2000 – VIII R 13/99, BStBl. II 2000, S. 612) wie im Fall einer Rückstellung für rückständige Instandsetzungsmaßnahmen an einem vom Mitunternehmer gemieteten Gebäude (vgl. BFH v. 12.02.2015 – IV R 29/12, BFH/NV 2015, S. 895).

Keine korrespondierende Bilanzierung, soweit keine Sondervergütung vorliegt

Keine korrespondierende Bilanzierung bei öffentl.-rechtl. Verpflichtung, auch wenn deren Erfüllung zu Sondervergütungen führt

Unseres Erachtens scheidet eine korrespondierende Bilanzierung im Sonderbetriebsvermögen auch dann aus, wenn in der Gesamthandsbilanz ein Passivposten für eine Verpflichtung anzusetzen ist, die dem Grunde nach nicht unmittelbar gegenüber dem Mitunternehmer besteht, auch wenn anlässlich deren nachfolgender Erfüllung Sondervergütungen an einen Mitunternehmer gezahlt werden. So kommt z.B. nach u.E. zutreffender Auffassung des FG Rheinland-Pfalz im Fall der Passivierung einer Rückstellung für Jahresabschlusskosten in der Gesamthandsbilanz eine Aktivierung eines korrespondierenden Anspruchs in der Sonderbilanz des Mitunternehmers, der die Erstellung des Jahresabschlusses im Rahmen eines Steuerberatungsauftrags übernommen hat, nicht in Betracht, solange der Mitunternehmer die Leistung noch nicht erbracht hat (vgl. FG Rheinland-Pfalz v. 23.09.2014, EFG 2015, S. 21, nrk., Rev. eingelegt, Az. BFH: IV R 44/14; a.A. HERBST/STEGEMANN, DStR 2013, S. 176, 179).

IV Gewinnermittlung und -verteilung auf der ersten Stufe

Annahme: Handelsrechtlich buchführungspflichtige gewerbliche Mitunternehmerschaft

Im Weiteren wird von einer gewerblichen Personengesellschaft in der Rechtsform der OHG oder KG ausgegangen, die ihren Gewinn durch Betriebsvermögensvergleich gemäß § 5 i.V.m. § 4 Abs. 1 EStG ermittelt und bei der alle Gesellschafter als Mitunternehmer anzusehen sind. Wie ausgeführt, umfasst die Gewinnermittlung auf der ersten Stufe die Steuerbilanz der Gesellschaft sowie etwaige Ergänzungsbilanzen der einzelnen Mitunternehmer. Die Steuerbilanz ist dabei aus der Handelsbilanz abzuleiten; die Ergänzungsbilanzen korrigieren den Anteilswert der Mitunternehmer an den gesamthänderisch gebundenen Wirtschaftsgütern.

1 Handelsrechtliche Bilanzierung

Ausgangspunkt: Handelsbilanz der Gesellschaft

Gemäß §§ 238, 242 HGB i.V.m. § 6 Abs. 1 HGB sind die Personenhandelsgesellschaften (OHG und KG) zur Aufstellung einer Handelsbilanz verpflichtet. Die Handelsbilanz der Personenhandelsgesellschaft unterscheidet sich insoweit nicht von der Handelsbilanz einer Kapitalgesellschaft, da auch in Letzterer lediglich das Vermögen der Gesellschaft, nicht aber die im Eigentum einzelner Gesellschafter befindlichen Vermögensgegenstände abgebildet werden.

2 Aufstellung der Steuerbilanz

Derivative Steuerbilanz

Über das in § 5 Abs. 1 EStG kodifizierte Maßgeblichkeitsprinzip ist die Handelsbilanz auch für das Steuerrecht maßgebend. Die Mitunternehmerschaften in der Rechtsform der OHG bzw. KG müssen folglich ihre Handelsbilanz in eine Steuerbilanz transformieren (derivative Steuerbilanz). Für die gewerblich tätige GbR, die mangels Kaufmannseigenschaft keine handelsrechtliche Buchführungspflicht trifft, kann ggf. aus § 141 AO eine Buchführungspflicht und damit die Verpflichtung zur Aufstellung einer originären Steuerbilanz resultieren. Der Maßgeblichkeitsgrundsatz gilt auch in diesem Fall.

Gesamthänderisch gebundene WG

Auch in der Steuerbilanz der Gesellschaft werden wie in der Handelsbilanz nur solche Wirtschaftsgüter ausgewiesen, die sich in gesamthänderischer Bindung befinden. Wirtschaftsgüter, die im Eigentum nur eines oder mehrerer Mitunternehmer stehen, sind in den nur steuerrechtlich existenten Sonderbilanzen auszuweisen.

Abweichungen zwischen handels- und steuerrechtlicher Gesamthandsbilanz

Aufgrund der steuerlichen Bilanzierungs- und Bewertungsvorschriften der §§ 4–7 k EStG kann die Steuerbilanz von der Handelsbilanz abweichen (Durchbrechung des Maßgeblichkeitsgrundsatzes). Insbesondere die Änderungen durch das BilMoG haben zu einer weitgehenden Entkopplung der handels- und steuerrechtlichen Bilanzierung geführt. Diese Differenzen zwischen handels- und steuerrechtlicher Bilanz sind jedoch überwiegend kein Spezifikum der Mitunternehmerschaften, sondern können auch bei einem Einzelunternehmer sowie bei einer Kapitalgesellschaft auftreten und sind folglich nicht durch die Organisationsform des Steuerpflichtigen bedingt. Bezüglich dieser Problematik sei daher auf das bilanzsteuerrechtliche Schrifttum verwiesen. Hinsichtlich der Zugehörigkeit des Gesellschaftsvermögens zum Betriebs- oder Privatvermögen siehe C II 2.1.

Außerbilanzielle Modifikationen

Ebenfalls nur hingewiesen sei an dieser Stelle darauf, dass, um zum steuerpflichtigen Gewinn zu gelangen, auch bei Personengesellschaften das steuerbilanzielle Ergebnis ggf. außerbilanziell zu modifizieren ist, etwa durch die Nichtabzugsfähigkeit bestimmter Betriebsausgaben gemäß § 4 Abs. 5 EStG, die Steuerfreiheit von Investitionszulagen oder die Korrektur zu niedriger Bilanzansätze anlässlich einer Außenprüfung. Von besonderer Bedeutung ist in diesem Zusammenhang die Anwendung des Teileinkünfteverfahrens gem. §§ 3 Nr. 40, 3 c Abs. 2 EStG sowie des § 8 b KStG; hierzu sei auf C IV 2.3.2 verwiesen.

2.1 Einheitliche Wahlrechtsausübung

Einheitliche oder individuelle Wahlrechtsausübung?

Bezüglich der im Bereich der steuerlichen Bilanzierung existenten Bewertungswahlrechte stellt sich die Frage, ob die einzelnen Mitunternehmer unabhängig voneinander diese Wahlrechte individuell unterschiedlich ausüben können, oder ob eine einheitliche Wahlrechtsausübung geboten ist.

BEISPIEL 20

A und B sind Gesellschafter der AB-OHG. Gesellschafter A möchte eine der AB-OHG gehörende Maschine hinsichtlich des ihm ideell zuzurechnenden Anteils linear abschreiben, während Gesellschafter B eine Periodisierung der gedanklich auf ihn entfallenden Anschaffungskosten gemäß der abgegebenen Leistung der Maschine bevorzugt.
Ist die angestrebte unterschiedliche Ausübung bezüglich der Abschreibungsmethode zulässig oder müssen sich die Gesellschafter vielmehr auf eine einheitliche Methode einigen? ◀|

In Anbetracht des der Regelung des § 15 Abs. 1 Nr. 2 EStG zugrunde liegenden Prinzips einer weitestgehenden steuerlichen Gleichstellung von Mitunternehmer und Einzelunternehmer könnte man geneigt sein, dem einzelnen Mitunternehmer eine individuelle Wahlrechtsausübung zuzubilligen (vgl. BRÖNNER, 2007, Teil B, Rz. 446).

Grundsätzlich einheitliche Wahlrechtsausübung, jedoch ...

In diesem Fall wären jedoch die allermeisten Bilanzansätze in der steuerlichen Gesamthandsbilanz Makulatur und bedürften in Abhängigkeit von den individuellen Entscheidungen der Mitunternehmer entsprechender Wertkorrekturen in den Ergänzungsbilanzen. Eine solche Interpretation wurde nicht einmal zu Zeiten der Bilanzbündeltheorie vertreten (vgl. A II 3.2.1). Nach der Rechtsprechung des BFH sind folglich die Wirtschaftsgüter des Betriebsvermögens einheitlich (z. B. hinsichtlich der AfA) zu bilanzieren. Auch die steuerrechtlichen Bilanzierungs- und Bewertungswahlrechte, etwa die sofortige Abschreibung geringwertiger Wirtschaftsgüter nach § 6 Abs. 2 EStG, Teilwertabschreibungen oder die Bildung steuerfreier Rücklagen können grundsätzlich nur einheitlich für die Mitunternehmerschaft als solche und nicht unterschiedlich für jeden einzelnen Mitunternehmer in Anspruch genommen werden (vgl. z. B. BFH v. 21.12.1972 – IV R 53/72, BStBl. II 1973, S. 298; v. 07.08.1986 – IV 137/83, BStBl. II 1986, S. 910).

... Ausnahmen bei personenbezogenen Regelungen

Allerdings tritt in Anbetracht der Tatsache, dass der Gesellschafter, nicht aber die Personengesellschaft als solche einkommensteuerrechtliches Subjekt ist, der Grundsatz der einheitlichen Bilanzierung bei personenbezogenen Steuervergünstigungen sowie bei Regelungen, bei denen nur einzelne Mitunternehmer die hierfür erforderlichen Voraussetzungen erfüllen, in den Hintergrund (vgl. BFH v. 07.08.1986 – IV R 137/83, BStBl. II 1986, S. 910):

§ 6 b EStG

So wird beispielsweise die Regelung des § 6 b EStG, von der in den Jahren 1999 bis 2001 herrschenden Rechtslage einmal abgesehen, gesellschafterbezogen interpretiert (vgl. BFH v. 13.08.1987 – VIII B 179/86, BStBl. II 1987, S. 782; a.A. KNOBBE-KEUK, 1993, S. 417 ff.). Dies hat zur Folge, dass ein nach § 6 b EStG begünstigter Gewinn aus der Veräußerung eines zum Gesamthandsvermögen gehörenden Wirtschaftsguts ggf. von jedem Mitunternehmer unterschiedlich übertragen werden kann (vgl. hierzu ausführlich unter C IV 2.3.1).

§ 7 Abs. 5 EStG

Auch die Vornahme der degressiven Gebäude-AfA gemäß § 7 Abs. 5 EStG wird vom BFH und der Finanzverwaltung nach wie vor personenbezogen interpretiert, da der einzelne Gesellschafter, nicht aber die Gesellschaft als Bauherr angesehen wird (vgl. BFH v. 19.02.1974 – VIII R 114/69, BStBl. II 1974, S. 704; a.A. KNOBBE-KEUK, 1993, S. 418 ff.). Dies hat z. B. zur Folge, dass bei einer Gesellschaft, die ein zum Gesamthandsvermögen gehörendes Gebäude nach § 7 Abs. 5 EStG abschreibt, im Fall des Gesellschafterwechsels der Neugesellschafter keine Anspruchsberechtigung zur Vornahme der degressiven Gebäude-AfA gemäß § 7 Abs. 5 EStG erlangt, sondern die AfA bezüglich seines ideellen Anteils an dem Gebäude lediglich linear nach § 7 Abs. 4 EStG vornehmen darf. Da in der Gesamthandsbilanz der Gesellschaft das Gebäude weiterhin degressiv abgeschrieben wird, erhält der Neugesellschafter in den ersten Jahren ggf. einen zu hohen, später einen zu geringen AfA-Betrag zugewiesen, so dass eine fortlaufende Wertkorrektur mittels einer Ergänzungsbilanz erforderlich ist (vgl. hierzu C IV 2.2).

§ 7 Abs. 4 Satz 1 Nr. 1 EStG

Ein vergleichbarer Anwendungsfall kann sich ergeben, wenn eine Personengesellschaft ein Gebäude nach § 7 Abs. 4 Satz 1 Nr. 1 EStG abschreibt, mit dessen Herstellung vor dem 01.01.2001 begonnen wurde oder das aufgrund eines vor dem 01.01.2001 abgeschlossenen obligatorischen Vertrags angeschafft worden ist. In diesem Fall beträgt der AfA-Satz auf der Ebene des Gesamthandsvermögens der Gesellschaft nach § 52 Abs. 15 Satz 2 EStG auch weiterhin 4 %. Im Fall eines Gesellschafterwechsels, der nach dem 31.12.2000 erfolgt, ist daher nach Auffassung der

Finanzverwaltung für den neuen Gesellschafter die anteilige Abschreibung für das Gebäude nach der ab 2001 geltenden Fassung des § 7 Abs. 4 Satz 1 Nr. 1 EStG zu bestimmen (vgl. BMF v. 05.08.2002, BStBl. I 2002, S.710), so dass für den beigetretenen Gesellschafter der AfA-Satz lediglich 3% beträgt. Bemessungsgrundlage sind die im Rahmen des Beitritts für den ideellen Anteil an dem Gebäude aufgewendeten Anschaffungskosten. Soweit der auf den beigetretenen Gesellschafter entfallende Teil des in der Gewinn- und Verlustrechnung der Gesamthand berücksichtigten AfA-Betrags von dem so ermittelten zulässigen AfA-Betrag abweicht, hat eine entsprechende Korrektur in der Ergänzungsbuchführung zu erfolgen (siehe hierzu I I 2).

Eine Durchbrechung des Grundsatzes einer einheitlichen Bilanzierung kann sich aufgrund der zahlreichen Änderungen des § 7 Abs. 2 EStG in der jüngeren Vergangenheit auch bei beweglichen Wirtschaftsgütern einstellen: Hat etwa die Gesellschaft ein bewegliches Wirtschaftsgut des Anlagevermögens in 2009 angeschafft und bis dato zulässigerweise gemäß § 7 Abs. 2 EStG mit einem AfA-Satz von 25% abgeschrieben und erfolgt der Gesellschafterwechsel nach dem 31.12.2010, so ist für den auf den Neugesellschafter entfallenden Anteil des betreffenden Wirtschaftsguts die degressive Abschreibungsmethode nicht mehr zulässig und insoweit linear abzuschreiben.

§ 7 Abs. 2 EStG

Bezüglich Sonderabschreibungen und erhöhten Absetzungen gilt allerdings grundsätzlich, dass deren Inanspruchnahme in der Gesamthandsbilanz einheitlich zu erfolgen hat (vgl. auch BFH v. 07.08.1986 – IV R 137/83, BStBl. II 1986, S. 910). Jedoch ist auch hier danach zu differenzieren, ob die Gesellschaft selbst oder die einzelnen Mitunternehmer Anspruchsberechtigte der Vergünstigung sind. So sind z.B. im Fall eines Gesellschafterwechsels zuvor in Anspruch genommene steuerliche Vergünstigungen u.U. (ggf. anteilig) rückwirkend zu versagen, wenn die Vergünstigung von bestimmten Bindungsvoraussetzungen abhängig war und diese aufgrund der Änderungen im Gesellschafterbestand nicht mehr vorliegen (vgl. ZIMMERMANN, 2013, Kapitel B, Rz. 234ff. sowie Kapitel J, Rz. 116ff.).

Sonder- und erhöhte Abschreibungen grundsätzlich einheitlich vorzunehmen, …

Die h.M. vertritt hierzu zutreffend die Ansicht, regelmäßig sei der einzelne Gesellschafter als Anspruchsberechtigter anzusehen, es sei denn, das Gesetz erkenne explizit der Personengesellschaft die Anspruchsberechtigung zu (so beispielsweise in §§ 5a Abs. 4a Satz 1, 7g Abs. 7 EStG). Schließlich ist eben der einzelne Gesellschafter, nicht aber die Personengesellschaft als solche einkommensteuerrechtliches Subjekt (vgl. SCHMIDT/WACKER, 2015, § 15 Rz. 411). Gegen diese Sichtweise wird eingewendet, dass die betreffenden steuerrechtlichen Vergünstigungen lediglich Modifikationen der allgemeinen Gewinnermittlungsvorschriften seien; aus der Überlegung, dass die Gesellschaft selbst als Gewinnermittlungssubjekt angesehen wird, folge sodann die alleinige Anspruchsberechtigung der Gesellschaft (so deutlich KNOBBE-KEUK, 1993, S. 420f.).

… im Zweifel jedoch gesellschafterbezogen

2.2 Wertkorrektur mittels Ergänzungsbilanzen

Ergänzungsbilanzen sind grundsätzlich erforderlich, sobald sich der aus der Gesellschaftsbilanz für den einzelnen Gesellschafter ergebende Anteilswert nicht als zutreffender Wertansatz erweist und insoweit einer Korrektur bedarf. Ergänzungsbilanzen setzen folglich für den betreffenden Gesellschafter eine Wertdiskrepanz zwischen seinem Kapitalkonto aus der Gesellschaftsbilanz und seinem tatsächlichen

Wertkorrekturen zu Wirtschaftsgütern der Gesamthand

steuerlichen Eigenkapital bezogen auf die Wirtschaftsgüter des Gesellschaftsvermögens voraus. Die innerhalb der Ergänzungsbilanzen der Mitunternehmer ausgewiesenen Wertansätze stellen mithin ausschließlich wertmäßige Korrekturen zu den in der Steuerbilanz der Personengesellschaft ausgewiesenen Wirtschaftsgütern des Gesellschaftsvermögens dar (vgl. BFH v. 28.09.1995 – IV R 57/94, BStBl. II 1996, S. 68).

Ergänzungsbilanz ≠ Sonderbilanz

Ergänzungsbilanzen sind von den Sonderbilanzen zu unterscheiden. Während steuerliche Sonderbilanzen ausschließlich Wirtschaftsgüter enthalten, die einem, mehreren oder allen Mitunternehmern zuzurechnen sind, nicht aber im Gesamthandseigentum der Mitunternehmerschaft selbst stehen, setzt eine Wertkorrektur für einen oder mehrere Mitunternehmer in den Ergänzungsbilanzen die aus der gesamthänderischen Bindung resultierende Zugehörigkeit der betreffenden Wirtschaftsgüter zum Bilanzvermögen der Gesellschaft unmittelbar voraus. Ohne diese Zugehörigkeit wäre schließlich kein Wertansatz existent, der aus unterschiedlichen Gründen der Korrektur bedarf.

Wertfortführung korrigiert Gewinnanteil des betreffenden MU

Wie in der Gesellschaftsbilanz sind mit dem Abgang oder dem Verbrauch dieser Wirtschaftsgüter die Wertansätze auch in den Ergänzungsbilanzen erfolgswirksam aufzulösen. Das Ergebnis aus einer Ergänzungsbilanz führt damit im Interesse einer zutreffenden Besteuerung zu einer Korrektur des Gewinnanteils des betreffenden Gesellschafters i. S. d. § 15 Abs. 1 Nr. 2 Halbsatz 1 EStG.

Ursachen

Die Notwendigkeit einer gesellschafterbezogenen Wertkorrektur des Ansatzes in der Gesellschaftsbilanz kann insbesondere auf

- Einbringungsvorgänge i. S. d. § 24 UmwStG (vgl. D IV 2),
- den entgeltlichen Erwerb von Mitunternehmeranteilen (vgl. I I 2),
- die Übertragung einzelner Wirtschaftsgüter in das Gesellschaftsvermögen (vgl. E II 2) sowie
- die Inanspruchnahme steuerrechtlicher Regelungen, bei denen nur einzelne Mitunternehmer die hierfür erforderlichen Voraussetzungen erfüllen, beispielsweise §§ 6 b EStG, 7 Abs. 5 EStG,

zurückzuführen sein.

BEISPIEL 21

X und Y sind zu gleichen Teilen beteiligte Gesellschafter der gewerblichen XY-OHG. Das von ihnen im Januar 2002 fertiggestellte Gebäude (Bauantrag vor dem 01.01.2001) haben sie bisher zulässigerweise gemäß § 7 Abs. 4 Satz 1 Nr. 1) EStG a. F. mit 4% abgeschrieben. Die Herstellungskosten betrugen 1.000.000 €. Am 31.12.12 beläuft sich der Buchwert auf 560.000 €. Am 02.01.13 veräußert X seinen Mitunternehmeranteil an Z für 280.000 €, da keine stillen Reserven vorhanden sind.

LÖSUNG Z erfüllt die Voraussetzungen zur Vornahme der 4%igen AfA nach der Altfassung des § 7 Abs. 4 Satz 1 Nr. 1 EStG nicht, da er nicht bereits bei Herstellungsbeginn Gesellschafter der XY-OHG war (vgl. BMF v. 05.08.2002, BStBl. I 2002, S. 710 sowie § 52 Abs. 15 Satz 2 EStG). Z ist daher nur zur Vornahme der 3%igen AfA gemäß § 7 Abs. 4 Satz 1 Nr. 1 EStG n. F. befugt.

Da in der Gesellschaftsbilanz weiterhin mit 4% abzuschreiben ist, werden dem Neugesellschafter Z anteilig zu hohe Abschreibungsbeträge zugerechnet. Sein anteiliger Gebäudewert in der Gesellschaftsbilanz wird folglich zu gering ausgewiesen. So wird Neugesellschafter Z für die Periode 13 aus der Gesellschaftsbilanz ein Abschreibungsbetrag i. H. v. 20.000 € (= 0,04 × 1.000.000 € × 0,5) zugewiesen, was am 31.12.13 zu einem anteiligen Gebäudewert für Z i. H. v. 260.000 € führt.

Es bedarf der Korrektur in einer Ergänzungsbilanz für Z, in der durch die Verrechnung einer sogenannten Minder-AfA i.H.d. Differenz zwischen dem anteiligen 4%igen AfA-Betrag und dem sich bei 3%iger AfA ergebenden anteiligen Abschreibungsbetrag der Ausweis eines Gebäudemehrwerts für Z erfolgt.

Gemäß § 7 Abs. 4 Satz 1 Nr. 1 EStG n.F. beläuft sich der AfA-Betrag auf 3% der Anschaffungskosten des Z i.H.v. 280.000 € = 8.400 €. Die Differenz zu dem ihm bisher aus der Gesellschaftsbilanz zugerechneten AfA-Betrag beträgt mithin (20.000 € ./. 8.400 € =) 11.600 € und erhöht als Minder-AfA durch den Ausweis eines Gebäudemehrwerts i.H.v. 11.600 € in der Ergänzungsbilanz des Z den ihm insgesamt zuzurechnenden Gebäudeanteil auf 271.600 €.

Per Saldo wird Z also so gestellt, als hätte er lediglich eine Abschreibung i.H.v. 3% von seinen anteiligen Anschaffungskosten des Gebäudes i.H.v. 280.000 € (= 8.400 €) vorgenommen.

Es ergibt sich folgende bilanzielle Darstellung:

Aktiva		OHG-Bilanz zum 31.12.12 in €		Passiva
Gebäude	1.000.000	Kapital X		280.000
AfA § 7 Abs. 4 Nr. 1		Kapital Y		280.000
EStG a.F.				
= 11 × 4%	./. 440.000			
Buchwert 31.12.02	560.000			
	560.000			560.000

Aktiva		OHG-Bilanz zum 31.12.13 in €		Passiva
Gebäude	560.000	Kapital Z		260.000
AfA § 7 Abs. 4 Nr. 1		Kapital Y		260.000
EStG = 4%	./. 40.000			
Buchwert 31.12.13	520.000			
	520.000			520.000

Aktiva		Ergänzungsbilanz Z 31.12.13 in €		Passiva
Gebäude	0	Mehrkapital Z		11.600
Minder-AfA	+ 11.600			
Mehrwert 31.12.13	11.600			
	11.600			11.600

Der Mehrwert des Gebäudes in der Ergänzungsbilanz des Z steigt nun so lange an, wie der AfA-Betrag nach § 7 Abs. 4 Satz 1 Nr. 1 EStG a.F. über dem 3%igen AfA-Betrag liegt. Dies gilt im vorliegenden Fall bis einschließlich 2026, denn zum 31.12.2026 ist das Gebäude in der Gesamthandsbilanz der Gesellschaft auf Null € abgeschrieben. Erst ab 2027 zehrt sich der Mehrwert sukzessive auf, da ab diesem Zeitpunkt der Mehrwert in der Ergänzungsbilanz mit jährlich 8.400 € abgeschrieben wird. Im Ergebnis ist in der Gesellschaftsbilanz das Gebäude 19 Perioden früher abgeschrieben als in der Ergänzungsbilanz des Z.

Zur Verdeutlichung diene die nachfolgende Übersicht (in €):

Periode	(1) Auf Z entfallender AfA-Betrag aus der Gesellschaftsbilanz	(2) Zulässiger linearer AfA-Betrag für Z	(3) = (1) – (2) Veränderung des Wertansatzes für das Gebäude in der Ergänzungsbilanz Z
2013 – 2026	280.000	117.600	+ 162.400
2027 – 2046	–	162.400	./. 162.400
Summe	**280.000**	**280.000**	0

Es zeigt sich, dass die sich aus den Gesellschaftsbilanzen ergebenden Gewinnanteile des Z durch die jeweiligen Ergänzungsbilanzen korrigiert werden, indem sein AfA-Volumen weder über die verbleibende Restabschreibungsdauer der OHG von 14 Jahren noch über eine der Altregelung des § 7 Abs. 4 Satz 1 Nr. 1 EStG entsprechende Abschreibungsdauer von 25 Jahren, sondern vielmehr über 33,33 Jahre verteilt wird.

Zu beachten ist, dass die dargestellte Korrekturrechnung auch dann hätte vorgenommen werden müssen, wenn der von der Gesellschaft angewendete AfA-Satz für den eintretenden Gesellschafter zulässig gewesen wäre, z. B., wenn unter sonst identischen Annahmen der Bauantrag erst 2001 gestellt worden wäre und die Gesellschaft infolge dessen gemäß § 7 Abs. 4 Satz 1 Nr. 1 EStG n. F. mit 3 % p.a. abschriebe, denn ohne eine solche Korrekturrechnung würden die Anschaffungskosten des Z nicht über 33,33 Jahre, sondern über die Restabschreibungsdauer des Gebäudes in der Gesamthandsbilanz verteilt. ◄|

Negative Ergänzungsbilanzen

Ebenso wie positive Ergänzungsbilanzen sind auch negative Ergänzungsbilanzen vorstellbar, deren Funktion es ist, den Wertansatz aus der Gesellschaftsbilanz für den betreffenden Mitunternehmer nach unten zu korrigieren. In diesem Fall wird auf der Aktivseite der Ergänzungsbilanz die Position »Minderkapital« und auf der Passivseite der entsprechende Minderwert des jeweiligen Wirtschaftsguts ausgewiesen. Dies spielt insbesondere eine Rolle bei der Aufnahme eines zusätzlichen Gesellschafters oder bei der steuerneutralen Übertragung von Wirtschaftsgütern des Betriebsvermögens nach § 6 Abs. 5 Satz 3 EStG.

2.3 Sonderprobleme

2.3.1 Anwendung des § 6 b EStG bei Mitunternehmerschaften

§ 6 b EStG ermöglicht dem Steuerpflichtigen, die bei der Veräußerung von Anlagegütern i. S. v. § 6 b Abs. 1 Satz 1 EStG realisierten stillen Reserven unter den weiteren Voraussetzungen des § 6 b Abs. 4 EStG (insbesondere der Sechsjahresfrist nach § 6 b Abs. 4 Nr. 2 EStG) entweder sofort oder nach zwischenzeitlicher Bildung einer steuerfreien Rücklage auf Reinvestitionswirtschaftsgüter zu übertragen und somit dem sofortigen steuerlichen Zugriff zu entziehen. Nach der Rechtsprechung des EuGH ist die Vorschrift indes europarechtswidrig, da eine Übertragung der stillen Reserven nur auf Wirtschaftsgüter einer inländischen Betriebsstätte möglich ist (vgl. EuGH v. 16. 04. 2015 – C 591/13, DStR 2015, S. 870). Die Folgen dieses Urteil sind derzeit allerdings noch nicht absehbar.

Da sich die Steuersubjekteigenschaft der Personengesellschaften auf die Ebene der Einkünftequalifikation und -ermittlung beschränkt, ist zu klären, ob die Gesellschaft als solche oder jeder Mitunternehmer die Voraussetzungen zur Bildung einer solchen Rücklage erfüllen muss und inwieweit Übertragungen zwischen Gesellschafts- und Gesellschaftersphäre zulässig sind.

2.3.1.1 Gesellschafterbezogene Anwendung

Die Regelung des § 6 b war nach h. M. seit jeher personenbezogen zu interpretieren (vgl. BFH v. 13.08.1987 – VIII R 179/86, BStBl. II 1987, S. 782; a. A. KNOBBE-KEUK, 1993, S. 417 ff.). Nicht verschwiegen sei allerdings, dass von 1999 bis 2001 mit § 6 b Abs. 10 EStG i. d. F. des StEntlG 1999/2000/2002 eine Rechtslage bestand, welche in Abkehr von der gesellschafterbezogenen Sichtweise des § 6 b EStG die Gesellschaft als Steuerpflichtigen i. S. d. Regelung begriff. Allerdings besann sich der Gesetzgeber mit dem UntStFG wieder auf die vormalige Rechtslage, so dass diese kurze Episode eines gesellschaftsbezogenen § 6 b EStG nachfolgend vernachlässigt sei.

> **Gesellschafterbezogene Anwendung bewirkt …**

Bezüglich der hier in Rede stehenden Mitunternehmerschaften und ihrer Mitunternehmer folgt aus der gesellschafterbezogenen Anwendung des § 6 b EStG zweierlei:

Zum einen kann für Veräußerungsgewinne der Mitunternehmerschaft die Regelung nur von denjenigen Mitunternehmern in Anspruch genommen werden, für welche die Tatbestandsvoraussetzungen des § 6 b EStG, insbesondere die erforderliche Besitzzeit bezüglich des veräußerten Wirtschaftsguts gemäß § 6 b Abs. 4 Nr. 2 EStG, erfüllt sind, was beispielsweise infolge eines zwischenzeitlich erfolgten Gesellschafterwechsels keineswegs bei allen Gesellschaftern gleichermaßen gegeben sein muss.

> **… individuelle Prüfung der Tatbestandsvoraussetzungen und …**

Zum anderen ist im Kontext des § 6 b EStG das Betriebsvermögen der Personengesellschaft dem jeweiligen Gesellschafter ideell anteilig zuzurechnen. Dessen gesamtes steuerliches Betriebsvermögen im Sinne dieser Regelung setzt sich folglich aus seinem Einzel- und Sonderbetriebsvermögen (ggf. auch mehreren) sowie den auf ihn ideell anteilig entfallenden Wirtschaftsgütern aus dem Betriebsvermögen der Mitunternehmerschaften, an welchen er beteiligt ist, zusammen. Insofern kann man von einer Verwirklichung des weiten Betriebsbegriffs durch den Gesetzgeber sprechen. Aus alledem folgt, dass der Steuerpflichtige einen von § 6 b EStG begünstigten Veräußerungsgewinn, welchen er an irgendeiner Stelle innerhalb seines weit verstandenen Betriebsvermögens realisiert hat, auf ein Reinvestitionswirtschaftsgut innerhalb eben dieses weiten Betriebsvermögens übertragen kann. Gesellschafts- oder betriebsbezogene Restriktionen bestehen insoweit, von der Regelung des § 6 b Abs. 4 Satz 2 EStG einmal abgesehen, nicht.

> **… verwirklicht weiten Betriebsbegriff**

2.3.1.2 Übertragungsmöglichkeiten und bilanzielle Darstellung

Unproblematisch ist die Übertragung von im Gesamthandsvermögen erzielten Veräußerungsgewinnen auf Reinvestitionswirtschaftsgüter im Gesamthandsvermögen, wenn alle Mitunternehmer die Vorbesitzzeit nach § 6 b Abs. 4 Nr. 2 EStG erfüllen.

Sind die Voraussetzungen für die Rücklagenbildung anlässlich einer im Gesamthandsvermögen vorgenommenen Veräußerung nicht für alle Mitunternehmer erfüllt, so ist die Rücklage in der Gesamthandsbilanz dennoch in voller Höhe zu bilden; für die Gesellschafter, für welche die Bildung unzulässig ist, sind Ergän-

> **Korrekturwert in Ergänzungsbilanz, soweit Besitzzeit nicht für alle Gesellschafter erfüllt**

zungsbilanzen aufzustellen, in denen der auf sie entfallende Teil der Rücklage durch Ansatz eines aktivischen Minderwertes kompensiert wird. Überträgt die Gesellschaft die Rücklage im Gesamthandsvermögen auf ein Ersatzwirtschaftsgut, ist der aktivische Minderwert in der Ergänzungsbilanz in einen Mehrwert für das betreffende Wirtschaftsgut umzubuchen, der ggf. über die Nutzungsdauer des Wirtschaftsguts aufwandswirksam aufzulösen ist. Vorstellbar wäre es auch, in der Gesellschaftsbilanz keine Rücklage gemäß § 6 b EStG zu bilden und für diejenigen Gesellschafter, für welche die Tatbestandsvoraussetzungen erfüllt sind, einen Ausweis in einer negativen Ergänzungsbilanz vorzunehmen.

Übertragung aus GHV auf WG des BV, SBV oder anderen GHV

Anstelle der Übertragung einer im Gesamthandsvermögen gebildeten Rücklage durch die Gesellschaft selbst kann auch der einzelne Mitunternehmer individuell über die Rücklage »verfügen«, soweit ihm diese anteilig zuzurechnen ist. In Anbetracht des hier verwirklichten weiten Betriebsvermögensbegriffs ist eine Übertragung zulässig auf solche Reinvestitionswirtschaftsgüter, die sich

- im Betriebsvermögen seines Einzelunternehmens,
- in seinem Sonderbetriebsvermögen bei der betreffenden Mitunternehmerschaft sowie bei einer anderen Mitunternehmerschaft,
- im Gesamthandsvermögen bei einer anderen Mitunternehmerschaft, soweit die Wirtschaftsgüter dem übertragenden Mitunternehmer anteilig zuzurechnen sind,

befinden (siehe auch R 6 b.2 Abs. 7 EStR). Erstaunlicherweise hält es dabei die Finanzverwaltung für unschädlich, wenn das veräußerte Wirtschaftsgut und das Reinvestitionswirtschaftsgut, auf welches die stillen Reserven übertragen werden sollen, identisch sind (vgl. OFD Koblenz v. 23. 12. 2003, DStR 2004, S. 314).

Sicherung des GewSt-Aufkommens

Zur Sicherung des Gewerbesteueraufkommens dürfen allerdings gemäß § 6 b Abs. 4 Satz 2 EStG Veräußerungsgewinne, die in einem gewerblichen Betrieb erzielt worden sind und auch tatsächlich der GewSt unterliegen, nicht auf in einem land- und forstwirtschaftlichen oder freiberuflichen Betriebsvermögen befindliche Reinvestitionswirtschaftsgüter übertragen werden (vgl. SCHMIDT/LOSCHELDER, 2015, § 6 b Rz. 81; zur möglichen Übertragung von nicht der Gewerbesteuer unterliegenden Veräußerungsgewinnen auf nichtgewerbliches Betriebsvermögen siehe BFH v. 30. 08. 2012 – IV R 28/09, BStBl. II 2012, S. 877).

Übertragungstechnik

Überträgt nun ein Mitunternehmer eine im Gesamthandsvermögen nach § 6 b EStG gebildete Rücklage auf ein in seinem Einzelbetrieb, seinem Sonderbetriebsvermögen oder im Gesamthandsvermögen einer anderen Personengesellschaft befindliches Reinvestitionswirtschaftsgut, so ist die Rücklage in der Gesamthandsbilanz in vollem Umfang erfolgsneutral durch eine entsprechende Erhöhung der Kapitalkonten aufzulösen. Während für den übertragenden Mitunternehmer der von ihm verwendete Rücklagenbetrag von den Anschaffungs- oder Herstellungskosten der betreffenden Reinvestitionswirtschaftsgüter erfolgsneutral zu Lasten seines dortigen Kapitalkontos abzusetzen ist, erfolgt für die übrigen Mitunternehmer, welche über ihre anteilige Rücklage noch nicht verfügt haben, ein entsprechender Ausweis in einer negativen Ergänzungsbilanz bei der Personengesellschaft (vgl. auch R 6 b.2 Abs. 8 EStR). Diese Mitunternehmer können über »ihren« Rücklagenbetrag gleichermaßen gemäß der vorgenannten Übertragungsmöglichkeiten verfügen; dabei steht ihnen auch der Abzug von den Anschaffungs- oder Herstellungskosten von Wirtschaftsgütern des Gesamthandsvermögens offen.

BEISPIEL 22 ▰▰▰

Grundfall

Gesellschafter der AB-OHG sind A und B zu gleichen Teilen. Die OHG erzielt aus dem Verkauf eines Grundstücks einen Veräußerungsgewinn von 100.000 € und bildet in dieser Höhe zulässigerweise eine Rücklage nach § 6 b EStG. Gesellschafter A, der als Einzelunternehmer einen eigenen Gewerbebetrieb unterhält, erwirbt für diesen ein entsprechendes Reinvestitionswirtschaftsgut.

LÖSUNG A kann den auf ihn entfallenden anteiligen Gewinn aus der Veräußerung des Grundstücks der OHG i. H. v. 50.000 € auf das zu seinem Einzelunternehmen gehörende Wirtschaftsgut übertragen. B kann den auf ihn entfallenden Anteil der Rücklage entweder gewinnerhöhend auflösen oder in einer negativen Ergänzungsbilanz fortführen. Die Ausbuchung der Rücklage aus dem Gesamthandsvermögen erfolgt erfolgsneutral gegen Erhöhung der Kapitalkonten von A und B um jeweils 50.000 €. Entsprechend vermindert sich im Einzelbetrieb das Kapitalkonto des A erfolgsneutral um 50.000 €.

Abwandlung 1

Wie zuvor, jedoch resultiert der Veräußerungsgewinn aus dem Verkauf des Grundstücks an Gesellschafter A, welcher dieses fortan in seinem Einzelunternehmen als Lagerplatz nutzt.

LÖSUNG Die Übertragung des anteiligen Rücklagenbetrags durch A auf die Anschaffungskosten des Lagerplatzes ist zulässig, da die Identität von veräußertem Wirtschaftsgut und Reinvestitionswirtschaftsgut unschädlich ist.

Abwandlung 2

Wie zuvor, jedoch erwirbt A für seinen land- und forstwirtschaftlichen Betrieb ein Reinvestitionswirtschaftsgut.

LÖSUNG Gemäß § 6 b Abs. 4 Satz 2 EStG ist die Übertragung des anteiligen Rücklagenbetrags nicht zulässig. ◄|

Nach Auffassung des BFH ist das Bilanzierungswahlrecht für die Bildung und Auflösung einer Rücklage nach § 6 b EStG immer durch entsprechenden Bilanzansatz im »veräußernden« Betrieb auszuüben (vgl. BFH v. 19. 12. 2012 – IV R 41/09, BStBl. II 2013, S. 313). Wird z. B. ein Grundstück des Gesamthandsvermögens veräußert und überträgt ein Mitunternehmer seinen Anteil an den aufgedeckten stillen Reserven auf ein Grundstück in seinem Einzelunternehmen, ohne dass die Rücklage in der Gesamthandsbilanz der veräußernden Personengesellschaft anteilig aufgelöst wird, gilt das Wahlrecht der Übertragung auf das Einzelunternehmen nicht als ausgeübt. Eine nachträgliche Auflösung scheitert i. d. R. daran, dass bzgl. der Gesamthandsbilanz die Voraussetzungen für eine Bilanzänderung nicht vorliegen.

Ausübung des Wahlrechts im veräußernden Betriebsvermögen

Erzielt ein Mitunternehmer in seinem daneben betriebenen Einzelunternehmen oder in seinem Sonderbetriebsvermögen einen nach § 6 b EStG begünstigten Veräußerungsgewinn, so kann dieser insoweit auf von der Gesamthand erworbene Reinvestitionswirtschaftsgüter übertragen werden, als die Anschaffungs- oder Herstellungskosten der Gesamthand auf diesen Mitunternehmer entfallen (vgl. R 6 b.2 Abs. 6 EStR). Wurde im Einzelunternehmen bereits eine Rücklage nach § 6 b EStG eingebucht, ist diese erfolgsneutral gegen Erhöhung des Kapitalkontos auszubuchen; andernfalls ist der Veräußerungsgewinn durch die Buchung »Aufwand an Kapital« zu kompensieren. Die Übertragung auf das Reinvestitionswirtschaftsgut der Gesamthand erfolgt in einer Ergänzungsbilanz für den übertragenden Mitunternehmer durch erfolgsneutrale Bildung eines passivischen Korrekturwertes (Buchung »Minderkapital an Minderwert«), der ggf. über die Nutzungsdauer des Wirtschaftsguts aufzulösen ist. § 6 b Abs. 4 Satz 2 EStG ist zu beachten. Eine etwaige Identität von veräußertem Wirtschaftsgut und Reinvestitionswirtschaftsgut ist unschädlich.

Übertragung aus BV/SBV auf WG der Gesamthand

BEISPIEL 23

Gesellschafter der AB-OHG sind A und B zu gleichen Teilen. B erzielt in seinem daneben bestehenden Einzelunternehmen einen nach § 6 b EStG begünstigten Veräußerungsgewinn von 100.000 € und bildet in dieser Höhe zulässigerweise eine Rücklage nach § 6 b EStG. Die AB-OHG erwirbt für 180.000 € ein Reinvestitionswirtschaftsgut i. S. v § 6 b Abs. 1 Satz 2 EStG. B kann die Rücklage nach § 6 b EStG insoweit auf dieses Wirtschaftsgut übertragen, als die Anschaffungskosten der AB-OHG anteilig auf ihn entfallen, hier also i. H. v. 90.000 € (= 50 % von 180.000 €). Die Übertragung auf das Reinvestitionswirtschaftsgut der Gesamthand erfolgt durch Aufstellung einer negativen Ergänzungsbilanz. Den übrigen Teil der Rücklage kann B entweder gewinnerhöhend auflösen oder in der Bilanz seines Einzelunternehmens fortführen. Die anteilige Ausbuchung der Rücklage aus dem Betriebsvermögen des Einzelunternehmens erfolgt erfolgsneutral gegen Erhöhung des Kapitalkontos von B. ◀|

Übertragung aus SBV auf WG des BV/SBV

Entstammt der Veräußerungsgewinn aus dem Sonderbetriebsvermögen eines Mitunternehmers, so kann er diesen darüber hinaus auf Reinvestitionswirtschaftsgüter übertragen, die zu seinem Sonderbetriebsvermögen bei derselben oder einer anderen Mitunternehmerschaft oder zu seinem Einzelbetriebsvermögen gehören (vgl. R 6 b.2 Abs. 6 EStR).

Die nachfolgende Übersicht (entnommen aus JACHMANN, DStZ 2002, S. 203, 211) fasst die Übertragungsmöglichkeiten noch einmal zusammen:

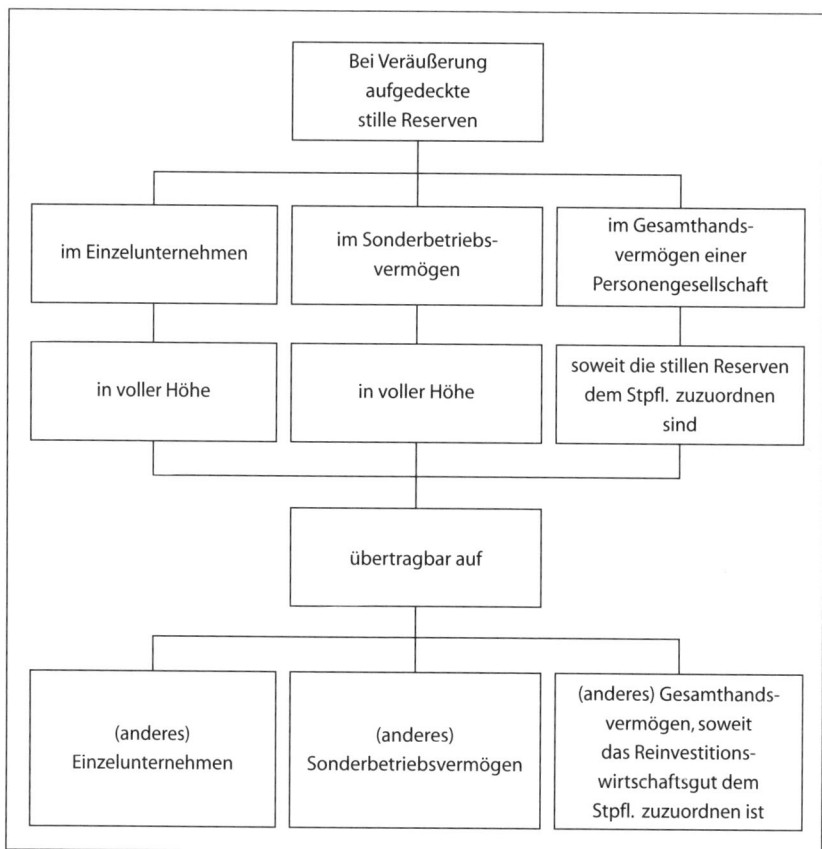

Abb. 8 Übertragungsmöglichkeiten nach § 6 b EStG

Sind die Voraussetzungen des § 6 b Abs. 10 EStG erfüllt, so können Steuerpflichtige, die keine KSt-Subjekte sind, den Gewinn aus der Veräußerung von Kapitalgesellschaftsanteilen entweder von den Anschaffungs- oder Herstellungskosten begünstigter Reinvestitionswirtschaftsgüter abziehen oder durch Bildung einer gewinnmindernden Rücklage zeitlich begrenzt konservieren. Der in § 6 b Abs. 10 Satz 1 EStG genannte Höchstbetrag von 500.000 € gilt dabei für jeden Mitunternehmer (R 6 b.2 Abs. 12 EStR), so dass sich bei Veräußerungen aus dem Gesamthandsvermögen der Höchstbetrag entsprechend der Anzahl der Mitunternehmer vervielfacht, und pro Veranlagungszeitraum, so dass alle (ggf. anteilig) auf den Steuerpflichtigen entfallenden Veräußerungen von Anteilen an Kapitalgesellschaften eines Veranlagungszeitraums für die Höchstbetragsregelung zu berücksichtigen sind, gleichgültig, welchem inländischen Betriebsvermögen die Anteile bis zur Veräußerung zugeordnet waren (vgl. OFD Frankfurt v. 01.09.2003, DStR 2003, S. 2072).

§ 6 b Abs. 10 EStG; Höchstbetrag gesellschafterbezogen

BEISPIEL 24

X und Y sind an der Z-KG zu 60 % bzw. 40 % beteiligt. Die Z-KG hat ihre seit 10 Jahren gehaltene Beteiligung an der A-GmbH (Buchwert 100.000 €) in 03 für 1.000.000 € veräußert. In seinem nebenher betriebenen Einzelunternehmen hat X zulässiger Weise in 03 eine Rücklage gemäß § 6 b Abs. 10 EStG i.H.v. 300.000 € gebildet.

Aufgrund der gesellschafterbezogenen Anwendung des Höchstbetrages kann in 03 bezüglich des Gewinns aus der Veräußerung der A-GmbH Anteile zunächst eine Rücklage gemäß § 6 b Abs. 10 EStG i.H.v. maximal 500.000 € für X (60 % von 900.000 € Veräußerungsgewinn = 540.000 €, Höchstbetragsregelung greift ein) und 360.000 € bzgl. Y (40 % von 900.000 € Veräußerungsgewinn) gebildet werden. Wegen der von X bereits in seinem Einzelbetriebsvermögen gebildeten Rücklage i.H.v. 300.000 € vermindert sich die noch zulässige weitere Rücklagenbildung für ihn auf 200.000 €. Der Ausweis der Rücklage auf Ebene der Z-KG erfolgt in einer negativen Ergänzungsbilanz für X (Minderkapital 200.000 €, § 6b-Rücklage 200.000 €) bzw. Y (Minderkapital 360.000 €, § 6b-Rücklage 360.000 €). ◄|

2.3.2 Auswirkungen des Teileinkünfteverfahrens und des § 8b KStG

2.3.2.1 Grundzüge

Aufgrund der Umstellung des Körperschaftsteuerrechts zum »klassischen« Körperschaftsteuersystem im Rahmen des StSenkG mit der Folge des Wegfalls der Anrechnung der Körperschaftsteuer auf der Anteilseignerebene wurde zur Vermeidung kumulierender Mehrfachbelastungen im Fall natürlicher Personen als Anteilseigner das sogenannte Halbeinkünfteverfahren und für Körperschaften i.S.d. KStG § 8 b KStG eingeführt. Aufgrund der Absenkung der körperschaftsteuerlichen Vorbelastung auf der Ebene der Kapitalgesellschaft von 25 % auf 15 % wurde das Halbeinkünfteverfahren mit Wirkung ab 2009 zum sogenannten Teileinkünfteverfahren »fortentwickelt«.

Vom Halb- zum Teileinkünfteverfahren

Die Anrechnung der auf Ebene der Kapitalgesellschaft erhobenen Körperschaftsteuer auf die Einkommen- bzw. Körperschaftsteuer des jeweiligen Anteilseigners wurde ersetzt durch die 40 %ige Freistellung der Ausschüttung bei natürlichen Personen nach § 3 Nr. 40 d EStG bzw. die vollständige Befreiung der Beteiligungserträge bei Körperschaften gemäß § 8 b Abs. 1 KStG. Gleiches gilt auch für Gewinne aus der Veräußerung von Anteilen an Kapitalgesellschaften (§ 3 Nr. 40 Buchst. a, b und c i.V.m. § 3 c Abs. 2 EStG bzw. § 8 b Abs. 2 KStG). Für Bezüge, die nach dem

Grundzüge des Teileinkünfteverfahrens bei ...

28.02.2013 zufließen, tritt allerdings gemäß § 8 b Abs. 4 KStG die Steuerbefreiung von Dividenden bei Körperschaften nicht ein, wenn die Beteiligung der Körperschaft an der ausschüttenden Gesellschaft zu Beginn des Kalenderjahres unmittelbar 10 % unterschreitet (sog. Streubesitzdividenden). Für Veräußerungsgewinne gilt dies derzeit nicht, wobei hier jedoch mit einer Angleichung durch den Gesetzgeber zu rechnen ist.

... natürlichen Personen und ...

Korrespondierend mit der teilweisen steuerlichen Freistellung der Gewinnausschüttungen bzw. des Veräußerungspreises dürfen bei natürlichen Personen gemäß § 3 c Abs. 2 EStG die mit diesen Einnahmen in Zusammenhang stehenden Betriebsausgaben oder Werbungskosten bzw. in Veräußerungsfällen der Buchwert der Beteiligung nur zu 60 % abgezogen werden. Die teilweise Befreiung setzt mithin nicht an der Nettogröße »Gewinn« an, sondern einerseits werden die Einnahmen zu 40 % steuerfrei gestellt und andererseits die Betriebsausgaben bzw. der Buchwert der Beteiligung nur eingeschränkt zum Abzug zugelassen.

... Kapitalgesellschaften

Bei Körperschaften gilt nun nicht, wie man auf den ersten Blick vermuten könnte, ein vollständiges Abzugsverbot der mit den steuerfreien Einnahmen bzw. Gewinnen in Zusammenhang stehenden Aufwendungen; vielmehr gelten hier 5 % der steuerfreien Einnahmen (§ 8 b Abs. 5 Satz 1 KStG) bzw. in Veräußerungsfällen 5 % des Veräußerungsgewinns (§ 8 b Abs. 3 Satz 1 KStG) unabhängig von der tatsächlichen Höhe der hiermit zusammenhängenden Aufwendungen als fiktive nichtabziehbare Betriebsausgaben. Die zunächst vollständige Freistellung der betreffenden Bezüge reduziert sich mithin auf eine 95 %ige Freistellung. § 3 c Abs. 1 EStG, welcher eben eine vollständige Nichtberücksichtigung der betreffenden Aufwendungen anordnen würde, ist in beiden Fällen insoweit nicht anzuwenden.

Eingeschränkter Anwendungsbereich des TEV

Mit Inkrafttreten des UntStRefG 2008 hat der Gesetzgeber für natürliche Personen nicht nur den Umfang der Freistellung von 50 % auf 40 % reduziert, sondern zudem die Anwendung der §§ 3 Nr. 40, 3 c Abs. 2 EStG auf Fälle beschränkt, in denen der Anteilseigner die Dividenden oder Veräußerungsgewinne in einem Betriebsvermögen realisiert, es sich um Einkünfte i. S. d. §§ 17, 21 EStG handelt oder die Ausnahmen des § 32 d Abs. 2 EStG zur Anwendung gelangen. Für Steuerpflichtige hingegen, die ihre Anteile außerhalb des Anwendungsbereichs der vorgenannten Vorschriften im Privatvermögen halten, gilt seit dem Veranlagungszeitraum 2009 grundsätzlich die sogenannte Abgeltungsteuer, welche etwaige Dividenden bzw. Veräußerungsgewinne im Grundsatz mit einem pauschalen Sondersteuersatz von 25 % belegt. Eine Berücksichtigung der auf Ebene der ausschüttenden Kapitalgesellschaft bestehenden steuerlichen Vorbelastung erfolgt in diesem Fall nicht mehr.

2.3.2.2 Gesellschafterbezogene Anwendung bei Mitunternehmerschaften

§§ 3 Nr. 40, 3 c Abs. 2 EStG, 8 b KStG auch, wenn Tatbestand durch Mitunternehmerschaft verwirklicht

Die Regelungen des Teileinkünfteverfahrens bzw. des § 8 b KStG gelten entsprechend, wenn die jeweiligen Tatbestände von einer Mitunternehmerschaft verwirklicht werden. Während für natürliche Personen, die als Mitunternehmer beteiligt sind, der Gesetzgeber von einer unmittelbaren Anwendbarkeit der §§ 3 Nr. 40, 3 c Abs. 2 EStG ausgeht, so dass sich diesbezüglich keine dies anordnende Regelung im Gesetz findet, schreibt § 8 b Abs. 6 KStG eine entsprechende Anwendung von § 8 b Abs. 1 bis 5 KStG explizit für den Fall vor, dass derartige Bezüge, Gewinne und

Gewinnminderungen einer Körperschaft im Rahmen ihres Gewinnanteils aus einer Mitunternehmerschaft zugerechnet werden. Realisiert nun eine Mitunternehmerschaft derartige von § 3 Nr. 40 i. V. m. § 3 c Abs. 2 EStG bzw. § 8 b Abs. 1 bis 5 KStG erfasste Bezüge und Gewinne, so müssen diese den Gesellschaftern anteilig zugerechnet werden und bei diesen in Abhängigkeit von deren Rechtsform entweder anteilig (bei natürlichen Personen) oder zur Gänze (bei Körperschaften) steuerfrei gestellt werden. Und ebenso müssen die mit den steuerfreien Bezügen bzw. Gewinnen in Zusammenhang stehenden Betriebsausgaben gesellschafterbezogen gewürdigt werden: Soweit sie einer mitunternehmerisch beteiligten Körperschaft ideell anteilig zuzurechnen sind, gilt § 8 b Abs. 3 bzw. Abs. 5 KStG. Soweit die Betriebsausgaben auf natürliche Personen entfallen, sind sie gemäß § 3 c Abs. 2 EStG nur zu 60 % abziehbar.

Soweit Körperschaften beteiligt sind, ergibt sich die Steuerfreistellung von Dividenden nur, wenn die die Ausschüttung erhaltende Körperschaft an der ausschüttenden Körperschaft zu mindestens 10 % beteiligt ist. Dabei werden über Mitunternehmerschaften gehaltene Beteiligungen der Mitunternehmer-Körperschaft anteilig zugerechnet. Dies gilt nach § 8 b Abs. 4 Satz 4 KStG auch bei mehrstöckigen Personengesellschaften. Die insoweit zugerechneten Beteiligungen gelten als unmittelbare Beteiligungen; für die Frage, ob die 10 %ige Beteiligungshöhe erreicht wird, sind daher von der Körperschaft direkt gehaltene sowie über eine Mitunternehmerschaft gehaltene anteilige Beteiligungen zusammenzurechnen (vgl. hierzu ausführlich NIEHUS/WILKE, Die Besteuerung der Kapitalgesellschaften, 2014, S. 156 ff.).

BEISPIEL 25

Die X-AG hält unmittelbar 6 % der Geschäftsanteile an der Z-GmbH. Zudem ist sie als Kommanditistin zu 10 % an Ergebnis und Vermögen der Y-KG beteiligt, in deren Gesamthandsvermögen sich eine 50 %ige Beteiligung an der Z-GmbH befindet. Die Y-KG erhält von der Z-GmbH in 01 eine Gewinnausschüttung.

Neben der eigenen, direkten 6 %igen Beteiligung werden der X-AG die von der Y-KG gehaltenen Anteile an der Z-GmbH anteilig als unmittelbare Beteiligung zugerechnet, so dass die X-AG insgesamt mit 11 % an der Z-GmbH beteiligt ist und damit die Voraussetzung zur Inanspruchnahme der Steuerbefreiung von Dividenden nach § 8 b Abs. 1 KStG erfüllt.

Die Regelungen zur Steuerfreistellung von Beteiligungseinkünften sind auch bei der Ermittlung der gewerbesteuerlichen Bemessungsgrundlage der Mitunternehmerschaft zu berücksichtigen. Gemäß § 7 Satz 4 GewStG sind die Regelungen des § 3 Nr. 40 EStG und § 3 c EStG anzuwenden, soweit an der Mitunternehmerschaft natürliche Personen unmittelbar oder mittelbar über eine oder mehrere Personengesellschaften beteiligt sind; im Übrigen ist § 8 b KStG anzuwenden.

> *Geltung grds. auch bei der Ermittlung des Gewerbeertrags ...*

Allerdings sind im Fall von Gewinnausschüttungen die §§ 8 Nr. 5, 9 Nr. 2 a GewStG zu beachten, wonach im Fall einer Beteiligungshöhe von mindestens 15 % die Beteiligungserträge gemäß § 9 Nr. 2 a GewStG vollständig gekürzt werden; beläuft sich die Beteiligung auf weniger als 15 %, ist dagegen der steuerfreie Teil der Ausschüttungen für gewerbesteuerliche Zwecke nach § 8 Nr. 5 GewStG wieder hinzuzurechnen. Im Ergebnis wirkt sich die (ggf. anteilige) Steuerfreistellung nach den §§ 3 Nr. 40, 3 c Abs. 2 EStG bzw. nach § 8 b KStG nur im Fall von Veräußerungsgewinnen gewerbesteuerlich aus.

> *... Auswirkungen beschränken sich jedoch auf Veräußerungsgewinne*

Verfahrensrechtliche Berücksichtigung

Verfahrensrechtlich ist umstritten, auf welche Art und Weise die sich aus § 3 Nr. 40 EStG, § 3 c EStG sowie § 8 b KStG ergebenden Auswirkungen innerhalb der einheitlichen und gesonderten Gewinnfeststellung der Personengesellschaft zu berücksichtigen sind:

Nettomethode

- Nach der sogenannten Nettomethode werden die vorgenannten gesellschafterbezogenen Steuerbefreiungen sowie die gegenläufigen Qualifizierungen nichtabziehbarer Betriebsausgaben und Hinzurechnungen von Gewinnminderungen bereits im Feststellungsverfahren der Personengesellschaft berücksichtigt. Dies setzt allerdings voraus, dass die jeweilige Rechtsform der einzelnen Gesellschafter bekannt ist, da andernfalls nicht zu entscheiden ist, inwieweit § 3 Nr. 40 EStG i. V. m. § 3 c EStG oder § 8 b KStG anzuwenden ist.

Bruttomethode

- Nach der sogenannten Bruttomethode sind hingegen die genannten Regelungen bei der Gewinnfeststellung der Personengesellschaft nicht zu berücksichtigen; vielmehr sollen lediglich die den §§ 3 Nr. 40, 3 c Abs. 2 EStG, 8 b KStG unterliegenden Beträge nachrichtlich den betreffenden Gesellschaftern mitgeteilt werden. Erst auf deren Ebene ist sodann im jeweiligen Folgebescheid zu entscheiden, inwieweit § 3 Nr. 40 EStG i. V. m. § 3 c Abs. 2 EStG oder § 8 b KStG einschlägig sind.

Nettomethode ist vorzuziehen

Zwar ist zuzugeben, dass bei mehrstöckigen Personengesellschaften die Anwendung der Nettomethode durchaus mit Schwierigkeiten verbunden sein mag, da bekannt sein muss, ob an den jeweiligen Obergesellschaften unmittelbar oder mittelbar natürliche Personen oder Körperschaften beteiligt sind, gleichwohl ist sie aus zweierlei Gründen gegenüber der Bruttomethode zu präferieren (vgl. DÖTSCH/PUNG, in D/P/M, § 8 b KStG Tz. 245): Da wegen der Einbeziehung der Regelungen zur Freistellung von Beteiligungseinkünften in die Ermittlung des Gewerbeertrags der Personengesellschaft die jeweiligen Nettowerte ohnehin ermittelt werden müssen, leuchtet es nicht ein, diese Ermittlung nicht bereits innerhalb der Gewinnfeststellung der Personengesellschaft vorzunehmen. Sollte zudem ein Anwendungsfall von § 15 a EStG vorliegen, führt ohnehin kein Weg daran vorbei, da sodann der tatsächliche Gewinnanteil des betreffenden Gesellschafters bekannt sein muss; nachrichtliche Zusatzangaben helfen da nicht weiter. Indes wendet die Finanzverwaltung ab Veranlagungszeitraum 2004, soweit kein Anwendungsfall von § 15 a EStG gegeben ist, die Bruttomethode an, und berücksichtigt § 3 Nr. 40, § 3 c Abs. 2 EStG und § 8 b KStG nicht im Feststellungsverfahren, sondern erst bei der Auswertung der Feststellung im Folgebescheid (vgl. OFD Erfurt v. 11. 10. 2004, HaufeIndex 1 255 855). Zur Ermittlung des Gewerbesteuermessbetrags ist eine entsprechende Nebenrechnung vorgesehen (vgl. OFD Chemnitz v. 18. 07. 2005, HaufeIndex 1 385 311).

BEISPIEL 26

An der A-OHG sind die A-GmbH und A zu gleichen Teilen beteiligt. Die OHG erzielt in 13 lt. Steuerbilanz ein Ergebnis von 200.000 €. Zum Gesamthandsvermögen der OHG gehört eine 20 %ige Beteiligung an der B-GmbH, die im Wirtschaftsjahr 13 eine offene Gewinnausschüttung von insgesamt 100.000 € vornimmt. Zur Finanzierung der Beteiligung hatte die A-OHG ein Darlehen über 200.000 € aufgenommen, für das sie in 13 Zinsen i. H. v. 16.000 € gewinnmindernd berücksichtigt hat.

LÖSUNG Im Rahmen der 1. Stufe der einheitlichen und gesonderten Gewinnfeststellung für die OHG sind beiden Gesellschaftern jeweils 100.000 € Gewinn zuzurechnen. Da hierin jeweils 10.000 € Gewinnausschüttung (20 % von 100.000 €, jeweils zur Hälfte für A und die A-GmbH) enthalten sind, ist der Gewinn für die A-GmbH im Umfang von 10.000 € (§ 8 b

Abs. 4 KStG greift für die A-GmbH nicht, da ihr die Beteiligung der A-OHG an der B-GmbH zur Hälfte, d. h. mit 10 % zuzurechnen ist) und für A im Umfang von 4.000 € steuerfrei zu stellen. Außerdem sind die mit den Beteiligungserträgen in wirtschaftlichem Zusammenhang stehenden Schuldzinsen insoweit, als sie auf A entfallen (1/2 von 16.000 € = 8.000 €), zu 40 % (3.200 €) nicht abziehbar, während für die A-GmbH gemäß § 8 b Abs. 5 i. V. m. Abs. 6 KStG 5 % der auf sie entfallenden Einnahmen als nichtabziehbare Betriebsausgaben gelten, mithin 0,05 × 10.000 € = 500 €.

Auf der ersten Stufe der Gewinnverteilung ergeben sich daher für 13 folgende steuerlichen Gewinnanteile (in €):

	A-OHG	A-GmbH	A
Gewinn lt. Steuerbilanz	200.000	100.000	100.000
steuerfreie Gewinnausschüttung: • nach § 8 b Abs. 1 KStG • nach § 3 Nr. 40d EStG	./. 10.000 ./. 4.000	./. 10.000	 ./. 4.000
nicht abziehbare Betriebsausgaben: • nach § 8 b Abs. 5 KStG • nach § 3c Abs. 2 EStG	+ 500 + 3.200	+ 500	 + 3.200
Gewinnanteil 1. Stufe	189.700	90.500	99.200

2.3.3 Anwendung der Zinsschrankenregelung

2.3.3.1 Grundlagen der Zinsschranke

Nach § 4 h EStG wird der Abzug von Schuldzinsen als Betriebsausgaben auf 30 % des steuerlichen EBITDA (earnings before interest, taxes, depreciation and amortisation) eines Betriebs beschränkt (sog. verrechenbares EBITDA), soweit der Zinssaldo die Freigrenze von 3 Mio. € übersteigt. Hintergrund der Vorschrift ist die Absicht des Gesetzgebers zu verhindern, dass international tätige Unternehmen ihre Erträge im niedrig besteuernden Ausland realisieren, die Aufwendungen für Fremdkapital dagegen ins höher besteuernde Deutschland verlagern (vgl. BT-Drucksache 16/4841, S. 56). Anders als es § 8 a KStG a. F. für Veranlagungszeiträume vor 2007 vorsah, betrifft § 4 h EStG nicht nur Zinsen im Rahmen der Gesellschafterfremdfinanzierung einer Kapitalgesellschaft, sondern grundsätzlich sämtliche betrieblichen Schuldzinsen eines Betriebs, soweit diese über die im Wirtschaftsjahr erzielten Zinserträge hinausgehen (sog. Nettozinsaufwand). Die über die Zinsschranke hinausgehenden Schuldzinsen werden zu nicht abzugsfähigen Betriebsausgaben erklärt, allerdings mit der Möglichkeit, diese in spätere Wirtschaftsjahre vorzutragen (sog. Zinsvortrag). Soweit keine Ausnahme nach § 4 h Abs. 2 EStG greift und der Zinssaldo das verrechenbare EBITDA unterschreitet, kann auch der nicht ausgenutzte EBITDA-Betrag in zukünftige Wirtschaftsjahre vorgetragen werden (sogenannter EBITDA-Vortrag).

Zinsabzug beschränkt auf 30 % des EBITDA

Aufgrund der Einbettung in das EStG gilt die Vorschrift nicht nur für KSt-Subjekte, sondern grundsätzlich auch für Einzelunternehmen und Personengesellschaften, soweit diese einen Betrieb haben, d. h. Gewinneinkünfte erzielen, und sich nicht auf eine der drei Ausnahmen in § 4 h Abs. 2 Buchst. a bis c EStG berufen können, in denen die Zinsschranke nicht zur Anwendung kommt.

Gilt grundsätzlich auch für PersGes

Zinsschranke verfassungsrechtlich zweifelhaft

Der BFH hat ernstliche Zweifel an der Vereinbarkeit der Zinsschrankenregelung mit Art. 3 GG (vgl. BFH v. 18.12.2013 – I B 85/13, BStBl. II 2014, S. 947) und gewährte daher Aussetzung der Vollziehung; die Finanzverwaltung hat auf diesen Beschluss gleichwohl mit einem Nichtanwendungserlass reagiert (vgl. BMF v. 13.11.2014, BStBl. I 2014, S. 1516).

2.3.3.2 Ermittlung und Zuordnung der nicht abziehbaren Zinsaufwendungen

PersGes hat nur einen Betrieb

Mitunternehmerschaften haben i.S.d. Zinsschrankenregelung grundsätzlich nur einen Betrieb, zu dem auch das Sonderbetriebsvermögen der Mitunternehmer gehört (zu Besonderheiten bei der GmbH & Co. KG siehe K I 2.3). Daher ist die Zinsschrankenregelung unter Berücksichtigung aller für die steuerliche Ergebnisermittlung relevanter Bilanzen (Gesamthands-, Ergänzungs- und Sonderbilanzen) anzuwenden (vgl. FÖRSTER in B/F/F/K, § 4h EStG Rn. 53). Sowohl der Zinssaldo als auch das steuerliche EBITDA sind daher einheitlich unter Berücksichtigung von Sonderbetriebseinnahmen und -ausgaben zu bestimmen; allerdings bleiben Zinsaufwendungen der Gesamthand, die aus der Gewährung von Darlehen durch Mitunternehmer resultieren und daher als Sondervergütungen zu behandeln sind, unberücksichtigt, da sie den maßgeblichen Gewinn des Betriebs der Mitunternehmerschaft im Ergebnis nicht gemindert haben (vgl. BMF v. 04.07.2008, BStBl. I 2008, S. 718, Tz. 19).

U.U. erhebliche Auswirkungen

Der Einbezug des Sonderbetriebsvermögens in die Zinsschrankenregelung kann ggf. erhebliche Auswirkungen haben: Zum einen ist es möglich, dass es aufgrund von als Sonderbetriebsausgaben zu qualifizierenden Zinsaufwendungen zu einer Überschreitung der Freigrenze kommt. Im Fall von nicht auf Zinsen oder Abschreibungen beruhenden Verlusten im Sonderbetriebsvermögen kann sich zudem eine ggf. erhebliche Verminderung des steuerlichen EBITDA ergeben. Allerdings ist es auch denkbar, dass durch ein positives Ergebnis in der Sonder-Gewinn- und Verlustrechnung das steuerliche EBITDA der Mitunternehmerschaft steigt und infolgedessen die Zinsaufwendungen in einem höheren Maße abziehbar werden.

Aufteilung des nichtabziehbaren Betrags unklar

Grundsätzlich werden die nichtabziehbaren Schuldzinsen und der sich ergebende Zinsvortrag für den Betrieb, also für die Mitunternehmerschaft als Ganzes festgestellt (vgl. BMF v. 04.07.2008, BStBl. I 2008, S. 718, Tz. 49). Gesetzlich nicht geregelt ist jedoch, wie die sich ggf. ergebenden nicht abziehbaren Zinsaufwendungen bei der Ermittlung der Einkünfte aufzuteilen sind. Zu klären ist dabei nicht nur die Verteilung auf die Mitunternehmer, sondern auch das Verhältnis von Gesamthands- und Sonderbilanzergebnis.

Nach Auffassung der Finanzverwaltung sind die nichtabziehbaren Zinsaufwendungen zunächst insgesamt zu ermitteln und den Mitunternehmern sodann einheitlich nach dem allgemeinen Gewinnverteilungsschlüssel zuzurechnen, und zwar auch dann, wenn es sich um Zinsaufwendungen aus dem Sonderbetriebsvermögensbereich eines Mitunternehmers handelt; eine Aufteilung des nicht abziehbaren Betrags auf Gesamthands- und Sonderbereich ist danach obsolet (vgl. BMF v. 04.07.2008, BStBl. I 2008, S. 718, Tz. 51).

In der Literatur wird dagegen neben einer quotalen Aufteilung auf Gesamthands- und Sonderbetriebsvermögensbereich insbesondere auch eine verursachungsgerechte Verteilung (vgl. hierzu BLUMENBERG/BENZ, 2007, S. 124 ff.) diskutiert. Ganz überwiegend wird dabei die Auffassung vertreten, einer solchen auf gesellschaftsvertraglicher Basis beruhenden verursachungsrechten Zuordnung des nicht abzugsfähigen Teils der Zinsaufwendungen sei dann auch steuerlich zu folgen (vgl. z.B. HOFFMANN, GmbHR 2008, S. 113, 114 f.; KORN, KÖSDI 2008, 15 866, 15 879 f.; FÖRSTER in B/F/F/K, § 4 h EStG Rn. 54; KUSSMAUL u.a., DStR 2008, S. 904). Soweit danach dem Gesamthandsbereich nicht abziehbare Schuldzinsen zugewiesen werden, sind diese nach dem gesellschaftsrechtlichen Beteiligungsschlüssel den Mitunternehmern zuzurechnen, während die nicht abziehbaren Schuldzinsen im Sonderbetriebsvermögen die Einkünfte desjenigen Mitunternehmers erhöhen, der sie getragen hat.

BEISPIEL 27

An der AB-OHG sind A und B zu gleichen Teilen beteiligt. Die OHG erzielt in 10 ein steuerliches EBITDA von 10 Mio. € (davon aus der Sonderbilanz des A 3 Mio. €). Der Zinssaldo im Gesamthandsvermögen beläuft sich auf 2.400.000 €. A vermietet der AB-OHG ein Grundstück. Zur Finanzierung hat er ein Darlehen aufgenommen, für das er Schuldzinsen i. H. v. 1.600.000 € aufwendet. Der Gewinn in der Gesamthandsbilanz beläuft sich auf 4.000.000 €; derjenige in der Sonderbilanz des A auf 1.500.000 €. Es sei angenommen, dass sich die AB-OHG auf die Ausnahmen von der Zinsschrankenregelung nach § 4 h Abs. 2 EStG nicht berufen kann.

LÖSUNG Da die AB-OHG nur einen Betrieb unterhält, der auch das Sonderbetriebsvermögen umfasst, beträgt der maßgebliche Zinssaldo insgesamt 4.000.000 € (2.400.000 € im Gesamthandsbereich und 1.600.000 € im Sonderbereich des A) und übersteigt daher die Freigrenze von 3 Mio. €. Von diesen Nettozinsaufwendungen sind gemäß § 4 h Abs. 1 EStG 1.000.000 € nicht abziehbar, da die Zinsschranke 3.000.000 € (= 30 % des gesamten steuerlichen EBITDA) beträgt.

Nach Auffassung der Finanzverwaltung sind diese nicht abziehbaren Schuldzinsen den Mitunternehmern nach dem allgemeinen Gewinnverteilungsschlüssel zuzurechnen, hier also A und B je zur Hälfte; es ergeben sich folgende Einkünfte:

	AB-OHG	A	B
Gewinn lt. Gesamthandsbilanz	4.000.000	2.000.000	2.000.000
Gewinn lt. Sonderbilanz A	1.500.000	1.500.000	
zzgl. nicht abziehbare Zinsaufwendungen	1.000.000	500.000	500.000
Ergebnis	6.500.000	4.000.000	2.500.000

Denkbar wäre es, stattdessen im Sinne einer quotalen Aufteilung den nicht abziehbaren Betrag der Schuldzinsen anteilig auf den Gesamthandsvermögens- und Sonderbetriebsvermögensbereich zu verteilen. Da 25 % des gesamten Zinssaldos nicht abziehbar ist (1.000.000 € von 4.000.000 €), sind im Gesamthandsvermögen 600.000 € (= 25 % des Zinssaldos im Gesamthandsvermögen) und 400.000 € im Sonderbetriebsvermögen (= 25 % von 1.000.000 €) hinzuzurechnen. Danach ergäbe sich folgende Gewinnverteilung:

	AB-OHG	A	B
Gewinn lt. Gesamthandsbilanz	4.000.000	2.000.000	2.000.000
zzgl. nicht abziehbare Zins-aufwendungen	600.000	300.000	300.000
Gewinn lt. Sonderbilanz A	1.500.000	1.500.000	
zzgl. nicht abziehbare Sonderbetriebs-ausgaben	400.000	400.000	
Ergebnis	6.500.000	4.200.000	2.300.000

Stellt man stattdessen auf die wirtschaftliche Verursachung der nichtabziehbaren Zinsaufwendungen ab, wird man zunächst unberücksichtigt lassen, dass auch im Sonderbetriebsvermögen Zinsaufwendungen angefallen sind. Sodann ergibt sich, dass die nichtabziehbaren Aufwendungen in voller Höhe dem Sonderbereich von A zuzurechnen sind, denn der Zinssaldo der OHG beträgt ohne das Sonderbetriebsvermögen nur 2.400.000 € und läge daher unterhalb der Freigrenze.

	AB-OHG	A	B
Gewinn lt. Gesamthandsbilanz	4.000.000	2.000.000	2.000.000
Gewinn lt. Sonderbilanz A	1.500.000	1.500.000	
zzgl. nicht abziehbare Sonderbetriebs-ausgaben	1.000.000	1.000.000	
Ergebnis	6.500.000	4.500.000	2.000.000

Umgekehrt lassen sich leicht Fälle konstruieren, in denen der gesamte nichtabziehbare Betrag bei dieser Sichtweise dem Gesamthandsbereich zuzuordnen wäre. Läge etwa im vorliegenden Beispiel der gesamthänderische Zinssaldo bei 3.100.000 € und derjenige im Sonderbetriebsvermögen lediglich bei 900.000 €, ergäbe sich bei sonst gleichen Daten ohne Berücksichtigung des Sonderbetriebsvermögens bereits auf der Gesamthandsebene ein nicht abziehbarer Betrag von 1.000.000 € (3.100.000 € gesamthänderischer Zinssaldo abzgl. 30 % des gesamthänderisch erzielten EBITDA von 7 Mio. €). Im Sonderbetriebsvermögen würden daher keine der dort angefallenen Zinsaufwendungen als nicht abziehbar erklärt, so dass sich hier die von der Finanzverwaltung vertretene Zurechnung ergeben würde. ◄|

Verursachungs-gerechte Aufteilung nicht immer möglich

Bereits die dargestellten Fallvarianten zeigen, dass eine alle Fälle abdeckende gesellschaftsvertragliche Formulierung einer verursachungsgerechten Zuordnung der nicht abziehbaren Aufwendungen regelmäßig an der Vielzahl der möglichen Fallkonstellationen und der Wechselwirkung von Freigrenze, Zinssaldo und steuerlichem EBITDA scheitern wird. Kaum lösbare Probleme stellen sich z.B., wenn im Gesamthandsbereich ohne Berücksichtigung des Sonderbetriebsvermögens die Freigrenze nicht überschritten wird, der zuzurechnende Betrag aber aufgrund eines insgesamt kleinen EBITDA die tatsächlichen Schuldzinsen des Sonderbetriebsvermögens übersteigt. Des Weiteren sind Fälle denkbar, in denen sich trotz des Vorhandenseins von Schuldzinsen im Sonderbetriebsvermögen die Abziehbarkeit der Schuldzinsen durch Einbezug des Sonderbetriebsvermögens insgesamt erhöht, etwa weil im Sonderbetriebsvermögen ein überproportional hohes zusätzliches EBITDA generiert wird.

Diese Schwierigkeiten erklären die Sichtweise der Finanzverwaltung, einer gesellschaftsrechtlichen Vereinbarung der Aufteilung des nicht abziehbaren Betrags keine Bedeutung beimessen und die Verteilung grundsätzlich nach dem allgemeinen Verteilungsschlüssel vornehmen zu wollen. Hält man sich jedoch vor Augen, dass hierdurch ggf. einzelnen Mitunternehmern steuerliche Belastungen für Sachverhalte auferlegt werden, deren Entstehung oder Gestaltung außerhalb ihres Einflussbereichs liegt, erscheint diese Sichtweise fragwürdig. U. E. müssten nicht abziehbare Schuldzinsen zumindest dann vorrangig dem wirtschaftlich durch die Zinszahlungen belasteten Mitunternehmer zugerechnet werden, wenn eine entsprechende Vereinbarung existiert und sich keine Schwierigkeiten bei der wirtschaftlichen Zurechnung ergeben, etwa wenn lediglich im Sonderbetriebsvermögen eines Gesellschafters, nicht aber im Gesamthandsvermögen Schuldzinsen angefallen sind. An dieser noch im Entwurf zum Anwendungsschreiben des BMF vorgesehenen Auffassung (vgl. das Beispiel in Tz. 49 des Entwurfs eines BMF-Schreibens v. 20.02.2008) hat die Finanzverwaltung jedoch in der endgültigen Fassung nicht mehr festgehalten.

2.3.3.3 Aufteilung und Untergang von Zins- und EBITDA-Vortrag

Die nicht abziehbaren Schuldzinsen führen zu einem Zinsvortrag, der nach Auffassung der Finanzverwaltung nicht mitunternehmerbezogen festgestellt wird; Adressat ist vielmehr die Personengesellschaft selbst als Inhaberin des von der Zinsschranke betroffenen Betriebs (vgl. BMF v. 04.07.2008, BStBl. I 2008, S. 718, Tz. 49). Diese Vorgehensweise führt nun dazu, dass der Zinsvortrag im Vortragsjahr für die Anwendung von § 4 h EStG den insgesamt für alle Vermögensbereiche ermittelten Zinssaldo der Personengesellschaft erhöht und es infolgedessen im Fall der Abzugsfähigkeit des Zinsvortrags zu einer Einkommensminderung aller Gesellschafter nach Maßgabe ihrer Beteiligungsquote kommt. Die Methodik entspricht der von der Finanzverwaltung gewählten Zurechnung der nichtabziehbaren Aufwendungen ausschließlich nach Maßgabe des Beteiligungsverhältnisses: Auch bzgl. des Zinsvortrags gilt dann, dass er nicht demjenigen Gesellschafter zugutekommt, der die Zinsaufwendungen tatsächlich getragen hat, sondern demjenigen, dessen Einkünfte aufgrund des § 4 h EStG im Jahr der Nichtabziehbarkeit der Zinsen erhöht wurden. Würde man dagegen, wie oben dargelegt, eine gesellschaftsrechtlich vereinbarte verursachungsgerechte Aufteilung der nichtabzugsfähigen Aufwendungen auch für steuerliche Zwecke anerkennen, ergäbe sich zwingend die Notwendigkeit auch einer entsprechenden gesellschafterbezogenen Feststellung des jeweiligen Zinsvortrags.

Aufteilungsmaßstab umstritten

Die Auswirkungen der Auffassung der Finanzverwaltung zeigen sich insbesondere auch bei Wegfall des Zinsvortrags. Gemäß § 4 h Abs. 5 Satz 2 EStG geht der Zinsvortrag bei Ausscheiden eines Gesellschafters entsprechend dessen Beteiligungsquote unter. Dies führt aufgrund der streng betriebsbezogenen Sichtweise der Finanzverwaltung dazu, dass der Zinsvortrag bei Ausscheiden eines Gesellschafters auch dann anteilig wegfällt, wenn er auf Sonderbetriebsausgaben eines anderen Gesellschafters beruhte.

Anteiliger Untergang bei Gesellschafterwechsel

Gewerbesteuerliche Verlustbehandlung als Vorbild ungeeignet

Der Gesetzgeber hat sich bei der Konstruktion der Regelung des beteiligungsentsprechenden Untergangs des Zinsvortrags an der steuerlichen Behandlung des Gewerbeverlusts gemäß § 10 a GewStG orientiert (vgl. BT-Drucksache 16/4841, S. 50). Hierbei wurde aber offensichtlich nicht berücksichtigt, dass die Gewerbesteuer der Personengesellschaft wirtschaftlich eben gerade nicht den einzelnen Mitunternehmer individuell belastet; vielmehr wirkt sich die Gewerbesteuer grundsätzlich zu Lasten des gesamthänderischen Ergebnisses aus, weshalb auch die Aufteilung des Minderungsbetrags nach § 35 EStG nach Maßgabe des Beteiligungsverhältnisses in der Gesamthand ohne Berücksichtigung des Sonderbereichs erfolgt. Dagegen tragen die Mitunternehmer Zinsaufwendungen im Sonderbetriebsvermögen selbst; daher ist es u. E. nicht sachgerecht, den Zinsvortrag auch dann anteilig wegfallen zu lassen, wenn ein anderer Gesellschafter ausscheidet als derjenige, der den Zinsaufwand tatsächlich getragen hat (so aber ausdrücklich BMF v. 04.07.2008, BStBl. I 2008, S. 718, Tz. 52).

Gesellschafterbezogene Lösung sachlich geboten

Auch dieses Problem ließe sich lösen, wenn es gelänge, den Zinsvortrag verursachungsgerecht dem von der jeweiligen Zinszahlung betroffenen Gesellschafter getrennt nach Gesamthands- und Sonderbetriebsbereich zuzurechnen. Sodann sollte u. E. die Anwendung der gesetzlichen Regelung bzgl. des Wegfalls des Zinsvortrags im Fall des Ausscheidens im Wege der teleologischen Reduktion nur insoweit zur Anwendung kommen, als die nicht abziehbaren Zinsaufwendungen das Gesamthandsergebnis betrafen und, insoweit folgerichtig, nach dem Beteiligungsverhältnis zugerechnet wurden. Eine derartige Differenzierung ist insbesondere im Anwendungsbereich des § 15 a EStG zu fordern, da hier eine strikte Trennung der im Gesamthands- und Sonderbereich zu berücksichtigenden Betriebsausgaben zwingend erforderlich ist (siehe hierzu J V).

Unentgeltliche Anteilsübertragung

Im Übrigen erscheint es zumindest bei unentgeltlicher Anteilsübertragung ohnehin nicht sachgerecht, den Zinsvortrag nicht auf den Rechtsnachfolger übergehen zu lassen, denn auch hier ergeben sich im Vergleich zur Behandlung verrechenbarer Verluste i. S. v. § 15 a EStG sachlogisch nicht begründbare Wertungsunterschiede, da verrechenbare Verluste bei unentgeltlicher Anteilsübertragung richtigerweise auf den Rechtsnachfolger übergehen (vgl. HOFFMANN, GmbHR 2008, S. 113, 116).

Einbringung nach § 24 UmwStG

In Fällen der Einbringung eines Betriebs nach § 24 UmwStG geht der Zinsvortrag u. E. de lege lata vollständig unter (§ 24 Abs. 6 i. V. m. § 20 Abs. 9 UmwStG). In der Literatur wird die Vorschrift dagegen teilweise so ausgelegt, dass der Vortrag insoweit erhalten bleibt, als die Einbringenden an der aufnehmenden Gesellschaft beteiligt sind (so wohl HOFFMANN, GmbHR 2008, S. 112, 118). Zum Untergang des Zinsvortrags bei Einbringung von Teilbetrieben oder Mitunternehmeranteilen siehe D IV 2.6.3.

Mehrstöckige Personengesellschaften

Im Fall mehrstöckiger Personengesellschaften (vgl. hierzu K II) ist von dem Vorliegen jeweils eines Betriebs auf jeder Stufe auszugehen. Zu den hierdurch entstehenden Gestaltungsmöglichkeiten bei »Hintereinanderschalten« mehrerer Personengesellschaften vgl. HAHNE, DStR 2007, S. 1947 sowie HOFFMANN, GmbHR 2006, S. 113, 117. Im Fall nachgeordneter Personengesellschaften i. S. d. § 4 h Abs. 2 Satz 2 EStG führt zudem ggf. ein Anteilseignerwechsel i. S. d. § 8 c KStG zu einem Untergang des Zinsvortrags.

Die vorstehenden Ausführungen gelten entsprechend für den eingeführten EBITDA-Vortrag. Auch insoweit erfolgt eine gesonderte Feststellung des Vortrags lediglich betriebsbezogen für die Personengesellschaft, nicht dagegen gesellschafterbezogen. Anders als bei der Zurechnung von nichtabziehbaren Zinsaufwendungen und Zinsvorträgen gleicht sich die zunächst nicht den wirtschaftlichen Belastungen entsprechende Zurechnung nicht aus; vielmehr kommt es z. B. bei durch das Sonderbetriebsvermögen eines Gesellschafters generierten EBITDA-Vorträgen und anschließenden Zinsaufwendungen in der Gesamthand ggf. zu endgültigen Vorteilen der übrigen Gesellschafter in den Folgejahren.

2.3.3.4 Ausnahmen von der Anwendung der Zinsschranke

Die Zinsschrankenregelung kommt nach § 4 h Abs. 2 EStG in den folgenden Fällen nicht zur Anwendung:

Freigrenze, Stand-alone- und Escape-Klausel

- Der Nettozinsaufwand unterschreitet 3 Mio. € (Freigrenze zur Schonung mittelständischer Unternehmen).
- Der Betrieb gehört nicht oder nur teilweise zu einem Konzern (sogenannte Stand-alone-Klausel).
- Im Fall der Konzernzugehörigkeit liegt die Eigenkapitalquote des Betriebs nicht mehr als 2 %-Punkte unter derjenigen des Konzerns (sogenannte Escape-Klausel).

Die letzten beiden Möglichkeiten sind jedoch nur gegeben, wenn keine schädliche Gesellschafterfremdfinanzierung i. S. d. § 8 a KStG (sogenannte Rückausnahmen) vorliegt. Dies kann auch bei Personengesellschaften der Fall sein, wenn diese einer Kapitalgesellschaft nachgeordnet sind.

Ggf. Rückausnahmen gemäß § 8 a KStG

Bereits zuvor wurde darauf hingewiesen, dass bei Mitunternehmerschaften von dem Vorliegen nur eines Betriebes auszugehen ist. Dies hat zur Folge, dass die Einhaltung der Freigrenze unter Berücksichtigung des Sonderbetriebsvermögens, jedoch ohne Erfassung von Sondervergütungen für die Gewährung von Darlehen zu prüfen ist.

Freigrenze

BEISPIEL 28

An der AB-OHG sind A und B zu gleichen Teilen beteiligt. Die AB-OHG hat im Gesamthandsvermögen einen Gewinn von 3 Mio. € erzielt; hierbei wurden Zinserträge i. H. v. 180.000 € aus Tagesgeldanlagen sowie Zinsaufwendungen von 3.600.000 € berücksichtigt. Hiervon entfallen 2.400.000 € auf ein Bankdarlehen und 1.200.000 € auf ein von B zur Verfügung gestelltes Gesellschafterdarlehen. A vermietet der AB-OHG ein Grundstück. Zur Finanzierung hat er ein Darlehen aufgenommen, für das er Schuldzinsen i. H. v. 750.000 € aufwendet.

LÖSUNG Die AB-OHG überschreitet die Freigrenze von 3 Mio. € nicht. Als Finanzierungsaufwendungen sind die Bankzinsen (2.400.000 €) sowie die Finanzierungskosten des A (750.000 €) zu berücksichtigen, insgesamt also 3.150.000 €. Die Zinsen für das Gesellschafterdarlehen von B bleiben unberücksichtigt, da sie den Gewinn der Gesellschaft aufgrund ihrer Erfassung als Sondervergütung i. S. v. § 15 Abs. 1 Nr. 2 EStG im Ergebnis nicht gemindert haben. Die zu berücksichtigenden Finanzierungskosten von 3.150.000 € übersteigen die Zinserträge von 180.000 € nur um 2.970.000 €, die Freigrenze wird daher nicht überschritten. ◀

Ggf. werden für die Anwendung der Zinsschranke mehrere rechtlich selbständige Unternehmen zu einem Betrieb zusammengefasst. Dies ist z. B. nach § 15 Satz 1 Nr. 3 KStG für einen Organkreis der Fall. Ähnliches gilt im Fall der GmbH & Co. KG (siehe hierzu K I 2.3) sowie bei der Betriebsaufspaltung (siehe hierzu K III 4.4). In

Ggf. Zusammenfassung mehrerer Unternehmen

diesen Fällen ist hinsichtlich der Freigrenze auf die Summe der insgesamt aufgewendeten Zinszahlungen abzustellen.

Stand-alone-Klausel

Nach § 4 h Abs. 2 Buchst. b EStG ist die Zinsschranke auf Betriebe, die nicht oder nicht vollständig zu einem Konzern gehören, nicht anzuwenden (sogenannte Stand-alone-Klausel). Ein Betrieb ist als einem Konzern zugehörig anzusehen, wenn

- er mit einem oder mehreren anderen Betrieben konsolidiert wird oder werden könnte (§ 4 h Abs. 3 Satz 5 EStG), oder
- seine Finanz- oder Geschäftspolitik mit einem oder mehreren anderen Betrieben einheitlich bestimmt werden kann (§ 4 h Abs. 3 Satz 6 EStG).

Weiter Konzernbegriff

Der tatsächliche bzw. mögliche Konsolidierungskreis ist dabei vorrangig nach IFRS und deutschem HGB zu bestimmen. Der in § 4 h Abs. 3 Satz 5 EStG enthaltene Verweis auf die für die Escape-Klausel geltende Rangfolge der Rechnungslegungsstandards, nach dem auch die Rechnungslegungsstandards anderer EU-Mitgliedsstaaten und hilfsweise auch die US-GAAP herangezogen werden müssen, wird überwiegend als nicht praktikabel bezeichnet (vgl. BLUMENBERG/BENZ, 2007, S. 107, 135).

Gleichordnungskonzern

Ein Konzern soll nach § 4 h Abs. 3 Satz 6 EStG auch dann vorliegen, wenn die Finanz- oder Geschäftspolitik mit einem oder mehreren anderen Betrieben einheitlich bestimmt werden kann. Die Auswirkungen dieser Regelung sind weitgehend unklar. Vermutlich spiegelt sich hierin die Absicht des Gesetzgebers wider, auch in Fällen, in denen weder eine Beherrschung durch ein Mutterunternehmen noch eine einheitliche Leitung vorliegt, eine Konzernzugehörigkeit zu bewirken. So läge z. B. im Fall einer natürlichen Person oder Personengruppe, die mehrere Gesellschaften beherrscht, eine Konzernzugehörigkeit nach IFRS und HGB nur vor, wenn die Anteile zu einem Betriebsvermögen der natürlichen Person gehören, da ansonsten kein Mutter**unternehmen** existiert (vgl. BLUMENBERG/BENZ, 2007, S. 107, 135). Liegen die Anteile dagegen im Privatvermögen, wäre weder nach HGB noch nach IFRS ein Konzern anzunehmen. Um in diesen Fällen des sogenannten Gleichordnungskonzerns dennoch die Zinsschranke zur Anwendung zu bringen, wurde mit der einheitlich bestimmbaren Finanz- oder Geschäftspolitik eine eigenständige steuerliche Konzerndefinition geschaffen. Danach ist wohl z. B. von einer Konzernsituation i. S. d. Zinsschranke auszugehen, wenn mehrere Schwesterpersonengesellschaften durch dieselbe natürliche Person oder Personengruppe beherrscht werden.

Eine solche Beherrschung kann nach Auffassung des FG München allerdings nicht lediglich auf der Identität der tatsächlich handelnden natürlichen Personen beruhen, z. B. der jeweiligen Geschäftsführer, sondern erfordere die tatsächliche Beherrschung der Tochterunternehmen aufgrund des Innehabens der Mehrheit der Stimmrechte durch ein Mutterunternehmen, wofür insbesondere auch das treuhänderische Halten der Gesellschaftsanteile nicht ausreiche; vgl. FG München v. 14. 12. 2011, EFG 2012, S. 453, rkr.

Zum Vorliegen eines Gleichordnungskonzerns bei einer GmbH & Co. KG siehe K I 2.3; zur Beurteilung bei einer Betriebsaufspaltung siehe K III 4.4.

Fälle, in denen § 4 h EStG nicht greift

Für eine Mitunternehmerschaft ist danach die Zinsschrankenregelung nicht anzuwenden, wenn sie selbst keine Mehrheitsbeteiligungen besitzt, an ihr kein anderes Unternehmen beherrschend beteiligt ist und ihre Finanz- und Geschäftspolitik auch nicht einheitlich mit anderen Betrieben bestimmt werden kann (vgl.

FÖRSTER in B/F/F/K, § 4 h EStG Rn. 79). Die Nachweispflicht hierüber trifft insoweit die Personengesellschaft selbst.

Zu beachten ist allerdings, dass die Stand-alone-Klausel nach § 4 h Abs. 2 Satz 2   **Ggf. Gesellschafter-**
EStG dann nicht angewendet werden kann, wenn die Personengesellschaft einer   **Fremdfinanzierung!**
Körperschaft nachgeordnet ist und eine schädliche Gesellschafterfremdfinanzierung
i. S. v. § 8 a KStG vorliegt (siehe hierzu unter C IV 2.3.3.5).

Gehört die Mitunternehmerschaft nach den zuvor erörterten Kriterien zu   **Escape-Klausel**
einem Konzern i. S. v. § 4 h EStG, kommt die Zinsschranke nach § 4 h Abs. 2 c
EStG dann nicht zur Anwendung, wenn der Nachweis gelingt, dass die Eigenkapitalquote des Betriebs diejenige des Konzerns um nicht mehr als 2 Prozentpunkte
unterschreitet (sogenannte Escape-Klausel). In diesem Fall wird davon ausgegangen,
dass keine missbräuchliche konzerninterne Verlagerung der Fremdkapitalaufnahme
nach Deutschland vorliegen kann.

Zur Anwendung der Escape-Klausel ist die Eigenkapitalquote des Betriebs   **Eigenkapitaltest**
(= EK × 100/Bilanzsumme) mit derjenigen des Konzerns zu vergleichen. Ggf. ist
hierzu, soweit kein Konzernabschluss vorliegt oder der vorliegende nicht dem für
§ 4 h EStG notwendigen weitestgehenden Konsolidierungskreis entspricht, ein eigener, grundsätzlich den IFRS folgender Konzernabschluss aufzustellen. Zur Berechnung der Eigenkapitalquoten müssen sodann die jeweiligen Abschlüsse (Einzel-
und Konzernabschluss) bezüglich des angewendeten Rechnungslegungsstandards
vereinheitlicht werden. Hierbei können die Einzelabschlüsse durch eine einer »prü-
ferischen Durchsicht« zu unterziehenden Überleitungsrechnung an die vorhandenen bzw. nach IFRS zu erstellenden Konzernabschlüsse angepasst werden. Bei der
Ermittlung der Eigenkapitalquote ist sodann, ausgehend vom bilanziellen Eigenkapital, eine Reihe von Modifikationen durchzuführen, die dem Ziel dienen, Inkon-
sistenzen und Kaskadeneffekte zu vermeiden. Im Bereich der Mitunternehmerschaften ist insbesondere von Bedeutung, dass sowohl im Konzern- als auch im Einzel-
abschluss mindestens das Eigenkapital anzusetzen ist, das sich nach dem HGB ergibt
oder ergeben hätte. Ursache hierfür ist, dass im IFRS-Abschluss einer Personengesellschaft die Kapitalkonten der Gesellschafter wegen der prinzipiell bestehenden Kün-
digungsmöglichkeit als Fremdkapital anzusehen sind und sich ohne eine entsprechende Korrektur regelmäßig eine sehr niedrige Eigenkapitalquote ergeben würde
(vgl. FÖRSTER in B/F/F/K, § 4 h EStG Rn. 108).

Zudem ist auch bei der Ermittlung der Eigenkapitalquoten das Sonderbetriebs-   **Einbezug des SBV**
vermögen der Mitunternehmer dem Betrieb der Mitunternehmerschaft zuzuordnen,
so dass etwa eine Fremdfinanzierung des Anteils wegen der Zuordnung der Verbindlichkeit des Gesellschafters zu seinem Sonderbetriebsvermögen II zu einer
entsprechenden Verringerung der Eigenkapitalquote führt.

2.3.3.5 Rückausnahmen im Fall der Gesellschafterfremdfinanzierung
bei nachgeordneten Personengesellschaften

Die in § 8 a Abs. 2, 3 KStG enthaltenen Rückausnahmen zur Stand-alone-Klau-   **Sinn und Zweck**
sel und zur Escape-Klausel im Fall einer schädlichen Gesellschafterfremdfinanzie-   **der Regelung**
rung sind nach § 4 h Abs. 2 Satz 2 EStG auch bei Personengesellschaften anzuwenden, wenn diese unmittelbar oder mittelbar einer Körperschaft nachgeordnet sind.
Diese Regelung soll bewirken, dass bei einer Kapitalgesellschaft das Vorliegen einer

schädlichen Gesellschafter-Fremdfinanzierung i. S. d. § 8 a Abs. 2, 3 KStG nicht dadurch umgegangen werden kann, dass diese eine Tochter-Personengesellschaft gründet und das Fremdkapital nicht mehr der Kapitalgesellschaft selbst, sondern der Personengesellschaft gewährt wird (vgl. FÖRSTER in B/F/F/K, § 8 a KStG Rn. 57; SCHMITZ-HERSCHEIDT, BB 2008, S. 699, 671 f. mit Verweis auf die Gesetzesbegründung und -historie).

Notwendige Beteiligungshöhe unklar

Für beide Rückausnahmen ist zunächst unklar, ab welcher Beteiligungshöhe eine Personengesellschaft als einer Körperschaft nachgeordnet zu gelten hat. In der Literatur wird dies teilweise erst dann angenommen, wenn die »vorgeschaltete« Körperschaft zu mehr als 25 % an der Mitunternehmerschaft beteiligt ist, da diese Lesart der Vorgängervorschrift in § 8 a Abs. 5 KStG a. F. entspricht. Allerdings lässt sich diese Auffassung weder aus dem Gesetzeswortlaut noch aus der Gesetzesbegründung ableiten, so dass im Zweifel davon auszugehen ist, dass die Regelung von der Beteiligungshöhe unabhängig ist (vgl. SCHMIDT/LOSCHELDER, 2015, § 4 h Rz. 18 m. w. N.).

Wesentlich beteiligter Anteilseigner unklar

Nicht geregelt ist zudem, ob die Anteilseignerschaft desjenigen, der im Fall einer schädlichen Gesellschafterfremdfinanzierung mehr als 10 % des Nettozinsaufwands erhalten muss, bei der nachgeordneten Personengesellschaft oder bei der übergeordneten Kapitalgesellschaft vorliegen muss. Teilweise wird es sogar als denkbar erachtet, dass eine schädliche Fremdkapitalüberlassung (ggf. sogar nur) dann vorliegen kann, wenn die vorgeschaltete Kapitalgesellschaft selbst der Personengesellschaft das Fremdkapital überlässt (so HOFFMANN, GmbHR 2008, S. 183, 186). Diese Auffassung ist u. E. schon deshalb abzulehnen, weil die Zinszahlungen in diesem Fall Sondervergütungen darstellen, die den steuerlichen Gewinn der nachgeschalteten Personengesellschaft im Ergebnis gar nicht mindern und auch nicht zu den Nettozinsaufwendungen der Personengesellschaft gehören. Derartige Zinszahlungen können daher auch nicht 10 % des Zinssaldos übersteigen (vgl. SCHMIDT/LOSCHELDER, 2015, § 4 h Rz. 20 m. w. N.).

Systematischer Lösungsansatz

Wegen der grundsätzlichen Zielsetzung der Regelung sind u. E. nur solche Gestaltungen schädlich, in denen der Fremdkapitalgeber selbst an der vorgeschalteten Kapitalgesellschaft wesentlich beteiligt ist, einem an dieser Kapitalgesellschaft wesentlich beteiligten Anteilseigner nahe steht oder ein diesem gegenüber rückgriffsberechtigter Dritter ist, jedoch nicht der Kapitalgesellschaft, sondern der nachgeschalteten Personengesellschaft das Fremdkapital gewährt (vgl. FÖRSTER in B/F/F/K, § 8 a KStG Rn. 60). In letzter Konsequenz dürften aufgrund der Zinsschranke nicht abziehbare Aufwendungen bei der nachgeschalteten Personengesellschaft auch nur insoweit entstehen, als die Kapitalgesellschaft beteiligt ist (gl. A. SCHMITZ-HERSCHEIDT, BB 2008, S. 699, 703). Der Teil der die Zinsschranke übersteigenden Zinsaufwendungen, der anteilig auf andere Mitunternehmer entfällt, dürfte daher u. E. nicht betroffen sein.

Besonderheiten bei der Escape-Klausel

Sind die vorgenannten Grundsätze erfüllt, kann die nachgeordnete Personengesellschaft die Stand-alone-Klausel nicht nutzen. Soweit die nachgeordnete Personengesellschaft zu einem Konzern gehört und die Escape-Klausel nutzen möchte, liegt eine schädliche Gesellschafterfremdfinanzierung allerdings u. E. nur dann vor, wenn

- auch die »vorgeschaltete« Kapitalgesellschaft zu demselben Konzern gehört (vgl. FÖRSTER in B/F/F/K, § 8 a KStG Rn. 72; SCHMITZ-HERSCHEIDT, BB 2008, S. 699, 704; a. A. KORN, KÖSDI 2008, S. 15 866, 15 881),
- die Fremdkapitalüberlassung durch außerhalb dieses Konzerns stehende, an der »vorgeschalteten« Kapitalgesellschaft wesentlich beteiligte Anteilseigner, nahe stehende Personen oder rückgriffsberechtigte Dritte erfolgt.

Hinsichtlich der Freigrenze wird wohl mangels gesetzlicher Regelung lediglich auf den Zinssaldo der nachgeordneten Personengesellschaft abzustellen sein (vgl. SCHMITZ-HERSCHEIDT, BB 2008, S. 699, 703 m. w. N.).

Freigrenze

3 Gewinnverteilung auf der ersten Stufe

Zur Verteilung des gesamthänderisch erzielten Gewinns wird grundsätzlich auf die gesellschaftsvertraglich vereinbarte oder, mangels Vorliegen einer solchen, auf die gesetzliche Regelung zur Gewinnverteilung abgestellt.

Gewinnverteilungs-abrede

Dabei wird nicht selten der gesamthänderisch erzielte Gewinn nicht ausschließlich quotal verteilt, sondern die Mitunternehmer erhalten vorab Gewinnanteile, weil sie sich bereits im Gesellschaftsvertrag zur Leistung von Diensten, Überlassung von Wirtschaftsgütern oder Hingabe von Darlehen verpflichtet haben. Ist ein solches Gewinnvorab gegeben, so handelt es sich nicht um Vergütungen i. S. v. § 15 Abs. 1 Nr. 2 Halbsatz 1 EStG, sondern vielmehr um einen Bestandteil des Gewinnanteils der ersten Stufe der Gewinnermittlung. Materiell bedeutsam ist diese Abgrenzung insbesondere im Bereich des § 15 a EStG, vgl. hierzu J V sowie HÖCK, Stbg 2006, S. 261, 262.

Ggf. Vorabgewinn

Die Abgrenzung zwischen Gewinnvorab und Sondervergütung ist umstritten: Während nach Auffassung des BFH Kennzeichen vorab gewährter Gewinnanteile ist, dass sie nicht aufwandswirksam behandelt worden seien **und** regelmäßig nur im Gewinnfall gezahlt würden (vgl. BFH v. 23. 01. 2001 – VIII R 30/99, BStBl. II 2001, S. 621), wird andererseits die Auffassung vertreten, ein Gewinnvorab könne auch im Verlustfall vorliegen; alleiniges Abgrenzungsmerkmal zur Sondervergütung sei danach, dass ein Gewinnvorab nicht zu Lasten des Gesellschaftsgewinns gebucht worden sei, sondern eben den ersten Schritt der Verteilung des ungeschmälerten Gewinns bzw. Verlusts darstelle (vgl. GROH, DStZ 2001, S. 358; u. E. zutreffend).

Abgrenzung zur Sondervergütung

Grundsätzlich bezieht sich die vertragliche bzw. gesetzliche Gewinnverteilungsabrede auf das handelsbilanzielle Ergebnis. Gleichwohl ist mangels eigener steuerrechtlicher Regelungen diese Gewinnverteilungsabrede i. d. R. auch für das Steuerrecht maßgebend (vgl. BFH v. 22. 05. 1990 – VIII R 41/87, BFHE 161, S. 456). Dies gilt grundsätzlich auch dann, wenn das steuerrechtliche vom handelsrechtlichen Ergebnis abweicht, z. B. aufgrund des steuerlichen Bewertungsvorbehalts (§ 5 Abs. 6 EStG), nicht abziehbarer Betriebsausgaben oder einer Außenprüfung (vgl. BFH v. 25. 02. 1991 – GrS 7/89, BStBl. II 1991, S. 691; v. 24. 10. 1996 – IV R 90/94, BStBl. II 1997, S. 241 m. w. N.).

I. d. R. handelsrecht-liche Abrede auch steuerrechtlich maßgebend

Gewinne oder Verluste aufgrund von Sach-, Nutzungs- oder Leistungsentnahmen einzelner Mitunternehmer sind als Teil des gesamthänderisch erzielten Gewinns ebenfalls nach dem handelsrechtlich vereinbarten Gewinnverteilungsschlüs-

Ggf. abweichende Zurechnung bei Entnahmen

**Ausnahme: Steuer-
rechtliche Angemes-
senheitsprüfung**

sel aufzuteilen, wenn nicht zwischen den Gesellschaftern bereits vor der Entnahme eine abweichende Vereinbarung über die steuerliche Zurechnung getroffen wurde (vgl. BFH v. 28.09.1995 – IV R 39/94, BStBl. II 1996, S. 276; siehe auch E II 3.1).

In Ausnahmefällen ist nach der Rechtsprechung des BFH die handelsrechtliche Gewinnverteilungsabrede auf ihre Angemessenheit zu überprüfen und ggf. für die steuerrechtliche Gewinnverteilung zu modifizieren. Dies ist z.B. der Fall

- bei einer GmbH & Co. KG, wenn die Höhe des Gewinnanteils der Komplementär-GmbH keine angemessene Abgeltung des übernommenen Haftungsrisikos und der Verzinsung der Einlageverpflichtung darstellt (vgl. hierzu K I 2.4);
- bei Familienpersonengesellschaften, wenn z.B. schenkweise überlassene Geschäftsanteile aufgrund des vereinbarten Gewinnverteilungsschlüssels eine durchschnittliche Rendite von mehr als 15 % des Werts des Geschäftsanteils erwarten lassen (vgl. BFH v. 24.07.1986 – IV R103/83, BStBl. II 1987, S. 54).

**Inkongruente
Gewinnverteilung
unschädlich**

Steuerlich anzuerkennen sind dagegen wohl grundsätzlich inkongruente Gewinnverteilungsabreden, etwa wenn die Verteilung des Gewinns in krassem Gegensatz zur Einlageverpflichtung der Gesellschafter steht, mithin von den Kapitalkontenrelationen abweicht. Hierin ist regelmäßig selbst dann kein Gestaltungsmissbrauch i.S.v. § 42 AO zu sehen, wenn die Inkongruenz rein steuerlich motiviert ist; Voraussetzung ist allerdings, dass die Abrede vor der Entstehung des zu verteilenden Gewinns getroffen wurde (vgl. hierzu ROSE, FR 2002, S. 1, 5).

4 Zusammenfassung

Die Gewinnermittlung und -verteilung des gesamthänderisch erwirtschafteten Gewinns lässt sich nunmehr wie folgt zusammenfassen (vgl. auch HENNRICHS in TIPKE/LANG, 2015, § 10 Rz. 126):

1. Ableitung der Steuerbilanz aus der Handelsbilanz der Gesellschaft unter Berücksichtigung der einschlägigen Bilanzierungs- und Bewertungskorrekturen.
2. Korrektur des Steuerbilanzgewinns außerhalb der Bilanz aufgrund steuerrechtlicher Vorschriften (z.B. nichtabziehbare Betriebsausgaben).
3. Verteilung des gesamthänderisch erwirtschafteten Ergebnisses auf die einzelnen Gesellschafter i.d.R. nach der handelsbilanziellen Gewinnverteilungsabrede.
4. Ggf. Korrektur des dem jeweiligen Gesellschafter zugerechneten Gewinnanteils aufgrund gesellschafterbezogener Regelungen, insbesondere aufgrund des Teileinkünfteverfahrens oder des § 8 b KStG.
5. Der dem einzelnen Mitunternehmer zugewiesene Gewinnanteil aus der Gesellschaftsbilanz ist ggf. um das Ergebnis seiner Ergänzungsbilanz zu korrigieren. Als Ergebnis erhält man den Gewinnanteil des Mitunternehmers i.S.d. § 15 Abs. 1 Nr. 2 Halbsatz 1 EStG.

V Gewinnermittlung auf der zweiten Stufe

Mit der 1. Stufe der Gewinnermittlung ist der Gewinnanteil des Mitunternehmers am gesamthänderisch erwirtschafteten Gewinn der Gesellschaft bestimmt. § 15 Abs. 1 Nr. 2 Halbsatz 2 EStG ordnet nun an, dass auch die Vergütungen, die der Mitunternehmer von der Gesellschaft für

- seine Tätigkeit im Dienst der Gesellschaft,
- die Hingabe von Darlehen oder
- die Überlassung von Wirtschaftsgütern

bezogen hat, zu den gewerblichen Einkünften aus dieser Mitunternehmerschaft zählen.

Die gewerblichen Einkünfte des Gesellschafters einer Personengesellschaft i.S.d. § 15 Abs. 1 Nr. 2 EStG beschränken sich jedoch nicht auf den Gewinnanteil und die genannten Sondervergütungen. In den Umfang der gewerblichen Einkünfte sind vielmehr alle Einnahmen und Betriebsausgaben, die ihre Veranlassung in der Beteiligung des Steuerpflichtigen an der gewerblichen Personengesellschaft haben, aufzunehmen (vgl. BFH v. 09.11.1988 – I R 191/84, BStBl. II 1989, S. 343).

BEISPIEL 29 ▌

X ist Komplementär der gewerblich tätigen X-KG. Zum 01.01.01 erwirbt er mit eigenen Mitteln für Anschaffungskosten von 200.000 € ein unbebautes Grundstück und überlässt es der Gesellschaft für 3 Jahre gegen Zahlung einer monatlichen Miete von 2.000 €; die KG nutzt das Grundstück als Lagerplatz. X wendet in den Jahren 01, 02 und 03 jeweils 3.000 € für dieses Grundstück auf (Grundsteuer, Haftpflichtversicherung etc.). Zum 01.01.04 verkauft er das Grundstück an einen Dritten für 250.000 €.

LÖSUNG Die Mietzahlungen stellen Sondervergütungen i.S.v. § 15 Abs. 1 Nr. 2 EStG dar. Die von X getragenen Aufwendungen sind als Sonderbetriebsausgaben in seiner Sonderbuchführung bei der KG zu erfassen. Da es sich bei dem Grundstück um Sonderbetriebsvermögen handelt, ist der Veräußerungsgewinn i.H.v. 50.000 € (= 250.000 € Veräußerungspreis abzüglich 200.000 € Anschaffungskosten) als Sonderbetriebseinnahme in der Sonderbuchführung des X zu erfassen. X erzielt damit in seinem Sonderbetriebsvermögen in 01 und 02 gewerbliche Einkünfte i.H.v. jeweils 21.000 € (= 24.000 € Sondervergütungen abzüglich 3.000 € Sonderbetriebsausgaben) sowie in 03 i.H.v. 71.000 € (= 24.000 € Sondervergütungen abzüglich 3.000 € Sonderbetriebsausgaben zuzüglich 50.000 € Sonderbetriebseinnahmen). ◀▌

Die Konsequenz aus dieser Erweiterung der gewerblichen Einkünfte um die genannten Sondervergütungen sowie etwaige Sonderbetriebseinnahmen bzw. -ausgaben ist in erster Linie gewerbesteuerlicher Natur, bildet doch der Gesamtgewinn der Mitunternehmerschaft die Ausgangsgröße zur Ermittlung des Gewerbeertrags nach § 7 GewStG (ständige Rechtsprechung vgl. BFH v. 19.02.1981 – IV R 141/77, BStBl. II 1981, S. 433 m.w.N.). Das bei der Rechtsform der Kapitalgesellschaft vorherrschende Trennungsprinzip, welches die genannten Sachverhalte auf Ebene der Gesellschaft i.d.R. abzugsfähig belässt, bewirkt insoweit eine Ungleichbehandlung der unterschiedlichen Rechtsformen.

BEISPIEL 30 ▮▮▮▮▮▮▮▮▮▮▮▮▮▮▮▮▮▮▮▮▮▮▮▮▮▮▮▮▮▮

Y ist Gesellschafter der gewerblich tätigen Y-OHG (alternativ: Y-GmbH) und gibt dieser ein Darlehen i. H. v. 50.000 €, das mit 8 % jährlich angemessen verzinst wird und nach 5 Jahren in einem Betrag zu tilgen ist.

LÖSUNG Im Ausgangsfall wird auf der ersten Stufe der Gewinnermittlung das Ergebnis der Gesamthandsbilanz der Y-OHG um Zinsaufwendungen i. H. v. jährlich 4.000 € (= 8 % von 50.000 €) gemindert. In gleicher Höhe erzielt Y Sondervergütungen i. S. v. § 15 Abs. 1 Nr. 2 EStG. Diese sind in den Gesamtgewinn der Y-OHG, der die gewerbesteuerliche Ausgangsgröße darstellt, einzubeziehen. Im Ergebnis mindern die Zinszahlungen an Y den Gewerbeertrag der Y-OHG nicht.

Ist dagegen Y nicht Mitunternehmer einer Personengesellschaft, sondern an der Y-GmbH beteiligt, mindert sich deren Gewinn um die Zinsaufwendungen von 4.000 €, ohne dass eine spätere Hinzurechnung als Sondervergütung erfolgt, denn Y erzielt mit den Zinseinnahmen nicht Einkünfte aus Gewerbebetrieb gem. § 15 Abs. 1 Nr. 2 EStG, sondern Einkünfte aus Kapitalvermögen i. S. v. § 20 Abs. 1 Nr. 7 EStG. Die gewerbesteuerliche Ausgangsgröße der GmbH bleibt daher um den Zinsaufwand gemindert, wobei allerdings gemäß § 8 Nr. 1 a GewStG ein Viertel der Zinsaufwendungen wieder hinzuzurechnen ist, wenn man den Freibetrag von 100.000 € einmal außer Acht lässt. ◀|

In den folgenden Abschnitten werden zunächst die im Gesetz ausdrücklich genannten Sondervergütungen näher erläutert. Anschließend werden die hinzukommenden Sonderbetriebseinnahmen und -ausgaben genauer betrachtet.

1 Sondervergütungen

1.1 Begriffliche Abgrenzung

Grds. Zusammenhang mit Betätigung der Gesellschaft

Nach § 15 Abs. 1 Nr. 2 EStG gehören Vergütungen, die Gesellschafter von der Gesellschaft für ihre Tätigkeit im Dienst der Gesellschaft, für die Überlassung von Wirtschaftsgütern oder für die Gewährung von Darlehen erhalten, zu den gewerblichen Einkünften, welche sie aus ihrer Beteiligung an einer Personengesellschaft erzielen. Voraussetzung für die Subsumtion der vorgenannten Vergütungen unter die Regelung des § 15 Abs. 1 Nr. 2 EStG ist (lediglich) das Bestehen eines Zusammenhangs zwischen der Tätigkeit des Gesellschafters und der Betätigung der Gesellschaft (vgl. BFH v. 11. 12. 1986 – IV R 222/84, BStBl. II 1987, S. 553; SCHMIDT/WACKER, 2015, § 15 Rz. 562).

Beitragstheorie: Geringe Anforderung an gesellschaftliche Veranlassung

Rechtsprechung und Verwaltung bejahen diesen Zusammenhang mit der sogenannten Beitragstheorie immer dann, wenn die Leistungsbeziehung wirtschaftlich durch das Gesellschaftsverhältnis veranlasst ist (vgl. BFH v. 23. 05. 1979 – IV R 163/77, BStBl. II 1979, S. 757). Dies ist jedoch nicht dahingehend zu verstehen, dass die Leistungsbeziehung ihre Grundlage im Gesellschaftsverhältnis haben muss, z. B. gesellschaftsvertraglich geregelt ist; vielmehr genügt es, dass die Leistungsbeziehung in wirtschaftlicher Hinsicht zu einer Verwirklichung des Gesellschaftszwecks beiträgt. Die auf den ersten Blick restriktiv anmutende Forderung nach einem inneren Bezug der Tätigkeit des Gesellschafters zu der Betätigung der Gesellschaft erweist sich somit als wenig durchgreifend. Die allermeisten Sondervergütungen an Mitunternehmer werden daher von § 15 Abs. 1 Nr. 2 EStG erfasst und zu gewerblichen Einkünften umqualifiziert.

Unerheblich ist dabei auch, auf welcher rechtlichen Grundlage die Gesellschaft die Sondervergütungen leistet; denkbar sind neben gesellschaftsrechtlichen insbesondere auch schuldrechtliche Vereinbarungen, etwa Dienst- oder Mietverträge (vgl. BFH v. 06.07.1999 – VIII R 46/94, BStBl. II 1999, S. 720; v. 23.05.1979 – I R 163/77, BStBl. II 1979, S. 757). In Anbetracht des Qualifikationszwecks der Regelung des § 15 Abs. 1 Nr. 2 EStG erscheint diese weite Interpretation der gesellschaftlichen Veranlassung gerechtfertigt, da eine Differenzierung nach der rechtlichen Ausgestaltung der Leistungsbeziehung zu einer Ungleichbehandlung wirtschaftlich vergleichbarer Tatbestände führen würde.

Rechtliche Grundlage unerheblich

Für die Annahme von Sondervergütungen ist es darüber hinaus nicht von Bedeutung (vgl. SCHMIDT/WACKER, 2015, § 15 Rz. 561),

- in welchem Umfang der Mitunternehmer an der Personengesellschaft beteiligt ist; so fällt beispielsweise auch die Vergütung eines von der Gesellschaft beschäftigten Arbeitnehmers, der als Kommanditist mit einem Zwerganteil an der Gesellschaft beteiligt ist, unter § 15 Abs. 1 Nr. 2 EStG;
- ob es sich bei dem Mitunternehmer um eine natürliche Person, eine andere Personengesellschaft oder um eine Kapitalgesellschaft handelt;
- ob der Mitunternehmer unbeschränkt oder beschränkt einkommen- bzw. körperschaftsteuerpflichtig ist.

Im Grundsatz spielt es auch keine Rolle, ob die Sondervergütungen unangemessen, d. h. überhöht oder zu niedrig sind, da der Betriebsausgabenabzug auf der ersten Stufe der Gewinnermittlung ohnehin durch die Zurechnung der Sondervergütung auf der zweiten Stufe kompensiert wird und damit keine Minderung des steuerlichen Gesamtgewinns bewirkt wird (vgl. ZIMMERMANN, 2013, Kapitel B, Rz. 299).

Allerdings ist ggf. zu prüfen, ob die als Vergütungen deklarierten Zahlungen lediglich mit dem Ziel vereinbart worden sind, einen auf der Gesellschaftsebene eigentlich noch nicht realisierten Gewinn vorzeitig beim Gesellschafter ergebniswirksam werden zu lassen; in diesem Fall sind die als Sondervergütungen deklarierten Zahlungen bereits auf der ersten Stufe der Gewinnermittlung als Entnahmen zu behandeln, so dass weder Betriebsausgaben noch Anschaffungs- oder Herstellungskosten vorliegen können. Die zweite Stufe der Gewinnermittlung ist in diesen Fällen von den geleisteten Zahlungen nicht berührt.

BEISPIEL 31 ▰▰▰▰▰▰▰▰▰▰▰▰▰▰▰▰▰▰▰▰▰▰▰▰▰▰

Die Z-GmbH ist Gesellschafterin der gewerblich tätigen Projekt-KG, die ein über mehrere Jahre laufendes Bauprojekt abwickelt. Vor Fertigstellung des Projekts und damit vor Realisierung des damit verbundenen Gewinns zahlt die Projekt-KG an die Z-GmbH eine zusätzliche zunächst nicht vereinbarte Vergütung i. H. v. 10 Mio €. Der Betrag wird von der Projekt-KG auf der ersten Stufe der Gewinnermittlung als Herstellungskosten der unfertigen Leistungen und auf der zweiten Stufe als Sondervergütung erfasst.

LÖSUNG Würde die Zahlung tatsächlich zu Herstellungskosten führen und bei der Z-GmbH als Sondervergütung qualifiziert, ließe sich der Zeitpunkt der Ertragswirksamkeit des Bauprojekts für die Projekt-KG bzw. ihre Gesellschafterin, die Z-GmbH, beliebig steuern. Dies widerspricht der im deutschen Bilanzrecht vorherrschenden Completed-Contract-Methode, nach der eine Teilgewinnrealisierung vor der endgültigen Abnahme einer Werkleistung nur dann in Betracht kommt, wenn das Gesamtwerk in abgrenzbare Teilleistungen zerlegt werden kann, eine Teilabnahme vertraglich vorgesehen und auch erfolgt ist. Soweit die Zahlung daher nicht für von der Z-GmbH erbrachte Leistungen, sondern im Hinblick auf einen zukünftig entstehenden Gewinn gezahlt wird, liegen Entnahmen der

Z-GmbH vor, die weder als Herstellungskosten der Projekt-KG noch als Sondervergütungen zu qualifizieren sind (vgl. BFH v. 24.01.2008 – IV R 87/06, BStBl. II 2008, S. 428). ◄

1.1.1 Mittelbare Leistungsbeziehungen

Sondervergütungen können auch bei mittelbar im Dienst der Gesellschaft erbrachten Leistungen vorliegen, etwa wenn ein Dritter an den Gesellschafter einer Personengesellschaft für Leistungen, die letztlich der Personengesellschaft zugutekommen, eine Vergütung zahlt (vgl. z. B. Niedersächsisches FG v. 22.05.2013, EFG 2013, S. 1855, rkr., zur Zwischenschaltung einer spanischen Schwester-Kapitalgesellschaft). Dies gilt auch dann, wenn das Drittunternehmen einen eigenen Geschäftszweck verfolgt und unabhängig davon, ob der Gesellschafter dieses beherrscht. Voraussetzung ist allerdings, dass die Tätigkeitsbereiche des Gesellschafters im Drittunternehmen abgrenzbar sind (vgl. BFH v. 07.12.2004 – VIII R 58/02, BStBl. II 2005, S. 390).

BEISPIEL 32

Die X-GmbH, deren eigentlicher Geschäftszweck nicht in der Erledigung von Büroarbeiten besteht, lässt ihre Angestellte A Büroarbeiten für die A-KG, an der A zugleich als Kommanditistin beteiligt ist, erledigen. Die A-KG ersetzt der X-GmbH das hierfür aufgewendete anteilige Gehalt der A i. H. v. monatlich 300 €.

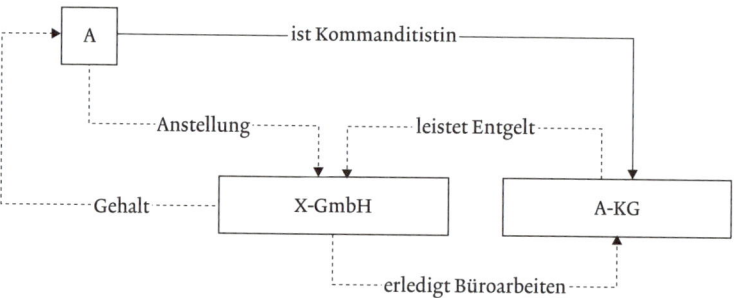

LÖSUNG Die Gehaltszahlungen der GmbH stellen insoweit, als sie auf die Erledigung der Büroarbeiten entfallen, Sondervergütungen für die als Kommanditistin an der KG beteiligte A dar. Die Abgrenzbarkeit der Bürotätigkeiten der A von den sonstigen Tätigkeit für die GmbH ergibt sich im vorliegenden Fall bereits daraus, dass die anteiligen Gehaltsaufwendungen erstattet werden. ◄

Bei mittelbaren Tätigkeitsvergütungen ist es zudem unerheblich, ob die Gesellschaften in einem Über-, Unter- oder Gleichordnungsverhältnis zueinander stehen. Werden z. B. Vergütungen an eine Tochter-Kapitalgesellschaft der Personengesellschaft gezahlt, die ihrerseits Mitunternehmer der Personengesellschaft für die Erbringung der Leistung vergütet, erfolgt ebenfalls die Qualifikation als Sondervergütungen (vgl. BFH v. 14.02.2006 – VIII R 40/03, BStBl. II 2008, S. 182).

BEISPIEL 33

Mitunternehmer der X-OHG sind A und B. Beide sind zugleich Geschäftsführer der Vertriebs-GmbH, deren Aufgabe in der Führung der Geschäfte der X-OHG besteht. Die Geschäftsführergehälter der Vertriebs-GmbH werden dieser in vollem Umfang von der X-OHG ersetzt.

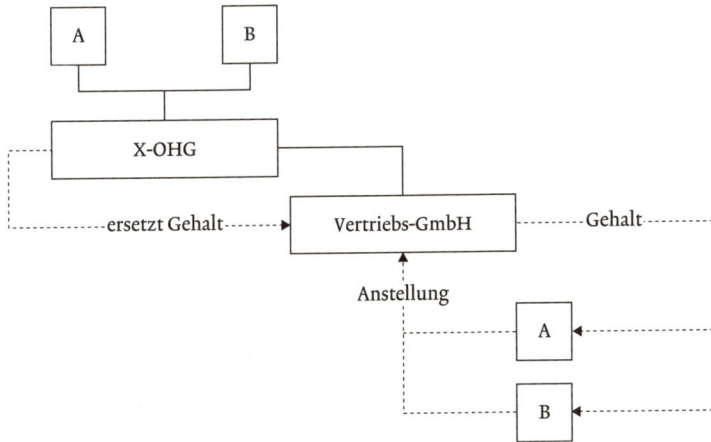

LÖSUNG Die Gehaltszahlungen der GmbH stellen Sondervergütungen für A und B bei der X-OHG dar. ◀|

1.1.2 Mögliche Ausnahmen von der Qualifikation als Sondervergütungen

Fallgestaltungen, die von der Zielsetzung des Gesetzes her gesehen nicht dem Regelungsbereich des § 15 Abs. 1 Nr. 2 Halbsatz 2 EStG zuzuordnen sind, hält der BFH nur dann für vorstellbar, wenn die Tätigkeit, Nutzungsüberlassung oder Darlehensgewährung einerseits und die Mitunternehmereigenschaft des die Vergütung Erhaltenden andererseits nur zufällig und vorübergehend zusammentreffen und demgemäß jeglicher wirtschaftlicher Zusammenhang zwischen Tätigkeit und Mitunternehmerverhältnis ausgeschlossen erscheint. Dies kann beispielsweise der Fall sein, wenn

Keine Sondervergütungen, wenn Zusammenhang mit MU-Verhältnis ausgeschlossen

- ein Arbeitnehmer einen Kommanditanteil erbt und das Arbeitsverhältnis alsbald nach dem Erbfall beendet wird (vgl. BFH v. 24.01.1980 – IV R 156–157/78, BStBl. II 1980, S. 271);
- ein Rechtsanwalt von einer Publikums-KG, an der er selbst – neben zahlreichen anderen Kommanditisten – geringfügig beteiligt ist, einen einmaligen Auftrag zur Führung eines Prozesses erhält (vgl. BFH v. 24.01.1980 – IV R 154 155/77, BStBl. II 1980, S. 269);
- ein Kommanditist einer im Bankgeschäft tätigen KG einen Dritten beerbt, der bei der KG ein Sparguthaben unterhalten hat, und der Kommanditist dieses Guthaben alsbald nach dem Erbfall auflöst (vgl. BFH v. 25.01.1980 – IV R 159/78, BStBl. II 1980, S. 275).

Grundsätzlich kein Anwendungsfall von § 15 Abs. 1 Nr. 2 EStG ist die Veräußerung von Wirtschaftsgütern durch den Mitunternehmer an die Gesellschaft. Diese auf den ersten Blick etwas überraschende Ungleichbehandlung von Veräußerungsgeschäften einerseits und den in § 15 Abs. 1 Nr. 2 EStG enumerierten Leistungen des Mitunternehmers andererseits ist letztlich durch den Wortlaut des Gesetzes selbst zu rechtfertigen: Die von der Gesellschaft gewährte Vergütung ist weder durch eine Tätigkeit des Mitunternehmers noch durch die Gewährung eines Darlehens noch durch die Überlassung (≠ Veräußerung) von Wirtschaftsgütern begründet (vgl. etwa BFH v. 28.10.1999 – VIII R 41/98, BStBl. II 2000, S. 339).

Veräußerung von Wirtschaftsgütern fällt nicht unter § 15 Abs. 1 Nr. 2 EStG

BEISPIEL 34 ▰▰▰

Elektroeinzelhändler E liefert an die gewerblich tätige F-OHG, an welcher er mitunternehmerisch beteiligt ist, eine Telefonanlage zum Listenpreis von 3.000 €.
LÖSUNG Umsatzerlös und Wareneinsatz bleiben Betriebseinnahme bzw. -ausgabe des Elektroeinzelhandelsunternehmens. § 15 Abs. 1 Nr. 2 EStG ist nicht anzuwenden, da es sich nicht um Vergütungen für die Überlassung eines Wirtschaftsguts handelt. ◂|

Zur nicht oder nicht voll entgeltlichen Übertragung von Wirtschaftsgütern zwischen Gesellschaft und Mitunternehmer vgl. ausführlich E II 3, E II 4.

1.1.3 Anwendbarkeit der Subsidiaritätstheorie?

Originäre Einkunftsart ist irrelevant

Liegt keiner der zuvor beschriebenen Ausnahmefälle vor, sondern handelt es sich um einen Regelfall einer von § 15 Abs. 1 Nr. 2 EStG erfassten Vergütung, so erfolgt die Umqualifizierung zu gewerblichen Einkünften unabhängig davon, welcher Einkunftsart die Vergütung ihrer inhaltlichen Beschaffenheit nach eigentlich zuzuordnen wäre, ob es sich also beispielsweise ursprünglich um Einkünfte aus selbständiger Arbeit, nichtselbständiger Arbeit, Vermietung und Verpachtung oder Kapitalvermögen handelt. Logische Konsequenz dieser Herausnahme der Vergütung, je nachdem, welche Einkunftsart originär vorliegt, aus der Gewinnermittlung bzw. der Ermittlung des Überschusses der Einnahmen über die Werbungskosten und der Aufnahme in die Gewinnermittlung der Mitunternehmerschaft ist es, dass auch die korrespondierenden Betriebsausgaben bzw. Werbungskosten dieses Schicksal teilen.

Abkehr von der Subsidiaritätstheorie

Wie bereits bei der Behandlung des Sonderbetriebsvermögens ausgeführt, folgten Rechtsprechung und Finanzverwaltung bis in die frühen 1970er-Jahre hinein der Subsidiaritätstheorie und sahen infolgedessen keine Veranlassung, die aus den Vergütungen resultierenden Einkünfte mittels § 15 Abs. 1 Nr. 2 EStG aus dem Gewerbebetrieb des Mitunternehmers herauszunehmen und dem Gewerbebetrieb der Mitunternehmerschaft zuzuordnen, wenn die betreffenden Vergütungen bereits innerhalb eines inländischen Gewerbebetriebs angefallen waren. Eine derartige Zuordnung wurde für nicht erforderlich erachtet, da es sich ohnehin um gewerbliche Einkünfte handelte. Nachdem der BFH jedoch den Zuordnungscharakter des § 15 Abs. 1 Nr. 2 EStG hervorgehoben hat (vgl. BFH v. 18. 07. 1979 – I R 199/75, BStBl. II 1979, S. 750), sind nunmehr auch solche Vergütungen, die für den Mitunternehmer bereits originäre gewerbliche Einkünfte darstellen würden, als Einkünfte im Rahmen der Mitunternehmerschaft anzusehen. Diese Verfahrensweise entspricht insoweit der Entscheidung bezüglich der Bilanzierungskonkurrenz zwischen dem Sonderbetriebsvermögen und dem eigenen Betriebsvermögen des Mitunternehmers zugunsten einer Zuordnung zum Sonderbetriebsvermögen (siehe hierzu C II 2.2.3).

Nach Gegenmeinung u. U. Zuordnung zum eigenen BV vorrangig

Nach SCHMIDT/WACKER, 2015, § 15 Rz. 535 mit Verweis auf BFH v. 26. 03. 1987 – IV R 65/85, BStBl. II 1987, S. 564) sollen hingegen Sondervergütungen i. S. v. § 15 Abs. 1 Nr. 2 EStG dann nicht vorliegen, wenn die zugrundeliegenden Leistungen durch den Gesellschafter gegenüber der Personengesellschaft im Rahmen des laufenden Geschäftsverkehrs erbracht worden sind, da es insoweit an einer Veranlassung durch das Gesellschaftsverhältnis fehle. Entsprechend sei auch das zugrunde liegende Betriebsvermögen nicht als Sonderbetriebsvermögen zu behandeln, sondern verbleibe im Betriebsvermögen des Einzelbetriebs.

BEISPIEL 35 ▰▰▰▰▰▰▰▰▰▰▰▰▰▰▰▰▰▰▰▰▰▰▰▰

A ist Mitunternehmer der gewerblich tätigen Z-OHG, die einen Kfz-Reparaturbetrieb betreibt, und gleichzeitig Inhaber eines gewerblichen Einzelunternehmens, das Kopiergeräte verkauft und vermietet. Die Z-OHG mietet bei A einen Kopierer zu fremdüblichen Konditionen.
LÖSUNG Folgt man der Auffassung von WACKER, so wäre der Kopierer weiterhin im Einzelunternehmen des A zu bilanzieren, da Leistung und Gegenleistung im Rahmen des laufenden Geschäftsverkehrs zu Bedingungen wie zwischen Fremden erbracht werden. Die Mieteinnahmen wären nicht als Sonderbetriebseinnahmen in der Sonderbuchführung des A an der Z-OHG, sondern im Rahmen des Einzelunternehmens des A zu erfassen. ◀|

BEISPIEL 36 ▰▰▰▰▰▰▰▰▰▰▰▰▰▰▰▰▰▰▰▰▰▰▰▰

B betreibt als Einzelunternehmer einen Kfz-Reparaturbetrieb und ist außerdem Kommanditist der D-KG, die ein Bauunternehmen betreibt. Der Fuhrpark der KG wird regelmäßig in der Kfz-Werkstatt des B zu fremdüblichen Konditionen gewartet.
LÖSUNG Nach Auffassung von WACKER liegen keine Sondervergütungen i. S. v. § 15 Abs. 1 Nr. 2 EStG vor, da Leistungen im Rahmen des laufenden Geschäftsverkehrs zu Bedingungen wie zwischen Fremden erbracht werden. Die von B vereinnahmten Beträge wären nicht als Sonderbetriebseinnahmen in der Sonderbuchführung des B an der D-KG, sondern als »normale« Betriebseinnahmen des Einzelunternehmens zu erfassen. ◀|

Das Ergebnis erscheint insbesondere in den Fällen sachgerecht, in denen im Zeitablauf unterschiedliche Wirtschaftsgüter überlassen werden.

BEISPIEL 37 ▰▰▰▰▰▰▰▰▰▰▰▰▰▰▰▰▰▰▰▰▰▰▰▰

Wie in Beispiel 35, jedoch wird der Kopierer halbjährlich durch ein neues Gerät ersetzt.
LÖSUNG Nach h. M. gehört der jeweils gerade von der Personengesellschaft genutzte Kopierer zum Sonderbetriebsvermögen; nach Rückgabe erfolgt die Erfassung wieder im Einzelunternehmen. Diese Lösung erfordert eine laufende unterjährige Erfassung der einzelnen Nutzungsüberlassungen mit entsprechenden Buchungen. Folgt man der Auffassung von SCHMIDT/WACKER, so würde dies vermieden. ◀|

Stellungnahme

Trotz der mit der vorrangigen Zuordnung zum Betriebsvermögen des Gesellschafters zweifelsohne einhergehenden praktischen Vorteile spricht gegen diese Vorgehensweise, dass sie eine weitere Rückbesinnung auf die Subsidiaritätstheorie bedeuten würde, von welcher sich der BFH mit Urteil v. 18.07.1979 (I R 199/75, BStBl. II 1979, S. 750) gelöst hat. Obwohl der BFH bei Leistungsbeziehungen zwischen gewerblichen Schwesterpersonengesellschaften inzwischen wieder die Subsidiaritätstheorie anwendet (vgl. C II 3), hat er sich mit Verweis auf die Kontinuität der Rechtsprechung explizit gegen deren generelles Wiederaufleben ausgesprochen (vgl. BFH v. 24.03.1999 – I R 114/97, BStBl. II 2000, S. 399 unter B.IV.1.d)). Dem folgend ist davon auszugehen, dass das bloße Vorliegen laufender Geschäftsbeziehungen zwischen Gesellschafter und Gesellschaft wie zwischen Fremden nicht ausreicht, um die Qualifikation als Sondervergütungen zu verneinen; derartige Nutzungsüberlassungen oder Tätigkeitsvergütungen führen vielmehr zu Einkünften i. S. v. § 15 Abs. 1 Nr. 2 EStG. Ein Zusammenhang der Leistungsbeziehungen mit der Gesellschafterstellung ist lediglich dann nicht gegeben, wenn Leistungsbeziehung und Mitunternehmereigenschaft zufällig zusammentreffen.

1.2 Tätigkeitsvergütungen

Tätigkeitsvergütungen i. S. v. § 15 Abs. 1 Nr. 2 EStG können sein

- Vergütungen für Arbeitsleistungen, etwa für Geschäftsführung oder aufgrund eines Arbeitsverhältnisses, wobei insbesondere zwischen laufenden Vergütungen und Pensionszusagen zu unterscheiden ist;
- Vergütungen für Dienstleistungen, z. B. Steuerberater- oder Architektenhonorare;
- Vergütungen für Werkleistungen.

1.2.1 Vergütungen für Arbeitsleistungen

1.2.1.1 Laufende Vergütungen

Laufende Vergütungen für Arbeitsleistungen sind alle Aufwendungen, die die Gesellschaft bei Bezahlung eines fremden Arbeitnehmers als Betriebsausgaben abziehen kann. Keine Rolle spielt, ob es sich beim Empfänger ohne Anwendung von § 15 Abs. 1 Nr. 2 EStG um steuerpflichtigen Arbeitslohn handelt oder eine Befreiungsregelung greifen würde.

BEISPIEL 38

D ist Kommanditist und zugleich Arbeitnehmer der D-KG. Er erhält von der KG in 01 ein monatliches Bruttogehalt von 5.000 €, von dem Sozialversicherungsbeiträge i. H. v. 500 € einbehalten und zusammen mit dem Arbeitgeberanteil von ebenfalls 500 € abgeführt werden. Außerdem hat die KG dem D Reisekosten i. H. v. 4.000 € ersetzt.

LÖSUNG Würde D Einkünfte aus nichtselbständiger Arbeit erzielen, hätte er in 01 steuerpflichtige Einnahmen aus nichtselbständiger Arbeit i. H. v. 60.000 €. Hinsichtlich der Erstattung der Reisekosten sowie des Arbeitgeberanteils zur Sozialversicherung läge ein steuerfreier Aufwandsersatz bzw. Arbeitslohn gemäß § 3 Nrn. 16, 62 EStG vor. Da es sich hier aber um Vergütungen i. S. v. § 15 Abs. 1 Nr. 2 EStG handelt, greifen die steuerbefreienden Regelungen des § 3 EStG nicht ein und die Arbeitgeberbeiträge zur Sozialversicherung (vgl. BFH v. 30.08.2007 – IV R 14/06, BStBl. II 2007, S. 942; kritisch BOLK, FR 2003, S. 839; PAUS, DStZ 2006, S. 336) sowie die erstatteten Reisekosten sind mit zu erfassen (vgl. aber BFH v. 13.12.1984 – VIII R 296/81, BStBl. II 1985, S. 325). D sind daher Sondervergütungen i. H. v. 70.000 € zuzurechnen (= Bruttogehalt zzgl. Arbeitgeberanteile zzgl. Reisekostenersatz). Die von D getragenen Reisekosten stellen bei ihm Sonderbetriebsausgaben dar. Die Sozialversicherungsbeiträge sind für D nunmehr in voller Höhe, also nicht nur i. H. d. Arbeitnehmeranteils, Sonderausgaben (nicht etwa Sonderbetriebsausgaben!) i. S. v. § 10 Abs. 1 Nr. 2 EStG. ◀|

1.2.1.2 Pensionszusagen

Gewährt eine Personengesellschaft einem ihrer Mitunternehmer eine Pensionszusage, so führt dies zivilrechtlich unstreitig zu einer schuldrechtlichen Verpflichtung der Gesellschaft und ist infolgedessen in der Handelsbilanz der Personengesellschaft gemäß § 249 Abs. 1 HGB zwingend durch eine Rückstellung für ungewisse Verbindlichkeiten zu berücksichtigen. Die steuerliche Behandlung derartiger, anlässlich einer Pensionszusage zugunsten eines Mitunternehmers gebildeter Pensionsrückstellungen war indes lange Zeit umstritten:

So vertrat der BFH vormals die Auffassung, die Pensionszusage sei steuerrechtlich lediglich als Gewinnverteilungsabrede anzusehen, woraufhin in der Gesamtbilanz der Gesellschaft (d. h. in einer gedachten konsolidierten Bilanz, bestehend aus den Ansätzen in Gesamthands-, Ergänzungs- und Sonderbilanzen) keine Rückstellung gebildet werden dürfe (vgl. BFH v. 16.02.1967 – IV R 62/66, BStBl. III 1967, S. 222).

Folgt man mit der h.M. dem Grundgedanken des BFH, dass die Pensionszahlungen nicht anders als die laufenden Gehaltszahlungen Sondervergütungen darstellen und sich daher auch bereits deren Zusage nicht auf den Gesamtgewinn der Gesellschaft auswirken soll (kritisch HALLERBACH in SÖFFING, 2005, Rn. 938), so ist anschließend zu fragen, wer den aufgrund der Nichtpassivierung der Pensionsrückstellung entstehenden Mehrgewinn zu versteuern hat: der begünstige Gesellschafter oder alle Gesellschafter nach dem Gewinnverteilungsschlüssel? Dies ist gleichwohl nicht zu verwechseln mit der Überlegung, wer schlussendlich die tatsächlichen Pensionsleistungen zu versteuern hat; dies wird natürlich immer der pensionsberechtigte Mitunternehmer sein. Fraglich ist eben »nur«, zu welchem Zeitpunkt er dies zu tun hat:

... wer versteuert wann?

- Soll dies erst im Zuge der Auszahlungen erfolgen, so wäre der infolge der Nichtpassivierung der Pensionsrückstellung entstehende Mehrgewinn zunächst allen Mitunternehmern zuzurechnen und erst die nachfolgenden Zahlungen an den Begünstigten würden bei diesem zu entsprechenden gewerblichen Einkünften zu Lasten des Gewinns aller Mitunternehmer führen. Bilanztechnisch wäre dies durch eine Passivierung der Pensionsrückstellung in der Steuerbilanz der Gesellschaft, verbunden mit einer Korrektur durch Aktivierung eines entsprechenden Pensionsanspruchs in den Sonderbilanzen aller Gesellschafter, darzustellen. Im Zuge der Pensionsleistungen würde sich sodann der in den Sonderbilanzen aller Gesellschafter ausgewiesene Pensionsanspruch aufwandswirksam vermindern, während allein bei dem Begünstigten entsprechende Sonderbetriebseinnahmen zu verzeichnen wären.

Aktivierung des Pensionsanspruchs in den Sonderbilanzen aller Mitunternehmer oder ...

- Soll hingegen der Begünstigte unabhängig von der Zahlung bereits die jeweilige Erhöhung seines Pensionsanspruchs versteuern, was zur Folge hätte, dass die spätere Auszahlung der Pension insoweit erfolgsneutral wäre, so müsste der Mehrgewinn aus der Nichtpassivierung der Pensionsrückstellung alleinig dem Begünstigten zugerechnet werden, während es für die Gesamtheit der Mitunternehmer bei der Aufwandswirksamkeit der Rückstellungszuführung verbliebe. Bilanztechnisch würde auch hier eine Passivierung in der Steuerbilanz der Gesellschaft erfolgen, wobei allerdings die Korrektur durch Aktivierung eines wertmäßig korrespondierenden Pensionsanspruchs alleinig in der Sonderbilanz des begünstigten Mitunternehmers vorzunehmen wäre. Im Zuge der späteren Pensionszahlungen wäre der Pensionsanspruch aufwandswirksam aufzulösen; insoweit wären die erhaltenen Pensionsleistungen für den begünstigten Mitunternehmer zu diesem Zeitpunkt erfolgsneutral.

... nur in derjenigen des Pensionsberechtigten?

Nachdem der BFH die vorstehenden Fragen lange Zeit offen ließ (vgl. BFH v. 02.12.1997 – VIII R 15/96, BStBl. II 2008, S. 174; v. 16.12.1992 – I R 105/91, BStBl. II 1993, S. 792), hat er schließlich i.S.d. letztgenannten Variante entschieden (vgl. BFH v. 14.02.2006 – VIII R 40/03, BStBl. II 2008, S. 182; v. 30.03.2006 – IV R 25/04, BStBl. II 2008, S. 171), so dass der mit der Pensionsrückstellung in der Steuerbilanz korrespondierende Aktivposten ausschließlich in der Sonderbilanz des begünstigten Gesellschafters zu aktivieren ist. Begründet sei dies, so der VIII. Senat des BFH, durch den Umstand, dass auch der insoweit vergleichbare Einzelunternehmer für seine

Nunmehr: Versteuerung bereits vor Eintritt des Versorgungsfalls

Alterssicherung keine Rückstellung bilden könne. Folglich sei der durch eine Pensionszusage seiner Gesellschaft begünstigte Gesellschafter so zu behandeln, als hätte die Gesellschaft einen entnehmbaren Gewinn i. H. d. Pensionsrückstellung erzielt und dem Gesellschafter entsprechend einer Gewinnverteilungsabrede zur freien Verfügung überlassen, damit er sich selbst um seine Altersvorsorge kümmere. Wie die laufenden Gehaltsbezüge des Gesellschafters führe eine Pensionszusage zu seinen Gunsten einerseits zu Aufwand der Gesellschaft und erhöhe andererseits den Sonderbetriebsertrag des begünstigten Gesellschafters.

BMF folgt, gewährt aber ...

Die Finanzverwaltung (vgl. BMF v. 29.01. 2008, BStBl. I 2008, S. 317) ist dieser Auffassung im Grundsatz gefolgt und hat, ausweislich des Umstandes, dass die vorstehende Rechtsprechung auch für bereits vorher bestehende Pensionszusagen anwendbar ist, sowohl eine allgemeine Übergangsregelung als auch eine Billigkeitsregelung ersonnen, da nicht zu verkennen ist, dass, wenn die Gesellschaft die Pensionszusage bis dato als reine Gewinnverteilungsabrede behandelt hat, nunmehr aber den BFH-Urteilen folgend einen Pensionsanspruch alleinig in der Sonderbilanz des Begünstigten aktiviert, für diesen schlagartig eine erhebliche steuerliche Belastung ausgelöst werden kann (vgl. hierzu das Beispiel in IDW-Fachnachrichten 2007, S. 293).

... allgemeine Übergangsregelung sowie ...

Hat die Gesellschaft die Pensionszusage bisher als steuerlich unbeachtliche Gewinnverteilungsabrede behandelt oder aber bei Passivierung in der Steuerbilanz der Gesellschaft dies durch Ausweis eines anteiligen Anspruchs in den Sonderbilanzen aller Gesellschafter neutralisiert, so kann sie auf Antrag diese Bilanzierungspraxis bezüglich der Altzusagen ohne zeitliche Beschränkung beibehalten, wenn die Gesellschafter dies übereinstimmend gegenüber dem zuständigen Finanzamt erklären (vgl. BMF v. 29.01. 2008, BStBl. I 2008, S. 317, Rn. 20). Indes erscheint die übereinstimmende Erklärung der Gesellschafter diesbezüglich durchaus fraglich, da ein Wechsel zur »neuen« Bilanzierungspraxis für die nicht- bzw. in geringerem Umfang durch Pensionszusagen Begünstigten mit ggf. erheblichen steuerlichen Vorteilen verbunden ist.

... Billigkeitsregelung

Sollte die Gesellschaft von dieser Übergangsregelung keinen Gebrauch machen, so besteht die Möglichkeit, die sich aus der Umstellung der Bilanzierungspraxis ergebenden steuerlichen Auswirkungen für den bzw. die betreffenden Mitunternehmer nicht schlagartig eintreten zu lassen, sondern zeitlich zu strecken: So kann der sich ergebende Mehrgewinn in der Sonderbilanz des betreffenden Mitunternehmers i. H. v. 14/15 in eine steuerfreie Rücklage eingestellt werden, welche in den vierzehn Folgejahren jeweils zu mindestens einem 1/14 gewinnerhöhend aufzulösen ist. Mehrgewinn ist dabei der Betrag, welcher sich für den jeweiligen Gesellschafter unter Berücksichtigung aller Auswirkungen ergibt, die aus dem Wechsel zum geänderten Bilanzausweis resultieren. Folglich sind bei der Ermittlung des rücklagefähigen Gewinns für den jeweiligen Gesellschafter nicht nur die Gewinnerhöhungen, welche durch die Aktivierung seines Pensionsanspruchs in seiner Sonderbilanz bewirkt werden, sondern eben auch die aus der aufwandswirksamen Passivierung »seiner« sowie etwaiger Pensionsrückstellungen aus Zusagen gegenüber anderen Mitunternehmern in der Steuerbilanz der Gesellschaft für ihn erzeugten anteiligen Gewinnminderungen zu berücksichtigen. Allerdings kann die Billigkeitsregelung nur in Anspruch genommen werden, wenn unmittelbar die neuen Bilanzierungsgrundsätze angewendet werden; mit einer vorherigen Inanspruchnahme der allgemeinen Übergangsregelung wird dieser Anspruch folglich verwirkt. Zudem soll die Billigkeitsregelung keine Wirkung für die Gewerbesteuer entfalten, was gleichwohl zutreffend ist, da sich die Gewinnerhöhungen und -minderungen der einzelnen Mitunternehmer im Moment der Umstellung der Bilanzierungspraxis insgesamt aufheben und damit ohnehin keine gewerbesteuerliche Belastung entsteht. Siehe hierzu insgesamt BMF v. 29. 01. 2008, BStBl. I 2008, S. 317, Rn. 5; zur GmbH & Co. KG siehe K I 2.2.2.

Insbesondere für Neuzusagen ist zu beachten, dass es nach Auffassung des BFH steuerlich anzuerkennen sein kann, wenn zwar der Pensionsanspruch in Übereinstimmung mit der oben dargestellten Methodik lediglich in der Sonderbilanz des begünstigten Gesellschafters aktiviert wird, der im Gesamthandsbereich entstandene Rückstellungsaufwand aber aufgrund einer gesellschaftsrechtlichen Vereinbarung nicht den Gewinnanteil aller, sondern ebenfalls nur denjenigen des begünstigten Gesellschafters mindert (vgl. BFH v. 16. 10. 2008 – IV R 82/06, BFH/NV 2009, S. 581). Hierdurch könnte per Saldo dasselbe Ergebnis wie nach »alter« Bilanzierungspraxis erreicht werden (vgl. KORN, BeSt 2009, S. 24 mit Beispiel). Eine diesbezügliche Reaktion der Finanzverwaltung ist bis dato nicht ersichtlich.

BFH: altes Ergebnis auf gesellschaftsvertraglicher Basis möglich

Scheidet ein pensionsberechtigter Mitunternehmer aus der Mitunternehmerschaft aus, ist die korrespondierende Bilanzierung der Pensionsansprüche in seiner Sonderbilanz und in der Gesamthandsbilanz fortzuführen, da § 15 Abs. 1 Satz 2 EStG nach dem Ausscheiden geleistete Pensionszahlungen den während der Zugehörigkeit zur Gesellschaft bezogenen Sondervergütungen gleichstellt (vgl. BFH v. 06. 03. 2014 – IV R 14/11, BStBl. II 2014, S. 624). Im Ergebnis wird der Ausgeschiedene während der Dauer seiner Pensionsberechtigung im Rahmen der Gewinnfeststellung weiter als Mitunternehmer der Gesellschaft geführt.

Korrespondierende Bilanzierung auch nach Ausscheiden des Pensionsberechtigten aus der Gesellschaft

1.2.2 Vergütungen für sonstige Dienstleistungen

Vergütungen für sonstige Dienstleistungen des Gesellschafters für die Gesellschaft, insbesondere für dem Grunde nach freiberufliche Tätigkeiten, stellen nach Meinung der Finanzverwaltung grundsätzlich Vergütungen i. S. v. § 15 Abs. 1 Nr. 2 EStG dar (vgl. Tz. 81 MU-Erlass). Nur in wenigen Ausnahmen hat der BFH hier anders entschieden, vgl. den oben geschilderten Fall des Rechtsanwalts, der rein zufällig bzw. einmalig für die KG tätig wird, an der er neben vielen anderen als Kommanditist beteiligt ist.

1.2.3 Vergütungen für Werkleistungen

Im Falle des Tätigwerdens eines Gesellschafters auf der Grundlage eines Werkvertrags kann im Einzelnen fraglich sein, ob es sich um Vergütungen für Tätigkeiten im Dienst der Gesellschaft oder die Lieferung von Wirtschaftsgütern handelt. Die Abgrenzung ist bedeutsam, da die Lieferung von Waren im Rahmen eines Kaufvertrags zwischen dem Gesellschafter und der Gesellschaft im Unterschied zur Tätigkeitsvergütung nicht unter den Tatbestand des § 15 Abs. 1 Nr. 2 EStG fällt. Der BFH sieht nun das Tatbestandsmerkmal »Tätigkeit« bereits dann nicht mehr als erfüllt an, wenn der Gesellschafter zur Herbeiführung des der Gesellschaft geschuldeten Erfolgs nicht nur Arbeit zu leisten, sondern auch Waren zu liefern hat, deren Wert nicht mehr von nur untergeordneter Bedeutung ist (vgl. BFH v. 28. 10. 1999 –

VIII R 41/98, BStBl. II 2000, S. 339). Der Annahme einer Tätigkeitsvergütung steht dabei nicht entgegen, dass sich der Gesellschafter zur Erfüllung seiner Verpflichtung ggf. einer eigenen Organisation mit Hilfskräften bedient (vgl. BFH v. 23.05.1979 – I R 56/77, BStBl. II 1979, S. 763). Darüber hinaus ist zu beachten, dass die Personengesellschaft derartige Aufwendungen für Tätigkeiten des Gesellschafters bei der Bemessung der Herstellungskosten des betreffenden Wirtschaftsguts zu berücksichtigen hat (vgl. BFH v. 08.02.1996 – III R 35/93, BStBl. II 1996, S. 427), was allerdings eine Ungleichbehandlung gegenüber dem Einzelunternehmer darstellt, ist diesem doch der Ansatz des Werts der eigenen Arbeitsleistung (kalkulatorische Kosten) verwehrt.

BEISPIEL 39

Der gewerbliche Bauunternehmer X, zugleich Mitunternehmer der XYZ-OHG, erbringt regelmäßig Bauleistungen (Werkleistungen) für die XYZ-OHG. Im Wirtschaftsjahr 2014 hat ihm die OHG für seine erbrachten Leistungen ein Entgelt von insgesamt 27.000 € gezahlt. Im Zusammenhang mit der Tätigkeit für die OHG sind X 2014 Betriebsausgaben von insgesamt 8.000 € entstanden.

Die OHG hat die an X gezahlten 27.000 € bis dato aufwandswirksam behandelt, während X die Zahlung als Betriebseinnahme im Rahmen seines Bauunternehmens berücksichtigt hat.
LÖSUNG Da § 15 Abs. 1 Nr. 2 EStG auch Zuordnungsnorm ist, muss X sowohl die Betriebseinnahmen als auch die entsprechenden Betriebsausgaben aus der Gewinnermittlung seines Gewerbebetriebs Bauunternehmung herausnehmen und als Sondervergütung i.H.v. 27.000 € abzüglich der nunmehr als Sonderbetriebsausgaben zu bezeichnenden 8.000 € innerhalb der Ermittlung seines Gewinns aus der Mitunternehmerschaft XYZ-OHG berücksichtigen. Die XYZ-OHG hat die Aufwendungen in ihrer Gesamthandsbilanz (1. Stufe der Gewinnermittlung!) gegebenenfalls, d.h. bei Vorliegen der hierfür allgemein geltenden Voraussetzungen, als Herstellungskosten eines Wirtschaftsguts zu aktivieren. ◂|

1.3 Vergütungen für die Hingabe von Darlehen

Darlehensbegriff geht über § 607 BGB hinaus

Die Vorschrift, Vergütungen für die Hingabe von Darlehen an eine Personengesellschaft zu den gewerblichen Einkünften des Gesellschafters zu zählen, erfasst neben Darlehen i.S.v. § 607 BGB und Rechtsverhältnissen, auf welche die Darlehensvorschriften Anwendung finden (vgl. § 700 BGB), jede Art von Vergütungen für die Überlassung von Kapital zur Nutzung auf schuldrechtlicher oder gesellschaftsrechtlicher Grundlage (vgl. BFH v. 13.10.1998 – VIII R 78/97, BStBl. II 1999, S. 163). Dazu zählen nicht nur Habenzinsen für die unmittelbare Überlassung von Geldbeträgen, sondern z.B. auch Avalprovisionen, Zinsen auf gestundete Gehalts- oder Kaufpreisforderungen sowie eventuelle Gewinnanteile bei neben der Gesellschafterstellung bestehender typischer stiller Beteiligung (vgl. SCHMIDT/WACKER, 2015, § 15 Rz. 594 m.w.N.).

Korrespondierende Bilanzierung

In der Sonderbilanz des Mitunternehmers ist i.H.d. überlassenen Kapitals eine Forderung gegen die Gesellschaft zu aktivieren, die mit dem Ansatz der Verbindlichkeit in der Gesamthandsbilanz der Gesellschaft korrespondiert (vgl. hierzu C III 2).

Abkommensrechtliche Qualifikation

Im Fall eines beschränkt steuerpflichtigen Mitunternehmers stellt sich ggf. die Frage, ob die Qualifikation als Sondervergütungen im EStG auch abkommensrechtlich durchgreift. Da das deutsche Konzept der Besteuerung von Mitunternehmerschaften international unüblich ist, kann es diesbezüglich zu Qualifikationsproblemen kommen, etwa wenn Zinszahlungen an einen im Ausland ansässigen Mitunternehmer nach dem Steuerrecht seines Wohnsitzstaats als Zinseinnahmen, nach deutschem EStG dagegen als Sondervergütungen und damit als gewerbliche Einkünfte qualifiziert werden.

Nur wenige DBA enthalten hierfür explizite Regelungen. Bestehen solche (wie etwa im DBA-Österreich), richtet sich die Einordnung nach dem Quellenstaat. Gibt also im sogenannten Inbound-Fall ein ausländischer Mitunternehmer seiner inländischen Gesellschaft ein Darlehen, ist die abkommensrechtliche Einordnung der Zinseinkünfte nach deutschem EStG vorzunehmen, so dass die Qualifikation der Sondervergütungen als gewerbliche Einkünfte eingreift und eine Besteuerung in Deutschland nach Art. 7 OECD-MA ermöglicht wird, soweit die Einkünfte einer inländischen Betriebsstätte zuzuordnen sind.

Explizite DBA-Regelungen selten

Bestehen hingegen zu den Qualifikationsproblemen keine Regelungen im DBA, sind Sondervergütungen nach Auffassung des BFH abkommensrechtlich i.d.R. nicht als Unternehmensgewinne zu qualifizieren, sondern stellen z.B. Zinseinkünfte dar, die nach Art. 11 Abs. 1 OECD-MA nur im Wohnsitzstaat versteuert werden können (vgl. BFH v. 17.10.2007 – I R 5/06, BStBl. II 2009, S. 356 zum DBA-USA). In diesen Fällen scheidet damit eigentlich ein Besteuerungsrecht durch den deutschen Fiskus im Inboundfall aus. Auf dieses Urteil hat der Gesetzgeber mit der Einführung des § 50d Abs. 10 EStG reagiert (»rechtsprechungsbrechende Regelung«, SCHMIDT/LOSCHELDER, 2015, § 50d Rz. 60), wonach die abkommensrechtliche Qualifikation als Unternehmensgewinne im Inland und damit das Besteuerungsrecht durch den deutschen Fiskus erzwungen werden soll. Die zunächst durch das JStG 2009 eingeführte Regelung lief nach Auffassung des BFH (v. 08.09.2010 – I R 74/09, BFH/NV 2011, S. 138) und großen Teilen der Literatur entgegen der von der Finanzverwaltung vertretenen Sichtweise (vgl. BMF v. 16.04.2010, BStBl. I 2010, S. 354, Tz. 2.2.1 und 5.1) ins Leere, da es an einer gleichzeitigen Fiktion der Zurechnung der Zinsen zu einer inländischen Betriebsstätte des Mitunternehmers fehlte, die aber nach Art. 7 OECD-MA für eine Besteuerung im Quellenstaat erforderlich ist. Der Gesetzgeber besserte daher im Zuge des AmtshilfeRLUmsG insoweit nach, als die Sondervergütungen nach § 50d Abs. 10 Satz 3 EStG n.F. nunmehr auch derjenigen Betriebsstätte zugerechnet werden, der die Vergütungen an den Gesellschafter als Aufwand zuzuordnen sind. Gleichzeitig wurde der Anwendungsbereich auf mit den Sondervergütungen zusammenhängende Sonderbetriebsausgaben und -einnahmen ausgeweitet.

Treaty override nach § 50d Abs. 10 EStG

Trotz dieser Klarstellung stößt die Regelung auf erhebliche Kritik, da zum einen die in § 52 Abs. 59a Satz 11 EStG a.F. enthaltene Rückwirkung für verfassungswidrig und zum anderen das Treaty override insgesamt für völkerrechts- und damit ebenfalls verfassungswidrig angesehen werden (vgl. SCHMIDT/LOSCHELDER, 2015, § 50d Rz. 60 m.w.N.).

Verfassungsrechtliche Zweifel führen zu …

Der BFH hat daher die Frage nach der Zulässigkeit der Rückwirkung und des Treaty overriding insgesamt mit Beschluss vom 11.12.2013 (I R 4/13, BStBl. II 2014, S. 791) dem BVerfG vorgelegt (Az. BVerfG: 2 BvL 15/14).

… Normenkontrollvorlage beim BVerfG durch den BFH

Für den umgekehrten Fall eines in Deutschland ansässigen und an einer ausländischen Personengesellschaft beteiligten Gesellschafter (Outbound-Fall) soll § 50d Abs. 9 EStG die Besteuerung in Deutschland sichern, soweit der jeweilige Vertragsstaat wegen der Anwendung von Art. 11 OECD-MA die Sondervergütungen als Quellenstaat nicht besteuert. Auch hierin wird indes von der Rechtsprechung ein unzulässiges Treaty overriding gesehen (vgl. FG Münster v. 02.07.2014, EFG 2014,

§ 50d Abs. 9 EStG

S. 2043, nrk., Rev. eingelegt, Az. BFH: I R 49/14). Der BFH hat auch diese Frage dem BVerfG zur Entscheidung vorgelegt (vgl. BFH v. 20.08.2014 – I R 86/13; Az. BVerfG: 2 BvL 21/14).

1.4 Vergütungen für die Überlassung von Wirtschaftsgütern

Wirtschaftsgüter des SBV und andere WG

Hierunter fallen zunächst alle Vergütungen, die der Gesellschafter von der Gesellschaft für die Überlassung der Wirtschaftsgüter des Sonderbetriebsvermögens I an die Gesellschaft zur Nutzung erhält, soweit es sich nicht um die Hingabe von Darlehen handelt. Darüber hinaus sind Fälle denkbar, in denen ein Gesellschafter der Gesellschaft Wirtschaftsgüter überlässt, die seinem Sonderbetriebsvermögen nicht zuzurechnen sind.

BEISPIEL 40 ▰▰▰▰▰▰▰▰▰▰▰▰▰▰▰▰▰▰▰▰▰▰▰▰▰▰▰▰

Der Mitunternehmer einer KG vermietet an diese einen Pkw, den er selbst geleast hat und der von der Leasing-Gesellschaft bilanziert wird.

LÖSUNG Mangels zivilrechtlichen und wirtschaftlichen Eigentums kann der Pkw nicht im Sonderbetriebsvermögen des Mitunternehmers bilanziert werden. Dennoch sind die Mieteinnahmen bei ihm als Vergütungen i.S.v. § 15 Abs. 1 Nr. 2 EStG zu behandeln. Die Leasingzahlungen stellen Sonderbetriebsausgaben des Mitunternehmers dar. ◂|

Überlassung ≠ Übertragung des Eigentums

Der Begriff der Überlassung umschließt jedoch nicht die Übertragung des zivilrechtlichen oder wirtschaftlichen Eigentums an einem Wirtschaftsgut auf die Gesellschaft durch einen Mitunternehmer. In diesem Fall nutzt die Gesellschaft das Wirtschaftsgut anschließend in Ausübung eines eigenen Rechts, so dass für die Regelung des § 15 Abs. 1 Nr. 2 EStG kein Raum mehr besteht. Die Übertragung selbst kann ein Veräußerungsgeschäft oder eine Einlage darstellen und u.U. mit steuerrechtlichen Konsequenzen verbunden sein (vgl. hierzu ausführlich E II).

2 Sonderbetriebseinnahmen und -ausgaben

Wie bereits erwähnt, beschränken sich die gewerblichen Einkünfte des Gesellschafters einer Personengesellschaft i.S.d. § 15 Abs. 1 Nr. 2 EStG nicht auf den Anteil am gesamthänderisch erzielten Gewinn und die zuvor behandelten Sondervergütungen, sondern sind unter Einbezug von Sonderbetriebseinnahmen und -ausgaben zu ermitteln.

Sonderbetriebseinnahmen

Zu den Sonderbetriebseinnahmen gehören solche Einnahmen, die aufgrund der Mitunternehmerstellung dem Mitunternehmer persönlich zugeflossen sind, ohne in der Gewinnermittlung der Gesamthand Berücksichtigung zu finden. Sonderbetriebseinnahmen in diesem Sinne sind daher z.B. (vgl. auch ZIMMERMANN, 2013, Kapitel B, Rz. 323):

1. Einnahmen von Dritten für Wirtschaftsgüter, die dem Sonderbetriebsvermögen zugehörig sind, z.B.
   - Gewinne aus der Veräußerung dieser Wirtschaftsgüter;
   - Zinseinnahmen bei Wertpapieren des Sonderbetriebsvermögens;
   - Gewinnausschüttungen auf Anteile an Kapitalgesellschaften, die zum Sonderbetriebsvermögen gehören.

2. Einnahmen, die der Gesellschafter von Dritten aufgrund seiner Gesellschafterstellung erhält, z.B. Schmiergelder.
3. Entnahmegewinne aufgrund der Überführung von Wirtschaftsgütern des Sonderbetriebsvermögens in das Privatvermögen des Mitunternehmers.

Sonderbetriebsausgaben sind diejenigen Ausgaben, die einem Mitunternehmer im **Sonderbetriebs-**
Zusammenhang mit der Überlassung von Wirtschaftsgütern, Tätigkeiten für die **ausgaben**
Gesellschaft oder Hingabe von Darlehen persönlich entstehen oder die im Zusammenhang mit seinem Sonderbetriebsvermögen entstanden sind. Beispiele hierfür
sind

1. vom Gesellschafter aufgewendete Sollzinsen für ein zur Finanzierung seines
   Gesellschaftsanteils aufgenommenes und daher zum notwendigen Sonderbetriebsvermögen II zählendes Darlehen;
2. Aufwendungen im Zusammenhang mit für die Gesellschaft erbrachten Dienstleistungen, z.B. anteilig auf die Dienstleistung entfallende Gehaltsaufwendungen an Mitarbeiter eines Architekten, der für eine KG tätig wird, an der er selbst
   als Kommanditist beteiligt ist;
3. Aufwendungen im Zusammenhang mit der Überlassung von Wirtschaftsgütern, z.B.
- Absetzung für Abnutzung;
- Grundsteuer, Versicherungen;
- Finanzierungskosten;
- allgemeine Verwaltungskosten etc.

VI Beispiel zur zweistufigen Gewinnermittlung

BEISPIEL 41

R und W sind jeweils zu 50 % am Erfolg und Vermögen der R&W-OHG (nachfolgend OHG)
beteiligt, die sich mit der Bearbeitung von Altpapier befasst. Während R die Geschäfte der
OHG führt und dafür ein Gehalt von 30.000 € p.a. erhält, vermietet W der Gesellschaft seit
dem 01.01.08 ein bebautes Grundstück zu einem Mietzins von monatlich 5.000 €.
Das Grundstück hatte W mit Lastenwechsel zum 01.01.08 für 275.000 € zuzüglich 25.000 €
Nebenkosten (Makler, Grunderwerbsteuer, Eintragungsgebühren) erworben. Hiervon entfielen 50 % auf das Gebäude, das W gemäß § 7 Abs. 4 Satz 1 Nr. 2 Buchst. a EStG abschreibt.
Im Jahr 14 ergaben sich mit dem Grundstück zusammenhängende Kosten in folgendem
Umfang:
1. Grundsteuer i.H.v. 500 €, Zahlung am 05.01.14.
2. Kosten der Müllabfuhr i.H.v. insgesamt 2.400 €, Zahlung jeweils monatlich im Voraus.
3. Zinszahlung am 01.12.14 i.H.v. 6.000 € für die Zeit vom 01.12.14 bis 30.11.15 auf ein
   Darlehen von 100.000 €, das am 01.12.14 zur vollständigen Finanzierung der Reparatur
   des Dachstuhls aufgenommen wurde und am 30.11.24 in einem Betrag zu tilgen ist. Die
   Instandsetzung des Dachstuhls erfolgte wegen schlechter Wetterlage jedoch erst im
   Januar 15. Die Darlehensvaluta befindet sich zum 31.12.14 auf einem extra eingerich-
   teten Baukonto.
4. Erwerb eines Rasenmähers für 150 €.
Den Mietzins überweist der Buchhalter der OHG jeweils zum Monatsanfang auf das private
Girokonto des W. Sämtliche oben angegebenen Zahlungen bestritt W ebenfalls mit privaten
Mitteln. Beide Gesellschafter erhalten aus der betrieblichen Gesamthand einen Gewinn von
20.000 € zugewiesen.

LÖSUNG

(1) Allgemeines

Bei der R&W-OHG handelt es sich um eine gewerblich tätige Personengesellschaft. Die Gesellschafter R und W sind als Mitunternehmer anzusehen, da die Kriterien Mitunternehmerrisiko und -initiative erfüllt sind, und erzielen Einkünfte aus Gewerbebetrieb i.S.v. § 15 Abs. 1 Nr. 2 EStG.

(2) Gewinnermittlung auf der ersten Stufe

Die Gewinnermittlung auf der ersten Stufe umfasst die Steuerbilanz der Gesellschaft sowie etwaige Ergänzungsbilanzen der einzelnen Mitunternehmer. R und W erhalten aus der betrieblichen Gesamthand einen steuerlichen Gewinn von jeweils 20.000 € zugewiesen. Eine Aufstellung von Ergänzungsbilanzen zur Wertkorrektur der sich aus der Gesamthandsbilanz ergebenden Anteilswerte ist im vorliegenden Fall nicht erforderlich.

(3) Gewinnermittlung auf der zweiten Stufe

Die Gewinnermittlung auf der zweiten Stufe umfasst die in § 15 Abs. 1 Nr. 2 EStG genannten Sondervergütungen sowie etwaige weitere Sonderbetriebseinnahmen bzw. Sonderbetriebsausgaben. Das Ergebnis ist für den betreffenden Mitunternehmer durch eine Sonderbuchführung, d.h. durch Aufstellung einer Sonderbilanz und einer Sonder-GuV zu ermitteln. Sind lediglich Sondervergütungen, jedoch kein Sonderbetriebsvermögen gegeben, so ist die Aufstellung einer Sonderbilanz nicht erforderlich.

a) Geschäftsführungsgehalt des R

Das Geschäftsführungsgehalt des R stellt eine Tätigkeitsvergütung i.S.d. § 15 Abs. 1 Nr. 2 EStG dar. Die Gehaltszahlungen sind folglich als gewerbliche Einkünfte des R zu qualifizieren. Sie mindern den Gewinn der OHG im Ergebnis nicht. Eine Sonderbilanz für R ist nicht aufzustellen, soweit zum Bilanzstichtag keine ausstehenden Gehaltszahlungen vorlagen.

b) Grundstück des W

Das von W der OHG vermietete Grundstück ist als notwendiges Sonderbetriebsvermögen I des W zu behandeln, da es objektiv erkennbar zum unmittelbaren Einsatz im Betrieb bestimmt ist und damit dem Betrieb der Gesellschaft unmittelbar dient.

Die Mietzahlungen der OHG an W stellen eine Sondervergütung für die Überlassung von Wirtschaftsgütern i.S.d. § 15 Abs. 1 Nr. 2 EStG dar. W erzielt folglich bezüglich der Mieteinnahmen gewerbliche Einkünfte. Die mit der Grundstücksüberlassung in Zusammenhang stehenden Aufwendungen sind als Sonderbetriebsausgaben in der Sonderbuchführung des W zu berücksichtigen.

Sonderbilanz per 31.12.13:

Aktiva	Sonderbilanz zum 31.12.13 in €		Passiva
Grund und Boden	150.000	Sonderkapital W	282.000
Gebäude	132.000		
	282.000		282.000

Der Gebäudeansatz ergibt sich wie folgt (in €):

Anschaffungspreis	275.000	
+ Anschaffungsnebenkosten	25.000	
= historische Anschaffungskosten in 08	300.000	
50% entfallen auf das Gebäude		150.000
AfA gemäß § 7 Abs. 4 Satz 1 Nr. 2 Buchst. a EStG:		
08–13 (je 2%)		./. 18.000
Buchwert 31.12.13		132.000

Aufstellung der Sonder-GuV 01.01.14 – 31.12.14 (in €):

Mieterträge (12 × 5.000)	60.000
AfA (2 % von 150.000)	./. 3.000
Grundsteuer	./. 500
Müllabfuhr	./. 2.400
Zinsen (anteilig 1/12 von 6.000 € für 14)	./. 500
Rasenmäher (GWG gemäß § 6 Abs. 2 EStG)	./. 150
Sonstiger betrieblicher Aufwand aufgrund der Bildung einer Rückstellung für unterlassene Aufwendungen für Instandhaltung gemäß § 249 Abs. 1 Satz 2 Nr. 1 HGB (Passivierungspflicht, da Nachholung im Januar durchgeführt)	./. 100.000
Ergebnis Sonder-GuV W	./. 46.550

Aufstellung der Sonderbilanz per 31.12.14:

Aktiva	Sonderbilanz zum 31.12.14 in €		Passiva
Grund und Boden	150.000	Sonderkapital W	184.500
Gebäude	129.000	Rückstellung	100.000
ARAP (Zinsanteil 15)	5.500	Verbindlichkeiten	100.000
Bank	100.000		
	384.500		384.500

Entwicklung des Kapitalkontos per 31.12.14 (in €):
Die von W über sein privates Girokonto abgewickelten Zahlungen sind als Entnahmen (Mietzahlungen der OHG an W auf dessen privates Konto) bzw. als Einlagen (Zahlung der Grundsteuer, Müllabfuhr, Zinsen und Erwerb des Rasenmähers) zu behandeln.

Kapitalkonto per 31.12.13	282.000
abzgl. Entnahmen (Mieteinnahmen)	./. 60.000
zzgl. Einlagen (GrSt, Müllabfuhr, Zinsen, GWG)	+ 9.050
abzgl. Verlust aus Sonder-GuV	./. 46.550
Kapitalkonto per 31.12.14	184.500

(4) Gewinnverteilung (in €)

	OHG	R	W
Gewinn lt. Steuerbilanz	40.000	20.000	20.000
Geschäftsführungsgehalt R	+ 30.000	+ 30.000	
Ergebnis Sonderbilanz W	./. 46.550		./. 46.550
	23.450	50.000	./. 26.550

Der Gesamtgewinn der Mitunternehmerschaft und damit zugleich die Ausgangsgröße für die Ermittlung der gewerbesteuerlichen Bemessungsgrundlage beträgt 23.450 €. Der Gewinn des R beträgt 50.000 €, während W einen Verlust von 26.550 € erzielt. ◀

VII Tarifbegünstigung für einbehaltene Gewinne

1 Grundsystematik von Thesaurierungsbesteuerung und Nachversteuerung

Ermäßigter Tarif-steuersatz für ein-behaltene Gewinne, um ...

Wie ausgeführt, erfolgt die Versteuerung der in der Personengesellschaft er-zielten Gewinne durch die Mitunternehmer bereits im Entstehungsjahr und unab-hängig davon, ob die Gewinne entnommen oder in der Unternehmung belassen werden. Dieser Grundsatz einer zeitnahen, verwendungsunabhängigen und trans-parenten Besteuerung wird allerdings durch § 34 a EStG aufgeweicht: Nach dieser Regelung ist es Einzelunternehmern und eben auch natürlichen Personen, die mit-unternehmerisch an einer Gewinneinkünfte erzielenden Personengesellschaft betei-ligt sind, möglich, den nicht entnommenen Gewinn des Betriebs bzw. des Mitunter-nehmeranteils auf Antrag mit einem von ihrer jeweiligen Einkommenshöhe unab-hängigen, ermäßigten Tarifsteuersatz von 28,25 % zu versteuern.

... Belastungsgleich-heit mit Kapital-gesellschaften zu erreichen

Zielsetzung des § 34 a EStG ist es laut Gesetzesbegründung, die Gewinnein-künfte von Einzel- und Mitunternehmern in vergleichbarer Weise wie das Einkom-men einer Kapitalgesellschaft zu belasten (vgl. BR-Drucksache 220/01, S. 101). Folg-lich war man bestrebt, bezüglich der tariflichen Belastung das für Kapitalgesellschaf-ten geltende Besteuerungssystem für Personenunternehmen nachzuempfinden. Für Kapitalgesellschaften gilt bekanntlich eine zweistufige Besteuerungssystematik, die dadurch gekennzeichnet ist, dass die einbehaltenen Gewinne nur auf Ebene der Kapitalgesellschaft besteuert werden (Trennungsprinzip), wobei sich idealtypisch eine Steuerbelastung von 29,83 % (= 15 % KSt + 14 % GewSt bei einem Hebesatz von 400 % + SolZ 0,055 % × 15 %) ergibt, und bei Ausschüttung eine Nachbelastung auf Anteilseignerebene mit dem Abgeltungsteuersatz von 25 % zzgl. SolZ erfolgt (unter der Annahme, dass die Anteile im Privatvermögen gehalten werden, kein Antrag nach § 32 d Abs. 2 Nr. 3 EStG gestellt wird und kein Einbezug in die Ver-anlagung nach § 32 d Abs. 6 EStG erfolgt). Um nun auch für Personenunternehmen annähernd gleiche Belastungswirkungen zu erzeugen, werden auf Antrag die the-saurierten Gewinne eines Personenunternehmens ganz oder teilweise dem ermäßig-ten Thesaurierungssteuersatz von 28,25 % unterworfen. Unter Berücksichtigung des SolZ, der Gewerbesteuer sowie der Anrechnung der Gewerbesteuer auf die Einkom-mensteuer gemäß § 35 EStG ergibt sich bei einem Gewerbesteuerhebesatz von 400 % auf den ersten Blick insgesamt eine Steuerbelastung von 29,77 %; vergegenwärtigt man sich jedoch, dass die Gewerbesteuer als nicht abziehbare Betriebsausgabe (§ 4 Abs. 5 b EStG) nicht mit dem Thesaurierungssatz, sondern mit dem sich nach § 32 a EStG ergebenden Steuersatz zu versteuern ist, so ergibt sich eine tatsächliche The-saurierungsbelastung von 32,25 % (vgl. WINKELJOHANN/FUHRMANN in PWC, 2007 b, S. 29 f.). Unterstellt man, dass auch zur Begleichung der Einkommensteuer Entnahmen getätigt werden müssen, sinkt der thesaurierungsbegünstigt besteuer-bare Teil des Gewinns weiter ab und die Thesaurierungsbelastung erhöht sich entsprechend.

		ESt	SolZ	GewSt
Gewinn vor Steuern	100,00			
GewSt (3,5 % × 400 % × 100,00)	14,00			14,00
Gewinn nach Gewerbesteuer = nicht entnommener Gewinn	86,00			
ESt auf nicht entnommenen Gewinn (28,25 % × 86,00)		24,30		
ESt auf Gewerbesteuer (45 % × 14,00)		6,30		
Anrechnung GewSt auf ESt (3,8 × 3,5)		./. 13,30		
zu erhebende ESt	17,30			
Solidaritätszuschlag (zu erhebende ESt × 5,5 %)			0,95	
Steuerbelastung insgesamt				**32,25**

Bei einer späteren Entnahme der begünstigt besteuerten Gewinne erfolgt eine Nachversteuerung des sogenannten Nachversteuerungsbetrags mit einem von der Höhe des Einkommens des entnehmenden (Mit)unternehmers unabhängigen Tarifsteuersatz i. H. v. 25 % zzgl. SolZ. Bei der Ermittlung des nachversteuerungspflichtigen Betrags ist zu beachten, dass der nicht entnommene Gewinn zunächst um die Thesaurierungsbelastung (28,25 % zzgl. SolZ) zu vermindern ist, folglich nur der danach verbleibende Betrag der Nachversteuerung unterliegt. Die Parallelität zur Besteuerung der Kapitalgesellschaften ist offenbar: So unterliegen auch die von den Gesellschaftern einer Kapitalgesellschaft im Privatvermögen erzielten Dividenden im Grundsatz einem Steuersatz von 25 % und ebenso sind die auf Ebene der Kapitalgesellschaft angefallenen Steuerzahlungen nicht Bestandteil der vom Anteilseigner zu versteuernden Dividenden (vgl. WINKELJOHANN/FUHRMANN in PWC, 2007 b, S. 40). Bei vollständiger Entnahme der zuvor dem Thesaurierungssteuersatz unterworfenen Gewinne ergibt sich insgesamt eine Steuerbelastung i. H. v. 48,17 % (vgl. WINKELJOHANN/FUHRMANN in PWC, 2007 b, S. 29 f.):

Nachversteuerung bei späterer Entnahme

		ESt	SolZ	Vorbelastung
Ermittlung des Nachversteuerungsbetrags				
begünstigt besteuerter Gewinn	86,00			
abzgl. ESt auf diesen Betrag 28,25 % × 86,00	./. 24,30			
abzgl. SolZ (5,5 % × 24,30)	./. 1,34			
Nachversteuerungsbetrag	60,36			
Tarifbelastung bei Entnahme des Nachversteuerungsbetrags (25 % × 60,36)		15,09		
SolZ (5,5 % × 15,09)			0,83	
Thesaurierungsbelastung				32,25
Steuerbelastung insgesamt				**48,17**

Zu beachten ist, dass bei einem Verzicht auf die Inanspruchnahme von § 34a EStG selbst bei Annahme des Spitzensteuersatzes die sich aus Einkommensteuer und Solidaritätszuschlag zusammensetzende Belastung lediglich 47,47 % (= 45 % × 1,055) betragen würde. Unter Berücksichtigung von Zinseffekten kann die Inanspruchnahme der Thesaurierungsregelung im Einzelfall gleichwohl vorteilhaft sein, da die Nachversteuerung erst im Veranlagungszeitraum der Entnahme erfolgt. Zu weiteren Auswirkungen der Anwendung von § 34a EStG auf die Besteuerung im Begünstigungs- und Nachversteuerungsjahr vgl. ausführlich BODDEN, FR 2012, S. 68.

Nachfolgend seien ausschließlich diejenigen Aspekte der Thesaurierungsregelung erörtert, welche spezifisch für Mitunternehmerschaften sind; bezüglich einer grundlegenden Auseinandersetzung mit § 34a EStG sei auf das einschlägige Schrifttum verwiesen.

2 Besonderheiten bei Mitunternehmerschaften

2.1 Anwendungsvoraussetzungen

Regelung ist mitunternehmerbezogen

Infolge des Transparenzprinzips steht bei Mitunternehmerschaften die Thesaurierungsbegünstigung dem einzelnen Mitunternehmer zu. Da die Regelung betriebsbezogen ausgestaltet ist, kann ein Steuerpflichtiger mit mehreren Betrieben bzw. Mitunternehmeranteilen für jeden Betrieb bzw. Mitunternehmeranteil die Thesaurierungsbegünstigung separat, ggf. auch nur für einen Teil des Begünstigungsbetrags beantragen.

Voraussetzung: Gewinnanteil > 10 % oder > 10.000 €

Gemäß § 34a Abs. 1 Satz 3 EStG können Mitunternehmer aus Gründen der Verwaltungsvereinfachung (so BT-Drucksache 16/4841, S. 63) die begünstigte Besteuerung ihres jeweiligen Gewinnanteils allerdings nur dann beantragen, wenn ihr Anteil am nach § 4 Abs. 1 EStG oder § 5 EStG ermittelten Gewinn mehr als 10 % beträgt oder 10.000 € übersteigt. Nach Auffassung der Finanzverwaltung ist bezüglich der 10 %-Grenze nicht auf die vertragliche Gewinnverteilungsabrede abzustellen; vielmehr soll die sich aus dem Anteil am steuerlichen Gesamtgewinn ergebende Quote ausschlaggebend sein (vgl. BMF v. 11.08.2008, BStBl. I 2008, S. 838, Tz. 9), die infolge des Einbezugs der Ergebnisse aus einer etwaigen Ergänzungs- und Sonderbilanz des Mitunternehmers deutlich von der vertraglich vereinbarten Beteiligungsquote am gesamthänderisch erzielten Gewinn abweichen kann (vgl. hierzu auch LEY/BRANDENBERG, FR 2007, S. 1085, 1088 f.). Eine einheitliche Antragstellung aller Mitunternehmer einer Personengesellschaft ist nicht erforderlich.

Antrag auch bei horizontalem Verlustausgleich?

Allerdings soll nach Auffassung des FG Baden-Württemberg der nicht entnommene Anteil am Gewinn einer Mitunternehmerschaft dann nicht nach § 34a EStG begünstigungsfähig sein, wenn wegen negativer gewerblicher Einkünfte aus einer anderen Einkunftsquelle im zu versteuernden Einkommen des Mitunternehmers im Ergebnis keine gewerblichen Einkünfte enthalten sind (vgl. FG Baden-Württemberg v. 07.11.2014, EFG 2015, S. 564, nrk., Rev. eingelegt, Az. BFH: X R 65/14). Unseres Erachtens steht diese Auffassung allerdings im Widerstreit zu dem Grundsatz, dass der Antrag mitunternehmeranteilsbezogen gestellt werden kann.

2.2 Ermittlung des nicht entnommenen Gewinns

Gemäß § 34 a Abs. 1 Satz 1 EStG ist die Thesaurierungsbegünstigung maximal auf den Betrag des nicht entnommenen Gewinns begrenzt. Nach § 34 a Abs. 2 EStG ist nicht entnommener Gewinn der nach § 4 Abs. 1 Satz 1 EStG oder § 5 EStG ermittelte Gewinn, vermindert um den positiven Saldo der Einlagen und Entnahmen des Wirtschaftsjahres. Da nun, wie ausgeführt, die Thesaurierungsbegünstigung jedem einzelnen Mitunternehmer zusteht, ist auch der nicht entnommene Gewinn mitunternehmerbezogen zu ermitteln. Dies bedeutet, dass der Gewinn i. S. v. § 4 Abs. 1 Satz 1 EStG oder § 5 EStG als Ausgangspunkt zur Ermittlung des nicht entnommenen Gewinns sowohl das anteilige Ergebnis aus der Gesellschaftsbilanz als auch das Ergebnis aus der Ergänzungs- und Sonderbilanz des jeweiligen Mitunternehmers umfasst (vgl. HEY, DStR 2007, S. 925, 928). Zu beachten ist zudem, dass Einlagen und Entnahmen des Gesellschafters in das Gesellschaftsvermögen einerseits und sein Sonderbetriebsvermögen bei der betreffenden Personengesellschaft andererseits nicht separat zu betrachten sind, sondern vielmehr mitunternehmeranteilsbezogen der Gesamtsaldo **aller** Einlagen und Entnahmen des Gesellschafters für den Kürzungsbetrag des nicht entnommenen Gewinns ausschlaggebend ist (vgl. THIEL/STERNER, DB 2007, S. 1099, 1102; BMF v. 11.08.2008, BStBl. I 2008, S. 838, Tz. 20). Der nicht entnommene Gewinn des einzelnen Mitunternehmers ergibt sich mithin wie folgt (vgl. WINKELJOHANN/FUHRMANN in PWC, 2007 b, S. 38):

> **Ergebnis aus Sonder- und Ergänzungsbilanz ist zu berücksichtigen**

	Anteiliger Gewinn lt. Gesellschaftsbilanz
+ / ./.	Ergebnis lt. Ergänzungsbilanz
+ / ./.	Ergebnis lt. Sonderbilanz
=	Gewinn i. S. v. § 4 Abs. 1 Satz 1 EStG oder § 5 EStG
./.	max. [0; Entnahmen ./. Einlagen]
=	**nicht entnommener Gewinn i. S. v. § 34a Abs. 2 EStG**

2.3 Ermittlung des Nachversteuerungsbetrags

Gemäß § 34 a Abs. 4 Satz 1 EStG ist eine Nachversteuerung vorzunehmen, soweit der positive Saldo der Entnahmen und Einlagen des Wirtschaftsjahres bei einem Betrieb oder Mitunternehmeranteil den laufenden Gewinn übersteigt, d. h. die Entnahmen nicht durch Einlagen oder laufenden Gewinn gedeckt sind, wobei die Nachversteuerung auf den nachversteuerungspflichtigen Betrag beschränkt ist, mithin auf den Betrag, welcher infolge der Inanspruchnahme der Thesaurierungsbegünstigung ermäßigt besteuert worden ist und noch auf seine Nachversteuerung »wartet«.

> **Positiver Saldo von Entnahmen und Einlagen höher als lfd. Gewinn**

Unabhängig davon ist gemäß § 34 a Abs. 6 Satz 1 Nr. 1 EStG eine Nachversteuerung des nachversteuerungspflichtigen Betrags durchzuführen, wenn der Mitunternehmer seinen Mitunternehmeranteil veräußert oder aufgibt (§ 16 Abs. 1 bzw. Abs. 3 EStG). Ist die alsbaldige Einziehung der Steuer mit erheblichen Härten für den Steuerpflichtigen verbunden, so kann gemäß § 34 a Abs. 6 Satz 2 EStG die aus der Nachversteuerung resultierende Steuer auf entsprechenden Antrag über einen Zeitraum von höchstens zehn Jahren zinslos gestundet und ratierlich entrichtet werden.

> **Nachversteuerung bei Veräußerung oder Aufgabe des Mitunternehmeranteils**

Übertragung von Wirtschaftsgütern innerhalb des Mitunternehmeranteils

Da die Regelung des § 34 a EStG betriebs- bzw. mitunternehmeranteilsbezogen ausgestaltet ist, sind Übertragungen bzw. Überführungen von Wirtschaftsgütern gemäß § 6 Abs. 5 EStG im Kontext des § 34 a EStG grundsätzlich als Entnahmen und Einlagen zu begreifen, welche geeignet sind, im abgebenden Betriebsvermögen ggf. eine Nachversteuerung auszulösen. Allerdings wirkt sich bei Übertragungen zwischen dem Sonderbetriebsvermögen des Mitunternehmers bei »seiner« Mitunternehmerschaft und dem Gesellschaftsvermögen dieser Mitunternehmerschaft der Umstand aus, dass Einlagen und Entnahmen des Gesellschafters auf den jeweiligen Mitunternehmeranteil bezogen sind, welcher sich aus dem (anteiligen) Gesellschaftsvermögen sowie etwaigem Sonderbetriebsvermögen zusammensetzt. Folglich sind die hier in Rede stehenden Übertragungen i.S.v. § 6 Abs. 5 Satz 3 Nr. 2 EStG (siehe hierzu E II 2.4.3 sowie E II 3.2) für § 34 a EStG unbeachtlich, da die Entnahme aus dem bzw. Einlage in das Sonderbetriebsvermögen durch eine entsprechende Einlage in das bzw. Entnahme aus dem Gesellschaftsvermögen kompensiert wird. Dies gilt jedenfalls bei Übertragungen gegen Gewährung bzw. Minderung von Gesellschaftsrechten, da es sich hierbei unstreitig um Übertragungen innerhalb des jeweiligen Mitunternehmeranteils handelt. Auf unentgeltliche Übertragungen trifft dies nicht zu, da in diesem Fall anteilig auch andere Mitunternehmeranteile tangiert werden, mithin keine Übertragung alleinig innerhalb des jeweiligen Mitunternehmeranteils des Gesellschafters vorliegt (a. A. BLUMENBERG/BENZ, 2007, S. 16). Letztere Übertragungen können gleichwohl der Regelung des § 34 a Abs. 5 Satz 2 EStG unterfallen (dazu sogleich).

2.4 Übertragung des nachversteuerungspflichtigen Betrags

Übertragung beim Buchwerttransfer von WG

Gemäß § 34 a Abs. 5 Satz 2 EStG besteht auf Antrag die Möglichkeit, bei einem nach § 6 Abs. 5 Satz 1 bis 3 EStG zum Buchwert erfolgenden Transfer eines Wirtschaftsguts den nachversteuerungspflichtigen Betrag i.H.d. Buchwerts des betreffenden Wirtschaftsguts, höchstens jedoch i.H.d. Nachversteuerungsbetrags, der durch diesen Transfer ausgelöst würde, auf den aufnehmenden Betrieb bzw. Mitunternehmeranteil zu übertragen. Dies hat zur Folge, dass auf Ebene des abgebenden Betriebs bzw. Mitunternehmeranteils die durch den Transfer ausgelöste Nachversteuerung unterbleibt und sich im Gegenzug der nachversteuerungspflichtige Betrag des aufnehmenden Betriebs bzw. Mitunternehmeranteils erhöht (§ 34 a Abs. 3 Satz 2 EStG). Grundidee dieser Zulässigkeit der Übertragung des nachversteuerungspflichtigen Betrags ist, dass im Grundsatz eine Nachversteuerung auch dann vermieden werden kann, wenn das idealtypisch durch einbehaltene, begünstigt besteuerte Gewinne finanzierte Wirtschaftsgut nicht mehr in dem jeweiligen Betrieb bzw. Mitunternehmeranteil, sondern fortan an anderer Stelle des betreffenden Steuerpflichtigen (ideell) zuzurechnenden Betriebsvermögens genutzt wird.

Allerdings mit Einschränkungen

Vor diesem Hintergrund ist die Auffassung der Finanzverwaltung allerdings nicht nachvollziehbar, wonach

- eine durch die Übertragung bzw. Überführung von Geldbeträgen ausgelöste Nachversteuerung nicht durch Übertragung des nachversteuerungspflichtigen Betrags nach § 34 a Abs. 5 Satz 2 EStG vermieden werden könne;
- bei einem rückwirkenden Teilwertansatz nach § 6 Abs. 5 Satz 4 oder 6 EStG ebenso rückwirkend die Anwendung des § 34 a Abs. 5 Satz 2 EStG zu versagen sei (vgl. zu beiden Problemkreisen NIEHUS/WILKE, DStZ 2009, 14, 19, 21).

In Abhängigkeit von den an der Übertragung beteiligten Rechtsträgern sowie den Übertragungsmodalitäten kann es sich ergeben, dass der übertragene nachversteuerungspflichtige Betrag vollständig bei demselben Steuersubjekt verbleibt oder aber anteilig bzw. vollständig auf andere Steuersubjekte übergeht.

Ggf. interpersonelle Verlagerung

Im Fall der Übertragung zwischen dem Einzelbetriebsvermögen und dem Sonderbetriebsvermögen bzw. zwischen den Sonderbetriebsvermögen eines Mitunternehmers bei verschiedenen Mitunternehmerschaften verbleibt der ggf. übertragene nachversteuerungspflichtige Betrag bei demselben Steuersubjekt:

Nicht bei Übertragung zwischen BV und SBV eines Mitunternehmers

BEISPIEL 42

X ist Einzelunternehmer und zugleich Gesellschafter der gewerblichen X-KG. Der laufende Gewinn seines Einzelunternehmens des Wirtschaftsjahres 01 beträgt 100. Für sein Einzelunternehmen ist aus den vorangegangenen Veranlagungszeiträumen ein nachversteuerungspflichtiger Betrag i.H.v. 20 festgestellt. In 01 hat X ein Wirtschaftsgut aus seinem Einzelbetriebsvermögen gemäß § 6 Abs. 5 Satz 2 EStG zum Buchwert von 110 in sein Sonderbetriebsvermögen bei der X-KG überführt.

LÖSUNG Gemäß § 34 Abs. 5 Satz 1 EStG ist die Überführung als Entnahme aus dem Einzelunternehmen zu werten. Da die Entnahme den laufenden Gewinn um 10 übersteigt, wäre ohne Inanspruchnahme der Sonderregelung des § 34a Abs. 5 Satz 2 EStG innerhalb des Einzelunternehmens des X ein Betrag i.H.v. 10 nachzuversteuern. Dies unterbleibt, wenn X die Übertragung des »drohenden« Nachversteuerungsbetrags beantragt. In diesem Fall vermindert sich der nachversteuerungspflichtige Betrag bezüglich seines Einzelunternehmens um 10, während sich der nachversteuerungspflichtige Betrag bezüglich seines Mitunternehmeranteils bei der X-KG um diesen Betrag erhöht. ◂|

Bei unentgeltlichen Übertragungen zwischen dem Gesellschaftsvermögen der Mitunternehmerschaft und dem Betriebsvermögen bzw. Sonderbetriebsvermögen des Mitunternehmers gemäß § 6 Abs. 5 Satz 3 Nr. 1 bzw. Nr. 2 EStG sowie bei unentgeltlichen Übertragungen aus dem Sonderbetriebsvermögen des einen Mitunternehmers in das Sonderbetriebsvermögen eines anderen Mitunternehmers bei derselben Mitunternehmerschaft gemäß § 6 Abs. 5 Satz 3 Nr. 3 EStG kann es u.E. zu einer Übertragung des nachversteuerungspflichtigen Betrags auf die durch die unentgeltliche Zuwendung der (anteiligen) Wirtschaftsgüter bereicherten Steuersubjekte kommen (vgl. hierzu NIEHUS/WILKE, DStZ 2009, 14, 21 ff.; a.A. KIRCHHOF/REISS, 2015, § 34a Rz. 75). Dies bedeutet, dass bei einer unentgeltlichen Übertragung von Wirtschaftsgütern

Übertragungen mit interpersoneller Verlagerung des nachversteuerungspflichtigen Betrags

- in das bzw. aus dem Gesellschaftsvermögen der zugleich transferierte nachversteuerungspflichtige Betrag anteilig den nachversteuerungspflichtigen Betrag der einzelnen Mitunternehmeranteile erhöht bzw. vermindert;
- aus dem Sonderbetriebsvermögen des einen Mitunternehmers in das Sonderbetriebsvermögen eines anderen Mitunternehmers bei derselben Mitunternehmerschaft gemäß § 6 Abs. 5 Satz 3 Nr. 3 EStG sich infolge der Übertragung des nachversteuerungspflichtigen Betrags alleinig der nachversteuerungspflichtige Betrag bezüglich des Mitunternehmeranteils des Zuwendungsempfängers verändert.

Darüber hinaus erfolgt gemäß § 34a Abs. 7 EStG eine Übertragung des nachversteuerungspflichtigen Betrags auf einen anderen Rechtsträger in den folgenden Fällen:

Weitere Fälle

- Unentgeltliche Übertragung eines Betriebs oder Mitunternehmeranteils gemäß § 6 Abs. 3 EStG (siehe hierzu G III); der nachversteuerungspflichtige Betrag ist dabei durch den Rechtsnachfolger fortzuführen.
- Einbringung eines Betriebs oder Mitunternehmeranteils in eine Personengesellschaft gemäß § 24 UmwStG zu Buchwerten (siehe hierzu D IV 2); der für den eingebrachten Betrieb bzw. Mitunternehmeranteil festgestellte nachversteuerungspflichtige Betrag geht dabei auf den neuen Mitunternehmeranteil über.

Realteilung

Nichts anderes kann u. E. bei der Realteilung (siehe hierzu F) gelten (vgl. NIEHUS/ WILKE, DStZ 2009, 14, 23). Kennzeichen der Realteilung ist, dass eine Übertragung der Wirtschaftsgüter bzw. Teilbetriebe oder Mitunternehmeranteile in ein Betriebsvermögen der jeweiligen Mitunternehmer erfolgt, so dass eine entsprechende »Mitnahme« des nachversteuerungspflichtigen Betrags auf die jeweils aufnehmenden Betriebe zulässig sein müsste (vgl. LEY, Ubg 2008, 214, 217). Dies umso mehr, als der Gesetzgeber in § 34 a Abs. 5 EStG eine solche Übertragungsmöglichkeit auch für den Fall der Übertragung einzelner Wirtschaftsgüter gegen Minderung von Gesellschaftsrechten explizit gewährt. Gleichwohl vertritt die Finanzverwaltung die Auffassung, dass eine Realteilung zwingend eine Nachversteuerung auslöse (vgl. BMF v. 11.08.2008, BStBl. I 2008, S. 838, Tz. 41 f.), was insofern konsequent ist, als die Finanzverwaltung eine Realteilung nur im Fall der Beendigung der Personengesellschaft annimmt und § 34 a Abs. 6 Nr. 1 EStG eben für Fälle der Betriebsveräußerung bzw. Betriebsaufgabe die Durchführung einer Nachversteuerung anordnet; inhaltlich zu überzeugen vermag diese Auffassung jedoch nicht, da sie eine an sich steuerneutrale Umstrukturierung durch eine zwingende Nachversteuerung bestehender nachversteuerungspflichtiger Beträge torpediert.

D Gründung einer Personengesellschaft

I Gründungsarten

Bei der Gründung einer Personengesellschaft verpflichten sich die Gesellschafter durch den Abschluss des Gesellschaftsvertrags gegenseitig, die Erreichung des gemeinsamen Zwecks in der durch den Vertrag bestimmten Weise zu fördern, insbesondere die vereinbarten Beiträge zu leisten (§ 705 BGB). Je nach Ausgestaltung des Gesellschaftsvertrags sind mit der Bar- und der Sachgründung zwei Gründungsarten zu unterscheiden: Während bei der Bargründung die Gesellschafter vereinbaren, ihre Beiträge in Geld zu leisten, erbringen sie bei einer Sachgründung ihre Beiträge ganz oder teilweise durch nicht in Geld bestehende Sachwerte. **Unterscheidung in Bar- und Sachgründung**

Aus steuerrechtlicher Perspektive ist es bedeutsam, die Sachgründung in die Einbringung einzelner Wirtschaftsgüter und in die Einbringung eines Betriebs, Teilbetriebs oder Mitunternehmeranteils zu unterteilen, da nur die letztgenannte Variante gemäß § 24 UmwStG Möglichkeiten zur steuerlichen Gestaltung eröffnet. Darüber hinaus ist bei einer Sachgründung im Wege der Übertragung einzelner Wirtschaftsgüter zu differenzieren, ob die betreffenden Wirtschaftsgüter einem anderen Betriebsvermögen oder aber dem Privatvermögen des Gesellschafters entstammen. Abbildung 9 fasst die unterschiedlichen Gründungsarten noch einmal zusammen: **Unterteilung der Sachgründung**

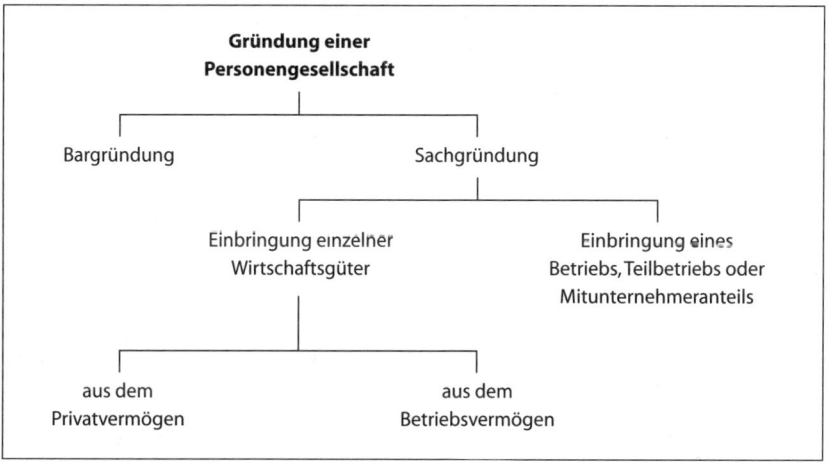

Abb. 9 Gründungsarten

II Eigenkapitalausweis

Gemäß § 242 Abs. 1 HGB ist die Personenhandelsgesellschaft als Kaufmann verpflichtet, zu Beginn ihres Handelsgewerbes eine Bilanz zu erstellen. Diese Gründungsbilanz bildet im Zusammenspiel mit den nachfolgend zum Ende eines jeden **Pflicht zur Aufstellung einer Gründungsbilanz**

Geschäftsjahres zu erstellenden Handels- und Steuerbilanzen den Ausgangspunkt der handels- bzw. steuerrechtlichen Gewinnermittlung. Mit dem Wertansatz in der Gründungsbilanz werden folglich zugleich auch spätere Gewinnauswirkungen determiniert.

Mehrere Kapital-konten, aber nur ein Kapitalanteil je Gesellschafter

Für den Eigenkapitalausweis der Gesellschafter einer Personengesellschaft existiert keine zwingende Bilanzierungsvorschrift; der Ausweis muss jedoch den Grundsätzen ordnungsmäßiger Buchführung (GoB) genügen. Von der Regelung des § 120 Abs. 2 HGB, die für jeden Gesellschafter nur ein Kapitalkonto vorsieht, auf dem Einlagen und Entnahmen sowie Gewinn- und Verlustanteile erfasst werden, wird in der Praxis regelmäßig insoweit abgewichen, als für die Gesellschafter ein festes Kapitalkonto (Kapitalkonto I) sowie ein oder mehrere variable Kapitalkonten (Kapitalkonto II bzw. III) geführt werden. Letztere dienen der Verbuchung von Gewinnen, Verlusten, Entnahmen und Einlagen, die nicht zu einer Veränderung des festen Kapitalanteils des Gesellschafters führen sollen. Trotz des Ausweises auf mehreren Kapitalkonten verfügt jeder Gesellschafter aber nur über einen einzigen Kapitalanteil.

Ausweis analog § 272 Abs. 1 HGB

Die von dem jeweiligen Gesellschafter bei Gründung der Gesellschaft erbrachten Geld- oder Sachleistungen werden auf dem betreffenden Aktivkonto sowie dem Kapitalkonto des Gesellschafters gebucht. Haben die Gesellschafter die im Gesellschaftsvertrag vereinbarten Pflichteinlagen noch nicht vollständig erbracht, so sind in analoger Anwendung von § 272 Abs. 1 Satz 3 HGB die noch nicht eingeforderten ausstehenden Einlagen auf der Passivseite offen von den Kapitalanteilen abzusetzen und die verbleibende Position ist als eingefordertes Kapital, besser als Kapitalanteil abzüglich nicht eingeforderter bedungener Einlage (vgl. FÖRSCHLE/HOFFMANN in BeBiKo, 2014, § 264 c Rz. 20) zu bezeichnen. Der Ausweis der bereits eingeforderten, aber noch nicht eingezahlten Einlagen erfolgt auf der Aktivseite unter den Forderungen (vgl. IDW RS HFA 7, IDW Fachnachrichten 3/2012, S. 189 ff., Anm. 45).

BEISPIEL 43 ▬▬▬▬▬▬▬▬▬▬▬▬▬▬

Zum 02.01.01 gründen X und Y eine OHG. Sie vereinbaren, jeweils eine Bareinlage i. H. v. 500.000 € zu leisten. Während X seinen Anteil sofort einzahlt, soll Y 200.000 € sofort und die übrigen 300.000 € am 01.09.01 erbringen. Am 02.01.01 hat Y entgegen dieser Vereinbarung lediglich 150.000 € auf das Bankkonto der OHG eingezahlt.

LÖSUNG

Aktiva	Eröffnungsbilanz OHG 02.01.01 in T€		Passiva
Forderungen		Kapital X	500
Eingefordertes, noch nicht			
eingezahltes Kapital	50	Kapital Y	
Bank	650	Pflichteinlage	500
		Nicht eingeforderte	
		ausstehende Einlagen	300
		Eingefordertes Kapital	200
	700		700

Zusammengefasster Ausweis zulässig

Handelt es sich bei der Personengesellschaft nicht um eine Gesellschaft i. S. v. § 264 a HGB, liegt mithin eine OHG bzw. KG vor, bei der mindestens eine natürliche Person unbeschränkt haftet, so gilt zudem Folgendes (vgl. IDW RS HFA 7, IDW Fachnachrichten 3/2012, S. 89 ff., Anm. 43 f.): Bei einer OHG können die Kapitalanteile der

Gesellschafter bilanziell zu einem Posten zusammengefasst werden, wobei für eine GbR insoweit nichts anderes gelten kann, und bei einer KG können die Kapitalanteile der Komplementäre einerseits und die Kapitalanteile der Kommanditisten andererseits in der Bilanz zu jeweils einem Posten zusammengefasst dargestellt werden. Innerhalb der jeweiligen Posten sind dabei positive und negative Kapitalanteile zu saldieren. Für Personenhandelsgesellschaften i. S. v. § 264 a HGB gilt die vorstehend beschriebene Möglichkeit eines zusammengefassten Ausweises der Kapitalanteile ebenso, allerdings dürfen hierbei negative Kapitalanteile nicht mit positiven Kapitalanteilen zusammengefasst werden.

Wie ausgeführt, sind bei einer KG die Kapitalanteile der Kommanditisten einerseits und der Komplementäre andererseits getrennt voneinander auszuweisen. Bezüglich der bilanziellen Darstellung des Kommanditkapitals ist dabei die im Gesellschaftsvertrag vereinbarte Pflichteinlage, nicht aber die im Handelsregister eingetragene Haftsumme maßgebend (vgl. FÖRSCHLE/HOFFMANN in BeBiKo, 2014, § 264 c Rz. 30). Soweit die bedungene Einlage noch nicht voll einbezahlt ist, ist der Ausweis entsprechend § 272 Abs. 1 Satz 3 HGB vorzunehmen. Der auf einen Kommanditisten entfallende Gewinnanteil ist seinem Kapitalanteil so lange zuzuschreiben, wie dieser den Betrag der vereinbarten Pflichteinlage nicht erreicht hat (§ 167 Abs. 2 HGB).

Besonderheiten bei KG

III Bargründung

Kennzeichen der Bargründung ist es, dass die Gesellschafter ihre im Gesellschaftsvertrag vereinbarten Beiträge in Form von Geld leisten.

Aufgrund des objektiv vorhandenen Wertes der von den Gesellschaftern erbrachten Geldleistungen besteht hier, im Unterschied zur Sachgründung, keinerlei Bewertungsspielraum. Die Bargründung einer Personengesellschaft ist aus steuerrechtlicher Perspektive daher unproblematisch, weil sie nicht mit der Problematik einer Realisierung stiller Reserven verbunden ist.

Kein Bewertungsspielraum

IV Sachgründung

Eine Sachgründung ist gegeben, wenn die Gesellschafter ihre Beiträge ganz oder teilweise durch die Hingabe von Wirtschaftsgütern erbringen, die nicht in Geld bestehen. Dieser Vorgang wird auch als Einbringung bezeichnet. Sobald die Gesellschafter aber ihre Beiträge in Sachwerten erbringen, bedingt dies unmittelbar die Frage nach deren Bewertung. Aus steuerrechtlicher Perspektive ist daher zu überlegen, ob die mit der Sachgründung verbundene Übertragung von Wirtschaftsgütern steuerneutral möglich ist oder eine Aufdeckung etwaig vorhandener stiller Reserven impliziert und folglich eine steuerliche Belastung bewirkt. Das Steuerrecht wertet dabei die Übertragung nur einzelner Wirtschaftsgüter einerseits und eines Betriebs, Teilbetriebs oder Mitunternehmeranteils andererseits unterschiedlich.

Aufdeckung stiller Reserven oder Steuerneutralität?

Tauschähnlicher Vorgang oder reiner Organisationsvorgang?

Für beide Fallkonstellationen ist allerdings zu fragen, ob es sich bei der jeweiligen Einbringung gegen Gewährung von Gesellschaftsrechten steuerrechtlich um einen tauschähnlichen und damit grundsätzlich zur Gewinnrealisierung führenden Vorgang handelt, oder ob vielmehr ein reiner Organisationsvorgang gegeben ist, der grundsätzlich keinen Einkommenstatbestand darstellt und folglich »automatisch« zu einer Bewertung mit dem Buchwert führt (vgl. hierzu NIEHUS, FR 2010, S. 1, 4 m.w.N.). Die h.M. beurteilt derlei Sachverhalte (noch) als tauschähnlichen Vorgang, wobei für bestimmte Sachverhalte die Regelungen des § 6 Abs. 5 Satz 3 EStG sowie des § 24 UmwStG abweichend von der aus dieser Annahme grundsätzlich resultierenden Gewinnrealisierung eine steuerneutrale Einbringung zu Buchwerten ermöglichen.

1 Übertragung einzelner Wirtschaftsgüter

1.1 Handelsrechtliche Bewertung

Bewertungswahlrecht

Handelsrechtlich handelt es sich bei den in Sachwerten erbrachten Beiträgen um Einlagen der Gesellschafter. Nach u.E. zutreffender Auffassung ergibt sich die Bewertung der Sacheinlagen unmittelbar aus den zwischen den Gesellschaftern getroffenen Vereinbarungen über die Beteiligungsverhältnisse und den daraus resultierenden jeweiligen Einlageverpflichtungen. Dabei bewirkt der zwischen den Gesellschaftern bestehende Interessengegensatz eine dem entgeltlichen Erwerb vergleichbare Marktkonkretisierung und damit eine am Zeitwert orientierte Bewertung (vgl. FÖRSCHLE/KROPP/SIEMERS in BUDDE u.a., Sonderbilanzen, 2008, C Anm. 101). Gleichwohl wird vertreten, dass, abweichend von einer Bewertung mit dem Zeitwert als Obergrenze, im Rahmen vernünftiger kaufmännischer Beurteilung auch eine niedrigere Bewertung zulässig sei (vgl. FÖRSCHLE/HOFFMANN in BeBiKo, 2014, § 247 Rz. 190). Stützt man Letzteres auf § 253 Abs. 4 HGB a.F., so scheidet bei Personenhandelsgesellschaften i.S.v. § 264a HGB eine Unterbewertung der Einlagen allerdings aus (vgl. FÖRSCHLE/KROPP/SIEMERS in BUDDE u.a., Sonderbilanzen, 2008, C Anm. 101 ff.). Folgt man dieser Sichtweise, so bedeutet dies zugleich, dass, nachdem durch das BilMoG nunmehr für alle Kaufleute die Möglichkeit entfallen ist, Willkürreserven nach § 253 Abs. 4 HGB a.F. zu bilden, eine bewusste handelsrechtliche Unterbewertung generell nicht mehr zulässig sein dürfte.

1.2 Steuerrechtliche Bewertung

Vermögensmäßige Herkunft des WG entscheidend

Zwar beurteilt die h.M. die Übertragung einzelner Wirtschaftsgüter gegen Gewährung von Gesellschaftsrechten steuerrechtlich unabhängig von deren vermögensmäßiger Herkunft als tauschähnlichen Vorgang, bezüglich der Bewertung ist jedoch zu differenzieren: Entstammt das übertragene Wirtschaftsgut dem Privatvermögen, so führt dies zwingend zu einer Aufdeckung der stillen Reserven und nach Maßgabe der §§ 17, 20 Abs. 2 bzw. 23 EStG kann damit einer steuerbarer Sachverhalt verwirklicht werden, während bei einer Übertragung von Wirtschaftsgütern des Betriebs- bzw. Sonderbetriebsvermögens gemäß § 6 Abs. 5 Satz 3 EStG zwingend die Buchwerte fortzuführen sind und die Übertragung insoweit steuerneutral erfolgt.

Die steuerrechtliche Behandlung der Übertragung einzelner Wirtschaftsgüter anlässlich der Gründung einer Personengesellschaft unterscheidet sich damit nicht von der während des Bestehens der Gesellschaft erfolgenden Übertragung einzelner Wirtschaftsgüter gegen Gewährung von Gesellschaftsrechten. Da die Gründung einer Personengesellschaft mithin lediglich einen (besonderen) Anlass zur Übertragung von Wirtschaftsgütern darstellt, sei auf die Ausführung in E II 2.3 (Wirtschaftsgut entstammt dem Privatvermögen) sowie E II 2.4 (Wirtschaftsgut entstammt dem Betriebsvermögen) verwiesen.

2 Einbringung eines Betriebs, Teilbetriebs oder Mitunternehmeranteils gemäß § 24 UmwStG

2.1 Telos und Struktur von § 24 UmwStG

§ 24 UmwStG gewährt bei Einbringung eines Betriebs, Teilbetriebs oder Mitunternehmeranteils in eine Personengesellschaft unter der Voraussetzung, dass der Einbringende Mitunternehmer und das inländische Besteuerungsrecht nicht ausgeschlossen oder beschränkt wird, der aufnehmenden Personengesellschaft das Wahlrecht, das eingebrachte Betriebsvermögen mit dem gemeinen Wert, dem Buchwert oder einem Zwischenwert anzusetzen. In Abhängigkeit davon, ob man die Einbringung als tauschähnlichen Vorgang begreift oder nicht, ist jedoch der Telos von § 24 UmwStG ein anderer:

So ist es bei der von der h. M. vertretenen Auffassung, dass die Einbringung ein tauschähnlicher Vorgang sei, naheliegend, diese als Gewinnrealisierungstatbestand zu werten (vgl. BFH v. 15. 07. 1976, BStBl. II 1976, S. 748; v. 20. 09. 2007, BStBl. II 2008, S. 265; PATT in D/P/M, § 24 UmwStG, Tz. 5; SCHMIDT/WACKER, 2015, § 16 Rz. 22, 413; RASCHE in R/H/vL, 2013, § 24 UmwStG Rn. 7). Folgt man dieser Auffassung, so ist der Sinn und Zweck von § 24 UmwStG leicht auszumachen: Indem die Vorschrift der aufnehmenden Personengesellschaft das Wahlrecht einräumt, das aufgenommene Betriebsvermögen mit dem Buchwert anzusetzen, wird die Steuerneutralität der Einbringung überhaupt erst ermöglicht und damit der grundsätzlichen Zielsetzung des Umwandlungssteuerrechts entsprochen, Umstrukturierungen nicht mit einer Aufdeckung der stillen Reserven zu ahnden (vgl. BT-Drucksache 12/6885, S. 14).

Ermöglichung der Steuerneutralität oder …

Folgt man indes der Auffassung, nach der die Einbringung eines Betriebs, Teilbetriebs oder Mitunternehmeranteils gegen Gewährung von Gesellschaftsrechten keinen Gewinnrealisierungstatbestand darstellt und damit grundsätzlich zum Buchwert zu erfolgen hat, so verkehrt sich die § 24 UmwStG von der h. M. zuerkannte Bedeutung ins Gegenteil: Sinn und Zweck der Vorschrift ist es dann nicht mehr, die Möglichkeit einer Buchwerteinbringung zu gewähren, sondern vielmehr die Aufdeckung der stillen Reserven trotz Fehlens eines Realisierungstatbestands durch Ansatz der eingebrachten Wirtschaftsgüter mit einem über dem Buchwert liegenden Wert (gemeiner Wert bzw. Zwischenwert) zu ermöglichen (vgl. REISS in K/S/M, EStG § 16 Rz. B 68).

… Ermöglichung der Aufdeckung der stillen Reserven ohne Realisationstatbestand

Unabhängig davon, welchen Wertansatz man als grundsätzliche Rechtsfolge der Einbringung und welchen man erst als durch § 24 UmwStG ermöglicht erachtet,

Im Ergebnis Wahlrecht

schlussendlich stellt sich für die aufnehmende Personengesellschaft ein und dasselbe Wahlrecht ein: Sei es nun, dass die Personengesellschaft über § 24 UmwStG erst die Berechtigung zu einer unter dem gemeinen Wert liegenden Bewertung erlangt, sei es, dass sie umgekehrt erst über § 24 UmwStG eine Bewertung über dem Buchwert vornehmen darf.

Besondere materielle Bedeutung erlangt diese Wahlrechtsausübung dabei für den einbringenden Gesellschafter, da der von der Personengesellschaft gewählte Wertansatz für ihn als Veräußerungspreis gilt und damit die Höhe seines Einbringungsgewinns determiniert wird.

Aufbau von § 24 UmwStG

§ 24 UmwStG ist vergleichsweise übersichtlich aufgebaut und enthält in Abs. 1 die Tatbestandsvoraussetzungen, in den Abs. 2 bis 4 die sich sodann ergebenden Auswirkungen für die Personengesellschaft einerseits und den Einbringenden andererseits und wartet schließlich in den Abs. 5 und 6 mit zwei Vorschriften auf, die § 8 b KStG bzw. einen etwaigen Zinsvortrag und einen EBITDA-Vortrag betreffen, und über deren Sinnhaftigkeit sich trefflich streiten lässt. Zusammengefasst ergibt sich folgende Struktur:

Abs. 1	Tatbestandsvoraussetzungen: • Einbringung eines Betriebs, Teilbetriebs oder Mitunternehmeranteils • Einbringender wird Mitunternehmer
Abs. 2	Bewertungswahlrecht durch die aufnehmende Personengesellschaft: gemeiner Wert, Buchwert oder Zwischenwert
Abs. 3	Rechtsfolgen für den Einbringenden in Abhängigkeit von dem von der aufnehmenden Personengesellschaft gewählten Wertansatz
Abs. 4	Auswirkungen bei der aufnehmenden Personengesellschaft bezüglich der Wertfortführung in Abhängigkeit von dem gewählten Wertansatz
Abs. 5	Regelung gegen eine missbräuchliche Inanspruchnahme von § 8b KStG
Abs. 6	Schicksal eines ggf. bei der einzubringenden Sachgesamtheit bestehenden Zinsvortrags bzw. EBITDA-Vortrags

2.2 Anwendungsvoraussetzungen

§ 24 UmwStG ist nur anwendbar, wenn die Einbringung eines Betriebs, Teilbetriebs oder Mitunternehmeranteils in eine Gewinneinkünfte erzielende Personengesellschaft vorliegt, nicht aber lediglich einzelne Wirtschaftsgüter übertragen werden, und der Einbringende Mitunternehmer dieser Personengesellschaft wird. Aufnehmende Mitunternehmerschaft kann dabei nach h. M. auch eine atypisch stille Gesellschaft sein (vgl. FG Hessen v. 07.12.2011, BeckRS 2012, 94473, nrk., Rev. eingelegt, Az. BFH: IV R 5/12). Als spezielle steuerrechtliche Bewertungsvorschrift hat § 24 UmwStG Vorrang vor § 6 EStG (vgl. HHR/NIEHUS/WILKE, § 6 EStG Anm. 1445 f.; BMF v. 08.12.2011, BStBl. I 2011, S. 1279, Tz. 12).

2.2.1 Gegenstand der Einbringung

2.2.1.1 Betrieb, Teilbetrieb

Steuerrechtlich ist unter einem Betrieb eine organisatorische Einheit von sachlichen und persönlichen Mitteln in Form einer Sachgesamtheit zu verstehen, die einer gewerblichen, land- und forstwirtschaftlichen oder selbständigen Tätigkeit gewidmet ist. Ein Teilbetrieb setzt einen mit einer gewissen Selbständigkeit ausgestatteten, organisatorisch geschlossenen Teil des Gesamtbetriebs voraus, der für sich betrachtet alle Merkmale eines Betriebs i.S.d. EStG erfüllt und für sich lebensfähig ist (vgl. BFH v. 17.07.2008 – I R 77/06, BStBl. II 2009, S. 464 m.w.N.). Die Verwendung des sich vom nationalen Teilbetriebsverständnis unterscheidenden europarechtlichen Teilbetriebsbegriffs gemäß Art. 2 Buchst. j) FRL (zu den Unterschieden vgl. GRAW, IFSt Nr. 488, 2013, S. 26 ff.) scheint im Anwendungsbereich des § 24 UmwStG nicht geboten, da transparente Personengesellschaften als aufnehmende Gesellschaften im Grundsatz nicht von der Fusionsrichtline erfasst werden (vgl. PATT in D/P/M, § 24 UmwStG, Tz. 93; RASCHE in R/H/vL, 2013, § 24 UmwStG Rn. 41; SCHMITT in S/H/S, 2013, § 24 UmwStG, Rn. 60; a.A. wohl Tz. 24.03 i.V.m. 20.06 i.V.m. 15.02 UmwSt-Erlass). Die Gewerblichkeit als solche ist für die Qualifizierung als Einbringungsgegenstand i.S.v. § 24 UmwStG kein Kriterium, vielmehr kann jeder Betrieb bzw. Teilbetrieb Einbringungsgegenstand sein (vgl. für den freiberuflichen Betrieb BFH v. 18.10.1999 – GrS 2/98, BStBl. II 2000, S. 123).

Nach Auffassung der Finanzverwaltung (Tz. 24.02 UmwSt-Erlass) und der h.M. im Schrifttum (vgl. PATT in D/P/M, § 24 UmwStG, Tz. 95. m.w.N.) gilt auch eine im Betriebsvermögen gehaltene 100%ige Beteiligung an einer Kapitalgesellschaft als Teilbetrieb i.S.d. § 24 UmwStG. Anzumerken ist allerdings, dass der BFH (v. 17.07.2008 – I R 77/06, BStBl. II 2009, S. 464; ebenso bereits RASCHE, GmbHR 2007, S. 793) dies zur insoweit gleichen Rechtslage nach § 24 UmwStG 1995 anders beurteilt hat, da es für eine solche Teilbetriebsfiktion einer das gesamte Nennkapital umfassenden Kapitalgesellschaftsbeteiligung an einer ausdrücklichen Regelung im Gesetz fehle und die in § 16 Abs. 1 Nr. 1 Satz 2 EStG enthaltene Fiktion im Bereich des § 24 UmwStG nicht anwendbar sei. Fraglich ist allerdings, ob der BFH bezüglich der gegenwärtigen Rechtslage ebenso entscheiden würde. Zwar findet sich auch in § 24 UmwStG i.d.F. des SEStEG keine entsprechende Regelung, allerdings hat der Gesetzgeber in der Gesetzesbegründung des SEStEG die Teilbetriebsfiktion einer 100%igen Kapitalgesellschaftsbeteiligung explizit als einen Anwendungsfall von § 24 UmwStG genannt (vgl. BT-Drucksache, 16/2710, S. 50), so dass es nunmehr vorstellbar scheint, von einer im Wege des Analogieschlusses zu schließenden planwidrigen Regelungslücke auszugehen.

Die Einbringung eines Betriebs bzw. Teilbetriebs ist allerdings nur dann gegeben, wenn alle wesentlichen Betriebsgrundlagen auf die Personengesellschaft übergehen. Dabei ist der Begriff der wesentlichen Betriebsgrundlage im Rahmen des § 24 UmwStG ggf. anders auszulegen als im Rahmen des § 16 EStG, da die Frage, welche Wirtschaftsgüter als wesentliche Betriebsgrundlage anzusehen sind, normspezifisch zu beantworten ist (vgl. SCHMIDT/WACKER, 2015, § 16 Rz. 141; BFH v. 02.10.1997 – IV R 84/96, BStBl. II 1998, S. 104). Während die wesentlichen Betriebsgrundlagen in Bezug auf § 16 EStG sowohl durch ihre funktionale Bedeutung als auch durch das Vorhandensein erheblicher stiller Reserven zu bestimmen sind, weil

Randnotizen:

100%ige Beteiligung an Kapitalgesellschaft

Übertragung aller wesentlichen Betriebsgrundlagen i.S.v. § 24 UmwStG erforderlich

es Sinn und Zweck der Regelung ist, die steuerliche Belastung einer zusammengeballten Realisierung langjährig gebildeter stiller Reserven abzumildern (vgl. BFH v. 13.02.1996 – VIII R 39/92, BStBl. II 1996, S. 409), wird bezüglich des Normzwecks des § 24 UmwStG die Auffassung vertreten, allein die Funktionalität bestimme die Wesentlichkeit eines Wirtschaftsguts; die Zurückbehaltung funktional unbedeutender Wirtschaftsgüter mit hohen stillen Reserven stehe daher einer Qualifizierung als Einbringung eines Betriebs bzw. Teilbetriebs nicht entgegen (vgl. etwa SCHLÖSSER/ SCHLEY in HARITZ/MENNER, 2015, § 24 Rz. 25, 29). Zu bedenken ist allerdings, dass im Fall des Ansatzes der eingebrachten Wirtschaftsgüter mit dem gemeinen Wert der Einbringungsgewinn gemäß § 16 Abs. 4 EStG sowie § 34 Abs. 1 bzw. Abs. 3 EStG begünstigt ist. Insoweit erscheint es geboten, zumindest in diesem Fall die am Normzweck des § 16 EStG ausgerichtete Abgrenzung der wesentlichen Betriebsgrundlagen anhand funktionaler und quantitativer Kriterien zu übernehmen. Andernfalls wäre es dem Steuerpflichtigen möglich, das dem Normzweck der vorgenannten steuerlichen Begünstigungen zugrunde liegende Teilbetriebsverständnis zu umgehen (vgl. zur vergleichbaren Problematik des § 20 UmwStG BMF v. 16.08.2000, BStBl. I 2000, S. 1253; weitergehend RASCHE in R/H/vL, 2013, § 24 UmwStG Rn. 36).

Fraglich, ob Zurechnung zum SBV des Einbringenden ausreicht

Nach h.M. ist § 24 UmwStG auch dann anwendbar, wenn einzelne Wirtschaftsgüter, die eine wesentliche Betriebsgrundlage der einzubringenden Sachgesamtheit darstellten, nicht in das Gesellschaftsvermögen der aufnehmenden Personengesellschaft übertragen, sondern lediglich in das Sonderbetriebsvermögen des einbringenden Mitunternehmers überführt wurden (vgl. BFH v. 26.01.1994 – III R 39/91, BStBl. II 1994, S. 458; Tz. 24.05 UmwSt-Erlass; RASCHE in R/H/vL, 2013, § 24 UmwStG Rn. 59; SCHMITT in S/H/S, 2013, § 24 UmwStG, Rn. 33 f.; ETTINGER/ SCHMITZ, DStR 2009, S. 1248, 1250; KOCH/JÜRGING, BB 2009, S. 710, 712). In diesen Fällen wird davon ausgegangen, dass insgesamt eine Einbringung i.S.v. § 24 UmwStG vorliegt, mit der Folge, dass sich das Bewertungswahlrecht auch auf die in das Sonderbetriebsvermögen überführten Wirtschaftsgüter erstreckt. Gerechtfertigt wird dies mit der Überlegung, dass die betreffenden Wirtschaftsgüter fortan dem Sonderbetriebsvermögen I des einbringenden Gesellschafters zuzurechnen sind und, da das Sonderbetriebsvermögen Betriebsvermögen der Personengesellschaft darstellt, ebenfalls als in die Gesellschaft eingebracht gelten (vgl. BFH v. 26.01.1994 – III R 39/91, BStBl. II 1994, S. 458).

BEISPIEL 44 ▰▰

X und Y gründen die gewerblich tätige XY-OHG, an welcher sie zu gleichen Teilen beteiligt sind. X bringt sein gewerbliches Einzelunternehmen in die Gesellschaft ein, behält jedoch das betrieblich genutzte Grundstück zurück und überlässt es fortan der XY-OHG zur Nutzung. Y leistet eine entsprechende Bareinlage.

LÖSUNG Nach h.M. ist insgesamt die Einbringung eines Betriebs nach § 24 UmwStG gegeben. Die XY-OHG kann sowohl die in ihr Gesellschaftsvermögen übertragenen Wirtschaftsgüter als auch das in das Sonderbetriebsvermögen des X bei der OHG überführte Grundstück mit dem Buchwert, gemeinen Wert oder Zwischenwert bewerten, wobei das Wahlrecht einheitlich für alle Wirtschaftsgüter auszuüben ist. ◂|

Dagegen spricht allerdings, dass § 1 Abs. 3 UmwStG eine abschließende Aufzählung der von § 24 UmwStG erfassten Sachverhalte enthält, wobei in § 1 Abs. 3 Nr. 4 UmwStG die Einbringung von Betriebsvermögen in eine Personengesellschaft durch

Einzelrechtsnachfolge genannt ist. Eine solche liegt in Ermangelung eines Rechtsträgerwechsels bei einer Überführung der Wirtschaftsgüter in das Sonderbetriebsvermögen des Einbringenden aber gerade nicht vor (so PATT in D/P/M, § 24 UmwStG, Tz. 15). U. E. erscheint es auch aus steuersystematischer Perspektive durchaus gerechtfertigt, derlei Fälle nicht in den Anwendungsbereich des § 24 UmwStG einzubeziehen, da nicht erkennbar ist, weshalb bezüglich der in das Sonderbetriebsvermögen transferierten Wirtschaftsgüter ein Wahlrecht zur Aufdeckung der stillen Reserven bestehen sollte (bereits REISS in K/S/M, EStG § 15 Rz. E 276 f., § 16 Rz. B 70). Vielmehr wäre es angezeigt, die Überführung dieser Wirtschaftsgüter in das Sonderbetriebsvermögen unter § 6 Abs. 5 Satz 2 EStG zu fassen und bezüglich der in das Gesamthandsvermögen eingebrachten Wirtschaftsgüter § 24 UmwStG zur Anwendung zu bringen, vorausgesetzt diese stellen noch einen Betrieb bzw. Teilbetrieb dar; ist kein Betrieb bzw. Teilbetrieb mehr gegeben, wäre insoweit § 6 Abs. 5 Satz 3 EStG anwendbar (vgl. NIEHUS, FR 2010, S. 1 ff.).

Fraglich ist, ob § 24 UmwStG auch dann anwendbar ist, wenn der Einbringende einzelne, in funktionaler Hinsicht wesentliche Wirtschaftsgüter zuvor ausgliedert. Naturgemäß stellt sich diese Frage allerdings nur dann, wenn die Gesamtheit der tatsächlich eingebrachten Wirtschaftsgüter nach wie vor einen Betrieb oder Teilbetrieb darstellt und nicht infolge der vorherigen Ausgliederung einzelner Wirtschaftsgüter zu einer Ansammlung »loser« Wirtschaftsgüter herabgesunken ist. Sodann ist zu unterscheiden, ob die nicht mit eingebrachten Wirtschaftsgüter zuvor unter Aufdeckung der stillen Reserven aus der betreffenden Sachgesamtheit ausgeschieden oder aber zum Buchwert separiert worden sind.

Vorherige Ausgliederung einzelner, funktional wesentlicher WG …

Für den ersten Fall hat der BFH entschieden, dass es der Anwendbarkeit von § 24 UmwStG nicht entgegensteht, wenn der Einbringende einzelne Wirtschaftsgüter, die ursprünglich zu den wesentlichen Betriebsgrundlagen der betreffenden Sachgesamtheit gehörten, im Vorfeld der Einbringung unter Aufdeckung der stillen Reserven an einen Dritten veräußert (vgl. BFH v. 09.11.2011 – X R 60/09, BStBl. II 2012, S. 638). Nach Auffassung des BFH sei maßgeblicher Zeitpunkt für die Beurteilung, ob ein Wirtschaftsgut eine wesentliche Betriebsgrundlage des einzubringenden Betriebs im Rahmen des § 24 Abs. 1 UmwStG darstelle, in Fällen der Einbringung durch Einzelrechtsnachfolge der Zeitpunkt der tatsächlichen Einbringung. Hat aber ein Wirtschaftsgut vor diesem Zeitpunkt das Betriebsvermögen verlassen, so kann es naturgemäß nicht mehr Gegenstand der Einbringung sein (vgl. WENDT, StBJb. 2012/2013, S. 29, 47), woraufhin die Einbringung des derart verkleinerten Betriebs einen Anwendungsfall von § 24 UmwStG darstellt. Die Finanzverwaltung scheint dieser Auffassung zu folgen, wie aus der Veröffentlichung des Urteils im Bundessteuerblatt abgeleitet werden kann (vgl. KANZLER, FR 2012, S. 1120).

… unter Aufdeckung der stillen Reserven, …

Im Fall der vorherigen Ausgliederung einzelner Wirtschaftsgüter zum Buchwert z. B. nach § 6 Abs. 5 EStG will die Finanzverwaltung allerdings nach wie vor die Anwendung der Gesamtplanrechtsprechung und der daraus folgenden wirtschaftlichen Gesamtbetrachtung mehrerer zeitlich auseinanderfallender Rechtsgeschäfte prüfen (vgl. Tz. 24.03 i. V. m. Tz. 20.07 UmwSt-Erlass). Diese Prüfung dürfte regelmäßig zu dem Ergebnis führen, dass bei vorheriger Ausgliederung wesentlicher Betriebsgrundlagen die nachfolgende Einbringung lediglich als Einbringung einer »unvollständigen« (Rest-)Sachgesamtheit gewertet wird, auf die § 24 UmwStG nicht anzuwenden wäre. Die Rechtsprechung des BFH zur vergleichbaren Problematik im

… zum Buchwert

Kontext des § 20 UmwStG erscheint auf den ersten Blick (noch) uneinheitlich: Während nach Auffassung des IV. Senats (v. 13.04.2007 – IV B 81/06, BFH/NV 2007, S. 1939) das Zurückbehalten bzw. die vorherige Ausgliederung einzelner wesentlicher Wirtschaftsgüter bezüglich der nachfolgenden Einbringung einer Anwendung von § 20 UmwStG entgegensteht, hat der I. Senat (v. 25.11.2009 – I R 72/08, BStBl. II 2010, S. 471) eine vorhergehende Buchwertausgliederung für die Anwendung des § 20 UmwStG als unschädlich beurteilt, sofern diese auf Dauer erfolge und deshalb andere wirtschaftliche Folgen auslöse als die Einbeziehung des betreffenden Wirtschaftsguts in den Einbringungsvorgang. Allerdings mehren sich die Anzeichen, dass auch der IV. Senat fortan geneigt sein könnte, in diesem Sinne zu entscheiden (vgl. OTT, StuB 2015, S. 488, 493; WENDT, StBJb. 2012/2013, S. 29, 48). Zu beachten ist, dass die Finanzverwaltung das Urteil des I. Senats zwar im Bundessteuerblatt veröffentlicht hat, allerdings will sie den Urteilstenor bezüglich der Problematik der vorherigen Auslagerung einzelner Wirtschaftsgüter über den entschiedenen Einzelfall hinaus nicht anwenden (vgl. FM Schleswig-Holstein v. 22.12.2010, BeckVerw. 245 509). Die Veröffentlichung sollte wohl vielmehr den übrigen Aspekten des Urteils, die der Finanzverwaltung genehm waren, grundsätzliche Geltung verschaffen. Unseres Erachtens ist der Auffassung des I. Senats des BFH zu folgen, woraus sich für § 24 UmwStG ergibt, dass auch eine vorherige Ausgliederung einzelner »wesentlicher« Wirtschaftsgüter den Anwendungsbereich dieser Vorschrift bezüglich der Einbringung der verbleibenden Sachgesamtheit nicht grundsätzlich versperrt (vgl. NIEHUS/WILKE, SteuK 2011, S. 251 f.).

Zurückbehaltung einzelner, unwesentlicher WG

Die Zurückbehaltung einzelner, unwesentlicher Wirtschaftsgüter steht einer Anwendung von § 24 UmwStG für die Einbringung der Sachgesamtheit nicht entgegen. Bezüglich der zurückbehaltenen Wirtschaftsgüter vertritt die Finanzverwaltung die Auffassung, diese seien grundsätzlich als entnommen zu behandeln, woraufhin die stillen Reserven zur Aufdeckung kämen, es sei denn, die Wirtschaftsgüter seien weiterhin einem Betriebsvermögen zuzuordnen (vgl. Tz. 24.03 i.V.m. Tz. 20.08 UmwSt-Erlass). Letzteres wird die Finanzverwaltung vermutlich dann annehmen, wenn beispielsweise bei Einbringung eines Betriebs unwesentliche Wirtschaftsgüter aus diesem Betriebsvermögen zum Buchwert in ein anderes Betriebsvermögen des Einbringenden nach § 6 Abs. 5 Satz 1 EStG überführt werden. Der BFH (v. 04.12.2012 – VIII R 41/09, BStBl. II 2014, S. 288) hat sich indes gegen die von der Finanzverwaltung gedachte grundsätzliche Entnahme ausgesprochen und vertritt vielmehr die Auffassung, dass, wenn es bezüglich der zurückbehaltenen Wirtschaftsgüter an einer ausdrücklichen Entnahme in das Privatvermögen des Einbringenden fehle, diese in seinem Restbetriebsvermögen verbleiben würden. Dies bedeutet, dass es nicht bereits zum Einbringungszeitpunkt qua gedachter Entnahme in das Privatvermögen zu einer Aufdeckung stiller Reserven kommt, sondern diese erst zum Zeitpunkt ihrer tatsächlichen Realisierung als nachträgliche Einkünfte gemäß § 24 Nr. 2 EStG zu berücksichtigen sind.

2.2.1.2 Mitunternehmeranteil, Teil eines Mitunternehmeranteils

Mitunternehmeranteil schließt SoBV ein

Wird kein Betrieb oder Teilbetrieb, sondern stattdessen ein Mitunternehmeranteil eingebracht, so ist zu beachten, dass dieser selbst kein Wirtschaftsgut ist, sondern vielmehr die ideelle Beteiligung des Mitunternehmers an den materiellen und immateriellen Wirtschaftsgütern der Mitunternehmerschaft verkörpert. Der

Mitunternehmeranteil umfasst dabei sowohl den Anteil des Gesellschafters am gesamthänderisch gebundenen Vermögen der Gesellschaft als auch die Wirtschaftsgüter seines Sonderbetriebsvermögens, soweit diese wesentliche Betriebsgrundlagen der Personengesellschaft sind (vgl. BFH v. 26.01.1994 – III R 39/91, BStBl. II 1994, S. 458). § 24 UmwStG ist dabei unstreitig anwendbar, wenn die Wirtschaftsgüter des bisherigen Sonderbetriebsvermögens in das Gesamthandsvermögen der aufnehmenden Personengesellschaft übertragen werden (vgl. PATT in D/P/M, § 24 UmwStG, Tz. 16, 94). Dies wird auch dann gelten, wenn die Wirtschaftsgüter des bisherigen Sonderbetriebsvermögens nunmehr dem Sonderbetriebsvermögen des Einbringenden bei der aufnehmenden Gesellschaft zugeordnet werden, vorausgesetzt, man folgt der h. A., dass eine Überführung auch in das Sonderbetriebsvermögen des Einbringenden bei der aufnehmenden Personengesellschaft für die Anwendbarkeit von § 24 UmwStG ausreicht. Wie zuvor ausgeführt, ist dies u. E. allerdings unzutreffend. Nicht ausreichend ist es indes, wenn die Wirtschaftsgüter des bisherigen Sonderbetriebsvermögens durch den Einbringenden weiterhin der ursprünglichen Personengesellschaft zur Nutzung überlassen werden (vgl. PATT in D/P/M, § 24 UmwStG, Tz. 94; RASCHE in R/H/vL, 2013, § 24 UmwStG Rn. 44; a. A. SCHLÖSSER/SCHLEY in HARITZ/MENNER, 2015, § 24 Rz. 33).

BEISPIEL 45

A und B sind zu gleichen Teilen als Mitunternehmer an der Z-OHG beteiligt. A bringt seinen Mitunternehmeranteil an der Z-OHG gegen Gewährung von Gesellschaftsrechten in die X-OHG ein.

LÖSUNG § 24 UmwStG ist anwendbar. Durch die Einbringung entsteht eine doppelstöckige Personengesellschaft (vgl. hierzu K II). Mitunternehmer der Z-OHG sind fortan die X-OHG und B.

Abwandlungen

Wie zuvor, jedoch hatte A der Z-OHG ein in seinem Eigentum stehendes, für die Gesellschaft betriebsnotwendiges Grundstück zur Nutzung überlassen und dieses in seinem Sonderbetriebsvermögen bei der Z-OHG ausgewiesen.

a) A überträgt das Grundstück gemeinsam mit seinem Gesellschaftsanteil an der Z-OHG gegen Gewährung von Gesellschaftsrechten auf die X-OHG. Die X-OHG überlässt der Z-OHG das Grundstück zur Nutzung.

b) A überlässt das Grundstück fortan nicht mehr der Z-OHG, sondern stattdessen der X-OHG zur Nutzung.

c) A behält das Grundstück in seinem Eigentum und überlässt es weiterhin der Z-OHG zur Nutzung.

LÖSUNG

a) A hat einen Mitunternehmeranteil i.S.d. § 24 UmwStG in die X-OHG eingebracht, da er sowohl seinen Anteil am Gesellschaftsvermögen als auch sein Sonderbetriebsvermögen auf die X-OHG übertragen hat. Das Grundstück stellt fortan Sonderbetriebsvermögen der X-OHG bei der Z-OHG dar.

b) Erachtet man die Überführung des Grundstücks in das Sonderbetriebsvermögen bei der aufnehmenden Personengesellschaft als ausreichend, so ist insgesamt ein Anwendungsfall von § 24 UmwStG gegeben.

c) A ist mittelbarer Mitunternehmer der Z-OHG und steht als solcher dem unmittelbar beteiligten Mitunternehmer gleich. Das Grundstück stellt weiterhin Sonderbetriebsvermögen des A bei der Z-OHG dar. Eine Einbringung i.S.v. § 24 UmwStG liegt nicht vor, da A zwar seinen Anteil am Gesellschaftsvermögen der Z-OHG, nicht aber sein Sonderbetriebsvermögen in die X-OHG eingebracht hat. ◄

Teil eines Mitunternehmeranteils

Die Einbringung eines Mitunternehmeranteils ist auch dann anzunehmen, wenn lediglich ein Teil des Mitunternehmeranteils eingebracht wird (vgl. Tz. 24.03, 20.11 UmwSt-Erlass). So erklärt § 24 Abs. 3 Satz 2 UmwStG die §§ 16, 34 EStG bei der Einbringung von Teilen eines Mitunternehmeranteils für nicht anwendbar, was den Rückschluss zulässt, dass es sich dabei immerhin um einen von § 24 UmwStG erfassten Sachverhalt handelt (vgl. SCHMITT in S/H/S, 2013, § 24 UmwStG, Rn. 69). Sodann stellt sich allerdings die Frage, ob bei Einbringung eines Mitunternehmerteilanteils zugleich ein entsprechender Teil der wesentlichen Wirtschaftsgüter des Sonderbetriebsvermögens eingebracht werden muss. Folgt man diesbezüglich der grundsätzlichen Überlegung, dass das Sonderbetriebsvermögen integraler Bestandteil des Mitunternehmeranteils ist (vgl. BFH v. 24.08.2000 – IV R 51/98, BFH/NV 2000, S. 1554; v. 06.12.2000 – VIII R 21/00, BFH/NV 2001, S. 548), so ist von der Notwendigkeit einer quotal entsprechenden Übertragung des Sonderbetriebsvermögens auszugehen, um in den Anwendungsbereich des § 24 UmwStG zu gelangen. Im Fall einer disquotalen Übertragung des Sonderbetriebsvermögens folgt daraus im Grundsatz, dass jeweils lediglich im Ausmaß der geringeren Quote die Übertragung eines Mitunternehmerteilanteils i.S.d. § 24 UmwStG gegeben ist (vgl. ausführlich ROGALL, DB 2005, S. 410, 412).

BEISPIEL 46

A und B sind zu gleichen Teilen als Mitunternehmer an der Z-OHG beteiligt. A überträgt gegen Gewährung von Gesellschaftsrechten 50% seines Gesellschaftsanteils an der Z-OHG und 25% seines dortigen Sonderbetriebsvermögens auf die X-OHG, während B 25% seines Gesellschaftsanteils und 50% seines Sonderbetriebsvermögens überträgt.

Für A liegt eine unterquotale Übertragung des Sonderbetriebsvermögens vor. I.H.v. 25% ist die Übertragung eines Mitunternehmerteilanteils i.S.d. § 24 UmwStG gegeben; für die darüber hinausgehende Übertragung des Gesellschaftsanteils (ideell anteilige Wirtschaftsgüter) ist ggf. § 6 Abs. 5 Satz 3 Nr. 1 EStG in Erwägung zu ziehen.

Für B liegt eine überquotale Übertragung des Sonderbetriebsvermögens vor. I.H.v. 25% ist die Übertragung eines Mitunternehmerteilanteils i.S.d. § 24 UmwStG gegeben; die darüber hinausgehende Übertragung des Sonderbetriebsvermögens erfolgt gemäß § 6 Abs. 5 Satz 3 Nr. 2 EStG zwingend zu Buchwerten. ◀|

Zu beachten ist allerdings, dass der BFH zu der insoweit vergleichbaren Problematik einer unentgeltlichen Übertragung eines Mitunternehmerteilanteils bei überquotaler Übertragung des Sonderbetriebsvermögens entschieden hat, dass dieser Vorgang insgesamt von § 6 Abs. 3 Satz 1 EStG erfasst werde und nicht in einen quotenentsprechenden Teil, für den § 6 Abs. 3 Satz 1 EStG gelte, und einen überquotalen Teil, der unter § 6 Abs. 5 Satz 3 Nr. 3 EStG falle, aufzuteilen sei (vgl. BFH v. 02.08.2012, BFH/NV 2012 – IV R 41/11, S. 2053; siehe hierzu G III 2). Ausgehend von dieser Überlegung könnte man folglich geneigt sein, auch die Einbringung eines Mitunternehmerteilanteils bei überquotaler Übertragung des Sonderbetriebsvermögens insgesamt unter § 24 UmwStG zu fassen.

2.2.2 Einbringender wird Mitunternehmer

Erhalt von Gesellschaftsrechten

Weitere Anwendungsvoraussetzung von § 24 UmwStG ist, dass dem Einbringenden im Gegenzug für den Transfer der jeweiligen Sachgesamtheit Gesellschaftsrechte an der aufnehmenden Personengesellschaft gewährt werden, welche ihm eine

Mitunternehmerstellung vermitteln, ihn mithin Mitunternehmerrisiko übernehmen und Mitunternehmerinitiative entfalten lassen. Eine Gewährung von Gesellschaftsrechten liegt unstreitig dann und insoweit vor, als eine Gutschrift auf dem Kapitalkonto des Einbringenden erfolgt, das für seine Beteiligung an der aufnehmenden Personengesellschaft maßgeblich ist. Innerhalb eines Mehrkontenmodells ist dies regelmäßig der Fall, wenn die Gegenbuchung auf dem Festkapitalkonto bzw. dem Kapitalkonto I des Einbringenden erfolgt. Umstritten ist freilich, was bei vollständiger oder teilweiser Gegenbuchung auf einem variablen Kapitalkonto des Gesellschafters gilt, z. B. dem Kapitalkonto II: Nach u. E. insoweit zutreffender Auffassung der Finanzverwaltung (Tz. 24.07 UmwSt-Erlass) ist selbst bei ausschließlicher Buchung auf einem solchen Kapitalkonto eine Gewährung von Gesellschaftsrechten anzunehmen, vorausgesetzt, das Konto steht auch für Verlustbuchungen zur Verfügung. Darüber hinaus ist auch bei (teilweiser) Buchung auf einem gesamthänderisch gebundenen Kapitalrücklagenkonto eine Gewährung von Gesellschaftsrechten und damit ein Anwendungsfall von § 24 UmwStG gegeben, wenn die Leistung in dieses Konto zur Erlangung der gewünschten Beteiligungsquote von den übrigen Gesellschaftern gefordert wird, es sich mithin nicht um eine unentgeltliche Zuwendung des Einbringenden an die Gesellschaft handelt (vgl. BFH v. 25. 04. 2006 – VIII R 52/04, BStBl. II 2006, S. 847; Tz. 24.07 UmwSt-Erlass; siehe hierzu auch E II 2.2).

Aus dem Vorstehenden folgt unmittelbar, dass kein Anwendungsfall von § 24 UmwStG gegeben ist, wenn der Steuerpflichtige entgeltlich überträgt. Eine entgeltliche Übertragung liegt beispielsweise auch bei Buchung auf einem Darlehenskonto vor, da hierdurch keine Gesellschaftsrechte gewährt werden können, sondern vielmehr eine Forderung des Gesellschafters gegenüber der Personengesellschaft zum Ausdruck gebracht wird (vgl. Tz. 24.07 UmwSt-Erlass i. V. m. BMF v. 11. 07. 2011, BStBl. I 2011, S. 713 unter I.2.). **Keine Anwendung von § 24 UmwStG bei Veräußerung**

Bei Übertragungen, die teilweise gegen Gewährung von Gesellschaftsrechten und teilweise gegen Barentgelt oder Buchung auf einem Darlehenskonto erfolgen, ist fraglich, ob diese nach der Einheitstheorie oder nach der Trennungstheorie abzuarbeiten sind. **Übertragungen gegen Mischentgelt umstritten**

Nach u. E. zutreffender Auffassung des BFH (v. 18. 09. 2013 – X R 42/10, BFHE 242, S. 489) soll hier die Einheitstheorie gelten. Nach dieser Theorie ist die teilentgeltliche Übertragung eines Betriebs, Teilbetriebs oder Mitunternehmeranteils als einheitlicher Rechtsvorgang anzusehen und nicht nach Maßgabe der sogenannten Trennungstheorie in einen entgeltlichen und einen unentgeltlichen Teil aufzuspalten. Zu einer Aufdeckung stiller Reserven kommt es dabei nur dann und insoweit, als der Kaufpreis den Buchwert der betreffenden Sachgesamtheit übersteigt; in diesem Fall wäre eine voll entgeltliche Übertragung anzunehmen. Überschreitet der Kaufpreis den Buchwert hingegen nicht, so würde eine voll unentgeltliche Übertragung vorliegen. Zwar handelt es sich bei der Übertragung gegen Mischentgelt nicht um einen teilentgeltlichen Vorgang, da es eben keinen unentgeltlichen Teil der Übertragung gibt, gleichwohl hat der X. Senat hier die Einheitstheorie angewendet, weil § 24 UmwStG es ermögliche, den in der Gewährung von Gesellschaftsrechten bestehenden Teil des Mischentgelts mit dem Buchwert zu bewerten, woraufhin die für Zwecke der Einkommensbesteuerung anzusetzende Höhe des Mischentgelts – insoweit wie bei einem Teilentgelt – hinter dem gemeinen Wert **BFH: Einheitstheorie** des eingebrachten Betriebsvermögens zurückbliebe (zustimmend GEISSLER, FR 2014, S. 152, 157 f.; kritisch BRANDENBERG, MittBayNot 2014, S. 392, 393). Folgt man dieser Auffassung, so liegt eine vollständig steuerneutrale Übertragung immer dann vor, wenn die Summe aus dem Wert der dem Einbringenden gewährten Gesellschaftsrechte (= Erhöhung des zutreffenden Kapitalkontos) und der sonstigen Gegenleistung (z.B. Barentgelt oder Gewährung einer Darlehensforderung) den steuerlichen Buchwert (= Kapitalkonto) der eingebrachten Sachgesamtheit nicht übersteigt (vgl. BFH v. 18.09.2013 – X R 42/10, BFHE 242, S. 489; WENDT, StBJb. 2013/2014, S. 33, 39).

Finanzverwaltung: Trennungstheorie

Nach Auffassung der Finanzverwaltung soll der Vorgang hingegen entlang der Trennungstheorie nach dem Verhältnis der jeweiligen Teilleistungen (tatsächlicher Wert der erlangten Gesellschaftsrechte einerseits und Wert der sonstigen Gegenleistungen andererseits) zum gemeinen Wert des eingebrachten Betriebsvermögens in zwei Übertragungsvorgänge aufzuteilen sein. Sodann würde die Übertragung gegen Gesellschaftsrechte zum Buchwert und damit steuerneutral vollzogen, während die Einbringung gegen eine sonstige Gegenleistung zum gemeinen Wert erfolgen und, weil insoweit auch nur der anteilige Buchwert gegenübergestellt würde, zu einer anteiligen Aufdeckung der stillen Reserven führen würde (vgl. Tz. 24.07 UmwSt-Erlass).

BEISPIEL 47

Die Bilanz des Einzelunternehmers X gestaltet sich wie folgt:

Aktiva	Bilanz Einzelunternehmen X in €		Passiva
Grund und Boden	100 000	Kapital	200 000
Kasse	100 000		
	200 000		200 000

Die stillen Reserven im Grund und Boden betragen 200.000 €. Der gemeine Wert des Betriebsvermögens beläuft sich folglich auf 400.000 €. X bringt seinen Betrieb in eine GmbH & Co. KG ein, an der er selbst mit 100% und die X-GmbH mit 0% beteiligt sind. Das Kapitalkonto des X bei der KG wird um 120.000 € erhöht, zugleich erhält er eine Darlehensforderung gegenüber der KG i.H.v. 80.000 €.
Bei Anwendung der Einheitstheorie entsteht kein Einbringungs- bzw. Veräußerungsgewinn, da die Summe aus dem Wert der gewährten Gesellschaftsrechte (120.000 €) und dem Wert der sonstigen Gegenleistung (80.000 €) das Kapitalkonto seines eingebrachten Einzelunternehmens nicht übersteigt. Bei Anwendung der Trennungstheorie läge hingegen zu 320/400 x 100 = 80% eine Einbringung gegen Gewährung von Gesellschaftsrechten vor, die sodann steuerneutral erfolgen würde, weil hier der Buchwertansatz gewählt war. Zu 80/400 x 100 = 20% würde jedoch eine entgeltliche Veräußerung angenommen werden, wobei dem Entgelt (Gewährung der Darlehensforderung) i.H.v. 80.000 € der anteilige Buchwert (0,2 x 200.000 € = 40.000 €) gegenüberzustellen wäre, was zu einer Aufdeckung stiller Reserven i.H.v. 40.000 € (hier im Grund und Boden) führen würde. Insoweit wäre die Einbringung nicht steuerneutral. ◀|

Verfehlte gesetzgeberische Reaktion droht

Wohl in Reaktion auf die Rechtsprechung des BFH will der Gesetzgeber mit dem Steueränderungsgesetz 2015 (BT-Drucksache 18/6094) § 24 Abs. 2 Satz 2 UmwStG dahingehend ergänzen, dass der Buchwertansatz nur noch insoweit zulässig sein soll, als der gemeine Wert der sonstigen Gegenleistung, die neben den neuen Gesellschaftsrechten gewährt wird, nicht mehr als 25 % des Buchwerts des eingebrachten Betriebsvermögens oder 500.000 €, höchstens jedoch den Buchwert des eingebrachten Betriebsvermögens, beträgt. Gegen diese Überlegung ist freilich einzuwenden, dass der Einbringende, Liquidität vorausgesetzt, eine entsprechende Barentnahme vor der Einbringung tätigen könnte, um sodann den dergestalt verkleinerten Betrieb alleinig gegen Gesellschaftsrechte einzubringen und schließlich in Höhe des zuvor entnommenen Betrags der neu gegründeten Personengesellschaft ein Darlehen zu gewähren (vgl. hierzu STRAHL, KÖSDI 2015, S. 19329, 19336 f.). Die weitere Entwicklung des Gesetzgebungsverfahrens bleibt abzuwarten.

Darüber hinaus ist zu beachten, dass die vollständige Überführung eines Betriebs, Teilbetriebs oder Mitunternehmeranteils alleinig in das Sonderbetriebsvermögen des Gesellschafters den Anwendungsbereich und damit das Bewertungswahlrecht von § 24 UmwStG nicht eröffnet, da in diesem Fall überhaupt keine Gesellschaftsrechte gewährt werden; vielmehr ist in diesem Fall von einer zwingend zu Buchwerten vorzunehmenden Überführung auszugehen (vgl. FG Düsseldorf v. 30.04.2003, rkr., EFG 2003, S. 1180). Nach geltender Rechtslage stellt dies einen Anwendungsfall von § 6 Abs. 5 Satz 2 EStG dar (vgl. HHR/NIEHUS/WILKE, § 6 EStG Anm. 1446; BMF v. 08.12.2011, BStBl. I 2011, S. 1279, Tz. 6).

Transfer nur ins SBV reicht nicht aus

2.3 Typische Anwendungsfälle

Die Regelung des § 24 UmwStG umfasst sowohl Einbringungen im Wege der Einzelrechtsnachfolge als auch der Gesamtrechtsnachfolge (vgl. hierzu auch die Aufzählung in Tz. 01.47 UmwSt-Erlass). Fallgestaltungen von Einbringungen durch Einzelrechtsnachfolge sind dabei beispielsweise:

Anwendungsbereich

- die Aufnahme eines Gesellschafters in ein Einzelunternehmen gegen Geldeinlage oder Einlage anderer Wirtschaftsgüter. Hierbei handelt es sich um die Gründung einer Personengesellschaft, in welche der bisherige Einzelunternehmer die zu seinem Betriebsvermögen gehörigen Wirtschaftsgüter einbringt;
- der Zusammenschluss von mehreren Einzelunternehmen zu einer Personengesellschaft;
- der Eintritt eines weiteren Gesellschafters in eine bestehende Personengesellschaft gegen Geldeinlage oder Einlage anderer Wirtschaftsgüter. Hierbei wird fingiert, dass eine neue Personengesellschaft entstehe, in die die Mitunternehmer der »alten« Personengesellschaft ihre Mitunternehmeranteile an dieser einbringen würden (siehe hierzu H). Überträgt der neu hinzutretende Gesellschafter selbst einen Betrieb, Teilbetrieb oder Mitunternehmeranteil, so ist neben der Einbringung der Mitunternehmeranteile durch die bisherigen Gesellschafter ein weiterer Anwendungsfall von § 24 UmwStG gegeben. Der bloße Gesellschafterwechsel fällt allerdings nicht unter § 24 UmwStG (siehe hierzu I);
- die Aufstockung eines bereits bestehenden Mitunternehmeranteils durch Bareinlage, Einbringung einzelner Wirtschaftsgüter oder eines Betriebs, Teilbetriebs oder Mitunternehmeranteils durch einen der bisherigen Mitunternehmer (vgl. BFH v. 25.04.2006 – VIII R 52/04, BStBl. II 2006, S. 847).; kritisch KIRCHHOF/REISS, 2015, § 16 Rz. 29). Dabei wird im Grundsatz, wie bei der Aufnahme eines weiteren Gesellschafters in eine bestehende Personengesellschaft (siehe hierzu H II 1), so getan, als ob eine neue Personengesellschaft

entstehe, in die erstens die Mitunternehmer der bisherigen Gesellschaft ihre Mitunternehmeranteile an dieser einbringen und im Gegenzug Gesellschaftsrechte an der aufnehmenden Gesellschaft erhalten würden, und zweitens der seine Beteiligung aufstockende Gesellschafter eine weitere Einlage leistet. Nach Auffassung der Finanzverwaltung (Tz. 01.47 UmwSt-Erlass) soll allerdings lediglich für die nicht an der Kapitalerhöhung teilnehmenden Gesellschafter ein Sachverhalt i. S. v. § 24 UmwStG vorliegen. Unseres Erachtens muss jedoch die Einbringungsfiktion, wonach Anteile an der »alten« Personengesellschaft in die »neue« Personengesellschaft eingebracht werden, auch für denjenigen Gesellschafter gelten, der die Kapitalerhöhung vornimmt, vorausgesetzt, man ist überhaupt bereit, dieser Fiktion zu folgen, die jedweder gesellschaftsrechtlichen Fundierung entbehrt. Richtigerweise ist hier schlicht kein Realisierungstatbestand gegeben, so dass sich eine, allerdings zwingende, Buchwertfortführung ohnehin ergibt (vgl. KIRCHHOF/REISS, 2015, § 16 Rz. 29; a. A. RASCHE in R/H/vL, 2013, § 24 UmwStG Rn. 9: kein Anwendungsfall von § 24 UmwStG, sondern Veräußerung von Mitunternehmerteilanteilen der nicht an der Kapitalerhöhung teilnehmenden Gesellschafter an den aufstockenden Gesellschafter). Hinzugefügt sei, dass, wenn es sich bei der weiteren Einlage des die Kapitalerhöhung vornehmenden Gesellschafters um einen Betrieb, Teilbetrieb oder Mitunternehmeranteil (an einer anderen Personengesellschaft) handelt, insoweit ein (weiterer) von § 24 UmwStG erfasster Sachverhalt vorliegt;

- die erweiterte Anwachsung. Dabei bringen z. B. alle Gesellschafter der Personengesellschaft I ihre diesbezüglichen Mitunternehmeranteile in die übernehmende Personengesellschaft II gegen Gewährung von Gesellschaftsanteilen an dieser ein, woraufhin das Gesellschaftsvermögen der Personengesellschaft I der Personengesellschaft II gemäß § 738 BGB anwächst (h. M. vgl. etwa SCHMITT in S/H/S, 2013, § 24 UmwStG, Rn. 56; differenzierend PATT in D/P/M, § 24 UmwStG Tz. 14).

Bei Einbringungen im Wege der Gesamtrechtsnachfolge handelt es sich beispielsweise um:

- die Verschmelzung von Personenhandelsgesellschaften gemäß §§ 2, 39 ff. UmwG;
- die Auf- oder Abspaltung von Personenhandels- oder Partnerschaftsgesellschaften nach § 123 Abs. 1 und 2 UmwG auf Personenhandels- oder Partnerschaftsgesellschaften;
- die Ausgliederung aus Körperschaften, Personenhandelsgesellschaften, Partnerschaftsgesellschaften oder Einzelunternehmen auf Personenhandels- oder Partnerschaftsgesellschaften gemäß § 123 Abs. 3 UmwG.

Einzelrechtsnachfolge, Gesamtrechtsnachfolge Während bei der Einbringung via Einzelrechtsnachfolge die jeweiligen positiven und negativen Vermögensgegenstände einzeln zu übertragen sind, ermöglicht die Gesamtrechtsnachfolge den Übergang des Vermögens der übertragenden Rechtsträger auf den übernehmenden Rechtsträger in einem Rechtsakt (uno actu). Im Fall der Gesamtrechtsnachfolge ist es daher nicht erforderlich, die betreffenden Vermögensgegenstände unter Berücksichtigung der jeweiligen zivilrechtlichen Erfordernisse einzeln zu übertragen (vgl. hierzu das Beispiel bei SCHMIDT, K., 2002, S. 339) sowie die übertragenden Unternehmen abzuwickeln. Die handelsrechtlichen Möglichkeiten zur Vornahme einer Vermögensübertragung im Wege der Gesamtrechtsnachfolge finden sich im UmwG. Die nachfolgenden Ausführungen beschränken sich auf Einbringungen im Wege der Einzelrechtsnachfolge.

Obwohl in § 1 Abs. 3 Nr. 4 UmwStG die Einbringung im Wege der Einzelrechtsnachfolge als Anwendungsfall von § 24 UmwStG genannt wird, ist § 24 UmwStG u. E. auch bei Übertragung lediglich des wirtschaftlichen Eigentums (§ 39 Abs. 2 Nr. 1 AO) anwendbar (vgl. RASCHE in R/H/vL, 2013, § 24 UmwStG Rn. 59; Tz. 01.43 UmwSt-Erlass; differenzierend PATT in D/P/M, § 24 UmwStG Tz. 13).

Verschaffung des wirtschaftlichen Eigentums reicht aus

2.4 Darstellung der Rechtsfolgen anhand eines Fallbeispiels

2.4.1 Die Rechtsfolgen im Überblick

Sind die vorstehenden, in § 24 Abs. 1 UmwStG normierten Anwendungsvoraussetzungen erfüllt, so ergibt sich aus den Absätzen 2 bis 6 der Vorschrift im Grundsatz Folgendes:

Grundsätzlich hat die Personengesellschaft das eingebrachte Betriebsvermögen in ihrer Bilanz einschließlich der Ergänzungsbilanzen für ihre Gesellschafter mit dem gemeinen Wert anzusetzen. Für Pensionsrückstellungen ist allerdings statt des gemeinen Werts lediglich der sich nach § 6 a EStG ergebende Teilwert zu verwenden. Zur Vermeidung einer mit der vorstehenden Bewertung einhergehenden vollständigen Aufdeckung der stillen Reserven kann die aufnehmende Personengesellschaft das übernommene Betriebsvermögen auf Antrag mit dem Buchwert oder einem Zwischenwert ansetzen, allerdings nur insoweit, als das Besteuerungsrecht der Bundesrepublik Deutschland bezüglich des eingebrachten Betriebsvermögens nicht beschränkt oder ausgeschlossen wird. Das Wertansatzwahlrecht ist dabei einheitlich für alle Wirtschaftsgüter auszuüben, soweit sie zu ein und derselben Sachgesamtheit gehören.

Ansatz zum gemeinen Wert, aber ggf. Buchwert- oder Zwischenwertansatz ...

Gemäß § 24 Abs. 2 Satz 3 i.V.m. § 20 Abs. 2 Satz 3 UmwStG ist der Antrag auf Buch- oder Zwischenwertansatz von der übernehmenden Personengesellschaft spätestens bis zur erstmaligen Abgabe ihrer steuerlichen Schlussbilanz, in der das übernommene Betriebsvermögen erstmalig anzusetzen ist, bei dem für die einheitliche und gesonderte Gewinnfeststellung der Gesellschaft zuständigen Finanzamt zu stellen. Zumindest nach Auffassung von Teilen der Finanzverwaltung (vgl. BayLSt v. 11.11.2014, DStR 2015, S. 429) ist unter dem Begriff der steuerlichen Schlussbilanz ist keine eigenständige von der Gewinnermittlung nach § 4 Abs. 1, § 5 Abs. 1 EStG zu unterscheidende Bilanz der übernehmenden Personengesellschaft zu verstehen, sondern vielmehr die reguläre Steuerbilanz, in der das übernommene Betriebsvermögen erstmals anzusetzen ist. Der Antrag auf einen vom gemeinen Wert abweichenden Wertansatz kann dabei explizit oder konkludent gestellt werden, z.B. durch Abgabe der Steuererklärung mit einer Bilanz, die der Steuerfestsetzung zugrunde gelegt wird. Mit der Antragstellung muss gleichwohl nicht bis zum Zeitpunkt der Einreichung der ersten Schlussbilanz nach Einbringung gewartet werden (vgl. RASCHE in R/H/vL, 2013, § 24 UmwStG Rn. 73).

... auf Antrag

Der gewählte Wertansatz gilt für den Einbringenden als Veräußerungspreis und determiniert somit seinen steuerrechtlichen Veräußerungsgewinn i.S.v. § 16 Abs. 2 EStG. Während bei Wahl des Buchwertansatzes kein Veräußerungsgewinn ausgewiesen wird, erreicht dieser bei Wahl des Ansatzes des gemeinen Werts seine maximale Ausprägung und ist sodann, bei Vorliegen der übrigen Tatbestandsvoraus-

Begünstigung des Veräußerungsgewinns

setzungen, gemäß §§ 16 Abs. 4, 34 Abs. 1 bzw. Abs. 3 EStG steuerlich begünstigt, allerdings nur insoweit, als der Einbringungsgewinn nicht dem Teileinkünftever-fahren unterliegt und der Einbringende selbst nicht an der Personengesellschaft beteiligt ist. Siehe hierzu D IV 2.4.4.

Wertfortführung

Bezüglich der Wertfortführung der betreffenden Wirtschaftsgüter bei der auf-nehmenden Personengesellschaft ist § 23 UmwStG entsprechend anzuwenden. Siehe hierzu D IV 2.4.5.

Missbrauchsabwehr-regelung und Zins-vortrag

Durch das SEStEG bzw. das UntStRefG 2008 ist § 24 UmwStG um zwei weitere Absätze »angereichert« worden. Während mit Absatz 5 die Zielsetzung verbunden wird, einer durch Einbringungsvorgänge i.S.v. § 24 UmwStG herbeigeführten Ver-lagerung stiller Reserven von nicht unter § 8 b Abs. 2 KStG fallenden Steuersubjek-ten auf solche, die von § 8 b Abs. 2 KStG erfasst werden, entgegenzuwirken, beschäf-tigt sich Absatz 6 mit dem Schicksal eines bei der eingebrachten Sachgesamtheit etwaig bestehenden Zinsvortrags bzw. EBITDA-Vortrags.

Im Einzelnen seien die Regelungen des § 24 UmwStG anhand des nachfolgen-den Beispielfalls illustriert.

2.4.2 Fallkonzeption

BEISPIEL 48

Der 60-jährige, ledige B gründet mit G am 02.01.10 die B&G-OHG zum Betreiben eines Handelsgeschäfts in Köln. B und G sind am Gewinn und Verlust sowie am Vermögen der Gesellschaft zu je 50 % beteiligt. Das Wirtschaftsjahr der OHG entspricht dem Kalenderjahr. Der Gesellschaftsvertrag bestimmt, dass B das von ihm bisher betriebene Einzelhandels-unternehmen in die Gesellschaft einbringt und G einen Beitrag i.H.v. 220.000 € leistet. Dieser Geldbetrag ist auf ein Bankkonto der OHG einzuzahlen. Die Gesellschafter haben ihre Beiträge am 02.01.10 geleistet.
Die Bilanz des Einzelunternehmens des B weist vor der Einbringung folgende Werte aus:

Aktiva	Bilanz Einzelunternehmen B 01.01.10 in €		Passiva
Grund und Boden	30.000	Kapital	50.000
Gebäude	172.000	Rücklage gemäß R 6.6 EStR	24.000
Büro- und Geschäftsausstattung	10.000	Verbindlichkeiten	150.000
Waren	5.000		
Bank	7.000		
	224.000		224.000

Folgende Wirtschaftsgüter enthalten stille Reserven:
Grund und Boden 44.000 €
Gebäude 18.000 €
Büro- und Geschäftsausstattung 10.000 €
Waren 7.000 €

Der originäre Firmenwert des Einzelhandelsgeschäfts des B beläuft sich auf 67.000 €. Die Rücklage für Ersatzbeschaffung gemäß R 6.6 EStR wurde in 09 zulässigerweise gebildet. Die Summe der stillen Reserven einschließlich der in der steuerfreien Rücklage gespeicherten stillen Reserven sowie des Firmenwerts beträgt folglich 170.000 €. Das Einzelunternehmen ist im Zeitpunkt der Einbringung mithin 220.000 € wert (Buchwert des Kapitalkontos 50.000 € + stille Reserven 170.000 €). Die Bareinlage des G i.H.v. 220.000 € ist zutreffend bemessen.

LÖSUNG Die in § 24 Abs. 1 UmwStG normierten Anwendungsvoraussetzungen sind erfüllt, da es sich bei dem Einzelunternehmen des B um einen Betrieb handelt und B als Mitunternehmer der B&G-OHG anzusehen ist.

Gemäß § 24 Abs. 2 UmwStG hat die B&G-OHG das übernommene Betriebsvermögen mit dem gemeinen Wert anzusetzen. Da das inländische Besteuerungsrecht weder ausgeschlossen noch eingeschränkt wird, kann die B&G-OHG stattdessen auch den Buchwert- oder Zwischenwertansatz wählen. ◄|

Die bilanzielle Darstellung des jeweiligen Wertansatzes sowie die sich aus diesem für den einbringenden Gesellschafter sowie für die aufnehmende Personengesellschaft ergebenden Konsequenzen seien in den nachfolgenden Kapiteln jeweils unter Bezugnahme auf das Fallbeispiel erläutert.

2.4.3 Wertansatz und bilanzielle Darstellung

Bezüglich der bilanziellen Darstellung des jeweiligen Wertansatzes ist zu beachten, dass hierfür nicht nur der Ansatz des aufgenommenen Betriebsvermögens in der Gesellschaftsbilanz der Personengesellschaft ausschlaggebend ist, sondern vielmehr etwaige Ergänzungsbilanzen einzubeziehen sind.

2.4.3.1 Einbringung zum gemeinen Wert

Gemäß § 9 Abs. 2 BewG wird der gemeine Wert durch den Wert bestimmt, der im gewöhnlichen Geschäftsverkehr nach der Beschaffenheit des Wirtschaftsguts bei einer Veräußerung zu erzielen wäre, folglich handelt es sich um den Verkehrswert oder Einzelveräußerungspreis des jeweiligen Wirtschaftsguts. Dabei umfasst der gemeine Wert auch einen Gewinnaufschlag (vgl. HESS/SCHNITGER in PWC, 2007 a, S. 233). Im Zusammenhang mit der Einbringung einer Sachgesamtheit muss die Bezugnahme auf den gemeinen Wert allerdings verwirren, da schließlich der eingebrachte Betrieb, Teilbetrieb bzw. Mitunternehmeranteil innerhalb der neuen Personengesellschaft fortgeführt, die einzelnen Wirtschaftsgüter mithin innerhalb ihres betrieblichen Kontexts verbleiben und gerade nicht einzeln veräußert werden (sollen). Zudem besteht für einen in der einzubringenden Sachgesamtheit geschaffenen originären Firmenwert kein Einzelveräußerungspreis, da dieser einer Einzelveräußerung nicht zugänglich ist. Festzuhalten ist, dass der in § 24 UmwStG a. F. verwendete Wertmaßstab des Teilwerts den vorstehenden Umständen Rechnung trug, was den Gesetzgeber indes nicht davon abgehalten hat, im Umwandlungssteuerrecht flächendeckend den gemeinen Wert an dessen Stelle zu setzen.

Gemeiner Wert ...

Folglich wird man im Kontext des § 24 UmwStG den gemeinen Wert des eingebrachten Betriebsvermögens nicht als Veräußerungspreis einzelner Wirtschaftsgüter, sondern vielmehr als einen Gesamtwert, der bei der Veräußerung der Sachgesamtheit zu erzielen wäre, verstehen müssen; dies beinhaltet auch den Ansatz eines originären Firmenwerts sowie bisher nicht bilanzierter immaterieller Wirtschaftsgüter (vgl. RÖDDER/SCHUMACHER, DStR 2006, S. 1525, 1527).

... bezieht sich auf Sachgesamtheit

Hat man sich mit diesem Gedanken angefreundet, so wird man bezüglich des Wertansatzes übernommener Pensionsrückstellungen eines Besseren belehrt. Gemäß § 24 Abs. 2 Satz 1 Halbsatz 2 UmwStG sind Pensionsrückstellungen mit dem sich nach § 6 a EStG ergebenden (Teil-)Wert anzusetzen, welcher im Regelfall den tatsächlichen (gemeinen) Wert unterschreitet. Zu Recht wird diese einseitige Nicht-

Bewertung von Pensionsrückstellungen mit dem Teilwert

berücksichtigung stiller Lasten als unsystematisch kritisiert. Zu einer Erhöhung des Einbringungsgewinns kommt es gleichwohl dann nicht, wenn im Gegenzug der Ansatz des originären Firmenwerts als Residualgröße verringert wird (vgl. RÖDDER/ SCHUMACHER, DStR 2006, S. 1525, 1527). Die Finanzverwaltung vertritt allerdings die Auffassung, dass ein tatsächlich höherer gemeiner Wert der Pensionsverpflichtung steuerlich nicht den gemeinen Wert des eingebrachten Betriebsvermögens vermindere (vgl. Tz. 24.03 i.Vm. Tz. 20.17 i.V.m. Tz. 03.08 UmwSt-Erlass). Folgt man dieser Nichtberücksichtigung der in den Pensionsverpflichtungen enthaltenen stillen Lasten, so führt dies allerdings zu dem unbefriedigenden Ergebnis, dass bei Ansatz des gemeinen Wertes letztlich mehr stille Reserven zur Aufdeckung gelangen, als tatsächlich vorhanden sind, bzw. wenn keine stillen Reserven vorhanden sein sollten, der Ausweis eines Einbringungsverlusts vermieden wird.

Gemeine Werte in Gesamthandsbilanz, keine Ergänzungsbilanzen

Setzt die aufnehmende Personengesellschaft das übernommene Betriebsvermögen mit dem gemeinen Wert an, so ist die bilanzielle Darstellung vergleichsweise einfach: In der Gesamthandsbilanz sind die übernommenen Wirtschaftsgüter, mit Ausnahme der Pensionsrückstellungen, mit ihrem gemeinen Wert auszuweisen. Der Ansatz zum gemeinen Wert beinhaltet dabei, wie ausgeführt, sowohl den Ansatz des Geschäftswerts als auch etwaiger selbstgeschaffener immaterieller Wirtschaftsgüter und erfordert zugleich die Auflösung etwaig vorhandener steuerfreier Rücklagen (vgl. Tz. 24.03 i.V.m. Tz. 23.17 UmwSt-Erlass).

FORTSETZUNG BEISPIEL 48 ▰▰▰▰▰▰▰▰▰▰▰

Aufstellung der Gesamthandsbilanz zu gemeinen Werten:

Aktiva	Eröffnungsbilanz B&G-OHG 02.01.10 in €		Passiva
Grund und Boden	74.000	Kapital B	220.000
Gebäude	190.000	Kapital G	220.000
Büro- und Geschäftsausstattung	20.000	Verbindlichkeiten	150.000
Waren	12.000		
Bank	227.000		
Firmenwert	67.000		
	590.000		590.000

2.4.3.2 Einbringung zum Buchwert

Buchwert

Gemäß § 1 Abs. 5 Nr. 4 UmwStG ist der Buchwert der Wert, der sich nach den steuerrechtlichen Vorschriften über die Gewinnermittlung in einer für den steuerlichen Übertragungsstichtag aufzustellenden Steuerbilanz ergibt oder ergäbe. Dies bedeutet, dass der Übertragende die Wertansätze des einzubringenden Betriebsvermögens bis zum Übertragungsstichtag fortzuentwickeln hat, mithin planmäßige Absetzungen für Abnutzung, Teilwertabschreibungen sowie ggf. Wertaufholungen bis dahin zu berücksichtigen hat.

Übernahme der Buchwerte in die Gesamthandsbilanz

Wählt die aufnehmende Personengesellschaft den Buchwertansatz, so könnte man bezüglich der bilanziellen Darstellung zunächst geneigt sein, die Buchwerte aus der Bilanz des bisherigen Einzelunternehmers in die Gesellschaftsbilanz zu übernehmen, die Bareinlage des bzw. der anderen Gesellschafter zu ergänzen und sodann die Kapitalkonten entsprechend den Buchwerten der geleisteten Einlagen auszuweisen.

Bei diesem schlichten Vorgehen erhielte man folgende Eröffnungsbilanz:

FORTSETZUNG BEISPIEL 48

Aktiva	Eröffnungsbilanz B&G-OHG 02.01.10 in €		Passiva
Grund und Boden	30.000	Kapital B	50.000
Gebäude	172.000	Kapital G	220.000
Büro- und Geschäftsausstattung	10.000	Rücklage (R 6.6 EStR)	24.000
Waren	5.000	Verbindlichkeiten	150.000
Bank	227.000		
	444.000		444.000

Problematisch an dieser Darstellung ist, dass, obwohl beide Gesellschafter gleichwertige Einlagen geleistet haben, die Kapitalkonten in der Gesamthandsbilanz dieses nicht widerspiegeln und folglich dem vereinbarten Beteiligungsverhältnis am Gewinn und Verlust und am Kapital der Gesellschaft nicht entsprechen. Dabei ist allerdings nicht zu verkennen, dass die Gesellschafter unabhängig vom Ausweis ihrer Kapitalkonten die Zurechnung des Gewinns bzw. Verlusts nach dem tatsächlich intendierten Beteiligungsschlüssel vornehmen können. Vereinbaren sie allerdings zudem eine Verzinsung der Kapitalkonten als Gewinnvorab für den jeweiligen Gesellschafter, so erweist sich die Tatsache, dass die Kapitalkonten nicht die Beteiligungsrelation widerspiegeln, als hinderlich:

Kapitalkonten entsprechen nicht dem Beteiligungsverhältnis

FORTSETZUNG BEISPIEL 48

Bei Gewährung eines Gewinnvorabs in Höhe einer fiktiven Verzinsung des jeweiligen Kapitalkontos wäre B benachteiligt, da sein Kapitalkonto lediglich einen Stand von 50.000 € ausweist, obwohl er Einlagen im Wert von 220.000 € und damit genauso viel wie G geleistet hat. ◀

Gravierender allerdings ist, dass es die vorstehende Gesamthandsbilanz nicht ermöglicht, die aufgrund des gewählten Buchwertansatzes enthaltenen stillen Reserven im Fall ihrer Realisierung den Gesellschaftern im richtigen Verhältnis zuzurechnen. Zutreffend wäre es, den aus der Aufdeckung der stillen Reserven resultierenden Gewinn ausschließlich demjenigen Gesellschafter zuzurechnen, dessen Betriebsvermögen sie entstammen, während für den sich im Wege der Bareinlage beteiligenden Gesellschafter die Realisierung dieser stillen Reserven erfolgsneutral sein muss, da sich der Betrag seiner Bareinlage an den gemeinen Werten, nicht aber an den Buchwerten der betreffenden Wirtschaftsgüter orientiert hatte.

Richtige Zurechnung der stillen Reserven nicht möglich

FORTSETZUNG BEISPIEL 48

Veräußert die Gesellschaft beispielsweise das Grundstück zum gemeinen Wert von 74.000 €, so erzielt sie einen Veräußerungsgewinn i.H.v. 44.000 €. Nach dem vereinbarten Beteiligungsschlüssel entfällt dieser zu gleichen Teilen (22.000 €) auf B und G.
Durch seine Bareinlage i.H.v. 220.000 € hat G jedoch dem B die Hälfte der stillen Reserven vergütet und ist folglich zu 50% am Gesamthandsvermögen bemessen zu Verkehrswerten beteiligt. Folglich sind ihm die entsprechenden Wirtschaftsgüter ideell auch jeweils zur Hälfte ihres gemeinen Werts zuzurechnen, so beispielsweise das Grundstück mit 74.000 € × 0,5 = 37.000 €. Dies bedeutet, dass im Veräußerungsfall G überhaupt keinen Veräußerungsgewinn realisiert: Anteiliger Veräußerungspreis 37.000 € ./. anteiliger gemeiner Wert 37.000 € = Veräußerungsgewinn 0 €.

Hingegen ist B der gesamte Veräußerungsgewinn i. H. v. 44.000 € zuzurechnen, realisiert er doch nunmehr die im Grundstück enthaltenen stillen Reserven, welche er durch die Wahl des Buchwertansatzes im Zeitpunkt der Einbringung konserviert hatte. ◄|

Zielsetzung: Buchwerte für den Einbringenden, Verkehrswerte für die übrigen Gesellschafter

Dieses Ergebnis lässt sich jedoch mit der vorstehenden Gesamthandsbilanz nicht abbilden, so dass alternative Darstellungsformen in Betracht zu ziehen sind. Die steuerbilanzielle Darstellung muss berücksichtigen, dass die Tatsache einer Buchwertfortführung ausschließlich für den einbringenden Gesellschafter Wirksamkeit erlangt, damit für seine Person die Aufdeckung der stillen Reserven im Einbringungszeitpunkt verhindert wird. Ziel muss es daher sein, die Wertansätze der sich nunmehr im Gesamthandsvermögen befindlichen Wirtschaftsgüter für den bisherigen Betriebsinhaber und jetzigen Gesellschafter mit den Buchwerten fortzuführen, während für die übrigen Gesellschafter, die sich beispielsweise durch eine Bareinlage an der Personengesellschaft beteiligt haben, steuerlich in jedem Fall ein (anteiliger) Ansatz zum gemeinen Wert sicherzustellen ist. Mit anderen Worten: Die in der Gesamthandsbilanz bilanzierten Wirtschaftsgüter sind den einzelnen Mitunternehmern realiter mit unterschiedlichen Anteilswerten zuzurechnen, dem einbringenden Gesellschafter zu Buchwerten, den übrigen Gesellschaftern zu gemeinen Werten. Diese Korrektur der sich aus der Gesamthandsbilanz ergebenden Anteilswerte erfolgt mittels Ergänzungsbilanzen.

Mit der Brutto- und der Nettomethode sind zwei bilanzielle Darstellungsmöglichkeiten zu unterscheiden:

Verkehrswerte in Gesamthandsbilanz, negative Ergänzungsbilanz für den Einbringenden

Bruttomethode: In der Gesamthandsbilanz werden die Wirtschaftsgüter mit ihren Verkehrswerten (gemeinen Werten) angesetzt. Wie ausgeführt, schließt dies den Ausweis des Firmenwerts sowie die Auflösung der steuerfreien Rücklagen ein. Für den einbringenden Gesellschafter wird eine negative Ergänzungsbilanz aufgestellt, in welcher die für ihn zu hohen Wertansätze der Gesamthandsbilanz auf die angestrebten Buchwertansätze korrigiert werden. Für die übrigen Gesellschafter sind keine Ergänzungsbilanzen erforderlich, da sich für sie die anteiligen Verkehrswerte bereits aus der Gesamthandsbilanz ergeben.

FORTSETZUNG BEISPIEL 48 ▨▨▨▨▨▨▨▨▨▨▨▨▨

Aufstellung der Gesamthandsbilanz zu gemeinen Werten:

Aktiva	Eröffnungsbilanz B&G-OHG 02.01.10 in €		Passiva
Grund und Boden	74.000	Kapital B	220.000
Gebäude	190.000	Kapital G	220.000
Büro- und Geschäftsausstattung	20.000	Verbindlichkeiten	150.000
Waren	12.000		
Bank	227.000		
Firmenwert	67.000		
	590.000		590.000

Aufstellung einer negativen Ergänzungsbilanz für B:

Aktiva	Ergänzungsbilanz B 02.01.10 in €		Passiva
Minderkapital B	170.000	Grund und Boden	44.000
		Gebäude	18.000
		Büro- und Geschäftsausstattung	10.000
		Waren	7.000
		Firmenwert	67.000
		Rücklage (R 6.6 EStR)	24.000
	170.000		170.000

Der Ausweis der Rücklage gemäß R 6.6 EStR in der Ergänzungsbilanz erklärt sich aus der Funktionalität der Rücklage, welche vormals realisierte stille Reserven durch den Ausweis eines Passivpostens steuerlich neutralisiert und ggf. deren Übertragung auf ein Reinvestitionswirtschaftsgut ermöglicht. Wäre beispielsweise diese Übertragung bereits vor der Einbringung des Betriebs in die Personengesellschaft erfolgt, so wären auf der Passivseite der Ergänzungsbilanz die dann in dem Reinvestitionswirtschaftsgut enthaltenen stillen Reserven auszuweisen.

Nunmehr korrespondieren die Kapitalkonten der Gesamthandsbilanz mit dem vereinbarten Beteiligungsverhältnis und es erfolgt eine zutreffende Zurechnung der stillen Reserven auf die Gesellschafter. So ist beispielsweise die Veräußerung des Grundstücks für 74.000 € in der Gesamthandsbilanz erfolgsneutral. Für G ist dieses Ergebnis zutreffend, da er für die Anschaffung des anteiligen Grundstücks bereits 37.000 € aufgewendet hatte. Für B ergibt sich darüber hinaus aus dem Wegfall des Minderwerts Grund und Boden in seiner Ergänzungsbuchführung ein Ertrag i.H.v. 44.000 € in seiner Ergänzungsbuchführung (Minderwert Grund und Boden an sonstigen betrieblichen Ertrag 44.000 €). Dieser Betrag entspricht den zum Einbringungszeitpunkt im Grund und Boden vorhandenen stillen Reserven, die B zuzurechnen waren und nunmehr von ihm versteuert werden. ◀|

Nettomethode: Alternativ zu der obigen Darstellung können die Buchwerte der eingebrachten Wirtschaftsgüter unmittelbar in die Gesamthandsbilanz übernommen und die Kapitalkonten der Gesellschafter an das vereinbarte Beteiligungsverhältnis angepasst werden. Nun allerdings bedarf es der Korrektur durch entsprechende Ergänzungsbilanzen, um für den bar leistenden Gesellschafter steuerrechtlich ein Kapitalkonto zu erzeugen, welches mit seiner tatsächlichen Einlage korrespondiert, und für den einbringenden Gesellschafter ein Kapitalkonto auszuweisen, welches dem von ihm angestrebten Buchwertansatz entspricht (vgl. Tz. 24.14 UmwSt-Erlass):

Buchwerte in Gesamthandsbilanz, Korrektur durch positive und negative Ergänzungsbilanz

FORTSETZUNG BEISPIEL 48 ▬▬▬▬▬▬▬▬▬▬

Aufstellung der Gesamthandsbilanz zu Buchwerten (nach Anpassung der Kapitalkonten):

Aktiva	Eröffnungsbilanz B&G-OHG 02.01.10 in €		Passiva
Grund und Boden	30.000	Kapital B	135.000
Gebäude	172.000	Kapital G	135.000
Büro- und Geschäftsausstattung	10.000	Rücklage (R 6.6 EStR)	24.000
Waren	5.000	Verbindlichkeiten	150.000
Bank	227.000		
	444.000		444.000

Alternativ könnte das Kapitalkonto des G auch dem bisherigen Kapitalkonto des B entsprechen (50.000 €) und der für die stillen Reserven aufgewendete Mehrbetrag von 170.000 € in einer gesamthänderisch gebundenen Kapitalrücklage erfasst werden. Auch bei dieser buchhalterischen Vorgehensweise handelt es in vollem Umfang um eine Einbringung gegen Gewährung von Gesellschaftsrechten (siehe hierzu auch E II 2.2). Sodann ergibt sich folgende Gesamthandsbilanz:

Aktiva	Eröffnungsbilanz B&G-OHG 02.01. 10 in €		Passiva
Grund und Boden	30.000	Kapital B	50.000
Gebäude	172.000	Kapital G	50.000
Büro- und Geschäftsausstattung	10.000	Rücklage (R 6.6 EStR)	24.000
Waren	5.000	Verbindlichkeiten	150.000
Bank	227.000	gesamthänderische Rücklage	170.000
	444.000		444.000

Da G eine Bareinlage i. H. v. 220.000 € geleistet hat, sein Kapitalkonto in der Gesamthandsbilanz jedoch nur 135.000 € (in der zweiten Darstellung der Gesamthandsbilanz zusammengesetzt aus seinem Kapitalkonto von 50.000 € und dem auf ihn entfallenden Anteil an der gesamthänderisch gebundenen Rücklage 85.000 €) beträgt, ist für G eine positive Ergänzungsbilanz zu erstellen, so dass sich für ihn insgesamt, d. h. Gesamthandsbilanz und Ergänzungsbilanz zusammen genommen, ein steuerliches Kapitalkonto i. H. v. 220.000 € ergibt.

Aktiva	Ergänzungsbilanz G 02.01. 10 in €		Passiva
Grund und Boden	22.000	Mehrkapital	85.000
Gebäude	9.000		
Büro- und Geschäftsausstattung	5.000		
Waren	3.500		
Firmenwert	33.500		
Rücklage (R 6.6 EStR)	12.000		
	85.000		85.000

Da für B das Kapitalkonto der Gesamthandsbilanz im Vergleich zum angestrebten Buchwertansatz von 50.000 € mit 135.000 € einen um 85.000 € zu hohen Wert aufweist, ist für B eine negative Ergänzungsbilanz aufzustellen:

Aktiva	Ergänzungsbilanz B 02.01. 10 in €		Passiva
Minderkapital	85.000	Grund und Boden	22.000
		Gebäude	9.000
		Büro- und Geschäftsausstattung	5.000
		Waren	3.500
		Firmenwert	33.500
		Rücklage (R 6.6 EStR)	12.000
	85.000		85.000

Nunmehr korrespondieren die Kapitalkonten der Gesamthandsbilanz mit dem vereinbarten Beteiligungsverhältnis und es erfolgt eine zutreffende Zurechnung der stillen Reserven auf die Gesellschafter. So resultiert aus der unterstellten Veräußerung des Grundstücks für 74.000 € in der Gesamthandsbilanz ein Veräußerungsgewinn i. H. v. 44.000 €, der zu gleichen Teilen auf G und B entfällt. Aus dem Wegfall des Mehrwerts Grund und Boden in seiner Ergänzungsbilanz ergibt sich für G ein zusätzlicher Aufwand in seiner Ergänzungsbuchführung i.H.v. 22.000 € (Aufwand an Grund und Boden 22.000 €), so dass für ihn per Saldo die Veräußerung des Grundstücks erfolgsneutral ist. Für B resultiert hingegen aus dem Wegfall des Minderwerts Grund und Boden in seiner Ergänzungsbilanz ein Ertrag in seiner Ergänzungsbuchführung i.H.v. 22.000 € (Minderwert Grund und Boden an Ertrag 22.000 €), so dass sich für ihn per Saldo ein Veräußerungsgewinn von 44.000 € einstellt. ◀|

Vorteil der zuletzt skizzierten Darstellungsform ist die Bewertungskontinuität in der Gesamthandsbilanz aufgrund der Fortführung der Buchwerte, was beispielsweise im Fall der Aufnahme eines neuen Gesellschafters in eine bestehende Personengesellschaft wünschenswert sein kann. Darüber hinaus bewirkt die Aufstellung von positiver und negativer Ergänzungsbilanz bei Fortführung der Buchwerte in der Gesellschaftsbilanz und Kapitalkontenanpassung eine hohe bilanzielle Transparenz des Vorgangs: Während die positive Ergänzungsbilanz des bar leistenden Gesellschafters im Ergebnis die stillen Reserven ausweist, die er dem vorherigen Einzelunternehmer vergütet hat, neutralisiert der Einbringende den ihm insoweit entstehenden Veräußerungsgewinn vermittels seiner korrespondierenden negativen Ergänzungsbilanz; die ideell bei ihm verbliebenden stillen Reserven geraten nicht zur Aufdeckung, da in der Gesellschaftsbilanz die Buchwerte fortgeführt werden. Eine zutreffende Vornahme der Wertfortführung der jeweiligen Wertansätze wird durch diese Darstellungsform erleichtert. Im hier skizzierten Fall der Neugründung einer Personengesellschaft entfällt der Vorteil der Bewertungskontinuität allerdings, da keine vorherige Gesamthandsbilanz der Gesellschaft existiert, an die anzuknüpfen sein könnte, so dass die erste Darstellungsvariante aufgrund ihrer Einfachheit und des tatsächlichen Wertausweises in der Gesamthandsbilanz in Betracht zu ziehen ist (vgl. ZIMMERMANN, 2013, Kapitel C, Rz. 26).

Umstritten ist allerdings, ob eine Zuordnung der stillen Reserven zum Einbringenden zwingend vorzunehmen ist, oder ob durch den Ansatz der Buchwerts in der Gesamthandsbilanz ohne Aufstellung von Ergänzungsbilanzen auch eine interpersonelle Verlagerung stiller Reserven zu tolerieren wäre (für Letzteres SCHMITT in S/H/S, 2013, § 24 UmwStG, Rn. 218; wohl auch BFH v. 18.09.2013 – X R 42/10, BFH/NV 2013, S. 2006). Unseres Erachtens folgt aus dem Subjektsteuerprinzip, wonach der Steuerpflichtige, in dessen Sphäre die stillen Reserven entstanden sind, diese zu versteuern hat, dass die zum Zeitpunkt der Einbringung bestehenden stillen Reserven alleinig dem Einbringenden zuzuordnen sind. Dagegen spricht weder die Überlegung, dass sodann § 24 Abs. 5 UmwStG keinen Anwendungsbereich habe (unzutreffend, siehe hierzu D IV 2.6.2), noch das Argument, dass § 6 Abs. 5 Satz 3 ff. EStG (siehe hierzu E II 2.4) bei der Übertragung einzelner Wirtschaftsgüter eine interpersonelle Verlagerung zulasse (vgl. zu beidem SCHMITT in S/H/S, 2013, § 24 UmwStG, Rn. 218 f.). Umgekehrt wird ein Schuh daraus: Weil es, anders als in § 6 Abs. 5 Satz 4 EStG, in § 24 UmwStG an einer gegen eine interpersonelle Verlagerung stiller Reserven gerichteten Missbrauchsabwehrregelung fehlt, gilt das Subjektsteuerprinzip uneingeschränkt. Auch kann aus § 6 Abs. 5 Satz 3 und 4 EStG eine generelle Zulässigkeit der interpersonellen Verlagerung stiller Reserven bei Mitunternehmerschaften eben gerade nicht hergeleitet werden. Vielmehr stellt diese Regelung eine systemwidrige Ausnahme zum Subjektsteuerprinzip dar, so dass sich ein Analogieschluss bezüglich § 24 UmwStG verbietet (vgl. HHR/NIEHUS/WILKE, § 6 Anm. 1460).

Wertung der Alternativen

Zuordnung der stillen Reserven zwingend?

2.4.3.3 **Einbringung zum Zwischenwert**

Prozentual gleich-mäßige Aufstockung der Buchwerte

Ein Zwischenwertansatz ist gegeben, wenn in der Gesamthandsbilanz der Personengesellschaft einschließlich der Ergänzungsbilanzen der Gesellschafter die angesetzten Werte höher als die Buchwerte, jedoch niedriger als die gemeinen Werte im bisherigen Betriebsvermögen sind. Zu diesem Zweck ist zunächst die Höhe der gesamten stillen Reserven festzustellen. Diese stillen Reserven sind dann gleichmäßig um den Prozentsatz aufzulösen, der dem Verhältnis des aufzustockenden Betrags zum Gesamtbetrag der vorhandenen stillen Reserven des eingebrachten Betriebsvermögens entspricht. Die Erhöhung der Buchwerte ist prozentual gleichmäßig vorzunehmen, dabei sind grundsätzlich sowohl das Anlagevermögen als auch das Umlaufvermögen zu berücksichtigen, etwaige steuerfreie Rücklagen sind anteilig aufzulösen und ebenso ist ein bestehender originärer Firmenwert quotal entsprechend zu aktivieren (vgl. Tz. 24.03 i. V. m. 23.14 UmwSt-Erlass). Ein Wahlrecht, nur in bestimmten Wirtschaftsgütern die stillen Reserven aufzudecken und die übrigen Wirtschaftsgüter zum Buchwert anzusetzen, besteht nicht. Ihre vormalige Auffassung, nach der ein originärer Firmenwert erst dann berücksichtigt werden sollte, wenn nach der Aufstockung der übrigen Wirtschaftsgüter bis zu ihren gemeinen Werten noch eine Differenz bis zu dem gewünschten Ansatz des eingebrachten Betriebsvermögens verblieb (vgl. Tz. 24.04 i. V. m. 22.08 UmwSt-Erlass 1998), hat die Finanzverwaltung richtigerweise aufgegeben. Gegen den gleichberechtigten Einbezug des Firmenwerts in das Aufstockungsverfahren spricht auch nicht die Definition des derivativen Geschäftswerts in § 246 Abs. 1 Satz 4 HGB, nach welcher ein solcher erst dann anzusetzen ist, wenn und soweit der Unternehmenskaufpreis den Wert der einzelnen Vermögensgegenstände des Unternehmens abzüglich der Schulden zu Zeitwerten übersteigt. Im Einbringungsfall des § 24 UmwStG werden nämlich dem Einbringenden regelmäßig Gesellschaftsrechte nach Maßgabe des tatsächlichen Werts der Sachgesamtheit gewährt, wobei eben auch der Firmenwert vollständig berücksichtigt wird, so dass es einsichtig erscheint, diesen auch bei der Verteilung etwaiger Aufstockungsbeträge infolge des steuerlichen Bewertungswahlrechts gleichberechtigt und von Beginn an zu berücksichtigen. Im Fall der Veräußerung eines Mitunternehmeranteils zu einem zwischen Buchwert und Verkehrswert befindlichen Preis ist dies allerdings anders; hier gilt u. E. nach wie vor die Stufentheorie (siehe hierzu ausführlich G V 3.1.2.).

FORTSETZUNG BEISPIEL 48

B möchte einen Einbringungsgewinn i. H. v. 85.000 € realisieren. B und G kommen überein, das von B eingebrachte Betriebsvermögen entsprechend zu bewerten.

Die Höhe der gesamten stillen Reserven einschließlich des originären Firmenwerts beträgt 170.000 €. Der prozentuale Aufstockungssatz beträgt folglich (85.000 € / 170.000 €) × 100 = 50 %.

Grundsätzlich bestehen auch in diesem Fall die für den Buchwertansatz zuvor skizzierten Darstellungsmöglichkeiten (vgl. D IV 2.4.3.2): So können in der Gesellschaftsbilanz die jeweiligen Wirtschaftsgüter zu Zwischenwerten angesetzt werden bei gleichzeitiger Anpassung der Kapitalkonten an das vereinbarte Beteiligungsverhältnis, woraufhin die Aufstellung einer positiven Ergänzungsbilanz für den bar leistenden Gesellschafter und einer korrespondierenden negativen Ergänzungsbilanz für den Einbringenden erforderlich ist. Entscheiden sich die Gesellschafter, in der Gesamthandsbilanz die eingebrachten Wirtschaftsgüter zum gemeinen Wert auszuweisen, so erfolgt bilanziell die Realisierung des von B gewünschten Zwischenwertansatzes über eine negative Ergänzungsbilanz für B, in welcher die betreffenden Wirtschaftsgüter im Wert um jeweils 50 % ihrer jeweiligen stillen Reserven gegenüber dem Ausweis in der Gesamthandsbilanz vermindert werden. Bei letzterer Darstellungsvariante ergibt sich folgende Ergänzungsbilanz:

Aktiva		Ergänzungsbilanz B 02.01.10 in €	Passiva
Minderkapital	85.000	Grund und Boden	22.000
		Gebäude	9.000
		Büro- und Geschäftsausstattung	5.000
		Waren	3.500
		Firmenwert	33.500
		Rücklage (R 6.6 EStR)	12.000
	85.000		85.000

Die Gesamthandsbilanz entspricht der in D IV 2.4.3.1 dargestellten OHG-Bilanz. ◄|

2.4.4 Steuerliche Konsequenzen für den einbringenden Gesellschafter

Gemäß § 24 Abs. 3 Satz 1 UmwStG gilt für den übertragenden Gesellschafter der von der aufnehmenden Personengesellschaft gewählte Wertansatz als Veräußerungspreis i. S. v. § 16 EStG. Diese Nutzbarmachung des § 16 EStG im Kontext des § 24 UmwStG ist gesetzessystematisch aus zweierlei Gründen gerechtfertigt: Erstens geht es um die Ermittlung der durch die Einbringung des Betriebs, Teilbetriebs oder Mitunternehmeranteils zur Aufdeckung gelangten stillen Reserven, wofür § 16 Abs. 2 EStG eine entsprechende Rechenvorschrift bereithält: Der Veräußerungsgewinn ist danach als Differenz zwischen dem Veräußerungspreis nach Abzug der Veräußerungskosten und dem Wert des eingebrachten Betriebsvermögens bzw. dem Wert des eingebrachten Anteils am dahinter stehenden Betriebsvermögen zu ermitteln. Zweitens ermöglicht der Rückgriff auf § 16 EStG die steuersystematisch zutreffende Anwendung der Freibetragsregelung des § 16 Abs. 4 EStG, vorausgesetzt, alle stille Reserven sind durch die Einbringung aufgedeckt worden.

Wertansatz gilt als Veräußerungspreis

Gilt aber der Wert, mit dem die aufnehmende Personengesellschaft das eingebrachte Betriebsvermögen ansetzt, für den Einbringenden als Veräußerungspreis, so werden durch die Wahlentscheidung der Gesellschaft insbesondere die steuerlichen Konsequenzen für den Einbringenden bestimmt, während sich für die Personengesellschaft selbst keine unmittelbaren Auswirkungen ergeben. Dabei ist das Wertansatzwahlrecht durch die aufnehmende Personengesellschaft auszuüben, weil sie nun einmal das die Bilanz aufstellende (partielle) Steuersubjekt ist, gleichwohl wird in Anbetracht der vorstehenden materiellen Auswirkungen der einbringende Gesellschafter mit den übrigen Gesellschaftern der aufnehmenden Personengesellschaft eine Vereinbarung über eine ihm genehme Bewertung des eingebrachten Betriebsvermögens treffen. Ein gesetzliches Veto- oder Mitspracherecht des Einbringenden besteht gleichwohl nicht (vgl. BFH v. 25.04.2006 – VIII R 52/04, BStBl. II 2006, S. 847). Die von der aufnehmenden Personengesellschaft gewählten Wertansätze sind auch dann steuerlich maßgebend, wenn sie sich zuvor mit dem einbringenden Gesellschafter einvernehmlich auf andere Wertansätze verständigt hatte (vgl. BFH v. 12.10.2011 – VIII R 12/08, BStBl. II 2012, S. 381).

Ausübung durch Personengesellschaft

2.4.4.1 Ansatz zum gemeinen Wert

Ermittlung des Einbringungsgewinns

Erfolgt die Einbringung zu gemeinen Werten, so erzielt der einbringende Gesellschafter einen Veräußerungsgewinn i.H.d. Unterschiedsbetrags zwischen dem gemeinen Wert und dem Buchwert des eingebrachten Betriebsvermögens. Da hierbei ausschließlich auf die bilanziellen Wertansätze abgestellt wird, führt u.E. ein im Einbringungszeitpunkt noch bestehender, außerbilanziell gemäß § 7 g Abs. 1 EStG gebildeter Investitionsabzugsbetrag nicht zu einer Erhöhung des Einbringungsgewinns. Zu beachten ist allerdings, dass infolge der Einbringung weder der vorherige Einzelunternehmer noch die aufnehmende Personengesellschaft, Letztere mangels Eintritts in die Rechtsstellung des Einbringenden (siehe hierzu D IV 2.4.5.1), den Investitionsabzugsbetrag nach Maßgabe des § 7 g Abs. 2 EStG »verarbeiten« kann. Dies hat zur Folge, dass für den Einbringenden nach § 7 g Abs. 3 EStG der gewinnmindernde Abzug rückwirkend für das Abzugsjahr zu korrigieren ist. Festzuhalten ist mithin, dass der Investitionsabzugsbetrag zwar gewinnerhöhend aufzulösen ist, gleichwohl nicht Bestandteil des Einbringungsgewinns ist.

Begünstigung, soweit nicht das Teileinkünfteverfahren greift

Dieser Veräußerungsgewinn ist gemäß § 24 Abs. 3 Satz 2 UmwStG durch die §§ 16 Abs. 4, 34 Abs. 1 und Abs. 3 EStG begünstigt. Die Regelungen des § 34 Abs. 1 und Abs. 3 EStG sind jedoch gemäß § 24 Abs. 3 Satz 2 Halbsatz 2 UmwStG nur auf den Teil des Einbringungsgewinns anzuwenden, der nicht in den Anwendungsbereich des Teileinkünfteverfahrens fällt. Diese Einschränkung ist die Entsprechung zu der in § 34 Abs. 2 Nr. 1 EStG ebenso erfolgten Herausnahme der vom Teileinkünfteverfahren erfassten Gewinnbestandteile aus dem Kreis der außerordentlichen Einkünfte. Gehört beispielsweise eine Kapitalgesellschaftsbeteiligung zu dem eingebrachten Betriebsvermögen, so ist der auf diese Beteiligung entfallende Einbringungsgewinn gemäß § 3 Nr. 40 Satz 1 Buchst. b i.V.m. § 3 c Abs. 2 EStG bereits teilweise steuerbefreit und soll, nach Auffassung des Gesetzgebers, nicht durch § 34 EStG eine weitere Begünstigung erfahren (vgl. BT-Drucksache 14/7344, S. 11). Diese Begründung vermag u.E. indes nicht zu überzeugen, stellt doch die durch das Teileinkünfteverfahren bewirkte teilweise Steuerfreistellung des Veräußerungsgewinns keine Begünstigung im eigentlichen Sinne dar, sondern berücksichtigt vielmehr idealtypisch die bereits auf Ebene der Kapitalgesellschaft eingetretene körperschaftsteuerliche Belastung (a.A. KIRCHHOF/MELLINGHOFF, 2015, § 34 Rz. 21).

§ 16 Abs. 4 EStG

Gemäß § 16 Abs. 4 EStG unterliegt der Veräußerungsgewinn auf Antrag der Einkommensteuer nur, soweit er den Freibetrag i. H. v. 45.000 € überschreitet, wobei die Inanspruchnahme dieser Vergünstigung allerdings voraussetzt, dass der Steuerpflichtige das 55. Lebensjahr vollendet hat oder im sozialversicherungsrechtlichen Sinne dauernd berufsunfähig ist. Der Freibetrag steht dem Steuerpflichtigen zudem nur einmal im Leben zu und ermäßigt sich um den Betrag, um den der Veräußerungsgewinn 136.000 € übersteigt, mithin entfällt der Freibetrag ab einem Veräußerungsgewinn 181.000 € vollständig. Sinn und Zweck der Regelung ist es, die durch die zusammengeballte Aufdeckung stiller Reserven bei der Veräußerung eines Betriebs, Teilbetriebs oder Mitunternehmeranteils bewirkte steuerliche Belastung des Steuerpflichtigen im Hinblick auf die progressive Tarifausgestaltung abzumildern (vgl. SCHMIDT/WACKER, 2015, § 16 Rz. 577), auch weil der Veräußerer den erzielten Gewinn idealtypisch zur Altersversorgung verwendet.

Darüber hinaus bewirken § 34 Abs. 1 bzw. Abs. 3 EStG für den zu den außerordentlichen Einkünften zählenden Teil des Veräußerungsgewinns eine Tarifermäßigung, um die aufgrund der zusammengeballten Realisierung der stillen Reserven eintretende Progressionswirkung zu vermindern. Gemäß § 34 Abs. 1 EStG werden hierbei die außerordentlichen Einkünfte des Steuerpflichtigen einheitlich mit dem Fünffachen der auf ein Fünftel dieser Einkünfte entfallenden Einkommensteuer des allgemeinen Tarifs belastet. § 34 Abs. 3 EStG sieht vor, dass Veräußerungsgewinne bis zu einem Betrag von 5 Mio. € auf Antrag mit 56 % des durchschnittlichen Steuersatzes, mindestens jedoch mit dem tariflichen Eingangssteuersatz (14 %) belastet werden. Wie § 16 Abs. 4 EStG soll die Regelung des § 34 Abs. 3 EStG die Altersversorgung des ausscheidenden (Mit)unternehmers begünstigen (vgl. BFH v. 09. 12. 2002 – X B 28/02, BFH/NV 2003, S. 741); sie ist daher an die gleichen Anwendungsvoraussetzungen geknüpft (Vollendung des 55. Lebensjahrs oder dauernde Berufsunfähigkeit, einmalige Inanspruchnahme). **§ 34 Abs. 1 und Abs. 3 EStG**

Eingedenk der Grundüberlegung, dass die Begünstigungen der §§ 16, 34 EStG nur dann gewährt werden, wenn *uno actu* sämtliche stillen Reserven der betreffenden Sachgesamtheit aufgedeckt werden, könnte sich diesbezüglich die vorherige steuerneutrale Auslagerung von Wirtschaftsgütern mit erheblichen stillen Reserven als schädlich erweisen (vgl. WENDT, StbJb. 2012/13, S. 29, 48 f.). Zwar würde es sich auch in diesem Fall um eine Einbringung einer Sachgesamtheit i. S. v. § 24 UmwStG handeln (siehe hierzu D. IV 2.2.1.1.), allerdings wäre eine nach §§ 16, 34 EStG begünstigte Besteuerung wohl zu versagen. **Vorherige Ausgliederung von WG ggf. schädlich**

Zudem ist zu beachten, dass insoweit, als auf der Seite des Veräußerers und auf der Seite des Erwerbers dieselben Personen Unternehmer oder Mitunternehmer sind, der Gewinn als laufender und daher nicht begünstigter Gewinn gilt (§ 24 Abs. 3 Satz 3 UmwStG i. V. m. § 16 Abs. 2 Satz 3 EStG). Sinn und Zweck der Regelung ist es, zu verhindern, dass ein Betriebsinhaber in bestimmten Zeitabständen sein Unternehmen in eine neu gegründete Personengesellschaft einbringt, deren weiterer Gesellschafter lediglich einen Zwerganteil hält, und im Wege des Ansatzes zum gemeinen Wert die stillen Reserven unter Inanspruchnahme der Begünstigungen der §§ 16, 34 EStG aufdeckt. § 16 Abs. 2 Satz 3 EStG schließt daher insoweit die genannten steuerlichen Vergünstigungen aus, als das eingebrachte Betriebsvermögen weiterhin gedanklich dem Einbringenden zuzurechnen ist. Da allerdings sowohl die Inanspruchnahme des Freibetrags gemäß § 16 Abs. 4 EStG als auch der Tarifbegünstigung des § 34 Abs. 3 EStG an enge persönliche Voraussetzungen gebunden und zudem nur einmal im Leben zulässig ist, hat die vorgenannte Vorschrift an Bedeutung verloren. Würde sich der Gesetzgeber für eine Abschaffung des § 34 Abs. 1 EStG entscheiden, könnte im Gleichschritt die Regelung des § 16 Abs. 2 Satz 3 EStG entfallen. **Nicht begünstigter Gewinnanteil gemäß § 16 Abs. 2 Satz 3 EStG**

Sollte die Einbringung durch eine Kapitalgesellschaft erfolgen, so unterliegt der Einbringungsgewinn ungemildert der Körperschaftsteuer, da die Begünstigungen der §§ 16, 34 EStG lediglich für natürliche Personen gelten. Soweit durch die Einbringung stille Reserven in Kapitalgesellschaftsanteilen aufgedeckt worden sind, sind diese gemäß § 8 b Abs. 2 i. V. m. Abs. 3 KStG zu 95 % steuerfrei (vgl. NIEHUS/ WILKE, Die Besteuerung der Kapitalgesellschaften, 2014, S. 168) **Einbringung durch Kapitalgesellschaft**

Die gewerbesteuerliche Behandlung eines durch die Veräußerung eines Betriebs, Teilbetriebs oder Mitunternehmeranteils erzielten Gewinns ist durch zwei **Gewerbesteuerliche Auswirkungen**

Grundgedanken geprägt: Zum einen gilt für Einzelunternehmer der Grundsatz, dass ein derartiger Gewinn nicht der Gewerbesteuer unterliegt, da durch die Gewerbesteuer nur der laufende, mithin während der Ausübung der werbenden Tätigkeit erzielte Ertrag erfasst werden soll. Zum anderen folgt für Kapitalgesellschaften aus der gesetzlichen Regelung des § 2 Abs. 2 Satz 1 GewStG, wonach die Tätigkeit der Kapitalgesellschaft stets und in vollem Umfang als Gewerbebetrieb gilt, dass auch ein Gewinn aus der Veräußerung eines Betriebs oder Teilbetriebs in deren Gewerbeertrag enthalten ist. Erfolgt die Veräußerung eines Betriebs oder Teilbetriebs durch eine Personengesellschaft, so ist bezüglich der Gewerbesteuerbarkeit auf die unmittelbar hinter der einbringenden Gesellschaft stehenden Gesellschafter abzustellen: Soweit dies natürliche Personen sind, unterliegt der Veräußerungsgewinn nicht der Gewerbesteuer, soweit dies Kapitalgesellschaften oder Personengesellschaften sind, ist er gewerbesteuerbar, so im Grundsatz § 7 Satz 2 Nr. 1 GewStG. Gleiches gilt gemäß § 7 Satz 2 Nr. 2 GewStG für die Veräußerung eines Mitunternehmeranteils. Nach Auffassung des BFH (v. 22.07.2010 – IV R 29/07, BStBl. II 2011, S. 511) ist die je nach Gesellschaftertypus unterschiedliche gewerbesteuerliche Behandlung des von einer Personengesellschaft erzielten Veräußerungsgewinns verfassungsgemäß. Überträgt man die vorstehenden Überlegungen auf Einbringungen i. S. v. § 24 UmwStG, so ergibt sich, je nachdem, ob der Einbringungsgewinn auf natürliche Personen oder auf Kapitalgesellschaften entfällt, Folgendes:

Einbringungsgewinn entfällt auf natürliche Personen

Erfolgt die Einbringung durch einen Einzelunternehmer, ist der Einbringungsgewinn nicht gewerbesteuerbar. Die Regelung des § 7 Satz 2 GewStG ist nicht anwendbar, da sie lediglich Einbringungen durch Mitunternehmerschaften bzw. Mitunternehmer erfasst. Ebenfalls nicht dem Gewerbeertrag zugehörig ist der Einbringungsgewinn, wenn die Einbringung durch eine Personengesellschaft erfolgt, allerdings nur insoweit, als der Einbringungsgewinn auf natürliche Personen als unmittelbar beteiligte Mitunternehmer entfällt. Soweit der Gewinn mithin natürlichen Personen zuzurechnen ist, die lediglich als mittelbare Mitunternehmer anzusehen sind, weil sie über eine andere Personengesellschaft an der einbringenden Personengesellschaft beteiligt sind, unterliegt dieser der Gewerbesteuer. In den Fällen eines (zunächst) nicht gewerbesteuerbaren Einbringungsgewinns ist zudem zu berücksichtigen, dass sich nach Auffassung von Rechtsprechung und Finanzverwaltung die gesetzliche Fiktion als laufender Gewinn gemäß § 24 Abs. 3 Satz 3 UmwStG i. V. m. § 16 Abs. 2 Satz 3 EStG auch auf die Gewerbesteuer erstreckt und der betreffende Gewinnanteil folglich der Gewerbesteuer unterliegt (vgl. BFH v. 15.06.2004 – VIII R 7/01, BStBl. II 2004, S. 754; Tz. 24.17 UmwSt-Erlass; a. A. SCHLÖSSER/SCHLEY in HARITZ/MENNER, 2015, § 24 Rz. 183). Bei Einbringung eines Mitunternehmerteilanteils bewirkt bereits die Versagung der Begünstigungen der §§ 16, 34 EStG durch § 24 Abs. 3 Satz 2 UmwStG, dass der Einbringungsgewinn als laufender Gewinn anzusehen ist und folglich der Gewerbesteuer unterliegt (vgl. für den Veräußerungsfall DRÜEN in BLÜMICH, § 7 GewStG Rz. 134).

Einbringungsgewinn entfällt auf Kapitalgesellschaften

Erfolgt die Einbringung eines Betriebs oder eines Teilbetriebs durch eine Kapitalgesellschaft, so unterliegt der Einbringungsgewinn in vollem Umfang der Gewerbesteuer. Dies gilt gemäß § 7 Satz 2 Nr. 1 GewStG auch insoweit, als der Gewinn aus der Einbringung eines Betriebs bzw. Teilbetriebs durch eine Personengesellschaft einer Kapitalgesellschaft als Mitunternehmerin zuzurechnen ist. Bringt die Kapitalgesellschaft einen Mitunternehmeranteil in die Personengesellschaft ein, so gehört gemäß § 7 Satz 2 Nr. 2 GewStG auch dieser Einbringungsgewinn zum Gewerbeertrag der bisherigen Mitunternehmerschaft.

Setzt die B&G-OHG das von B eingebrachte Betriebsvermögen mit dem gemeinen Wert an, so erzielt B folgenden Veräußerungsgewinn:

	Veräußerungspreis = Wertansatz des eingebrachten Vermögens	220.000 €
./.	Buchwert des eingebrachten Betriebsvermögens	50.000 €
=	Veräußerungsgewinn	170.000 €

Aufgrund seines Alters kann B die tarifliche Vergünstigung des § 34 Abs. 3 EStG sowie die Freibetragsregelung des § 16 Abs. 4 EStG in Anspruch nehmen, soweit er dies nicht bereits bei einem früheren Anwendungsfall getan hat.

Da B zu 50 % an der B&G-OHG beteiligt ist, gelten gemäß § 24 Abs. 3 Satz 3 UmwStG i. V. m. § 16 Abs. 2 Satz 3 EStG 85.000 € (170.000 € × 0,5) als laufender, auch gewerbesteuerpflichtiger Gewinn und sind daher weder nach § 16 Abs. 4 EStG noch nach § 34 Abs. 3 EStG steuerlich begünstigt.

Die außerordentlichen Einkünfte i. S. v. § 34 Abs. 2 Nr. 1 EStG ermitteln sich wie folgt:

	Veräußerungsgewinn	170.000 €
./.	laufender Gewinn	85.000 €
=	nach § 16 Abs. 4 EStG begünstigter Veräußerungsgewinn	85.000 €
./.	Freibetrag nach § 16 Abs. 4 EStG	45.000 €
	Gemäß R 16 (13) EStR ist für den Teil des Veräußerungsgewinns, der nicht als laufender Gewinn gilt, der volle Freibetrag zu gewähren. Für die Ermittlung der Freibetragskürzung ist der Teil des Veräußerungsgewinns, der als laufender Gewinn gilt, nicht zu berücksichtigen, so dass hier, da der begünstigte Teil des Veräußerungsgewinns den Betrag von 136.000 € nicht überschreitet, der Freibetrag nicht zu kürzen ist.	
=	außerordentliche Einkünfte	40.000 €

Sollte B § 34 Abs. 3 EStG nicht in Anspruch nehmen können bzw. wollen, so steht ihm die Tarifbegünstigung des § 34 Abs. 1 EStG zu. Die Berechnung der auf die außerordentlichen Einkünfte entfallenden Einkommensteuer ergibt sich aus § 34 Abs. 1 Satz 1 bis 3 EStG.

2.4.4.2 Ansatz zum Buchwert

Führt die aufnehmende Personengesellschaft die Buchwerte der Wirtschaftsgüter des eingebrachten Betriebsvermögens fort, so ist der Vorgang für den einbringenden Gesellschafter erfolgsneutral. Da der Veräußerungspreis den bisherigen Buchwerten entspricht, fehlt es an einem Veräußerungsgewinn. Im Einbringungszeitpunkt werden die in den betreffenden Wirtschaftsgütern gespeicherten stillen Reserven folglich konserviert und eine entsprechende steuerliche Belastung bis zu ihrer endgültigen steuerlichen Realisierung verschoben. Diese Realisierung der stillen Reserven kann einerseits durch Veräußerung oder Entnahme der betreffenden Wirtschaftsgüter erfolgen, andererseits wird sie durch die Periodisierung geringerer AfA-Beträge im Vergleich zu einem den Buchwert übersteigenden Ansatz bewirkt.

Konservierung der stillen Reserven, kein Veräußerungsgewinn

2.4.4.3 Ansatz zum Zwischenwert

Setzt die Personengesellschaft das eingebrachte Betriebsvermögen zum Zwischenwert an, so entsteht für den einbringenden Gesellschafter i. H. d. Differenz-

Keine Begünstigung des Veräußerungsgewinns

betrags zu den bisherigen Buchwerten ein Veräußerungsgewinn i.S.d. § 16 Abs. 1 Satz 1 Nr. 2 EStG. Ein etwaig bestehender Investitionsabzugsbetrag bleibt vollumfänglich bestehen und erhöht folglich den Veräußerungsgewinn nicht. Gemäß § 24 Abs. 3 Satz 2 UmwStG ist dieser Veräußerungsgewinn jedoch weder nach § 16 Abs. 4 EStG noch nach § 34 Abs. 1 bzw. Abs. 3 EStG steuerlich begünstigt, da die in dem Einbringungsgegenstand gespeicherten stillen Reserven nur partiell realisiert werden.

Gewerbesteuer

Bezüglich der gewerbesteuerlichen Behandlung des Einbringungsgewinns gelten die Ausführungen in D IV 2.4.4.1 entsprechend. Zu beachten ist allerdings, dass im Unterschied zum Ansatz des gemeinen Wertes der Veräußerungsgewinn beim Zwischenwertansatz nicht als laufender Gewinn gilt, da § 24 Abs. 3 Satz 3 UmwStG die entsprechende Anwendung des § 16 Abs. 2 Satz 3 EStG in diesem Fall nicht vorsieht, so dass der Veräußerungsgewinn insgesamt nicht der Gewerbesteuer unterliegt, soweit die Einbringung unmittelbar durch natürliche Personen erfolgt (vgl. auch SCHLÖSSER/SCHLEY in HARITZ/MENNER, 2015, § 24 Rz. 183).

2.4.5 Steuerliche Konsequenzen bei der aufnehmenden Personengesellschaft

Gewählter Wertansatz ist entscheidend

Ist durch den Wertansatz in der Gesamthandsbilanz und die ggf. erforderlichen Ergänzungsbilanzen der Ausgangspunkt für die zukünftige Gewinnermittlung auf der Ebene der Personengesellschaft festgelegt, so stellt sich die Frage, wie die Wertansätze der einzelnen Wirtschaftsgüter in den betreffenden Bilanzen fortzuführen sind. Hierfür ist der von der Personengesellschaft gewählte Wertansatz ausschlaggebend, welcher sich aus der Gesamthandsbilanz einschließlich etwaiger Ergänzungsbilanzen ergibt.

2.4.5.1 Wertfortführung im Fall des Ansatzes zum gemeinen Wert

Eingebrachte WG gelten als angeschafft

Setzt die aufnehmende Personengesellschaft das eingebrachte Betriebsvermögen mit dem gemeinen Wert an, so gelten die eingebrachten Wirtschaftsgüter, soweit sich die Gründung durch Einzelrechtsnachfolge vollzieht, gemäß § 24 Abs. 4 i.V.m. § 23 Abs. 4 UmwStG im Zeitpunkt der Einbringung als von der Personengesellschaft angeschafft.

Wertfortführung im Rahmen allgemeiner Bilanzierungsgrundsätze

Daraus folgt, dass bezüglich der Wertfortführung die aufnehmende Personengesellschaft so gestellt ist, als hätte sie die aufgenommenen Wirtschaftsgüter von einem fremden Dritten entgeltlich erworben. Als Anschaffungskosten der aufgenommenen Wirtschaftsgüter und damit zugleich als AfA-Bemessungsgrundlage im Fall abnutzbarer Wirtschaftsgüter gelten die angesetzten gemeinen Werte. Die Wertfortführung erfolgt sodann im Rahmen allgemeiner Bilanzierungsgrundsätze. Dabei kommt es, anders als im Fall des Buchwertansatzes (dazu sogleich), weder zu einer zwingenden Übernahme der Wertfortführungsparameter (z.B. AfA-Methode, Restnutzungsdauer) des Rechtsvorgängers noch zu einem Eintritt in dessen Rechtsstellung. Letzteres bewirkt auch, dass die aufnehmende Personengesellschaft einen etwaig bestehenden Investitionsabzugsbetrag nicht übernehmen kann, so dass dieser beim Einbringenden nach Maßgabe des § 7g Abs. 3 EStG aufzulösen ist.

2.4.5.2 Wertfortführung im Fall des Buchwertansatzes

Bei der Wahl des Buchwertansatzes müssen sowohl die Wertansätze in der Gesamthandsbilanz als auch deren wertmäßige Korrekturen in der bzw. den Ergänzungsbilanzen fortgeführt werden. Diese Korrekturen können insoweit nicht als bloße Merkposten in Bezug auf die durch die Einbringung steuerneutral übertragenen stillen Reserven der Wirtschaftsgüter gewertet werden, sondern vielmehr werden im Interesse einer zutreffenden Besteuerung durch ihre Wertfortführung Korrekturen der Gewinnanteile der Gesellschafter i. S. d. § 15 Abs. 1 Nr. 2 EStG bewirkt (vgl. BFH v. 28.09.1995 – IV R 57/94, BStBl. II 1996, S. 68; v. 25.04.2006 – VIII R 52/04, BStBl. II 2006, S. 847). Für die nachfolgenden Ausführungen sei von der Darstellungsalternative Nettomethode (Buchwerte in der Gesamthandsbilanz, positive Ergänzungsbilanz für den bar leistenden Gesellschafter, negative Ergänzungsbilanz für den einbringenden Gesellschafter) ausgegangen.

Ergänzungsbilanzen sind fortzuführen

Im Fall des Buchwertansatzes ist die Wertfortführung des aufgenommenen Betriebsvermögens durch zwei Grundsätze geprägt: Zum einen erfolgt auf Ebene der aufnehmenden Personengesellschaft eine sogenannte Besitzzeitanrechnung, zum anderen tritt sie in die Rechtsstellung des Rechtsvorgängers ein. Gesetzestechnisch kommt dies durch die in § 24 Abs. 4 UmwStG erklärte entsprechende Anwendung von § 23 Abs. 1 UmwStG zum Ausdruck, welcher anschließend auf die entsprechende Anwendbarkeit der Regelungen des § 4 Abs. 2 Satz 3 UmwStG sowie § 12 Abs. 3 Halbsatz 1 UmwStG verweist.

Gemäß § 4 Abs. 2 Satz 3 UmwStG ist die Dauer der Zugehörigkeit eines Wirtschaftsguts zum Betriebsvermögen des übertragenden Unternehmens bei der aufnehmenden Personengesellschaft anzurechnen, soweit sie für die Besteuerung von Bedeutung ist. Diese Besitzzeitanrechnung kann beispielsweise im Fall der späteren Veräußerung eines Wirtschaftsguts die Bildung einer Rücklage gemäß § 6 b EStG ermöglichen, da Voraussetzung hierfür eine mindestens sechsjährige Zugehörigkeit zum Anlagevermögen einer inländischen Betriebsstätte der Personengesellschaft ist (§ 6 b Abs. 4 Satz 1 Nr. 2 EStG). War etwa das betreffende Wirtschaftsgut zunächst Einzelbetriebsvermögen eines Gesellschafters und ist es infolge der Einbringung des Betriebs in die Personengesellschaft Gesamthandsvermögen geworden, so werden für die Bemessung des Sechs-Jahres-Zeitraums diese unterschiedlichen Zugehörigkeiten zu einer einzigen Zugehörigkeit verbunden (vgl. BFH v. 09.09.2010 – IV R 22/07, BFH/NV 2011, S. 31).

Besitzzeitanrechnung

Gemäß § 12 Abs. 3 Halbsatz 1 UmwStG tritt die aufnehmende Personengesellschaft in die steuerliche Rechtsstellung des übertragenden Unternehmens ein. Dies gilt insbesondere bezüglich der Bewertung der übernommenen Wirtschaftsgüter, der Absetzungen für Abnutzung und der den steuerlichen Gewinn mindernden Rücklagen, aber auch für einen etwaig bestehenden Investitionsabzugsbetrag, soweit die Investitionsabsicht weiterhin besteht:

Eintritt in die Rechtsstellung

Bezüglich der Bewertung der übernommenen Wirtschaftsgüter folgt aus dem Eintritt in die Rechtsstellung beispielsweise, dass die aufnehmende Personengesellschaft an die ursprünglich seitens des übertragenden Unternehmens getroffene Entscheidung, geringwertige Wirtschaftsgüter entgegen § 6 Abs. 2 EStG einzeln zu aktivieren oder aber wahlweise einen Sammelposten nach § 6 Abs. 2 a EStG zu bilden, gebunden ist.

Bewertung der WG

Gewinnmindernde Rücklagen

Für die den steuerlichen Gewinn mindernden Rücklagen bedeutet der Eintritt in die Rechtsstellung, dass die seitens des übertragenden Unternehmens gebildeten Rücklagen von der aufnehmenden Personengesellschaft fortgeführt und nach Maßgabe der jeweiligen Regelung übertragen werden können bzw. gewinnerhöhend aufzulösen sind. Zu denken ist hier beispielsweise an Rücklagen gemäß § 6 b EStG oder gemäß R 6.6 EStR.

Investitionsabzugs- betrag …

Bezüglich eines bei Einbringung bestehenden Investitionsabzugsbetrags ist sicherzustellen, dass die bei dessen Auflösung eintretende Gewinnerhöhung ausschließlich den Einbringenden trifft, da sich schließlich in dessen vorherigen Einzelunternehmen die Geltendmachung des Investitionsabzugsbetrags nach § 7 g Abs. 1 EStG gewinnmindernd ausgewirkt hat:

…bei Nichtvor- nahme bzw. …

Nimmt die aufnehmende Personengesellschaft die ursprünglich angedachte Investition nicht vor oder verstößt sie nach erfolgter Investition gegen die in § 7 g Abs. 4 EStG normierten Nutzungsvoraussetzungen, so ist der ursprünglich im vorherigen Einzelunternehmen vorgenommene gewinnmindernde Abzug rückwirkend rückgängig zu machen (vgl. auch BMF v. 08.05.2009, BStBl. I 2009, S. 633, Tz. 59). Durch diese Rückabwicklung ist automatisch gewährleistet, dass die Gewinnerhöhung ausschließlich den Einbringenden betrifft; die anderen Gesellschafter sind insoweit nicht tangiert.

… Vornahme der Investition

Für den Fall, dass die Personengesellschaft die vom Einzelunternehmer seinerzeit geplante Investition tatsächlich vornimmt und anschließend auch entsprechend nutzt, ist die bei der Personengesellschaft außerbilanziell vorzunehmende gewinnerhöhende Hinzurechnung des Investitionsabzugsbetrags, welche ja nur dessen vorherige gewinnmindernde Berücksichtigung im vormaligen Einzelunternehmen kompensieren soll, alleinig dem Einbringenden zuzurechnen, da sich andernfalls für die anderen Gesellschafter eine für sie unzutreffende Gewinnerhöhung einstellen würde (insoweit unklar BMF v. 08.05.2009, BStBl. I 2009, S. 633, Tz. 59). Die nach § 7 g Abs. 2 Satz 2 EStG mögliche gewinnwirksame Verminderung der Anschaffungs- oder Herstellungskosten ist sodann, wie eine Art Sonderabschreibung, in der Gesellschaftsbilanz vorzunehmen; einer Korrektur durch Ergänzungsbilanzen bedarf es insoweit nicht. All dies setzt allerdings voraus, dass die aufnehmende Personengesellschaft die betreffende Investition auch innerhalb der Frist des § 7 g Abs. 3 EStG vorgenommen hat, mithin bis zum Ende des dritten Wirtschaftsjahrs, das auf das Wirtschaftsjahr folgt, in dem der Investitionsabzugsbetrag im eingebrachten Betrieb berücksichtigt worden ist. Ist beispielsweise im Einbringungsunternehmen bereits ein Wirtschaftsjahr seit Vornahme des Investitionsabzugsbetrags verstrichen, so hätte die aufnehmende Personengesellschaft noch zwei Wirtschaftsjahre Zeit, um die Investition vorzunehmen. Die bei unterjährigen Einbringungen im eingebrachten Betrieb als auch bei der aufnehmenden Personengesellschaft entstehenden Rumpfwirtschaftsjahre sind dabei zu verklammern und lediglich als ein Wirtschaftsjahr zu werten, so dass es auch in diesen Fällen zu keiner Verkürzung der eigentlichen Frist von insgesamt 36 Monaten kommt, was bei einer Zählweise der Rumpfwirtschaftsjahre als separate Wirtschaftsjahre i. S. v. § 7 g Abs. 3 EStG der Fall gewesen wäre (vgl. OFD Münster v. 09.06.2011, DStR 2011, S. 2001; BFH v. 24.04.2009 – IV R 9/06, BStBl. II 2010, S. 664).

Weitere Vornahme der AfA

Die weiteren Abschreibungen sind grundsätzlich so vorzunehmen, als wären die Wirtschaftsgüter weiterhin dem übertragenden Unternehmen zuzurechnen (vgl.

ZIMMERMANN, 2013, Kapitel C, Rz. 68). Dabei ist u. E. entscheidend, dass der sich aus der Abschreibung des betreffenden Wirtschaftsguts in der Gesamthandsbilanz zuzüglich etwaiger Mehr- bzw. Minderabschreibungen aus den Ergänzungsbilanzen insgesamt konstituierende Abschreibungsbetrag dem Betrag entspricht, welcher sich bei unveränderter Zugehörigkeit des Wirtschaftsguts zu dem übertragenden Unternehmen ergeben hätte. Nicht die Gleichheit der Methoden, Nutzungsdauern oder Bemessungsgrundlagen in den Einzelbilanzen (vgl. aber Tz. 24.03, 23.06 UmwSt-Erlass), sondern vielmehr die Identität der Ergebnisse bei Zusammenfassung von Gesamthandsbilanz und Ergänzungsbilanzen ist aus dem Grundsatz des Eintritts in die Rechtsstellung des Einbringenden abzuleiten.

In der Gesamthandsbilanz im Grundsatz unproblematisch

Die Wertfortführung in der Gesamthandsbilanz ist im Grundsatz unproblematisch, soweit in dieser die Buchwerte des übertragenden Unternehmens beibehalten werden (Nettomethode). In diesem Fall unterscheidet sich die Gesamthandsbilanz insoweit nicht von der bei unveränderter Zugehörigkeit zu dem übertragenden Unternehmen aufzustellenden Bilanz, so dass die Werte durch Anwendung der bisherigen Abschreibungsmethoden des Übertragenden unter Verwendung der von ihm geschätzten Nutzungsdauern sowie der ursprünglichen Bemessungsgrundlagen fortzuführen sind.

- Hatte sich beispielsweise das übertragende Unternehmen bezüglich eines Wirtschaftsguts für die lineare Abschreibungsmethode gemäß § 7 Abs. 1 EStG entschieden und auf die Anwendung der degressiven AfA-Methode verzichtet, so muss das aufnehmende Unternehmen die lineare Abschreibungsmethode beibehalten; es kann mithin keine Neuentscheidung zur Vornahme der degressiven AfA gemäß § 7 Abs. 2 EStG treffen. Da für Wirtschaftsgüter, die nach dem 31.12.2010 angeschafft werden, die degressive AfA-Methode ohnehin nicht mehr vorgesehen ist, ist diese Überlegung nur noch für Altfälle von Bedeutung.
- Ebenso muss die aufnehmende Personengesellschaft die aus den auf Ebene des übertragenden Unternehmens erfolgten Teilwertabschreibungen resultierenden Konsequenzen beachten. Dies bedeutet beispielsweise, dass sie bei Wegfall der außerplanmäßigen Wertminderung eine Zuschreibung bis zu den planmäßig fortgeführten Anschaffungs- oder Herstellungskosten vorzunehmen hat (§ 6 Abs. 1 Nr. 1 Satz 4, Nr. 2 Satz 3 EStG; vgl. BILITEWSKI in HARITZ/MENNER, 2015, § 23 Rz. 35).
- Der Eintritt in die Rechtsstellung wirkt sich zudem bei der Vornahme von Sonderabschreibungen und erhöhten Abschreibungen aus. Hatte der Übertragende beispielsweise bereits im Jahr der Anschaffung eines Wirtschaftsguts Sonderabschreibungen gemäß § 7g Abs. 5 EStG i. H. v. 20 % der Anschaffungskosten vorgenommen, so ist das Sonderabschreibungsvolumen des § 7g EStG für die aufnehmende Personengesellschaft bereits ausgeschöpft.

Eintritt in die Rechtsstellung bei personenbezogenen Regelungen

Im Einzelnen ist allerdings unklar, welche Reichweite dem Eintritt der aufnehmenden Personengesellschaft in die Rechtsstellung des Einbringenden zuerkannt wird: Hatte der bisherige Einzelunternehmer etwa ein Gebäude gemäß § 7 Abs. 5 EStG abgeschrieben, so ist in Anbetracht des § 7 Abs. 5 Satz 2 EStG fraglich, ob die aufnehmende Personengesellschaft diese AfA-Methode auch für den nunmehr ideell anteilig auf den bzw. die anderen Gesellschafter entfallenden Gebäudeanteil anwenden darf, oder ob diesbezüglich lediglich eine AfA gemäß § 7 Abs. 4 EStG zulässig ist. Gleiches gilt, wenn die Gebäude-AfA bisher gemäß § 7 Abs. 4 Satz 1 Nr. 1 EStG

a. F. mit 4 % vorgenommen wurde und die Einbringung nach dem 31. 12. 2000, mithin bei Geltung eines AfA-Satzes von 3 % erfolgt, oder wenn bewegliche Wirtschaftsgüter bisher degressiv abschrieben wurden, die Einbringung jedoch zu einem Zeitpunkt erfolgt, in dem für zu diesem Zeitpunkt angeschaffte Wirtschaftsgüter entweder nur die lineare AfA oder zwar auch die degressive AfA, jedoch mit einem anderen maximalen AfA-Satz als dem bisherigen, zulässig ist. Dabei ist zu beachten, dass sich zumindest beim Buchwertansatz eine Weiterführung der bisherigen AfA insoweit, als der Einbringende selbst an der Gesellschaft beteiligt ist und ihm folglich das betreffende Wirtschaftsgut ideell anteilig zugerechnet werden kann, bereits daraus herleiten lässt, dass Steuersubjekt letztlich der Gesellschafter, nicht aber die Gesellschaft als solche ist. Folglich geht es nur noch um die Frage, wie es sich bezüglich der ideell den anderen Gesellschaftern zuzurechnenden Anteile an den betreffenden Wirtschaftsgütern verhält. U. E. entfaltet dabei sowohl der Eintritt in die Rechtsstellung als auch die Besitzzeitanrechnung gerade auch bezüglich der vorgenannten, im Grundsatz gesellschafterbezogen zu interpretierenden Regelungen Wirkung, da andernfalls die Regelungen des § 12 Abs. 3 Halbsatz 1 UmwStG und § 4 Abs. 2 Satz 3 UmwStG schlicht inhaltsleer wären. Dies bedeutet, dass die Personengesellschaft insgesamt, mithin auch für die übrigen Gesellschafter die AfA nach derjenigen Methode vorzunehmen hat, wie dies bisher der Einbringende getan hatte, und dabei, anders als im Fall des Gesellschafterwechsels (vgl. hierzu bereits C IV 2.2), nicht etwa personenbezogen die Tatbestandsvoraussetzungen zur Inanspruchnahme der jeweiligen Regelung zu prüfen sind (vgl. auch WIDMANN/MAYER, § 12 UmwStG Rz. 396 i.V.m. § 4 UmwStG Rz. 865 ff.). Eine andere Frage ist freilich, nach welcher Systematik der sich für die Gesellschaft insgesamt ergebende AfA-Betrag den einzelnen Gesellschaftern zuzurechnen ist. Über die Fortführung der Mehr- bzw. Minderwerte in den Ergänzungsbilanzen lassen sich hier unterschiedliche Ergebnisse erreichen.

Korrespondierende Wertfortführung in den Ergänzungsbilanzen

Bezüglich der Wertfortführung der Ergänzungsbilanzen gilt zunächst einmal Folgendes: In Anbetracht der zuvor formulierten Zielsetzung, dass der aus der Wertfortführung in der Gesamthandsbilanz und in den Ergänzungsbilanzen insgesamt resultierende Abschreibungsbetrag demjenigen bei einer unveränderten Zugehörigkeit des betreffenden Wirtschaftsguts zum übertragenden Unternehmen entsprechen muss, und der Tatsache, dass innerhalb der Nettomethode in der Gesamthandsbilanz die Buchwerte beibehalten wurden, ergibt sich, dass die Wertfortführung in der positiven Ergänzungsbilanz des bar leistenden Gesellschafters mit der Wertfortführung in der negativen Ergänzungsbilanz des einbringenden Gesellschafters korrespondieren muss, da andernfalls der sich insgesamt ergebende Abschreibungsbetrag zu groß bzw. zu gering ausfallen würde (vgl. BFH v. 28. 09. 1995 – IV R 57/94, BStBl. II 1996, S. 68; Tz. 24.14 UmwSt-Erlass).

Rechtsprechung: Übernahme der Wertfortführungsparameter aus der Gesellschaftsbilanz

Fraglich ist allerdings, ob für die Fortführung der Wertansätze in den positiven und negativen Ergänzungsbilanzen die Wertfortführungsparameter, mithin AfA-Methode und Restnutzungsdauer, aus der Gesellschaftsbilanz zu übernehmen sind, oder ob die Wertfortführung der Ergänzungsbilanzen unabhängig von der Gesellschaftsbilanz zu erfolgen hat. Nach Auffassung des BFH erfolge die Auflösung der in der Ergänzungsbilanz ausgewiesenen Bilanzposten korrespondierend zur Veränderung der Buchwerte der entsprechenden Bilanzposten in der Gesellschaftsbilanz (vgl. BFH v. 06. 07. 1999 – VIII R 17/95, BFH/NV 2000, S. 34). So seien die in den Ergänzungsbilanzen ausgewiesenen Korrekturposten in dem Umfang aufzulösen, als die betroffenen Wirtschaftsgüter in der Bilanz der Personengesellschaft durch Verbrauch, Abnutzung oder Veräußerung abgehen oder gemindert werden. Diese Vorgehensweise gewährleiste, dass der Einbringende die stillen Reserven in derselben Weise wie bei Fortführung des eingebrachten Unternehmens versteuern würde (vgl. BFH v. 28.09.1995 – IV R 57/94, BStBl. II 1996, S. 68).; v. 25.04.2006 – VIII R 52/04, BStBl. II 2006, S. 847).

Dieser Auffassung ist bezüglich der zur Anwendung gelangenden AfA-Methode, wie ausgeführt, aufgrund des Eintritts in die Rechtsstellung zuzustimmen. Bezüglich der Übernahme der bisherigen buchhalterischen Restnutzungsdauer vermag die Sichtweise des BFH indes zumindest aus zweierlei Gründen nicht zu überzeugen:

Zum einen wird durch eine Übernahme der Wertfortführungsparameter aus der Gesellschafts- in die Ergänzungsbilanz eine Besteuerung nach der wirtschaftlichen Leistungsfähigkeit bei einer sehr kurzen Restnutzungsdauer bzw. im Fall von in der Gesellschaftsbilanz bereits abgeschriebenen Wirtschaftsgütern verfehlt, würden doch die in der positiven Ergänzungsbilanz ausgewiesenen, von den übrigen Gesellschaftern dem Einbringenden vergüteten stillen Reserven innerhalb sehr kurzer Zeit bzw. unmittelbar Aufwandswirksamkeit erlangen (vgl. NIEHUS, StuW 2002, S. 116, 122).

Besteuerung nach der wirtschaftlichen Leistungsfähigkeit?

BEISPIEL 49

A gründet mit B eine Personengesellschaft. Am Gewinn und Verlust sowie am Vermögen sollen A und B jeweils hälftig beteiligt sein. A bringt sein bisheriges Einzelunternehmen zu Buchwerten ein. Stille Reserven sind u.a. in dem bereits abgeschriebenen Gebäude i.H.v. 1.000.000 € enthalten. B leistet eine entsprechende Bareinlage. In der Gesellschaftsbilanz werden die bisherigen Buchwerte ausgewiesen, in der positiven Ergänzungsbilanz für B wird zunächst ein Mehrwert Gebäude i.H.v. 500.000 €, in der negativen Ergänzungsbilanz für A ein entsprechender Minderwert bilanziert. Übernimmt man nun den Restabschreibungszeitraum von Null Jahren aus der Gesellschaftsbilanz für die Wertfortführung der Ergänzungsbilanzen, so würde der für B bilanzierte Mehrwert sofort aufwandswirksam; korrespondierend wäre der Minderwert für A gewinnerhöhend aufzulösen. Offenkundig hat sich die wirtschaftliche Leistungsfähigkeit des B jedoch gar nicht um 500.000 € verringert; vielmehr hat er lediglich den entsprechenden Geldbetrag in ein anteiliges Gebäude umgeschichtet. Zudem würde für A der Zweck des § 24 UmwStG, die Aufdeckung der stillen Reserven vermittels der Buchwerteinbringung hinauszuschieben, verfehlt. ◀|

Zum anderen erweist sich die Aussage, der Einbringende versteuere bei Übernahme der Wertfortführungsparameter aus der Gesellschaftsbilanz die stillen Reserven in derselben Weise wie bei Fortführung des eingebrachten Unternehmens, als nicht zutreffend, wären doch bei Fortführung des Einzelunternehmens die stillen Reserven durch im Vergleich zum tatsächlichen Werteverzehr zu geringe buchhalterische Abschreibungen sukzessive über die tatsächliche Nutzungsdauer der betreffenden Wirtschaftsgüter realisiert worden. Lediglich im Idealfall einer mit der tatsächlichen Nutzungsdauer übereinstimmenden geschätzten betriebsgewöhnlichen Nutzungsdauer wäre die Aufdeckung der stillen Reserven durch eine Übernahme der Restnutzungsdauer aus der Gesellschaftsbilanz für die Wertfortführung in der Ergänzungsbilanz zutreffend abgebildet worden; das Vorhandensein stiller Reserven spricht allerdings gegen die Annahme einer solchen Übereinstimmung.

Aufdeckung der stillen Reserven erfolgt i.d.R. nicht entlang der RND aus der Gesellschaftsbilanz

BEISPIEL 50

In Beispiel 51 erfolgt die Aufdeckung der in dem Gebäude enthaltenen stillen Reserven i. H. v. 1.000.000 € eben gerade nicht quasi im letzten Jahr der buchhalterisch angenommenen Nutzungsdauer, sondern vielmehr über die noch ausstehende voraussichtliche Nutzung. ◀|

Wertfortführung wie im Fall des Gesellschafterwechsels geboten

Der von der Rechtsprechung vertretenen Auffassung, die Wertfortführungsparameter unverändert aus der Gesellschaftsbilanz zu übernehmen, ist daher u. E. nicht zu folgen. In Anbetracht der Tatsache, dass sich der wirtschaftliche Gehalt der positiven Ergänzungsbilanzen im Fall der Gründung einer Personengesellschaft nicht von demjenigen im Fall des Gesellschafterwechsels unterscheidet (in beiden Fällen indizieren die Wertansätze in den Ergänzungsbilanzen diejenigen stillen Reserven, welche der bar leistende Gesellschafter dem Einbringenden bzw. der neue Gesellschafter dem Ausscheidenden abgekauft hat, a. A. KELLERSMANN, DB 1997, S. 2047, 2049 f.), ist die Fortführung der Ergänzungsbilanzen im Fall des § 24 UmwStG vielmehr an den für den Fall des Gesellschafterwechsels entwickelten Grundsätzen auszurichten (vgl. NIEHUS, StuW 2002, S. 116, 122; LEY, KÖSDI 2001, S. 12982, 12992). Siehe hierzu I I 2. Übernimmt man hier richtigerweise die jüngst vom IV. Senat des BFH (v. 20. 11. 2014 – IV R 1/11, BFH/NV 2015, S. 409) für den Fall des Anteilskaufs entwickelten Grundsätze der Wertfortführung in der Ergänzungsbilanz in den Anwendungsbereich des § 24 UmwStG (dagegen BOLK, DStZ 2015, S. 472, 476 f.), so lässt sich zeigen, dass sodann der Einbringende die stillen Reserven tatsächlich so versteuert, wie er es bei einer Fortführung seines Unternehmens getan hätte, und zwar nicht nur hinsichtlich des Betrags an stillen Reserven, sondern eben auch bezüglich des Zeitpunkts der Aufdeckung der stillen Reserven.

Gewerbesteuer

Angemerkt sei noch, dass die entsprechend der Auflösung der Abstockungsbeträge in der negativen Ergänzungsbilanz zur Aufdeckung gelangenden stillen Reserven zu einem laufenden Gewinn führen, der auch bei der Ermittlung des Gewerbeertrags der Personengesellschaft zu erfassen ist. Es ist also nicht möglich, diese Gewinnbestandteile als nicht gewerbesteuerbaren Veräußerungsgewinn zu deklarieren (vgl. BFH v. 25. 04. 2006 – VIII R 52/04, BStBl. II 2006, S. 847). Allerdings wird diese Erhöhung des Gewerbeertrags durch die korrespondierend vorzunehmende Auflösung der Mehrwerte in der positiven Ergänzungsbilanz kompensiert.

2.4.5.3 Wertfortführung im Fall des Zwischenwertansatzes

Wählt die aufnehmende Personengesellschaft einen Zwischenwertansatz, so sind gemäß § 24 Abs. 4 i. V. m. § 23 Abs. 1 UmwStG die Regelungen des § 4 Abs. 2 Satz 3 UmwStG und § 12 Abs. 3 Halbsatz 1 UmwStG entsprechend anzuwenden. Damit kommen im Grundsatz dieselben Vorschriften wie im Fall des Buchwertansatzes zur Anwendung. Im Einzelnen gilt Folgendes:

Besitzzeitanrechnung

Die aufnehmende Personengesellschaft kann sich die Besitzzeit des Rechtsvorgängers anrechnen, soweit dies für die Besteuerung von Bedeutung ist, da auch für den Fall des Zwischenwertansatzes § 4 Abs. 2 Satz 3 UmwStG entsprechend gilt.

Eintritt in die Rechtsstellung; Wertaufstockungsbeträge

Die Personengesellschaft tritt in die Rechtsstellung des bisherigen Betriebsinhabers ein. Bedingt durch die mit dem Zwischenwertansatz einhergehende Wertaufstockung einzelner Wirtschaftsgüter muss allerdings eine Regelung bezüglich der nunmehr anzuwendenden Bemessungsgrundlage für die zukünftigen Abschreibungen getroffen werden (vgl. hierzu auch Tz. 24.03 i. V. m. Tz. 23.15 UmwSt-Erlass): Gemäß § 23 Abs. 3 Nr. 1 UmwStG setzt sich die neue Bemessungsgrundlage für die Vornahme einer AfA nach § 7 Abs. 1, 4, 5 und 6 EStG aus den historischen Anschaffungskosten zzgl. der aufgedeckten stillen Reserven zusammen. Diese Vorgehensweise entspricht der Behandlung nachträglicher Anschaffungs- bzw. Herstellungskosten bei Gebäuden, wird hier jedoch auch auf andere abnutzbare Wirtschaftsgüter angewendet. Bei Anwendung der degressiven Abschreibungsmethode ist gemäß § 23 Abs. 3 Nr. 2 UmwStG der angesetzte Zwischenwert die Bemessungsgrundlage zur Vornahme der weiteren AfA, wobei sich der Abschreibungssatz nach der neu zu schätzenden Restnutzungsdauer im Zeitpunkt der Einbringung richtet.

2.5 Grundlegende Kriterien der Wahl des Wertansatzes

Nachdem die steuerrechtlichen Konsequenzen eines Wertansatzes zum gemeinen Wert, Buch- oder Zwischenwert dargestellt worden sind, sollen nunmehr die Vor- und Nachteile des jeweiligen Wertansatzes skizziert werden, um eine unter steuerrechtlichen Aspekten fundierte Entscheidung zu ermöglichen.

Grundsätzlich ist der einbringende Gesellschafter mit der Fragestellung konfrontiert, ob er die in den eingebrachten Wirtschaftsgütern enthaltenen stillen Reserven im Einbringungszeitpunkt durch Wahl des Ansatzes zum gemeinen Wert realisieren soll, oder ob es für ihn vorteilhafter ist, die stillen Reserven durch Wahl des Buchwertansatzes zu konservieren und erst im Zeitablauf durch eine im Vergleich zum Ansatz zum gemeinen Wert entsprechend geringere AfA bzw. durch Veräußerung oder Entnahme aufzudecken. Während für den Ansatz zum gemeinen Wert im Wesentlichen die begünstigte Besteuerung des Einbringungsgewinns gemäß §§ 16 Abs. 4, 34 EStG sowie ggf. dessen anteilige gewerbesteuerliche Nichterfassung als Pluspunkte anzuführen sind, spricht für den Buchwertansatz der aus der zeitlichen Verlagerung der steuerlichen Belastung durch die Konservierung der stillen Reserven resultierende Zinsvorteil. Zu möglichen Vorteilhaftigkeitsrechnungen siehe SCHEFFLER/CHRIST/MAYER, DStR 2014, S. 1564.

Zinseffekte versus §§ 16 Abs. 4, 34 EStG

Der Ansatz zum gemeinen Wert erscheint immer dann vorteilhaft, wenn die stillen Reserven kurzlebig sind, ihre Realisierung mithin innerhalb relativ kurzer Zeit nach dem Einbringungsvorgang ohnehin erfolgen würde, so beispielsweise bei Wirtschaftsgütern des Umlaufvermögens oder des sich schnell abnutzenden Anlagevermögens. Bedingt durch diese rasche Auflösung der stillen Reserven wird der Zinseffekt in den Hintergrund gedrängt und die steuerliche Begünstigung nach §§ 16 Abs. 4, 34 Abs. 1 bzw. Abs. 3 EStG könnte »die Oberhand gewinnen«.

Struktur der stillen Reserven ist entscheidend

Darüber hinaus sind in die Entscheidungsfindung mögliche Steuersatzeffekte einzubeziehen, die auftreten, sobald die stillen Reserven im Moment ihrer Auflösung einem anderen Steuersatz unterliegen, als es im Moment der Einbringung der Fall gewesen wäre. Dieser Effekt kann beispielsweise durch eine Änderung des Steuertarifs oder durch ein höheres oder niedrigeres zu versteuerndes Einkommen des einbringenden Gesellschafters im Moment der Realisierung der stillen Reserven hervorgerufen werden. Dies legt es nahe, die aus dem Einbringungsvorgang im Ausmaß der stillen Reserven resultierende Manövriermasse selbst zur Steuerung der Einkommenshöhe in den jeweiligen Perioden des Planungszeitraums zu nutzen. Ist es dem Gesellschafter beispielsweise möglich, den Einbringungsgewinn durch

Steuersatzeffekte

Abzug negativer Einkünfte desselben Veranlagungszeitraums gemäß § 2 Abs. 3 EStG zu kompensieren oder verfügt er über entsprechende Verlustvorträge gemäß § 10 d EStG, so kann sich eine sofortige Realisierung der stillen Reserven als vorteilhaft erweisen. In diesem Fall bietet der Ansatz zu Zwischenwerten den Vorteil, dass eine betragsmäßig ideale Abstimmung mit den anderen Einkünften des Steuerpflichtigen möglich ist. Allerdings kann sich aus der Steuerplanung ebenso gut eine Präferenz zur Verlagerung der Realisierung der stillen Reserven in die Zukunft ergeben, sollten die zukünftigen Einkünfte des Steuerpflichtigen entsprechend niedrig prognostiziert oder eine Tarifabsenkung zu erwarten sein.

2.6 Sonderprobleme

2.6.1 Ausschluss oder Beschränkung des inländischen Besteuerungsrechts

Verlust des inländischen Besteuerungsrechts

§ 24 UmwStG ist nicht auf reine Inlandssachverhalte begrenzt, sondern auch in grenzüberschreitenden Einbringungen anwendbar. Bringt beispielsweise ein Steuerpflichtiger seinen im Inland belegenen Betrieb in eine ausländische Personengesellschaft gegen Gewährung von Gesellschaftsrechten ein, so ist das Wahlrecht zur Buch- oder Zwischenwerteinbringung eröffnet, allerdings nur insoweit, als das Besteuerungsrecht der Bundesrepublik Deutschland bezüglich der stillen Reserven nicht ausgeschlossen oder beschränkt wird. Ein Ausschluss bzw. eine Beschränkung des inländischen Besteuerungsrechts erfolgt dabei im Grundsatz jedoch nicht, da die ausländische Personengesellschaft dem Einbringenden anteiliges inländisches Betriebsstättenvermögen vermittelt, das nach wie vor dem deutschen Besteuerungszugriff unterliegt (PRINZ, Umwandlungen im Internationalen Steuerrecht, 2013, S. 617). Kommt es allerdings im Zusammenhang mit der Einbringung zu einer tatsächlichen Verlagerung von Wirtschaftsgütern in eine ausländische Betriebsstätte der aufnehmenden Personengesellschaft bzw. werden Wirtschaftsgüter infolge der von der Finanzverwaltung vertretenen Auffassung, dass dem Stammhaus eine Zentralfunktion beizumessen sei, fortan dem ausländischen Stammhaus zugeordnet (vgl. BMF v. 24. 12. 1999, BStBl. I 1999, S. 1076, Tz. 2.4; PRINZ, Umwandlungen im Internationalen Steuerrecht, 2013, S. 617), so resultiert daraus nach Auffassung des Gesetzgebers und der Finanzverwaltung ein Verlust bzw. eine Beschränkung des deutschen Besteuerungsrechts (vgl. BT-Drucksache 16/2710, S. 51):

BEISPIEL 51

X hält in seinem Einzelunternehmen eine 100 %ige Beteiligung an der Z-GmbH (Teilbetrieb i. S. v. § 24 UmwStG). Diese bringt er gegen Gewährung von Gesellschaftsrechten in das Stammhaus einer ausländischen Personengesellschaft ein.

LÖSUNG Nach Auffassung des Gesetzgebers ist von einem Verlust des inländischen Besteuerungsrechts auszugehen, so dass in der Beteiligung an der Z-GmbH ruhenden stillen Reserven aufzudecken sind. ◀|

Versagung des Wertansatzwahlrechts nicht gerechtfertigt

Letztlich unterscheidet sich der vorstehende Fall nicht von der Übertragung einzelner Wirtschaftsgüter in eine ausländische Personengesellschaft gegen Gewährung von Gesellschaftsrechten; insofern können die diesbezüglich geltenden Grundsätze herangezogen werden (vgl. hierzu HHR/NIEHUS/WILKE, § 6 EStG Anm. 1463): Befindet sich die aufnehmende Personengesellschaft in einem Staat mit Freistellungs-DBA, so weisen die Art. 7 Abs. 1 Satz 2, Abs. 2 OECD-MA entsprechenden

Regelungen das Besteuerungsrecht für die bis zum Zeitpunkt der Einbringung entstandenen stillen Reserven dem Herkunftsstaat zu; das deutsche Besteuerungsrecht bleibt folglich in vollem Umfang erhalten. Ebenso erfolgt für den Fall, dass kraft DBA oder wegen § 34 c Abs. 1 EStG lediglich eine Anrechnungsverpflichtung besteht, keine Beschränkung des deutschen Besteuerungsrechts, da bei der aufnehmenden Personengesellschaft für deren Gewinnermittlung nach ausländischem Recht das übertragene Wirtschaftsgut regelmäßig mit dem Verkehrswert anzusetzen ist, es mithin bezüglich der im Inland entstandenen stillen Reserven nicht zu einer Belastung mit ausländischer Steuer kommen wird. Die lediglich abstrakte Gefahr einer Anrechnung genügt für die Annahme einer Beschränkung des inländischen Besteuerungsrechts nicht (vgl. RÖDDER/SCHUMACHER, DStR 2006, S. 1481, 1484 zur vergleichbaren Problematik bei § 4 Abs. 1 Satz 3 EStG).

Der BFH (v. 17.07.2008 – I R 77/06, BStBl. II 2009, S. 464) hat in eben diese Richtung entschieden und ist in Abkehr von der finalen Entnahmelehre zu der Auffassung gelangt, dass die Überführung eines Einzelwirtschaftsguts aus einem inländischen Stammhaus in eine ausländische Betriebsstätte auch dann nicht zur sofortigen Gewinnrealisation führt, wenn die ausländischen Betriebsstättengewinne aufgrund eines Doppelbesteuerungsabkommens von der Besteuerung im Inland freigestellt sind, weil die (spätere) Besteuerung der im Inland entstandenen stillen Reserven durch eine Freistellung der ausländischen Betriebsstättengewinne nicht beeinträchtigt werde. Gleiches gilt nach Auffassung des BFH im Fall der Verlegung des gesamten Betriebs in das Ausland (v. 28.10.2009 – I R 28/08, BFH/NV 2010, S. 432; v. 28.10.2009 – I R 99/08, BStBl. II 2011, S. 1019). Diesbezüglich ist allerdings zweierlei zu beachten: Erstens bezogen sich die vorgenannten Urteile auf eine Rechtslage, in der der Gesetzgeber noch nicht flächendeckend sogenannte Entstrickungsklauseln (z.B. § 24 Abs. 2 Satz 2 UmwStG, § 6 Abs. 5 Satz 1 EStG, § 4 Abs. 1 Satz 3 EStG) im Gesetz untergebracht hatte. Und zweitens hat der Gesetzgeber auf die ihm nicht genehme BFH-Rechtsprechung mit einem Nichtanwendungsgesetz reagiert und die vorgenannten Entstrickungsklauseln in § 4 Abs. 1 Satz 4 EStG, § 6 Abs. 5 Satz 1 Halbsatz 2 EStG und § 16 Abs. 3 a EStG ergänzt, um gewissermaßen anzuordnen, dass in derlei Fällen eine Steuerentstrickung vorliege und deswegen eine Aufdeckung der stillen Reserven zu erfolgen habe. Ob dies gelungen ist, erscheint allerdings fraglich (vgl. HHR/NIEHUS/WILKE, § 6 Anm. 1449 m.w.N.), so dass die weitere Rechtsprechung des BFH mit Spannung abzuwarten ist. Zudem ist unklar, ob § 4 Abs. 1 Satz 4 EStG in den Fällen des § 24 Abs. 2 Satz 2 UmwStG überhaupt zu beachten ist (dies bejahend Tz. 24.03 i.V.m. Tz 20.19, 03.18 UmwSt-Erlass; FUHRMANN in WIDMANN/MAYER, § 24 UmwStG, Rz. 753; zutreffend a.A. SCHMITT in S/H/S, 2013, § 24 UmwStG, Rn. 211).

Doch selbst wenn man mit dem Gesetzgeber infolge der Zuordnung der Wirtschaftsgüter zu einem ausländischen Betriebsvermögen von einem Verlust bzw. einer Beschränkung des inländischen Besteuerungsrechts ausgehen und daraufhin den Ansatz zum gemeinen Wert für zwingend erachten würde, so sprechen anschließend gute Gründe dafür, darin bei Verbringungen in Mitgliedstaaten der EU bzw. des EWR aufgrund der Ungleichbehandlung gegenüber dem reinen Inlandsfall einen Verstoß gegen die Niederlassungsfreiheit zu erblicken (vgl. UNGEMACH, Ubg 2011, S. 251; a.A. MITSCHKE, Ubg 2011, S. 328). Überträgt man den zum Wegzug einer Kapitalgesellschaft ergangenen Urteilstenor des EuGH aus der Rechtssache *National*

Aufgabe der finalen Entnahmelehre durch den BFH

Verstoß gegen die Niederlassungsfreiheit

Grid Indus BV (v. 29.11.2011, C-371/10, DStR 2011, S. 2334) auf die hier in Rede stehenden Fälle, so wäre es gemeinschaftsrechtlich vielmehr erforderlich, das in § 24 Abs. 2 UmwStG angelegte Wahlrecht zum Buchwertansatz auch insoweit zu gewähren, als es, zumindest nach Auffassung des Gesetzgebers, anlässlich der Einbringung zu einem Verlust bzw. einer Beschränkung des inländischen Besteuerungsrechts kommt. Nach Auffassung des EuGH wäre es dabei allerdings gemeinschaftsrechtlich zulässig, wenn Deutschland zur Sicherstellung seines Besteuerungsanspruchs die Steuerschuld, die sich insoweit bei einer sofortigen Aufdeckung der stillen Reserven zum Übertragungszeitpunkt ergeben hätte, feststellen und dem Steuerpflichtigen ggf. gegen Erbringung einer Sicherheit verzinslich stunden würde. Auf den ersten Blick scheint diese Verfahrensweise zwar gegenüber einer bei Ansatz zu gemeinen Werten bewirkten Sofortversteuerung der stillen Reserven für den Steuerpflichtigen das mildere Mittel zu sein, gleichwohl ist nicht zu verkennen, dass durch das Erfordernis einer Sicherheitsleistung sowie einer Verzinsung der Steuerschuld nach wie vor eine manifeste Ungleichbehandlung gegenüber dem reinen Inlandsfall verbleiben würde (vgl. KESSLER/MORITZ, DStR 2012, S. 267, 271 f., WASSERMEYER, EuZW 2012, S. 921). Mit seinem Urteil v. 23.01.2014 (C-164/12 – *DMC Beteiligungsgesellschaft*, FR 2014, S. 466) hat der EuGH seine Rechtsprechung insoweit konkretisiert, als er die Regelung des § 20 Abs. 3 UmwStG a.F., wonach die Einbringung eines Betriebs, Teilbetriebs oder Mitunternehmeranteils in eine Kapitalgesellschaft unter Aufdeckung der stillen Reserven vorzunehmen war, wenn das Besteuerungsrecht der Bundesrepublik Deutschland hinsichtlich des Gewinns aus einer Veräußerung der dem Einbringenden gewährten Gesellschaftsanteile zum Zeitpunkt der Sacheinlage ausgeschlossen war, als europarechtskonform angesehen hat, weil § 21 Abs. 3 bis 6 UmwStG a.F. eine zinslose ratierliche Stundung des Steueranspruchs über fünf Jahre ermöglichte. Mit Urteil v. 21.05.2015 (C-657/13 – *Verder LabTec*, DStR 2015, S. 1166) hat der EuGH in gleicher Richtung schließlich entschieden, dass eine Regelung, wonach die Überführung einzelner Wirtschaftsgüter einer Personengesellschaft in eine EU-Betriebsstätte unter Aufdeckung stiller Reserven zu erfolgen hat, europarechtlich zulässig sei, wenn eine über zehn Jahre gestaffelte Erhebung der daraus resultierenden Steuer erfolge. Aus letzterem Urteil lässt sich für die heutige Rechtslage wohl ableiten, dass die Stundungsregelung des § 4g EStG dazu führt, dass die Regelung des § 4 Abs. 1 Satz 3 EStG als europarechtskonform anzusehen ist. Eine andere Frage ist freilich, unter welchen Voraussetzungen es tatsächlich zu einem auch von § 4 Abs. 1 Satz 3 EStG geforderten Ausschluss oder einer Beschränkung des deutschen Besteuerungsrechts kommt, insbesondere, ob sich hierfür das in § 4 Abs. 1 Satz 4 verortete Regelbeispiel als ausreichend erweist (hierzu KIRCHHOF/GOSCH, 2015, § 49 Rz. 16).

Aus alledem ergibt sich u. E. nun für § 24 Abs. 2 Satz 2 UmwStG Folgendes: Aus dem Umstand, dass § 24 Abs. 2 Satz 2 UmwStG als speziellere Norm § 4 Abs. 1 Satz 3 EStG verdrängt, mithin kein Anwendungsfall von § 4 Abs. 1 Satz 3 UmwStG vorliegt, folgt unmittelbar, dass die Stundungsregelung des § 4g EStG in diesen Fällen nicht anwendbar ist, weil diese Regelung tatbestandlich das Vorliegen einer fiktiven Entnahme nach § 4 Abs. 1 Satz 3 EStG erfordert (vgl. FUHRMANN in WIDMANN/MAYER, § 24 UmwStG, Rz. 753). Wegen dieses Fehlens einer entsprechenden Stundungsregelung im Anwendungsbereich des § 24 UmwStG ist die Regelung des § 24 Abs. 2 Satz 2 UmwStG u. E. als europarechtswidrig zu beurteilen.

2.6.2 Regelung gegen eine missbräuchliche Inanspruchnahme von § 8b Abs. 2 KStG

Mit der Regelung des § 24 Abs. 5 UmwStG versucht der Gesetzgeber Steuergestaltungen entgegenzuwirken, die darauf abzielen, in Kapitalgesellschaftsanteilen enthaltene stille Reserven aus der für natürliche Personen geltenden teilweisen Steuerbefreiung in den Anwendungsbereich des § 8b Abs. 2 KStG und damit in die vollständige bzw. unter Berücksichtigung von § 8b Abs. 3 KStG 95%ige Freistellung zu transferieren. Eine Verlagerung im vorstehenden Sinne befürchtet der Gesetzgeber im Rahmen des § 24 UmwStG dann, wenn mit der Einbringung eines Betriebs, Teilbetriebs oder Mitunternehmeranteils durch eine natürliche Person auch Anteile an einer Körperschaft, Personenvereinigung oder Vermögensmasse unter dem gemeinen Wert auf die Personengesellschaft übertragen werden und die in diesen Anteilen enthaltenen stillen Reserven auf Ebene der aufnehmenden Personengesellschaft fortan anteilig einem Mitunternehmer zuzurechnen sind, auf den § 8b Abs. 2 KStG anzuwenden ist.

Sinn und Zweck

Ist dies gegeben und gelangen die stillen Reserven in den betreffenden Anteilen innerhalb von sieben Jahren durch Veräußerung oder einen Ersatzrealisationstatbestand i.S.v. § 22 Abs. 1 Satz 6 Nrn. 1 bis 5 UmwStG zur Aufdeckung, so ordnet § 24 Abs. 5 i.V.m. § 22 Abs. 2 UmwStG insoweit eine rückwirkende Besteuerung des Einbringungsgewinns auf Ebene des Einbringenden an. »Insoweit« bedeutet dabei, dass dieser Einbringungsgewinn nur anteilig mit der Quote angesetzt wird, mit der der Gewinn aus der Veräußerung der eingebrachten Kapitalgesellschaftsanteile auf Ebene der Personengesellschaft Steuersubjekten zugerechnet wird, die von § 8b Abs. 2 KStG begünstigt sind (vgl. PATT in D/P/M, § 24 UmwStG Tz. 242). Zur Ermittlung dieses sogenannten Einbringungsgewinns II ist dabei dem anteiligen gemeinen Wert der eingebrachten Anteile im Einbringungszeitpunkt der anteilige Wert, mit dem die aufnehmende Personengesellschaft diese Anteile angesetzt hatte, gegenüberzustellen; der sich danach ergebende Differenzbetrag ist sodann um jeweils ein Siebtel für jedes seit dem Einbringungszeitpunkt abgelaufene Zeitjahr zu vermindern. Auf diesen Einbringungsgewinn ist das Teileinkünfteverfahren anzuwenden, d.h. es kommt diesbezüglich (nur) zu einer teilweisen Steuerbefreiung, da es sich ja bei dem Einbringenden um einen nicht zur Inanspruchnahme von § 8b Abs. 2 KStG Berechtigten handelte.

Rechtsfolge: Ggf. Einbringungs-gewinn II und ...

Die Versteuerung des Einbringungsgewinns zeigt zudem zweierlei Folgewirkungen: So müssten die eingebrachten Kapitalgesellschaftsanteile auf Ebene der aufnehmenden Personengesellschaft mit dem erhöhten Wert anzusetzen sein, da es andernfalls zu einer (partiellen) Doppelbesteuerung der stillen Reserven kommen würde. Ein expliziter Verweis auf die entsprechende Anwendung von § 23 Abs. 2 Satz 3 UmwStG findet sich in § 24 Abs. 5 UmwStG allerdings nicht, so dass eine entsprechende Anwendung im Wege sachlicher Billigkeit zu fordern ist (zu Recht PATT in D/P/M, § 24 UmwStG Tz. 240). Auch die Finanzverwaltung will hier, ohne die gesetzessystematischen Zusammenhänge zu hinterfragen, § 23 Abs. 2 UmwStG anwenden (vgl. Tz. 24.28 UmwSt-Erlass). Die Wertaufstockung ist dem von § 8b Abs. 2 KStG erfassten Mitunternehmer bilanziell zuzuordnen, da andernfalls ein Überspringen stiller Reserven in den Anwendungsbereich von § 8b Abs. 2 KStG ja nicht verhindert werden würde und somit i.S.d. Vorschrift des § 24 Abs. 5 UmwStG

... Erhöhung des Wertansatzes der eingebachten Beteiligung sowie ...

nichts gewonnen wäre (so auch Tz. 24.28 UmwSt-Erlass). Infolge der Wertaufstockung und ihrer bilanziellen Zuordnung zu den von § 8 b Abs. 2 KStG berechtigten Mitunternehmern reduziert sich erstens der Gewinn der Personengesellschaft aus der tatsächlichen Veräußerung der eingebrachten Anteile und zweitens wird dieser Gewinn nur noch solchen Mitunternehmern zugerechnet, die nicht zur Inanspruchnahme von § 8 b Abs. 2 KStG berechtigt sind. Das gesetzgeberische Ziel scheint damit erreicht zu sein: Die zum Einbringungszeitpunkt in den auf die Personengesellschaft übertragenen Kapitalgesellschaftsanteilen enthaltenen stillen Reserven werden ausschließlich nach Maßgabe des Teileinkünfteverfahrens besteuert, wenn man an dieser Stelle die Auswirkungen des Abschmelzens des Einbringungsgewinns II einmal vernachlässigt. Die Besteuerung dieser stillen Reserven erfolgt dabei zum Teil rückwirkend und zum Teil in dem Veranlagungszeitraum, in dem die Anteile tatsächlich veräußert worden sind.

... der Anschaffungskosten des Mitunternehmeranteils

Zugleich gilt gemäß § 22 Abs. 2 Satz 4 UmwStG der Einbringungsgewinn II als nachträgliche Anschaffungskosten der erhaltenen Anteile, hier also als nachträgliche Anschaffungskosten des Einbringenden für seinen im Gegenzug erhaltenen Mitunternehmeranteil. Das Kapitalkonto des Einbringenden, z.B. dessen Kapitalkonto II, ist entsprechend zu erhöhen, was zur Folge hat, dass ein sich bei späterer Veräußerung oder Aufgabe des Mitunternehmeranteils ergebender Gewinn gemäß § 16 Abs. 1 Nr. 2 bzw. Abs. 3 Satz 1 i.V.m. § 16 Abs. 2 EStG entsprechend geringer ausfallen wird (vgl. RASCHE in R/H/vL, 2013, § 24 UmwStG Rn. 132; Tz. 24.28 UmwSt-Erlass).

Anwendungsbereich fraglich, wenn ...

So vielschichtig die vom Gesetzgeber angeordneten Rechtsfolgen auch sein mögen, so ist doch zu fragen, ob die befürchtete Verlagerung stiller Reserven auf von § 8 b Abs. 2 KStG erfasste KSt-Subjekte im Kontext des § 24 UmwStG überhaupt eintreten kann.

... stille Reserven dem Einbringenden zugeordnet bleiben oder ...

So werden dem Einbringenden im Regelfall Gesellschaftsrechte i.H.d. Verkehrswerts des eingebrachten Betriebsvermögens gewährt und ihm, zur Darstellung des Buchwert- bzw. Zwischenwertansatzes, sodann die stillen Reserven durch Aufstellung von Ergänzungsbilanzen zugeordnet, so dass ein Überspringen stiller Reserven auf andere Mitunternehmer nicht erfolgt (vgl. PATT in D/P/M, § 24 UmwStG Tz. 224; IDW Fachnachrichten 2007, S. 642, 654).

BEISPIEL 52

X bringt sein bisheriges Einzelunternehmen einschließlich der zum Betriebsvermögen gehörenden 100%-igen Beteiligung an der A-GmbH, deren Buchwert 300 und deren gemeiner Wert 1.000 beträgt, in die X-GmbH & Co. KG nach § 24 UmwStG zum Buchwert ein. An der X-GmbH & Co. KG sind X sowie die X-GmbH jeweils hälftig beteiligt. Einziger Gesellschafter der X-GmbH ist X. Die KG veräußert die Beteiligung an der A-GmbH noch im Jahr der Einbringung für 1.000. Beschränkt man die Betrachtung einmal auf die eingebrachte GmbH-Beteiligung und erhält X infolge der Einbringung Gesellschaftsrechte im Wert von 1.000, so gilt Folgendes:

LÖSUNG In der Bilanz der KG wird die Beteiligung an der A-GmbH mit 1.000 angesetzt und das Kapitalkonto von X um diesen Betrag erhöht. Zur Gewährleistung des Buchwertansatzes werden ihm die stillen Reserven in einer negativen Ergänzungsbilanz i.H.v. 700 zugeordnet. Aus der Veräußerung der Beteiligung an der A-GmbH entsteht für X ein Gewinn von 700 (Wegfall des Minderwerts in der Ergänzungsbilanz), während der Vorgang für die X-GmbH erfolgsneutral ist. § 24 Abs. 5 UmwStG gelangt nicht zur Anwendung, da keine stillen Reserven auf die X-GmbH übergegangen sind. ◀

Sollte sich indes der Einbringende mit weniger Gesellschaftsrechten begnügen als es dem Verkehrswert des eingebrachten Betriebsvermögens entspricht, so wendet er damit den anderen Mitunternehmern unentgeltlich etwas zu und es ist, sofern hierdurch eine Kapitalgesellschaft als beteiligte Mitunternehmerin bereichert wird, regelmäßig vom Vorliegen einer verdeckten Einlage auszugehen. Da die Grundsätze der verdeckten Einlage aber vorrangig gegenüber § 24 UmwStG sind, geraten insoweit die stillen Reserven ohnehin zur Aufdeckung (vgl. PATT in D/P/M, § 24 UmwStG Tz. 85), so dass die vom Gesetzgeber befürchtete Verlagerung auf die beteiligte Kapitalgesellschaft auch in diesem Fall nicht eintreten kann.

... eine verdeckte Einlage vorliegt

Folgt man den vorstehenden Überlegungen, so könnte sich ein Anwendungsbereich für § 24 Abs. 5 UmwStG allerdings dann ergeben, wenn man die Regelung auch auf diejenigen stillen Reserven beziehen würde, die erst nach dem Einbringungszeitpunkt entstanden sind. Nach zutreffender Auffassung (vgl. RÖDDER/ SCHUMACHER, DStR 2007, S. 369, 376) gilt § 24 Abs. 5 UmwStG jedoch alleinig für diejenigen stillen Reserven, die bereits zum Einbringungszeitpunkt vorhanden waren. Die Finanzverwaltung ist dieser Überlegung gefolgt (vgl. Tz. 24.21 UmwSt-Erlass), so dass der bisherige Befund weiterhin Bestand hat, wonach schlicht kein Anwendungsbereich für § 24 Abs. 5 UmwStG erkennbar ist.

Auf Wertsteigerungen nach dem Zeitpunkt der Einbringung kommt es nicht an

Ausgehend von der Erkenntnis, dass sich § 24 Abs. 5 UmwStG einerseits nur auf diejenigen stillen Reserven bezieht, die bereits zum Einbringungszeitpunkt vorhanden sind, diese andererseits aber durch Aufstellung von Ergänzungsbilanzen dem Einbringenden zugeordnet bleiben, woraufhin es zu keiner Statusverbesserung in Richtung § 8 b Abs. 2 KStG kommt, benötigt man, um einen Anwendungsfall von § 24 Abs. 5 UmwStG zu kreieren, einen weiteren Schritt, durch den es schließlich doch noch zu einer interpersonellen Verlagerung der stillen Reserven in Richtung des bzw. der zur Inanspruchnahme von § 8 b Abs. 2 KStG berechtigten Mitunternehmer kommt. Ein solcher Schritt könnte eine auf die Zuweisung von Teilbetrieben gerichtete Realteilung sein, bei der der zur Inanspruchnahme von § 8 b Abs. 2 KStG berechtigte Mitunternehmer die vormals eingebrachten Kapitalgesellschaftsanteile erhält (vgl. FUHRMANN in WIDMANN/MAYER, § 24 UmwStG, Rz. 1509). Bei dieser gemäß § 16 Abs. 3 Satz 2 EStG zu Buchwerten erfolgenden Realteilung würden sich die in der Realteilungsbilanz anzusetzenden Buchwerte unter Berücksichtigung der in den Ergänzungsbilanzen ausgewiesenen Wertkorrekturen ergeben, was zur Folge hätte, dass die ursprüngliche Zuordnung der in der eingebrachten Kapitalgesellschaftsbeteiligung enthaltenen stillen Reserven zum Einbringenden revidiert würde (siehe hierzu F III 1). Zu diesem in der Realteilungsbilanz ausgewiesenen Buchwert würde sodann der zur Inanspruchnahme von § 8 b Abs. 2 KStG berechtigte Mitunternehmer die Kapitalgesellschaftsbeteiligung übernehmen, woraufhin die vormalig dem Einbringenden zugeordneten stillen Reserven auf ihn übergehen würden. Setzt man nun die Realteilung einer Veräußerung gleich (so ggf. die Auffassung der Finanzverwaltung in Tz. 24.25 UmwSt-Erlass) oder erblickt man darin einen Fall i.S.v. § 22 Abs. 1 Satz 6 Nr. 1 UmwStG (vgl. FUHRMANN in WIDMANN/MAYER, § 24 UmwStG Rz. 1509; BT-Drucksache 16/3369, S. 14), so wären die Tatbestandsvoraussetzungen des § 24 Abs. 5 UmwStG erfüllt, und der Einbringende müsste rückwirkend einen Einbringungsgewinn II versteuern.

Möglicher Anwendungsbereich bei nachfolgender auf Zuweisung von Teilbetrieben gerichteten Realteilung

BEISPIEL 53

Ausgehend von der Lösung des vorhergehenden Beispiels, d.h. einem Ansatz der einge-
brachten Beteiligung an der A-GmbH in der Gesamthandsbilanz der KG i.H.v. 1.000 sowie
Zuordnung der stillen Reserven zum Einbringenden X durch Aufstellung einer negativen
Ergänzungsbilanz mit einem Minderwert Beteiligung A-GmbH i.H.v. 700, wird genau ein
Jahr danach die KG durch Vornahme einer Realteilung i.S.v. § 16 Abs. 3 Satz 2 EStG
beendet. Dabei soll die an der KG beteiligte X-GmbH die 100%-ige Beteiligung an der
A-GmbH erhalten.

LÖSUNG Gemäß § 16 Abs. 3 Satz 2 EStG erfolgt die Realteilung zu Buchwerten. Da die das
gesamte Nennkapital umfassende Beteiligung an der A-GmbH als Teilbetrieb i.S.v. § 16
EStG gilt, greift die Körperschaftsklausel des § 16 Abs. 3 Satz 4 EStG nicht ein, so dass die
A-GmbH-Beteiligung zu dem sich aus der Realteilungsbilanz der KG ergebenden Buchwert
von 300 (= Ansatz in der Gesamthandsbilanz von ursprünglich 1.000 abzgl. Minderwert aus
der nunmehr integrierten Ergänzungsbilanz des X 700) in das Betriebsvermögen der
X-GmbH überwechseln, und folglich der Gewinn aus der (späteren) Veräußerung dieser
Anteile insgesamt § 8 b Abs. 2 KStG unterfallen würde. X muss daher rückwirkend einen
Einbringungsgewinn II versteuern, der sich gemäß § 22 Abs. 2 Satz 3 UmwStG wie folgt
ermittelt:

	Gemeiner Wert der Beteiligung zum Einbringungszeitpunkt	1.000
./.	Wertansatz bei der aufnehmenden Personengesellschaft	300
=	Einbringungsgewinn vor Anwendung der Siebtelregelung	700
./.	Verminderung um 1/7, da seit Einbringung ein Zeitjahr vergangen ist	100
=	Einbringungsgewinn	600

Als Reflex müsste zum Einbringungszeitpunkt auf Ebene der KG die Beteiligung an der
A-GmbH mit einem um 600 auf 900 erhöhten Wert angesetzt werden. Im Zuge der Realteilung würde die X-GmbH folglich die Beteiligung an der A-GmbH mit dem neuen Buchwert
i.H.v. 900 erhalten und die Verlagerung der stillen Reserven in Richtung § 8 b Abs. 2 KStG
würde lediglich i.H.v. 100 eintreten. Letzteres wird durch die Abschmelzung des Einbrin-
gungsgewinns durch die Siebtelregelung verursacht. ◀|

**Regelung des § 16
Abs. 5 EStG spricht
dagegen**

Gegen die vorstehenden Überlegungen ist allerdings einzuwenden, dass für eben
diesen Realteilungsfall, der dadurch gekennzeichnet ist, dass mit der Zuwendung
eines Teilbetriebs eine Statusverbesserung der stillen Reserven in Richtung § 8 b
Abs. 2 KStG bewirkt wird, in § 16 Abs. 5 EStG eine eigenständige Missbrauchsabwehrregelung kodifiziert ist, die bei einer der Realteilung nachfolgenden Realisierung der stillen Reserven innerhalb einer Sperrfrist von sieben Jahren rückwirkend auf den Zeitpunkt der Realteilung insoweit den Ansatz zu gemeinen Werten
vorsieht, mithin eine Aufdeckung der stillen Reserven anordnet und damit einer
befürchteten Statusverbesserung entgegenwirkt (siehe hierzu F III 5). Mit Blick auf
diese Regelung erscheint es daher gerechtfertigt, von der vorstehend beschriebenen
Anwendung des § 24 Abs. 5 UmwStG abzusehen.

**Anwendung ggf. bei
nachfolgender Real-
teilung mit Einzel-
wirtschaftsgütern**

Gleichwohl lässt sich wohl doch noch ein Anwendungsbereich von § 24
UmwStG ausmachen, wenn man die vorstehende Fallkonstellation geringfügig mo-
difiziert: Handelte es sich bei der fraglichen Kapitalgesellschaftsbeteiligung nämlich
nicht um eine das gesamte Nennkapital umfassende Beteiligung, sondern wäre diese
vielmehr als Bestandteil eines tatsächlichen Teilbetriebs nach § 24 UmwStG zunächst in die Personengesellschaft eingebracht und sodann im Zuge der Realteilung
als einzelnes Wirtschaftsgut dem zu § 8 b Abs. 2 KStG berechtigten Mitunternehmer
zugewendet worden, so würde zum einen die Körperschaftsklausel des § 16 Abs. 3

Satz 4 EStG diesbezüglich eine partielle Aufdeckung der stillen Reserven zum Realteilungszeitpunkt bewirken, während der übrige Teil der in der Beteiligung zum Einbringungszeitpunkt vorhandenen stillen Reserven wohl § 24 Abs. 5 UmwStG unterfallen würde.

2.6.3 Schicksal des Zins- und EBITDA-Vortrags

§ 24 Abs. 6 i.V.m. § 20 Abs. 9 UmwStG bestimmt, dass bei Einbringung eines Betriebs in eine Personengesellschaft gegen Gewährung von Gesellschaftsrechten ein im eingebrachten Betrieb bestehender Zinsvortrag nach § 4h Abs. 1 Satz 5 EStG oder ein EBITDA-Vortrag i.S.d. § 4h Abs. 1 Satz 3 EStG untergeht (siehe hierzu C IV 2.3.3.3). Dies gilt unabhängig davon, mit welchem Wert das eingebrachte Betriebsvermögen bei der aufnehmenden Personengesellschaft angesetzt wird (vgl. FÖRSTER in B/F/F/K, § 24 UmwStG Rn. 2). § 24 Abs. 6 i.V.m. § 20 Abs. 9 UmwStG überschreibt dabei insoweit den sich nach § 24 Abs. 4, § 23 Abs. 1 i.V.m. § 12 Abs. 3 Halbsatz 1 UmwStG ergebenden Eintritt der aufnehmenden Personengesellschaft in die Rechtsstellung des Einbringenden. Begründet wird dieser Untergang des Zins- bzw. EBITDA-Vortrags mit dessen strenger Betriebsbezogenheit.

Untergang bei Einbringung eines Betriebs

Daraus folgt unmittelbar, dass bei Einbringung eines Teilbetriebs ein etwaig bestehender Zinsvortrag bzw. EBITDA-Vortrag nicht untergeht, sondern vielmehr vollständig im restlichen Ursprungsbetrieb verbleibt (vgl. PATT in D/P/M, § 24 UmwStG, Tz. 191; FÖRSTER in B/F/F/K, § 24 UmwStG Rn. 3). Gleichwohl nimmt die Finanzverwaltung im Anwendungsschreiben zur Zinsschrankenregelung bei Aufgabe oder Übertragung eines Teilbetriebs einen anteiligen Verlust des Zinsvortrags an (vgl. BMF v. 04.07.2008, BStBl. I 2008, S. 718, Tz. 47), was für den EBITDA-Vortrag ebenso gelten dürfte. Auch bei der Einbringung eines Mitunternehmeranteils ist das Schicksal des Zins- bzw. EBITDA-Vortrags umstritten: Während einerseits für deren vollständige Erhaltung plädiert wird (so FÖRSTER in B/F/F/K, § 24 UmwStG Rn. 4), wird andererseits mit Verweis auf § 4h Abs. 5 Satz 2 EStG, wonach die Zins- und EBITDA-Vorträge anteilig untergehen, wenn ein Mitunternehmer aus der Gesellschaft ausscheidet, deren anteiliger Untergang befürwortet (so PATT in D/P/M, § 24 UmwStG Tz. 190). Die Finanzverwaltung hat sich im Anwendungsschreiben zu § 4h EStG zu letzterem Sachverhalt nicht geäußert.

Bei Einbringung eines Teilbetriebs bzw. Mitunternehmeranteils fraglich

Unabhängig davon ist der Nichtübergang des Zins- bzw. EBITDA-Vortrags im Fall der Einbringung bzw. Veräußerung eines Betriebs, Teilbetriebs bzw. Mitunternehmeranteils grundsätzlich zu kritisieren: Interpretiert man die Vorschrift steuersubjektbezogen, so bewirkt der Untergang des Zins- bzw. EBITDA-Vortrags einen Verstoß gegen das objektive Nettoprinzip, interpretiert man sie hingegen steuerobjektbezogen, so dürfte in den vorgenannten Fällen kein Verlust der Vortragsgrößen eintreten, da das Besteuerungsobjekt ja gerade erhalten bleibt (zutreffend RASCHE in R/H/vL, 2013, § 24 UmwStG Rz. 136).

Regelung insgesamt verfehlt

2.7 Entgeltliche Aufnahme eines Gesellschafters in ein Einzelunternehmen gegen Zahlung in das Privatvermögen

Von dem bisher angenommenen Sachverhalt, in welchem eine Leistung des hinzutretenden Gesellschafters in das Betriebsvermögen der Gesellschaft (Gesamthandsvermögen) zugrunde gelegt wurde, ist die Fallkonstellation zu unterscheiden,

Ermittlung der Ausgleichszahlung

dass der hinzutretende Mitunternehmer keine Einlage in die neu gegründete Personengesellschaft erbringt, sondern stattdessen eine Ausgleichszahlung in das Privatvermögen des bisherigen Einzelunternehmers leistet. Betriebswirtschaftlich unterscheiden sich beide Konstellationen lediglich durch die unterschiedlich zu bemessende Barleistungsverpflichtung des neu hinzutretenden Gesellschafters: Während sich diese in Abhängigkeit des gewählten Beteiligungsverhältnisses im Fall der Ausgleichszahlung in das Privatvermögen lediglich nach den Verkehrswerten der seitens des bisherigen Einzelunternehmers eingebrachten Wirtschaftsgüter einschließlich eines etwaigen Firmenwerts bemisst, muss sie im Fall der Zahlung in das Betriebsvermögen entsprechend höher ausfallen, da sich nunmehr das gesamte Betriebsvermögen aus den eingebrachten Wirtschaftsgütern zzgl. der Barleistung zusammensetzt. In formaler Schreibweise ermittelt sich die Ausgleichszahlung wie folgt:

- Leistung erfolgt in das Privatvermögen:
  $$\text{Ausgleichszahlung} = \sum \text{Verkehrswerte der Wirtschaftsgüter} \times \text{Beteiligungsquote}$$
- Leistung erfolgt in das Betriebsvermögen:
  $$\text{Ausgleichszahlung}$$
  $$= \left(\sum \text{Verkehrswerte der Wirtschaftsgüter} + \text{Ausgleichszahlung}\right) \times \text{Beteiligungsquote}$$
  $$= \frac{\sum \text{Verkehrswerte der Wirtschaftsgüter} \times \text{Beteiligungsquote}}{1 - \text{Beteiligungsquote}}$$

Inanspruchnahme der §§ 16, 34 EStG bei ...

Bezüglich der ertragsteuerlichen Behandlung der Aufnahme eines Gesellschafters in ein bisheriges Einzelunternehmen gegen Ausgleichszahlung in das Privatvermögen ist es fraglich, ob der Einbringende für den Veräußerungs- bzw. Einbringungsgewinn die steuerlichen Vergünstigungen der §§ 16 Abs. 4, 34 Abs. 1 bzw. Abs. 3 EStG beanspruchen kann, oder ob vielmehr ein laufender, folglich nicht begünstigter Gewinn anzunehmen ist. In dieser grundsätzlichen Fragestellung unterscheiden BFH und Finanzverwaltung danach, ob auf Ebene der Personengesellschaft die Wirtschaftsgüter des vorherigen Einzelunternehmens vollständig zu gemeinen Werten angesetzt werden, oder ob, soweit die Wirtschaftsgüter ideell anteilig weiterhin dem vorherigen Einzelunternehmer zuzurechnen sind, die Buchwerte fortgeführt werden. Die Annahme über die zeitliche Abfolge der einzelnen steuerrechtlich relevanten Stufen des gesamten Vorgangs ist in Abhängigkeit von dem jeweiligen Wertansatz zudem eine andere:

... anteiligem Buchwertansatz nicht zulässig, ...

So hat der BFH in seinem Beschluss vom 18. 10. 1999 (GrS 2/98, BStBl. II 2000, S. 123 ff.) bezüglich einer Einbringung zu Buchwerten angenommen, dass in einem ersten Schritt der bisherige Einzelunternehmer ideelle Anteile an den Wirtschaftsgütern seines bisherigen Einzelunternehmens veräußere und anschließend das Betriebsvermögen teils auf eigene, teils auf fremde Rechnung in die Personengesellschaft einbringe. Da bei dieser Wertung Veräußerungsgegenstand die ideellen Anteile an den einzelnen Wirtschaftsgütern des Einzelunternehmens seien, nicht aber ein Mitunternehmeranteil oder Teil eines Mitunternehmeranteils, führe die Zuzahlung ins Privatvermögen zu einem nicht begünstigten, laufenden Gewinn, welcher auch nicht durch Aufstellung einer negativen Ergänzungsbilanz neutralisiert werden könne. Zu einer Aufdeckung stiller Reserven komme es insbesondere deswegen, weil, soweit die Einbringung auf fremde Rechnung erfolge, § 24 UmwStG nicht anwendbar sei (vgl. BFH v. 12. 10. 2005 – X R 35/04, BFH/NV 2006, S. 521). Die

Möglichkeit, nach § 24 UmwStG einen Einbringungsgewinn zu vermeiden, basiere auf der Erwägung, dass dies nur insoweit gerechtfertigt sei, als sich die bisherige Sachherrschaft über die eingebrachte Sachgesamtheit in der Form einer gesamthänderischen Bindung fortsetze (BFH v. 17.09.2014 – IV R 33/11, BFH/NV 2015, S. 746). Insoweit jedoch, als der Einbringende eine Ausgleichzahlung des anderen Gesellschafters erhält, ist dies erkennbar nicht erfüllt, da der Einbringende für diesen Teil der Einbringung selbst keine Gesellschaftsrechte erhält. Folglich, so der BFH, werde dieser Teil der Sachgesamtheit vom Einbringenden weder zur Stärkung der Gesellschaft noch zur Stärkung seiner eigenen Gesellschafterstellung übertragen, sondern allein zugunsten des die Ausgleichzahlung leistenden Dritten, der im Gegenzug die Stellung eines Gesellschafters erwirbt (BFH v. 17.09.2014 – IV R 33/11, BFH/NV 2015, S. 746). Die Finanzverwaltung ist dieser Sichtweise gefolgt (vgl. Tz. 24.08 ff. UmwSt-Erlass). Angemerkt sei, dass die vorstehenden Überlegungen auch dann gelten, wenn die Ausgleichzahlung des neuen Gesellschafters nicht in das Privatvermögen der Altgesellschafter, sondern in deren Betriebs- oder Sonderbetriebsvermögen erfolgt (BFH v. 17.09.2014 – IV R 33/11, BFH/NV 2015, S. 746).

Dieser in einkommensteuerlicher Wertung laufende, nicht begünstigte Gewinn unterliegt gleichwohl nicht der Gewerbesteuer (vgl. BFH v. 27.10.2004 – XI B 216/02, BFH/NV 2005, S. 353; FG Köln v. 05.04.2000, EFG 2000, S. 1271, rkr.). Dies ergibt sich aus der Überlegung, dass wegen der Verknüpfung von Einbringung und Veräußerung die Veräußerung der anteiligen Wirtschaftsgüter des bisherigen Einzelunternehmens zugleich auch zu der endgültigen Einstellung der gewerblichen Betätigung des bisherigen Einzelunternehmers geführt hat. Durch die Gewerbesteuer soll jedoch nur der laufende, d.h. der der während der Ausübung der werbenden Tätigkeit erzielte Ertrag erfasst werden, so dass ein etwaiger Beendigungsgewinn nicht gewerbesteuerbar ist.

... jedoch nicht gewerbesteuerbar

BEISPIEL 54 ▬▬▬▬▬▬▬▬▬▬▬▬▬▬▬▬▬▬▬▬▬▬▬

In Abwandlung zu der in Beispiel 48 dargestellten Fallkonzeption sei angenommen, dass B von G eine Ausgleichzahlung i.H.v. 110.000 € erhält. B möchte das bisher betriebene Einzelunternehmen nach Möglichkeit zu Buchwerten in die Gesellschaft einbringen.

LÖSUNG B veräußert 50 % eines jeden Wirtschaftsguts an G und realisiert folglich 50 % der gespeicherten stillen Reserven, insgesamt also 85.000 €. Da weder ein Anwendungsfall des § 24 UmwStG noch ein Veräußerungsvorgang i.S.v. § 16 EStG vorliegt, unterliegt der Gewinn als laufender Gewinn ungemildert der Einkommensteuer. Die anschließende Einbringung des Betriebs in die neu gegründete Personengesellschaft erfolgt teils für Rechnung des B, teils für Rechnung des G. Die ideell weiterhin dem B zuzurechnenden anteiligen Wirtschaftsgüter sind dabei annahmegemäß zu Buchwerten anzusetzen, während für G zu berücksichtigen ist, dass seine anteiligen Buchwerte den gemeinen Werten entsprechen, da er B die anteiligen stillen Reserven im Kaufpreis vergütet hat. Für G ist eine positive Ergänzungsbilanz aufzustellen, in welcher die zusätzlichen Anschaffungskosten aufgrund der Vergütung der stillen Reserven ausgewiesen werden (vgl. auch BFH v. 24.06.2009 – VIII R 13/07, BFH/NV 2009, S. 1879).

Es ergeben sich folgende Bilanzen:

Aktiva	Eröffnungsbilanz B&G-OHG 02.01.10 in €		Passiva
Grund und Boden	30.000	Kapital B	25.000
Gebäude	172.000	Kapital G	25.000
Büro- und Geschäftsausstattung	10.000	Rücklage R 6.6 EStR	24.000
Waren	5.000	Verbindlichkeiten	150.000
Bank	7.000		
	224.000		224.000

Aktiva	Ergänzungsbilanz G 02.01.10 in €		Passiva
Grund und Boden	22.000	Mehrkapital	85.000
Gebäude	9.000		
Büro- und Geschäftsausstattung	5.000		
Waren	3.500		
Firmenwert	33.500		
Rücklage R 6.6 EStR	12.000		
	85.000		85.000

§§ 16, 34 EStG bei Aufdeckung aller stiller Reserven

Dagegen ist der BFH mit Urteil vom 21.09.2000 (IV R 54/99, BStBl. II 2001, S. 178) bezüglich einer Einbringung zu Teilwerten zu der Ansicht gelangt, es würden nicht zuerst anteilige Wirtschaftsgüter veräußert mit anschließender Einbringung des Betriebsvermögens teils für eigene und teils für fremde Rechnung, sondern vielmehr erfolge zuerst die Einbringung des gesamten Betriebs und eine logische Sekunde danach die Veräußerung eines Teils eines Mitunternehmeranteils. Der logische Vorrang der Einbringung gegenüber der Herabsetzung des Kapitalanteils ermögliche es mithin dem Einbringenden, die Steuerbegünstigungen des § 24 Abs. 3 Satz 2 UmwStG i.V.m. §§ 16 Abs. 4, 34 EStG für das gesamte eingebrachte Einzelunternehmen in Anspruch zu nehmen. Der Veräußerungsgewinn, der sich bei der eine logische Sekunde nach der Einbringung erfolgenden Teilanteilsübertragung ergebe, trete beim Ansatz der Teilwerte bzw. der gemeinen Werte nicht mehr in Erscheinung; er gehe gewissermaßen im Einbringungsgewinn auf. Der entstehende Einbringungsgewinn ist allerdings gemäß § 24 Abs. 3 Satz 3 UmwStG i.V.m. § 16 Abs. 2 Satz 3 EStG nur anteilig steuerbegünstigt. Die Finanzverwaltung hat sich dieser Sichtweise angeschlossen (vgl. Tz. 24.12 UmwSt-Erlass).

FORTSETZUNG BEISPIEL 54

Setzt im vorliegenden Fall folglich die Personengesellschaft das eingebrachte Betriebsvermögen zu gemeinen Werten an, so erzielt B einen gemäß §§ 16, 34 EStG begünstigten Einbringungsgewinn i.H.v. 170.000 €. Die unmittelbar nachfolgende Veräußerung eines Teils (50%) seines Mitunternehmeranteils ist erfolgsneutral, da der Veräußerungspreis (110.000 €) dem Buchwert des Teilanteils entspricht. Da B fortan zu 50% am Gewinn der OHG beteiligt ist, gelten gemäß § 24 Abs. 3 Satz 3 UmwStG i.V.m. § 16 Abs. 2 Satz 3 EStG 85.000 € (50% von 170.000 €) als laufender, auch der Gewerbesteuer unterliegender Gewinn, so dass ein begünstigter Gewinn i.H.v. 85.000 € verbleibt. ◀|

In Anbetracht des Normzwecks des § 16 EStG, die aus der zusammengeballten Aufdeckung stiller Reserven resultierende steuerliche Last zu vermindern, ist der

Wertung des BFH zu folgen, da nur im Fall des Ansatzes zum gemeinen Wert sämtliche stille Reserven der Wirtschaftsgüter des vorherigen Einzelunternehmens aufgedeckt werden. Widersprüchlich erscheint jedoch das Argument, beim (anteiligen) Buchwertansatz gehe der Veräußerungsvorgang dem Einbringungsvorgang voran, während sich im Fall des Ansatzes der gemeinen Werte die Reihenfolge umgekehrt darstelle (zur Reihenfolgeproblematik grundlegend OFFERHAUS, FS Widmann, 2000, S. 441, 447 ff.). Das materiell zutreffende Ergebnis des BFH, hier auch die Begünstigungen der §§ 16, 34 EStG zu gewähren, lässt sich steuersystematisch überzeugender mit der Überlegung von REISS begründen, dass insgesamt tatsächlich eine Sachgesamtheit i.S.d. § 16 EStG, § 24 UmwStG übertragen worden sei und bei Ansatz des gemeinen Werts für den eigenen Teil der Einbringung nach § 24 Abs. 3 Satz 2 UmwStG sich hinsichtlich der Aufdeckung der stillen Reserven übereinstimmende Tatbestandsvoraussetzungen und Rechtsfolgen mit § 16 EStG ergeben, so dass § 16 EStG und § 24 UmwStG nebeneinander anzuwenden seien (KIRCHHOF/REISS, 2015, § 16 Rz. 37). Vergegenwärtigt man sich noch einmal den Inhalt von § 24 Abs. 3 Satz 2 UmwStG, der ja bei Ansatz zum gemeinen Wert die Regelungen der §§ 16, 34 EStG für anwendbar erklärt, so wird die für diesen Fall inhaltlich gleiche Ausrichtung beider Vorschriften offenbar: Sowohl § 16 EStG als auch § 24 UmwStG gewähren im Fall der Aufdeckung aller stiller Reserven einer Sachgesamtheit die Begünstigungen nach §§ 16, 34 EStG, so dass es wenig überzeugend erscheinen würde, diese Vergünstigungen insgesamt nicht zu gewähren, wenn die Aufdeckung dieser stillen Reserven zum Teil durch Veräußerung und zum Teil im Wege der Einbringung erfolgt.

3 Unentgeltliche Aufnahme eines Gesellschafters in ein Einzelunternehmen

Gemäß § 6 Abs. 3 Satz 1 EStG erfolgt die unentgeltliche Übertragung eines Betriebs, Teilbetriebs oder eines Mitunternehmeranteils zu Buchwerten. Dies gilt, so § 6 Abs. 3 Satz 1 Halbsatz 2 EStG, auch bei der unentgeltlichen Aufnahme einer natürlichen Person in ein bestehendes Einzelunternehmen. In der Bilanz der nunmehr bestehenden Personengesellschaft sind die Wirtschaftsgüter mithin zwingend zu Buchwerten anzusetzen; eine interpersonelle Verlagerung der stillen Reserven ist die Folge. Da die Regelung expressis verbis die Aufnahme einer natürlichen Person in ein bestehendes Einzelunternehmen erwähnt, ist sie gegenüber § 24 UmwStG als vorrangig anzusehen (vgl. HHR/GRATZ, § 6 EStG Anm. 1368 m.w.N.). Die unentgeltliche Aufnahme von KSt-Subjekten fällt nicht in den Anwendungsbereich von § 6 Abs. 3 Satz 1 Halbsatz 2 EStG, da der Gesetzgeber ein Überspringen stiller Reserven auf diese vermeiden will (SCHMIDT/KULOSA, 2015, § 6 Rz. 663). In diesem Fall ist vielmehr eine Gewinnrealisierung die Folge, sei es als verdeckte Einlage gemäß § 6 Abs. 6 Satz 2 EStG, als Entnahme der anteiligen Wirtschaftsgüter oder als unentgeltliche Übertragung aus betrieblichen Gründen gemäß § 6 Abs. 4 EStG (vgl. ausführlich WENDT, FR 2002, S. 127, 136f.; BMF v. 03.03.2005, BStBl. I 2005, S. 458, Tz. 2).

Buchwertfortführung gemäß § 6 Abs. 3 Satz 1 Halbsatz 2 EStG

Dabei ist zu beachten, dass die unentgeltliche Aufnahme einer (oder mehrerer) natürlicher Personen in ein bisheriges Einzelunternehmen zur Gründung einer Personengesellschaft führt, in die der bisherige Einzelunternehmer seinen Betrieb teils für eigene Rechnung, teils unentgeltlich für Rechnung der aufgenommenen Personen einbringt. Soweit er Letzteres tut, ist ein Anwendungsfall von § 6 Abs. 3 EStG gegeben. Insoweit jedoch, als er die Einbringung für eigene Rechnung vornimmt, gilt § 24 UmwStG, woraufhin die aufnehmende Personengesellschaft die hinter diesem Teil der Einbringung stehenden anteiligen Wirtschaftsgüter mit dem Buchwert, dem gemeinen Wert oder einem Zwischenwert ansetzen kann (vgl. BFH v. 18.09.2013 – X R 42/10, BFH/NV 2013, S. 2006; v. 12.10.2005 – X R 35/04, BFH/NV 2006, S. 521; FUHRMANN in WIDMANN/MAYER, § 24 UmwStG Rz. 26). Die Auffassung des BFH überzeugt, weil tatsächlich eine Sachgesamtheit i.S.d. § 24 UmwStG bzw. § 6 Abs. 3 EStG auf die Personengesellschaft übertragen wird, diese Einbringung jedoch auf zwei rechtlich getrennt zu beurteilenden Vorgängen beruht: Im Fall der unentgeltlichen Aufnahme würden, so der BFH, dabei die steuerrechtlichen Tatbestände der (unentgeltlichen) Übertragung, insoweit ist § 6 Abs. 3 Satz 1 EStG einschlägig, und der Einbringung, insoweit erweist sich § 24 UmwStG als zutreffende Norm, parallel verwirklicht. Angemerkt sei zudem, dass, sollte der Einbringende bezüglich der Einbringung auf eigene Rechnung gemäß § 24 UmwStG den Ansatz zum gemeinen Wert oder Zwischenwert wählen, daraus ein laufender, nicht nach §§ 16, 34 EStG begünstigter Gewinn resultieren, da es infolge der zwingend zu Buchwerten erfolgenden Einbringung auf fremde Rechnung an einer Aufdeckung aller stiller Reserven der übertragenen Sachgesamtheit fehlt. Nach Auffassung der Finanzverwaltung soll indes sowohl für den Übertragenden als auch für die unentgeltlich aufgenommenen Steuerpflichtigen einheitlich § 6 Abs. 3 EStG Anwendung finden, woraufhin kein Wahlrecht zur anteiligen Aufdeckung stiller Reserven via § 24 UmwStG bestünde, sondern vielmehr die Einbringung zwingend in vollem Umfang steuerneutral wäre (vgl. Tz. 01.47 UmwSt-Erlass, zustimmend PATT in D/P/M, § 24 UmwStG, Tz. 72).

Gemäß § 6 Abs. 3 Satz 2 ist die Übertragung zu Buchwerten auch dann vorzunehmen, wenn der bisherige Einzelunternehmer einzelne Wirtschaftsgüter in seinem Eigentum zurückbehält, sofern er diese der Personengesellschaft weiterhin zur betrieblichen Nutzung überlässt. Die betreffenden Wirtschaftsgüter behalten sodann ihre Betriebsvermögenseigenschaft und stellen nunmehr Sonderbetriebsvermögen des vorherigen Einzelunternehmers im Rahmen seiner Mitunternehmerstellung dar. Zwar sollen dem Wortlaut des Gesetzes nach die Wirtschaftsgüter weiterhin zum Betriebsvermögen derselben Mitunternehmerschaft gehören, was der Anwendung im Fall eines vorherigen Einzelunternehmens entgegenstehen könnte; dennoch ist nach zutreffender Auffassung von Finanzverwaltung (vgl. BMF v. 03.03.2005, BStBl. I 2005, S. 458, Tz. 21) und Schrifttum (vgl. HHR/GRATZ, § 6 EStG Anm. 1369 b) eine entsprechende Anwendung im vorliegenden Fall geboten, da andernfalls eine nicht zu rechtfertigende Ungleichbehandlung zwischen der unentgeltlichen Aufnahme eines Gesellschafters in eine bereits bestehende Personengesellschaft einerseits und in ein Einzelunternehmen andererseits die Folge wäre.

Allerdings ist in diesen Fällen der Buchwertansatz nur dann zulässig, wenn der unentgeltlich aufgenommene Mitunternehmer über einen Zeitraum von fünf Jahren seinen Mitunternehmeranteil weder veräußert noch aufgibt. Rechtsfolge einer solchen Realisierung der stillen Reserven des übernommenen Mitunternehmeranteils innerhalb der Sperrfrist ist, dass für die Übertragung rückwirkend auf den ursprünglichen Übertragungsstichtag die Teilwerte anzusetzen sind (§ 175 Abs. 1 Satz 1 Nr. 2 AO), mithin beim Übertragenden ein laufender Gewinn entsteht (vgl. BMF v. 03.03.2005, BStBl. I 2005, S. 458, Tz. 21 i.V.m. Tz. 11). Dies gilt nach Auffassung der Finanzverwaltung für die gesamte Übertragung auch dann, wenn der in die Einzelunternehmung unentgeltlich Aufgenommene etwa nur einen Teil seines Mitunternehmeranteils innerhalb der Behaltefrist veräußert (vgl. BMF v. 03.03.2005, BStBl. I 2005, S. 458, Tz. 21 i.V.m. Tz. 11; a.A. HHR/GRATZ, § 6 EStG Anm. 1369 d; 1388: Aufdeckung der stillen Reserven nur im Umfang der veräußerten Quote des Mitunternehmeranteils). Mit der Behaltefrist will der Gesetzgeber erkennbar einer gezielten interpersonellen Verlagerung stiller Reserven zur Vorbereitung einer steueroptimierten nachfolgenden Veräußerung in Form des entstandenen Mitunternehmeranteils entgegenwirken. Weshalb dies nur bei Übertragungsfällen unter Zurückbehalt von Sonderbetriebsvermögen greift, in den übrigen Fällen der unentgeltlichen Übertragung des § 6 Abs. 3 EStG, welche ebenso mit einem Überspringen stiller Reserven einhergehen, jedoch nicht, ist allerdings nicht ersichtlich (vgl. WENDT, FR 2002, S. 127, 134 f.).

Für den Fall einer vorherigen Ausgliederung von Wirtschaftsgütern aus dem Einzelunternehmen, sei es zum Buchwert gemäß § 6 Abs. 5 EStG, sei es steuerwirksam durch Veräußerung oder Entnahme, und der nachfolgenden Aufnahmen der natürlichen Person in das so »verkleinerte« Einzelunternehmen, gelten die Ausführungen zu G III 1 entsprechend.

Vorherige Ausgliederung von Wirtschaftsgütern

E Übertragung von Wirtschaftsgütern bei Personengesellschaften

I Überblick

Bei der Übertragung von Wirtschaftsgütern zwischen einer Personengesellschaft und ihren Mitunternehmern ist insbesondere die Frage nach der Notwendigkeit der Aufdeckung von etwaig in den Wirtschaftsgütern vorhandenen stillen Reserven zu erörtern. Gesetzgebung, Rechtsprechung und Finanzverwaltung differenzieren bei der Beantwortung dieser Frage danach,

Grundproblem: Aufdeckung stiller Reserven?

- von wem und an wen das Wirtschaftsgut übertragen wird;
- welchem Vermögensbereich das Wirtschaftsgut vor und nach der Übertragung zuzurechnen ist;
- ob und in welcher Form eine Gegenleistung gewährt wird.

Ausgangspunkt der folgenden Überlegungen ist zunächst die Frage, von welchem in welches Vermögen die Wirtschaftsgüter übertragen werden. Dabei ist nicht nur wesentlich, um wessen Vermögen es sich vor und nach der Übertragung handelt (Ebene der persönlichen Zurechnung in zivilrechtlicher bzw. wirtschaftlicher Hinsicht), sondern auch, inwieweit die übertragenen Wirtschaftsgüter vor bzw. nach der Übertragung zum Betriebsvermögen (Gesamthands-, Betriebs- oder Sonderbetriebsvermögen) oder zum Privatvermögen gehören. Aus dieser Differenzierung ergibt sich eine Vielzahl von Kombinationen, die in der folgenden Tabelle systematisiert werden:

Mögliche Übertragungsarten

	Übertragungsrichtung	Vermögensmäßige Zugehörigkeit
Fall 1	Von einem Gesellschafter auf die Personengesellschaft und umgekehrt	Aus Privat-, Sonderbetriebs- oder anderem Betriebsvermögen in Gesamthandsvermögen und umgekehrt
Fall 2	Von einem auf einen anderen Gesellschafter derselben Personengesellschaft	Aus Sonderbetriebsvermögen in Sonderbetriebsvermögen (andere Fälle sind möglich, aber nicht relevant)
Fall 3	Innerhalb des Vermögens eines Gesellschafters einer Personengesellschaft	Aus Sonderbetriebsvermögen in anderes Sonderbetriebs-, Betriebs- oder Privatvermögen und umgekehrt

Die nachfolgenden Abschnitte folgen dieser Fallunterscheidung.

In den Fällen 1 und 2 der obigen Tabelle findet ein Rechtsträgerwechsel statt, weil die Wirtschaftsgüter nach der Übertragung zivilrechtlich (oder zumindest wirtschaftlich) einem anderen Rechtssubjekt zuzurechnen sind. Hierbei ist zusätzlich danach zu differenzieren, wie die Übertragung zivilrechtlich ausgestaltet ist. Folgende vier Fälle sind zu unterscheiden:

Übertragungsarten bei Rechtsträgerwechsel

- Übertragung durch entgeltliches schuldrechtliches Rechtsgeschäft (insbesondere Veräußerung und Tausch);
- Übertragung gegen Gewährung oder Minderung von Gesellschaftsrechten (Sonderfall des Tausches);
- unentgeltliche Übertragung;
- teilentgeltliche Übertragung.

Überführung

In Fall 3 der Tabelle bleibt der Gesellschafter zivilrechtlicher Eigentümer; es erfolgt lediglich eine Überführung aus dem einen Vermögensbereich in einen anderen. Entsprechend der Formulierung im Gesetz wird im Weiteren in den Fällen 1 und 2 von der Übertragung, in Fall 3 dagegen von der Überführung eines Wirtschaftsguts gesprochen.

II Übertragung zwischen Gesellschaft und Gesellschafter

1 Entgeltliche Übertragungen

1.1 Veräußerung zu fremdüblichen Bedingungen

Entgeltliche Veräußerung einerseits, Anschaffung andererseits

Übertragungen zu fremdüblichen Bedingungen aus dem Gesellschaftervermögen in das Gesellschaftsvermögen (und umgekehrt) stellen nicht etwa Sacheinlagen und Geldentnahmen (bzw. Sachentnahmen und Geldeinlagen) dar, sondern sind seit Aufgabe der Bilanzbündeltheorie vielmehr insgesamt und einheitlich als entgeltliche Veräußerung zu qualifizieren (vgl. z. B. BFH v. 25.07.1995 – VIII R 25/94, BFHE 178, S. 418 m. w. N.). Insbesondere ist keine Buchwertübertragung nach § 6 Abs. 5 EStG möglich, da diese Regelung ausdrücklich nur auf unentgeltliche Übertragungen und solche gegen Gewährung oder Minderung von Gesellschaftsrechten anzuwenden ist (vgl. SCHMIDT/KULOSA, 2015, § 6 Rz. 696).

Demnach wird eine entgeltliche, zu fremdüblichen Bedingungen erfolgende Veräußerung zwischen Gesellschaft und Gesellschafter genauso behandelt, als wäre das Geschäft tatsächlich mit Dritten abgeschlossen worden. Diese Behandlung trägt der zivilrechtlichen Entwicklung Rechnung, nach der die Personengesellschaft als Gemeinschaft zur gesamten Hand gegenüber ihren Gesellschaftern zunehmend rechtlich verselbständigt ist. Im Einzelnen gilt Folgendes:

Gesellschaft veräußert an Mitunternehmer

- Veräußert die Gesellschaft ein zum gesamthänderisch gebundenen Vermögen gehörendes Wirtschaftsgut an einen ihrer Mitunternehmer, so erzielt sie auf Gesamthandsebene i. H. d. Differenz zwischen Veräußerungspreis und Buchwert einen Gewinn bzw. Verlust. Eine Aufdeckung der stillen Reserven kann daher nur vermieden werden, wenn dies nach allgemeinen, auch bei Veräußerungen an Dritte geltenden Vorschriften möglich ist, so beispielsweise nach § 6 b EStG. Der erwerbende Gesellschafter behandelt den Anschaffungsvorgang nicht anders, als hätte er das Wirtschaftsgut von einem Dritten erworben. Dabei spielt es im Grundsatz keine Rolle, in welchen Vermögensbereich (Betriebs- oder Privatvermögen) das Wirtschaftsgut gelangt. Allerdings ist bei Anschaffung für das Betriebs- oder Sonderbetriebsvermögen des Gesellschafters zu beachten, dass der im Gesamthandsvermögen realisierte Gewinn insoweit nach § 6 b EStG auf das erworbene Wirtschaftsgut übertragen werden kann, als er anteilig in der Gesamthand auf den erwerbenden Gesellschafter entfällt (vgl. C IV 2.3.1).

- Veräußert ein Mitunternehmer ein Wirtschaftsgut an die Gesellschaft, hängen die steuerlichen Folgen bei ihm von der bisherigen Vermögenszugehörigkeit des Wirtschaftsguts ab: Befindet sich das Wirtschaftsgut im Betriebsvermögen, so entsteht je nach Herkunft des veräußerten Wirtschaftsguts entweder im Betriebsvermögen seines Einzelunternehmens oder in seinem Sonderbetriebsvermögen bei der anschaffenden oder einer anderen Mitunternehmerschaft ein laufender Gewinn. Dieser Gewinn kann, soweit die Voraussetzungen erfüllt sind, nach Maßgabe des § 6 b EStG durch Übertragung auf ein Reinvestitionswirtschaftsgut bzw. Bildung einer Rücklage neutralisiert werden. Als Reinvestitionswirtschaftsgut kommt dabei auch dasselbe, von der Personengesellschaft gerade angeschaffte Wirtschaftsgut in Betracht (vgl. OFD Koblenz v. 23. 12. 2003, DStR 2004, S. 314). Der Gewinn kann maximal in der Höhe übertragen werden, in der die Anschaffungskosten der Personengesellschaft anteilig auf den veräußernden Gesellschafter entfallen. Im Fall der vormaligen Zugehörigkeit zum Privatvermögen erzielt der Mitunternehmer entweder einen Veräußerungsgewinn i. S. d. §§ 17, 20 Abs. 2, 23 EStG oder aber nicht steuerbare Einnahmen. Auf der Ebene der Gesellschaft ist das Wirtschaftsgut mit seinen Anschaffungskosten zu aktivieren.

Mitunternehmer veräußert an Gesellschaft

BEISPIEL 55

Die AB-OHG veräußert an ihren zu 50 % an Ergebnis und Vermögen beteiligten Mitunternehmer A zum Verkehrswert von 200.000 € ein unbebautes Grundstück, das bereits seit 11 Jahren zu ihrem Gesamthandsvermögen gehört und betrieblich genutzt wurde. Der den Anschaffungskosten entsprechende Buchwert beträgt 100.000 €. A nutzt das Grundstück alternativ wie folgt:
a) A errichtet auf dem Grundstück ein privat genutztes Einfamilienhaus;
b) A nutzt das Grundstück für Zwecke seines nebenher bestehenden gewerblichen Einzelunternehmens;
c) A überlässt das Grundstück der Gesellschaft, die es weiterhin betrieblich nutzt.
LÖSUNG In allen drei Fällen realisiert die AB-OHG auf der Gesamthandsebene einen laufenden Gewinn i. H. v. 100.000 €, der den Gesellschaftern anteilig zuzurechnen ist. Der Gewinn kann ggf. in eine Rücklage gemäß § 6 b EStG eingestellt bzw. auf Reinvestitionswirtschaftsgüter übertragen werden.
Die von A aufgewendeten 200.000 € stellen Anschaffungskosten des Grundstücks dar. Im Fall der Errichtung des Einfamilienhauses liegt Privatvermögen vor. Nutzt A das Grundstück für sein Einzelunternehmen, ist es dort mit den Anschaffungskosten von 200.000 € zu aktivieren. A kann den im Gesamthandsvermögen realisierten und auf ihn entfallenden Gewinn i. H. v. 50.000 € (= 50 % von 100.000 €) nach Maßgabe des § 6 b EStG auf das erworbene Grundstück übertragen. Überlässt A das Grundstück der AB-OHG zur betrieblichen Nutzung, liegt notwendiges Sonderbetriebsvermögen I vor. Das Grundstück ist in der Sonderbilanz des A mit den Anschaffungskosten zu aktivieren. Auch hier kann A den auf ihn entfallenden Veräußerungsgewinn ggf. nach § 6 b EStG auf das Grundstück übertragen; vgl. hierzu auch R 6 b.2 Abs. 7 EStR. ◀

BEISPIEL 56

C ist als Kommanditist mit 20%, D als Komplementär mit 80% an Gewinn, Verlust und Vermögen der CD-KG beteiligt. C veräußert an die CD-KG ein unbebautes Grundstück zum Verkehrswert von 15.000 €, das er vor 7 Jahren für 10.000 € erworben hatte. Die CD-KG nutzt das Grundstück betrieblich. Bei C wurde das Grundstück bisher alternativ wie folgt genutzt:

a) C hatte das Grundstück seither lediglich privat als Wochenendgrundstück genutzt.

b) Das Grundstück diente als Lagerplatz dem von C als Einzelunternehmung betriebenen Gebrauchtwagenhandel.

c) C hatte das Grundstück bisher an die CD-KG vermietet.

LÖSUNG In allen drei Fällen ist das Grundstück in der Gesamthandsbilanz der CD-KG mit den Anschaffungskosten von 15.000 € zu aktivieren. Soweit es bisher zum Privatvermögen gehörte, liegt auf Seiten des C ein steuerbares privates Veräußerungsgeschäft i.S.d. § 23 EStG vor. In den unter b) und c) skizzierten Fällen realisiert C jeweils einen laufenden Gewinn von 5.000 € in seinem Betriebsvermögen bzw. Sonderbetriebsvermögen. Dieser kann von ihm nach § 6 b EStG auf das sich nunmehr im Gesamthandsvermögen der CD-KG befindende Grundstück insoweit übertragen werden, als die Anschaffungskosten der CD-KG auf C entfallen, hier also i.H.v. 3.000 € (= 20% von 15.000 €); vgl. hierzu auch R 6 b.2 Abs. 6, 7 EStR. ◀

Darlehen, Verbindlichkeitenübernahme

Als fremdübliches Entgelt kommt dabei nicht nur eine Barzahlung in Frage; vielmehr ist auch die Vereinbarung einer Darlehensforderung zugunsten des Übertragenden oder die Übernahme von Verbindlichkeiten durch den Übertragungsempfänger als Entgelt zu qualifizieren (vgl. BFH v. 11.12.2001 – VIII R 58/98, BStBl. II 2002, S. 420; v. 19.09.2012 – IV R 11/12, BFH/NV 2012, S. 1880; BMF v. 08.12.2011, BStBl. I 2011, S. 1279, Tz. 15; v. 07.06.2001 BStBl. I 2001, S. 367).

Tausch entspricht Veräußerung

Als entgeltliches Rechtsgeschäft wird grundsätzlich auch der Tausch von Wirtschaftsgütern zwischen zwei Rechtsträgern qualifiziert. Folgerichtig bestimmt § 6 Abs. 6 Satz 1 EStG, dass sich die Anschaffungskosten des erhaltenen Wirtschaftsguts nach dem gemeinen Wert des hingegebenen Wirtschaftsguts bemessen. Daher entsprechen die Rechtsfolgen des Tausches, Wertgleichheit der getauschten Wirtschaftsgüter vorausgesetzt, denjenigen der gegenseitigen Veräußerung gegen Barzahlung. Die Übertragung eines einem Mitunternehmer gehörenden Wirtschaftsguts in das Gesellschaftsvermögen gegen Erhalt eines Wirtschaftsguts des Gesellschaftsvermögens führt daher grundsätzlich zur Realisierung der in beiden Wirtschaftsgütern enthaltenen stillen Reserven. Beim Gesellschafter erfolgt die steuerliche Behandlung entsprechend der zuvor dargestellten Grundsätze in Abhängigkeit von der bisherigen Zuordnung des Wirtschaftsgutes zum Privat-, Betriebs- oder Sonderbetriebsvermögen.

Hinsichtlich der (nach h.M. als tauschähnlich zu qualifizierenden) Übertragung gegen Gewährung oder Minderung von Gesellschaftsrechten sei auf E II 2 verwiesen.

1.2 Veräußerung über dem Teilwert

Übersteigender Betrag ist Einlage bzw. Entnahme

Übersteigt das vereinbarte Entgelt den Preis, den ein Dritter für das Wirtschaftsgut bezahlen würde, liegt hinsichtlich des Mehrbetrags

- bei Veräußerung durch die Gesellschaft an den Gesellschafter eine Einlage,
- bei Veräußerung durch den Gesellschafter an die Gesellschaft eine Entnahme

des bzw. der Gesellschafter vor. Der Mehrbetrag erhöht weder den Veräußerungsgewinn des Veräußernden noch die Anschaffungskosten des Erwerbers, denn er hat aus steuerlicher Sicht seine Ursache nicht in dem schuldrechtlichen Veräußerungsgeschäft, sondern ist eine Zuwendung »causa societatis« (vgl. BFH v. 11.12.2001 – VIII R 58/98, BStBl. II 2002, S. 420).

BEISPIEL 57 ▬▬▬▬▬▬▬▬▬▬▬▬▬▬▬▬▬▬▬▬▬▬▬▬▬

Wie Beispiel 56, jedoch wird ein Entgelt i.H.v. 20.000 € vereinbart.
LÖSUNG Die Lösung entspricht zunächst der in Beispiel 56: Auch hier aktiviert die CD-KG Anschaffungskosten i.H.v. 15.000 €. Der Mehrbetrag von 5.000 € gilt als Entnahme, die im Zweifel, soweit nicht von vornherein eine andere Aufteilung vereinbart wurde, den Gesellschaftern im Verhältnis ihrer Gewinnbeteiligung zuzurechnen ist. Danach ergibt sich für C eine Entnahme i.H.v. 1.000 € (= 20 % von 5.000 €) und für D i.H.v. 4.000 € (= 80 % von 5.000 €).
Da C den gesamten Mehrbetrag von 5.000 € allein erhält, liegt hinsichtlich des Entnahmeanteils von D eine Schenkung an C vor, die zwar einkommensteuerlich unbeachtlich ist, schenkungsteuerlich dagegen relevant sein kann.
Veräußert C das Grundstück aus einem anderen Einzelunternehmen, stellt der Zufluss des Mehrbetrags in voller Höhe eine Einlage in das Einzelunternehmen durch C dar. ◄|

2 Übertragung gegen Gewährung oder Minderung von Gesellschaftsrechten (Ein- bzw. Ausbringung)

2.1 Überblick

Die Übertragung von Wirtschaftsgütern gegen Gewährung oder Minderung von Gesellschaftsrechten (im Folgenden auch als Ein- bzw. Ausbringung bezeichnet) ist nach h.M. als tauschähnliches Rechtsgeschäft zu qualifizieren (siehe hierzu auch D IV 2.1).

Tauschähnliches Rechtsgeschäft

Dies gilt nicht nur bei Einbringung aus bzw. Ausbringung in Betriebs- oder Sonderbetriebsvermögen, sondern auch dann, wenn das Wirtschaftsgut dem Privatvermögen des Gesellschafters entstammt bzw. dorthin gelangt (vgl. BFH v. 19.10.1998 – VIII R 69/95, BStBl. II 2000, S. 230). Insbesondere liegen, soweit im Gegenzug Gesellschaftsrechte gewährt werden, keine bloßen Einlagen des Gesellschafters vor. Die Finanzverwaltung dehnt diese Sichtweise auch auf Übertragungen von der Gesellschaft in das Privatvermögen des Gesellschafters gegen Minderung von Gesellschaftsrechten aus; in diesem Fall liegt keine Entnahme des Gesellschafters, sondern ebenfalls ein tauschähnliches Rechtsgeschäft vor (vgl. BMF v. 29.03.2000, BStBl. I 2000, S. 462).

Unabhängig davon, ob aus/in PV, BV oder SBV

Obwohl die umfassende Qualifikation solcher Übertragungen als tauschähnliche Vorgänge zunächst schlüssig erscheint, sieht sich der Rechtsanwender erheblichen Problemen ausgesetzt, unterscheiden sich doch die Rechtsfolgen je nach der Zugehörigkeit der Wirtschaftsgüter zum Privat- oder Betriebsvermögen des Gesellschafters erheblich:

- Im Fall der Einbringung aus bzw. Ausbringung in das Privatvermögen des Gesellschafters ist auf Ebene der Gesellschaft die Bewertung des Wirtschaftsguts gemäß § 6 Abs. 6 EStG mit dem gemeinen Wert vorzunehmen. Damit geht

Unterschiedliche Rechtsfolgen

einher, dass im Fall der Einbringung ggf. steuerbare Einkünfte i. S. d. §§ 17, 20 Abs. 2, 23 EStG und im Fall der Ausbringung steuerpflichtige Veräußerungsgewinne auf der Ebene der Gesellschaft entstehen.

- Dagegen ist bei Einbringung aus bzw. Ausbringung in das Betriebs- oder Sonderbetriebsvermögen die Bewertung nach § 6 Abs. 5 Satz 3 i. V. m. Abs. 6 Satz 4 EStG vorzunehmen. Danach ist das Wirtschaftsgut i. d. R. zwingend mit dem Buchwert zu bewerten, woraus sich keine unmittelbaren steuerlichen Folgen ergeben.

Steuerneutralität nur bei vorherigem BV

Nach gegenwärtiger Rechtslage ist es mithin entscheidend, ob das eingebrachte Wirtschaftsgut einem anderen Betriebsvermögen oder dem Privatvermögen des Gesellschafters entstammt. Während bei Wirtschaftsgütern des Betriebsvermögens bzw. Sonderbetriebsvermögens der Gesetzgeber die Fortführung der Buchwerte zwingend anordnet, gewährt er bei Wirtschaftsgütern des Privatvermögens dem Steuerpflichtigen keine Möglichkeit zur Beibehaltung der stillen Reserven, sondern erzwingt vielmehr deren Aufdeckung.

Vorherige steuerliche Verhaftung sollte ausschlaggebend sein

Diese erzwungene Aufdeckung der stillen Reserven erscheint folgerichtig, wenn es sich um Wirtschaftsgüter handelt, welche aufgrund ihrer Zugehörigkeit zum Privatvermögen des Steuerpflichtigen steuerlich nicht verhaftet waren, da in diesen Fällen bei einer Buchwertfortführung die bis dato nicht steuerbaren stillen Reserven nachträglich in die Besteuerung hineingezogen würden. Inkonsequent ist dies jedoch bei Wirtschaftsgütern, die trotz ihrer Zugehörigkeit zum Privatvermögen des Einbringenden steuerlich verhaftet sind und sich insoweit nicht von Wirtschaftsgütern, die aus einem Betriebs- oder Sonderbetriebsvermögen heraus übertragen werden, unterscheiden. In Anbetracht der Aufweichung des Einkünftedualismus durch die Ausweitung des Anwendungsbereiches der §§ 17, 23 EStG sowie des grundsätzlichen Einbezugs von Veräußerungsfällen in den Bereich der Einkünfte aus Kapitalvermögen dürfte die Anzahl dieser steuerlich problematischen Fallkonstellationen zugenommen haben. Leistet man der Auffassung Folge, dass eine durch die Übertragung ausgelöste steuerliche Belastung einen erwünschten Strukturwandel zumindest behindert, so erscheint es sachgerecht, jedweden Strukturwandel, unabhängig von der Herkunft des jeweiligen Wirtschaftsguts, steuerneutral zu ermöglichen, soweit steuersubjektbezogen die spätere Besteuerung der stillen Reserven sichergestellt ist (ähnlich zur Rechtslage i. d. F. des StEntlG 1999/2000/2002 MÄRKLE, DStR 2000, S. 797, 806).

2.2 Zum Begriff der Gesellschaftsrechte

Keine Legaldefinition

Zur Abgrenzung der tauschähnlichen Vorgänge von unentgeltlichen Übertragungen ist zunächst zu klären, in welchen Fällen Gesellschaftsrechte gewährt bzw. gemindert werden. Dies gestaltet sich insbesondere deshalb schwierig, weil eine Legaldefinition des Begriffs der Gesellschaftsrechte nicht existiert.

Stimm- und Gewinnbezugsrechte

Eine Übertragung gegen Gewährung oder Minderung von Gesellschaftsrechten ist allgemein anzunehmen, wenn sich infolge der Übertragung des Wirtschaftsguts die Stimm- und/oder Gewinnbezugsrechte des Gesellschafters in der Personengesellschaft verändern. Dies ist regelmäßig der Fall, wenn eine Gutschrift bzw. Belastung auf einem für diese Gesellschaftsrechte maßgeblichen Kapitalkonto erfolgt (vgl. SCHMIDT/KULOSA, 2015, § 6 Rz. 698). In der Praxis richten sich Stimm- und/oder

Gewinnbezugsrechte der Gesellschafter häufig abweichend von den gesetzlichen Regelungen nach der Höhe fester Kapitalkonten (sogenannte Kapitalkonten I), während Ergebnisanteile, Entnahmen und Einlagen auf variablen Kapitalkonten (sogenannten Kapitalkonten II) erfasst werden.

Nach Auffassung der Finanzverwaltung reicht es dabei für eine Gewährung oder Minderung von Gesellschaftsrechten bereits aus, dass eine Erfassung auf einem Kapitalkonto des Gesellschafters erfolgt, das für seine Beteiligung am Gesellschaftsvermögen maßgebend ist (vgl. BMF v. 29.03.2000, BStBl. I 2000, S. 462). Dies sei insbesondere dann der Fall, wenn die auf diesem Konto gutgeschriebenen Beträge durch Verluste verlorengehen können, die dem Gesellschafter zuzurechnen sind. Nach Auffassung des BFH reicht es hierfür bereits aus, wenn die auf diesem Konto gutgeschriebenen Beträge erst zur Berechnung des Auseinandersetzungsanspruchs des Gesellschafters bei Beendigung der Gesellschafterstellung mit Verlustvortragskonten saldiert werden müssen (BFH v. 15.05.2008 – IV R 46/05, BStBl. II 2008, S. 812, zu § 15 a EStG). Danach ließe sich eine Gewährung von Gesellschaftsrechten regelmäßig nur bei der Erfassung auf einem Darlehenskonto (dann läge aber ohnehin ein entgeltliches Rechtsgeschäft vor), nicht aber bei Buchung auf dem Kapitalkonto II vermeiden (vgl. BMF v. 11.07.2011, BStBl. I 2011, S. 713 unter I. 2.; ähnlich CREZELIUS, DB 2004, S. 397, 400 f.; a.A. REISS, DB 2005, S. 358, 359 f.). Es ergeben sich die folgenden Zuordnungsregeln (in Anlehnung an NEU/STAMM, DStR 2005, S. 141, 148):

Auffassung der Finanzverwaltung

Zuordnungsregeln

Angesprochenes Kapitalkonto		Art der Gegenleistung	
Bezeichnung	Gilt steuerlich als		Steuerliche Behandlung als
Kapitalkonto I	Eigenkapital	Gesellschaftsrechte	Tauschähnlicher Vorgang
Kapitalkonto II mit Verlustverbuchung	Eigenkapital	Gesellschaftsrechte	Tauschähnlicher Vorgang
Kapitalkonto II ohne Verlustverbuchung	Fremdkapital	Forderungsrecht	Entgeltlicher Vorgang

Zwar ändern sich bei Gutschrift auf dem Kapitalkonto II weder die Stimmrechte des Gesellschafters noch erhöht sich sein Anteil am laufenden Ergebnis bzw. Liquidationsergebnis (siehe auch NEU/ STAMM, DStR 2005, S. 141, 148); da die Erhöhung des Kapitalkontos II aber zumindest zu einer veränderten Verteilung des Auseinandersetzungsguthabens führt, lässt sich die Annahme erhöhter Gesellschaftsrechte rechtfertigen (vgl. ausführlich HHR/NIEHUS/WILKE, § 6 EStG Anm. 1453 b).

Stellungnahme

Als besonders streitanfällig hat sich die Erfassung auf einem gesamthänderisch gebundenen, keinem Gesellschafter unmittelbar zuzurechnenden Rücklagenkonto erwiesen.

Buchung auf Rücklage

Da sich in diesem Fall aufgrund der durch die Übertragung des Wirtschaftsguts eingetretenen Erhöhung des Gesellschaftsvermögens weder die Stimm- noch die Gewinnbezugsrechte des Einbringenden erhöhen und sich auch der Auseinandersetzungsanspruch nicht um den (gesamten) Wert des eingebrachten Wirtschaftsguts

FinVerw: unentgeltlich, ggf. aufzuteilen

erhöht, qualifizierte die Finanzverwaltung diesen Vorgang zuvor als unentgeltlich (vgl. BMF v. 26.11.2004, BStBl. I 2004, S. 1190). Erfolgte die Buchung teilweise auf einem Kapitalkonto I oder II und teilweise auf einem Rücklagenkonto, war das Rechtsgeschäft aufzuteilen: Insoweit, als Gesellschaftsrechte gewährt wurden, galt das Rechtsgeschäft als tauschähnlich; im Übrigen erfolgte die Übertragung unentgeltlich.

BFH: entgeltlich, soweit dem Wert der Beteiligung entsprechend

Nach Auffassung des BFH können dagegen Übertragungen auch dann als entgeltlich zu qualifizieren sein, wenn die Buchung auf einem gesamthänderischen Rücklagenkonto erfolgt (vgl. BFH v. 24.01.2008 – IV R 37/06, BFH/NV 2008, S. 854). Insbesondere bei Bestehen stiller Reserven im bisherigen Betriebsvermögen und/oder bereits gebildeten gesamthänderischen Rücklagen wird der Einbringende zur Erbringung einer wertmäßig höheren Einlage verpflichtet werden, als es der Gutschrift auf den ihm persönlich zuzurechnenden Kapitalkonten entspricht. Dieser einem Aufgeld bei einer Überpari-Emission von Anteilen an Kapitalgesellschaften entsprechende Teil des Wertes des übertragenen Wirtschaftsguts wird hierbei regelmäßig in einer gesamthänderischen Rücklage gebucht werden, ist aber nach der mit der Gesellschaft getroffenen Einlagevereinbarung Bestandteil der vom einbringenden Gesellschafter im Austausch gegen die Verschaffung (bzw. Erhöhung) der Beteiligungsrechte geschuldeten Leistung und somit auch Gegenstand des tauschähnlichen Einbringungsgeschäfts. Hierin unterscheidet sich das Aufgeld bei einer Sacheinbringung wesentlich von einer freiwilligen Zuzahlung in das Eigenkapital, bei der es sich um eine unentgeltliche Leistung und mithin um eine Einlage handelt. Ob der Differenzbetrag bei der empfangenden Gesellschaft auf einem gesamthänderisch gebundenen Rücklagenkonto oder auf einem Kapitalkonto des Einbringenden verbucht wird, ist deshalb für den insgesamt entgeltlichen Charakter der Einbringung nicht entscheidend (vgl. BFH v. 17.07.2008 – I R 77/06, BStBl. II 2009, S. 464).

FinVerw schließt sich an

Die Finanzverwaltung hat sich dieser Rechtsauffassung angeschlossen und behandelt derartige Fälle infolgedessen nunmehr als vollentgeltlich (vgl. BMF v. 11.07.2011, BStBl. I 2001, S. 713 unter II. 2. a).

Bei alleiniger Rücklage fraglich

Unklar bleibt allerdings, ob derartige Einbringungen auch dann als vollentgeltlich gelten sollen, wenn die Gutschrift ausschließlich auf einem gesamthänderisch gebundenen Rücklagenkonto erfolgt (vgl. HUBER/LIEBERNICKEL, Ubg 2009, S. 844). Dies wäre u.E. mit der Rechtsprechung des BFH kaum vereinbar, leitet dieser doch die Vollentgeltlichkeit gerade daraus ab, dass der Einbringende trotz gesplitteter Buchung Gesellschaftsrechte erhält, die dem gesamten Wert des hingegebenen Wirtschaftsguts entsprechen; genau dies liegt aber bei einer ausschließlichen Buchung auf einem Rücklagenkonto nicht vor, da in diesem Fall streng genommen überhaupt keine Gesellschaftsrechte gewährt werden.

Buchung alleine nicht entscheidend

Aber auch im Fall einer gesplitteten Buchung schießt die Anwendung der neuen BFH-Rechtsprechung bereits dann über das Ziel hinaus, wenn sie dazu führt, dass unterschiedslos und ohne Beachtung der hierfür im Einzelfall bestehenden Gründe bei einer teilweise Rücklagenbildung stets und insgesamt die Gewährung von Gesellschaftsrechten angenommen wird. Denkbar wäre es z.B., dass die teilweise Buchung auf einem Rücklagenkonto ihre Ursache nicht im Bestehen stiller Reserven oder eines zuvor bereits gebildeten Rücklagenkontos hat, sondern dass vielmehr ein Bereicherungswille gegenüber den übrigen Gesellschaftern besteht. Entscheidend für die Qualifikation des Übertragungsvorgangs als entgeltlich und/oder unentgeltlich ist nicht das angesprochene Eigenkapitalkonto, sondern die zugrunde liegenden Wertverhältnisse und Vereinbarungen.

Daher liegt im Ergebnis kein tauschähnlicher Vorgang, sondern eine unentgeltliche Übertragung insoweit vor, als die Gutschrift auf einem gesamthänderisch gebundenen Rücklagenkonto erfolgt und sich dies nicht auf eine durch den Wert der Beteiligungsrechte gerechtfertigte »Aufzahlung« des Einbringenden zurückführen lässt, vorausgesetzt, es wird auch nicht anderweitig, etwa im Gesellschaftsvertrag, eine Änderung der Beteiligungsquoten vereinbart (vgl. hierzu BFH v. 25.04.2006 – VIII R 52/04, BFH/NV 2006, S. 1772). Im Fall der Übertragung eines Wirtschaftsguts an den Gesellschafter gilt Entsprechendes.

Unentgeltliche Übertragung

Erfolgt die Einbringung in eine bereits bestehende Ein-Mann-GmbH & Co. KG durch den vermögensmäßig zu 100 % beteiligten Gesellschafter, ist allerdings unabhängig von dem gewählten Gegenkonto fraglich, ob hierdurch überhaupt Gesellschaftsrechte gewährt werden können, ist doch der Einbringende vor und nach der Einbringung in gleichem Umfang, nämlich zu 100 % an der Gesellschaft beteiligt. Gleichwohl soll nach Auffassung der Finanzverwaltung auch in diesem Fall ggf. ein tauschähnlicher Vorgang vorliegen können (vgl. BMF v. 11.07.2011, BStBl. I 2001, S. 713 unter II 2. c).

Sonderfall Ein-Mann-GmbH & Co. KG

Indes ist unklar, anhand welcher Kriterien die Qualifikation dieses Vorgangs als tauschähnlich oder aber als unentgeltlich erfolgen soll; die bloße buchhalterische Behandlung (Buchung auf einem Kapitalkonto des Einbringenden oder auf einem gesamthänderisch gebundenen Rücklagenkonto) jedenfalls ist infolge der jüngeren BFH-Rechtsprechung hierfür bedeutungslos (so bereits REISS, DB 2005, S. 358, 361). Wie aber im Fall der Ein-Mann-GmbH & Co. KG zwischen unentgeltlicher Zuwendung und entgeltlichem Rechtsgeschäft unterschieden werden soll, erscheint in Anbetracht des fehlenden Interessengegensatzes zwischen dem Einbringenden und der Personengesellschaft willkürlich. Die weitere Entwicklung bleibt abzuwarten.

Abgrenzung erscheint willkürlich

2.3 Übertragungen aus dem bzw. in das Privatvermögen des Gesellschafters

Nach Auffassung des BFH stellt sich die Einbringung von Wirtschaftsgütern des Privatvermögens (vgl. BFH v. 19.10.1998 – IV R 69/95, BStBl. II 2000, S. 230) als tauschähnlicher Vorgang dar; eine derartige Übertragung gegen Gewährung von Gesellschaftsrechten ist danach nicht als Einlage, sondern als (ggf. nach den §§ 17, 20 Abs. 2, 23 EStG gewinnrealisierende) Veräußerung durch den Gesellschafter und als Anschaffung durch die Gesellschaft mit der Folge der Bewertung gemäß § 6 Abs. 6 EStG zu qualifizieren (kritisch REISS, DB 2005, S. 358).

BFH: tauschähnlicher Vorgang

Die Finanzverwaltung hat sich dieser Auffassung angeschlossen (vgl. BMF v. 29.03.2000, BStBl. I 2000, S. 462) und wendet diese Grundsätze auch auf Übertragungen von der Gesellschaft an den Gesellschafter gegen Minderung von Gesellschaftsrechten an. Damit entsprechen die Rechtsfolgen einer Ein- bzw. Ausbringung aus bzw. in das Privatvermögen des Gesellschafters denjenigen einer entgeltlichen Veräußerung (zu Letzterer vgl. E II 1).

BMF: auch bei Ausbringung

Dagegen bleibt es bei der Qualifikation als Einlage bzw. Entnahme, wenn der Gesellschafter im Gegenzug für die Übertragung des Wirtschaftsguts keine Gesellschaftsrechte erhält bzw. seine Gesellschaftsrechte sich aufgrund der Übertragung eines vormals zum Gesellschaftsvermögen gehörenden Wirtschaftsguts nicht mindern.

Anwendung von § 7 Abs. 1 Satz 5 EStG, ...

Wurde das eingebrachte Wirtschaftsgut zuvor im Privatvermögen zur Erzielung von Überschusseinkünften eingesetzt und in diesem Zusammenhang AfA geltend gemacht, kommt, soweit es sich bei der Übertragung des Wirtschaftsguts um eine Einlage handelt, § 7 Abs. 1 Satz 5 EStG zur Anwendung. Hierdurch wird bewirkt, dass die Bemessungsgrundlage der im Betriebsvermögen zukünftig zu berücksichtigenden AfA nicht etwa der Einlagewert, sondern der nach Abzug der bisherigen AfA im Privatvermögen verbliebene Restwert ist. Dieser Wert stellt zugleich auch das zukünftig noch im Wege der AfA nutzbare Aufwandspotential dar. Zweck der Regelung ist es, die Entstehung zusätzlichen AfA-Volumens zu verhindern, wenn ein zuvor im Privatvermögen steuerwirksam abgeschriebenes Wirtschaftsgut unter Ansatz eines höheren Teilwerts in ein Betriebsvermögen eingelegt wird.

... soweit nicht tauschähnlich

Zu beachten ist aber, dass § 7 Abs. 1 Satz 5 EStG nicht zur Anwendung kommt, wenn die Einbringung nicht als Einlage, sondern als entgeltlich qualifiziert wird. Die Begrenzung der AfA tritt damit insbesondere nicht ein in den Fällen einer als tauschähnlich qualifizierten Übertragung gegen Gewährung von Gesellschaftsrechten. Nach der Rechtsprechung des BFH gilt dies selbst dann, wenn sich aufgrund der Einbringung keine steuerrechtlichen Folgen für den Einbringenden ergeben, etwa weil das eingebrachte Wirtschaftsgut nicht nach § 23 EStG steuerverhaftet war (vgl. BFH v. 24.01.2008 – IV R 37/06, BStBl. II 2011, S. 617).

2.4 Übertragungen aus bzw. in Betriebs- oder Sonderbetriebsvermögen des Gesellschafters

2.4.1 Überblick

Tauschähnlich, aber Spezialvorschriften in § 6 Abs. 5 Satz 3–6 EStG

Auch die Übertragung von Einzelwirtschaftsgütern aus einem Betriebs- oder Sonderbetriebsvermögen des Gesellschafters gegen Gewährung von Gesellschaftsrechten in das Gesamthandsvermögen einer Mitunternehmerschaft oder, in umgekehrter Richtung, gegen Minderung von Gesellschaftsrechten in das Einzel- oder Sonderbetriebsvermögen eines Gesellschafters stellt nach h. M. einen tauschähnlichen Vorgang dar. Ausgangspunkt dieser Sichtweise ist das zur Einbringung eines Wirtschaftsgutes aus dem Betriebsvermögen des Gesellschafters in das Gesamthandsvermögen einer Mitunternehmerschaft ergangene Urteil des BFH v. 15.07.1976 – I R 17/74 (BStBl. II 1976, S. 748), dessen Grundgedanke von der Finanzverwaltung bereits im MU-Erlass auf alle Fälle der Einbringung aus bzw. Ausbringung in ein Betriebs- oder Sonderbetriebsvermögen des Gesellschafters übertragen wurde.

Zwingender BW-Ansatz

Die Bewertung richtet sich allerdings anders als bei Übertragung aus oder in das Privatvermögen des Gesellschafters nicht nach den allgemein für den Tausch geltenden Regeln, sondern nach § 6 Abs. 5 Satz 3 Nr. 1, 2 EStG, der gemäß § 6 Abs. 6 Satz 4 EStG insoweit lex specialis gegenüber § 6 Abs. 6 EStG darstellt und einen zwingenden Buchwertansatz vorschreibt. Die Rechtsfolgen entsprechen damit, im Gegensatz zur Übertragung aus bzw. in das Privatvermögen des Gesellschafters, nicht denen einer entgeltlichen Veräußerung, sondern im Grundsatz denen einer unentgeltlichen Übertragung aus dem Betriebsvermögen (zu dieser vgl. E II 3.2).

Allerdings wird die an sich zwingende Buchwertfortführung zur Vermeidung von missbräuchlichen Gestaltungen ausgeschlossen, wenn aus der Übertragung eine veränderte personelle Zurechnung der stillen Reserven resultiert und das betreffende Wirtschaftsgut innerhalb einer sogenannten Sperrfrist nach der Übertragung veräußert oder entnommen wird (§ 6 Abs. 5 Satz 4 EStG) oder im Moment der Übertragung bzw. innerhalb der folgenden sieben Jahre der Anteil eines KSt-Subjekts an dem übertragenen Wirtschaftsgut mittelbar oder unmittelbar begründet wird oder sich erhöht (§ 6 Abs. 5 Satz 5 und 6 EStG); insoweit ist die Übertragung (ggf. rückwirkend und/oder anteilig) zum Teilwert vorzunehmen. Diese Einschränkungen wurden als notwendig erachtet, um zu verhindern, dass zum Zwecke einer steuerlich günstigeren Auflösung die einem Wirtschaftsgut innewohnenden stillen Reserven zunächst auf andere Steuerpflichtige »überspringen« (vgl. hierzu HHR/NIEHUS/ WILKE, § 6 EStG Anm. 1443 a sowie ausführlich Anm. 1467 ff.).

Missbrauchsabwehrregelungen

2.4.2 Einbringung aus dem Betriebsvermögen eines Einzelunternehmens

Grundfall des § 6 Abs. 5 Satz 3 Nr. 1 EStG ist die Übertragung eines Wirtschaftsguts aus dem Betriebsvermögen eines Einzelunternehmens in das Gesamthandsvermögen einer Mitunternehmerschaft gegen Gewährung von Gesellschaftsrechten. Dabei kann es sich sowohl um die erstmalige Begründung der Mitunternehmerstellung handeln als auch um eine Erhöhung der zuvor bereits bestehenden Gesellschaftsrechte.

Grundfall

BEISPIEL 58

C ist als Komplementär mit 60 %, sein Sohn D als Kommanditist mit 40 % an Gewinn, Verlust und Vermögen der CD-KG beteiligt. C überträgt der CD-KG ein unbebautes Grundstück, dessen Verkehrswert 15.000 € beträgt und das er bisher in seinem nebenher betriebenen Einzelunternehmen genutzt hatte. C sollen im Gegenzug Gesellschaftsrechte an der CD-KG gewährt werden. Der Buchwert des Grundstücks in der Bilanz des C betrug im Zeitpunkt der Übertragung 10.000 €.

LÖSUNG Die Übertragung hat nach § 6 Abs. 5 Satz 3 Nr. 1 EStG zwingend zum Buchwert von 10.000 € zu erfolgen. ◄|

Die Einbringung hat zur Folge, dass das eingebrachte Wirtschaftsgut nicht mehr dem Einbringenden, sondern der Mitunternehmerschaft zuzurechnen ist. Da durch den zwingenden Buchwertansatz die stillen Reserven im Zeitpunkt der Einbringung nicht zur Aufdeckung gelangen, sind diese nunmehr anteilig auf andere Mitunternehmer übergesprungen. Allerdings kann dies für steuerliche Zwecke durch eine geeignete bilanzielle Darstellung vermieden werden.

Überspringen stiller Reserven

Zunächst ist festzuhalten, dass unter einem Buchwertansatz nicht zwingend die Übernahme des Buchwertes in die Gesamthandsbilanz zu verstehen ist; vielmehr kann sich der Buchwert auch dadurch ergeben, dass in der Gesamthandsbilanz der Teilwert angesetzt und durch Aufstellung von negativen Ergänzungsbilanzen eine entsprechende Korrektur vorgenommen wird. An dem höheren Wertansatz in der Gesamthandsbilanz wird der übertragende Mitunternehmer regelmäßig interessiert sein, will er doch regelmäßig Gesellschaftsrechte in der Höhe erhalten, die dem Teilwert des übertragenen Wirtschaftsguts entspricht. Zudem wird durch die Ergän-

Buchwert unter Berücksichtigung von Ergänzungsbilanzen

zungsbilanz erreicht, dass die zum Zeitpunkt der Übertragung vorhandenen stillen Reserven weiterhin dem Einbringenden zugerechnet werden. Auf diese Weise wird dem Steuersubjektprinzip Rechnung getragen, nach dem die steuerlichen Lasten bei demjenigen einzutreten haben, in dessen Person das Besteuerungssubstrat generiert wurde, hier also bei demjenigen, bei dem die stillen Reserven entstanden sind. Der in der Ergänzungsbilanz passivierte Minderwert ist, soweit es sich um ein abnutzbares Wirtschaftsgut handelt, zeitanteilig aufzulösen und erhöht den Gewinnanteil des Einbringenden entsprechend. Spätestens bei Veräußerung, Abgang oder Entnahme ist der Minderwert erfolgswirksam auszubuchen.

BEISPIEL 59

Sachverhalt wie Beispiel 58; es wird vereinbart, dass die Gutschrift auf dem Kapitalkonto des C i. H. v. 15.000 € erfolgen soll.

LÖSUNG Die Übertragung hat auch hier nach § 6 Abs. 5 Satz 3 Nr. 1 EStG zwingend zum Buchwert zu erfolgen. Erfolgt der Ansatz in der Gesamthandsbilanz mit 15.000 €, sind die stillen Reserven i. H. v. 5.000 € in einer Ergänzungsbilanz für C als Minderwert zu passivieren.

Aktiva	Ergänzungsbilanz C in €		Passiva
Minderkapital	5.000	Minderwert Grundstück	5.000
	5.000		5.000

Veränderte Zurechnung von WG des Gesamthandsvermögens

I. d. R. ist zusätzlich zu beachten, dass die Einbringung eines Wirtschaftsguts gegen Gewährung von Gesellschaftsrechten nicht nur zu einer Veränderung hinsichtlich der vermögensmäßigen Zurechnung des übertragenen Wirtschaftsguts führt, sondern dass darüber hinaus auch die bisherigen zum Gesamthandsvermögen gehörenden Wirtschaftsgüter nunmehr mit geänderten Anteilen auf die jeweiligen Mitunternehmer entfallen. Dies ist unproblematisch, wenn diese Wirtschaftsgüter keine stillen Reserven enthalten, oder wenn alle Mitunternehmer Wirtschaftsgüter einbringen, deren Werte in einem Verhältnis zueinander stehen, das den bisherigen Beteiligungsquoten entspricht, da sich in diesem Fall die Beteiligungshöhe der Mitunternehmer an den bisherigen Wirtschaftsgütern des Gesamthandsvermögens nicht ändert. Liegen in den bisherigen Wirtschaftsgütern jedoch stille Reserven und ändern sich aufgrund der Einbringung die Beteiligungsquoten der Mitunternehmer, treten Vermögensverschiebungen ein, da die relative einbringungsbedingte Erhöhung des Kapitalkontos um den Teilwert des eingebrachten Wirtschaftsguts höher ausfällt als es der vermögensmäßigen Erhöhung der Beteiligungsquote entspricht. Zur Vermeidung derartiger Vermögensverschiebungen muss daher regelmäßig eine Anpassung der Kapitalkonten erfolgen (siehe Beispiel 60).

Zusammentreffen von § 6 Abs. 5 Satz 3 EStG mit § 24 UmwStG

Hinzu tritt das Problem, dass nicht nur die Wirtschaftsgüter selbst, sondern auch die ihnen innewohnenden stillen Reserven den Mitunternehmern nunmehr nach dem geänderten Beteiligungsschlüssel zuzurechnen sind. Zur Beantwortung der Frage, ob dieser drohenden interpersonellen Verlagerung der stillen Reserven zwingend durch Aufstellung von Ergänzungsbilanzen zu begegnen ist, ist entscheidend, dass nach herrschender, durch den BFH bestätigter Auffassung im Fall der Sacheinlage gegen Gewährung von Gesellschaftsrechten nicht nur das eingebrachte Einzelwirtschaftsgut Gegenstand einer Sacheinlage ist; vielmehr wird aus ertragsteuerlicher Sicht nach h. M. auch das bisherige Betriebsvermögen gem. § 24

UmwStG in eine hinsichtlich der Beteiligungsquoten veränderte Personengesellschaft eingebracht (vgl. HHR/NIEHUS/WILKE, § 6 Anm. 1460 m. w. N.; a. A. NIEHUS, FR 2010, S. 1, 8 f.). Dies gilt wohl auch dann, wenn der das Einzelwirtschaftsgut Einbringende hierdurch nicht erstmals der Gesellschaft beitritt, sondern sich lediglich aufgrund der Einbringung seine Beteiligungsquote erhöht (vgl. BFH v. 25. 04. 2006 – IV R 52/04, BFH/NV 2006, S. 1772). Da im Anwendungsbereich des § 24 UmwStG im Falle eines Ansatzes unter dem gemeinen Wert die Aufstellung von Ergänzungsbilanzen zur Sicherstellung der bisherigen personellen Verteilung der stillen Reserven zwingend geboten ist (a. A. allerdings u. U. BFH v. 18. 09. 2013 – X R 42/10, BFH/NV 2013, S. 2006, siehe hierzu D IV 2.4.3.2), kann hierauf auch im vorliegenden Fall bzgl. der in den bisherigen Wirtschaftsgütern gebundenen stillen Reserven nicht verzichtet werden (vgl. hierzu MAYER, DStR 2003, S. 1553). Zur Illustration dieses Problemkreises diene das folgende Beispiel:

BEISPIEL 60

E und F sind zu gleichen Teilen Gesellschafter der EF-OHG. E überträgt der EF-OHG ein unbebautes Grundstück, dessen Verkehrswert 45.000 € beträgt und das bisher zu seinem nebenher betriebenen Einzelunternehmen gehörte. Der Buchwert beträgt im Zeitpunkt der Übertragung 36.000 €.

Zur Vereinfachung zeige die Bilanz der EF-OHG vor der Einbringung folgendes Bild:

Aktiva		EF-OHG vor Einbringung in €		Passiva
	BW	TW		
Firmenwert	0	90.000	Kapital E	0
Übrige Wirtschafts-güter	0	0	Kapital F	0
	0	90.000		0

Nach der Einbringung ist E mit 2/3 und F mit 1/3 an der EF-OHG beteiligt.

LÖSUNG Nach § 6 Abs. 5 Satz 3 Nr. 1 EStG ist das Grundstück zwingend zum Buchwert anzusetzen. Erfolgt der Ausweis in der Gesamthandsbilanz zum Buchwert von 36.000 € und werden keine Ergänzungsbilanzen aufgestellt, ergibt sich unter Gutschrift auf dem Kapitalkonto des E folgende Bilanz:

Aktiva		EF OHG nach Einbringung in €		Passiva
	BW	TW		
Firmenwert	0	90.000	Kapital E	36.000
Grundstück	36.000	45.000	Kapital F	0
	36.000	135.000		36.000

Hierdurch würde sich eine Vermögensverschiebung zu Lasten von F ergeben: E stünden z. B. im Falle einer Auseinandersetzung 102.000 € zu (36.000 € Buchwert des Kapitalkontos zzgl. 2/3 von 99.000 € stillen Reserven); vor der Übertragung belief sich der Wert seines Anteils an der OHG auf 45.000 €. Zusammen mit dem Teilwert des Grundstücks ergaben sich 90.000 €. Demgegenüber beläuft sich die Vermögensposition des F auf 1/3 der stillen Reserven der OHG = 33.000 €, während sich der Wert seiner Beteiligung an der OHG vor der Übertragung auf 45.000 € belief. Um dem abzuhelfen, könnten die Kapitalkonten entsprechend dem Beteiligungsverhältnis angepasst werden; sodann ergibt sich folgende Bilanz:

Aktiva			EF-OHG nach Einbringung in €	Passiva
	BW	TW		
Firmenwert	0	90.000	Kapital E	24.000
Grundstück	36.000	45.000	Kapital F	12.000
	36.000	135.000		36.000

Nunmehr würde F im Fall der Auseinandersetzung ein Abfindungsanspruch i. H. v. 45.000 € (12.000 € Buchwert des Kapitalkontos zzgl. 1/3 von 99.000 € stillen Reserven), was seiner Vermögensposition vor Einbringung (1/2 von 90.000 € stillen Reserven) entspricht. E würde 90.000 € erhalten (24.000 € Buchwert des Kapitalkontos zzgl. 2/3 von 99.000 € stillen Reserven); dies entspricht seiner Vermögensposition vor Einbringung (1/2 von 90.000 € stillen Reserven zzgl. 45.000 € Teilwert des Grundstücks).

Zwar lässt sich durch die Kapitalkontenanpassung eine Vermögensverschiebung vermeiden; gleichwohl sind dennoch, steuerlich gesehen, stille Reserven im Umfang von 12.000 € auf E »übergesprungen«, wie die folgende Gegenüberstellung der anteiligen stillen Reserven vor und nach der Übertragung des Grundstücks zeigt:

Anteil an stillen Reserven	Gesellschafter E		Gesellschafter F	
	vorher	nachher	vorher	nachher
Firmenwert	1/2 = 45.000	2/3 = 60.000	1/2 = 45.000	1/3 = 30.000
Grundstück im Einzelunt. in EF-OHG	9.000 –	– 2/3 = 6.000	– –	– 1/3 = 3.000
insgesamt	54.000	66.000	45.000	33.000

E übernimmt bei dieser Lösung gegenüber dem Stand vor Einbringung also zusätzliche latente Ertragsteuerlasten.

Dies lässt sich dadurch vermeiden, dass das Grundstück in der Gesamthandsbilanz mit 45.000 € angesetzt und für E bei sonst gleicher Vorgehensweise eine negative Ergänzungsbilanz aufgestellt wird:

Aktiva			EF-OHG nach Einbringung in €	Passiva
	BW	TW		
Firmenwert	0	90.000	Kapital E	30.000
Grundstück	45.000	45.000	Kapital F	15.000
	45.000	135.000		45.000

Aktiva	Ergänzungsbilanz E in €	Passiva
Minderkapital	9.000	Minderwert Grundstück	9.000
	9.000		9.000

Auch bei dieser Lösung führt eine dem Beteiligungsverhältnis entsprechende Anpassung der Kapitalkonten zu einer sachgerechten Vermögensverteilung. Der Wert der Beteiligung des E beläuft sich auch hier auf 90.000 € (Kapitalkonto 30.000 € zzgl. 2/3 von 90.000 € stillen Reserven). Hierdurch wäre nun auch sichergestellt, dass E bei einer späteren Veräußerung des Grundstücks die bis zur Übertragung entstandenen stillen Reserven des Grundstücks in vollem Umfang versteuert.

Bei genauerer Betrachtung wird E jedoch auch bei dieser Lösung zukünftig mehr stille Reserven versteuern müssen, als ihm vor der Übertragung zuzurechnen waren, da ihm infolge seiner erhöhten Beteiligungsquote nunmehr zwei Drittel der bisherigen stillen Reserven zuzurechnen sind:

Anteil an stillen Reserven	Gesellschafter E		Gesellschafter F	
	vorher	nachher	vorher	nachher
Firmenwert	1/2 = 45.000	2/3 = 60.000	1/2 = 45.000	1/3 = 30.000
Grundstück im Einzelunt. in Erg-Bilanz	9.000	0 9.000	– –	– –
insgesamt	54.000	69.000	45.000	30.000

Da aus steuerlicher Perspektive die Einbringung des bisherigen Betriebsvermögens der EF-OHG einen Anwendungsfall von § 24 UmwStG darstellt, ist u.E. eine vollständige Beibehaltung der personellen Zurechnung aller bisheriger stiller Reserven sicherzustellen. Dies kann nur dadurch erreicht werden, dass via Ergänzungsbilanzen die stillen Reserven nicht nur der eingebrachten, sondern auch der zuvor zum Gesamthandsvermögen zugehörigen Wirtschaftsgüter entsprechend den bisherigen Verhältnissen zugewiesen werden:

Aktiva	EF-OHG nach Einbringung in €			Passiva
	BW	TW		
Firmenwert	0	90.000	Kapital E	30.000
Grundstück	45.000	45.000	Kapital F	15.000
	45.000	135.000		45.000

Aktiva	Ergänzungsbilanz E in €	Passiva	
Mehrwert Firmenwert	15.000	Minderwert Grundstück	9.000
		Mehrkapital	6.000
	15.000		15.000

Aktiva	Ergänzungsbilanz F in €	Passiva	
Minderkapital	15.000	Minderwert Firmenwert	15.000
	15.000		15.000

Anteil an stillen Reserven	Gesellschafter E		Gesellschafter F	
	vorher	nachher	vorher	nachher
Firmenwert in GH-Bilanz in Erg-Bilanz	1/2 = 45.000	2/3 = 60.000 ./. 15.000	1/2 = 45.000	1/3 = 30.000 + 15.000
Grundstück im Einzelunt. in Erg-Bilanz	9.000	0 9.000	– –	– –
insgesamt	**54.000**	**54.000**	**45.000**	**45.000**

2.4.3 Einbringung aus dem Sonderbetriebsvermögen

Nach § 6 Abs. 5 Satz 3 Nr. 2 EStG ist die Buchwerteinbringung nicht nur aus einem Einzelunternehmen, sondern auch aus dem Sonderbetriebsvermögen zulässig. Grundsätzlich ergeben sich hierbei keine Unterschiede gegenüber einer Einbringung aus dem Einzelbetriebsvermögen.

Vorbereitung Anteilsveräußerung durch Ausgliederung

Erwähnenswert ist aber, dass eine derartige Einbringung auch in ein Gesamthandsvermögen einer anderen Mitunternehmerschaft als derjenigen erfolgen kann, bei der das Wirtschaftsgut vormals dem Sonderbetriebsvermögen zuzurechnen war. Hierdurch ergeben sich insbesondere in Bezug auf eine später beabsichtigte Veräußerung von betrieblichen Einheiten Gestaltungsmöglichkeiten.

BEISPIEL 61

A ist Mitunternehmer der AB-OHG und plant, in näherer Zukunft seinen Mitunternehmeranteil zu verkaufen. Das sich in seinem Sonderbetriebsvermögen befindende Betriebsgrundstück, das erhebliche stille Reserven enthält, soll dabei nicht mitverkauft werden. Um die Aufdeckung der stillen Reserven des Grundstücks zu vermeiden und zugleich den Anteil am Gesamthandsvermögen anschließend begünstigt veräußern zu können, überträgt er zunächst das Grundstück gegen Gewährung von Gesellschaftsrechten in eine eigens zu diesem Zweck gegründete, gewerblich geprägte GmbH & Co. KG, an deren Erfolg und Vermögen er zu 100 % als Kommanditist beteiligt ist. Die KG überlässt das Grundstück weiterhin der OHG zur Nutzung.

LÖSUNG Gemäß § 6 Abs. 5 Satz 3 Nr. 2 EStG ist die Übertragung zum Buchwert vorzunehmen. ◀|

Problem Gesamtplanrechtsprechung

Hierbei ist jedoch zu beachten, dass aufgrund der sogenannten Gesamtplanrechtsprechung der anschließenden Veräußerung des Mitunternehmeranteils die Begünstigungen der §§ 16 Abs. 4, 34 Abs. 1, 3 EStG mit der Begründung versagt werden könnten, es seien nicht alle dem Mitunternehmeranteil zugehörigen stillen Reserven zur Aufdeckung gelangt (vgl. BFH v. 06.09.2000 – IV R 18/99, BStBl. II 2001, S. 229 sowie v. 06.12.2000 – VIII R 21/00, BFH/NV 2001, S. 548; vgl. NIEHUS/WILKE, SteuK 2011, S. 225, 227 ff. sowie HHR/NIEHUS/WILKE, § 6 EStG Anm. 1464 b m.w.N.; siehe hierzu auch G II). Diesem Problem kann in erster Linie durch einen ausreichenden zeitlichen Abstand zwischen Übertragung aus dem Sonderbetriebsvermögen und Anteilsveräußerung begegnet werden. Nach Ansicht des IV. Senats des BFH (v. 30.08.2012 – IV R 44/10, BFH/NV 2013, S. 376) sei ein enger zeitlicher Zusammenhang zwischen den einzelnen Teilschritten dann anzunehmen, wenn diese innerhalb eines Zeitraums von 18 Monaten erfolgten. Nach Auffassung der Finanzverwaltung soll allerdings erst bei einem zeitlichen Abstand von mindestens drei Jahren zwischen Übertragung und Anteilsverkauf kein schädlicher Gesamtplan mehr unterstellt werden. Bei bis zu zwei Jahren sei regelmäßig von einem Gesamtplan auszugehen, und bei einem Abstand zwischen zwei und drei Jahren sei ein solcher widerlegbar zu vermuten (vgl. OFD Karlsruhe v. 20.06.2006, HaufeIndex 1 642 330).

2.4.4 Ausbringung in das Betriebs- oder Sonderbetriebsvermögen

Ebenfalls von § 6 Abs. 5 Satz 3 Nr. 1, 2 EStG erfasst wird die Übertragung von Wirtschaftsgütern aus dem Gesamthands- in das Betriebs- oder Sonderbetriebsvermögen eines Mitunternehmers gegen Minderung von Gesellschaftsrechten. Nach Auffassung des FG Düsseldorf liegt ein solcher Fall auch dann vor, wenn das übertragene Wirtschaftsgut in das Gesamthandsvermögen einer GmbH & Co. KG übertragen wird, an deren Vermögen der das Wirtschaftsgut erhaltende Mitunternehmer zu 100 % beteiligt ist (vgl. FG Düsseldorf v. 04.12.2014, EFG 2015, S. 551, nrk., Rev. eingelegt, Az. BFH: IV R 11/15).

Wie bei der Einbringung ist auch hier zum einen darauf zu achten, dass keine ungewollten interpersonellen Vermögensverschiebungen eintreten. Zum anderen ist zu fragen, ob und ggf. wie auch hier die disproportionale Übernahme latenter Ertragsteuerlasten vermieden werden kann.

BEISPIEL 62

G ist zu 2/3, H zu 1/3 an der GH-OHG beteiligt. G erhält von der Gesellschaft ein unbebautes Grundstück übertragen, dessen Verkehrswert 45.000 € beträgt und das er fortan der Gesellschaft entgeltlich zur Nutzung überlässt. Der Buchwert betrug im Zeitpunkt der Übertragung 36.000 €. Nach der Ausbringung sollen G und H mit je 1/2 an der GH-OHG beteiligt sein.
Die vereinfachte Bilanz der GH-OHG zeige vor der Ausbringung folgendes Bild:

Aktiva		GH-OHG vor Ausbringung in €		Passiva
	BW	TW		
Übrige Aktiva	60.000	90.000	Kapital G	64.000
Grundstück	36.000	45.000	Kapital H	32.000
	96.000	135.000		96.000

LÖSUNG Die Übertragung hat nach § 6 Abs. 5 Satz 3 Nr. 2 EStG zwingend zum Buchwert zu erfolgen. Erfolgt die Ausbuchung unter Minderung des Kapitalkontos von G, ergibt sich folgende Bilanz:

Aktiva		GH-OHG nach Ausbringung in €		Passiva
	BW	TW		
Übrige Aktiva	60.000	90.000	Kapital G	28.000
			Kapital H	32.000
	60.000	90.000		60.000

Hierdurch hätte sich, unter Vernachlässigung der Höhe der jeweiligen stillen Reserven, eine Vermögensverschiebung zugunsten von H ergeben: G stünden nun z.B. im Falle einer Auseinandersetzung 43.000 € zu (28.000 € Buchwert des Kapitalkontos zzgl. 1/2 von 30.000 € stillen Reserven); zusammen mit dem Teilwert des Grundstücks ergeben sich 88.000 €. Vor der Übertragung betrug der Wert seines Anteils an der Gesellschaft 90.000 € (64.000 € Buchwert des Kapitalkontos zzgl. 2/3 von 39.000 € stillen Reserven). Demgegenüber beläuft sich die Vermögensposition des H nach der Ausbringung auf 47.000 € (32.000 € Buchwert des Kapitalkontos zzgl. 1/2 von 30.000 € stillen Reserven), während sich der Wert seiner Beteiligung an der OHG vor der Übertragung auf 45.000 € belief (32.000 € Buchwert des Kapitalkontos zzgl. 1/3 von 39.000 € stillen Reserven). Um dem abzuhelfen, können die Kapitalkonten entsprechend dem Beteiligungsverhältnis angepasst werden (vgl. hierzu NEU/STAMM, DStR 2005, S. 141, 142 f.). Sodann ergibt sich folgende Bilanz:

Aktiva			GH-OHG nach Ausbringung in €	Passiva
	BW	TW		
Übrige Aktiva	60.000	90.000	Kapital G	30.000
			Kapital H	30.000
	60.000	90.000		60.000

Hierdurch wird die Vermögensverschiebung vermieden; dennoch sind nun, steuerlich gesehen, stille Reserven im Umfang von 2.000 € auf H »übergesprungen«, wie die folgende Gegenüberstellung der anteiligen stillen Reserven vor und nach der Übertragung des Grundstücks zeigt:

Anteil an stillen Reserven	Gesellschafter G		Gesellschafter H	
	vorher	nachher	vorher	nachher
übrige Aktiva	2/3 = 20.000	1/2 = 15.000	1/3 = 10.000	1/2 = 15.000
Grundstück in GH-OHG im SBV	2/3 = 6.000 –	– 9.000	1/3 = 3.000 –	– –
insgesamt	26.000	24.000	13.000	15.000

H übernimmt bei dieser Lösung also gegenüber dem Stand vor Ausbringung zusätzliche latente Ertragsteuerlasten. ◄|

Ergänzungsbilanz bei Ausbringung?

Anders als im Fall der Einbringung ist es bei der Ausbringung fraglich, ob das Überspringen stiller Reserven durch Aufstellung von Ergänzungsbilanzen oder andere Instrumente bilanzieller Zuordnung vermieden werden kann (vgl. ausführlich HHR/NIEHUS/WILKE, § 6 EStG Anm. 1460 b sowie E II 2.4.5).

Folgen der Kapitalkontenanpassung

Durch die Anpassung des Kapitalkontos können u.U. negative Kapitalkonten entstehen. Je nach Fallgestaltung ist dies auch bei denjenigen Gesellschaftern möglich, deren Gesellschaftsrechte durch die Ausbringung nicht gemindert werden. Zu den Folgen, die sich daraus im Zusammenhang mit § 15 a EStG ergeben, vgl. NEU/STAMM, DStR 2005, S. 141, 143.

2.4.5 Die Sperrfrist nach § 6 Abs. 5 Satz 4 EStG

Die zwingende Buchwertfortführung nach § 6 Abs. 5 Satz 3 EStG ist insoweit eingeschränkt, als das betreffende Wirtschaftsgut innerhalb einer Sperrfrist nach der Übertragung veräußert oder entnommen wird. In diesem Fall ist rückwirkend der Teilwert anzusetzen, wenn nicht durch Aufstellung von Ergänzungsbilanzen die bis zur Übertragung gebildeten stillen Reserven dem Einbringenden zugeordnet wurden. Die jeweiligen Veranlagungen und ggf. alle Folgeveranlagungen sind nach § 175 AO Abs. 1 Satz 1 Nr. 2 AO zu ändern. Die Regelung soll verhindern, dass zur Vorbereitung einer nachfolgenden Veräußerung stille Reserven auf andere Steuersubjekte verlagert werden, etwa um deren niedrigere Grenzsteuersätze nutzen zu können. Die Sperrfrist endet 3 Jahre nach Abgabe der Steuererklärung des Übertragenden für den Veranlagungszeitraum der Übertragung.

Grundsatz

Da die Übertragung gegen Gewährung von Gesellschaftsrechten als tauschähnliches Rechtsgeschäft qualifiziert wird, ist der rückwirkend zu erfassende Gewinn, bei Vorliegen der übrigen Voraussetzungen, durch § 6 b EStG begünstigt (vgl. JACHMANN, DStZ 2002, S. 203, 209, SCHMIDT/LOSCHELDER, 2015, § 6 b Rz. 32). In der Bilanz des Übertragungsjahres kann dies im Wege einer Bilanzänderung i.S.v. § 4 Abs. 2 Satz 2 EStG Berücksichtigung finden (vgl. HHR/NIEHUS/WILKE, § 6 EStG Anm. 1470 a).

Ggf. kompensierende Anwendung von § 6 b EStG

BEISPIEL 63

Wie Beispiel 58, allerdings setzt die CD-KG das Grundstück in ihrer Gesamthandsbilanz mit 10.000 € an und schreibt diesen Betrag dem Kapitalkonto I des C gut. Da der Ansatz in der Gesamthandsbilanz bereits dem bisherigen Buchwert entspricht, wird keine Ergänzungsbilanz aufgestellt. Zwei Jahre später wird das Grundstück für 16.000 € veräußert.

LÖSUNG Da die stillen Reserven des Grundstücks in der Gesamthandsbilanz im Zeitpunkt der Übertragung nicht aufgedeckt wurden, sind sie zu 40 % auf D übergegangen und wären bei Veräußerung nun eigentlich in diesem Umfang von ihm zu versteuern. Aufgrund der Veräußerung innerhalb der Sperrfrist des § 6 Abs. 5 Satz 4 EStG ist jedoch rückwirkend der Teilwert anzusetzen mit der Folge, dass C rückwirkend im Übertragungsjahr die Differenz zwischen Buchwert und (damaligem!) Teilwert versteuern muss. In der Gesamthandsbilanz der CD-KG ist das Grundstück infolgedessen von Anfang an mit 15.000 € zu bewerten. Der spätere Verkauf bewirkt sodann lediglich einen Veräußerungsgewinn i.H.v. 1.000 €. Diese erst nach der Übertragung entstandene Wertsteigerung ist beiden Gesellschaftern anteilig zuzurechnen. Das »Überspringen« der bis zur Übertragung gebildeten stillen Reserven auf D wird auf diese Weise rückwirkend verhindert. C kann ggf. den in seinem Einzelbetriebsvermögen rückwirkend entstehenden Gewinn nach § 6 b EStG durch Übertragung auf das von der Gesamthand angeschaffte Grundstück kompensieren, indem für ihn eine negative Ergänzungsbilanz aufgestellt wird, die erst im Veräußerungszeitpunkt aufgelöst wird. Auf diese Weise kann erreicht werden, dass die steuerlichen Folgen für C nicht rückwirkend im Übertragungsjahr, sondern erst im Jahr des Verkaufs eintreten. Auswirkungen auf den Zinslauf ergeben sich hierdurch jedoch nicht, da aufgrund der Qualifikation der Veräußerung als rückwirkendes Ereignis i.S.v. § 175 AO gemäß § 233 a Abs. 2 a AO ohnehin keine rückwirkende Vollverzinsung erfolgt (vgl. KORN, KÖSDI 2002, S. 13272, 13279). ◄|

Der rückwirkende Teilwertansatz ist trotz Veräußerung oder Entnahme innerhalb der Sperrfrist nicht geboten, wenn die stillen Reserven bei der Übertragung des Wirtschaftsguts dem Übertragenden durch Bildung einer Ergänzungsbilanz zugeordnet wurden. Angesichts der Zielsetzung der Sperrfristregelung, weitgehend auszuschließen, dass sich mittels interpersoneller Verlagerung von stillen Reserven die

Vermeidung der Sperrfrist bei Einbringung mit Ergänzungsbilanz möglich

steuerlichen Folgen einer geplanten nachfolgenden Veräußerung oder Entnahme des Wirtschaftsguts minimieren lassen, ist es konsequent, die Regelung dann nicht anzuwenden, wenn eine solche interpersonelle Verlagerung gar nicht stattgefunden hat.

BEISPIEL 64

Wie in Beispiel 58, jedoch setzt die CD-KG das Grundstück in ihrer Gesamthandsbilanz mit 15.000 € an und schreibt diesen Betrag dem Kapitalkonto des C gut. Zur Herbeiführung des Buchwertansatzes wird bereits im Übertragungszeitpunkt für C eine negative Ergänzungsbilanz aufgestellt, die einen das Grundstück betreffenden Minderwert von 5.000 € enthält.
LÖSUNG Da die stillen Reserven des Grundstücks in der Gesamthandsbilanz aufgedeckt wurden, sind sie nicht anteilig auf D »übergesprungen«. Eine Veräußerung oder Entnahme innerhalb der Sperrfrist des § 6 Abs. 5 Satz 4 EStG löst keinen rückwirkenden Teilwertansatz aus. Im Veräußerungs- oder Entnahmezeitpunkt ist die negative Ergänzungsbilanz des C mit der Folge eines auf ihn entfallenden Mehrgewinns von 5.000 € aufzulösen. ◂|

Ergänzungsbilanz nur hinsichtlich des übertragenen WG notwendig

Um die Anwendung der Sperrfristregelung zu vermeiden, ist es nicht erforderlich, dass durch die Aufstellung der Ergänzungsbilanzen auch jedwede interpersonelle Verlagerung der in den Wirtschaftsgütern des Gesamthandsvermögens liegenden stillen Reserven vermieden wird. Dies ist zwar aufgrund der Anwendbarkeit von § 24 UmwStG u. E. grundsätzlich zu fordern; für die Vermeidung der Sperrfrist des § 6 Abs. 5 Satz 4 EStG ist dagegen lediglich die Zuordnung der bis zur Einbringung entstandenen stillen Reserven zum Übertragenden von Bedeutung.

Keine Anwendung der Sperrfrist bei Übertragung auf Einmann-GmbH & Co. KG, unabhängig davon, ...

Tritt durch die Übertragung nach § 6 Abs. 5 Satz 3 EStG keine Änderung des Anteils des übertragenden Gesellschafters am übertragenen Wirtschaftsgut ein, etwa bei Übertragung aus einem Einzelunternehmen auf eine GmbH & Co. KG, an der der Übertragende zu 100 % beteiligt ist, soll nach Auffassung der Finanzverwaltung trotz Aufstellung von Ergänzungsbilanzen die Sperrfristregelung angewendet werden (vgl. R 6.15 EStR; BMF v. 08.12.2011, BStBl. I 2011, S. 1279, Tz. 26). Hiermit soll offensichtlich vermieden werden, dass die anschließende Veräußerung des Wirtschaftsguts innerhalb der dreijährigen Sperrfrist als nicht gewerbesteuerbare Betriebsausgabe qualifiziert wird; der rückwirkende Ansatz zum Teilwert im übertragenden Einzelunternehmen sichert den Ausweis eines laufenden, gewerbesteuerbaren Gewinns. Diese Auffassung widerspricht indes dem Gesetzeswortlaut und ist abzulehnen (vgl. NIEHUS, StuW 2008, S. 359; gl. A. BLAAS/SOMBECK, DStR 2012, S. 2569, 2571 f. sowie BFH v. 26.06.2014 – IV R 31/12, BFH/NV 2014, S. 1930). Derartigen Gestaltungen könnte im Übrigen mit der Gesamtplanrechtsprechung besser begegnet werden (vgl. NIEHUS/WILKE in SteuK 2011, S. 225, 229 f.).

... ob eine Ergänzungsbilanz aufgestellt wird, ...

Nach Auffassung des BFH kann die Aufstellung einer Ergänzungsbilanz in diesen Fällen sogar gänzlich unterbleiben, wenn durch die unverändert bestehende 100 %-ige Beteiligung des Einbringenden an der aufnehmenden Personengesellschaft die Zuordnung der beim Einbringenden zuvor entstandenen stillen Reserven auch ohne Aufstellung einer solchen sichergestellt ist (BFH v. 31.07.2013 – I R 44/12, BFH/NV 2013, S. 1855, teleologische Reduktion).

... soweit die stillen Reserven nicht auf andere MU übergesprungen sind

Allerdings kommt es nach Auffassung des BFH in dieser Situation entscheidend darauf an, dass die stillen Reserven des übertragenen Wirtschaftsguts auch tatsächlich bis zur späteren Veräußerung dem übertragenden Gesellschafter zugeordnet bleiben (BFH v. 26.06.2014 – IV R 31/12, BFH/NV 2014, S. 1930). Kommt es vor der die Sperrfrist verletzenden Veräußerung oder Entnahme zu einer Änderung der Zuordnung der stillen Reserven des übertragenen Wirtschaftsguts, etwa weil der Mitunternehmer seinen Mitunternehmeranteil nach der Buchwertübertragung ganz oder teilweise nach § 6 Abs. 3 EStG unentgeltlich überträgt, sei die Sperrfristregelung doch anzuwenden.

Ausdrücklich offengelassen hat der BFH, ob Letzteres auch dann gilt, wenn anlässlich der Übertragung nach § 6 Abs. 5 Satz 3 EStG in die Einmann-GmbH & Co. KG eine Ergänzungsbilanz aufgestellt wurde. Hierfür spricht zwar, dass bei einer nachfolgenden Übertragung des Mitunternehmeranteils nach § 6 Abs. 3 EStG auch die anlässlich der vorherigen Übertragung nach § 6 Abs. 5 Satz 3 EStG aufgestellte negative Ergänzungsbilanz (ggf. anteilig) auf den Erwerber übergeht, so dass es auch in diesem Fall trotz Aufstellung der Ergänzungsbilanz zu einer (ggf. anteiligen) Verlagerung der stillen Reserven kommt. Diese Rechtsfolge ist allerdings § 6 Abs. 3 EStG immanent; der Erwerber des Anteils tritt insoweit in die Rechtsstellung des Übertragenden ein. Dies gilt u. E. auch für das Bestehen einer Sperrfrist. Zumindest dann, wenn für den nach § 6 Abs. 5 Satz 3 EStG Übertragenden die Sperrfristregelung des § 6 Abs. 5 Satz 4 EStG wegen der Aufstellung einer Ergänzungsbilanz nicht anwendbar ist, kann für den diesen Anteil unentgeltlich Erwerbenden nichts anderes gelten.

Zumindest Ergänzungsbilanz schließt § 6 Abs. 5 Satz 4 EStG u. E. auch bei nachfolgendem Überspringen stiller Reserven aus

Für den Fall der Ausbringung bestehen im Schrifttum (vgl. zum Meinungsstand HHR/NIEHUS/WILKE § 6 EStG Anm. 1460 b m. w. N.) unterschiedliche Auffassungen darüber, ob das Überspringen stiller Reserven durch Bildung von Ergänzungsbilanzen vermieden werden kann. Dies wird teilweise mit dem Argument verneint, nach bisherigem Verständnis könnten Ergänzungsbilanzen nur Bilanzen von Mitunternehmerschaften »ergänzen«; sie seien folglich zur Korrektur bzw. Ergänzung einer Sonderbilanz oder einer Bilanz eines Einzelunternehmers nicht vorstellbar. Die interpersonelle Verlagerung stiller Reserven könne in Anbetracht des (insoweit) eindeutigen Gesetzestexts, der in § 6 Abs. 5 Satz 4 EStG explizit auf die Bildung von Ergänzungsbilanzen verweist, auch nicht durch andere buchtechnische Vorgehensweisen vermieden werden. Die Gegenmeinung hält es jedoch für möglich, entweder die Anwendbarkeit von Ergänzungsbilanzen auszuweiten oder andere buchtechnische Vorgehensweisen zuzulassen, mit Hilfe derer es gelänge, die bis zur Ausbringung gebildeten stillen Reserven allen Gesellschaftern der Personengesellschaft auch weiterhin zuzurechnen (vgl. HHR/NIEHUS/WILKE, § 6 EStG Anm. 1460 b mit Beispielen).

Bei Ausbringung keine Vermeidung der Sperrfrist möglich?

Zweifellos erscheint eine Zuordnung stiller Reserven bei Ausbringung in ein Einzelunternehmen oder ein Sonderbetriebsvermögen bei einer anderen Mitunternehmerschaft verfahrensrechtlich kaum praktikabel; lediglich bei Ausbringung in das Sonderbetriebsvermögen bei derselben Mitunternehmerschaft bestünden diese Schwierigkeiten nicht, weil dieses Sonderbetriebsvermögen in dasselbe Feststellungsverfahren einzubeziehen ist. Vergegenwärtigt man sich jedoch, dass die Sperrfristregelung eingeführt wurde, um zu verhindern, dass der Steuerpflichtige zur Vorbereitung und steuerlichen Optimierung der anschließenden Aufdeckung von stillen Reserven zielgerichtet eine an sich bestehende Möglichkeit zur personell richtigen Zuordnung der stillen Reserven nicht anwendet, und versagt man ihm nun von vornherein eine solche Möglichkeit, so kann dem Steuerpflichtigen auch nicht a priori ein zielgerichtetes, auf das Ausnutzen steuerlicher Vorteile gerichtetes

Stellungnahme

Handeln unterstellt werden. Dies berücksichtigend, lässt die Gesetzesformulierung letztlich nur zwei Auslegungen zu: Entweder ist es auch im Fall der Ausbringung zulässig, durch Ergänzungsbilanzen oder äquivalente buchtechnische Verfahren die interpersonelle Verschiebung stiller Reserven zu verhindern; sodann steht der Anwendbarkeit der Sperrfristregelung nichts entgegen. Lässt man dagegen eine personell zutreffende Zuordnung der stillen Reserven im Fall der Ausbringung nicht zu, so ist die Sperrfrist-Regelung nicht anwendbar, da sie teleologisch auf solche Tatbestände reduziert werden muss, bei denen dem Steuerpflichtigen die zutreffende personelle Zuordnung der stillen Reserven tatsächlich möglich war, er dies aber nicht tat.

Weitere Zweifels-fragen

Die Sperrfrist-Regelung ist grundsätzlich auch aus anderen Gründen sowohl hinsichtlich ihrer Voraussetzungen als auch bezüglich der Rechtsfolgen als außerordentlich problematisch einzustufen:

Regelungen zum Fristlauf problematisch

Bereits die Bezeichnung als Sperrfrist ist irreführend, da keineswegs eine Veräußerung oder Entnahme verhindert wird, sondern an deren (zulässige) Vornahme lediglich bestimmte steuerliche Rechtsfolgen geknüpft werden (vgl. WENDT, FR 2002, S. 53, 54). Vor allem aber die inhaltliche Konzeption der Regelung führt zu schwerwiegenden praktischen Problemen. Dies gilt zunächst für die Bestimmung des Fristendes, welche die Kenntnis des Beginns des Fristlaufs, nämlich den Zeitpunkt der »Abgabe der Steuererklärung für den Veranlagungszeitraum der Übertragung«, voraussetzt. Abgesehen davon, dass bei Übertragungen aus dem Gesamthands- oder Sonderbetriebsvermögen nach h. M. nicht auf irgendeine Steuererklärung, sondern auf die Gewinnfeststellungserklärung der Personengesellschaft abzustellen ist (vgl. HHR/NIEHUS/WILKE, § 6 EStG Anm. 1474) und deren Abgabezeitpunkt z. B. für einen Kommanditisten nicht ohne Weiteres erkennbar ist, muss wohl in entsprechender Anwendung der Auslegung des § 170 Abs. 2 Nr. 1 AO auf den Zugang der (vollständigen) Erklärung bei der zuständigen Behörde als das den Fristlauf auslösende Ereignis abgestellt werden. Eine entsprechende Auskunft ist ggf. bei der Behörde anzufordern. Innerhalb der Finanzverwaltung werden die entsprechenden Daten zur Überwachung der Fristen gesondert vorgehalten (vgl. OFD Chemnitz v. 20. 10. 2003, HaufeIndex 1 003 460).

Betriebsaufgabe oder -veräußerung schädlich?

Fraglich ist weiterhin, welche Realisationstatbestände die Rechtsfolge des Teilwertansatzes überhaupt auslösen. Da das Gesetz lediglich von Veräußerung und Entnahme spricht, ist u. E. davon auszugehen, dass eine das übertragene Wirtschaftsgut mit umfassende Betriebsaufgabe oder -veräußerung i. S. v. § 16 EStG nicht zum rückwirkenden Ansatz des Teilwerts führt. Schädlich sind daher u. E. nur entgeltliche Übertragungen einzelner Wirtschaftsgüter sowie Überführungen aus dem Betriebs- in das Privatvermögen ohne Aufgabe des Betriebs (HHR/NIEHUS/WILKE, § 6 EStG Anm. 1468 b ff.; a. A. SCHAFLITZL in: LINKLATERS, OPPENHOFF & RÄDLER, DB 2002, Beilage Nr. 1, S. 30).

Ggf. Vereinbarung von Verfügungs-beschränkungen

Zur Vermeidung von aus Sicht des Übertragenden ungewollten Besteuerungsfolgen wird im Schrifttum diskutiert, ggf. Verfügungsbeschränkungen hinsichtlich des übertragenen Wirtschaftsguts zu vereinbaren. Diese bleiben jedoch ohne dingliche Wirkung und führen demzufolge im Falle der Nichteinhaltung lediglich zu Schadensersatzansprüchen, nicht jedoch zur Vermeidung der Besteuerungsfolgen selbst (CREZELIUS, FR 2002, S. 805, 808). Hinzu kommt, dass für den Fall, dass mehrfache Buchwertübertragungen hintereinander erfolgen, Veräußerungen oder

Entnahmen kaum noch vom ersten Einbringenden nachvollzogen oder gar beeinflusst werden können; gleichwohl zieht aber eine Veräußerung innerhalb der ersten Sperrfrist den Teilwertansatz auch für die erste Übertragung nach sich.

Insofern erscheint die Frage berechtigt, ob eine solche, sich aus dem Verhalten eines oder mehrerer Dritter herleitende Besteuerung den verfassungsrechtlichen Anforderungen an die Erfüllung eines in der Person des Steuerpflichtigen verwirklichten steuerlichen Tatbestands standhält (vgl. hierzu CREZELIUS, FR 2002, S. 805, 808).

Verfassungsmäßigkeit zweifelhaft

2.4.6 Missbrauchsabwehrklauseln bei Begründung oder Erhöhung des Anteils einer Körperschaft an dem Wirtschaftsgut

Die Buchwertfortführung nach § 6 Abs. 5 Satz 3 EStG wird zusätzlich zur Sperrfristregelung gemäß § 6 Abs. 5 Satz 5 und 6 EStG insoweit eingeschränkt, als durch die Übertragung oder innerhalb der sieben auf die Übertragung folgenden Jahre der Anteil einer Körperschaft, Personenvereinigung oder Vermögensmasse an dem übertragenen Wirtschaftsgut mittelbar oder unmittelbar begründet wird oder dieser sich erhöht; insoweit ist die Übertragung zum Teilwert vorzunehmen. Rechtsfolge der Anwendung des § 6 Abs. 5 Satz 5 und 6 EStG ist der (im Falle des Satzes 6 rückwirkende) Ansatz zum Teilwert, und zwar insoweit, als es der Veränderung der Vermögensbeteiligungsquote der Körperschaft an dem übertragenen Wirtschaftsgut entspricht. Zu den – teilweise höchst fraglichen – Rechtsfolgen im Einzelnen vgl. ausführlich HHR/NIEHUS/WILKE, § 6 EStG Anm. 1474 w ff.

TW-Ansatz, soweit KSt-Subjekt beteiligt

Diese im Gesetzgebungsverfahren nur marginal begründeten (vgl. S. 4 der Begründung des Vermittlungsausschusses zur BT-Drucksache 14/3760) Einschränkungen wurden wohl geschaffen um zu verhindern, dass stille Reserven unversteuert auf ggf. extra zu diesem Zweck gegründete Körperschaften »verlagert« werden können, da diese entweder beim anschließenden Verkauf dieser sogenannten »Objektgesellschaften« aufgrund des Teileinkünfteverfahrens auf unbestimmte Zeit zu 40% (§ 3 Nr. 40 EStG), nach § 8 b Abs. 2 KStG sogar vollständig der Besteuerung entzogen werden könnten oder im Falle einer Veräußerung des übertragenen Wirtschaftsguts eine Besteuerung mit dem geringen KSt-Satz möglich würde (vgl. ausführlich HHR/NIEHUS/WILKE, § 6 EStG Anm. 1474 a ff.).

Vermeidung der Verlagerung stiller Reserven in das Teileinkünfteverfahren

Als Hauptanwendungsfall der Regelung hat der Gesetzgeber insbesondere den Fall im Auge, dass ein Steuerpflichtiger ein Wirtschaftsgut seines Einzelbetriebsvermögens in das Gesamthandsvermögen einer Personengesellschaft überträgt, an dem auch eine Kapitalgesellschaft beteiligt ist.

BEISPIEL 65 ▬▬▬▬▬▬▬▬▬▬▬▬▬▬▬▬▬▬▬▬▬▬▬

(vgl. HOFFMANN, GmbHR 2002, S. 125, 132)

Einzelunternehmer X will ein in seinem Betriebsvermögen befindliches Wirtschaftsgut, welches stille Reserven enthält, verkaufen. Anstatt das Wirtschaftsgut unmittelbar zu verkaufen und den Veräußerungsgewinn als laufenden Gewinn zu versteuern, überträgt er das Wirtschaftsgut gemäß § 6 Abs. 5 Satz 3 Nr. 1 EStG zum Buchwert auf eine neu gegründete X-GmbH & Co. KG, an der er selbst mit 1% und die von ihm allein beherrschte X-GmbH mit 99% beteiligt ist. Eine Zuordnung der stillen Reserven zum Übertragenden durch Aufstellung von Ergänzungsbilanzen erfolgt nicht.

LÖSUNG Nunmehr bieten sich zwei Möglichkeiten einer steuergünstigen Realisierung: Verkauft die KG das Wirtschaftsgut nach Verstreichen der Sperrfrist des § 6 Abs. 5 Satz 4

EStG, so würde der Veräußerungsgewinn zu 99 % auf die GmbH entfallen und von dieser lediglich mit dem KSt-Satz versteuert werden. Oder aber X verkauft sowohl seine KG-Beteiligung als auch die Anteile an der X-GmbH an den Erwerber, der eigentlich nur an dem Wirtschaftsgut interessiert ist, und versteuert den aus der Veräußerung der GmbH-Anteile resultierenden Gewinn im Teileinkünfteverfahren. ◀|

2.4.6.1 Anwendungsfälle von § 6 Abs. 5 Satz 5 EStG

§ 6 Abs. 5 Satz 5 EStG ist nur auf Fälle anzuwenden, in denen die Körperschaft, deren Anteil an dem übertragenen Wirtschaftsgut begründet wird oder sich erhöht, selbst Mitunternehmerin der Personengesellschaft ist, in bzw. aus deren Betriebsvermögen das Wirtschaftsgut nach § 6 Abs. 5 Satz 3 EStG übertragen wird.

Begriff des Anteils am übertragenen WG

Umstritten ist, ob bei der Frage, ob eine Begründung oder Erhöhung des Anteils eines KSt-Subjekts an dem übertragenen Wirtschaftsgut vorliegt, auf die gesellschaftsrechtliche Beteiligungsquote oder vielmehr auf den Anteil an den dem Wirtschaftsgut innewohnenden stillen Reserven abzustellen ist.

Vermögensmäßige Beteiligung oder steuerlicher Anteil an stillen Reserven?

Nach Auffassung der Finanzverwaltung kommt die Regelung bereits dann zur Anwendung, wenn lediglich der quotale Anteil eines KSt-Subjekts am Wirtschaftsgut begründet wird oder sich erhöht (vgl. BMF v. 08. 12. 2011, BStBl. I 2011, S. 1279, Tz. 28). Demgegenüber wird in der Literatur auch die Auffassung vertreten wird, dass unter dem Anteil des KSt-Subjekts an dem übertragenen Wirtschaftsgut ausschließlich der Anteil an den in diesem Wirtschaftsgut enthaltenen stillen Reserven zu verstehen sei (so z.B. GROH, DB 2003, S. 1403, 1407; KIRCHHOF/REISS, 2015, § 15 Rn. 392a f.). Danach wäre die Regelung z.B. nicht anzuwenden, wenn die stillen Reserven dem Übertragenden durch die Aufstellung von Ergänzungsbilanzen weiter zugeordnet bleiben (so KLOSTER/KLOSTER, GmbHR 2002, S. 717, 730).

Stellungnahme

U. E. werden jedenfalls all diejenigen Fälle von § 6 Abs. 5 Satz 5 EStG erfasst, in denen stille Reserven auf ein KSt-Subjekt übergehen, da diese bei anschließender Veräußerung lediglich mit dem KSt-Satz versteuert würden. Die Erhöhung lediglich des quotalen Anteils an dem Wirtschaftsgut ohne Überspringen stiller Reserven wird dagegen nur erfasst, wenn hiermit eine Bereicherung des KSt-Subjekts einhergeht, die bei anschließender Veräußerung des GmbH-Anteils im Rahmen des Teileinkünfteverfahrens begünstigt realisiert werden könnte (vgl. HHR/NIEHUS/WILKE, § 6 EStG Anm. 1474g). Dies erfordert jedoch grundsätzlich, dass die Übertragung nicht gegen Gewährung von Gesellschaftsrechten, sondern unentgeltlich erfolgt, denn bringt z.B. ein Einzelunternehmer ein Wirtschaftsgut seines Betriebsvermögens gegen Gewährung von Gesellschaftsrechten in eine bestehende GmbH & Co. KG ein, an deren Vermögen die Komplementär-GmbH beteiligt ist, hat sich der Wert der GmbH-Anteile nicht erhöht, da für die GmbH die Erhöhung des quotalen Anteils an dem übertragenen Wirtschaftsgut der Verminderung der Beteiligungsquote an den übrigen Wirtschaftsgütern der KG wertmäßig entspricht. In diesem Fall ist u.E. jedenfalls dann kein Missbrauch zu vermuten und daher § 6 Abs. 5 Satz 5 EStG nicht anwendbar, wenn es aufgrund der Aufstellung von Ergänzungsbilanzen auch nicht zu einem Überspringen stiller Reserven auf das KSt-Subjekt kommt.

Keine Anwendung, soweit WG bereits zuvor KSt-Subjekt zuzurechnen ist

Nach insoweit zutreffender Auffassung der Finanzverwaltung ist § 6 Abs. 5 Satz 5 EStG auch dann nicht anzuwenden, wenn eine Kapitalgesellschaft ein einzelnes Wirtschaftsgut aus ihrem Betriebsvermögen unentgeltlich oder gegen Gewährung von Gesellschaftsrechten in das Gesamthandsvermögen einer Personengesellschaft überträgt, an der sie selbst zu 100% vermögensmäßig beteiligt ist, sofern die Besteuerung der stillen Reserven sichergestellt ist. Die Voraussetzungen des § 6 Abs. 5 Satz 5 EStG sind hier nicht erfüllt, da sich durch die Übertragung der Anteil der Kapitalgesellschaft an dem übertragenen Wirtschaftsgut weder erhöht habe noch dieser erstmals begründet werde, denn auch nach der Übertragung in das gesamthänderisch gebundene Betriebsvermögen sei sie an dem Wirtschaftsgut entsprechend ihrem Anteil zu 100% beteiligt. Dasselbe gilt, wenn die übertragende Kapitalgesellschaft vor und nach der Übertragung nicht am Vermögen der Personengesellschaft beteiligt ist (vgl. BMF v. 08.12.2011, BStBl. I 2011, S. 1279, Tz. 29).

Ist die übertragende Kapitalgesellschaft an der aufnehmenden Personengesellschaft zu weniger als 100% vermögensmäßig beteiligt, hat die Übertragung nach Auffassung der Finanzverwaltung nur insoweit, als das Wirtschaftsgut der übertragenden Kapitalgesellschaft anschließend noch mittelbar zuzurechnen ist, zum Buchwert zu erfolgen. I. H. d. Beteiligungsquote anderer an der Personengesellschaft beteiligter KSt-Subjekte soll zwingend der Teilwert anzusetzen sein (vgl. BMF v. 08.12.2011, BStBl. I 2011, S. 1279, Tz. 31) U. E. ist in diesen Fällen dagegen in vollem Umfang der Buchwert anzusetzen, da es hierbei lediglich zu einer Verschiebung stiller Reserven zwischen unterschiedlichen KSt-Subjekten, nicht aber zu einer Verlagerung stiller Reserven in den Anwendungsbereich des Körperschaftsteuerrechts kommt (vgl. HHR/NIEHUS/WILKE, § 6 EStG Anm. 1474 i m. w. N.).

Beteiligung anderer KSt-Subjekte u. E. unschädlich

2.4.6.2 Anwendungsfälle von § 6 Abs. 5 Satz 6 EStG

Fälle der nachträglichen Begründung oder Erhöhung des Anteils i.S.d. § 6 Abs. 5 Satz 6 EStG sind insbesondere

- der nachträgliche Beitritt oder die nachträgliche Erhöhung der Beteiligungsquote einer Körperschaft bei einer Personengesellschaft, in deren Gesamthandsvermögen zuvor das Wirtschaftsgut eingebracht worden war;
- die Umwandlung der Mitunternehmerschaft in eine Körperschaft,

jeweils dann, wenn die Begründung oder Erhöhung des Anteils der Körperschaft innerhalb von sieben Jahren nach der Übertragung erfolgt.

Aus dem Missbrauchsvermeidungscharakter der Vorschrift ist zu folgern, dass § 6 Abs. 5 Satz 6 EStG nicht zur Anwendung kommt, wenn im Zuge der nachträglichen Begründung oder Erhöhung des Anteils des KSt-Subjekts an dem übertragenen Wirtschaftsgut keine stillen Reserven auf dieses KSt-Subjekt überspringen (HHR/NIEHUS/WILKE, § 6 EStG Anm. 1474 t; vgl. hierzu auch BLAAS/SOMBECK, DStR 2012, S. 2569, 2573 ff.). Obwohl durch den Wortlaut eigentlich mit umfasst, sind daher von § 6 Abs. 5 Satz 6 EStG insbesondere solche Fälle nicht betroffen, bei denen sich aufgrund der nachträglichen Begründung oder Erhöhung des Anteils eines KSt-Subjekts an dem Wirtschaftsgut ohnehin eine Aufdeckung der stillen Reserven ergibt. Vorrangige Realisationstatbestände in diesem Sinn liegen etwa vor, wenn das zuvor nach § 6 Abs. 5 Satz 3 EStG übertragene Wirtschaftsgut anschließend an eine Kapitalgesellschaft veräußert wird oder in diese verdeckt eingelegt wird. Gleiches gilt im Fall der entgeltlichen Übertragung eines Mitunternehmeranteils an eine Kapitalgesellschaft. Nach Auffassung der Finanzverwaltung ist es auch unschädlich, wenn eine Kapitalgesellschaft ein Wirtschaftsgut zunächst gemäß § 6 Abs. 5 Satz 3 EStG zum Buchwert auf eine Personengesellschaft überträgt, an der

Kein rückwirkender TW Ansatz bei vorrangigen Realisationstatbeständen sie zu 100 % vermögensmäßig beteiligt ist und anschließend innerhalb von sieben Jahren die Anteile an dieser Kapitalgesellschaft an eine andere Kapitalgesellschaft veräußert werden (vgl. OFD Frankfurt v. 03.05.2004, DStR 2004, S. 1086, 1087).

Anders als bei § 6 Abs. 5 Satz 5 EStG kann es bei einer späteren Begründung oder Erhöhung des Anteils des KSt-Subjekts an dem nach § 6 Abs. 5 Satz 3 EStG übertragenen Wirtschaftsgut auf die ursprüngliche Aufstellung von Ergänzungs- bilanzen nicht ankommen, weil es trotz deren Aufstellung ggf. zum nachträglichen Überspringen der stillen Reserven auf das KSt-Subjekt kommen kann, etwa wenn der Mitunternehmer, dem die stillen Reserven bei Übertragung des Wirtschaftsguts via Ergänzungsbilanz zugewiesen wurden, seinen Mitunternehmeranteil nach § 20 UmwStG zum Buchwert in eine Kapitalgesellschaft einbringt. Infolgedessen er- scheint der rückwirkende Ansatz des Teilwerts aber dann nicht sachgerecht, wenn im skizzierten Fall ein anderer Mitunternehmer als derjenige, dem die stillen Reserven bei Übertragung des Wirtschaftsguts zugerechnet wurden, seinen Mit- unternehmeranteil in eine Kapitalgesellschaft einbringt, denn in diesem Fall ist keine Missbrauchsmöglichkeit erkennbar (vgl. im Einzelnen HHR/NIEHUS/WILKE, § 6 EStG Anm. 1474 t sowie 1474 x mit weiteren Beispielen).

3 Unentgeltliche Übertragungen

Begriff

Unter einer unentgeltlichen Übertragung wird hier die Übertragung eines Wirtschaftsguts durch einen Gesellschafter in das gesamthänderische Gesellschafts- vermögen bzw. aus dem Gesellschaftsvermögen auf einen Gesellschafter ohne Ge- währung bzw. Minderung von Gesellschaftsrechten verstanden. Bei Übertragung auf die Gesellschaft erfolgt die Gutschrift in diesen Fällen entweder auf einem gesamt- händerisch gebundenen Rücklagenkonto oder auf Kapitalkonten einzelner Gesell- schafter, welche keine Gesellschaftsrechte ausweisen und auch nicht als Darlehens- konto zu qualifizieren sind (zur Abgrenzung von Fällen, in denen ggf. trotz Bu- chung auf diesen Konten Gesellschaftsrechte gewährt werden, siehe auch unter E II 2.2).

3.1 Übertragung in das bzw. aus dem Privatvermögen

Einlage bzw. Entnahme

Wird ein Wirtschaftsgut ohne Vereinbarung eines Entgelts aus dem Gesamt- handsvermögen in das Privatvermögen eines Gesellschafters bzw. aus dem Privat- vermögen eines Gesellschafters in das Gesamthandsvermögen einer Personengesell- schaft übertragen, so stellt dies eine (verdeckte) Entnahme bzw. Einlage des Wirt- schaftsguts dar (vgl. VAN LISHAUT, DB 2000, S. 1784).

PV in GHV: Einlage

Ein unentgeltlich aus dem Privatvermögen des Gesellschafters in das Gesell- schaftsvermögen übertragenes Wirtschaftsgut ist daher bei der Personengesellschaft nach § 6 Abs. 1 Nr. 5 EStG zu bewerten. § 6 Abs. 4 EStG, der für den unentgeltlichen Erwerb außerhalb von Einlagen den Ansatz zum gemeinen Wert vorschreibt, kommt nur in seltenen Ausnahmefällen in Betracht (vgl. hierzu HHR/NIEHUS/WILKE, § 6 EStG Anm. 1434).

Buchmäßige Behandlung

Die Frage, auf welchem Eigenkapitalkonto die Gegenbuchung im Fall der Unentgeltlichkeit zu erfolgen hat, ist unklar (siehe hierzu auch E II 2.2). Nach

Auffassung der Finanzverwaltung führt die ausschließliche Buchung auf einem gesamthänderisch gebundenen Rücklagenkonto grundsätzlich zur Unentgeltlichkeit (vgl. BMF v. 11.07.2011, BStBl. I 2011, S. 713 unter II. B). U.E. kann dagegen zwischen Entgeltlichkeit und Unentgeltlichkeit der Übertragung nicht nach der buchhalterischen Darstellung, sondern nur durch einen Vergleich der Vermögensposition des Gesellschafters vor und nach der Übertragung entschieden werden: Nur insoweit, als sich seine Vermögensposition infolge der Übertragung verändert hat, er also für die Hingabe des Wirtschaftsguts keinen anderweitigen Vermögensausgleich erhalten hat, kann eine unentgeltliche Übertragung vorliegen. Dies hängt aber nicht von der buchhalterischen Abbildung, sondern vielmehr davon ab, ob der Einbringende (trotz oder u.U. sogar wegen der ggf. gesplitteten Buchung) Gesellschaftsrechte erhält, die dem gesamten Wert des hingegebenen Wirtschaftsguts entsprechen. Nur wenn dies nicht der Fall ist, erfolgt die Einlage im Ergebnis auf Rechnung aller Gesellschafter und damit aus Sicht des Übertragenden unentgeltlich (so grundsätzlich REISS, DB 2005, S. 358, 361; vgl. HHR/NIEHUS/WILKE, § 6 Anm. 1453 c).

Unentgeltlichkeit liegt u.E. auch vor, wenn die Übertragung handelsrechtlich als Ertrag erfasst wird, da sich auch hierdurch die Kapitalkonten aller Gesellschafter ihrem Beteiligungsverhältnis entsprechend erhöhen (vgl. BMF v. 11.07.2011, BStBl. I 2011, S 713 unter II. 2. B). Im Fall der Gutschrift auf einem Kapitalkonto II wird regelmäßig die Gewährung von Gesellschaftsrechten bejaht.

Handelt es sich bei dem eingelegten Wirtschaftsgut um ein Grundstück, löst die Übertragung zwar mangels eines Veräußerungstatbestands auch bei Vorliegen der übrigen Voraussetzungen nicht unmittelbar die Rechtsfolgen des § 23 EStG aus. Zu beachten ist aber, dass eine Grundstückseinlage gemäß § 23 Abs. 1 Satz 5 Nr. 1 EStG als Veräußerung an die Gesellschaft gilt, wenn das Grundstück von der Gesellschaft anschließend innerhalb von zehn Jahren seit der ursprünglichen Anschaffung durch den einlegenden Gesellschafter veräußert wird. Ist die Einlage, wie zuvor dargestellt, allen Gesellschaftern anteilig zuzurechnen, müssen auch diejenigen Gesellschafter, denen das Wirtschaftsgut zuvor nicht gehörte, die Rechtsfolgen des § 23 Abs. 1 Satz 5 Nr. 1 EStG anteilig gegen sich gelten lassen, da sie insoweit als Rechtsnachfolger des bisherigen Eigentümers gelten (vgl. REISS, DB 2005, S. 358, 365).

Ggf. § 23 Abs. 1 Satz 5 Nr. 1 EStG beachten

Bei Einlage innerhalb der ersten drei Jahre nach Anschaffung oder Herstellung des Wirtschaftsguts, einer Beteiligung i.S.v. § 17 EStG oder eines Wirtschaftsguts i.S.v. § 20 Abs. 2 EStG bleiben auch ohne zeitnahe anschließende Veräußerung die im Privatvermögen entstandenen Wertsteigerungen steuerverhaftet, da § 6 Abs. 1 Nr. 5 a), b) bzw. c) EStG die (ggf. fortgeführten) Anschaffungskosten als Obergrenze des Einlagewerts vorschreibt.

Einlagebewertung nach § 6 Abs. 1 Nr. 5 EStG

Wurde das Wirtschaftsgut im Privatvermögen zuvor zur Erzielung von Überschusseinkünften verwendet, ist als AfA-Bemessungsgrundlage und AfA-Volumen nach § 7 Abs. 1 Satz 5 EStG nicht der Einlagewert, sondern regelmäßig der im Privatvermögen verbliebene Restwert nach vorgenommener AfA zu verwenden. Dagegen sind im Fall entgeltlicher Übertragungen, also auch bei Übertragungen gegen Gewährung von Gesellschaftsrechten, die Anschaffungskosten maßgeblich.

Ggf. Reduktion von AfA-BMG und AfA-Volumen

Die Übertragung aus dem Gesamthandsvermögen in das Privatvermögen des Gesellschafters ist nur dann als Entnahme zu werten, wenn nicht wegen einer Minderung von Gesellschaftsrechten ein tauschähnlicher Vorgang anzunehmen ist. Letzteres dürfte die Finanzverwaltung dann als gegeben annehmen, wenn sich eine

GHV in PV: Entnahme

Minderung desjenigen Kapitalkontos des Gesellschafters ergibt, das für seine Beteiligung am Gesellschaftsvermögen maßgebend ist (zur Abgrenzung des Kapitalkontos siehe oben unter E II 2.2). Dagegen liegt eine Entnahme dann vor, wenn sich infolge der Übertragung eine bestehende gesamthänderische Rücklage mindert und dies nicht im Zusammenhang mit einer Minderung von Gesellschaftsrechten steht. U.E. kann sich dann auch nichts Anderes ergeben, wenn sich entweder diejenigen Kapitalkonten aller Gesellschafter anteilig vermindern, die keine Gesellschaftsrechte widerspiegeln, oder wenn eine aktivische, sozusagen »negative« gesamthänderische Rücklage entsteht. Liegt einer dieser Fälle vor, führt eine Übertragung in das Privatvermögen des Gesellschafters nach § 6 Abs. 1 Nr. 4 EStG zur Aufdeckung der stillen Reserven des übertragenen Wirtschaftsguts auf der Ebene der Personengesellschaft und löst bei dieser bzw. ihren Gesellschaftern eine entsprechende steuerliche Belastung aus. Hierbei ist zu beachten, dass wegen des Fehlens eines Veräußerungsvorgangs keine Begünstigung nach § 6 b EStG gewährt wird.

Zurechnung des Entnahmegewinns

Der Entnahmegewinn ist im Regelfall allen Gesellschaftern zuzurechnen, wobei unterstellt wird, dass die stillen Reserven dem begünstigten Gesellschafter geschenkt werden sollen (vgl. BFH v. 28.09.1995 – IV R 101/90, BStBl. II 1996, S. 276; SCHMIDT/WACKER, 2015, § 15 Rz. 446). Die Gesellschafter entnehmen hierbei das Wirtschaftsgut gemeinsam. Insoweit, als die übrigen Gesellschafter auf ihren Anteil an dem entnommenen Wirtschaftsgut zugunsten des begünstigten Gesellschafters verzichten, liegt eine der Entnahme nachgelagerte Schenkung von Privatvermögen vor. Wird dagegen ausdrücklich eine Zurechnung des Entnahmegewinns zum begünstigten Gesellschafter vereinbart, ist von einer konkludenten Änderung der Gewinnverteilungsabrede auszugehen (vgl. BFH v. 31.03.1977 – IV R 58/73, BStBl. II 1977, S. 823; v. 06.08.1985 – VIII R 280/81, BStBl. II 1986, S. 17).

3.2 Übertragung aus oder in Betriebs- oder Sonderbetriebsvermögen

Rechtsentwicklung

Bis 1998 waren unentgeltliche Übertragungen aus dem Gesellschaftsvermögen in ein anderes (Sonder-)Betriebsvermögen eines Gesellschafters bzw. umgekehrt gesetzlich nicht geregelt. Nach Auffassung der Finanzverwaltung und der Rechtsprechung konnte auf die Versteuerung der stillen Reserven anlässlich der Übertragung des Wirtschaftsguts regelmäßig dann verzichtet werden, wenn das Wirtschaftsgut aus dem Gesamthandsvermögen in ein (inländisches) Eigen- oder Sonderbetriebsvermögen des Steuerpflichtigen bzw. aus dem Eigen- oder Sonderbetriebsvermögen des Steuerpflichtigen in das Gesamthandsvermögen gelangte, war doch die spätere Versteuerung der stillen Reserven in diesen Fällen auch nach der Übertragung sichergestellt (vgl. HHR/NIEHUS/WILKE, § 6 EStG Anm. 1441).

Nachdem derartige Übertragungen in den Jahren 1999 und 2000 gemäß § 6 Abs. 5 Satz 3 EStG i.d.F. des StEntlG 1999/2000/2002 zwangsweise zur Aufdeckung der enthaltenen stillen Reserven führten, sind seit 2001 unentgeltliche Übertragungen nunmehr zwingend zum Buchwert vorzunehmen, soweit nicht (ggf. rückwirkend) die Missbrauchsabwehrregelungen des § 6 Abs. 5 Satz 4 bis 6 EStG zur Anwendung kommen.

Nach Auffassung des BFH ist bei Übertragung aus dem bzw. in das Sonderbetriebsvermögen danach zu unterscheiden, ob es sich um das Sonderbetriebsvermögen bei derselben oder bei einer anderen Mitunternehmerschaft handelt. Bei Übertragung aus oder in das Sonderbetriebsvermögen einer anderen Mitunternehmerschaft handele es sich im Grundsatz um eine Entnahme und anschließende (Wieder-)Einlage (vgl. BFH v. 21.06.2012 – IV R 1/08, BFH/NV 2012, S. 1536); der hierfür nach § 6 Abs. 1 Nr. 4, 5 EStG vorgesehene Teilwertansatz werde sodann durch § 6 Abs. 5 Satz 3 Nr. 2 EStG zugunsten einer Buchwertfortführung außer Kraft gesetzt. Erfolgt die Übertragung dagegen aus oder in das Sonderbetriebsvermögen bei derselben Mitunternehmerschaft, so misst der BFH der Regelung des § 6 Abs. 5 Satz 3 Nr. 2 EStG lediglich deklaratorische Wirkung bei, da wegen der fortgesetzten Zugehörigkeit des Wirtschaftsguts zu demselben Betriebsvermögen ohnehin kein Entnahmetatbestand verwirklicht werde und infolgedessen der Buchwert auch ohne explizite Vorschrift fortzuführen sei (vgl. BFH v. 19.09.2012 – IV R 11/12, BFH/NV 2012, S. 1880).

Keine geänderte Zuordnung des übrigen GHV

Hinsichtlich der übrigen Rechtsfolgen des Buchwertansatzes kann grundsätzlich auf die Ausführungen zur Übertragung gegen Gewährung oder Minderung von Gesellschaftsrechten verwiesen werden (vgl. E II 2.4). Es bestehen allerdings insoweit Unterschiede, als unentgeltliche Übertragungen grundsätzlich nicht zu geänderten Beteiligungsverhältnissen führen. Infolgedessen ergeben sich keine Vermögensverschiebungen hinsichtlich des bisherigen Gesamthandsvermögens und auch keine disproportionalen Ertragsteuerlasten einzelner Mitunternehmer hinsichtlich der in den übrigen Wirtschaftsgütern des Gesamthandsvermögens vorhandenen stillen Reserven. Mangels Gewährung von Gesellschaftsrechten liegt daher für das bisherige Betriebsvermögen auch keine Einbringung i. S. v. § 24 UmwStG vor. Von Bedeutung ist lediglich, inwieweit die in dem übertragenen Wirtschaftsgut ruhenden stillen Reserven auf andere Mitunternehmer überspringen. Dies kann ggf. mit Hilfe von Ergänzungsbilanzen vermieden werden.

Konkurrenz zu § 6 Abs. 4 EStG

Zu klären ist zudem das Konkurrenzverhältnis zwischen § 6 Abs. 5 Satz 3 und § 6 Abs. 4 EStG. Letzterer sieht vor, dass im Fall einer unentgeltlichen Übertragung einzelner Wirtschaftsgüter in das Betriebsvermögen eines anderen Steuerpflichtigen für das aufnehmende Betriebsvermögen der gemeine Wert anzusetzen ist. Hierzu diene das folgende Beispiel:

BEISPIEL 66 ▰▰▰▰▰▰▰▰▰▰▰▰▰▰▰▰▰▰▰▰▰▰▰▰▰▰▰▰▰▰▰▰▰

Die XY-OHG möchte anhand eines Warenmusters die Aufnahme des betreffenden Produkts in ihr Sortiment prüfen. X, zugleich Mitunternehmer der XY-OHG, überträgt daraufhin ein Warenmuster aus seinem Einzelbetriebsvermögen unentgeltlich auf die XY-OHG.
Nach dem Wortlaut der beiden Vorschriften sind sowohl § 6 Abs. 4 EStG als auch § 6 Abs. 5 Satz 3 Nr. 1 EStG anwendbar. ◀|

De lege lata keine Anwendung von § 6 Abs. 4 EStG

Nach wohl h. M. ist § 6 Abs. 5 Satz 3 EStG als lex specialis gegenüber § 6 Abs. 4 EStG anzusehen, da die unentgeltliche Übertragung zwischen Mitunternehmer und Mitunternehmerschaft dort explizit genannt wird (vgl. HHR/NIEHUS/WILKE, § 6 EStG Anm. 1431). De lege lata fallen derartige Übertragungen daher unabhängig davon, ob sie durch das Gesellschaftsverhältnis oder bspw. durch den eigenen Betrieb des Mitunternehmers veranlasst sind, in den alleinigen Anwendungsbereich des § 6 Abs. 5 Satz 3 Nr. 1 bzw. 2 EStG.

Stellungnahme

Steuersystematisch zutreffend wäre es allerdings, auf die Veranlassung der Übertragung abzustellen: Im Fall betrieblicher Gründe wäre § 6 Abs. 4 EStG anzuwenden, bei einer Übertragung causa societatis hingegen § 6 Abs. 5 EStG (vgl. zum Konkurrenzverhältnis ausführlich HHR/NIEHUS/WILKE, § 6 EStG Anm. 1431).

LÖSUNG BEISPIEL 66

Nach wohl h.M. ist § 6 Abs. 5 Satz 3 Nr. 1 EStG anzuwenden mit der Folge, dass das Warenmuster zum Buchwert in die OHG übertragen wird, obwohl sich X und die OHG hinsichtlich der Übertragung des Warenmusters wie fremde Dritte gegenüberstehen und auch so verhalten. Weder im Einzelunternehmen noch in der OHG ergeben sich hierdurch Erfolgsauswirkungen.

U.E. wäre es systematisch zutreffend, § 6 Abs. 4 EStG anzuwenden. ◄|

BEISPIEL 67

X überträgt aus seinem Einzelbetriebsvermögen eine Maschine auf die XY-OHG, deren Mitunternehmer er ist. In Anbetracht der Liquiditätsprobleme der OHG erfolgt die Übertragung unentgeltlich.

Die Unentgeltlichkeit ist hier ausschließlich durch das Gesellschaftsverhältnis veranlasst, so dass § 6 Abs. 5 Satz 3 Nr. 1 EStG die einschlägige Rechtsnorm darstellt. ◄|

Missbrauchs-vorschriften des § 6 Abs. 5 EStG beachten

Wie bei Übertragungen gegen Gewährung von Gesellschaftsrechten sind auch bei unentgeltlichen Übertragungen die Missbrauchsabwehrregelungen des § 6 Abs. 5 Satz 4 bis 6 EStG anzuwenden. Bezüglich der Sperrfristregelung in § 6 Abs. 5 Satz 4 EStG besteht, wenn man von der oben beschriebenen Unsicherheit bei Übertragungen innerhalb ein und derselben Mitunternehmerschaft absieht, kein Unterschied zur Behandlung von Übertragungen gegen Gewährung von Gesellschaftsrechten; insoweit kann daher auf E II 2.4.5 verwiesen werden.

§ 6 Abs. 5 Satz 5 EStG

Grundsätzlich gilt dies auch für die Körperschaftsteuerklausel des § 6 Abs. 5 Satz 5 EStG; betroffen sind in erster Linie die folgenden Konstellationen:

- Eine natürliche Person überträgt als Mitunternehmer ein Wirtschaftsgut des Betriebs- oder Sonderbetriebsvermögens unentgeltlich in das Gesamthands-vermögen einer Mitunternehmerschaft, an deren Vermögen ein KSt-Subjekt mitunternehmerisch beteiligt ist.
- Ein Wirtschaftsgut wird aus dem Gesamthandsvermögen einer Personengesell-schaft unentgeltlich in das Betriebsvermögen eines KSt-Subjekts übertragen, das selbst Mitunternehmer der Personengesellschaft ist.
- Ein Mitunternehmer überträgt ein Wirtschaftsgut des Sonderbetriebsver-mögens unentgeltlich in das Sonderbetriebsvermögen eines KSt-Subjekts bei derselben Personengesellschaft.

In all diesen Fällen ist das Wirtschaftsgut insoweit, als es anschließend dem KSt-Subjekt mittelbar oder unmittelbar zuzurechnen ist, zum Teilwert anzusetzen.

§ 6 Abs. 5 Satz 5 EStG auch bei Aufstellung von Ergänzungsbilanzen

Ferner gilt es zu beachten, dass eine unentgeltliche Übertragung, die zur Begründung oder Erhöhung des Anteils eines KSt-Subjekts an dem übertragenen Wirtschaftsgut führt, anders als bei Übertragungen gegen Gewährung von Gesell-schaftsrechten (vgl. hierzu E II 2.4.6) auch dann zum (ggf. anteiligen) Ansatz des Teilwerts nach § 6 Abs. 5 Satz 5 EStG führt, wenn die bei Übertragung vorhandenen stillen Reserven durch Aufstellung von Ergänzungsbilanzen dem Übertragenden zugeordnet werden. Dies ist darin begründet, dass durch eine unentgeltliche Über-tragung die Kapitalgesellschaft, deren Anteil an dem Wirtschaftsgut begründet oder erhöht wird, bereichert wird, sich infolge dessen der Wert der Anteile an dieser Kapitalgesellschaft erhöht und diese Wertsteigerung anschließend begünstigt realisiert werden könnte. § 6 Abs. 5 Satz 5 EStG ist also auch dann anzuwenden, wenn Ergänzungsbilanzen aufgestellt werden, da der sich nach der zivilrechtlichen Vermögensbeteiligung richtende Anteil der Körperschaft an dem übertragenen Wirtschaftsgut unabhängig davon ist, ob eine Ergänzungsbilanz aufgestellt wird oder nicht (vgl. HHR/NIEHUS/WILKE, § 6 EStG Anm. 1474 g).

Da der übertragende Mitunternehmer bzw. die Mitunternehmer der übertragenden Personengesellschaft zumeist auch Anteilseigner des KSt-Subjekts sein werden, deren Anteil an dem übertragenen Wirtschaftsgut begründet oder erhöht sind, liegen zugleich die Tatbestandvoraussetzungen einer verdeckten Einlage i. S. v. § 6 Abs. 6 Satz 2 EStG vor. Diese würde dieselben Rechtsfolgen nach sich ziehen, ist aber gemäß § 6 Abs. 6 Satz 4 EStG gegenüber der Regelung des § 6 Abs. 5 Satz 3 EStG subsidiär. Gleichwohl sind auf der Ebene des übertragenden Gesellschafters die Voraussetzungen der verdeckten Einlage erfüllt, so dass sich dessen Anschaffungskosten für die GmbH-Anteile erhöhen. Zu Fällen, in denen keine verdeckte Einlage vorliegt, vgl. HHR/NIEHUS/WILKE, § 6 EStG Anm. 1474 j.

Verhältnis zur verdeckten Einlage

Wird der Anteil des KSt-Subjekts erst innerhalb der folgenden sieben Jahre begründet oder erhöht, entsprechen die Tatbestandsvoraussetzungen und Rechtsfolgen denen der Übertragung gegen Gewährung von Gesellschaftsrechten; insoweit sein auf E II 2.4.6 verwiesen.

Nachträgliche Begründung oder Erhöhung

Gegenüber einer Übertragung gegen Gewährung von Gesellschaftsrechten kommt erschwerend hinzu, dass es hier nicht möglich ist, den aufgrund des (ggf. rückwirkenden) Teilwertansatz entstehenden Gewinn ggf. nach § 6 b EStG zu neutralisieren, weil eine unentgeltliche Übertragung, anders als eine Übertragung gegen Gewährung oder Minderung von Gesellschaftsrechten, nicht als Veräußerung i. S. v. § 6 b EStG zu qualifizieren ist.

Keine Anwendung von § 6 b EStG möglich

3.3 Übertragungen zwischen Schwesterpersonengesellschaften

Wird ein Wirtschaftsgut unentgeltlich zwischen den Gesamthandsvermögen von Personengesellschaften übertragen, an denen ganz oder zumindest teilweise dieselben Personen beteiligt sind, so ist strittig, ob dies nach § 6 Abs. 5 EStG zu werten ist und damit steuerneutral erfolgt, oder ob vielmehr eine Aufdeckung der stillen Reserven bewirkt wird. Nach dem Gesetzeswortlaut wird dieser Fall jedenfalls von § 6 Abs. 5 Satz 3 EStG nicht explizit erfasst, und die Anwendung von § 6 Abs. 5 Satz 1 EStG ist umstritten.

Nach Auffassung der Finanzverwaltung soll eine Buchwertübertragung einzelner Wirtschaftsgüter zwischen Schwesterpersonengesellschaften weder nach § 6 Abs. 5 EStG (vgl. BMF v. 08. 12. 2011, BStBl. I 2011, S. 1279, Tz. 18; OFD Karlsruhe v. 20. 06. 2006, StEK EStG § 6 Abs. 5 Nr. 11 unter 4.) noch nach Realteilungsgrundsätzen (BMF v. 28. 02. 2006, BStBl. I 2006, S. 228, unter IV.1.) zulässig sein. Danach könnte in diesen Fällen die Aufdeckung der stillen Reserven nur dann vermieden werden, wenn die Übertragung durch ein entgeltliches Rechtsgeschäft im Anwendungsbereich des § 6 b EStG erfolgt, indem also das betreffende Wirtschaftsgut an die Schwesterpersonengesellschaft zu fremdüblichen Bedingungen veräußert, der Gewinn in eine steuerfreie Rücklage nach § 6 b EStG eingestellt und diese sodann auf das soeben erworbene Wirtschaftsgut bei der aufnehmenden Personengesellschaft als Reinvestitionswirtschaftsgut übertragen wird (vgl. BMF v. 08. 12. 2011, BStBl. I

Auffassung der FinVerw

2011, S. 1279, Tz. 18 ff.; kritisch NIEHUS, FR 2005, S. 278, 283 f.). Eine direkte unentgeltliche Übertragung könne hingegen nur unter Aufdeckung der stillen Reserven erfolgen, und auch im Fall einer mehrstufigen Kettenübertragung unter Nutzung von § 6 Abs. 5 Satz 2 EStG stehe regelmäßig die sogenannte Gesamtplanrechtsprechung einer Anerkennung der Steuerneutralität entgegen (vgl. BMF. v. 08.12.2011, BStBl. I 2011, S. 1279, Tz. 19). Durch diese restriktive Haltung will die Finanzverwaltung offenbar Steuergestaltungen entgegenwirken, die darauf abzielen, einzelne Wirtschaftsgüter zunächst steuerneutral in einer Schwesterpersonengesellschaft zu separieren und sodann nicht die Wirtschaftsgüter selbst, sondern vielmehr den Betrieb der Zielpersonengesellschaft bzw. die betreffenden Mitunternehmeranteile ohne gewerbesteuerliche Belastung und unter Inanspruchnahme der §§ 16, 34 EStG zu veräußern (vgl. NIEHUS, StuW 2008, S. 359, 367 f.).

Divergierende BFH-Rechtsprechung

Die Rechtsprechung des BFH in dieser Frage ist gespalten: Nach Auffassung des I. Senats (vgl. BFH v. 25.11.2009 – I R 72/08, BStBl. II 2010, S. 471) greift § 6 Abs. 5 Satz 1 EStG bei einer Übertragung zwischen Schwesterpersonengesellschaften nicht ein, da die Mitunternehmerschaft als selbständiges Steuersubjekt mit einem eigenen – von den Betriebsvermögen der Mitunternehmer zu unterscheidenden – Betriebsvermögen anzusehen sei. Auch sei eine analoge Anwendung der Regelung nicht möglich, da das Gesetz insoweit keine planwidrige Lücke aufweise, und schließlich enthalte § 6 Abs. 5 Satz 3 EStG einen abschließenden Katalog der erfolgsneutralen Übertragungsmöglichkeiten, in dem die Übertragung zwischen Schwesterpersonengesellschaften nicht vorkomme. Allerdings ist der I. Senat zu der Überzeugung gelangt, dass insoweit § 6 Abs. 5 Satz 3 EStG wegen Verstoßes gegen Art. 3 Abs. 1 GG als verfassungswidrig anzusehen sei und hat diese Frage in einem Folgeverfahren dem BVerfG vorgelegt (I R 80/12, BStBl. II 2013, S. 1004; Az. BVerfG: 2 BvL 8/13).

Der IV. Senat vertritt dagegen in einem AdV-Beschluss die Auffassung, § 6 Abs. 5 Satz 1 EStG sei im Wege einer verfassungskonformen Auslegung auf Übertragungen zwischen den Gesamthandsvermögen von Schwesterpersonengesellschaften anwendbar (vgl. BFH v. 15.04.2010 – IV B 105/09, BStBl. II 2010, S. 971). Das Hauptsacheverfahren hat der IV. Senat in der Folge bis zur Entscheidung des BVerfG in dem vom I. Senat vorgelegten Verfahren ausgesetzt (BFH v. 27.12.2013 – IV R 28/12, BFH/NV 2014, S. 535).

Stellungnahme

Aus steuersystematischer Sicht ist die Auffassung, eine Buchwertfortführung sei nach § 6 Abs. 5 EStG nicht möglich, kaum zu rechtfertigen. Der nunmehr auch vom I. Senat vertretenen Auffassung, ein Ausschluss der Schwesterpersonengesellschaften vom Buchwerttransfer sei verfassungswidrig, ist daher uneingeschränkt zu folgen. Die gegenteilige Auffassung beruht u. E. auf einem zu weit gehenden Verständnis der steuerrechtlichen Verselbständigung der Mitunternehmerschaft gegenüber ihren Mitunternehmern (vgl. NIEHUS/WILKE, SteuK 2010, S. 385, 386). In Anbetracht der Tatsache, dass die Versteuerung der von der Personengesellschaft erzielten Einkünfte alleinig durch ihre Gesellschafter erfolgt, erscheint es gerechtfertigt, in derartigen Fällen das Betriebsvermögen der Gesellschaft zugleich auch als ideell anteiliges Betriebsvermögen der Gesellschafter zu behandeln. Dies stellt keinen Rückfall in die Bilanzbündeltheorie dar, sondern ist vielmehr gängige Steuerrechtspraxis, wenn man etwa an die gesellschafterbezogene Anwendung von § 6 b EStG oder an die steuerrechtliche Fiktion denkt, nach der der Erwerber eines Mitunternehmeranteils vom Veräußerer anteilige Wirtschaftsgüter erwirbt. Zudem ist es wenig überzeugend, bei der Übertragung von Wirtschaftsgütern zwischen dem Gesamthandsvermögen und dem (Sonder-)Betriebsvermögen nur eines Gesellschafters ggf. das Überspringen stiller Reserven auf andere Mitunternehmer nach § 6 Abs. 5 Satz 3 EStG zuzulassen, bei Schwesterpersonengesellschaften die Buchwertfortführung aber sogar dann zu versagen, wenn keinerlei Steuersubstrat auf andere Rechtssubjekte überspringt (vgl. NIEHUS, FR 2005, S. 278, 279). Auch zur Vermeidung der von der Finanzverwaltung befürchteten Ausgliederung von Wirtschaftsgütern auf Objektgesellschaften, deren Anteile anschließend gewerbesteuerfrei und nach den §§ 16, 34 EStG begünstigt veräußert werden könnten, bedarf es der Versagung der Buchwertübertragung nicht; vielmehr kann stattdessen der Begünstigung des nachfolgenden Veräußerungsvorgangs mit der Gesamtplanrechtsprechung zielgenau begegnet werden (so nun auch BFH v. 17.12.2014 – IV R 57/11, BFH/NV 2015, S. 587, zur Rechtslage vor Einführung von § 6 Abs. 5 EStG). Zumindest bei personenidentischen Schwesterpersonengesellschaften ist daher mit dem IV. Senat und der h.M. eine weite Auslegung des § 6 Abs. 5 Satz 1 EStG und damit eine Übertragung zu Buchwerten geboten (vgl. auch KIRCHHOF/REISS, 2015, § 15 Rz. 388ff.). Bei unterschiedlichen Beteiligungsverhältnissen wäre es u.E. sachgerecht, § 6 Abs. 5 Satz 1 EStG zumindest insoweit anzuwenden, als eine Verschiebung stiller Reserven nicht eintritt (vgl. HHR/NIEHUS/WILKE, § 6 EStG Anm. 1447e m.w.N.; vgl. auch Niedersächsisches FG v. 31.05.2012, EFG 2012, S. 2106, nrk., Rev. eingelegt, Az. BFH: IV R 28/12). Ob dies de lege lata auch bei personenverschiedenen Schwestergesellschaften gilt, erscheint fraglich. Eine dies nachbildende »Kettenübertragung« unter Anwendung von § 6 Abs. 5 Satz 3 EStG steht im Zusammenhang mit der Gesamtplanrechtsprechung nach Auffassung der Finanzverwaltung unter Missbrauchsverdacht (vgl. BMF v. 08.12.2011, BStBl. I 2011, S. 1279, Tz. 19).

Scheidet ein Gesellschafter gegen Erhalt einzelner Wirtschaftsgüter aus einer Personengesellschaft aus (Sachwertabfindung, vgl. auch G IV) und gelangen die Wirtschaftsgüter dabei unmittelbar in das Gesamthandsvermögen einer eigens hierzu gegründeten Einmann-GmbH & Co.KG, an der der Ausscheidende zu 100% beteiligt ist, ist die Anwendung von § 6 Abs. 5 Satz 3 Nr. 1 EStG nach Auffassung des FG Düsseldorf im Analogiewege möglich und auch verfassungsrechtlich geboten, da der Sachverhalt bzgl. des vollen Übergangs der stillen Reserven auf den Ausgeschiedenen mit einer Übertragung in ein Einzelbetriebsvermögen vergleichbar und für eine diesbezüglich abweichende steuerliche Behandlung weder eine Rechtfertigung ersichtlich noch eine gesetzgeberische Intention erkennbar sei (vgl. FG Düsseldorf v. 04.12.2014, EFG 2015, S. 551, nrk., Rev. eingelegt, Az. BFH: IV R 11/15). Auf das Ergebnis des Revisionsverfahrens, das wegen der Andersartigkeit des zugrunde liegenden Sachverhalts u.E. nicht aufgrund der BVerfG-Vorlage des I. Senats (I R 80/12, BStBl. II 2013, S. 1004; Az. BVerfG 2 BvL 8/13) auszusetzen ist (gl.A. KORN, BeSt 2015, S. 27), darf man gespannt sein.

Sonderfall Ausbringung in Einmann-GmbH & Co. KG

4 Teil- und mischentgeltliche Übertragungen

4.1 Grundlagen

Entgelt < Teilwert

Als teilentgeltlich wird hier die Übertragung eines Wirtschaftsguts vom Gesellschafter an die Gesellschaft oder umgekehrt bezeichnet, wenn ein Entgelt vereinbart wird, das unterhalb des Teilwerts liegt. Wie bei einer vollständig entgeltlichen Übertragung kommt als ein solches (Teil)Entgelt neben einer Barzahlung auch die Vereinbarung einer Darlehensforderung zugunsten des Übertragenden oder die Übernahme von Verbindlichkeiten durch den Übertragungsempfänger in Frage (vgl. hierzu NIEHUS/WILKE, FR 2005, S. 1012, 1014; siehe auch BMF v. 08.12.2011, BStBl. I S. 1279, Tz. 15).

Gesellschaftsrechte < Teilwert: teilentgeltlich, wenn aus bzw. in PV

Eine teilentgeltliche Übertragung liegt grundsätzlich auch dann vor, wenn das den Teilwert unterschreitende Entgelt ausschließlich in der Gewährung oder Minderung von Gesellschaftsrechten besteht, da der Tausch ein entgeltliches Rechtsgeschäft darstellt. Im hier interessierenden Kontext gilt dies aber im Ergebnis nur dann, wenn die Übertragung aus oder in das Privatvermögen des Gesellschafters erfolgt, da die Übertragung aus oder in (Sonder-)Betriebsvermögen des Gesellschafters gegen Gewährung oder Minderung von Gesellschaftsrechten gem. § 6 Abs. 5 Satz 3 Nr. 1, 2 EStG im Grundsatz ohnehin wie eine unentgeltliche Übertragung behandelt wird. Dies gilt naturgemäß erst recht, wenn die Erhöhung oder Minderung der Gesellschaftsrechte wertmäßig hinter dem Teilwert des übertragenen Wirtschaftsguts zurückbleibt.

Aufteilung in entgeltlichen und unentgeltlichen Teil

Liegt eine i.S.d. vorstehenden Ausführungen teilentgeltliche Übertragung vor, ist das Rechtsgeschäft in einen entgeltlichen und in einen unentgeltlichen Teil aufzuspalten (vgl. BMF v. 07.06.2001, BStBl. I 2001, S. 367). Hinsichtlich des entgeltlichen Teils entsprechen die Rechtsfolgen im Ergebnis denen der Veräußerung zu fremdüblichen Bedingungen. Hinsichtlich des unentgeltlichen Teils der Übertragung sind dagegen die Grundsätze der unentgeltlichen Übertragung anzuwenden.

Barentgelt zzgl. Gesellschaftsrechte: vollentgeltliche Übertragung gegen Mischentgelt

Wird die Differenz zwischen Barentgelt und Teilwert dagegen durch Gewährung oder Minderung von Gesellschaftsrechten ausgeglichen, liegt ein vollentgeltliches Rechtsgeschäft vor, bei dem sich das Entgelt aus verschiedenen Bestandteilen zusammensetzt (sog. Mischentgelt).

4.2 Teilentgeltliche Übertragung auf die Gesamthand

BEISPIEL 68

C ist als Komplementär mit 60%, D als Kommanditist mit 40% an Gewinn, Verlust und Vermögen der CD-KG beteiligt. C veräußert an die CD-KG ein unbebautes Grundstück, dessen Teilwert 15.000 € beträgt und das er zwei Jahre zuvor für 10.000 € erworben hatte, zu einem Kaufpreis von 10.000 €. C werden keine Gesellschaftsrechte als Ausgleich für die verbilligte Übertragung gewährt. Grund für den geringen Kaufpreis ist die angespannte Liquiditätslage der KG. Das Grundstück wird von der KG fortan betrieblich genutzt. C nutzte das Grundstück bisher alternativ wie folgt:

a) C hatte das Grundstück seit der Anschaffung lediglich privat als Wochenendgrundstück genutzt.

b) Das Grundstück diente als Lagerplatz dem von C als Einzelunternehmung betriebenen Gebrauchtwagenhandel.

c) C hatte das Grundstück bisher an die CD-KG vermietet. ◀

Die Aufteilung einer verbilligten Veräußerung eines Wirtschaftsguts durch den Mitunternehmer an die Gesamthand in einen entgeltlichen und einen unentgeltlichen Teil erfolgt im Verhältnis des vereinbarten Entgelts zum Teilwert des übertragenen Wirtschaftsguts (vgl. BMF v. 08.12.2011, BStBl. I 2011, S. 1279, Tz. 15).

LÖSUNG BEISPIEL 68 ▬▬▬▬▬▬
Da der Teilwert des veräußerten Grundstücks 15.000 €, der vereinbarte Kaufpreis aber nur 10.000 € beträgt, erfolgt die Übertragung zu 2/3 entgeltlich und zu 1/3 unentgeltlich. ◀|

Der entgeltliche Teil der Übertragung wird im Grundsatz wie eine Veräußerung zu fremdüblichen Bedingungen behandelt (vgl. hierzu E II 1.1). Bei der Ermittlung etwaiger steuerbarer Veräußerungsgewinne ist allerdings strittig, ob dem vereinbarten Entgelt nur die anteilig auf den entgeltlichen Teil der Übertragung entfallenden Anschaffungskosten bzw. der anteilige Buchwert (»strenge« Trennungstheorie) oder vielmehr der gesamte Buchwert (»modifizierte« Trennungstheorie) gegenüberzustellen ist. **Behandlung des entgeltlichen Teils**

Erfolgt die Übertragung aus dem Privatvermögen des Gesellschafters, sind nach derzeitiger Verwaltungsauffassung und Rechtsprechung die Anschaffungskosten des übertragenen Wirtschaftsguts dem Teilentgelt zur Ermittlung eines etwaigen Gewinns nach §§ 17, 20 Abs. 2, 23 EStG nur anteilig gegenüberzustellen (vgl. BFH v. 17.07.1980 – IV R 15/76, BStBl. II 1981, S. 11 zu § 17 EStG; v. 29.06.2011, IX R 63/10, BStBl. II 2011, S. 873 zu § 23 EStG). **Aus PV: »strenge« Trennungstheorie**

Stammt das Wirtschaftsgut dagegen aus dem Betriebs- oder Sonderbetriebsvermögen des Übertragenden, bestehen diesbezüglich unterschiedliche Auffassungen. Während die Finanzverwaltung auch hier die »strenge« Trennungstheorie vertritt (vgl. BMF v. 08.12.2011, BStBl. I 2011, S. 1279, Tz. 15), so dass im Ergebnis der dem anteiligen Entgelt entsprechende Teil der stillen Reserven aufzudecken ist, ist der IV. Senat des BFH der Auffassung, dass ein nicht über den (gesamten) Buchwert hinausgehendes Entgelt grundsätzlich nicht zur Entstehung eines Veräußerungsgewinns führen könne (vgl. BFH v. 21.06.2012 – IV R 1/08, BFH/NV 2012, S. 1536 sowie v. 19.09.2012 – IV R 11/12, BFH/NV 2012, S. 1880; zu möglichen Konsequenzen der Urteilsgrundsätze in anderen Bereichen vgl. DEMUTH, EStB 2012, S. 457, 458 f.). Die Finanzverwaltung hat auf diese Urteile mit einem vorläufigen Nichtanwendungserlass reagiert (BMF v. 12.09.2013, BStBl. I 2013, S. 1164). Im Ergebnis soll zunächst die Entscheidung des X. Senats im Verfahren X R 28/12 abgewartet werden; bis zum Ergebnis dieses BFH-Verfahrens ruhen entsprechende Einsprüche. Der X. Senat hat in diesem Verfahren seinerseits das BMF zum Beitritt aufgefordert (BFH v. 19.03.2014 – X B 28/12, BStBl. II 2014, S. 629). Hierdurch soll insbesondere geklärt werden, ob es bei Anwendung der vom IV. Senat vertretenen »modifizierten« Trennungstheorie zu Schwierigkeiten bei der Besteuerung des Erwerbers des teilentgeltlich übertragenen Wirtschaftsguts komme und welche Auswirkungen sich für die Beurteilung teilentgeltlicher Übertragungen von Wirtschaftsgütern des Privatvermögens ergäben. **Aus BV/SBV: strittig**

Unseres Erachtens ist die einseitige Zuordnung des Buchwerts zum entgeltlichen Teil der Übertragung kaum schlüssig begründbar (vgl. hierzu ausführlich NIEHUS/WILKE, FR 2005, S. 1012, 1015; FG Baden-Württemberg v. 23.05.2012, BeckRS 2013, 94158, nrk., Rev. eingelegt, Az. BFH: X R 28/12). Insbesondere in Fällen, in denen das Entgelt nicht nur den Verkehrswert, sondern auch den Buchwert **Stellungnahme** des Wirtschaftsguts unterschreitet, ist diese Lösung nicht widerspruchsfrei, würde sie doch bei vollständiger Zurechnung des Buchwerts zum entgeltlichen Teil zu einem Veräußerungsverlust führen. Nach Auffassung des BFH sei daher dem entgeltlichen Teil des Rechtsgeschäfts der Buchwert nur bis zur Höhe des Entgelts zuzurechnen, während der darüber hinausgehende Teil des Buchwerts auf den unentgeltlichen Teil entfällt. Im Ergebnis wird zwar hierdurch das Entstehen eines Veräußerungsverlusts vermieden, jedoch erscheint diese Aufteilung des Buchwertes in Abhängigkeit von der Höhe des gezahlten Entgelts willkürlich. Unseres Erachtens ist es bei Anwendung der Trennungstheorie vielmehr sachgerecht und folgerichtig, das für die Aufteilung des Rechtsgeschäfts herangezogene Verhältnis (Teilentgelt im Verhältnis zum Verkehrswert) auch für die Aufteilung des Buchwerts zu verwenden (vgl. DORNHEIM, FR 2014, S. 869, 873 f.). Auf diese Weise wird auch steuerrechtlich der Tatsache Rechnung getragen, dass in dem zu würdigenden Rechtsvorgang sowohl eine entgeltliche Veräußerung als auch eine schenkweise Übertragung liegt. Eine am Leistungsfähigkeitsprinzip ausgerichtete Besteuerung wird hierbei im Ergebnis nur bewirkt, wenn es durch den entgeltlichen Teil der Übertragung zur Aufdeckung anteiliger stiller Reserven kommt und zugleich bezüglich des unentgeltlichen Teils der Übertragung die Anwendbarkeit von § 6 Abs. 5 Satz 4 bis 6 EStG gewährleistet ist.

In der Gesamthandsbilanz der Personengesellschaft ist der entgeltlich erworbene Teil des Wirtschaftsguts mit den Anschaffungskosten i. H. d. Entgelts anzusetzen.

FORTSETZUNG BEISPIEL 68

Die Übertragung erfolgt zu 2/3 entgeltlich und zu 1/3 unentgeltlich, da der vereinbarte Kaufpreis 2/3 des Verkehrswertes beträgt. Nach Auffassung der Finanzverwaltung sind dem Entgelt nur 2/3 des Buchwerts gegenüberzustellen, so dass sich ein Veräußerungsgewinn von 3.333 € (= Veräußerungspreis 10.000 € abzgl. 2/3 der Anschaffungskosten 6.667 €) ergibt. Die CD-KG aktiviert danach hinsichtlich des entgeltlich erworbenen Teils des Grundstücks Anschaffungskosten i. H. v. 10.000 €. Dies gilt für die Fälle a), b) und c) gleichermaßen.
Nach Auffassung des IV. Senats des BFH beläuft sich der Veräußerungsgewinn dagegen in den Fällen b) und c) auf 0 €, da dem Entgelt der gesamte Buchwert gegenüberzustellen sei. Bei der CD-KG ergibt sich insoweit kein Unterschied. ◀|

Behandlung des unentgeltlichen Teils

Auch bezüglich des unentgeltlichen Teils der Übertragung ist danach zu differenzieren, in welchem Vermögensbereich sich das Wirtschaftsgut beim übertragenden Mitunternehmer zuvor befand.

Aus PV: Einlage

Soweit es sich um Privatvermögen handelte (vgl. hierzu ausführlich E II 3.1), ist die unentgeltliche Übertragung als verdeckte Einlage zu qualifizieren und der unentgeltlich übertragene Teil des Wirtschaftsguts bei der KG gemäß § 6 Abs. 1 Nr. 5 EStG grundsätzlich mit dem anteiligen Teilwert zu bewerten. Unmittelbare steuerliche Folgen ergeben sich aus der anteiligen Einlage für den übertragenden Mitunternehmer nicht. Zu beachten ist aber, dass im Fall einer späteren Veräußerung des Wirtschaftsguts durch die Gesamthand u. U. private Veräußerungsgewinne i. S. v. § 23 Abs. 1 Satz 5 Nr. 1 EStG entstehen.

FORTSETZUNG BEISPIEL 68 ▮▮▮▮▮▮▮▮▮▮

Bezüglich des unentgeltlichen Teils liegt im Fall a) eine Einlage vor, die bei der CD-KG gemäß § 6 Abs. 1 Nr. 5 EStG grundsätzlich zum Ansatz mit dem anteiligen Teilwert (= 5.000 €) führt. Da die Anschaffung durch C jedoch nicht mehr als drei Jahre zurückliegt, erfolgt die Einlage hier gemäß § 6 Abs. 1 Nr. 5 Satz 1 Buchst. a EStG maximal zu den anteiligen Anschaffungskosten von 3.333 € (= 1/3 von 10.000 €). Eine spätere Veräußerung durch die KG innerhalb von 10 Jahren nach der ursprünglichen Anschaffung würde den Tatbestand des § 23 Abs. 1 Satz 5 Nr. 1 EStG erfüllen. Allerdings ergäbe sich im vorliegenden Fall kein steuerpflichtiger Gewinn, weil der als Veräußerungspreis geltende Einlagewert nach § 23 Abs. 3 Satz 2 EStG (3.333 €) hier den anteiligen Anschaffungskosten des C (ebenfalls 3.333 €) entspricht. ◀|

Entstammt das Wirtschaftsgut dem Betriebsvermögen eines Einzelbetriebs oder aus einem Sonderbetriebsvermögen des Mitunternehmers an dieser oder einer anderen Mitunternehmerschaft, so ist insoweit nach § 6 Abs. 5 Satz 3 EStG der Buchwert anzusetzen. Diesbezüglich kann auf die Ausführungen in E II 3.2 verwiesen werden.

Aus BV/SBV: BW-Fortführung nach § 6 Abs. 5 Satz 3 EStG

FORTSETZUNG BEISPIEL 68 ▮▮▮▮▮▮▮▮▮▮

§ 6 Abs. 5 Satz 3 EStG verlangt bei unentgeltlicher Übertragung zwingend die Buchwertfortführung. Damit ist das Grundstück in den Fällen b) und c) von der Gesellschaft anteilig zum Buchwert zu übernehmen.
Nach Auffassung der Finanzverwaltung (siehe oben) beträgt der auf den unentgeltlich übertragenen Teil des Wirtschaftsguts entfallende Buchwert 1/3 von 10.000 € = 3.333 €. Insgesamt ist das Grundstück bei der CD-KG daher mit 13.333 € anzusetzen.
Die BFH-Lösung führt dagegen dazu, den gesamten Buchwert dem entgeltlichen Teil der Übertragung zuzurechnen, so dass der auf den unentgeltlichen Teil entfallende (und von der KG fortzuführende) Buchwert 0 € beträgt. In diesem Fall wäre das Grundstück daher mit 10.000 € anzusetzen.
Unabhängig von der Zuordnung des Buchwerts bietet es sich an, das Grundstück in der steuerlichen Gesamthandsbilanz auch hinsichtlich des unentgeltlich übertragenen Teils mit dem anteiligen Teilwert von 5.000 € anzusetzen und für C eine negative Ergänzungsbilanz aufzustellen, die einen Minderwert für das Grundstück i.H.d. auf den unentgeltlich übertragenen Teil entfallenden stillen Reserven (Finanzverwaltungslösung: 1.667 €; BFH-Lösung: 5.000 €) enthält. Hierdurch wird sichergestellt, dass die auf den unentgeltlich übertragenen Teil des Wirtschaftsguts entfallenden stillen Reserven im Ergebnis nur von C zu versteuern sind. Erfolgt dies nicht, ist die Sperrfrist gemäß § 6 Abs. 5 Satz 4 EStG zu beachten. ◀|

Während die ggf. durch den entgeltlichen Teil der Übertragung aufgedeckten stillen Reserven bei Vorliegen der weiteren Voraussetzungen durch § 6 b EStG begünstigt sein können, ist das bei den auf den unentgeltlichen Teil der Übertragung entfallenden stillen Reserven nicht der Fall, da es insoweit an einer Veräußerung fehlt. Etwas anderes gilt nur dann, wenn bei einer Übertragung gegen Gewährung von Gesellschaftsrechten wegen der Missbrauchsabwehrregelungen in § 6 Abs. 5 Satz 4 bis 6 EStG (ggf. rückwirkend) der Teilwert anzusetzen ist.

§ 6 b EStG nur bezüglich des entgeltlichen Teils

4.3 Teilentgeltliche Übertragung auf den Mitunternehmer

Auch in diesem Fall liegt anteilig insoweit ein Veräußerungsgeschäft vor, als das Wirtschaftsgut entgeltlich übertragen wird. Hinsichtlich des unentgeltlich übertragenen Teils des Wirtschaftsguts handelt es sich entweder um eine Entnahme nach

Veräußerung und Entnahme bzw. § 6 Abs. 5 Satz 3 EStG

§ 6 Abs. 1 Nr. 4 EStG (Wirtschaftsgut gelangt in das Privatvermögen) oder um eine nach § 6 Abs. 5 Satz 3 EStG zu beurteilende Übertragung (Wirtschaftsgut gelangt in ein Betriebs- oder Sonderbetriebsvermögen des Mitunternehmers).

BEISPIEL 69

Wie Beispiel 56, jedoch überträgt die AB-OHG das Grundstück an A nicht gegen Zahlung eines Kaufpreises von 200.000 €, sondern gegen Übernahme von Verbindlichkeiten von 150.000 €. A nutzt das Grundstück für Zwecke seines nebenher bestehenden gewerblichen Einzelunternehmens. Soweit möglich, soll eine Versteuerung der stillen Reserven im Übertragungszeitpunkt vermieden werden.

LÖSUNG Die Übernahme von Schulden ist als Entgelt für die Übertragung des Wirtschaftsguts anzusehen (vgl. BFH v. 11.12.1997 – IV R 28/97, BFH/NV 1998, S. 836; BMF v. 08.12.2011, BStBl. I 2011, S. 1279, Tz. 15). Da die Höhe der übernommenen Schulden nur 75 % des Teilwerts des Grundstücks beträgt, wird dieses zu 75 % entgeltlich und zu 25 % unentgeltlich übertragen.

Behandlung des entgeltlichen Teils der Übertragung:
Die AB-OHG realisiert nach u.E. zutreffender Auffassung der Finanzverwaltung hinsichtlich des entgeltlichen Teils der Übertragung einen Veräußerungsgewinn i.H.v. 75.000 € (= übernommene Schulden abzüglich 75 % des Buchwerts des Grundstücks), der allen Gesellschaftern nach dem Gewinnverteilungsschlüssel zuzurechnen und bei Vorliegen der übrigen Voraussetzungen (insbesondere § 6 b Abs. 4 EStG) nach § 6 b EStG begünstigt ist. A hat insoweit Anschaffungskosten i.H.v. 150.000 €. A kann den Gewinn nach § 6 b EStG insoweit, als er auf ihn entfällt, in seinem Einzelunternehmen auf das Grundstück übertragen. Nach Auffassung des BFH entsteht lediglich ein Gewinn von 50.000 €, da die übernommene Verbindlichkeit den (gesamten) Buchwert lediglich um 50.000 € übersteigt. Das zu § 6 b EStG Gesagte gilt entsprechend.

Behandlung des unentgeltlichen Teils der Übertragung:
§ 6 Abs. 5 Satz 3 EStG verlangt bei unentgeltlicher Übertragung zwingend die Buchwertfortführung. Damit ist das Grundstück im Betriebsvermögen des A insoweit, als es unentgeltlich erworben wurde, zum Buchwert anzusetzen.
Nach zutreffender Auffassung der Finanzverwaltung beträgt der auf den unentgeltlich übertragenen Teil des Wirtschaftsguts entfallende Buchwert 25 % von 100.000 € = 25.000 €. Insgesamt ist das Grundstück bei A daher mit 175.000 € anzusetzen. Bei der OHG ist der auf den unentgeltlichen Teil entfallende Buchwert des Grundstücks zu Lasten der gesamthänderisch gebundenen Rücklage erfolgsneutral auszubuchen.
Nach der vom BFH vertretenen Lösung ist dem unentgeltlichen Teil der Übertragung hier kein anteiliger Buchwert zuzuordnen, so dass das Grundstück nur mit 150.000 € anzusetzen ist. ◄

Zur Anwendung der Sperrfristregelung in § 6 Abs. 5 Satz 4 EStG im Fall der Ausbringung vgl. E II 2.4.5.

4.4 Mischentgeltliche Übertragungen

Entgelt besteht aus Gesellschaftsrechten und sonstigen Bestandteilen

Setzt sich das Entgelt sowohl aus Gesellschaftsrechten als auch aus sonstigen Bestandteilen zusammen, ist bzgl. der Rechtsfolgen nach der Vermögenszugehörigkeit des Wirtschaftsguts beim Gesellschafter zu differenzieren:

Aus/in PV: wie »normales« Entgelt

Gelangt das Wirtschaftsgut in das bzw. entstammt es aus dem Privatvermögen des Gesellschafters, ist die Übertragung als vollentgeltliches Rechtsgeschäft zu qualifizieren; es handelt sich insoweit um ein tauschähnliches Veräußerungsgeschäft mit Baraufgabe. Zu den Rechtsfolgen siehe E II 1.1 und E II 2.3.

Dagegen ist der Vorgang teilweise nach den für entgeltliche Übertragungen geltenden Grundsätzen und teilweise nach § 6 Abs. 5 Satz 3 EStG (Buchwertfortführung, vgl. E II 3.2) zu beurteilen, wenn das übertragene Wirtschaftsgut dem (Sonder-)Betriebsvermögen des Gesellschafters entstammt bzw. in dieses gelangt (vgl. BFH v. 11.12.2001 – VIII R 58/98, BStBl. II 2002, S. 420). Hierbei ist nach übereinstimmender Auffassung von Finanzverwaltung und BFH (v. 11.12.2001 – VIII R 58/98, BStBl. II 2002, S. 420) zur Ermittlung des Gewinns aus dem gegen sonstiges Entgelt erfolgten Teil des Rechtsgeschäfts sowie zur Ermittlung des anteilig fortzuführenden Anteils des Buchwerts selbiger im Sinne der »strengen« Trennungstheorie aufzuteilen, da hier die unterschiedlichen Realisationsgrundsätze (Buchwertfortführung bei der Gewährung von Gesellschaftsrechten und Aufdeckung stiller Reserven bei sonstigem Entgelt) gleichberechtigt nebeneinander stehen und daher im Wege der Aufspaltung des Übertragungsvorgangs miteinander zu kombinieren sind.

Aus/in (Sonder-)BV: teilweise BW-Fortführung nach § 6 Abs. 5 Satz 3 EStG

5. Zusammenfassende Übersichten

Die nachfolgenden Übersichten verdeutlichen die erläuterten Zusammenhänge. Dabei wurde aus Gründen der Übersichtlichkeit auf die Darstellung teilentgeltlicher Übertragungen verzichtet. Deren Behandlung entspricht teilweise derjenigen für entgeltliche und teilweise derjenigen für unentgeltliche bzw. gegen Gewährung oder Minderung von Gesellschaftsrechten erfolgende Übertragungen.

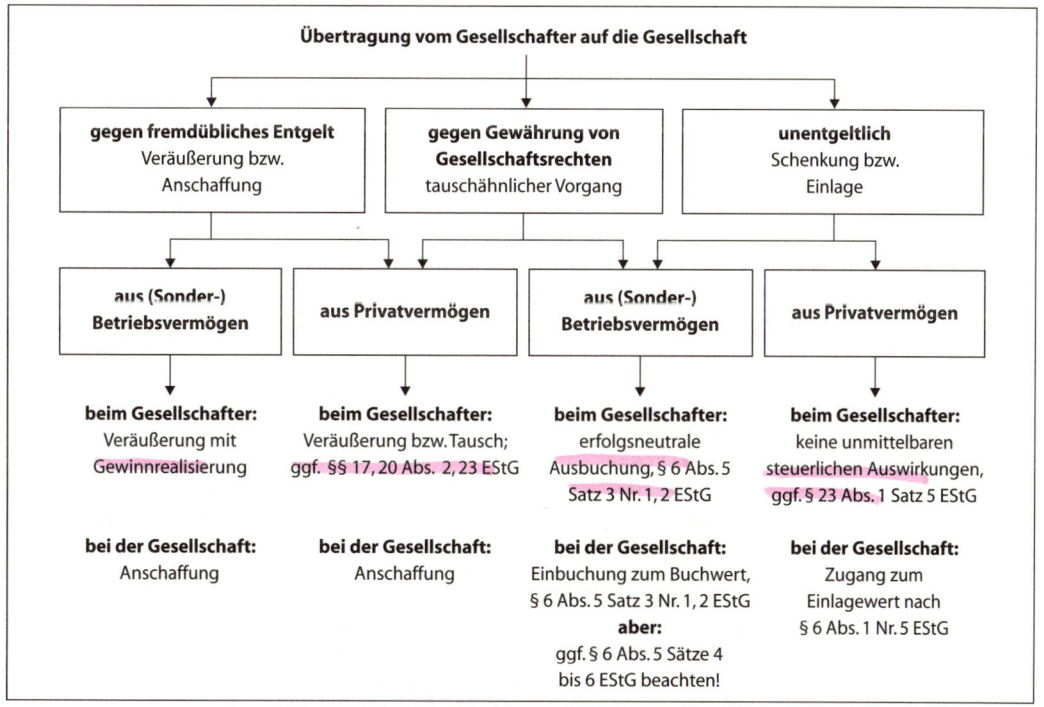

Abb. 10 Übertragung vom Gesellschafter auf die Gesellschaft

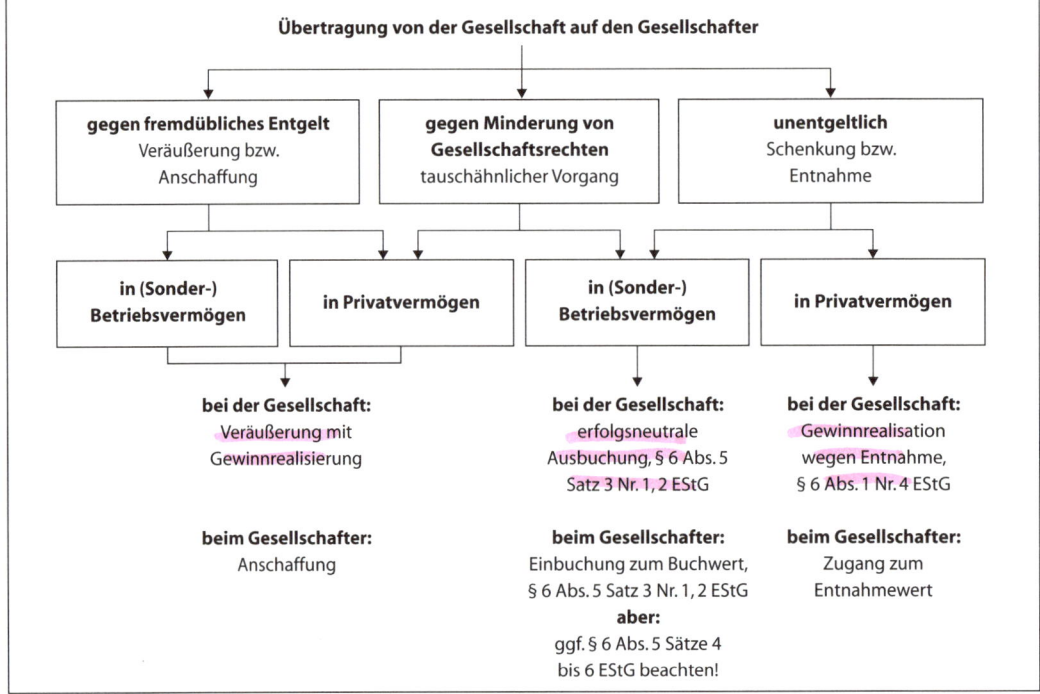

Abb. 11 Übertragung von der Gesellschaft auf den Gesellschafter

III Übertragung zwischen Gesellschaftern derselben Mitunternehmerschaft

Beschränkung auf Übertragung von SBV auf SBV

Von den Fällen, in denen ein Gesellschafter einer Personengesellschaft ein Wirtschaftsgut an einen anderen Gesellschafter derselben Personengesellschaft überträgt, ist hier nur der Fall interessant, in dem das Wirtschaftsgut sowohl beim bisherigen als auch beim anschließenden Eigentümer dem Sonderbetriebsvermögen bei derselben Personengesellschaft zuzurechnen ist (Fall 2 der Tabelle in E I). In allen anderen Fällen stehen sich die beiden Gesellschafter wie fremde Dritte gegenüber; hier sind keine Besonderheiten zu erörtern.

Gewinnrealisation bei fremdüblicher Veräußerung

Erfolgt die Veräußerung von Sonderbetriebsvermögen an einen anderen Gesellschafter, bei dem das Wirtschaftsgut ebenfalls dem Sonderbetriebsvermögen bei derselben Mitunternehmerschaft zugehörig ist, zu fremdüblichen Bedingungen, so sind die Folgen für den Veräußernden dieselben wie bei einer Veräußerung an die Gesellschaft oder fremde Dritte: Die stillen Reserven werden durch den Veräußerungsvorgang aufgelöst, der Erwerbende aktiviert zu Anschaffungskosten.

Bei Unentgeltlichkeit Buchwertansatz mit Sperrfrist

Wird das Wirtschaftsgut dagegen unentgeltlich, d. h. ohne Gegenleistung übertragen, so erfolgt dies gemäß § 6 Abs. 5 Satz 3 Nr. 3 EStG zwingend zum Buchwert. Nach Auffassung des BFH ist bei Übertragungen innerhalb derselben Mitunternehmerschaft ohnehin kein zur Gewinnrealisierung führender Tatbestand erfüllt, so dass die Fortführung der Buchwerte auch ohne die explizite Regelung in § 6 Abs. 5

Satz 3 Nr. 3 EStG geboten sei (vgl. BFH v. 19.09.2012 – IV R 11/12, BFH/NV 2012, S. 1880). Zwar ist das Urteil zu Übertragungen aus dem Sonderbetriebsvermögen des Gesellschafters in das Gesamthandsvermögen der betreffenden Mitunternehmerschaft ergangen, für den hier in Rede stehenden Fall der unentgeltlichen Übertragung aus dem Sonderbetriebsvermögen eines Gesellschafters in das Sonderbetriebsvermögen eines anderen Gesellschafters bei derselben Mitunternehmerschaft kann jedoch nichts anderes gelten, da auch hier das betreffende Wirtschaftsgut im Betriebsvermögen der Personengesellschaft verbleibt.

Eine Aufdeckung der stillen Reserven erfolgt in diesem Fall erst beim übernehmenden Mitunternehmer nach allgemeinen Vorschriften. Zu beachten ist auch hier die Sperrfrist des § 6 Abs. 5 Satz 4 EStG. Wie im Fall der Ausbringung ist es auch hier unklar, ob und ggf. auf welche Weise zur Vermeidung der Sperrfristregelung eine Zuordnung der stillen Reserven zum Übertragenden möglich ist (vgl. hierzu auch E II 2.4.5). Soweit die Übertragung in das Sonderbetriebsvermögen einer mitunternehmerisch beteiligten Körperschaft erfolgt, ist das Wirtschaftsgut gem. § 6 Abs. 5 Satz 5 EStG zum Teilwert anzusetzen (vgl. E II 2.4.6).

Erfolgt die Übertragung nicht unentgeltlich, sondern lediglich verbilligt, so ist die Übertragung in einen entgeltlichen und einen unentgeltlichen Teil aufzuspalten. Der entgeltliche Teil führt beim Übertragenden zu einem Veräußerungsgewinn i.H.d. Differenz zwischen vereinbartem Entgelt und anteiligem Buchwert, beim Übernehmenden zu Anschaffungskosten. Nach Auffassung des BFH ist der Buchwert dagegen bis zur Höhe des Entgelts dem entgeltlichen Teil der Übertragung zuzuordnen, so dass ein Entgelt bis zur Höhe des Buchwerts nicht zur Gewinnentstehung führt (vgl. E II 4.2). Die Behandlung des unentgeltlichen Teils entspricht den Grundsätzen zur voll unentgeltlichen Übertragung.

Bei teilentgeltlicher Übertragung Aufteilung

BEISPIEL 70 |▬▬▬▬▬▬▬▬▬▬▬▬▬▬▬▬▬▬▬▬

E und F sind Mitunternehmer der EF-OHG. E überträgt eine Maschine (Buchwert 10.000 €, Teilwert = gemeiner Wert = 30.000 €), die er bisher an die EF-OHG verpachtet hatte, an F, der sie weiterhin der EF-OHG zur Nutzung überlässt,
a) zum Kaufpreis von 30.000 €;
b) unentgeltlich;
c) zum Kaufpreis von 15.000 €.

In Fall a) hat F die Maschine in einer Sonderbilanz mit den Anschaffungskosten von 30.000 € zu aktivieren. E, bei dem die Maschine bisher zum notwendigen Sonderbetriebsvermögen I gehörte, realisiert in seiner Sonder-GuV einen laufenden Gewinn i.H.v. 20.000 €. Für E würde sich auch nichts Anderes ergeben, wenn F die Maschine anderweitig nutzen würde.

In Fall b) erfolgt der Ansatz in der Sonderbilanz des F zum Buchwert von 10.000 €; bei E ist die Maschine zum Buchwert ohne Gewinnauswirkung auszubuchen, wobei § 6 Abs. 5 Sätze 4 bis 6 EStG zu beachten sind.

In Fall c) erfolgt die Übertragung zu 50% entgeltlich und zu 50% unentgeltlich, da das vereinbarte Entgelt 50% des Teilwerts der Maschine entspricht. Der entgeltliche Teil führt nach (u.E. zutreffender) Auffassung der Finanzverwaltung zu einem für E steuerpflichtigen Veräußerungsgewinn i.H.v. 10.000 € (= Veräußerungspreis 15.000 € abzgl. 50% des Buchwerts). Hinsichtlich des unentgeltlichen Teils ist insoweit der anteilige Buchwert von 5.000 € fortzuführen, soweit nicht die Missbrauchsklauseln des § 6 Abs. 5 Sätze 4 bis 6 EStG anzuwenden sind. F aktiviert die Maschine in seiner Sonderbilanz mit 20.000 €. Nach Auffassung des BFH ist dagegen der Buchwert maximal bis zur Höhe des Entgelts, hier also i.H.v. 10.000 €, dem entgeltlichen Teil zuzuordnen, wodurch sich ein Veräußerungsgewinn von nur 5.000 € ergibt. Ein ggf. verbleibender Buchwert (hier nicht der Fall, da der Buchwert unter dem Teilentgelt liegt) wäre dem unentgeltlichen Teil zuzuordnen und vom Empfänger des Wirtschaftsguts fortzuführen. F aktiviert im vorliegenden Fall das Wirtschaftsgut daher mit 15.000 € Anschaffungskosten. ◂|

IV Überführung ohne Rechtsträgerwechsel

Begriff

Ein Wirtschaftsgut wird ohne Wechsel des Rechtsträgers überführt, wenn es bei der Überführung innerhalb des Betriebsvermögens ein und desselben Steuerpflichtigen verbleibt, beispielsweise wenn es aus dem einen Betrieb des Steuerpflichtigen in einen anderen Betrieb desselben Steuerpflichtigen überführt wird.

Bis 1998: Finale Entnahmetheorie, MU-Erlass

Nach übereinstimmender Meinung von Rechtsprechung und Finanzverwaltung konnte von einer Aufdeckung der stillen Reserven anlässlich einer solchen Überführung abgesehen werden, wenn die Besteuerung in dem anderen Betrieb sichergestellt war (vgl. BFH v. 07.10.1974 – GrS 1/73, BStBl. II 1975, S. 168). Überführungen dieser Art waren daher von jeher zum Buchwert möglich. Dies galt auch für die Überführung von Wirtschaftsgütern aus dem Sonderbetriebsvermögen in ein Einzelunternehmen desselben Steuerpflichtigen und umgekehrt sowie für Überführungen aus dem Sonderbetriebsvermögen bei einer Personengesellschaft in ein Sonderbetriebsvermögen desselben Steuerpflichtigen bei einer anderen Personengesellschaft (vgl. Tz. 67 MU-Erlass). Gesetzlich vorgesehen war die Buchwertfortführung vor 1999 jedoch nicht.

Seit 1999: Buchwertfortführung gesetzlich vorgeschrieben

Seit 1999 ist die Buchwertfortführung bei Überführung ohne Rechtsträgerwechsel durch die Einführung von § 6 Abs. 5 Satz 1 EStG gesetzlich verankert. Als Betriebsvermögen desselben Steuerpflichtigen wird dabei neben dem Betriebsvermögen eines Einzelunternehmens auch das Sonderbetriebsvermögen des Steuerpflichtigen angesehen (§ 6 Abs. 5 Satz 2 EStG).

F   Die Realteilung von Personengesellschaften

I Grundlagen

Unter der Realteilung einer Personengesellschaft wird allgemein die Teilung des Gesellschaftsvermögens »in natura«, d.h. ohne Liquidation verstanden, bei der die Gesellschafter Teilbetriebe, Mitunternehmeranteile oder einzelne Wirtschaftsgüter übernehmen. Die bisherige gesellschaftliche Beteiligung erfährt dabei eine Umwandlung in dem Sinne, dass unter Verzicht auf das gesamthänderische Eigentum am ganzen Unternehmen einzelne Gesellschafter die volle Herrschaftsgewalt über die ihnen zugewendeten Sachgesamtheiten bzw. einzelnen Wirtschaftsgüter des bisherigen Unternehmens erlangen.

Begriff

Zivilrechtlich bewirkt der Teilungsbeschluss der Gesellschafter die Auflösung der Gesellschaft. Die Realteilung selbst stellt sich sodann als eine vom gesetzlichen Normalfall der Liquidation abweichende andere Art der Auseinandersetzung i.S.d. § 145 Abs. 1 HGB dar. Die Übertragung des Vermögens auf die Realteiler erfolgt entweder als Einzelrechtsnachfolge durch Übertragung der jeweiligen Wirtschaftsgüter oder durch partielle Gesamtrechtsnachfolge im Wege der Spaltung nach dem UmwG.

Zivilrecht

Aus steuerrechtlicher Perspektive liegt auf der Ebene der Mitunternehmerschaft regelmäßig eine Betriebsaufgabe vor, die für sich genommen zur Aufdeckung der stillen Reserven führt. Setzen jedoch die Realteiler ihr betriebliches Engagement fort, indem sie das im Zuge der Realteilung erhaltene Vermögen nicht in ihr Privatvermögen, sondern in ein eigenes Betriebsvermögen übernehmen, besteht im Regelfall das Interesse an einer Fortführung der Buchwerte. Dem trägt der Gesetzgeber durch § 16 Abs. 3 Satz 2 EStG Rechnung.

Steuerrecht

Unabhängig davon, ob den Mitunternehmern im Rahmen der Realteilung einzelne Wirtschaftsgüter, Teilbetriebe oder Mitunternehmeranteile zugewiesen werden, ist die Realteilung im Grundsatz zwingend zu Buchwerten vorzunehmen: Gemäß § 16 Abs. 3 Satz 2 EStG sind bei der Ermittlung des Gewinns der Mitunternehmerschaft die Wirtschaftsgüter mit den Werten anzusetzen, die sich nach den Vorschriften über die Gewinnermittlung ergeben, sofern die Besteuerung der stillen Reserven sichergestellt ist; der übernehmende Mitunternehmer ist an diese Werte gebunden.

Zwingend BW-Fortführung

Die vormals wesentliche Unterscheidung danach, ob im Zuge der Realteilung Sachgesamtheiten (d.h. Betriebe, Teilbetriebe, Mitunternehmeranteile oder 100%ige Beteiligungen an Kapitalgesellschaften) oder aber Einzelwirtschaftsgüter zugewiesen werden (vgl. zur Rechtsentwicklung von § 16 Abs. 3 Satz 2ff. EStG die Vorauflagen), hat seit 2001 nur noch insoweit Bedeutung, als die zugleich eingeführten Missbrauchsvermeidungsvorschriften hiernach differenzieren: Während die § 6 Abs. 5 Satz 4 und 5 EStG nachempfundenen Sperrfrist- bzw. Körperschaftsklauseln in § 16 Abs. 3 Satz 3 und 4 EStG nur anzuwenden sind, soweit die Realteilung auf die Übertragung einzelner Wirtschaftsgüter gerichtet ist, ist der mit dem SEStEG eingeführte § 16 Abs. 5 EStG, der die Regelungen des § 22 UmwStG zur Besteuerung von

Missbrauchs-abwehrklauseln

einem Anteilstausch nachfolgenden Anteilsverkäufen übernimmt, nur bei Zuweisung von Sachgesamtheiten einschlägig.

II Abgrenzung des Tatbestands der Realteilung i.S.v. § 16 Abs. 3 EStG

Das Buchwertprivileg des § 16 Abs. 3 Satz 2 EStG macht es in hohem Maße erforderlich, den steuerlichen Tatbestand der Realteilung hinsichtlich seiner Voraussetzungen im Einzelnen zu erörtern und gegenüber anderen, ggf. nicht steuerneutral gestaltbaren Formen der Umstrukturierung von Mitunternehmerschaften abzugrenzen (vgl. hierzu auch ROGALL/STANGL, FR 2006, S. 345). In diesem Zusammenhang haben sich insbesondere die folgenden Fragestellungen hinsichtlich des Bestehens einer Realteilung als streitanfällig erwiesen:

- In welchem Umfang ist eine Übernahme des im Zuge der Realteilung erhaltenen Vermögens in eigenes Betriebsvermögen erforderlich, um das Buchwertprivileg des § 16 Abs. 3 Satz 2 EStG nutzen zu können?
- Welche Formen von Betriebsvermögen sind zur Fortsetzung des betrieblichen Engagements im Rahmen einer Realteilung begünstigt?
- Wie ist die Realteilung von den Tatbeständen der Anteilsveräußerung bzw. -aufgabe und des Ausscheidens gegen Sachwertabfindung abzugrenzen?
- Wie wirken sich Ausgleichszahlungen aus, die notwendig werden, wenn das im Zuge der Realteilung übernommene Vermögen nicht dem Auseinandersetzungsanspruch des einzelnen Gesellschafters entspricht?
- Wie ist das Sonderbetriebsvermögen in die Realteilung einzubeziehen?

1 Fortführung des Betriebsvermögens

Zumindest eine wesentliche Betriebsgrundlage muss BV bleiben

Eine steuerneutrale Realteilung setzt nicht voraus, dass das gesamte Vermögen der Mitunternehmerschaft Betriebsvermögen der Realteiler wird (vgl. ROGALL/ STANGL, FR 2006, S. 345, 347 f.). Ausreichend ist es nach Auffassung der Finanzverwaltung (vgl. BMF v. 28.02.2006, BStBl. I 2006, S. 228) vielmehr bereits, wenn zumindest eine wesentliche Betriebsgrundlage auch nach der Realteilung weiterhin Betriebsvermögen eines Realteilers darstellt, wobei als wesentliche Betriebsgrundlage sowohl solche Wirtschaftsgüter gelten, in denen erhebliche stille Reserven ruhen (quantitative Betrachtungsweise), als auch solche, die zur Erreichung des Betriebszwecks erforderlich sind und denen ein besonderes wirtschaftliches Gewicht für die Betriebsführung zukommt (funktionale Betrachtungsweise). Es ist weder erforderlich, dass jeder Realteiler wesentliche Betriebsgrundlagen des Gesamthandsvermögens erhält, noch dass jeder Realteiler Wirtschaftsgüter einem Betriebsvermögen zuordnet. Für die übrigen Realteiler ist es danach unschädlich, wenn einzelne Realteiler die ihnen zugewiesenen Wirtschaftsgüter in vollem Umfang in ihr Privatvermögen übertragen.

Allerdings gilt für diejenigen Wirtschaftsgüter, die in das Privatvermögen der Realteiler gelangen oder bei denen die Besteuerung der stillen Reserven nicht sichergestellt ist, das Buchwertprivileg nicht; vielmehr gelten diese Wirtschaftsgüter als von der Realteilungsgemeinschaft entnommen. Infolgedessen sind die diesen Wirtschaftsgütern innewohnenden stillen Reserven aufzudecken und nach Auffassung der Finanzverwaltung von der Realteilungsgemeinschaft zu versteuern (vgl. BMF v. 28.02.2006, BStBl. I 2006, S. 228). Fraglich ist allerdings, ob nicht auch eine mitunternehmerbezogene Versteuerung der stillen Reserven zulässig ist, wonach jeweils der Mitunternehmer die stillen Reserven versteuert, die in den Wirtschaftsgütern enthalten sind, die ihm im Zuge der Realteilung zugewendet worden sind. Zur Wahrung des Subjektsteuerprinzips wäre u.E. allerdings auch eine Zurechnung der im Zuge der Realteilung aufgedeckten stillen Reserven zu erwägen, die die Verteilung der nicht zur Aufdeckung gelangenden stillen Reserven auf die einzelnen Mitunternehmer berücksichtigt. Im Idealfall würde dies bedeuten, dass jeder Mitunternehmer betragsmäßig die richtigen stillen Reserven versteuert, wobei diese Besteuerung bezüglich der ins Betriebsvermögen transferierten Wirtschaftsgüter aufgeschoben ist. Unseres Erachtens ist dies durch eine entsprechend geänderte Gewinnverteilungsabrede gestaltbar.

Aufgabegewinn, soweit WG ins PV entnommen werden

BEISPIEL 71

A und B sind zu jeweils 50% an der AB-OHG beteiligt. Sie beschließen die Auflösung der Gesellschaft und vereinbaren, dass im Wege einer Realteilung A das Wirtschaftsgut I und B das Wirtschaftsgut II erhalten soll. Während A das Wirtschaftsgut I fortan in seinem Einzelbetriebsvermögen einsetzt, nutzt B das Wirtschaftsgut II für private Zwecke.
Die Schlussbilanz der AB-OHG zeigt folgendes Bild:

Aktiva			Schlussbilanz der AB-OHG in €		Passiva	
	Buchwerte	Gemeine Werte			Buchwerte	Gemeine Werte
WG I	110	200	Kapital A		65	200
WG II	20	200	Kapital B		65	200
	130	400			130	400

LÖSUNG Gemäß § 16 Abs. 3 Satz 2 EStG ist das Wirtschaftsgut I zum Buchwert in das Betriebsvermögen des A zu übertragen. Da A im Gegenzug seine sämtlichen Gesellschaftsrechte an der OHG verliert, der Buchwert des WG I jedoch nicht dem Buchwert seines Kapitalkontos entspricht, ist zunächst eine Kapitalkontenanpassung durchzuführen, was zur Folge hat, dass das Kapitalkonto A von 65 auf 110 zu erhöhen und im Gegenzug das Kapitalkonto B von 65 auf 20 zu vermindern ist (siehe hierzu auch G IV). Sodann ist das WG I gegen Verminderung des Kapitalkontos von A erfolgsneutral auszubuchen. Bezüglich des in das Privatvermögen des B transferierten WG II ergibt sich ein Aufgabegewinn nach § 16 Abs. 3 EStG i.H.v. 180 (gemeiner Wert WG II 200 – Buchwert Kapitalkonto nach Anpassung 20). Fraglich ist nun allerdings, ob dieser Aufgabegewinn

- nach dem allgemeinen Gewinnverteilungsschlüssel von A und B zu versteuern ist, sodann würde A unter Berücksichtigung der in seinem Betriebsvermögen noch enthaltenen stillen Reserven insgesamt 180 und B lediglich 90 stille Reserven versteuern, **oder**
- nur von B zu versteuern ist, was bedeutet, dass B 180 stille Reserven versteuert, A hingegen nur 90, **oder**
- von A und B unter Berücksichtigung der in das Betriebsvermögen von A übergegangenen stillen Reserven zu versteuern ist, woraufhin von A 90 stille Reserven zukünftig in seinem

Betriebsvermögen sowie 45 stille Reserven wegen der Übertragung der Wirtschaftsgüter in das Privatvermögen von B und B die verbleibenden stillen Reserven von 135 versteuern muss.

Eine dem Steuersubjektprinzip entsprechende betragsmäßig zutreffende Zurechnung der stillen Reserven ergibt sich nur bei letzterer Lösung. Diese stößt gleichwohl an ihre Grenzen, wenn im Zuge der Realteilung weniger stille Reserven aufgedeckt als in das Betriebsvermögen verlagert werden. In allen Lösungsvarianten erscheint es gerechtfertigt, für B die Vergünstigungen der §§ 16, 34 EStG zu gewähren, da B alle stillen Reserven in seinem Mitunternehmeranteil aufgedeckt hat. ◄|

Übertragung in das BV eines Realteilers

Der zwingende Buchwertansatz nach § 16 Abs. 3 Satz 2 EStG gilt nur für dasjenige Vermögen, das nach der Realteilung weiterhin Betriebsvermögen eines Realteilers bleibt. Hierfür ist es bereits ausreichend, wenn erst im Rahmen der Realteilung durch die Übernahme einzelner Wirtschaftsgüter ein neuer Betrieb entsteht; nicht erforderlich ist es ist, dass die Realteiler bereits vor der Realteilung außerhalb der real zu teilenden Mitunternehmerschaft über weiteres Betriebsvermögen, z.B. im Rahmen eines Einzelunternehmens, verfügten.

BV-Fortführung bei Übertragung einzelner WG auf Schwesterpersonengesellschaften strittig

Die Anwendung des § 16 Abs. 3 Satz 2 EStG voraus, dass das übernommene Betriebsvermögen »in das jeweilige Betriebsvermögen der einzelnen Mitunternehmer« übertragen wird. Hieraus folgert die Finanzverwaltung, dass das aufnehmende Betriebsvermögen dem Realteiler unmittelbar zuzurechnen sein muss. Dies ist unstreitig der Fall, wenn das Vermögen fortan entweder zu einem (gewerblichen, land- und forstwirtschaftlichen oder freiberuflichen) Einzelbetriebsvermögen oder zu einem Sonderbetriebsvermögen des Realteilers bei einer anderen Mitunternehmerschaft gehört. Gelangt das Vermögen dagegen in das Gesamthandsvermögen einer Personengesellschaft, an der ein Realteiler beteiligt ist, oder wird z.B. eine Personengesellschaft auf zwei beteiligungsidentische Nachfolgegesellschaften aufgespalten, so ist fraglich, ob die vom Gesetz geforderte Übertragung »in das jeweilige Betriebsvermögen der einzelnen Mitunternehmer« erfüllt ist. Nach Auffassung der Finanzverwaltung (vgl. BMF v. 28.02.2006, BStBl. I 2006, S. 228) und des FG Düsseldorf (v. 09.02.2012, EFG 2012, S. 1256, nrk., Rev. eingelegt, Az. BFH: IV R 8/12) soll dies nicht der Fall sein. Dabei bezieht sich die Finanzverwaltung explizit auf die Übertragung einzelner Wirtschaftsgüter. Diese Auslegung ist insoweit folgerichtig, als sie mit der Ansicht der Finanzverwaltung korrespondiert, dass auch nach § 6 Abs. 5 Satz 3 EStG keine steuerneutrale Übertragung von Einzelwirtschaftsgütern auf Schwesterpersonengesellschaften möglich sei. Im Umkehrschluss wird daher wohl eine auf die Zuweisung von Teilbetrieben bzw. Mitunternehmeranteilen gerichtete Realteilung auf Schwesterpersonengesellschaften zu Buchwerten als zulässig angesehen, wofür u.a. auch spricht, dass in diesen Fällen die Buchwertfortführung bereits nach § 24 UmwStG möglich ist und sich daher die Frage der Anwendbarkeit von § 16 Abs. 3 Satz 2 EStG gar nicht stellt (vgl. NIEHUS/WILKE, FR 2012, S. 1093, 1094).

U.E. ist die restriktive Haltung der Finanzverwaltung bei Übertragung von Einzelwirtschaftsgütern in ein Gesamthandsvermögen einer Schwestergesellschaft nicht nur im Anwendungsbereich von § 6 Abs. 5 EStG (siehe hierzu unter E II 3.2.2), sondern auch anlässlich einer Realteilung aus steuersystematischen Erwägungen abzulehnen, da das Gesamthandsvermögen einer Mitunternehmerschaft im Sinne einer ideellen Bruchteilsbetrachtung nach § 39 Abs. 2 Nr. 2 AO als Betriebsvermögen der jeweiligen Realteiler anzusehen ist (vgl. ausführlich NIEHUS/WILKE, FR 2012, S. 1093, 1096 ff.; NIEHUS, FR 2005, S. 278, 282; SCHELL, BB 2006, S. 1026, 1027). Dabei ist eine Realteilung nicht nur im Fall beteiligungsidentischer Nachfolgegesellschaften steuerneutral vorzunehmen, sondern auch dann, wenn es sich lediglich um personenidentische, jedoch beteiligungsverschiedene Nachfolgegesellschaften handelt, da eine Verschiebung stiller Reserven zwischen den einzelnen Realteilern von § 16 Abs. 3 Satz 2 EStG grundsätzlich toleriert wird. Fraglich ist allerdings, ob dies auch dann gilt, wenn an den Nachfolgegesellschaften zudem Personen beteiligt sind, die nicht Mitunternehmer der Ursprungsgesellschaft waren. Infolge der ideellen Bruchteilsbetrachtung wäre auf den ersten Blick lediglich eine anteilige Buchwertübertragung möglich, mithin nur insoweit, als die Wirtschaftsgüter weiterhin den Mitunternehmern der Realteilungsgesellschaft gedanklich zugerechnet werden. Gleichwohl sprechen gute Gründe dafür, auch in diesen Fällen eine vollständige Buchwertübertragung zuzulassen, wenn die stillen Reserven über die Aufstellung von Ergänzungsbilanzen den Realteilern zugeordnet bleiben. Allerdings ist die Zulässigkeit einer solchen Zuordnungsmöglichkeit der stillen Reserven umstritten.

Die Zugehörigkeit zu einem eigenen Betriebsvermögen des Realteilers wird zur Anwendung von § 16 Abs. 3 Satz 2 EStG dann nicht vorausgesetzt, wenn ein Realteiler im Zuge der Realteilung einen zuvor der real geteilten Mitunternehmerschaft zuzurechnenden Mitunternehmeranteil oder einen Teil eines solchen erhält (vgl. BMF v. 28.02.2006, BStBl. I 2006, S. 228). **Zuweisung von MU-Anteilen**

Dagegen ist u.E. die Zugehörigkeit zu einem anderen originären Betriebsvermögen erforderlich, wenn ein Realteiler im Zuge der Auseinandersetzung eine 100%ige Beteiligung an einer Kapitalgesellschaft erhält. Zwar wird eine solche von der Finanzverwaltung als (fiktiver) Teilbetrieb anerkannt, und grundsätzlich kann auch ein im Zuge der Realteilung übernommener Teilbetrieb ohne Eingliederung in ein anderes gewerbliches Unternehmen unter Anwendung des Verpächterwahlrechts überlassen werden und damit weiterhin Betriebsvermögen darstellen. Hieraus aber auch für Teilbetriebe in Form einer 100%igen Beteiligung ein fiktiv bestehendes Betriebsvermögen herzuleiten, geht über den Regelungsgedanken der Finanzverwaltung u.E. hinaus (a.A. wohl HESS, DStR 2006, S. 777, 779). 100%ige Beteiligungen an Kapitalgesellschaften können daher im Zuge einer Realteilung nur dann steuerneutral zugewiesen werden, wenn sie auch fortan einem originären Betriebsvermögen des Realteilers zugehörig sind. **100%iger Anteil an Kapitalgesellschaft**

Von besonderer Bedeutung ist, dass die Übernahme betrieblicher Verbindlichkeiten im Rahmen einer Realteilung nicht zur Annahme eines entgeltlichen, dem Buchwertansatz entgegenstehenden Rechtsgeschäfts führt. Dies gilt zudem nicht nur bei einer auf die Zuweisung von Sachgesamtheiten gerichteten Realteilung, sondern, anders als im Anwendungsbereich des § 6 Abs. 5 EStG, auch im Fall der Zuweisung von Einzelwirtschaftsgütern. **Übernahme von Verbindlichkeiten**

2 Abgrenzung gegenüber Anteilsveräußerung und Sachwertabfindung

Abgrenzung zur Anteilsveräußerung oder -aufgabe

Kein Fall der Realteilung liegt vor im Fall der Veräußerung oder Aufgabe eines Mitunternehmeranteils, wenn die Mitunternehmerschaft im Übrigen von den verbleibenden Mitunternehmern fortgeführt wird. Dasselbe gilt insbesondere auch im Fall des Ausscheidens eines Mitunternehmers aus einer zweigliedrigen Mitunternehmerschaft, wenn der Betrieb durch den verbleibenden Mitunternehmer als Einzelunternehmen fortgeführt wird (vgl. BFH v. 10.03.1998 – VIII R 76/96, BStBl. II 1999, S. 269).

Abgrenzung zur Sachwertabfindung umstritten

Umstritten ist es dagegen, ob dies auch im Fall der Sachwertabfindung gilt, d.h. wenn ein Gesellschafter gegen Erhalt von Einzelwirtschaftsgütern oder Sachgesamtheiten aus der Gesellschaft ausscheidet, während die verbleibenden Gesellschafter den bisherigen Betrieb fortführen. Grundsätzlich ist das Ausscheiden gegen Sachwertabfindung als eine zur Gewinnrealisierung führende Veräußerung des Mitunternehmeranteils i. S. v. § 16 Abs. 1 Nr. 2 bzw. Abs. 3 Satz 1 EStG anzusehen, wenn die Wirtschaftsgüter in das Privatvermögen des Ausscheidenden übertragen werden; für die Annahme einer steuerneutralen Realteilung i. S. d. § 16 Abs. 3 Satz 2 EStG ist hier naturgemäß kein Raum. Anders liegen die Dinge aber, wenn der Ausscheidende zur Erfüllung seines Abfindungsanspruchs Wirtschaftsgüter erhält, die fortan zu seinem eigenen inländischen Betriebsvermögen zählen. Gegen die Anwendung der Realteilungsgrundsätze spricht hier wie bei der Anteilsveräußerung, dass gesellschaftsrechtlich das Ausscheiden eines oder mehrerer Gesellschafter gemäß § 131 HGB nicht die Auflösung der Gesellschaft zur Folge hat, sondern diese vielmehr als Trägerin des Unternehmens fortbesteht. Eine von der gesellschaftsrechtlichen Wertung (Realteilung als Form der auflösungsbedingten Auseinandersetzung) divergierende steuerrechtliche Interpretation dergestalt, dass entweder jedwede (so BT-Drucksache 14/23, S. 178, offen gelassen in BFH v. 10.02.1972 – IV 317/65, BStBl. II 1972, S. 419), zumindest aber eine auf die Übertragung eines Teilbetriebs gerichtete Sachwertabfindung (so SCHMIDT/WACKER, 2015, § 16 Rz. 536, SONNEBORN, DStZ 2001, S. 579, 582; HHR/KULOSA, § 16 EStG Anm. 441 m.w.N.; BFH v. 10.02.1972 – IV 317/65, BStBl. II 1972, S. 419) auch ohne Auflösung der Gesellschaft steuerlich nach Realteilungsgrundsätzen zu behandeln sei, erscheint daher zunächst fraglich (ablehnend KIRCHHOF/REISS, 2015, § 16 Rz. 235; RÖHRIG, EStB 2001, S. 27, 29). So fordern denn auch Finanzverwaltung (vgl. BMF v. 28.02.2006, BStBl. I 2006, S. 228 unter II.) und Teile der Literatur für die (ggf. analoge) Anwendung der Realteilungsgrundsätze, dass die real geteilte Gesellschaft nicht mehr fortbesteht (vgl. WENDT in FS Lang, 2010, S. 699, 710 m.w.N.; SEITZ, StbJb 2004/2005, S. 201, 211; KIRCHHOF/REISS, 2015, § 16 Rz. 235). Die Gegenmeinung hält dagegen die Fortführung des Betriebs durch die verbleibenden Mitunternehmer bzgl. der Anwendung von § 16 Abs. 3 Satz 2 EStG im Grundsatz für unschädlich (vgl. z. B. KORN/STAHL, EStG, § 16 Rz. 171; STUHRMANN, DStR 2005, S. 1355).

Übertragung von Einzelwirtschaftsgütern

Erfolgt die Abfindung durch Übertragung von Einzelwirtschaftsgütern, ist hierin u. E. wegen des insoweit unzweifelhaft einschlägigen Wortlauts der Vorschrift kein Fall der Realteilung, sondern eine Übertragung von einzelnen Wirtschaftsgütern gegen Minderung von Gesellschaftsrechten i. S. v. § 6 Abs. 5 Satz 3 EStG zu sehen. Etwas anderes kann aber im Fall des Ausscheidens aus einer zweigliedrigen Personengesellschaft gelten, da in diesem Fall die Gesellschaft erlischt und der Vorgang wirtschaftlich kaum von einer Realteilung zu unterscheiden ist (vgl. NIE-HUS/WILKE, FR 2012, S. 1093, 1100; gl. A. auch FG Köln v. 12.03.2014, EFG 2014, S. 1384, nrk., Rev. eingelegt, Az. BFH: IV R 31/14).

Erhält der Ausscheidende nicht einzelne Wirtschaftsgüter, sondern einen Teil-betrieb oder Mitunternehmeranteil, ist auf den ersten Blick keine zum Buchwert-ansatz führende Rechtsnorm ersichtlich, da einerseits § 6 Abs. 5 Satz 3 EStG explizit auf die Übertragung eines einzelnen Wirtschaftsguts abstellt, andererseits aber auch keine »vollständige« Realteilung im zivilrechtlichen Sinn vorliegt. Die Auffassung der Finanzverwaltung ist unklar: § 16 Abs. 3 Satz 2 EStG soll mangels Betriebs-aufgabe nicht angewendet werden können; vielmehr handele es sich um Fälle der Anteilsveräußerung bzw. -aufgabe, wobei aber die Anwendung von § 6 Abs. 3 oder Abs. 5 EStG in Frage käme (vgl. BMF v. 28.02.2006, BStBl. I 2006, S. 228 unter II.). § 6 Abs. 3 EStG dürfte zumeist wegen der Entgeltlichkeit des Vorgangs nicht ein-schlägig sein, und der Anwendung von § 6 Abs. 5 Satz 3 EStG steht es nach der insoweit geltenden aktuellen Erlasslage gerade im Wege, wenn die übertragenen Wirtschaftsgüter einen Teilbetrieb bilden (vgl. BMF v. 08.12.2011, BStBl. I 2011, S. 1279, Tz. 12, der nur auf Tz. 6 Satz 1, nicht dagegen auf Tz. 6 Satz 2 verweist). Im Ergebnis wäre damit ein Ausscheiden gegen Erhalt eines in das eigene Betriebs-vermögen des Ausscheidenden übernommenen Teilbetriebs nicht steuerneutral möglich. Diese Rechtsfolge wird allerdings selbst von Vertretern der Finanzverwal-tung als unbefriedigend angesehen und ist ggf. lediglich einem Redaktionsversehen zuzuschreiben (vgl. BRANDENBERG, Stbg 2012, S. 145, 154). Unterstellt man, dass die Finanzverwaltung entgegen dem Wortlaut ihres eigenen Erlasses ein Ausschei-den gegen Erhalt eines Teilbetriebs unter § 6 Abs. 5 Satz 3 EStG subsumiert (hierfür wohl JÄSCHKE, GmbHR 2012, S. 601, 605 f.), so wäre zwar von einer grundsätzlich steuerneutralen Transaktion auszugehen; da im Falle der Zuweisung von Teilbetrie-ben jedoch die Übernahme von Verbindlichkeiten häufig unvermeidbar ist, würde die Finanzverwaltung derartige Vorgänge sodann als anteilig entgeltlich qualifizie-ren und sich insoweit im Ergebnis einer vollständigen Steuerneutralität in vielen Fällen widersetzen (zur insoweit entlastenden Auffassung des BFH bzgl. der Gewin-nermittlung bei einer teilentgeltlichen Übertragung vgl. E II 4.2). Die Literatur (vgl. NIEHUS/WILKE, FR 2012, S. 1093, 1102 m. w. N.) hält daher Realteilungsgrundsätze mehrheitlich auch dann für anwendbar, wenn die Gesellschaft nicht aufgelöst und der Betrieb von den verbleibenden Mitunternehmern fortgeführt wird, da auf den Fall der Ausbringung von Sachgesamtheiten der Grundgedanke des § 24 UmwStG eine umgekehrt-analoge Anwendung finden müsse. Dem von der Finanzverwaltung und Teilen der Literatur vorgebrachten Argument, eine Anwendung der steuerlichen Realteilungsgrundsätze erfordere das Vorliegen einer Realteilung im zivilrechtlichen Sinn und damit eine Auflösung der Personengesellschaft unter Aufgabe des Betriebs, wird entgegengehalten, dass (a) auf der Ebene der Personengesellschaft eine Aufgabe des an den Ausscheidenden übertragenen Teilbetriebs vorläge (vgl. HHR/KULOSA, § 16 Anm. 441 m. w. N.) und (b) zumindest der ausscheidende Gesellschafter seinen Mitunternehmeranteil aufgebe und damit in seiner Person die Voraussetzungen einer – ggf. nur steuerlich verstandenen – Realteilung erfüllt seien (vgl. LEY in FS

Übertragung eines Teilbetriebs bzw. Mitunternehmer-anteils

Korn, 2005, S. 349; a.A. WENDT in FS Lang, 2010, S. 699, 712). Diese Auffassung teilen im Ergebnis auch das FG Hamburg (v. 18.04.2012, EFG 2012, S. 1744, nrk., Rev. eingelegt, Az. BFH: III R 41/13) sowie das FG Münster (v. 29.01.2015, BB 2015, S. 816, rkr.).

Stellungnahme   U.E. ist dieser Auffassung zuzustimmen. Zwar ist es höchst zweifelhaft, ob das Vorliegen einer nur in steuerrechtlicher Hinsicht vorliegenden Teilbetriebs- oder Anteilsaufgabe das für den u.E. zivilrechtlich zu verstehenden Begriff der Realteilung grundsätzlich konstitutive Merkmal der Auflösung der Gesellschaft ersetzen kann. Da aber keinerlei Grund ersichtlich ist, lediglich bei einer auf die Zuweisung von Teilbetrieben gerichteten Sachwertabfindung die Aufdeckung der stillen Reserven zu erzwingen, erscheint die analoge Anwendung von § 16 Abs. 3 Satz 2 EStG in diesen Fällen sachgerecht und notwendig. Diese Vorgehensweise entspricht nicht nur offensichtlich der Intention des Gesetzgebers (vgl. BT-Drucksache 14/23, 1998, S. 178), sondern vermeidet im Gegensatz zu einer Übertragung nach § 6 Abs. 5 Satz 3 EStG auch die teilweise Entgeltlichkeit bei Übernahme von Verbindlichkeiten und bietet für den Steuerpflichtigen darüber hinaus im Bereich der Sperrfristregelungen den Vorteil, dass eine bei Erhalt eines Teilbetriebs typischerweise innerhalb der Sperrfrist erfolgende Aufdeckung der stillen Reserven des Umlaufvermögens nicht zu einer rückwirkenden Aufhebung des Buchwertansatzes nach § 6 Abs. 5 Satz 4 EStG führt, denn im Fall einer Realteilung sind Zuweisungen von Sachgesamtheiten gerade nicht sperrfristbehaftet (vgl. auch KIRCHHOF/REISS, 2015, § 16 Rz. 233).

3 Auswirkungen von Ausgleichszahlungen

Zu unterscheiden sind Realteilungsvorgänge mit und ohne Spitzenausgleich: Entspricht der tatsächliche Wert des von den Gesellschaftern übernommenen Betriebsvermögens jeweils ihrem untergehenden Anteil am Gesellschaftsvermögen, so erübrigt sich ein Wertausgleich. Ist dies nicht der Fall, so gleichen diejenigen Realteiler, die im Verhältnis zu ihrem Anteil »zu viel« erhalten, diesen Vorteil durch Zahlung von Spitzenausgleichsbeträgen aus ihrem Eigenvermögen an diejenigen Realteiler, die im Verhältnis zu ihrem Anteil »zu wenig« erhalten, aus. Die Zahlung eines derartigen Spitzenausgleichs steht der Annahme einer ansonsten steuerneutralen Realteilung nicht entgegen; allerdings führt der Spitzenausgleich dazu, dass der zur Ausgleichszahlung Verpflichtete das im Rahmen der Realteilung erhaltene Vermögen teilentgeltlich erwirbt und der die Zahlung Erhaltende einen entsprechenden Veräußerungsgewinn realisiert (siehe hierzu ausführlich F III 2).

4 Einbezug des Sonderbetriebsvermögens

Da das Sonderbetriebsvermögen im Eigentum einzelner Mitunternehmer, nicht aber der Gesellschaft selbst steht, stellt es in zivilrechtlicher Hinsicht keinen Gegenstand der Realteilung dar. Steuerrechtlich dagegen ist das Sonderbetriebsvermögen Bestandteil des Betriebsvermögens der vormaligen Mitunternehmerschaft und wird daher von der Realteilung umfasst (vgl. BMF v. 28.02.2006, BStBl. I 2006,

S. 228; HESS, DStR 2006, S. 777, 778). Soweit der Realteiler das ihm gehörende Sonderbetriebsvermögen im Zuge der Realteilung in ein anderes Einzel- oder Sonderbetriebsvermögen überführt, ergeben sich hierdurch zunächst keine wesentlichen Auswirkungen, da er diese Überführungen auch ohne Anwendung der Realteilungsgrundsätze gemäß § 6 Abs. 5 Satz 1, 2 EStG zum Buchwert vorzunehmen hätte. Etwas anderes gilt jedoch, wenn das Sonderbetriebsvermögen im Zuge der Realteilung auf einen anderen Realteiler übergeht: Wie bei § 6 Abs. 5 Satz 3 Nr. 3 EStG springen hierbei stille Reserven von einem auf einen anderen Realteiler über.

Der Einbezug des Sonderbetriebsvermögens in die Realteilung kann zudem entscheidend dafür sein, ob den einzelnen Realteilern einzelne Wirtschaftsgüter oder Teilbetriebe zugewiesen wurden. Behält etwa ein Realteiler im Rahmen der Realteilung ein Wirtschaftsgut seines Sonderbetriebsvermögens zurück, das für einen Teilbetrieb, den ein anderer Realteiler erhält, eine funktional wesentliche Betriebsgrundlage darstellt und überlässt ihm dieses anschließend zur Nutzung, liegt keine Zuweisung von Sachgesamtheiten vor, mit der Folge, dass die Sperrfristregelung und ggf. die Körperschaftsklausel zur Anwendung kommen. Überträgt er hingegen das eine funktional wesentliche Betriebsgrundlage eines Teilbetriebs darstellende Sonderbetriebsvermögen im Zuge der Realteilung auf denjenigen Realteiler, der die dazu passenden Wirtschaftsgüter aus dem Gesellschaftsvermögen erhält, so liegt insgesamt die Übertragung eines Teilbetriebs vor und etwaige Missbrauchsabwehrregelungen gelangen nicht zur Anwendung. Würde man in diesem Fall hingegen die Übertragung des Sonderbetriebsvermögens separat nach § 6 Abs. 5 Satz 3 Nr. 3 EStG und die Übertragung der Wirtschaftsgüter des Gesellschaftsvermögens nach § 16 Abs. 3 Satz 2 EStG beurteilen, so würde die Sperrfristregelung des § 6 Abs. 5 Satz 4 EStG bezüglich der Wirtschaftsgüter des Sonderbetriebsvermögens gelten und bezüglich der Wirtschaftsgüter des Gesellschaftsvermögens wären, weil bei einer derart isolierten Betrachtung keine Übertragung eines Teilbetriebs mehr vorliegt, § 16 Abs. 3 Satz 3 EStG und ggf. die Körperschaftsklausel des § 16 Abs. 3 Satz 4 EStG zu beachten.

SBV als Teil einer Sachgesamtheit

III Rechtsfolgen im Einzelnen

1 Realteilung ohne Spitzenausgleich

Entsprechen die tatsächlichen Werte des von dem jeweiligen Mitunternehmer übernommenen Vermögens dem tatsächlichen Wert seines untergegangenen Gesellschaftsanteils an der Personengesellschaft, so ist ein Wertausgleich zwischen den Realteilern nicht erforderlich. Häufig wird sich dieses Ergebnis nur herbeiführen lassen, indem neutrale Wirtschaftsgüter zum Ausgleich ansonsten entstehender Wertdifferenzen disquotal verteilt werden. So kann es z.B. angeraten sein, Verbindlichkeiten der real zu teilenden Mitunternehmerschaft überproportional demjenigen Realteiler zuzuweisen, der ansonsten einen zu hohen Anteil am Nettovermögen erhalten würde. In gleicher Weise können liquide Mittel entsprechend aufgeteilt werden. Diese Vorgehensweise ist für die Anwendung des § 16 Abs. 3 Satz 2 EStG unschädlich, soweit kein Missbrauch zu erkennen ist, z.B. weil lediglich zur Er-

Begriff

möglichung einer ausgewogenen Teilung des Vermögens kurz vor der Realteilung entsprechende Bareinlagen oder Kreditaufnahmen erfolgt sind (offen gelassen in FG Hamburg v. 18.04.2012, EFG 2012, S. 1744, nrk., Rev. eingelegt, Az. BFH: III R 41/13; vgl. auch SCHMIDT/WACKER, 2015, § 16 Rz. 545).

Idealfall: keine interpersonelle Verlagerung stiller Reserven

Gelingt eine den Auseinandersetzungsansprüchen der Realteiler entsprechende Aufteilung des Vermögens, gestaltet sich die bilanzielle Behandlung der Realteilung insbesondere dann einfach, wenn bei den jeweiligen Mitunternehmern zudem auch die Buchwerte des erhaltenen Vermögens dem Buchwert des bisherigen Kapitalkontos bei der Personengesellschaft entsprechen. Zu beachten ist allerdings, dass in der steuerlichen Realteilungsbilanz die Buchwerte unter Einschluss der sich aus etwaigen Ergänzungsbilanzen ergebenden Mehr- oder Minderwerte anzusetzen sind und das Kapitalkonto des jeweiligen Mitunternehmers in der Gesellschaftsbilanz dabei um das Mehr- oder Minderkapital seiner Ergänzungsbilanz zu modifizieren ist. In den Eröffnungsbilanzen der Realteiler sind lediglich die ggf. zuvor modifizierten Buchwerte des übernommenen Vermögens auszuweisen; weitergehende bilanzielle Anpassungsmaßnahmen erübrigen sich.

BEISPIEL 72

X ist zu 40 % , Y zu 60 % an der XY-OHG beteiligt. Sie beschließen die Auflösung der Gesellschaft. Im Wege der Realteilung soll X den Teilbetrieb 1, Y den Teilbetrieb 2 erhalten. Ergänzungsbilanzen bestehen nicht.
Die Schlussbilanz der OHG zeigt folgendes Bild:

Aktiva		Schlussbilanz der XY-OHG in €			Passiva
	Buchwerte	Gemeine Werte		Buchwerte	Gemeine Werte
Teilbetrieb 1	40.000	80.000	Kapital X	40.000	80.000
Teilbetrieb 2	60.000	120.000	Kapital Y	60.000	120.000
	100.000	200.000		100.000	200.000

LÖSUNG Gemäß § 16 Abs. 3 Satz 2 EStG sind bei der Ermittlung des Gewinns der OHG die Wirtschaftsgüter zu Buchwerten anzusetzen; X und Y führen in ihren Einzelunternehmen zwingend die Buchwerte fort. Dies gilt auch, wenn die Realteiler lediglich einzelne Wirtschaftsgüter anstelle eines Teilbetriebs erhalten würden. Da die bisherigen Kapitalkonten den Buchwerten der übernommenen Teilbetriebe entsprechen, gestalten sich die Eröffnungsbilanzen von X und Y wie folgt:

Aktiva	Eröffnungsbilanz X in €		Passiva
Teilbetrieb 1	40.000	Kapital X	40.000
	40.000		40.000

Aktiva	Eröffnungsbilanz Y in €		Passiva
Teilbetrieb 2	60.000	Kapital Y	60.000
	60.000		60.000

In diesem Fall gehen auf den betreffenden Mitunternehmer betragsmäßig genau so viel stille Reserven über, wie ihm zuvor auf Ebene der Mitunternehmerschaft zuzurechnen waren.

Gleichwohl resultiert auch in diesen Fällen eine strukturelle Änderung der auf den einzelnen Realteiler entfallenden stillen Reserven, da nicht mehr jedem Gesellschafter die stillen Reserven eines jeden Wirtschaftsguts entsprechend seiner Beteiligungsquote zugerechnet werden, sondern vielmehr auf die Realteiler jeweils die vollständigen stillen Reserven derjenigen Wirtschaftsgüter entfallen, die sie im Rahmen der Auseinandersetzung erhalten haben. Materiell bedeutsam kann dies z.B. bei unterschiedlich lange gebundenen oder im Rahmen des Teileinkünfteverfahrens zu besteuernden stillen Reserven sein.

Struktur der stillen Reserven ggf. relevant

Entspricht die Summe der Buchwerte der einem Gesellschafter zugeteilten Wirtschaftsgüter nicht dem Buchwert seines bisherigen Kapitalkontos, so sind, damit sich Aktiva und Passiva in der Eröffnungsbilanz des betreffenden Realteilers entsprechen, bilanzielle Anpassungsmaßnahmen erforderlich.

Normalfall: Verlagerung stiller Reserven

BEISPIEL 73

Wie Beispiel 72, allerdings gestaltet sich die Schlussbilanz der OHG wie folgt:

Aktiva			Schlussbilanz der XY-OHG in €			Passiva
	Buchwerte	Gemeine Werte			Buchwerte	Gemeine Werte
Teilbetrieb 1	50.000	80.000	Kapital X		40.000	80.000
Teilbetrieb 2	50.000	120.000	Kapital Y		60.000	120.000
	100.000	200.000			100.000	200.000

Der Buchwert des Teilbetriebs 1 (50.000 €) übersteigt den Buchwert des Kapitalkontos des X um 10.000 €, während der Buchwert des Teilbetriebs 2 den Buchwert des Kapitalkontos des Y um 10.000 € unterschreitet. ◀|

Mit der Buchwertanpassungsmethode, der Kapitalkontenanpassungsmethode sowie der Ausgleichspostenmethode werden dabei drei unterschiedliche Vorgehensweisen in Erwägung gezogen (vgl. BFH v. 10.12.1991 – VIII R 69/86, BStBl. II 1992, S. 385; HHR/KULOSA, § 16 EStG Anm. 451; ausführlich RÖHNER, StuW 2008, S. 144, 146 ff.):

Anpassungsmethoden

Bei der Buchwertanpassungsmethode führen die Gesellschafter in ihren eigenen Betrieben die Kapitalkonten in gleicher Höhe fort, in der sie in der Bilanz der aufgelösten Personengesellschaft bestanden haben. Die Buchwerte der einzelnen im Rahmen der Realteilung übernommenen Wirtschaftsgüter hingegen werden durch Auf- oder Abstocken in der Weise an das fortgeführte Kapitalkonto angepasst, dass ihre Summe gleich dem Kapitalkonto ist. Die Auf- und Abstockung erfolgt unmittelbar bei den einzelnen übernommenen Wirtschaftsgütern; sie führt zu einer Verlagerung stiller Reserven von einem Wirtschaftsgut (des einen Realteilers) auf ein anderes Wirtschaftsgut (des anderen Realteilers). Betragsmäßig erfolgt jedoch keine interpersonelle Verlagerung stiller Reserven.

Buchwertanpassungsmethode

LÖSUNG BEISPIEL 73

Die Eröffnungsbilanzen der Realteiler gestalten sich nach der Buchwertanpassungsmethode wie folgt:

Aktiva		Eröffnungsbilanz X in €		Passiva
Teilbetrieb 1	50.000		Kapital X	40.000
Buchwertabstockung	./. 10.000	40.000		
		40.000		40.000

Aktiva		Eröffnungsbilanz Y in €		Passiva
Teilbetrieb 2	50.000		Kapital Y	60.000
Buchwertaufstockung	+ 10.000	60.000		
		60.000		60.000

Es hat eine Verlagerung stiller Reserven i.H.v. 10.000 € von den Wirtschaftsgütern den Teilbetriebs 2 auf den Teilbetrieb 1 stattgefunden. X versteuert zukünftig 40.000 € stille Reserven, Y 60.000 €. Dies entspricht dem Betrag, den sie jeweils bei Aufdeckung der stillen Reserven in der OHG hätten versteuern müssen. ◂|

Gegen die Buchwertanpassungsmethode spricht, dass nach dem Grundsatz der Einzelbewertung eine Neubewertung der Wirtschaftsgüter nur dann zulässig ist, wenn sie durch die Verhältnisse des Wirtschaftsguts bestimmt ist. Die pauschale Verteilung stiller Reserven von dem einen auf das andere Wirtschaftsgut weist jedoch keinerlei sachlichen Zusammenhang mit den betreffenden Wirtschaftsgütern auf, wie dies etwa bei nachträglichen Anschaffungskosten oder Anschaffungspreisminderungen der Fall wäre, sondern ist vielmehr alleinig durch die Zielsetzung begründet, eine interpersonelle Verlagerung der stillen Reserven zu vermeiden (vgl. BFH v. 10.12.1991 – VIII R 69/86, BStBl. II 1992, S. 385).

Kapitalkonten-anpassungsmethode Bei der Kapitalkontenanpassungsmethode werden die Buchwerte der den einzelnen Gesellschaftern zugeteilten Wirtschaftsgüter von diesen in ihren eigenen Betrieben fortgeführt. Die Kapitalkonten der Gesellschafter, die sie in der Schlussbilanz der Personengesellschaft hatten, werden hingegen durch Auf- oder Abstocken dahin angepasst, dass ihre Höhe der Summe der Buchwerte der übernommenen Wirtschaftsgüter entspricht. Dies führt zu einer Verlagerung von stillen Reserven von einem Realteiler auf den anderen. Ein Überspringen stiller Reserven von einem Wirtschaftsgut auf ein anderes Wirtschaftsgut erfolgt hingegen nicht.

LÖSUNG BEISPIEL 73

Die Eröffnungsbilanzen der Realteiler gestalten sich nach der Kapitalkontenanpassungsmethode wie folgt:

Aktiva		Eröffnungsbilanz X in €		Passiva
Teilbetrieb 1		50.000	Kapital X	40.000
			Kapitalkonten-anpassung	+ 10.000
				50.000
		50.000		50.000

Aktiva	Eröffnungsbilanz Y in €		Passiva	
Teilbetrieb 2	50.000	Kapital Y	60.000	
		Kapitalkonten-		
		anpassung	./. 10.000	50.000
	50.000			50.000

Zu beachten ist, dass nach der Realteilung in den bei X und Y aktivierten Wirtschaftsgütern stille Reserven enthalten sind, deren Höhe nicht dem Anteil entspricht, mit dem die beiden Mitunternehmer ursprünglich an den stillen Reserven der XY-OHG beteiligt waren. Auf X entfielen 40 %, auf Y 60 % der stillen Reserven der OHG:

Anteil von X an der stillen Reserven der XY-OHG (40 %)	40.000 €
Anteil von Y an der stillen Reserven der XY-OHG (60 %)	60.000 €

Die von den beiden Realteilern übernommenen stillen Reserven unterscheiden sich von diesen Werten:

Von X übernommene stille Reserven des Teilbetriebs 1	30.000 €
Von Y übernommene stille Reserven des Teilbetriebs 2	70.000 €

Da nun X weniger stille Reserven übernimmt als ursprünglich auf ihn entfielen, sind seine zukünftigen Steuerzahlungen niedriger gegenüber den sich bei Verbleiben in der OHG ergebenden Belastungen. Bei Y ist dies umgekehrt. I. d. R. wird X den Y für die Inkaufnahme dieser höheren latenten Ertragsteuerbelastung durch eine Ausgleichszahlung entschädigen; hierin liegt allerdings kein einkommensteuerlich relevanter Tatbestand: Da die Einkommensteuerschuld eine private Schuld ist, sind auch Entschädigungszahlungen zum Ausgleich divergierender latenter Steuerbelastungen privat veranlasst und damit ertragsteuerlich nicht zu berücksichtigen (so BFH v. 10.02.1972 – IV 317/65, BStBl. II 1972, S. 419, KIRCHHOF/ REISS, 2015, § 16 Rz. 247; a. A. SCHMIDT/WACKER, 2015, § 16 Rz. 548). ◀|

Bei der Ausgleichspostenmethode werden in den Folgebetrieben der Gesellschafter sowohl die übernommenen Wirtschaftsgüter als auch die bisherigen Kapitalkonten mit ihren Buchwerten fortgeführt. Die Differenz zwischen beiden Beträgen wird dadurch ausgeglichen, dass jeder Gesellschafter in seinem eigenen Betrieb einen passiven oder aktiven Kapitalausgleichsposten erfolgsneutral einstellt. Ein passiver Ausgleichsposten repräsentiert die stillen Reserven, die ein Gesellschafter bei der Realteilung zu wenig, ein aktiver Ausgleichsposten die stillen Reserven, die ein Gesellschafter bei der Realteilung zu viel erhalten hat.

Ausgleichsposten-methode

LÖSUNG BEISPIEL 73 ▰▰▰▰▰▰▰▰▰▰▰▰▰▰▰▰

Die Eröffnungsbilanzen der Realteiler gestalten sich nach der Ausgleichspostenmethode wie folgt:

Aktiva	Eröffnungsbilanz X in €		Passiva
Teilbetrieb 1	50.000	Kapital X	40.000
		Ausgleichsposten	10.000
	50.000		50.000

Aktiva	Eröffnungsbilanz Y in €		Passiva
Teilbetrieb 2	50.000	Kapital Y	60.000
Ausgleichsposten	10.000		
	60.000		60.000

Im Fall der Realisierung stiller Reserven sind die jeweiligen Ausgleichsposten so fortzuentwickeln, dass der dabei erzielte Gewinn X und Y nach dem vormaligen Gewinnverteilungsschlüssel zugerechnet wird. Dies bedeutet, dass bezüglich der Besteuerung der zuvor auf Ebene der OHG entstandenen stillen Reserven die Realteilung ausgeblendet wird und die Zurechnung auf X und Y vielmehr so erfolgt, als bestände die OHG unverändert fort. Realisiert beispielsweise X die stillen Reserven des Teilbetriebs 1, so ist der Veräußerungsgewinn i. H. v. 30.000 € zu 40 % von ihm selbst und zu 60 % von Y zu versteuern. Folglich ist der passivische Ausgleichsposten des X gewinnmindernd um 12.000 € zu erhöhen, während der aktivische Ausgleichsposten des Y gewinnerhöhend um 12.000 € aufzustocken ist. X versteuert mithin 18.000 € (30.000 € ./. 12.000 € = 60 % von 30.0000 €), während bei Y ein Gewinn i. H. v. 12.000 € (40 % von 30.000 €) entsteht.

Da die stillen Reserven nicht nur durch Veräußerung oder Entnahme der betreffenden Wirtschaftsgüter, sondern auch durch die Verrechnung der im Vergleich zum tatsächlichen Werteverzehr zu geringen Abschreibungsbeträge realisiert werden, erscheint es geboten, auch diese laufend zur Aufdeckung gelangenden stillen Reserven X und Y durch Fortentwicklung der jeweiligen Ausgleichsposten zuzuweisen. In Anbetracht der Tatsache, dass die stillen Reserven in einer Vielzahl von Wirtschaftsgütern enthalten sein können und damit eine Fortschreibung der Ausgleichsposten nach vorgenannter Systematik nur mit unverhältnismäßig großem Aufwand zu bewerkstelligen wäre, lässt sich u. E. die Annahme einer typisierten Abschreibungsdauer für die Ausgleichsposten rechtfertigen. Da zumindest bei der Zuweisung von Teilbetrieben die stillen Reserven in vielen Fällen in dem originären Firmenwert des jeweiligen Teilbetriebs enthalten sein dürften, erscheint die Annahme eines 15-jährigen Abschreibungszeitraums in Anlehnung an die gesetzliche Fiktion einer betriebsgewöhnlichen Nutzungsdauer des Firmenwerts gemäß § 7 Abs. 1 Satz 3 EStG zweckmäßig. Sind die stillen Reserven in nicht abnutzbaren Wirtschaftsgütern enthalten, so bewirkt die Annahme einer typisierten Abschreibungsdauer allerdings eine buchhalterische Aufdeckung der stillen Reserven bei dem einen sowie eine entsprechende Aufwandswirksamkeit bei dem anderen Realteiler, obwohl eine tatsächliche Realisierung der stillen Reserven u. U. nicht erfolgt ist. Zugleich vermag jedoch die Abschreibung der Ausgleichsposten über eine typisierte Nutzungsdauer den gegen die Ausgleichspostenmethode vorgebrachten Einwand entkräften, diese führe zu einer Verletzung des Grundsatzes der Tatbestandsmäßigkeit der Besteuerung, da die Aufdeckung der stillen Reserven des **einen** Realteilers eine steuerliche Belastung des **anderen** Realteilers bewirke, obwohl dieser selbst keinen steuerbaren Tatbestand verwirklicht habe (vgl. BFH v. 10.12.1991 – VIII R 69/86, BStBl. II 1992, S. 385), denn die Abschreibung in der Bilanz des einen Realteilers erfolgt nunmehr unabhängig von der Gewinnermittlung des anderen. ◀|

Stellungnahme

Nach Auffassung des BFH (v. 10.12.1991 – VIII R 69/86, BStBl. II 1992, S. 385, ergangen allerdings zur Rechtslage bis 1998) sowie der aktuellen Auffassung der Finanzverwaltung (vgl. BMF v. 26.02.2006, BStBl. I 2006, S. 228) ist zur Anpassung der Bilanzen die Kapitalkontenanpassungsmethode anzuwenden. Dennoch erscheint u. E. aus den vorgenannten Gründen die Ausgleichspostenmethode ggü. den anderen Methoden vorteilhaft, weil sie sowohl eine interpersonelle als auch eine wirtschaftsgutbezogene Verlagerung der stillen Reserven verhindert (so auch RÖHNER, StuW 2008, 144, 149 ff.). Zugleich ist jedoch zu beachten, dass der Gesetzgeber die interpersonelle Verlagerung stiller Reserven, sei es im Rahmen der Übertragung einzelner Wirtschaftsgüter gemäß § 6 Abs. 5 Satz 3 EStG, sei es im Zuge einer Realteilung, offenkundig im Grundsatz billig, da andernfalls die Missbrauchs-abwehrklauseln des § 6 Abs. 5 Satz 4 EStG bzw. § 16 Abs. 3 Satz 4 EStG überflüssig wären. De lege lata besteht daher für die Steuerpflichtigen keinerlei Verpflichtung, ein Überspringen der stillen Reserven zu vermeiden; gleichwohl sollte den Realtei-lern zumindest das Wahlrecht zwischen der Anwendung der Ausgleichsposten-methode und der Kapitalkontenanpassungsmethode eingeräumt werden.

Mit Urteil vom 11.04.2013 (III R 32/12, BStBl. II 2014, S. 242) hat der BFH entschieden, dass im Falle der steuerneutralen Realteilung einer freiberuflichen Mitunternehmerschaft, die ihren Gewinn durch Einnahme-Überschussrechnung ermittelt, weder eine Realteilungsbilanz aufzustellen noch ein Übergangsgewinn zu ermitteln ist, wenn die Realteiler ihre freiberuflichen Tätigkeiten in Einzelpraxen fortsetzen und ihre Gewinne auch zukünftig als Überschuss der Betriebseinnahmen über die Betriebsausgaben ermitteln. Da wegen der Steuerneutralität der Realteilung kein Aufgabegewinn festzustellen sei und auch keine stillen Reserven der Besteue-rung entzogen würden, erübrige sich die Aufstellung einer Schlussbilanz der real zu teilenden Sozietät. In Bezug auf die Gesamtgewinngleichheit wird hierbei gedank-lich der Betrieb der realgeteilten Sozietät mit den späteren Einzelpraxen zusammen-gefasst und zu einem »Gesamtbetrieb« verklammert (vgl. KANZLER in FR 2013, S. 1083; BÜNNING, BB 2013, S. 2226). Unschädlich ist es daher insbesondere, wenn stille Reserven von einem auf einen anderen Realteiler überspringen, etwa weil offene Honorarforderungen im Zuge der Realteilung in einem Verhältnis aufgeteilt werden, das nicht der bisherigen Gewinnverteilung innerhalb der realgeteilten Sozietät entspricht.

Zutreffend hat der BFH ausgeführt, dass sich dasselbe Ergebnis (mit Billigung durch die Finanzverwaltung, vgl. OFD Karlsruhe v. 08.10.2007, DStR 2007, S. 2326 zu Einbringungen nach § 24 UmwStG) auch durch einen Wechsel zur Gewinner-mittlung durch Bestandsvergleich und unmittelbare Rückkehr zur Einnahme-Über-schussrechnung nach der Realteilung erreichen ließe. Die von der Finanzverwaltung im Urteilsfall für notwendig gehaltene Aufstellung einer Schlussbilanz zielte daher offensichtlich nicht auf die Besteuerung eines Übergangsgewinns ab, sondern sollte einem allgemeinen Informationsbedürfnis dienen, etwa um das vorhandene Be-triebsvermögen zu identifizieren, im Fall freiberuflicher Sozitäten wohl in erster Linie den zum Zeitpunkt der Realteilung vorhandenen Bestand an offenen Man-dantenforderungen. Mit dieser Sichtweise ist die Finanzverwaltung gescheitert. Nach Auffassung des BFH obliegt es ihr, die für die zutreffende Besteuerung not-wendigen Besteuerungsgrundlagen zu ermitteln; dies ist ggf. durch Einfordern entsprechender Informationen und behördeninterne Bereitstellung für andere be-troffene Finanzämter sicherzustellen. Eine auch ohne ein berechtigtes Interesse der Finanzverwaltung bestehende Pflicht zu einer grundlegenden systematischen Dar-stellung der zum Zeitpunkt der Realteilung vorhandenen Wirtschaftsgüter oder stillen Reserven trifft weder die realgeteilte Sozietät noch die späteren Einzelpraxis-inhaber (vgl. KANZLER, FR 2013, S. 1083).

Realteilung einer freiberuflichen Sozietät: kein zwin-gender Übergang von EÜR zum Betriebsvermögens-vergleich

2 Realteilung mit Spitzenausgleich

Begriff

Führt die Naturalteilung des Gesellschaftsvermögens für den einen Gesellschafter zu einer Übererfüllung seines Auseinandersetzungsanspruchs und korrespondierend für den anderen Gesellschafter zu einer nur teilweisen Erfüllung dessen Anspruchs, so werden die Gesellschafter die Zahlung eines entsprechenden Wertausgleichs vereinbaren. Der bzw. die Gesellschafter, die »zu viel« erhalten haben, werden hierdurch zu einer Zahlung oder Hingabe von Sachwerten aus ihrem Privatvermögen verpflichtet, um das »zu wenig« des bzw. der anderen Gesellschafter wertmäßig zu kompensieren. Eine Realteilung mit Spitzenausgleich liegt demnach vor, wenn eine Personengesellschaft in der Weise aufgelöst und beendet wird, dass jeder der Gesellschafter Teilbetriebe, Mitunternehmeranteile oder Einzelwirtschaftsgüter des Gesellschaftsvermögens in ein eigenes Betriebsvermögen übernimmt und außerdem die Gesellschafter untereinander einen Wertausgleich in bar oder in Sachwerten aus ihrem Privatvermögen leisten, weil die tatsächlichen Werte der übernommenen Teilbetriebe, Mitunternehmeranteile oder Einzelwirtschaftsgüter von den tatsächlichen Werten der untergegangenen Gesellschaftsanteile abweichen.

BEISPIEL 74

X ist zu 40 %, Y zu 60 % an der XY-OHG beteiligt. Sie beschließen die Auflösung der Gesellschaft. Im Wege der Realteilung soll X den Teilbetrieb 1, Y den Teilbetrieb 2 erhalten. Die Schlussbilanz der OHG zeigt folgendes Bild:

Aktiva		Schlussbilanz der XY-OHG in €			Passiva
	Buchwerte	Gemeine Werte		Buchwerte	Gemeine Werte
Teilbetrieb 1	90.000	120.000	Kapital X	40.000	80.000
Teilbetrieb 2	10.000	80.000	Kapital Y	60.000	120.000
	100.000	200.000		100.000	200.000

Zum Ausgleich dafür, dass X einen Teilbetrieb im Wert von 120.000 €, Y aber einen Teilbetrieb im Wert von 80.000 € erhält, wird eine Ausgleichszahlung über 40.000 € von X an Y vereinbart.

LÖSUNG Gemäß § 16 Abs. 3 Satz 2 EStG sind bei der Ermittlung des Gewinns der OHG die Wirtschaftsgüter grundsätzlich zu Buchwerten anzusetzen; X und Y führen in ihren Eröffnungsbilanzen die Buchwerte fort. ◄|

Höhe des Gewinns durch Spitzenausgleich

Fraglich ist, in welcher Höhe durch die Zahlung des Spitzenausgleichs ein Gewinn entsteht. Finanzverwaltung (BMF v. 26.02.2006, BStBl. I 2006, S. 228) und h.M. (vgl. HHR/KULOSA, § 16 EStG Anm. 452; SCHMIDT/WACKER, 2015, § 16 Rz. 549, m.w.N.) gehen davon aus, dass nur im Verhältnis des Spitzenausgleichs zum Wert des übernommenen Betriebsvermögens ein entgeltliches Veräußerungsgeschäft vorliege. Der Realteilung ist insofern teilentgeltlicher Charakter beizumessen, mit der Folge, dass sich lediglich i.H.d. um den anteiligen Buchwert verminderten Spitzenausgleichs ein Veräußerungsgewinn für den veräußernden Realteiler ergibt. Nach a.A. ist der Spitzenausgleich hingegen insgesamt als laufender Gewinn anzusehen, soweit er den Mehrerwerb an stillen Reserven abgilt; soweit er allerdings die Vergütung von Buchwertdifferenzen beinhaltet, soll der Wertausgleich erfolgsneutral zu behandeln sein (vgl. KIRCHHOF/REISS, 2015, § 16 Rz. 250 f., 11 f.). Das in diese Richtung weisende BFH-Urteil (BFH v. 01.12.1992 – VIII R 57/90, BStBl. 1994, S. 607) ist durch die Finanzverwaltung mit einem Nichtanwendungserlass belegt worden (BMF v. 11.08.1994, BStBl. I 1994, S. 601).

LÖSUNG BEISPIEL 74

Folgt man der h. M., so hat die von X geleistete Ausgleichszahlung zur Folge, dass er 1/3 des von ihm übernommenen Betriebsvermögens entgeltlich erwirbt (Ausgleichszahlung 40.000 € / gemeiner Wert des Teilbetriebs 1 120.000 € = 1/3). Er führt daher zu 2/3 die bisherigen Buchwerte fort (2/3 von 90.000 € = 60.000 €) und nimmt auf der Passivseite eine entsprechende Anpassung seines Kapitalkontos vor. Zusätzlich aktiviert er Anschaffungskosten i. H. v. 40.000 € für den entgeltlich erworbenen Teil des Teilbetriebs 1. Seine Eröffnungsbilanz weist danach folgende Werte aus:

Aktiva		Eröffnungsbilanz X in €		Passiva
Teilbetrieb 1			Kapital X bisher	40.000
anteiliger BW (2/3)	60.000		Kapitalkonten-anpassung	+ 20.000	60.000
zzgl. eigene AK	+ 40.000	100.000	Ausgleichsverb.	40.000
		100.000		100.000

Gedanklich übernimmt Y zunächst den Teilbetrieb 2 sowie 1/3 des Teilbetriebs 1 zu Buchwerten in seine Eröffnungsbilanz (10.000 € + 1/3 von 90.000 € = 40.000 €). Da sein bisheriges Kapitalkonto 60.000 € ausweist, ist eine Anpassung seines Kapitalkontos von ./. 20.000 € erforderlich. Anschließend veräußert Y 1/3 der auf X übergehenden Wirtschaftsgüter zu einem Veräußerungspreis von 40.000 € und erzielt dadurch einen Veräußerungsgewinn nach § 16 EStG i. H. v. 10.000 € (= 40.000 € Ausgleichszahlung abzüglich 1/3 von 90.000 €). Die Eröffnungsbilanz des Y weist folgende Werte aus:

Aktiva	Eröffnungsbilanz Y in €		Passiva
Teilbetrieb 2	10.000	Kapital Y bisher	60.000
Ausgleichsforderung	40.000	Gewinn	+ 10.000
		Kapitalkonten-anpassung	./. 20.000	50.000
	50.000		50.000

Auch hier übernimmt Y mehr stille Reserven, als auf ihn ursprünglich in der OHG entfielen. Ein Ausgleich von X an Y für die dadurch bewirkte höhere zukünftige Ertragsteuerbelastung ist privat veranlasst und daher steuerlich unbeachtlich. ◄|

Der durch den Spitzenausgleich entstehende Veräußerungsgewinn ist nach Auffassung von Finanzverwaltung (vgl. BMF v. 26.02.2006, BStBl. I 2006, S. 228) und der BFH-Rechtsprechung (vgl. BFH v. 01.12.1992 – VIII R 57/90, BStBl. II 1994, S. 607) nicht nach §§ 16 Abs. 4, 34 EStG begünstigt, da diese Vorschriften nur in denjenigen Fällen zur Anwendung gelangen, in denen eine vollständige Aufdeckung der stillen Reserven der jeweiligen Sachgesamtheit zu verzeichnen ist. Dies aber ist im Fall der Realteilung nicht gegeben (ebenso SCHMIDT/WACKER, 2015, § 16 Rz. 549; PAUS, FR 2002, S. 866, 870).

Keine Anwendung der §§ 16 Abs. 4, 34 EStG

Gleichwohl handelt es sich bei einer Realteilung grundsätzlich um eine Betriebsaufgabe, so dass der hierbei erzielte Gewinn nicht zum Gewerbeertrag i. S. v.

Grds. keine GewSt-Pflicht

§ 7 Satz 1 GewStG zählt. Etwas anderes gilt aber gemäß § 7 Satz 2 GewStG insoweit, als der Gewinn nicht auf natürliche Personen als unmittelbar beteiligte Mitunternehmer entfällt.

3 Sperrfristklausel bei Zuweisung einzelner Wirtschaftsgüter

Ggf. rückwirkender Ansatz des gemeinen Wertes, wenn ...

Ist die Realteilung auf die Übertragung einzelner Wirtschaftsgüter gerichtet, so ist für den im Rahmen der Realteilung vorgenommenen Übertragungsvorgang gemäß § 16 Abs. 3 Satz 3 EStG rückwirkend der gemeine Wert statt des Buchwerts anzusetzen, soweit übertragener Grund und Boden, Gebäude oder andere übertragene wesentliche Betriebsgrundlagen innerhalb einer Sperrfrist nach der Übertragung entnommen oder veräußert werden. Gemäß § 16 Abs. 3 Satz 3 Halbsatz 2 EStG endet die Sperrfrist drei Jahre nach Abgabe der Erklärung zur einheitlichen und gesonderten Gewinnfeststellung für den Veranlagungszeitraum der Realteilung (vgl. BMF v. 26.02.2006, BStBl. I 2006, S. 228). Sinn und Zweck dieser Sperrfristregelung ist es, zu verhindern, dass die steuerneutrale Realteilung durch Herbeiführung einer interpersonellen Verlagerung der stillen Reserven zur Vorbereitung einer steueroptimierten späteren Realisierung selbiger genutzt wird. Ist die Realteilung auf Teilbetriebe oder Mitunternehmeranteile gerichtet, so besteht bezüglich einer anschließenden Aufdeckung der stillen Reserven keine steuerschädliche Sperrfrist. Ein Teilbetrieb umfasst dabei nicht nur die im Gesellschaftsvermögen stehenden, sondern ggf. auch sich im Sonderbetriebsvermögen befindende wesentliche Betriebsgrundlagen.

... wesentliche Betriebsgrundlagen ...

Eine wesentliche Betriebsgrundlage i. S. d. Vorschrift ist anzunehmen, wenn das jeweilige Wirtschaftsgut entweder funktional für den Geschäftsbetrieb erforderlich ist oder wenn stille Reserven erheblichen Ausmaßes in dem Wirtschaftsgut enthalten sind (vgl. SCHMIDT/WACKER, 2015, § 16 Rz. 553). Die Frage, ob die Rechtsfolgen des Satzes 3 bei Grund und Boden sowie bei Gebäuden stets (so HHR/KULOSA, § 16 EStG Anm. 461) oder nur dann eingreifen, wenn diese ebenfalls die Kriterien der Wesentlichkeit erfüllen (so SCHMIDT/WACKER, 2015, § 16 Rz. 553; SCHELL, BB 2006, S. 1026, 1029), ist umstritten. Nach Auffassung der Finanzverwaltung soll auch die Entnahme oder Veräußerung von Grund und Boden und Gebäuden des Anlagevermögens, die keine wesentlichen Betriebsgrundlagen darstellen, die Folgen des § 16 Abs. 3 Satz 3 EStG auslösen (vgl. BMF v. 26.02.2006, BStBl. I 2006, S. 228).

... zeitnah veräußert, entnommen oder eingebracht werden

Ein schädliches, den rückwirkenden Ansatz zum gemeinen Wert auslösendes Ereignis liegt nach Auffassung der Finanzverwaltung nicht nur im Fall der entgeltlichen Veräußerung an Dritte und der Entnahme in das Privatvermögen vor, sondern auch dann, wenn die aufgrund der Realteilung erhaltenen Einzelwirtschaftsgüter im Rahmen einer Einbringung nach §§ 20, 24 UmwStG auf einen anderen Rechtsträger übergehen, und zwar unabhängig davon, ob im Zuge der Einbringung die stillen Reserven aufgedeckt werden oder nicht (vgl. BMF v. 26.02.2006, BStBl. I 2006, S. 228). Gleiches soll gelten im Fall eines Formwechsels nach § 25 UmwStG oder einer Übertragung nach § 6 Abs. 5 Satz 3 EStG gegen Gewährung von Gesellschaftsrechten. U. E. ist hierfür, insbesondere wenn im Zuge der Übertragung keine stillen

Reserven aufgedeckt werden, keine ausreichende Rechtfertigung ersichtlich, da in diesen Fällen der Realteilung lediglich eine weitere durch das Buchwertprivileg begünstigte Umstrukturierung nachfolgt (vgl. SCHELL, BB 2006, S. 1026, 1029). Insbesondere ist es auch nicht nachvollziehbar, dass die Finanzverwaltung in den insoweit vergleichbaren Fällen des § 6 Abs. 3 Satz 2 EStG eine Buchwerteinbringung für unschädlich hält (siehe hierzu G III).

Bei der steuerschädlichen Entnahme oder Veräußerung einzelner im Wege der Realteilung erhaltener Wirtschaftsgüter handelt es sich um ein rückwirkendes Ereignis i.S.d. § 175 Abs. 1 Satz 1 Nr. 2 AO; zur Verfolgung auf Seiten der Finanzverwaltung vgl. OFD Chemnitz v. 20.10.2003, HaufeIndex 1003460. Der rückwirkende Ansatz des gemeinen Wertes führt mithin für den Veranlagungszeitraum der Realteilung zur Entstehung eines laufenden Gewinns der damaligen Mitunternehmerschaft, der nicht nach §§ 16 Abs. 4, 34 EStG begünstigt ist. Wegen der grundlegenden Qualifikation der Realteilung als Betriebsaufgabe unterliegt dieser Gewinn, von den Fällen des § 7 Satz 2 GewStG einmal abgesehen, nicht der Gewerbesteuer. Zu beachten ist, dass die Aufdeckung der stillen Reserven nur für diejenigen Wirtschaftsgüter erfolgt, die innerhalb der Sperrfrist veräußert oder entnommen werden; im Übrigen bleibt die Realteilung erfolgsneutral.

Folge: laufender Gewinn, keine GewSt

Aufgrund der Zielsetzung der Sperrfristregelung, eine gezielte Verlagerung stiller Reserven auf einzelne Realteiler zu verhindern, ist es sachgerecht, den rückwirkend entstehenden Übertragungsgewinn, soweit er Wirtschaftsgüter des Gesamthandsvermögens betrifft, nach dem allgemeinen Gewinnverteilungsschlüssel zu verteilen. Soweit Sonderbetriebsvermögen im Rahmen den Realteilung auf einen anderen Realteiler übertragen wird (ansonsten findet die Sperrfrist für das Sonderbetriebsvermögen mangels Verlagerung stiller Reserven keine Anwendung), müsste die rückwirkende Besteuerung bei demjenigen erfolgen, dem das Sonderbetriebsvermögen vor der Realteilung zuzurechnen war (ebenso PAUS, FR 2002, S. 866, 868). Demgegenüber erscheint es verfehlt, den rückwirkend entstehenden Übertragungsgewinn nur demjenigen Realteiler zuzurechnen, der die betreffenden Wirtschaftsgüter im Zuge der Realteilung erhalten hat, würde dies doch bedeuten, die interpersonelle Verlagerung der stillen Reserven zu akzeptieren und damit § 16 Abs. 3 Satz 3 EStG im Grundsatz für bedeutungslos zu erklären. Bei dieser Sichtweise wäre die **rückwirkende** Besteuerung des betreffenden Realteilers die einzige Rechtsfolge von § 16 Abs. 3 Satz 3 EStG, die allerdings wegen § 233 Abs. 2a AO nicht zu einer Verzinsung der Steuernachforderung führt und folglich allenfalls über mögliche Steuersatzeffekte materielle Bedeutung erlangen kann. Überraschenderweise lässt die Finanzverwaltung sowohl bezüglich der Wirtschaftsgüter des Gesellschafts- als auch des Sonderbetriebsvermögens Letzteres zu: Durch einfache vertragliche Abrede sollen die Realteiler die Zurechnung eines rückwirkend entstehenden Übertragungsgewinns allein zu dem entnehmenden bzw. veräußernden Realteiler mit steuerlicher Wirkung vereinbaren und damit von der eigentlich gebotenen Zurechnung nach dem Gewinnverteilungsschlüssel bzw. zum damaligen Eigentümer der Wirtschaftsgüter abweichen können (vgl. BMF v. 26.02.2006, BStBl. I 2006, S. 228). Angesichts dieser entgegenkommenden Auslegung des Gesetzestextes durch die Finanzverwaltung sollte der Gesetzgeber § 16 Abs. 3 Satz 3 EStG entweder dem Sinn und Zweck der Regelung entsprechend konkretisieren oder aber streichen.

Personelle Zurechnung

BEISPIEL 75

Wie Beispiel 73, jedoch erhalten X und Y im Zuge der Realteilung im Veranlagungszeitraum 01 keine Teilbetriebe, sondern einzelne Wirtschaftsgüter zugewiesen. Nach zwei Jahren veräußert X ein im Zuge der Realteilung zum Buchwert von 10.000 € in sein Einzelunternehmen übertragenes unbebautes Grundstück für 25.000 €. Der gemeine Wert des Grundstücks zum Zeitpunkt der Realteilung betrug 20.000 €.

LÖSUNG Gemäß § 16 Abs. 3 Satz 2 EStG ist die Realteilung auch bei Zuweisung von einzelnen Wirtschaftsgütern im Veranlagungszeitraum 01 zunächst steuerneutral durchzuführen. Da X innerhalb der Sperrfrist die stillen Reserven des Grundstücks durch Veräußerung realisiert, sind die Voraussetzungen des § 16 Abs. 3 Satz 3 EStG erfüllt. Der laufende Gewinn der OHG ist somit rückwirkend für den Veranlagungszeitraum 01 um 10.000 € (gemeiner Wert 20.000 € ./. Buchwert 10.000 € im Realteilungszeitpunkt) zu erhöhen und anteilig nach dem Gewinnverteilungsschlüssel (40 : 60) X und Y zuzurechnen. Die im vorliegenden Fall durch die Realteilung bewirkte, nicht dem Gewinnverteilungsschlüssel entsprechende Verteilung der stillen Reserven (X 30.000 €; Y 70.000 €) erfährt durch den rückwirkenden Ansatz des gemeinen Wertes nunmehr eine Verschärfung dergestalt, dass X nur noch 24.000 €, Y jedoch 76.000 € stille Reserven zu versteuern hat. Eine im Realteilungszeitpunkt etwaig getroffene Vereinbarung bezüglich des Ausgleichs der durch das Überspringen der stillen Reserven erhöhten steuerlichen Belastung des Y erweist sich nunmehr als nicht mehr zutreffend.

In der Eröffnungsbilanz des Einzelunternehmens des X ist das Grundstück mit dem gemeinen Wert von 20.000 € anzusetzen. X erzielt aus der Veräußerung im Veranlagungszeitraum 03 einen Gewinn i. H. v. 5.000 € (Veräußerungspreis 25.000 € ./. neuer Buchwert 20.000 €).

Nach Auffassung der Finanzverwaltung können X und Y im Rahmen der Realteilung vereinbaren, dass der rückwirkend entstehende Gewinn allein dem veräußernden bzw. entnehmenden Realteiler zuzurechnen ist. Soweit eine solche Vereinbarung besteht, führt der rückwirkende Ansatz des gemeinen Wertes lediglich bei X zu einem rückwirkenden, im Jahr der Realteilung zu versteuernden laufenden Gewinn aus der Realteilung i. H. v. 10.000 €. Der Buchwert des Grundstücks in der Eröffnungsbilanz erhöht sich um diesen Betrag, ebenso sein Kapitalkonto. Eine Neuberechnung einer ggf. getroffenen Vereinbarung aufgrund einer veränderten Verlagerung latenter Ertragsteuerlasten entfällt. ◀|

Grundsatz der Tatbestandsmäßigkeit der Besteuerung u. U. verletzt

Gegen die Sperrfristklausel wird zutreffend eingewendet, dass der die Besteuerung auslösende Sachverhalt von dem einen Realteiler verwirklicht wird, während die daraus resultierenden Belastungsfolgen jedoch u. U. allen, mithin auch denjenigen Realteilern, die keinen zu einer Besteuerung führenden Sachverhalt realisiert haben, zugerechnet werden. Dies gilt jedenfalls immer dann, wenn in die Realteilungsvereinbarung keine entsprechende Klausel zur Herbeiführung einer von dem Beteiligungsverhältnis an der real geteilten Gesellschaft abweichenden personellen Zuordnung der Besteuerungsfolgen aufgenommen wurde. CREZELIUS (FR 2002, S. 805, 811) verneint daher angesichts dieser Besteuerung ohne Tatbestandsverwirklichung durch den belasteten Steuerpflichtigen selbst die Anwendung des § 175 Abs. 1 Satz 1 Nr. 2 AO. Dafür spricht auch, dass der BFH mit ähnlicher Argumentation die Anwendung der Ausgleichspostenmethode abgelehnt hat (vgl. BFH v. 10. 12. 1991 – VIII R 69/86, BStBl. II 1992, S. 385). Insofern hat die Finanzverwaltung mit ihrer Auffassung, der innerhalb der Sperrfrist realisierte Gewinn könne alleinig demjenigen Realteiler zugerechnet werden, der das Vermögen übernommen hat, dieser Kritik entsprochen; dennoch erscheint diese den Gesetzeszweck konterkarierende Sichtweise der Finanzverwaltung fragwürdig.

4 Beteiligung eines Körperschaftsteuersubjekts

Gemäß § 16 Abs. 3 Satz 4 EStG ist Satz 2 bei einer Realteilung, bei der einzelne Wirtschaftsgüter übertragen werden, nicht anzuwenden, soweit die Wirtschaftsgüter unmittelbar oder mittelbar auf ein Körperschaftsteuersubjekt übertragen werden; in diesem Fall ist bei der Übertragung zwingend der gemeine Wert anzusetzen. Die unmittelbare Übertragung auf eine Körperschaft ist beispielsweise gegeben, wenn einer Kapitalgesellschaft als Gesellschafter einer Personengesellschaft im Zuge einer Realteilung einzelne Wirtschaftsgüter des Gesellschaftsvermögens zugewiesen werden. Eine mittelbare Übertragung liegt hingegen vor, wenn die Kapitalgesellschaft selbst nicht unmittelbar, sondern mittelbar über eine andere Personengesellschaft an der real geteilten Personengesellschaft beteiligt war und die einzelnen Wirtschaftsgüter im Zuge der Realteilung der anderen Personengesellschaft zugewiesen werden.

Bei Übertragung auf Körperschaft insoweit Ansatz des gemeinen Wertes

Sinn und Zweck dieser Regelung ist es wohl, zu verhindern, dass Wirtschaftsgüter zu Buchwerten auf eine Kapitalgesellschaft übertragen werden und der im Fall einer anschließenden Veräußerung entstehende Gewinn vollständig der nur 15 %igen Körperschaftsteuer unterliegt (zutreffend HHR/KULOSA, § 16 EStG Anm. 465). Wäre die Aufdeckung der stillen Reserven der auf die Körperschaft übertragenen Wirtschaftsgüter hingegen noch auf Ebene der Personengesellschaft erfolgt, so hätte der Gewinn lediglich i. H. d. auf die Kapitalgesellschaft entfallenden Anteils der Körperschaftsteuer unterlegen, während der verbleibende Betrag bei den übrigen Gesellschaftern mit Einkommensteuer belastet worden wäre.

Verlagerung stiller Reserven ins TEV soll vermieden werden

Anders als in § 6 Abs. 5 Satz 5, 6 EStG kommt es nach dem Wortlaut des § 16 Abs. 3 Satz 4 EStG nicht darauf an, in welchem Umfang die betreffende Körperschaft bereits zuvor nach dem allgemeinen Gewinnverteilungsschlüssel an dem Wirtschaftsgut beteiligt war. Der Gesetzgeber schießt damit insofern über das Ziel einer Missbrauchsabwehr hinaus, als er übersieht, dass die stillen Reserven insoweit bereits vor der Realteilung anteilig im Teileinkünfteverfahren verhaftet waren. Eine missbräuchliche Verlagerung stiller Reserven ist daher, von der gezielten Verlagerung bestimmter werthaltiger Wirtschaftsgüter auf Körperschaften bei sich anschließender Anteilsveräußerung einmal abgesehen, nur insoweit zu konstatieren, als stille Reserven von den übrigen Mitunternehmern auf die jeweilige Körperschaft überspringen. Die Finanzverwaltung vertritt daher u. E. zu Recht die Auffassung, dass der gemeine Wert nur insoweit anzusetzen ist, als sich der Anteil einer an der Realteilung teilnehmenden Körperschaft an den übernommenen Wirtschaftsgütern erhöht (so auch SCHMIDT/WACKER, 2015, § 16 Rz. 555; a. A. HHR/KULOSA, § 16 EStG Anm. 466). Allerdings soll dies, unzutreffenderweise, auch dann der Fall sein, wenn alle Gesellschafter der real geteilten Personengesellschaft Körperschaften sind, eine Verlagerung stiller Reserven in die körperschaftsteuerliche Sphäre mithin gar nicht erfolgt (vgl. BMF v. 26. 02. 2006, BStBl. I 2006, S. 228).

Zu weitgehende Formulierung

U. E. hat die teilweise Aufdeckung der stillen Reserven zur Folge, dass der insoweit entstehende Realteilungsgewinn nicht von allen Mitunternehmern entsprechend ihrem bisherigen Beteiligungsverhältnis zu versteuern ist, sondern nur von denjenigen Realteilern, die das betreffende Wirtschaftsgut nicht erhalten, da die Vorschrift ja gerade die Versteuerung bei diesen Mitunternehmern gewährleisten will. Die in der Literatur vertretene Auffassung (vgl. ROGALL/STANGL, FR 2006, S. 345, 349), die Versteuerung solle nach dem allgemeinen Gewinnverteilungsschlüssel erfolgen, entbehrt u. E. zumindest dann einer sachlichen Rechtfertigung, wenn man richtigerweise der Auffassung folgt, dass eine Aufdeckung der stillen Reserven nur insoweit erfolgt, als sich der Anteil einer an der Realteilung teilnehmenden Körperschaft an den übernommenen Wirtschaftsgütern erhöht. Folge dieser quotalen Betrachtung ist ja gerade, dass einerseits derjenige Teil der stillen Reserven unaufgedeckt bleibt, der nach dem allgemeinen Gewinnverteilungsschlüssel ohnehin auf die übernehmende Körperschaft entfällt, andererseits aber derjenige Teil der stillen Reserven zur Aufdeckung kommt, der den anderen Mitunternehmern zuzurechnen ist. Insofern liegt es auf der Hand, dass dann auch ausschließlich diese anderen Mitunternehmer die wegen § 16 Abs. 3 Satz 4 EStG aufgedeckten stillen Reserven zu versteuern haben. Angesichts der Auffassung der Finanzverwaltung, dass auch im Fall der Verletzung der Sperrfristregelung durch eine entsprechende Klausel in der Realteilungsvereinbarung derjenige, der die steuerlichen Lasten tragen muss, mehr oder weniger frei bestimmbar ist, kann allerdings nicht ausgeschlossen werden, dass Ähnliches auch im Bereich der Körperschaftsklausel für zulässig gehalten wird.

Keine Begünstigung nach §§ 16, 34 EStG, jedoch keine GewSt

Es ist davon auszugehen, dass der nach § 16 Abs. 3 Satz 4 EStG auszuweisende Gewinn nicht nach §§ 16, 34 EStG begünstigt ist, da es an einer Aufdeckung aller stiller Reserven fehlt. Zudem ist anzunehmen, dass wegen der grundsätzlichen Einordnung der Realteilung als Betriebsaufgabe auch dieser Gewinn im Grundsatz nicht der Gewerbesteuer unterliegt, es sei denn, ein Fall von § 7 Satz 2 GewStG ist gegeben.

Ergebnis bleibt unbefriedigend

Trotz der Begrenzung der aufzudeckenden stillen Reserven führt § 16 Abs. 3 Satz 4 EStG regelmäßig dazu, dass die Körperschaft zwar bezogen auf die ihr übertragenen Wirtschaftsgüter den richtigen Anteil, bezogen auf das gesamte Gesellschaftsvermögen der Personengesellschaft jedoch einen zu geringen Anteil an stillen Reserven versteuert, da einseitig steuerliche Lasten auf die übrigen Gesellschafter verlagert werden.

BEISPIEL 76

An der XY-KG sind die natürliche Person X sowie die Y-GmbH jeweils hälftig beteiligt. Die Mitunternehmerschaft verfügt über zwei Grundstücke, die jeweils einen Buchwert von 300.000 € und einen gemeinen Wert von 600.000 € aufweisen. Die Kapitalkonten der Mitunternehmer betragen jeweils 300.000 €. Im Zuge einer Realteilung erhält X das Grundstück I, die GmbH das Grundstück II.

Gemäß § 16 Abs. 3 Satz 4 EStG ist bei der Gewinnermittlung der Mitunternehmerschaft das Grundstück II mit dem gemeinen Wert anzusetzen, soweit die Y-GmbH nicht zuvor bereits an dem Grundstück beteiligt war, d. h. zu 50 %. Der entstehende Gewinn i. H. v. 150.000 € ist u. E. lediglich von X zu versteuern. Die bzgl. dieses Grundstücks nicht aufgedeckten stillen Reserven i. H. v. 150.000 € unterliegen bei der Y-GmbH zukünftig der Körperschaftsteuer. Im Ergebnis versteuert X bei dieser Lösung allerdings stille Reserven i. H. v. 450.000 €, während die GmbH nur 150.000 € stille Reserven versteuert.

Ohne die Regelung von § 16 Abs. 3 Satz 4 wäre die Zuweisung des Wirtschaftsguts auf die Kapitalgesellschaft zu Buchwerten (300.000 €) erfolgt. Veräußerte die GmbH das Grundstück anschließend aus ihrem Betriebsvermögen heraus für 600.000 €, so würden insgesamt 300.000 € mit Körperschaftsteuer belastet werden; dieser Betrag entspricht dem Anteil der GmbH an den gesamten stillen Reserven der Personengesellschaft. Eine missbräuchliche Gestaltung läge daher gar nicht vor. Im vorliegenden Beispiel würde auch die Lösung, dass die übernehmende Körperschaft die aufzudeckenden stillen Reserven versteuern muss, jedenfalls hinsichtlich der personellen Verteilung der stillen Reserven zu einem zutreffenden Ergebnis kommen.

Beträgt der Buchwert des Grundstücks I hingegen 500.000 € bei einem gemeinen Wert von 600.000 € und der Buchwert des Grundstücks II 100.000 € bei einem gemeinen Wert von ebenfalls 600.000 €, so resultiert aus dem anteiligen Ansatz des gemeinen Wertes bezüglich des Grundstücks II im Zeitpunkt der Realteilung ein Gewinn von 250.000 €, welcher ebenfalls X zuzurechnen ist. Mithin unterliegen in diesem Fall 250.000 € der Körperschaftsteuer. Bezogen auf das Grundstück II wird der GmbH der richtige Anteil an den stillen Reserven zugerechnet, bezogen auf den Gesamtbetrag der stillen Reserven der Personengesellschaft (600.000 €) jedoch ein um 50.000 € zu geringer Betrag. Ohne Anwendung des Satzes 4 würde hingegen das Grundstück II zu Buchwerten (100.000 €) der GmbH zugerechnet werden; bei späterer Realisierung der stillen Reserven würden mithin 500.000 € der Körperschaftsteuer unterliegen. In dieser Fallkonstellation wären folglich bezogen auf das Grundstück II 250.000 €, bezogen auf den Gesamtbetrag der stillen Reserven der KG 200.000 € zu viel in die Sphäre des Teileinkünfteverfahrens gelangt. Insoweit wird die Missbrauchsabwehr des Satzes 4 erkennbar. ◀|

Lösungsansatz

Das vorstehende Beispiel zeigt, dass es die Körperschaftsklausel auch in der (grundsätzlich begrüßenswerten) Auslegung der Finanzverwaltung offensichtlich nicht zu bewirken vermag, dass an einer Realteilung teilnehmende Körperschaften den Anteil am Gesamtbetrag der stillen Reserven versteuern, der ihnen auch zuvor in der Mitunternehmerschaft zuzurechnen war; vielmehr wird dies lediglich in Bezug auf diejenigen Wirtschaftsgüter erreicht, welche die Körperschaft im Zuge der Realteilung übernimmt. Nur wenn in den übrigen Wirtschaftsgütern keinerlei stille Reserven enthalten sind, würde ein steuerökonomisch zutreffendes Ergebnis erreicht. Da dies regelmäßig nicht der Fall sein wird, bewirkt § 16 Abs. 3 Satz 4 EStG, dass auf die übrigen Realteiler überproportional hohe stille Reserven übergehen. (Auch) dieses Problem ließe sich durch die Ausgleichspostenmethode lösen, da bei deren Anwendung stille Reserven weder betragsmäßig noch wirtschaftsgutbezogen auf andere Realteiler überspringen; die Regelung des § 16 Abs. 3 Satz 4 EStG wäre sodann überflüssig, da die vom Gesetzgeber befürchtete Verlagerung stiller Reserven in die körperschaftsteuerliche Sphäre hinein nicht stattfinden könnte.

Zuweisung von Sachgesamtheiten

Da die Körperschaftsklausel nicht anzuwenden ist, wenn im Zuge der Realteilung Teilbetriebe oder Mitunternehmeranteile zugewiesen werden, wird in der Literatur die vorherige Schaffung von Teilbetrieben als Gestaltungsmöglichkeit diskutiert (vgl. hierzu ROGALL/STANGL, FR 2006, S. 345, 348, m.w.N.). Eine diesbezügliche Sperrfrist, wie sie im Bereich der Spaltung von Kapitalgesellschaften nach § 15 Abs. 2 UmwStG besteht, hat der Gesetzgeber für die Realteilung von Mitunternehmerschaften nicht vorgesehen. Ggf. ist zu befürchten, dass die Finanzverwaltung gegen derlei Überlegung versuchen wird, die Grundsätze der Gesamtplanrechtsprechung in Stellung zu bringen.

5 Veräußerung von Beteiligungen nach Übergang auf ein Körperschaftsteuersubjekt

Entsprechende Regelung zu § 22 UmwStG

Bezüglich Anteilen an Kapitalgesellschaften ist der Gesetzgeber grundsätzlich von der Sorge getrieben, dass Steuerpflichtige, die nicht unter die Steuerbefreiungsvorschrift des § 8 b Abs. 2 KStG fallen und folglich stille Reserven in Kapitalgesellschaftsanteilen nach Maßgabe des Teileinkünfteverfahrens oder der Abgeltungsteuer versteuern müssten, geneigt sein könnten, ihre Anteile zu einem unter dem gemeinen Wert befindlichen Wert auf andere Kapitalgesellschaften zu übertragen, welche sodann die Realisierung der in den betreffenden Anteilen enthaltenen stillen Reserven nach § 8 b Abs. 2 KStG steuerfrei herbeiführen könnten. Folglich war nach § 8 b Abs. 4 KStG a. F. die Veräußerung einer Beteiligung durch eine Körperschaft nicht steuerfrei, soweit die veräußernde Gesellschaft die Beteiligung zu einem unter dem Teilwert liegenden Wert von einem nicht nach § 8 b Abs. 2 KStG Begünstigten erworben hatte (also z. B. im Zuge der steuerneutralen Realteilung einer Mitunternehmerschaft, an der auch natürliche Personen beteiligt waren) und die Veräußerung innerhalb von 7 Jahren nach dem Erwerb stattfand. Zugleich mit der Änderung des bisherigen Systems der Besteuerung einbringungsgeborener Anteile, der Einführung der rückwirkenden Besteuerung von Einbringungsgewinnen in § 22 UmwStG und dem damit verbundenen Wegfall von § 8 b Abs. 4 KStG a. F. durch das SEStEG wurde § 16 Abs. 5 EStG geschaffen: Dieser sieht eine rückwirkende Besteuerung vor, soweit bei einer Realteilung, bei der Teilbetriebe zugewiesen werden, Anteile an einer Körperschaft von einem nicht nach § 8 b Abs. 2 KStG Begünstigten auf eine nach § 8 b Abs. 2 KStG begünstigte Körperschaft übertragen werden und diese die Anteile innerhalb von 7 Jahren nach der Realteilung veräußert oder einen der Ersatztatbestände des §§ 22 Abs. 1 Satz 6 Nr. 1 bis 5 UmwStG verwirklicht. Im Fall einer auf die Zuweisung von Einzelwirtschaftsgütern gerichteten Realteilung ist die Regelung nicht anwendbar, was einleuchtet, da in diesen Fällen die stillen Reserven in den zugewiesenen Wirtschaftsgütern gemäß § 16 Abs. 3 Satz 4 EStG ohnehin insoweit aufzudecken sind, als sie auf eine Kapitalgesellschaft, mithin einen von § 8 b Abs. 2 KStG erfassten Rechtsträger übergehen.

Rückwirkender Ansatz des gemeinen Wertes

Die übertragenen Anteile sind rückwirkend mit dem gemeinen Wert anzusetzen; die Realteilungsgemeinschaft realisiert einen Realteilungsgewinn i. H. d. Differenz zwischen dem Buchwert und dem gemeinen Wert der Anteile zum Zeitpunkt der Realteilung, wobei dieser Betrag für jedes Jahr, das seit der Realteilung vergangen ist, um ein Siebtel vermindert wird. Für die Körperschaft, welche die Anteile erhalten hat, ist der auf sie entfallende Teil des Realteilungsgewinns nach § 8 b Abs. 2, 3 KStG zu 95 % steuerfrei; die nicht nach § 8 b Abs. 2 KStG begünstigten Realteiler haben ihren Teil des Realteilungsgewinns dem Teileinkünfteverfahren zu unterwerfen. Angemerkt sei, dass WACKER die Auffassung vertritt, dass (auch) im Fall von § 16 Abs. 5 EStG nur der Teil der stillen Reserven aufzudecken ist, der der Beteiligungsquote der natürlichen Personen an der vorherigen Mitunternehmerschaft entspricht (vgl. SCHMIDT/WACKER, 2015, § 16 Rz. 558). Dafür spricht, dass insoweit, als die Anteile bereits auf Ebene der Mitunternehmerschaft ideell anteilig Körperschaften zuzurechnen waren, kein »Hineinschleichen« in den Anwendungsbereich des § 8 b Abs. 2 KStG durch die Realteilung zu konstatieren ist. Ob die Finanzverwaltung dieser Auffassung folgt, bleibt abzuwarten.

Erhöhung des Beteiligungsbuchwerts unklar

Während in den Fällen des § 23 Abs. 2 UmwStG der Beteiligungsbuchwert rückwirkend nur um den tatsächlich versteuerten, durch Zeitablauf geminderten Einbringungsgewinn erhöht wird, schreibt § 16 Abs. 5 EStG eine Bewertung mit dem gemeinen Wert vor, und zwar nach dem Gesetzeswortlaut auch dann, wenn wegen des Zeitablaufs zwischen Realteilung und Veräußerung nicht alle stillen Reserven rückwirkend der Besteuerung unterliegen (vgl. FÖRSTER, DB 2007, S. 72, 78). U. E. liegt hier ein redaktionelles Versehen des Gesetzgebers vor, mit dessen

Beseitigung zugunsten einer Formulierung, die inhaltlich dem § 23 UmwStG entspricht, gerechnet werden muss.

BEISPIEL 77

An der XY-KG sind die natürliche Person X als Kommanditist sowie die Y-GmbH als Komplementärin jeweils hälftig beteiligt. Die Mitunternehmerschaft verfügt über zwei Teilbetriebe. Zu dem auf die Y-GmbH im Rahmen der Realteilung am 02.01.2015 übergehenden Teilbetrieb gehört ein Anteil an der Z-GmbH, der am 02.01.2015 einen Buchwert von 100.000 € und einen gemeinen Wert von 800.000 € aufweist. Die Y-GmbH veräußert den Anteil an der Z-GmbH am 10.01.2018 für 1 Mio. €.

LÖSUNG Zunächst ist eine steuerneutrale Realteilung gegeben; § 16 Abs. 3 Satz 4 EStG ist wegen der Zuweisung von Teilbetrieben nicht anwendbar. Die Veräußerung des Anteils an der Z-GmbH führt nun rückwirkend zur Erfassung eines Realteilungsgewinns; geht man hier von einer Aufdeckung aller in diesem Anteil enthaltenen stillen Reserven aus, so beträgt der Realteilungsgewinn 700.000 € (= 800.000 € gemeiner Wert ./. 100.000 € Buchwert). Dieser ist um 3/7 zu vermindern, da die Realteilung am 10.01.2018 bereits drei Jahre zurückliegt. Der zu versteuernde Realteilungsgewinn beträgt damit 400.000 € und ist den beiden Mitunternehmern nach dem gesellschaftsrechtlichen Gewinnverteilungsschlüssel (hier also jeweils hälftig) zuzurechnen. Bei X sind davon nach dem Teileinkünfteverfahren 60 %, also 120.000 € steuerpflichtig, während bei der Y-GmbH gemäß § 8 b Abs. 2 i.V.m. Abs. 3 KStG ein Gewinn von 10.000 € zu versteuern ist (= 5 % von 200.000 €). Bei der Y-GmbH ist der Beteiligungsbuchwert Z-GmbH rückwirkend auf 500.000 € (bei wörtlicher Auslegung auf 800.000 €) zu erhöhen. Die Veräußerung im Jahr 2018 führt daher zu einem steuerpflichtigen Gewinn i.H.v. lediglich 25.000 € (= 5 % der Differenz zwischen dem Veräußerungspreis von 1 Mio. € und dem auf 500.000 € erhöhten Buchwert) bzw. bei wörtlicher Auslegung i.H.v. 10.000 € (unter Zugrundelegung eines erhöhten Buchwerts von 800.000 €). ◀

6 Zusammenfassende Darstellung der Realteilung

Die nachfolgende Abbildung fasst die grundsätzliche steuerliche Behandlung der Realteilung noch einmal zusammen:

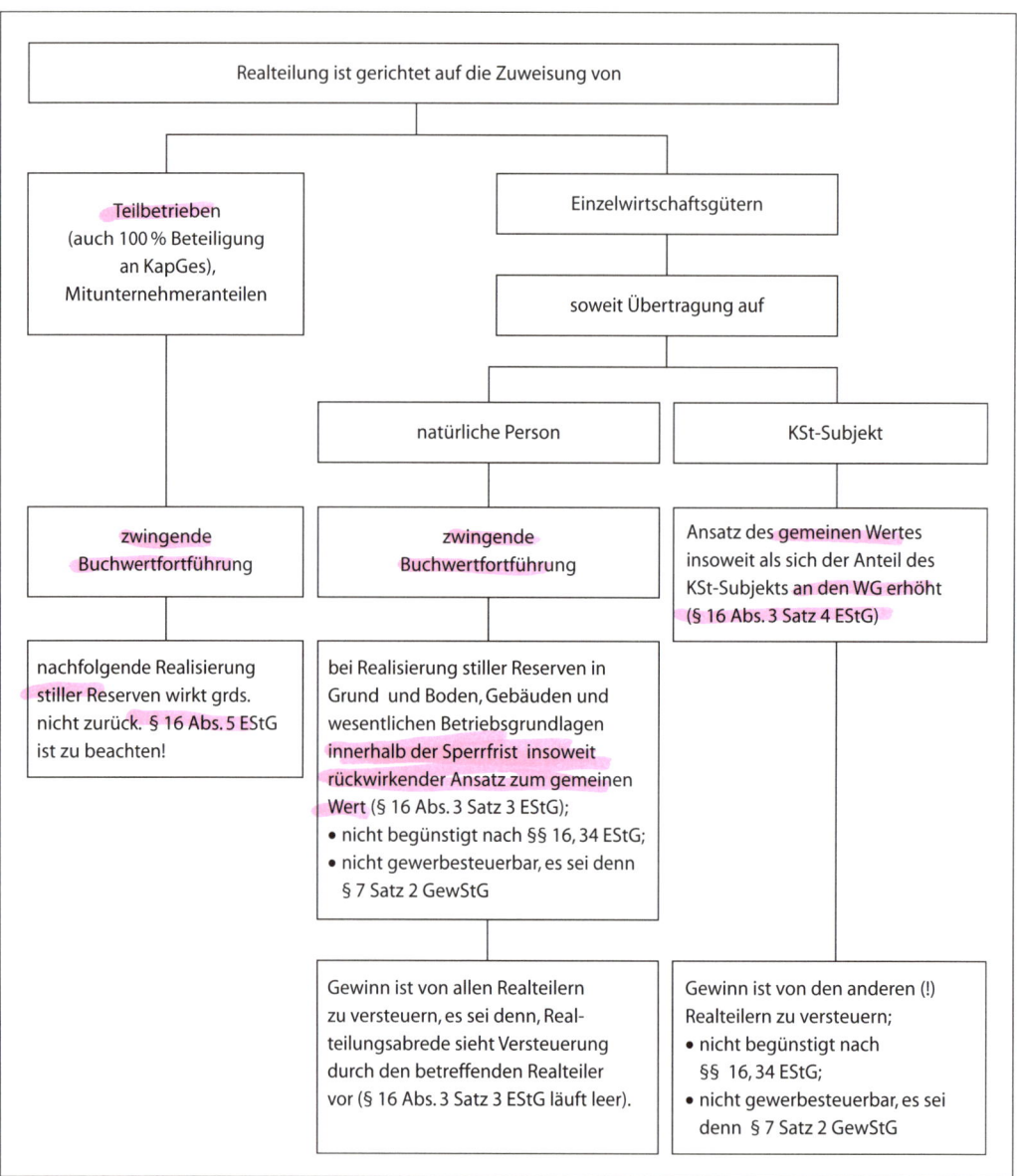

Abb. 12 Realteilung

G Ausscheiden von Mitunternehmern

I Überblick

Scheidet ein Gesellschafter aus einer Personengesellschaft aus und besteht die Gesellschaft fort, sei es aufgrund gesetzlicher Regelung, sei es aufgrund einer entsprechenden Fortsetzungsvereinbarung im Gesellschaftsvertrag, so verliert der Ausscheidende seine dinglichen Rechte an dem Gesellschaftsvermögen und sein Anteil am Gesellschaftsvermögen wächst den übrigen Gesellschaftern zu. Im Gegenzug sind diese gemäß § 738 Abs. 1 Satz 2 BGB grundsätzlich verpflichtet, den ausscheidenden Gesellschafter abzufinden (vgl. hierzu A I 2.6.1). Zwar legt der Wortlaut des Gesetzes (»Diese sind verpflichtet ...«) es auf den ersten Blick nahe, die verbleibenden Gesellschafter als Schuldner der Abfindung zu begreifen, jedoch stellt die Abfindungsverpflichtung nach h. M. primär eine Schuld der Gesellschaft als solcher dar. Dabei ist nicht zu verkennen, dass auch bei dieser Sichtweise der ausgeschiedene Gesellschafter seine vorherigen Mitgesellschafter nach Maßgabe ihrer persönlichen Haftung unmittelbar in Anspruch nehmen kann, jedoch wird mit Verweis auf die gesellschaftsrechtlichen Treuepflichten (vgl. hierzu SCHMIDT, K., 2002, S. 587 ff.) dafür plädiert, dass er verpflichtet sei, zunächst Befriedigung bei der Gesellschaft selbst zu erlangen (WÄLZHOLZ, StbJb. 2010/11, S. 109, 113).

Zivilrecht: Anwachsung und Abfindung

Aus steuerrechtlicher Sicht ist im Fall des Ausscheidens eines Mitunternehmers aus einer Personengesellschaft insbesondere von Bedeutung, inwieweit hierdurch ein Gewinnrealisierungstatbestand verwirklicht wird und welche steuerlichen Konsequenzen sich ggf. für den ausscheidenden und die verbleibenden Mitunternehmer bzw. den neu eintretenden Mitunternehmer im Fall des Gesellschafterwechsels ergeben.

Gewinnrealisierung?

Die steuerliche Behandlung orientiert sich dabei grundlegend daran, ob der gesellschaftsrechtliche Abfindungsanspruch des Ausscheidenden vom Buchwert seines Kapitalkontos abweicht. Darüber hinaus werden die steuerlichen Konsequenzen des Ausscheidens durch die gewählte Abfindungsform (Abfindung durch Bar-, Renten- oder Ratenzahlung, Sachwertabfindung), die die Abfindungsmodalitäten bestimmenden Gründe (private oder betriebliche Gründe) sowie bei Vorliegen eines negativen Kapitalkontos durch die Frage, ob der Ausscheidende zu einer entsprechenden Ausgleichszahlung verpflichtet ist, determiniert. Zu unterscheiden sind infolgedessen insbesondere entgeltliche und unentgeltliche Fälle.

Steuerlich relevante Determinanten

Steuerrechtlich stellt sich das Ausscheiden eines Mitunternehmers nicht als Anwachsung, sondern entweder als voll entgeltliche Veräußerung oder voll unentgeltliche Übertragung des Mitunternehmeranteils an die verbleibenden Gesellschafter oder einen neu eintretenden Gesellschafter dar. Ob es sich dabei um ein entgeltliches oder unentgeltliches Geschäft handelt, ist in einem ersten Schritt nach der sogenannten Einheitstheorie zu beurteilen. Bei Geltung der Einheitstheorie ist von einer vollständig entgeltlichen Übertragung auszugehen, wenn die Abfindung den Buchwert des Kapitalkontos des ausscheidenden Gesellschafters übersteigt, während eine vollständig unentgeltliche Übertragung vorliegt, wenn das Entgelt den Buch-

Veräußerung oder unentgeltliche Übertragung: Abfindungshöhe ...

wert des betreffenden Kapitalkontos unterschreitet. Teilentgeltliche Übertragungen sind mithin nicht nach der Trennungstheorie in einen entgeltlichen und einen unentgeltlichen Vorgang aufzuspalten (vgl. HHR/GEISSLER, § 16 EStG Anm. 76).

... und Veranlassung sind entscheidend

Sollte nach den vorstehenden Überlegungen von einer unentgeltlichen Übertragung auszugehen sein, so ist darüber hinaus zu fragen, ob tatsächlich eine Veranlassung für eine unentgeltliche Übertragung existiert, oder ob vielmehr dennoch Leistung und Gegenleistung nach kaufmännischen Gesichtspunkten gegeneinander abgewogen sind, mithin ein echter Leistungsaustausch besteht. Letzteres wird bei Übertragungen aus betrieblichen Gründen regelmäßig der Fall sein, während bei Übertragungen aus privaten Gründen, z. B. bei einer Familienpersonengesellschaft, tatsächlich von einer unentgeltlichen Zuwendung auszugehen ist (vgl. HHR/GRATZ, § 6 EStG Anm. 1371). Für eine unter § 6 Abs. 3 EStG zu subsumierende unentgeltliche Übertragung ist letztlich die Absicht des Übertragenden erforderlich, den Empfänger tatsächlich zu bereichern (vgl. BFH v. 26.06.2002 – IV R 3/01, BStBl. II 2003, S. 112).

Bei entgeltlichem Vorgang gewerbliche Einkünfte gemäß § 16 EStG

Scheidet der Mitunternehmer nach dem Vorgesagten aufgrund eines entgeltlichen Vorgangs aus, entsprechen die Rechtsfolgen im Grundsatz denen einer Betriebsveräußerung oder -aufgabe; der Ausscheidende erzielt regelmäßig Einkünfte i. S. v. § 16 EStG i. H. d. auf ihn entfallenden stillen Reserven des Betriebs, die ihm im Zuge des Ausscheidens vergütet werden; für die verbleibenden Gesellschafter entstehen insoweit Anschaffungskosten i. H. d. anteiligen Teilwerte.

Bei Unentgeltlichkeit BW-Fortführung gemäß § 6 Abs. 3 EStG

Dagegen treten bei einer unentgeltlichen Übertragung des Anteils an die verbleibenden Gesellschafter im Grundsatz die Rechtsfolgen der unentgeltlichen Übertragung eines Betriebs, Teilbetriebs oder Mitunternehmeranteils nach § 6 Abs. 3 EStG ein; die verbleibenden Gesellschafter treten unter Fortführung der Buchwerte an die Stelle des Ausgeschiedenen. Damit kommt es zum Übergang der stillen Reserven und der entsprechenden zukünftigen Ertragsteuerlasten auf den bzw. die Rechtsnachfolger.

Sachwertabfindung

Besonderheiten können sich ergeben, wenn die Abfindung in Form von Sachwerten vereinbart wird; in diesem Fall hängen die Rechtsfolgen entscheidend davon ab, ob das dem ausscheidenden Gesellschafter übertragene Wirtschaftsgut fortan zu dessen Betriebs- oder Privatvermögen zählt. Zur Sachwertabfindung siehe G IV.

Investitionsabzugsbetrag

Ein von der Personengesellschaft vorgenommener Investitionsabzugsbetrag wird durch das Ausscheiden eines Mitunternehmers nicht tangiert, da gemäß § 7 g Abs. 7 EStG die Personengesellschaft für die Zwecke dieser Vorschrift als Steuerpflichtiger gilt. Dies aber hat zur Folge, dass bei nachfolgender Verwirklichung der Investition durch die Personengesellschaft die vormalige Gewinnminderung durch den außerbilanziellen Abzug für den ausscheidenden Mitunternehmer definitiv wird, da er von der nunmehr vorzunehmenden gewinnerhöhenden Hinzurechnung des Investitionsbetrags nicht mehr betroffen ist. Auch wirkt sich der Investitionsabzugsbetrag nicht erhöhend auf den Veräußerungsgewinn des Ausscheidenden i. S. v. § 16 EStG aus, da sich infolge des außerbilanziellen Abzugs sein Kapitalkonto nicht vermindert hat, das gemäß § 16 Abs. 2 EStG vom Veräußerungspreis abzuziehen ist. Es ist daher festzuhalten, dass im Fall der Vornahme der Investition durch die Personengesellschaft die gewinnerhöhende Wirkung aus der Hinzurechnung des Investitionsabzugsbetrags ausschließlich die verbleibenden Gesellschafter trifft. Diese Übernahme latenter Steuerlasten sollte bei der Vereinbarung des Abfindungsanspruchs berücksichtigt werden (vgl. SCHMIDT/KULOSA, 2015, § 7 g Rz. 8). Etwas anderes gilt indes, wenn die Personengesellschaft die Investition nachfolgend nicht realisiert oder bei Vornahme der Investition die Nutzungsvoraussetzungen des § 7 g Abs. 4 EStG nicht erfüllt. Sodann wären die Personengesellschaft und damit auch der inzwischen ausgeschiedene Gesellschafter rückwirkend so zu stellen, als wäre der Investitionsabzugsbetrag niemals außerbilanziell abgezogen worden. Diese gewinnerhöhende Korrektur des betreffenden Steuerbescheids träfe sodann auch den ausgeschiedenen Gesellschafter.

Gemäß § 4 h Abs. 5 Satz 2 EStG gehen der EBITDA-Vortrag und der Zinsvortrag beim Ausscheiden des Mitunternehmers gemäß seiner Beteiligungsquote an der Gesellschaft unter. Dies gilt sowohl im Fall des entgeltlichen als auch des unentgeltlichen Ausscheidens (siehe hierzu C. IV 2.3.3.3). *Zinsschranke, EBITDA- und Zinsvortrag*

II Ausscheiden im Rahmen eines entgeltlichen Vorgangs

Ist das Ausscheiden des Mitunternehmers als entgeltlicher Vorgang zu werten und damit einer Veräußerung oder Aufgabe des gesamten Mitunternehmeranteils gleichzustellen, werden die aus diesem Vorgang resultierenden Einkünfte, nicht anders als bei der Veräußerung oder Aufgabe eines Einzelunternehmens, von den laufenden gewerblichen Einkünften des Unternehmers separiert und anschließend einer sich ggf. aus der Freibetragsregelung des § 16 Abs. 4 EStG sowie § 34 EStG zusammensetzenden begünstigten Besteuerung unterworfen, vorausgesetzt, es werden alle auf den Mitunternehmeranteil entfallenden stillen Reserven aufgedeckt. **Ausscheiden entspricht Veräußerung**

1 Begriff und Umfang des Mitunternehmeranteils

Die Übertragung eines Mitunternehmeranteils an die verbleibenden Gesellschafter bzw. an einen neu eintretenden Gesellschafter ist dabei grundsätzlich nicht als Übertragung eines besonderen immateriellen Wirtschaftsguts, vergleichbar der Beteiligung an einer Kapitalgesellschaft, zu werten, sondern vielmehr als eine Übertragung der ideellen Anteile des Ausgeschiedenen an den einzelnen materiellen und immateriellen Wirtschaftsgütern des Gesellschaftsvermögens zu beurteilen (vgl. BFH v. 06.07.1995 – IV R 30/93, BStBl. II 1995, S. 831 m.w.N.). **MU-Anteil ≠ Wirtschaftsgut**

Der Begriff des Mitunternehmeranteils i.S.v. § 16 Abs. 1 Satz 1 Nr. 2 EStG setzt bereits von seinem Wortsinn her die Mitunternehmerstellung des betreffenden Gesellschafters voraus. Um darüber hinaus in den Anwendungsbereich des § 16 Abs. 1 Satz 1 Nr. 2 EStG zu gelangen, ist es erforderlich, dass die Mitunternehmerschaft gewerblich tätig ist bzw. als gewerblich gilt. Als Anteil einer solchen gewerblichen Mitunternehmerschaft sind demzufolge zunächst einmal Gesellschaftsanteile an Personengesellschaften mit einem Gesamthandsvermögen (OHG, KG, GbR), ohne Gesamthandsvermögen (stille Gesellschaft, Unterbeteiligung) sowie Anteile an wirtschaftlich vergleichbaren Gemeinschaften zu verstehen. Im Fall einer freiberuflichen bzw. einer Land- und Forstwirtschaft betreibenden Mitunternehmerschaft erklärt **MU-Anteil = Anteil am Gesellschaftsvermögen + …**

§ 18 Abs. 3 bzw. § 14 EStG die sinngemäße Anwendung des § 16 EStG. Der in einem Betriebsvermögen gehaltene Anteil an einer vermögensverwaltenden Personengesellschaft ist nach Auffasung des BFH allerdings nicht als Mitunternehmeranteil anzusehen (vgl. BFH v. 11.07.1996 – IV R 103/94, BStBl. II 1997, S. 39; v. 10.12.1998 – III R 62/97, BFH/NV 1999, S. 1067; a.A. NIEHUS, DStZ 2004, S. 143, 150 f.; zur Zebragesellschaft siehe A II 2.1).

... wesentliches Sonderbetriebsvermögen

Nach der Rechtsprechung des BFH umfasst der Begriff des Mitunternehmeranteils allerdings nicht nur den Anteil des Mitunternehmers am Vermögen der Gesellschaft, sondern auch etwaiges Sonderbetriebsvermögen des Gesellschafters (vgl. BFH v. 30.08.2012 – IV R 44/10, BFH/NV 2013, S. 376; v. 19.03.1991 – VIII R 76/87, BStBl. II 1991, S. 635 m.w.N.). Ist aber das Sonderbetriebsvermögen integraler Bestandteil des Mitunternehmeranteils, so ist es für die Frage, ob die steuerlichen Vergünstigungen der §§ 16, 34 EStG in Anspruch genommen werden können, von Bedeutung, ob die Wirtschaftsgüter des Sonderbetriebsvermögens mit veräußert, in das Privatvermögen übernommen oder in ein anderes Betriebsvermögen überführt werden. Allerdings sind bei dieser Überlegung nicht alle Wirtschaftsgüter des Sonderbetriebsvermögens bedeutsam, sondern nur solche, die eine wesentliche Betriebsgrundlage der Personengesellschaft darstellen. Im Sinne einer normspezifischen Auslegung des Begriffs der Wesentlichkeit sind Wirtschaftsgüter des Sonderbetriebsvermögens im Anwendungsbereich von § 16 EStG den wesentlichen Betriebsgrundlagen der Personengesellschaft zuzurechnen, wenn sie für diese funktional wesentlich sind, so z.B. ein der Personengesellschaft zur betrieblichen Nutzung überlassenes Grundstück (vgl. BFH v. 31.08.1995 – VIII B 21/93, BStBl. II 1995, S. 890), oder wenn sie erhebliche stille Reserven beinhalten (vgl. BFH v. 02.10.1997 – IV R 84/96, BStBl. II 1998, S. 104).

2 Begünstigungen gemäß §§ 16, 34 EStG

Aufdeckung aller stiller Reserven erforderlich

Sinn und Zweck der Begünstigungen der §§ 16, 34 EStG ist es, die zusammengeballte Realisierung der idealtypisch während vieler Jahre entstandenen stillen Reserven im Hinblick auf die progressive Tarifgestaltung abzumildern (ständige Rechtsprechung vgl. BFH v. 18.10.1999 – GrS 2/98, BStBl. II 2000, S. 123; v. 09.12.2014 – IV R 36/13, BStBl. II 2015, S. 529). Die Begünstigungen der §§ 16, 34 EStG werden folglich auch bei der Veräußerung bzw. Aufgabe eines Mitunternehmeranteils nur dann gewährt, wenn alle stillen Reserven der in funktionaler bzw. quantitativer Hinsicht wesentlichen (anteiligen) Wirtschaftsgüter des Mitunternehmeranteils uno actu zur Aufdeckung gelangen. Diesbezüglich sind beide Komponenten des Mitunternehmeranteils zu beachten: Zum einen müssen die stillen Reserven in den Wirtschaftsgütern des Gesellschaftsvermögens aufgedeckt werden, soweit sie ideell anteilig dem ausscheidenden Gesellschafter zuzurechnen sind, zum anderen ist es erforderlich, dass die stillen Reserven in den Wirtschaftsgütern seines wesentlichen Sonderbetriebsvermögens zur Aufdeckung gelangen.

Ideell anteilige WG des Gesellschaftsvermögens

Auf den ersten Blick werden die stillen Reserven der ersten Komponente, d. h. die in den Wirtschaftsgütern des Gesellschaftsvermögens gespeicherten stillen Reserven, soweit diese ideell anteilig dem Ausscheidenden zuzurechnen sind, quasi

»automatisch« aufgedeckt, da die stillen Reserven bei der Bemessung seines Abfindungsanspruchs regelmäßig berücksichtigt werden. An der erforderlichen Vollrealisierung der stillen Reserven fehlt es allerdings, wenn zugleich oder aufgrund einheitlicher Planung und in engem zeitlichen Zusammenhang mit der Anteilsveräußerung bzw. -aufgabe wesentliche Betriebsgrundlagen der Personengesellschaft ohne Aufdeckung der stillen Reserven aus dem Betriebsvermögen der Personengesellschaft ausgeschieden sind. Dies könnte etwa der Fall sein, wenn die Personengesellschaft einzelne Wirtschaftsgüter ihres Gesellschaftsvermögens nach § 6 Abs. 5 Satz 3 Nr. 2 EStG zum Buchwert in das Sonderbetriebsvermögen ihrer Mitunternehmer bei einer anderen Personengesellschaft übertragen hat und anschließend die Veräußerung bzw. Aufgabe des auf diese Weise zuvor entwerteten Mitunternehmeranteils erfolgt. Nach der Gesamtplanrechtsprechung des BFH (siehe hierzu E II 2.4.3) sind in einem solchen Fall die Begünstigungen der §§ 16, 34 EStG für den Gewinn aus der Veräußerung bzw. Aufgabe des betreffenden Mitunternehmeranteils nicht zu gewähren (vgl. BFH v. 06.09.2000 – IV R 18/99, BStBl. II 2001, S. 229).

Die vorstehenden Ausführungen sind allerdings zu relativieren: Ausgehend von der Überlegung, dass die Begünstigungen der §§ 16, 34 EStG nicht nur im Fall der Veräußerung bzw. Aufgabe eines gesamten Betriebs greifen, sondern vielmehr auch für den Gewinn gelten, der bei der Veräußerung eines Teilbetriebs, Mitunternehmeranteils bzw. einer 100 %igen Kapitalgesellschaftsbeteiligung erzielt wird, erweist es sich als unschädlich, wenn vor der Veräußerung bzw. Aufgabe des Mitunternehmeranteils durch den Gesellschafter »seine« Personengesellschaft eine oder mehrere der vorgenannten Sachgesamtheiten zum Buchwert ausgliedert (vgl. BFH v. 25.02.2010 – IV R 49/08, BStBl. II 2010, S. 726). Dies beruht im Kern auf folgender Überlegung: Da infolge des Transparenzgedankens die Veräußerung der nach der Ausgliederung bei der Personengesellschaft verbliebenen Sachgesamtheit(en) durch die Personengesellschaft selbst auf der Gesellschafterebene zu einem nach §§ 16, 34 EStG begünstigten Gewinn führen würde, kann aufgrund der ideell anteiligen Zurechnung der Wirtschaftsgüter auf den Gesellschafter nichts anderes gelten, wenn dieser die auf ihn aus den verbliebenen Sachgesamtheiten entfallenden stillen Reserven durch Veräußerung bzw. Aufgabe seines Mitunternehmeranteils realisiert.

Vorherige Ausgliederung von begünstigten Sachgesamtheiten unschädlich

Wie ausgeführt, ist es für die Frage, ob der Gewinn aus der Veräußerung bzw. Aufgabe des Mitunternehmeranteils nach Maßgabe der §§ 16, 34 EStG begünstigt ist, auch bezüglich der zweiten Komponente des Mitunternehmeranteils, d. h. den wesentlichen Wirtschaftsgütern des Sonderbetriebsvermögens, von entscheidender Bedeutung, dass auch insoweit die stillen Reserven zur Aufdeckung gelangen. Die vom BFH statuierten steuerlichen Konsequenzen der unterschiedlichen Verwendungen dieser Wirtschaftsgüter im Fall des Ausscheidens eines Mitunternehmers werden in erster Linie von der Zielsetzung einer steuerlichen Gleichbehandlung von Einzelunternehmer und Mitunternehmer getragen:

WG des SBV

- Veräußert der ausscheidende Mitunternehmer das Sonderbetriebsvermögen in einem einheitlichen wirtschaftlichen Vorgang mit dem Gesellschaftsanteil, so ist dies insgesamt als eine begünstigte Veräußerung des Mitunternehmeranteils zu beurteilen (vgl. BFH v. 02.10.1997 – IV R 84/96, BStBl. II 1998, S. 104).

Veräußerung des Gesellschaftsanteils und des SBV

- Werden anlässlich der Veräußerung eines Mitunternehmeranteils Wirtschaftsgüter des Sonderbetriebsvermögens, die zu den wesentlichen Betriebsgrundlagen gehören, zurückbehalten und in das Privatvermögen des Ausscheidenden

Veräußerung des Gesellschaftsanteils, Entnahme des SBV

überführt, so stellt dieser Vorgang zwar keine Veräußerung eines Mitunternehmeranteils dar, ist aber stattdessen insgesamt als begünstigte Aufgabe eines Mitunternehmeranteils gemäß § 16 Abs. 3 Satz 1 EStG zu werten (vgl. BFH v. 31.08.1995 – VIII B 21/93, BStBl. II 1995, S. 890). Die stillen Reserven der in das Privatvermögen überführten Wirtschaftsgüter werden dabei gemäß § 16 Abs. 3 Satz 7 EStG durch Ansatz mit dem gemeinen Wert aufgedeckt.

Veräußerung des Gesellschaftsanteils, Buchwertfortführung des SBV

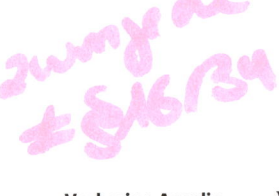

Vorherige Ausgliederung eines Teils eines Mitunternehmeranteils

- Hingegen ist die Begünstigung der §§ 16, 34 EStG zu versagen, sobald wesentliche Wirtschaftsgüter des Sonderbetriebsvermögens im zeitlichen Zusammenhang mit der Anteilsveräußerung zu Buchwerten in ein anderes Betriebsvermögen überführt bzw. übertragen werden, da es in diesem Fall an der Realisierung der gesamten stillen Reserven fehlt und insoweit für die Anwendung der §§ 16, 34 EStG kein Raum besteht (vgl. BFH v. 31.08.1995 – VIII B 21/93, BStBl. II 1995, S. 890). Zu denken ist hier an die zwingend zum Buchwert vorzunehmenden Überführungen in ein anderes (Sonder-)Betriebsvermögen des Mitunternehmers gemäß § 6 Abs. 5 Satz 2 EStG sowie an Übertragungen gemäß § 6 Abs. 5 Satz 3 EStG. Zu der in diesem Zusammenhang ergangenen Gesamtplanrechtsprechung siehe E II 2.4.3.

Vergegenwärtigt man sich, dass die Begünstigungen der §§ 16, 34 EStG versagt werden, wenn im zeitlichen Zusammenhang mit der Anteilsveräußerung Wirtschaftsgüter des Gesellschaftsvermögens und/oder Wirtschaftsgüter des wesentlichen Sonderbetriebsvermögens des betreffenden Mitunternehmers zum Buchwert ausgegliedert worden sind, so kann nichts anderes gelten, wenn stattdessen der Mitunternehmer zunächst einen Teil seines Mitunternehmeranteils ohne Aufdeckung der stillen Reserven auf einen anderen Steuerpflichtigen nach § 6 Abs. 3 Satz 1 EStG überträgt und anschließend den bei ihm verbliebenen, derart verkleinerten Mitunternehmeranteil entgeltlich veräußert. Da es auch hier bei einer im Sinne der Gesamtplanrechtsprechung gebotenen Zusammenbetrachtung beider Teilschritte an einer zusammengeballten Aufdeckung aller stillen Reserven des ursprünglichen Mitunternehmeranteils fehlt, sind folgerichtig die Begünstigungen der §§ 16, 34 EStG nicht zu gewähren (vgl. BFH v. 09.12.2014 – IV R 36/13, BStBl. II 2015, S. 529). Dabei ist zu beachten, dass es sich bei dem Teil eines Mitunternehmeranteils nicht um eine i. S. v. §§ 16, 34 EStG begünstigte Sachgesamtheit handelt (dazu sogleich), so dass die obigen Überlegungen zur unschädlichen Ausgliederung einer begünstigten Sachgesamtheit hier nicht eingreifen.

Veräußerung eines Teils eines Mitunternehmeranteils

Mit dem UntStFG hat der Gesetzgeber in § 16 Abs. 1 Satz 1 Nr. 2 und Satz 2 EStG Veräußerungen von Mitunternehmerteilanteilen, die nach dem 31.12.2001 erfolgen, aus dem Kreis der begünstigten Tatbestände ausgeschlossen. Die vormals bedeutsame inhaltliche Abgrenzung des Mitunternehmerteilanteils ist insoweit bedeutungslos geworden, da Gewinne aus Teilanteilsveräußerungen nunmehr ohnehin als laufende Gewinne qualifiziert werden. Als solche unterliegen sie nach Auffassung der Finanzverwaltung auch der Gewerbesteuer (vgl. OFD Düsseldorf v. 10.09.2002, FR 2002, S. 1151; a. A. FÖRSTER/BRINKMANN, BB 2003, S. 657, 664; NEYER, BB 2005, S. 577).

3 Konsequenzen für den ausscheidenden Mitunternehmer

Wie ausgeführt, wird steuerrechtlich das Ausscheiden des Mitunternehmers nicht als Übertragung des Mitunternehmeranteils als ein besonderes immaterielles Wirtschaftsgut beurteilt, sondern vielmehr wird so getan, als veräußere der ausscheidende Mitunternehmer seine ihm zuzurechnenden ideellen Anteile an den einzelnen bilanzierten und nicht bilanzierten Wirtschaftsgütern des Gesamthandsvermögens sowie ggf. etwaiges Sonderbetriebsvermögen an die verbleibenden Gesellschafter. Der Betrag der ihm im Gegenzug bezüglich der Wirtschaftsgüter des Gesamthandsvermögens zustehenden Abfindung richtet sich in aller Regel nach den im Gesellschaftsvertrag getroffenen Vereinbarungen. Entspricht dieser Abfindungsbetrag zuzüglich des vereinbarten Entgelts für die Veräußerung der Wirtschaftsgüter des Sonderbetriebsvermögens dem Buchwert des sich aus Gesamthands-, Ergänzungs- und Sonderbilanz konstituierenden steuerlichen Kapitalkontos des Ausscheidenden, so ist der Vorgang für ihn erfolgsneutral und impliziert folglich keinerlei steuerliche Belastungsfolgen. Übersteigt hingegen der Abfindungsbetrag den Buchwert des Kapitalkontos, so realisiert der Ausscheidende einen Veräußerungsgewinn gemäß § 16 Abs. 1 Satz 1 Nr. 2 i.V.m. Abs. 2 EStG, da er insoweit die auf ihn entfallenden anteiligen stillen Reserven realisiert. Unterschreitet der Abfindungsbetrag aus betrieblichen Gründen den Buchwert des Kapitalkontos, so entsteht für den betreffenden Mitunternehmer ein Veräußerungsverlust, welchen er gemäß den §§ 2 Abs. 3, 10d EStG mit seinen übrigen Einkünften ausgleichen bzw. von diesen abziehen kann.

Entstehen eines Veräußerungsgewinns

Aus sozialpolitischen Gründen, um die Veräußerung kleinerer Betriebe steuerlich zu entlasten, steht dem ausscheidenden Mitunternehmer, soweit er das 55. Lebensjahr vollendet hat oder im sozialversicherungsrechtlichen Sinne dauernd berufsunfähig ist, einmalig und auf Antrag ein Freibetrag von 45.000 € gemäß § 16 Abs. 4 EStG zu. Dieser ermäßigt sich um den Betrag, um den der Veräußerungsgewinn 136.000 € übersteigt. Ergänzt wird diese steuerliche Vergünstigung durch die Anwendung der progressionsmildernden Fünftelungs-Regelung des § 34 Abs. 1 EStG bzw. eines ermäßigten Steuersatzes i.H.v. 56 % des durchschnittlichen Steuersatzes, mindestens jedoch 14 %, gemäß § 34 Abs. 3 EStG für außerordentliche Einkünfte. Zu beachten ist allerdings, dass etwaige Bestandteile des Veräußerungsgewinns, die unter das Teileinkünfteverfahren fallen, gemäß § 34 Abs. 2 Nr. 1 EStG nicht zum Kreis der außerordentlichen Einkünfte zählen.

Vergünstigung gemäß §§ 16 Abs. 4, 34 Abs. 1 bzw. Abs. 3 EStG, aber ggf. ...

Zudem löst gemäß § 34a Abs. 6 Satz 1 Nr. 1 EStG die Veräußerung oder Aufgabe des Mitunternehmeranteils die Nachversteuerung eines etwaig vorhandenen nachversteuerungspflichtigen Betrags aus (siehe hierzu C VII 2.3).

... § 34a EStG Nachversteuerung

4 Konsequenzen für die verbleibenden Mitunternehmer

Die verbleibenden Mitunternehmer erwerben von dem Ausscheidenden dessen ideelle Anteile an den einzelnen gesamthänderisch gebundenen Wirtschaftsgütern sowie u.U. einzelne oder alle Wirtschaftsgüter dessen Sonderbetriebsvermögens. Ausgehend von der zivilrechtlichen Wertung, dass Schuldner der Abfindung primär

Erwerb ideell anteiliger Wirtschaftsgüter

die Gesellschaft selbst ist (siehe hierzu G I), ist, soweit noch nicht gezahlt worden ist, eine entsprechende Verbindlichkeit in der Gesellschaftsbilanz zu passivieren. Ein Ausweis der Verbindlichkeit in den Sonderbilanzen der verbleibenden Gesellschafter erscheint demgegenüber nicht gerechtfertigt. Die insoweit dem ausscheidenden Mitunternehmer abgekauften anteiligen Wirtschaftsgüter sind zu Anschaffungskosten zu bilanzieren. In Abhängigkeit von der Differenz zwischen dem Abfindungsanspruch des Ausscheidenden und dem Buchwert seines Kapitalkontos sind die Wertansätze der anteilig erworbenen Wirtschaftsgüter aufzustocken (Abfindung über Buchwert) oder abzustocken (Abfindung unter Buchwert im Falle einer betrieblichen Veranlassung). Diese Auf- bzw. Abstockungen sind analog zur Darstellung im Fall des Gesellschafterwechsels (siehe hierzu I I 2) als gesellschafterbezogene Korrekturen zu den Wertansätzen in der Gesellschaftsbilanz in Ergänzungsbilanzen vorzunehmen, können allerdings, unter der Voraussetzung, dass der Anteil von den verbleibenden Mitunternehmern im Verhältnis ihrer bisherigen Beteiligung zueinander übernommen wird, ebenso gut in der Gesellschaftsbilanz erfolgen; die Ergänzungsbilanzen wären dann quasi in die Gesellschaftsbilanz integriert. Bezüglich der Wertfortführung der auf- bzw. abgestockten Wertansätze gilt, dass diese nach den gleichen Grundsätzen wie bei einem in Ergänzungsbilanzen separiertem Ausweis zu erfolgen hat (vgl. SCHMIDT/WACKER, 2015, § 16 Rn. 482). Insofern unterscheidet sich das Ausscheiden eines Mitunternehmers nicht vom Gesellschafterwechsel. Kauft nur ein (bzw. mehrere) Mitunternehmer dem Ausscheidenden seinen Anteil ab, sind die ggf. erforderlichen bilanziellen Maßnahmen zwingend in einer Ergänzungsbilanz für den jeweiligen Erwerber vorzunehmen, da sich insoweit eine unterschiedliche »Dichte« der stillen Reserven für die einzelnen Mitunternehmer ergibt (vgl. BRANDENBERG in SÖFFING, 2005, Rn. 1316).

Lästiger Gesellschafter

Nur im Ausnahmefall des sogenannten »lästigen Gesellschafters« ist ein Teil des Abfindungsbetrags nicht als Anschaffungskosten der anteilig erworbenen Wirtschaftsgüter, sondern vielmehr als Prämie für die Bereitschaft des bisherigen Mitunternehmers zum Ausscheiden zu qualifizieren. Für die verbleibenden Mitunternehmer ist diese Prämienzahlung als sofort abzugsfähige Betriebsausgabe anzusehen (vgl. G V 3.1.3.1).

Ggf. Entnahmen

Überschreitet der Abfindungsbetrag den Buchwert des Kapitalkontos zuzüglich anteiliger stiller Reserven einschließlich Geschäftswert aus privaten Gründen, so liegen insoweit Entnahmen der verbleibenden Mitunternehmer vor, gefolgt von einer Schenkung des Mehrbetrags außerhalb der Gesellschaft an den Ausscheidenden.

III Unentgeltliche Anteilsübertragung

Grundsätzlich BW-Fortführung

Scheidet der Mitunternehmer aufgrund einer unentgeltlichen Übertragung des Mitunternehmeranteils aus, führt dies beim übertragenden Mitunternehmer im Grundsatz zu keinen ertragsteuerlichen Folgen, da gemäß § 6 Abs. 3 Satz 1 EStG bei der Gewinnermittlung des Ausscheidenden die hinter seinem Mitunternehmeranteil stehenden (anteiligen) Wirtschaftsgüter zu Buchwerten anzusetzen sind, so dass eine Aufdeckung stiller Reserven nicht erfolgt. Die verbleibenden Gesellschafter bzw. der ggf. an die Stelle des Ausgeschiedenen tretende Mitunternehmer tritt in die Rechtsstellung des Übertragenden ein, die anteiligen Buchwerte werden nach § 6 Abs. 3 Satz 3 EStG fortgeführt. Die stillen Reserven des Mitunternehmeranteils springen dabei auf die bzw. den übernehmenden Mitunternehmer über.

Fraglich ist allerdings, ob diese Grundsystematik ebenfalls gilt, wenn einzelne dem Mitunternehmeranteil zugehörige Wirtschaftsgüter vom Übertragenden zurückbehalten werden oder wenn lediglich der Teil eines Mitunternehmeranteils übertragen wird.

1 Zurückbehaltung von Wirtschaftsgütern

Auch im Kontext des § 6 Abs. 3 EStG setzt sich der Mitunternehmeranteil aus dem Anteil des jeweiligen Gesellschafters am Vermögen der Gesellschaft sowie etwaigem Sonderbetriebsvermögen des Gesellschafters zusammen (vgl. BFH v. 22.09.2011 – IV R 33/08, BStBl. II 2012, S. 10), soweit es sich dabei um wesentliche Betriebsgrundlagen handelt. Im Unterschied zu der Frage der Wesentlichkeit im Anwendungsbereich der §§ 16, 34 EStG gelten bezüglich § 6 Abs. 3 EStG jedoch nur solche Wirtschaftsgüter als wesentlich, die in funktionaler Bedeutung für den Mitunternehmeranteil von Bedeutung sind, während aus dem Vorhandensein erheblicher stiller Reserven im Anwendungsbereich des § 6 Abs. 3 EStG keine Wesentlichkeit resultiert (vgl. BMF v. 03.03.2005, BStBl. I 2005, S. 458, Tz. 3; BFH v. 02.08.2012 – IV R 41/11, BFH/NV 2012, S. 2053). Aus dem Vorstehenden lassen sich zunächst folgende Grundaussagen ableiten: Wird der gesamte Anteil am Gesamthandsvermögen unentgeltlich übertragen und verfügte der ausgeschiedene Mitunternehmer über funktional wesentliches Sonderbetriebsvermögen, so ist das Buchwertprivileg zu gewähren, wenn die im Sonderbetriebsvermögen befindlichen Wirtschaftsgüter zusammen mit dem Anteil am Gesamthandsvermögen übertragen werden. Insoweit als der Übertragende über in funktionaler Hinsicht unwesentliche Wirtschaftsgüter in seinem Sonderbetriebsvermögen verfügt, kann er damit, vereinfacht ausgedrückt, machen, was er will. Die Anwendung des § 6 Abs. 3 EStG für den übertragenen Mitunternehmeranteil wird durch seine Verwendungen des Sonderbetriebsvermögens insoweit nicht beeinträchtigt.

Fraglich ist allerdings, wie der Sachverhalt zu beurteilen ist, wenn funktional wesentliches Sonderbetriebsvermögen bei Übertragung des gesamten Anteils am Gesellschaftsvermögen zurückbehalten wird. Auf den ersten Blick könnte man geneigt sein, dies unter § 6 Abs. 3 Satz 2 EStG zu fassen. Allerdings erfordert diese Regelung, dass die zurückbehaltenen Wirtschaftsgüter Betriebsvermögen derselben Mitunternehmerschaft bleiben. Da der Ausscheidende jedoch infolge der Übertragung seines gesamten Gesellschaftsanteils seine Mitunternehmerstellung verliert, büßen auch die von ihm zurückbehaltenen Wirtschaftsgüter seines bisherigen Sonderbetriebsvermögens automatisch ihre Zugehörigkeit zum Betriebsvermögen der Mitunternehmerschaft ein. Die zurückbehaltenen Wirtschaftsgüter stellen fortan vielmehr Privatvermögen oder anderes Betriebsvermögen des Ausgeschiedenen dar. Daraus ergeben sich, je nach Verwendung, die folgenden steuerrechtlichen

Mitunternehmeranteil schließt funktional wesentliches SBV ein

Zurückbehaltene WG des SBV fortan kein BV der Personengesellschaft mehr

Konsequenzen, wobei diese aus der Perspektive der Finanzverwaltung andere sind als aus derjenigen des BFH.

Finanzverwaltung: vorherige Buchwertausgliederung steht § 6 Abs. 3 EStG entgegen

Gelangen die zurückbehaltenen Wirtschaftsgüter unter Anwendung von § 6 Abs. 5 Satz 2, 3 EStG zum Buchwert in ein anderes Betriebsvermögen, so ist dies nach Auffassung der Finanzverwaltung wie folgt zu beurteilen: Wegen der Buchwertausgliederung einzelner wesentlicher Wirtschaftsgüter des Sonderbetriebsvermögens ist die unentgeltliche Übertragung des Gesellschaftsanteils sowie des übrigen Sonderbetriebsvermögens nicht mehr als Übertragung des gesamten Mitunternehmeranteils i.S.v. § 6 Abs. 3 Satz 1 EStG zu qualifizieren. Scheidet aber die Anwendung von § 6 Abs. 3 Satz 1 EStG und, wie zuvor dargestellt, ebenso von § 6 Abs. 3 Satz 2 EStG aus, so ist für die unentgeltliche Übertragung des »Restmitunternehmeranteils« das Buchwertprivileg zu versagen und es kommt insoweit zu einer Aufdeckung der stillen Reserven. Da es infolge der Buchwertausgliederung einzelner Wirtschaftsgüter an einer Aufdeckung aller stillen Reserven des vollständigen Mitunternehmeranteils fehlt, versagt die Finanzverwaltung für den entstandenen Gewinn zudem die Begünstigungen der §§ 16, 34 EStG (vgl. BMF v. 03.03.2005, BStBl. I 2005, S. 458, Tz. 6). Dabei sind Steuergestaltungen, die auf einer zeitlichen Entzerrung von dem zu Buchwerten erfolgenden Transfer des Sonderbetriebsvermögens und der unentgeltlichen Übertragung des zuvor vom Sonderbetriebsvermögen »befreiten« Mitunternehmeranteils basieren, nach Auffassung der Finanzverwaltung von der Gesamtplanrechtsprechung bedroht (vgl. BMF v. 03.03.2005, BStBl. I 2005, S. 458, Tz. 7; siehe auch E II 2.4.3).

BFH ist gegenteiliger Auffassung

Der BFH ist mit Urteil vom 02.08.2012 (IV R 41/11, BFH/NV 2012, S. 2053) indes zu der Auffassung gelangt, dass eine vorherige bzw. zeitgleiche Buchwertausgliederung wesentlicher Wirtschaftsgüter des Sonderbetriebsvermögens nach § 6 Abs. 5 EStG einer Buchwertübertragung des verbleibenden Mitunternehmeranteils nach § 6 Abs. 3 Satz 1 EStG nicht entgegenstehe. Eine parallele Anwendung beider Vorschriften sei gerechtfertigt, so der BFH, da ein Rangverhältnis der Vorschriften zueinander im Gesetz nicht geregelt sei, die jeweiligen Tatbestandsvoraussetzungen erfüllt seien (kritisch BRANDENBERG, DB 2013, S. 17, 20) und beide Regelungen mit dem zwingenden Buchwertansatz übereinstimmende Gesetzesbefehle enthielten. Für die Anwendbarkeit von § 6 Abs. 3 EStG komme es dabei entscheidend auf die Verhältnisse zum Zeitpunkt der unentgeltlichen Übertragung an; folglich sei nur die Übertragung des Betriebsvermögens erforderlich, das zum Übertagungszeitpunkt noch existiere. Eine einschränkende, d. h. zu einer Versagung des Buchwertansatzes führende Auslegung des § 6 Abs. 3 Satz 1 EStG sei nur dann zu erwägen, wenn der nach der Ausgliederung von Einzelwirtschaftsgütern verbleibende Mitunternehmeranteil in seiner wirtschaftlichen Leistungsfähigkeit so sehr vermindert sei, dass im Ergebnis eine Aufgabe des Mitunternehmeranteils vorliege.

Temporärer Nichtanwendungserlass der Finanzverwaltung

Die Finanzverwaltung hat auf die Rechtsprechung des BFH mit einem vorläufigen Nichtanwendungserlass (v. 12.09.2013, BStBl. I 2013, S. 1164) reagiert und beharrt bis dato auf ihrer bisherigen Auffassung, wonach die vorherige Ausgliederung einzelner Wirtschaftsgüter zum Buchwert einer Anwendung von § 6 Abs. 3 EStG entgegenstehe. Als vorläufig ist dieser Erlass deswegen zu bezeichnen, weil die Finanzverwaltung mcint, es sei beim I. Senat des BFH ein vergleichbares Verfahren (Az. BFH I R 80/12) anhängig und deswegen wolle man zunächst den Ausgang dieses Verfahrens abwarten. In dem diesem Verfahren zugrunde liegenden Sachverhalt hatte eine Personengesellschaft aus ihrem Betriebsvermögen einzelne Wirtschaftsgüter zum Buchwert auf eine Schwesterpersonengesellschaft übertragen und wollte anschließend den verbleibenden Restbetrieb nach § 20 UmwStG zum Buchwert in eine Kapitalgesellschaft einbringen. Zwar mag dies mit der hier in Frage stehenden Gestaltung strukturell vergleichbar sein, allerdings ist nicht zu verkennen, dass der I. Senat bereits im Verfahren I R 72/08 (v. 25.11.2009, BStBl. II 2010, S. 471) eine vorhergehende Buchwertausgliederung für die Anwendung des § 20 UmwStG als unschädlich beurteilt hat, sofern diese auf Dauer erfolge und deshalb andere wirtschaftliche Folgen auslöse als die Einbeziehung des betreffenden Wirtschaftsguts in den Einbringungsvorgang. Mithin ist die Rechtslage sowohl nach Auffassung des I. als auch des IV. Senats des BFH klar, und die Auffassung der Finanzverwaltung ist folglich als ein Spiel auf Zeit zu beurteilen. Dies umso mehr, als der I. Senat das Verfahren I R 80/12 nunmehr dem BVerfG zur Entscheidung vorgelegt hat, weil fraglich war, ob überhaupt ein Buchwerttransfer einzelner Wirtschaftsgüter zwischen Schwesterpersonengesellschaften möglich sei, was bekanntlich vom I. und IV. Senat des BFH unterschiedlich beurteilt wird (siehe hierzu E II 3.3). Etwaige Gesamtplanüberlegungen spielten indes für die Vorlageentscheidung keine Rolle (so deutlich GOSCH, BFH/PR 2013, S. 443).

Der Auffassung des BFH ist zu folgen. Für die Anwendung von § 6 Abs. 3 EStG genügt es, dass ein funktionierender betrieblicher Organismus übertragen wird, woraufhin es im Vorfeld der Übertragung bzw. zeitgleich damit dem Steuerpflichtigen unbenommen ist, einzelne Wirtschaftsgüter durch Buchwerttransfer auszugliedern. Der Anwendungsbereich von § 6 Abs. 3 EStG ist u. E. erst dann nicht mehr eröffnet, wenn infolge der Auslagerung funktional wesentlicher Wirtschaftsgüter nur noch eine Ansammlung »loser« Wirtschaftsgüter, aber eben keine wirtschaftlich funktionierende Sachgesamtheit mehr zur Übertragung verbleibt (NIEHUS/WILKE, SteuK 2011, S. 251, 254).

Im Fall der vorherigen Ausgliederung einzelner funktional wesentlicher Wirtschaftsgüter durch Veräußerung an einen Dritten oder durch Entnahme ins Privatvermögen kann u. E. nichts anderes gelten, so dass auch hier für die Übertragung des verbleibenden Mitunternehmeranteils § 6 Abs. 3 EStG anwendbar ist, vorausgesetzt, es handelt sich dabei (immer noch) um eine wirtschaftlich funktionierende Sachgesamtheit. Folgt man dieser Sichtweise, so würde es lediglich zu einer Aufdeckung der stillen Reserven in den veräußerten bzw. entnommenen Wirtschaftsgütern kommen (ebenso ROGALL/DRESSLER, Ubg 2013, S. 73, 77). Zwar konnte in dem vom BFH entschiedenen Fall zur vorherigen Buchwertausgliederung diese Fallkonstellation offenbleiben, allerdings wurde der im Urteil vorgenommene Hinweis des BFH auf das zu § 24 UmwStG ergangene Urteil des X. Senats (v. 09.11.2011 – X R 60/09, BStBl. II 2012, S. 638; siehe hierzu D IV 2.2.1.1), nach dem die vorherige Veräußerung einzelner Wirtschaftsgüter den Anwendungsbereich von § 24 UmwStG nicht versperre, bereits dahingehend interpretiert, dass eine vorherige Veräußerung bzw. Entnahme auch einer Anwendung von § 6 Abs. 3 EStG nicht entgegenstehe (vgl. KANZLER, FR 2012, S. 1120, 1121). Wie erwartet, hat der BFH nunmehr mit Urteil v. 09.12.2014 (IV R 29/14, BFH/NV 2015, S. 415) entschieden, dass es einer Buchwertfortführung nach § 6 Abs. 3 EStG nicht entgegenstehe, wenn ein Mitunternehmer aufgrund einheitlicher Planung Sonderbetriebsvermögen veräußert, bevor er den ihm verbliebenen Mitunternehmeranteil unentgeltlich überträgt. Diese Un-

Stellungnahme

BFH: vorherige Ausgliederung einzelner WG durch Veräußerung bzw. Entnahme unschädlich für § 6 Abs. 3 EStG

schädlichkeit einer vorherigen gewinnrealisierenden Ausgliederung von Wirtschaftsgütern gilt dabei für alle Sachgesamtheiten, also nicht etwa nur für Mitunternehmeranteile, sondern ebenso für Betriebe und Teilbetriebe, die anschließend unentgeltlich übertragen werden (vgl. WENDT, FR 2015, S. 459, 460).

Finanzverwaltung ist anderer Auffassung

Die Finanzverwaltung vertritt demgegenüber die Auffassung, dass auch bei einer gewinnwirksamen Ausgliederung einzelner Wirtschaftsgüter der verbleibende Mitunternehmeranteil nicht mehr nach § 6 Abs. 3 EStG steuerneutral übertragen werden könne. Im Ergebnis liege daher eine Aufgabe des Mitunternehmeranteils i. S. v. § 16 Abs. 3 Satz 1 EStG vor. Weil dabei alle auf den Mitunternehmeranteil entfallenden stillen Reserven aufgedeckt würden, sei der Aufgabegewinn nach den §§ 16, 34 EStG begünstigt (vgl. BMF v. 03.03.2005, BStBl. I 2005, S. 458, Tz. 5).

2 Übertragung eines Mitunternehmerteilanteils

Mitunternehmerteilanteil schließt anteiliges SBV ein

Um auch die schrittweise Übertragung eines Mitunternehmeranteils auf die nächste Generation zu ermöglichen, ordnet der Gesetzgeber die in § 6 Abs. 3 Satz 1 EStG vorgeschriebene Buchwertfortführung auch dann an, wenn lediglich ein Teil eines Mitunternehmeranteils auf eine natürliche Person übertragen wird (§ 6 Abs. 3 Satz 1 Halbsatz 2 EStG). Ausgehend von der Erkenntnis, dass die funktional wesentlichen Wirtschaftsgüter des Sonderbetriebsvermögens integraler Bestandteil des Mitunternehmeranteils sind, folgt für die Abgrenzung des Mitunternehmerteilanteils, dass dieser sich aus dem übertragenen Bruchteil des Gesellschaftsanteils und dem anteiligen Sonderbetriebsvermögen zusammensetzt (vgl. BFH v. 24.08.2000 – IV R 51/98, BStBl. II 2005, S. 173).

Gegenständliche oder wertmäßige Ermittlung der Quote?

Die Quote des übertragenen Sonderbetriebsvermögens ist dabei nach Auffassung der Finanzverwaltung im Sinne einer gegenständlichen Betrachtungsweise zu ermitteln, woraus bei Existenz mehrerer Wirtschaftsgüter im Sonderbetriebsvermögen folgt, dass alle funktional wesentlichen Wirtschaftsgüter mit gleicher Quote zu übertragen sind (vgl. BMF v. 03.03.2005, BStBl. I 2005, S. 458, Tz. 9). Demgegenüber vertritt der BFH u. E. zutreffend die Auffassung, dass allein eine wertmäßige Betrachtung dem Sinn und Zweck des § 6 Abs. 3 EStG entspreche (vgl. BFH v. 02.08.2012 – IV R 41/11, BFH/NV 2012, S. 2053). Danach würde sich die Übertragungsquote nach dem Verhältnis des Werts der vollständig bzw. anteilig übertragenen funktional wesentlichen Wirtschaftsgüter des Sonderbetriebsvermögens zum Gesamtwert der wesentlichen Wirtschaftsgüter des Sonderbetriebsvermögens bestimmen. Hat man die Quote des übertragenen Sonderbetriebsvermögens bestimmt, so ist zu unterscheiden, ob diese dem Verhältnis entspricht, in dem der übertragene Teil des Anteils am Gesellschaftsanteil zum gesamten Gesellschaftsanteil steht (quotal entsprechende Übertragung), oder ob eine über- bzw. unterquotale Übertragung des Sonderbetriebsvermögens vorliegt.

Quotal entsprechende Übertragung

Bei einer quotal entsprechenden Übertragung von Gesellschaftsteilanteil und funktional wesentlichem Sonderbetriebsvermögen ist § 6 Abs. 3 Satz 1 EStG anwendbar (vgl. BMF v. 03.03.2005, BStBl. I 2005, S. 458, Tz. 9). Rechtsfolge ist eine Übertragung zu Buchwerten, was insoweit zu einer interpersonellen Verlagerung der stillen Reserven auf den Übertragungsempfänger führt. Eine nachfolgende (auch kurzfristige) Realisierung stiller Reserven durch den Übertragungsempfänger ist unschädlich, da § 6 Abs. 3 Satz 1 EStG im Unterschied zu Satz 2 der Regelung (dazu sogleich) keine Missbrauchsabwehrregelung vorsieht.

Im Fall einer überquotalen Übertragung von Sonderbetriebsvermögen gelangen Finanzverwaltung und BFH zu unterschiedlichen Auffassungen: **Überquotale Übertragung**

So erklärt die Finanzverwaltung (vgl. BMF v. 03.03.2005, BStBl. I 2005, S. 458, Tz. 16) § 6 Abs. 3 Satz 1 EStG insoweit für anwendbar, als eine quotal entsprechende Übertragung von Gesellschaftsteilanteil und Sonderbetriebsvermögen vorliegt, während der über diese Quote hinausgehende Teil des übertragenen Sonderbetriebsvermögens eine Übertragung gemäß § 6 Abs. 5 Satz 3 Nr. 3 EStG darstellen soll. Fingiert wird hierbei, dass in einem ersten Schritt im Umfang der quotal entsprechenden Übertragung von Sonderbetriebsvermögen und Gesellschaftsteilanteil die Übertragung eines Mitunternehmerteilanteils vorliegt, wodurch der Übertragungsempfänger seine Mitunternehmerstellung bei der Personengesellschaft erlangt, und sodann die steuerneutrale Übertragung des überschießenden Teils des Sonderbetriebsvermögens von einem Mitunternehmer auf einen anderen Mitunternehmer derselben Personengesellschaft nach § 6 Abs. 5 Satz 3 Nr. 3 EStG erfolgt. Rechtsfolge dieses zweistufigen Verfahrens ist zwar grundsätzlich insgesamt eine Übertragung zu Buchwerten, allerdings ist Folgendes zu beachten: Während die nachfolgende Realisierung stiller Reserven innerhalb des unter § 6 Abs. 3 Satz 1 EStG fallenden Teils der Übertragung unschädlich ist, ist bezüglich des unter § 6 Abs. 5 Satz 3 Nr. 3 EStG fallenden Teils die Sperrfrist des § 6 Abs. 5 Satz 4 EStG (siehe hierzu E II 2.4.5) zu beachten. Zudem liegt, wenn im Zusammenhang mit dem überquotal übertragenen Sonderbetriebsvermögen Verbindlichkeiten übernommen werden, insoweit eine entgeltliche, mit der Aufdeckung stiller Reserven verbundene Übertragung vor (vgl. BMF v. 03.03.2005, BStBl. I 2005, S. 458, Tz. 17).

Demgegenüber vertritt der BFH (v. 02.08.2012 – IV R 41/11, BFH/NV 2012, S. 2053) u.E. zutreffend die Auffassung, dass auch der überquotale Teil des Sonderbetriebsvermögens in den Anwendungsbereich des § 6 Abs. 3 EStG falle. Dies sei gerechtfertigt, weil auch der quotenübersteigende Teil des übertragenen Sonderbetriebsvermögens i.V.m. der Übertragung eines Mitunternehmeranteils zu sehen sei und es deshalb nicht um die Übertragung von Einzelwirtschaftsgütern, sondern um die Übertragung von Sachgesamtheiten gehe. Zudem folge dies aus einer teleologischen Auslegung von § 6 Abs. 3 Satz 2 EStG, der zu einer mindestens quotenentsprechenden, aber durchaus auch zu einer quotenübersteigenden Übertragung des Sonderbetriebsvermögens anhalten wolle.

BEISPIEL 78

A und B sind zu gleichen Teilen als Mitunternehmer an der Z-OHG beteiligt. A überträgt 50 % seines Gesellschaftsanteils an der Z-OHG und 100 % seines im Sonderbetriebsvermögen ausgewiesenen Grundstücks auf seine Tochter T. Diese veräußert nur wenige Monate später 30 % des Grundstücks.

LÖSUNG Nach Auffassung der Finanzverwaltung ergibt sich Folgendes: Die Übertragung von 50 % des Gesellschaftsanteils sowie 50 % des Sonderbetriebsvermögens ist als unentgeltliche Übertragung eines Mitunternehmerteilanteils i.S.v. § 6 Abs. 3 Satz 1 Halbsatz 2 EStG zu qualifizieren. Die zweite Hälfte des übertragenen Grundstücks stellt sich als unentgeltliche Übertragung gemäß § 6 Abs. 5 Satz 3 Nr. 3 EStG dar. Fraglich ist dabei allerdings, welcher Teil des Sonderbetriebsvermögens sodann als veräußert gilt. U.E. sollte hier Tz. 12 des vorgenannten BMF-Schreibens analog angewendet werden, so dass zunächst der nach § 6 Abs. 3 Satz 1 Halbsatz 2 EStG übertragene Teil des Grundstücks als veräußert gilt, was hier zur Folge hat, dass die vormalige Übertragung zu Buchwerten als solche bestehen bleibt. § 6 Abs. 5 Satz 4 EStG würde insoweit nicht zur Anwendung gelangen. Löst man den Fall nach Maßgabe der BFH-Rechtsprechung, so wäre die gesamte Übertragung, also auch der quotenübersteigende Teil des Sonderbetriebsvermögens, nach § 6 Abs. 3 Satz 1 Halbsatz 2 EStG zum Buchwert zu übertragen. Durch die nachfolgende Veräußerung seitens T würde sich daran nichts ändern. ◀|

BW auch bei unterquotaler Übertragung, aber Behaltefrist für den Übernehmer

Wird das Sonderbetriebsvermögen zu einem geringeren Anteil oder gar nicht übertragen, so erfolgt die Übertragung nach § 6 Abs. 3 Satz 2 EStG gleichwohl zum Buchwert, wenn das zurückbehaltene Sonderbetriebsvermögen weiterhin zum Betriebsvermögen der Mitunternehmerschaft gehört und der Übertragungsempfänger den übernommenen Mitunternehmeranteil nicht innerhalb eines Zeitraums von fünf Jahren veräußert oder aufgibt (§ 6 Abs. 3 Satz 2 EStG; kritisch zur gesetzgeberischen Systematik WENDT, FR 2002, S. 127, 133 ff.). Als Veräußerung gilt dabei nach Auffassung der Finanzverwaltung sowohl die Weiterübertragung des erhaltenen Sonderbetriebsvermögens gegen Gewährung von Gesellschaftsrechten gemäß § 6 Abs. 5 EStG auf einen Dritten als auch im Grundsatz die Einbringung des erhaltenen Vermögens nach § 20 UmwStG in eine Kapitalgesellschaft bzw. nach § 24 UmwStG in eine Personengesellschaft. Derlei Einbringungen nach dem UmwStG werden nur dann als unschädlich qualifiziert, wenn sie zum Buchwert erfolgen und die den erhaltenen Anteilen innewohnenden stillen Reserven nicht innerhalb der auch für den Rechtsnachfolger weiterhin geltenden Frist des § 6 Abs. 3 Satz 2 EStG durch Veräußerung oder Anteilsaufgabe aufgedeckt werden (vgl. BMF v. 03.03.2005, BStBl. I 2005, S. 458, Tz. 13). Schädlich wäre es danach etwa, wenn die Personen- bzw. Kapitalgesellschaft selbst das eingebrachte Vermögen innerhalb der genannten Frist veräußert oder wenn bzgl. der Anteile oder des eingebrachten Vermögens sonstige Ersatzrealisierungstatbestände (z. B. Wegzug des Anteilseigners in das Ausland) eintreten (vgl. OFD Rheinland v. 18.12.2007, DStR 2008, S. 775). Rechtsfolge einer etwaigen Realisierung der stillen Reserven des übernommenen Mitunternehmeranteils innerhalb der Sperrfrist ist, dass für die gesamte Übertragung rückwirkend auf den ursprünglichen Übertragungsstichtag die Teilwerte anzusetzen sind (§ 175 Abs. 1 Satz 1 Nr. 2 AO), so dass beim Übertragenden ein laufender Gewinn entsteht. Nach Auffassung der Finanzverwaltung gilt dies auch, wenn lediglich die stillen Reserven in einem Bruchteil des erhaltenen Vermögens realisiert werden, beispielsweise indem der Übernehmende einen Teil seines Mitunternehmeranteils veräußert (vgl. BMF v. 03.03.2005, BStBl. I 2005, S. 458, Tz. 11, 13). Die unentgeltliche Weiterübertragung des erhaltenen Mitunternehmeranteils oder eines Teils davon stellt hingegen keine schädliche Verwendung i. S. v. § 6 Abs. 3 Satz 2 EStG dar. Die fünfjährige Behaltefrist geht dabei auf den Übertragungsempfänger über, wobei diesem die bereits verstrichene Behaltedauer des Übertragenden anzurechnen ist (vgl. BMF v. 03.03.2005, BStBl. I 2005, S. 458, Tz. 14; HHR/GRATZ, § 6 Anm. 1369 d). Zu beachten ist, dass, wenn es sich bei der zweiten unentgeltlichen Übertragung ebenfalls um einen Anwendungsfall von § 6 Abs. 3 Satz 2 EStG handeln sollte, eine zweite Behaltefrist in Gang gesetzt wird. Schädliche Verwendungen durch den Empfänger der zweiten Übertragung noch innerhalb der für die erste Übertragung geltenden Sperrfrist zerstören dabei sowohl die ursprüngliche Steuerneutralität der ersten als auch der zweiten Übertragung.

Fraglich ist zudem, ob auch für den Übertragenden bezüglich der von ihm zurückbehaltenen (anteiligen) Wirtschaftsgüter des Sonderbetriebsvermögens eine Behaltefrist gilt. Entscheidend ist dabei, welche Bedeutung man dem Gesetzeswortlaut in § 6 Abs. 3 Satz 2 EStG zuerkennt, wonach eine Buchwertübertragung der reduzierten Sachgesamtheit nur möglich ist, wenn die nicht mit transferierten Wirtschaftsgüter weiterhin zum Betriebsvermögen derselben Mitunternehmerschaft gehören. Nach zutreffender Auffassung des Niedersächsischen Finanzgerichts (v. 27.11.2014, BB 2015, S. 750, nrk., Rev. eingelegt, Az. BFH: IV R 12/15) besage der Wortsinn lediglich, dass das zurückbehaltene Sonderbetriebsvermögen über den Zeitpunkt der Übertragung i.S.d. § 6 Abs. 3 EStG hinaus im Betriebsvermögen der Mitunternehmerschaft verbleiben müsse; eine Mindestdauer ergebe sich aus dem Gesetz jedoch nicht. Werde das zurückbehaltene Wirtschaftsgut nachfolgend nach § 6 Abs. 5 EStG übertragen, so spreche gegen eine Behaltefrist zudem das Urteil des IV. Senats des BFH (v. 02.08.2012 – IV R 41/11, BFH/NV 2012, S. 2053), wonach die vorherige bzw. zeitgleiche Übertragung eines wesentlichen Wirtschaftsguts des Sonderbetriebsvermögens zum Buchwert nach § 6 Abs. 5 EStG einer Übertragung des dergestalt verkleinerten Mitunternehmeranteils zum Buchwert nach § 6 Abs. 3 Satz 1 EStG nicht entgegenstehe. Diese gemeinsame Anwendung von § 6 Abs. 5 EStG und § 6 Abs. 3 EStG, so das Niedersächsische FG, müsse erst recht gelten, wenn das zurückbehaltene Wirtschaftsgut zunächst im Betriebsvermögen der Personengesellschaft verbleibe und erst nach erfolgter Übertragung des Mitunternehmerteilanteils nach § 6 Abs. 3 EStG zu einem späteren Zeitpunkt nach § 6 Abs. 5 EStG übertragen werde. Ausweislich des inzwischen ergangenen Urteils des IV. Senats (v. 09.12.2014 – IV R 29/14, BFH/NV 2015, S. 415), wonach auch die vorherige Veräußerung oder Entnahme einzelner Wirtschaftsgüter einer Buchwertübertragung der verbleibenden Sachgesamtheit nach § 6 Abs. 3 EStG nicht entgegenstehe, wird man u. E. ebenso die nachträgliche Veräußerung oder Entnahme einzelner, zunächst zurückbehaltener Wirtschaftsgüter als unschädlich für die ursprüngliche Übertragung des Mitunternehmerteilanteils nach § 6 Abs. 3 EStG ansehen müssen. Die Finanzverwaltung will in den vorstehenden Fällen, wenn diese auf einem Gesamtplan beruhen sollten, indes die Buchwertübertragung des Mitunternehmerteilanteils versagen (vgl. BMF v. 03.03.2005, BStBl. I 2005, S. 458, Tz. 14). In Anbetracht des Nichtanwendungserlasses (v. 12.09.2013, BStBl. I 2013, S. 1164) zu IV R 41/11 zur zeitgleichen bzw. vorherigen Ausgliederung ist zu vermuten, dass die Finanzverwaltung auch an ihrer ablehnenden Haltung im Falle einer nachträglichen Übertragung wohl vorerst festhalten wird.

Auch für den Übertragenden?

IV Ausscheiden gegen Sachwertabfindung

Wird der Ausscheidende mit Sachwerten abgefunden, hängen die Rechtsfolgen entscheidend davon ab, ob die erhaltenen Sachwerte beim Ausgeschiedenen zukünftig Betriebs- oder Privatvermögen darstellen.

BEISPIEL 79

An der XYZ-OHG sind X, Y und Z mitunternehmerisch beteiligt. Die Bilanz zum 31.12.2012 zeigt folgendes Bild:

Aktiva	OHG-Bilanz zum 31.12.12 in €					Passiva	
	Buchwerte	Teilwerte				Buchwerte	Teilwerte
Patent	5.000	80.000	Kapital X			30.000	60.000
Grundstück	45.000	60.000	Kapital Y			30.000	60.000
Übrige Aktiva	40.000	40.000	Kapital Z			30.000	60.000
	90.000	180.000				90.000	180.000

Z scheidet zum 01.01.2013 gegen Erhalt des Grundstücks aus der Gesellschaft aus. Das Grundstück nutzt er fortan privat (alternativ für sein Einzelunternehmen). ◀|

Sachwertabfindung in das PV ist …

Erfolgt die Abfindung in das Privatvermögen des Ausscheidenden, so vollzieht sich die steuerrechtliche Behandlung des Vorgangs in zwei Schritten (vgl. BFH v. 06.07.2006 – IV B 95/05, BFH/NV 2006, S. 2246; v. 23.11.1995 – II R 96/93, BFH/NV 1996, S. 69; BMF v. 14.03.2006, BStBl. I 2006, S. 253, Rz. 51 zur Erbauseinandersetzung; ROGALL, DStR 2006, S. 731, 733 f.):

… erst Ausscheiden, dann …

1. Zunächst veräußert der Ausgeschiedene seinen Mitunternehmeranteil an die verbleibenden Mitunternehmer. Hierbei treten dieselben Rechtsfolgen ein wie im Fall eines Ausscheidens gegen Barabfindung. Beim Ausgeschiedenen entsteht ein Abfindungsanspruch in Höhe seines Kapitalkontos zzgl. der auf ihn entfallenden stillen Reserven, den die verbleibenden Gesellschafter als betriebliche Schuld zu passivieren haben. Der ausgeschiedene Mitunternehmer erzielt einen Veräußerungsgewinn gemäß § 16 Abs. 1 Satz 1 Nr. 2 i.V.m. Abs. 2 EStG in Höhe der Differenz zwischen dem Veräußerungspreis und dem Buchwert seines Kapitalkontos. In Höhe der dem Ausgeschiedenen vergüteten stillen Reserven sind die Aktiva in der Gesellschaftsbilanz aufzustocken.

… Veräußerung des Sachwerts

2. Die Erfüllung der Abfindungsverpflichtung durch Übertragung von Sachwerten ist als Veräußerung dieser Sachwerte durch die bereits um den Ausgeschiedenen verkleinerte Gesellschaft unter Aufrechnung des Kaufpreises mit dem Abfindungsanspruch zu werten.

Die verbleibenden Gesellschafter erzielen dabei einen laufenden Gewinn in Höhe ihres Anteils an den stillen Reserven des Abfindungsguts. Da der Vorgang die Voraussetzungen eines Veräußerungsgeschäfts erfüllt, können die verbleibenden Gesellschafter im Gesamthandsvermögen insoweit eine § 6b-Rücklage bilden, wenn die übrigen Anwendungsvoraussetzungen für § 6b EStG gegeben sind.

LÖSUNG BEISPIEL 79

Sachwertabfindung in das Privatvermögen:

Zunächst ist die Bilanz der OHG nach Ausscheiden des Z aufzustellen:

Aktiva	OHG-Bilanz nach Ausscheiden in €					Passiva	
	Buchwerte	Teilwerte				Buchwerte	Teilwerte
Patent	30.000	80.000	Kapital X			30.000	60.000
Grundstück	50.000	60.000	Kapital Y			30.000	60.000
Übrige Aktiva	40.000	40.000	Abfindungsverbindlichkeit ggü. Z			60.000	60.000
	120.000	180.000				120.000	180.000

In der Gesamthandsbilanz erfolgt eine Aufstockung der Wirtschaftsgüter i. H. d. dem Z vergüteten stillen Reserven, einschließlich derjenigen des Grundstücks. Z realisiert einen Veräußerungsgewinn gemäß § 16 Abs. 1 Satz 1 Nr. 2 EStG i. H. v. 30.000 €. Anschließend wird das Grundstück zum Preis von 60.000 € an Z verkauft und es erfolgt eine Aufrechnung des Kaufpreises mit dem Abfindungsanspruch des Z. Hierdurch erzielen X und Y einen laufenden Gewinn von jeweils 5.000 €, was ihrem ursprünglichen Anteil an den stillen Reserven des Grundstücks entspricht. Z hat Anschaffungskosten i. H. v. 60.000 € für das Grundstück aufgewendet. ◀|

Erfolgt die Sachwertabfindung hingegen in ein Betriebsvermögen des Ausscheidenden, so liegt ein Fall von § 6 Abs. 5 Satz 3 Nr. 1 bzw. Nr. 2 EStG vor, da ein Wirtschaftsgut gegen Minderung von Gesellschaftsrechten aus dem Gesamthandsvermögen einer Mitunternehmerschaft in das Einzel- oder Sonderbetriebsvermögen eines ihrer Gesellschafter übertragen wird (vgl. ROGALL, DStR 2006, S. 731, 733 f.; zum Sonderfall der Sachwertabfindung in eine Einmann-GmbH & Co. KG siehe E II 3.3). Die Übertragung erfolgt in diesem Fall grundsätzlich erfolgsneutral; der Buchwert ist unter entsprechender Anpassung der Kapitalkonten fortzuführen. Dabei erzielt weder der Ausscheidende einen Gewinn nach § 16 EStG noch realisieren die verbleibenden Mitunternehmer aus der Übertragung des Grundstücks einen laufenden Gewinn.

Sachwertabfindung in das BV: § 6 Abs. 5 Satz 3 EStG

LÖSUNG BEISPIEL 79 ▰▰▰▰▰▰▰▰▰▰

Sachwertabfindung in das Betriebsvermögen:

Zunächst ist das Kapitalkonto des Ausscheidenden an den Buchwert des Abfindungsguts anzupassen. In gleichem Umfang sind die Kapitalkonten der verbleibenden Mitunternehmer abzustocken. Hierdurch springen jeweils 7.500 € stille Reserven auf X und Y über.

Aktiva			OHG-Bilanz nach Ausscheiden in €		Passiva
	Buchwerte	Teilwerte			
Patent	5.000	80.000	Kapital X	30.000	
				./. 7.500	22.500
Übrige Aktiva	40.000	40.000	Kapital Y	30.000	
				./. 7.500	22.500
Grundstück	45.000	60.000	Kapital Z	30.000	
				+ 15.000	45.000
	90.000	180.000			90.000

Anschließend werden das Grundstück und das Kapitalkonto des Z erfolgsneutral aus der OHG aus- und in das Einzelunternehmen des Z eingebucht. ◀|

V Steuerrechtliche Würdigung ausgewählter Fallkonstellationen

Die Erörterung der nachfolgenden Konstellationen basiert auf der Annahme der Veräußerung eines gesamten Mitunternehmeranteils. Infolge des Ausscheidens ggf. erforderliche Auf- oder Abstockungen von Bilanzpositionen werden dabei unmittelbar in der Gesellschaftsbilanz vorgenommen; auf die Darstellung der alternativen Ausweismöglichkeit durch Vornahme der Auf- bzw. Abstockungen in Ergänzungsbilanzen (siehe hierzu G II 4) wird aus Gründen der Übersichtlichkeit verzichtet.

1 Ausgangsdaten des Fallbeispiels

FALLBEISPIEL

Ausgangspunkt sei eine OHG, an deren Erfolg die Gesellschafter A, B und C entsprechend ihrer Kapitalbeteiligung mit 50 % (A), 25 % (B) und 25 % (C) beteiligt sind. Zum 31.12.01 weise die Bilanz der OHG folgende Werte aus:

Aktiva		OHG-Bilanz zum 31.12.01 in €			Passiva
	Buchwerte	Teilwerte		Buchwerte	Teilwerte
Grund und Boden	5.000	7.000	Kapital A	60.000	72.000
Gebäude	46.000	56.000	Kapital B	30.000	36.000
Maschinen	30.000	38.000	Kapital C	30.000	36.000
Vorräte	60.000	64.000	Verbindlichkeiten	80.000	80.000
Sonstige Wirtschafts-					
güter	59.000	59.000			
	200.000	224.000		200.000	224.000

Folgende stille Reserven bestehen:

Grund und Boden	2.000
Gebäude	10.000
Maschinen	8.000
Vorräte	4.000
Insgesamt	**24.000**

Darüber hinaus bestehen ein (originärer) Geschäftswert i. H. v. 30.000 € sowie selbsterstellte immaterielle Wirtschaftsgüter des Anlagevermögens im Wert von 10.000 €, so dass sich die Gesamtsumme der stillen Reserven auf 64.000 € beläuft.

Der Gesellschaftsanteil des Ausscheidenden wird jeweils durch die verbleibenden Mitunternehmer im Verhältnis ihrer bisherigen Beteiligung zueinander übernommen. ◀

2 Abfindung zum Buchwert bei positivem Kapitalkonto

Gründe der Buchwertabfindung

Erhält der ausscheidende Mitunternehmer lediglich eine Abfindung i. H. d. Buchwerts seines steuerlichen Kapitalkontos, so kann dies durch einen der nachfolgenden Gründe verursacht sein (vgl. ZIMMERMANN, 2013, Kapitel J, Rz. 60):

- Es sind keine stillen Reserven vorhanden, d. h. weder sind Wirtschaftsgüter der Aktivseite unterbewertet bzw. Schulden überbewertet, noch existieren selbstgeschaffene immaterielle, folglich nicht bilanzierte Wirtschaftsgüter (§ 5 Abs. 2 EStG), und ebenso besteht auch kein originärer Firmenwert.

- Es sind zwar stille Reserven vorhanden, allerdings
  - sieht der Gesellschaftsvertrag eine Abfindung zum Buchwert vor (zur zivil-rechtlichen Behandlung von Buchwertklauseln siehe LEUERING, NJW-Spe-zial 2008, S. 239) oder
  - der ausscheidende Mitunternehmer verzichtet aus privaten oder betrieblichen Gründen auf einen Mehrbetrag, d. h. er schenkt selbigen den verbleibenden Mitunternehmern.

BEISPIEL 80 ▰▰▰▰▰▰▰▰▰▰▰▰▰▰▰▰▰▰▰▰▰▰▰▰▰▰▰▰▰

A scheidet zum 01.01.02 aus der OHG aus und erhält gemäß Gesellschaftsvertrag von der Gesellschaft eine Barabfindung i. H. d. Buchwerts seines Kapitalkontos von 60.000 €. ◀|

2.1 Behandlung bei den verbleibenden Mitunternehmern

Wird der ausscheidende Mitunternehmer zum Buchwert seines (steuerlichen) Kapitalkontos abgefunden, so ergeben sich keine gravierenden einkommensteuerlichen Konsequenzen, da die Anschaffungskosten der anteilig erworbenen Wirtschaftsgüter deren bisherigen anteiligen Buchwerten in der Gesamthandsbilanz entsprechen. Es erfolgt daher lediglich eine Umschichtung in der Gesamthandsbilanz, indem von einem Passivkonto (dem Kapitalkonto des ausscheidenden Mitunternehmers) auf ein anderes Passivkonto (Verbindlichkeit gegenüber dem ausscheidenden Mitunternehmer) umgebucht wird.

Etwaig vorhandene stille Reserven wachsen gemäß § 738 BGB den verbleibenden Mitunternehmern zu. Hierbei handelt es sich um eine bis zur tatsächlichen Realisierung der stillen Reserven nicht steuerbare Vermögensmehrung.

Anwachsung der stillen Reserven

LÖSUNG BEISPIEL 80 ▰▰▰▰▰▰▰▰▰▰▰▰▰▰▰▰▰▰▰▰▰▰▰▰▰▰▰

Nach dem Ausscheiden des A gestaltet sich die OHG-Bilanz wie folgt:

Aktiva	OHG-Bilanz zum 01.01.02 in €		Passiva
Grund und Boden	5.000	Kapital B	30.000
Gebäude	46.000	Kapital C	30.000
Maschinen	30.000	Verbindlichkeiten	80.000
Vorräte	60.000	Abfindungsverbindlichkeit	
Sonstige Wirtschaftsgüter	59.000	gegenüber A	60.000
	200.000		200.000

Ist die Buchwertabfindung privat begründet, weil beispielsweise im Rahmen einer Familienpersonengesellschaft den übrigen Mitunternehmern die vorhandenen stillen Reserven schenkweise zugewendet werden sollen, so ist diese an sich teilentgeltliche Übertragung des Mitunternehmeranteils als einheitlicher Vorgang mit der Folge zu beurteilen, dass § 6 Abs. 3 EStG anzuwenden ist (vgl. sinngemäß BFH v. 07.02.1995 – VIII R 36/93, BStBl. II 1995, S. 770). Die verbleibenden Mitunternehmer treten in die Rechtsstellung des Übertragenden ein; die AfA des Rechtsvorgängers ist daraufhin fortzuführen (vgl. HHR/GRATZ, § 6 EStG Anm. 1386).

Private Veranlassung

Ist die Buchwertabfindung hingegen betrieblich begründet, z.B. aufgrund vertraglicher Vereinbarung oder einer nicht fristwahrenden Kündigung des Gesellschaftsverhältnisses, so ist im Regelfall von einer entgeltlichen Übertragung auszugehen, da es bei dem Ausscheidenden an der Absicht fehlt, die verbleibenden

Betriebliche Veranlassung

Mitunternehmer zu bereichern. § 6 Abs. 3 EStG ist nicht anwendbar. Es erfolgt kein Eintritt in die Rechtsstellung des Ausscheidenden, so dass die verbleibenden Mitunternehmer bezüglich der anteilig erworbenen Wirtschaftsgüter die AfA neu zu bemessen haben. Dies hat beispielsweise zur Folge, dass im Fall einer vorherigen Inanspruchnahme der Gebäude-AfA gemäß § 7 Abs. 5 EStG der anteilig erworbene Gebäudeanteil nur noch nach § 7 Abs. 4 EStG abgeschrieben werden darf (vgl. ZIMMERMANN, 2013, Kapitel J, Rz. 67).

2.2 Behandlung beim ausscheidenden Mitunternehmer

Kein Veräußerungsgewinn

Da lediglich ein buchmäßig wertgleicher Austausch von Gesellschaftsrechten gegen liquide Vermögensteile stattfindet, ergibt sich für den ausscheidenden Mitunternehmer kein Veräußerungsgewinn i.S.v. § 16 EStG. Dies gilt unabhängig davon, ob die Bereitschaft, den Abfindungsanspruch auf den Buchwert zu beschränken, privat oder betrieblich veranlasst war. Während im Fall der betrieblichen Veranlassung der Veräußerungspreis den anteiligen Buchwerten entspricht und es folglich an einem Veräußerungsgewinn fehlt, verhindert im Fall der privaten Veranlassung die gemäß § 6 Abs. 3 EStG vorgeschriebene Buchwertverknüpfung das Entstehen eines Übertragungsgewinns.

Der bis zum Zeitpunkt des Ausscheidens erzielte laufende Gewinnanteil des betreffenden Mitunternehmers stellt Einkünfte aus Gewerbebetrieb gemäß § 15 EStG dar.

3 Abfindung über dem Buchwert bei positivem Kapitalkonto

Erhält der ausscheidende Mitunternehmer eine den Buchwert seines positiven Kapitalkontos übersteigende Abfindung, so ist für die steuerrechtliche Würdigung dieses Vorgangs zu fragen, ob die Höhe des Abfindungsbetrags betrieblich oder privat veranlasst war. Eine betriebliche Veranlassung ist beispielsweise gegeben, wenn der Anteilskaufpreis den anteiligen Buchwert übersteigt, weil:

Betriebliche Veranlassung

- stille Reserven existieren, sei es in den bilanzierten Wirtschaftsgütern, sei es durch die Existenz bis dato nicht bilanzierter immaterieller Wirtschaftsgüter einschließlich eines Firmenwerts, die zukünftigen Ertragsaussichten der Unternehmung mithin eine Verzinsung oberhalb des Kapitalmarktzinses erwarten lassen;
- der ausscheidende Mitunternehmer zum Verlassen der Gesellschaft bewegt werden soll und für seine Bereitschaft eine »Prämie« erhält (lästiger Gesellschafter).

Dabei können die Gründe einzeln, aber auch kumuliert vorliegen.

3.1 Behandlung bei den verbleibenden Mitunternehmern

3.1.1 Der Mehrbetrag entspricht den anteiligen stillen Reserven einschließlich Geschäftswert

Die verbleibenden Mitunternehmer haben die durch den Anteilskauf erworbenen anteiligen Wirtschaftsgüter mit den Anschaffungskosten zu aktivieren, wobei die Summe der Anschaffungskosten dem für den Mitunternehmeranteil gezahlten Betrag entspricht.

Soweit mit dem Abfindungsbetrag die gesamten dem ausscheidenden Mitunternehmer zuzurechnenden stillen Reserven vergütet werden, sind steuerrechtlich die entsprechenden Bilanzpositionen aufzustocken bzw. erstmalig anzusetzen. Die bilanzielle Darstellung gestaltet sich in diesem Fall unproblematisch.

Aufstockung bzw. erstmaliger Ansatz der Bilanzpositionen

BEISPIEL 81 ▰▰▰▰▰▰▰▰▰▰▰▰▰▰▰▰▰▰

A scheidet aus der Gesellschaft gegen eine Abfindung von 92.000 € aus.

LÖSUNG Der das Kapitalkonto übersteigende Mehrbetrag von 32.000 € stellt eine Abgeltung für die stillen Reserven (12.000 €), den Firmenwert (15.000 €) und die selbsterstellten immateriellen Wirtschaftsgüter (5.000 €) dar, an denen der ausscheidende Gesellschafter entsprechend seiner Beteiligungsquote partizipierte.

Aktiva	OHG-Bilanz zum 01.01.02 in €		Passiva
Grund und Boden	6.000	Kapital B	30.000
Gebäude	51.000	Kapital C	30.000
Maschinen	34.000	Verbindlichkeiten	80.000
Vorräte	62.000	Abfindungsverbindlichkeit	
Sonstige Wirtschaftsgüter	59.000	gegenüber A	92.000
Immaterielle Wirtschaftsgüter des Anlagevermögens	5.000		
Firmenwert	15.000		
	232.000		232.000

3.1.2 Der Mehrbetrag unterschreitet die anteiligen stillen Reserven einschließlich Geschäftswert

Werden hingegen nicht die gesamten anteiligen stillen Reserven des ausscheidenden Mitunternehmers vergütet, so stellt sich die Frage, wie die positive Differenz zwischen Kaufpreis und Buchwert des Anteils auf die einzelnen Wirtschaftsgüter einschließlich des Geschäftswerts zu verteilen ist.

Nach welcher Systematik soll aufgestockt werden?

BEISPIEL 82 ▰▰▰▰▰▰▰▰▰▰▰▰▰▰▰▰▰▰

A scheidet aus der Gesellschaft gegen eine Abfindung von 76.000 € aus. ◀|

In diesem Fall ist zu klären, nach welcher Systematik für die verbleibenden Mitunternehmer die Bilanzansätze der anteilig erworbenen Wirtschaftsgüter aufzustocken bzw. diese erstmalig anzusetzen sind. Die Entscheidung hierüber impliziert materielle, d. h. die Steuerbelastung beeinflussende Konsequenzen, da durch die Festlegung der Anschaffungskosten der einzelnen Wirtschaftsgüter die zeitliche Struktur der Aufwandswirksamkeit des Mehrbetrags im Wege der Abschreibung vorherbestimmt wird.

Nach der sogenannten Stufentheorie gelten bezüglich der Aufteilung des Mehrbetrags die folgenden widerlegbaren Vermutungen (vgl. SCHMIDT/WACKER, 2015, § 16 Rz. 488 ff.; HÖRGER/STOBBE, DStR 1991, S. 1230, 1231):

Stufentheorie

Stufe 1:   Zunächst sind die in den bereits bilanzierten materiellen und immateriellen Wirtschaftsgütern enthaltenen stillen Reserven aufzudecken. Auch wenn bis dato nicht bilanzierte, z. B. selbst geschaffene immaterielle Wirtschaftsgüter des Anlagevermögens von den verbleibenden Mitunternehmern durch die Abfindungszahlung anteilig angeschafft worden sind, ist der Mehrbetrag nur auf die bereits bilanzierten Wirtschaftsgüter im Verhältnis ihrer stillen Reserven aufzuteilen.

Stufe 2: Ist der an den ausscheidenden Mitunternehmer über den Nennwert seines Kapitalkontos hinaus gezahlte Mehrbetrag höher als die in den bilanzierten Wirtschaftsgütern enthaltenen, auf den ausscheidenden Gesellschafter entfallenden stillen Reserven, stellt der Restbetrag eine Entschädigung für die bis dato nicht bilanzierten immateriellen Wirtschaftsgüter dar. Die insoweit anteilig entgeltlich erworbenen Wirtschaftsgüter sind mit den ihnen beizumessenden Anschaffungskosten zu aktivieren.

Stufe 3: Verbleibt nach den Stufen 1 und 2 weiterhin ein zu verteilender Mehrbetrag, so wird nunmehr die Existenz eines originären Firmenwerts vermutet, welcher sich durch den anteiligen Erwerb seitens der verbleibenden Mitunternehmer zu einem derivativen Firmenwert konkretisiert hat, und folglich mit dem ihm beizumessenden Betrag zu aktivieren ist.

Stufe 4: Verbleibt auch nach Stufe 3 ein zu verteilender Mehrbetrag, so kann der Mehrbetrag, soweit keine außerbetrieblichen Gründe vorliegen, als Betriebsausgabe abgezogen werden.

LÖSUNG BEISPIEL 82

Bei Anwendung der Stufentheorie ist der das Kapitalkonto übersteigende Mehrbetrag von 16.000 € zunächst auf die bereits bilanzierten materiellen und immateriellen Wirtschaftsgüter zu verteilen. Der nach der Aufstockung dieser Wertansätze um insgesamt 12.000 € noch zu verteilende Mehrbetrag i. H. v. 4.000 € wird sodann als Entgelt für die bis dato nicht bilanzierten, weil selbst geschaffenen immateriellen Wirtschaftsgüter des Anlagevermögens interpretiert. Ein Ansatz des Geschäftswerts unterbleibt in diesem Fall.

Aktiva		OHG-Bilanz zum 01.01.02 in €	Passiva
Grund und Boden	6.000	Kapital B	30.000
Gebäude	51.000	Kapital C	30.000
Maschinen	34.000	Verbindlichkeiten	80.000
Vorräte	62.000	Abfindungsverbindlichkeit	
Sonstige Wirtschaftsgüter	59.000	gegenüber A	76.000
Immaterielle Wirtschaftsgüter			
des Anlagevermögens	4.000		
	216.000		216.000

Nachvollziehbar ist diese Aufteilungsreihenfolge allerdings nicht, umschließt eine nach Ertragsgesichtspunkten bemessene Abfindungszahlung doch alle zukünftigen Erträge und nicht nur solche, die der zukünftigen Realisierung stiller Reserven entspringen. Der Unterschied in der Qualität der in dem Mehrbetrag abgegoltenen zukünftigen Erträge ist lediglich in dem Umstand zu erblicken, dass bezüglich der auf der heutigen Existenz stiller Reserven basierenden zukünftigen Erträge eine konkrete Zuordnung zu einzelnen Wirtschaftsgütern erfolgen kann, während dies bezüglich der aus der Gesamtheit des Unternehmens hervorgehenden Erträge nicht möglich ist, und diese folglich in der bilanziellen »Auffangposition« des Geschäftswerts zusammengefasst werden.

Modifizierte Stufentheorie

Nach der von HÖRGER/STOBBE (vgl. DStR 1991, S. 1230, 1233) vertretenen modifizierten Stufentheorie sollen die Stufen 1 und 2 zu einer Stufe zusammengefasst werden, so dass die bereits bilanzierten zusammen mit den bis dato nicht bilanzierten Wirtschaftsgütern in einem Schritt gleichmäßig aufgestockt werden. Diese Vorgehensweise entspricht der in § 246 Abs. 1 Satz 4 HGB formulierten Definition des Geschäftswerts als Unterschiedsbetrag zwischen dem Kaufpreis des Anteils und dem Wert der anteilig erworbenen Vermögensgegenstände abzüglich der Schulden im Zeitpunkt der Übernahme.

FORTSETZUNG BEISPIEL 82

Bei Anwendung der modifizierten Stufentheorie ist der das Kapitalkonto übersteigende Mehrbetrag von 16.000 € zunächst auf die materiellen und immateriellen Wirtschaftsgüter zu verteilen, unabhängig davon, ob diese bis dato bilanziert sind oder nicht. Da diese Wirtschaftsgüter für den ausscheidenden Mitunternehmer stille Reserven i.H.v. 17.000 € verkörpern, werden durch den Mehrbetrag i.H.v. 16.000 € von den anteilig auf A entfallenden stillen Reserven 94,11 % aufgedeckt. Der Ansatz eines Geschäftswerts unterbleibt.

Aktiva	OHG-Bilanz zum 01.01.02 in €		Passiva
Grund und Boden	5.941	Kapital B	30.000
Gebäude	50.706	Kapital C	30.000
Maschinen	33.765	Verbindlichkeiten	80.000
Vorräte	61.882	Abfindungsverbindlichkeit	
Sonstige Wirtschaftsgüter	59.000	gegenüber A	76.000
Immaterielle Wirtschaftsgüter des Anlagevermögens	4.706		
	216.000		216.000

Noch einen Schritt weiter bzw. eine Stufe weniger geht SIEGEL (DStR 1991, S. 1477, 1478 f.), indem er auch den Geschäftswert wie alle anderen von der Aufteilung betroffenen Wirtschaftsgüter behandelt, so dass von der ursprünglichen Stufentheorie nur noch zwei Stufen verbleiben. Stufe 1 umfasst die vormaligen Stufen 1, 2 und 3, während Stufe 2 der vormaligen Stufe 4 entspricht. Dieser Interpretation liegt die Vermutung zugrunde, dass der Mehrbetrag in gleicher Weise für stille Reserven in den bis dato bilanzierten materiellen und immateriellen Wirtschaftsgütern und das Vorhandensein bisher nicht bilanzierter Wirtschaftsgüter und die Existenz eines Geschäftswerts gezahlt wird (so wohl auch BFH v. 30.03.1993 – VIII R 63/91, BStBl. II 1993, S. 706; SCHMIDT/WACKER, 2015, § 16 Rz. 490), was einer Qualifikation des Geschäftswerts als immaterielles Einzelwirtschaftsgut entspricht. Im Anwendungsbereich der §§ 20, 24 UmwStG beim Ansatz zu Zwischenwerten folgt die Finanzverwaltung nunmehr dieser Systematik (siehe hierzu D IV 2.4.3.3). **Zweistufige Stufentheorie**

FORTSETZUNG BEISPIEL 82

Bei Anwendung der nur noch zwei Stufen umfassenden Aufstockungssystematik ist der das Kapitalkonto übersteigende Mehrbetrag von 16.000 € zugleich auf die bilanzierten materiellen und immateriellen Wirtschaftsgüter, soweit sie stille Reserven enthalten, und die bis dato nicht bilanzierten Wirtschaftsgüter sowie den Geschäftswert aufzuteilen. Durch den Mehrbetrag i.H.v. 16.000 € werden folglich 50 % (16.000/32.000) der auf den ausscheidenden Mitunternehmer entfallenden stillen Reserven aufgedeckt.

Aktiva		OHG-Bilanz zum 01.01.02 in €	Passiva
Grund und Boden	5.500	Kapital B	30.000
Gebäude	48.500	Kapital C	30.000
Maschinen	32.000	Verbindlichkeiten	80.000
Vorräte	61.000	Abfindungsverbindlichkeit	
Sonstige Wirtschaftsgüter	59.000	gegenüber A	76.000
Immaterielle Wirtschaftsgüter			
des Anlagevermögens	2.500		
Firmenwert	7.500		
	216.000		216.000

Teilwerte als Auf-teilungsmaßstab? Zudem sind nach SIEGEL (DStR 1991, S. 1477, 1479) nicht die vergüteten stillen Reserven als Aufstockungsbeträge auf die Wirtschaftsgüter zu verteilen, sondern vielmehr ist, da die verbleibenden Mitunternehmer die hinter dem Mitunternehmer-anteil stehenden anteiligen Wirtschaftsgüter entsprechend billiger erworben haben und sich folglich der Gesamtkaufpreis des Anteils aus den entsprechend vermin-derten Teilwerten zusammensetzt, der Gesamtkaufpreis nach dem Verhältnis der Teilwerte aufzuteilen. Folgt man diesem Aufteilungsmaßstab, so erhält man die folgende bilanzielle Darstellung:

FORTSETZUNG BEISPIEL 82

Die verbleibenden Mitunternehmer haben die anteiligen Wirtschaftsgüter zu 82,6 % (76.000/92.000) ihres jeweiligen Teilwerts erworben. Beispielsweise bezahlen sie für das zu 50 % auf A entfallende Grundstück nicht 3.500 €, sondern eben nur 82,6 % von 3.500 € = 2.891 €. Der Bilanzansatz nach Ausscheiden des A ergibt sich folglich aus dem vormalig auf B und C entfallenden Buchwert von 2.500 € zzgl. der nunmehr aufgewendeten Anschaf-fungskosten von 2.891 € zu 5.391 €. Für die übrigen Wirtschaftsgüter ist entsprechend zu verfahren, was in Abhängigkeit von dem Verhältnis Buchwert zu Teilwert auch zu einer bilanziellen Abstockung führen kann.

Aktiva		OHG-Bilanz zum 01.01.02 in €	Passiva
Grund und Boden	5.391	Kapital B	30.000
Gebäude	46.130	Kapital C	30.000
Maschinen	30.696	Verbindlichkeiten	73.043
Vorräte	56.435	Abfindungsverbindlichkeit	
Sonstige Wirtschaftsgüter	53.870	gegenüber A	76.000
Immaterielle Wirtschaftsgüter			
des Anlagevermögens	4.130		
Firmenwert	12.391		
	209.043		209.043

Problematisch ist diese Vorgehensweise, sobald Geldbestände mit veräußert werden. In diesem Fall wäre der volle Teilwert des Geldbestandes anzusetzen, da sich die stillen Reserven des Geldbestandes gewissermaßen sofort realisiert haben. Die ver-bleibenden Mitunternehmer würden insoweit einen Ertrag ausweisen. Auf der Passivseite wären, abweichend von der obigen Bilanz, aufgrund des Imparitätsprin-zips die Verbindlichkeiten mit ihrem tatsächlichen Wert von 80.000 € anzusetzen. Der Differenzbetrag von 6.957 € würde im Wege der Verlustantizipation für die verbleibenden Mitunternehmer bereits heute aufwandswirksam (vgl. SIEGEL, DStR 1991, S. 1477, 1479).

Nunmehr stellt sich die Frage, welche Aufteilungssystematik letztlich zu präferieren ist. Aus betriebswirtschaftlicher Perspektive ist dabei der Auffassung von SIEGEL der Vorzug zu geben, da alle zukünftigen Ertragsaussichten innerhalb der Kaufpreisermittlung Berücksichtigung finden, unabhängig davon, ob sie sich auf einzelne materielle bzw. immaterielle Wirtschaftsgüter zurückführen lassen oder aber in der Bilanzposition des Geschäftswerts zusammengefasst werden. Ebenso ist der Aufteilung des Gesamtkaufpreises nach dem Verhältnis der Teilwerte zuzustimmen, da es aus der Sicht des Erwerbers, der einen Gesamtkaufpreis leistet, diesbezüglich nicht auf die vormaligen Buchwerte und die daraus abgeleiteten stillen Reserven ankommen kann.

Fazit

Orientiert man sich hingegen vornehmlich an den gesetzlichen Grundlagen, so erscheint die von HÖRGER/STOBBE vertretene modifizierte Stufentheorie vorziehenswürdig, da sie der Definition des Geschäftswerts in § 246 Abs. 1 Satz 4 HGB entspricht (dafür auch FÖRSTER/BRINKMANN, BB 2003, S. 657, 659 f.). Demgegenüber votiert MEYERING (DStR 2008, S. 1008) mit Verweis auf das Vorsichtsprinzip für die Anwendung der »reinen« Stufentheorie, wobei allerdings innerhalb der jeweiligen Stufe die Verteilung des den Buchwert des Kapitalkontos übersteigenden Mehrbetrags nach dem Verhältnis der Teilwerte erfolgen soll.

3.1.3 Der Mehrbetrag übersteigt die anteiligen stillen Reserven einschließlich Geschäftswert

3.1.3.1 Betriebliche Veranlassung

Übersteigt die Abfindung für den ausscheidenden Mitunternehmer dessen Kapitalkonto zuzüglich anteiliger stiller Reserven und anteiligem Geschäftswert, so ist zu überlegen, wie dieser positive Differenzbetrag steuerlich zu behandeln ist. Eine betriebliche Veranlassung für die Zahlung eines solchen Aufpreises seitens der verbleibenden Mitunternehmer ist beispielsweise im Fall des sogenannten »lästigen Gesellschafters« gegeben. Als lästiger Gesellschafter kommt im Allgemeinen nur ein Gesellschafter in Betracht, bei dem davon auszugehen ist, dass er durch sein Verhalten die Gesellschaft wesentlich schädigt oder sogar in ihrem Bestand gefährdet, so dass sein Ausschluss in unmittelbarem betrieblichen Interesse liegt.

Lästiger Gesellschafter

Die positive Differenz zwischen Buch- und Teilwert des Kapitalkontos des ausscheidenden Mitunternehmers ist zunächst, wie unter G V 3.1.1 ausgeführt, auf die betreffenden Wirtschaftsgüter einschließlich des Geschäftswerts aufzuteilen. Der sodann noch nicht verteilte Mehrbetrag ist bei den verbleibenden Mitunternehmern sofort als Betriebsausgabe anzusetzen (vgl. BFH v. 05.10.1989 – IV R 107/88, BFH/NV 1990, S. 496), wird er doch gezahlt, um den lästigen Gesellschafter zum Ausscheiden zu veranlassen, nicht aber, um diesem die Veräußerung der anteiligen Wirtschaftsgüter zu vergüten.

Der den Teilwert übersteigende Betrag ist sofort aufwandswirksam

Vereinbarungen, nach denen dem Ausscheidenden die stillen Reserven nicht vergütet werden, sondern ihm nur wegen seines Ausscheidens aus der Gesellschaft eine besondere Vergütung gezahlt wird, sind steuerlich unerheblich. Die Aktivierungspflicht der auf die stillen Reserven und den Firmenwert entfallenden Anschaffungskosten kann durch solche Vereinbarungen nicht ausgeschlossen werden. Gleiches gilt, wenn im Gesellschaftsvertrag eine über den Buchwert hinausgehende Abfindung ausgeschlossen ist.

BEISPIEL 83

Wegen betriebsschädigenden Verhaltens des A ist der Bestand bzw. das Gedeihen der OHG ernsthaft gefährdet. Die Gesellschafter einigen sich, dass A gegen eine Abfindung von 120.000 € aus der Gesellschaft ausscheidet.

LÖSUNG Die OHG bucht diesen Vorgang wie folgt:

Kapital A	60.000	an	Abfindungsverbindlichkeit	
Grund und Boden	1.000		gegenüber A	120.000
Gebäude	5.000			
Maschinen	4.000			
Vorräte	2.000			
Immaterielle Wirtschaftsgüter				
des Anlagevermögens	5.000			
Firmenwert	15.000			
Außerordentlicher Aufwand	28.000			
	120.000			**120.000**

Die Bilanz gestaltet sich daraufhin wie folgt:

Aktiva	OHG-Bilanz zum 01.01.02 in €		Passiva
Grund und Boden	6.000	Kapital B	30.000
Gebäude	51.000	./. 14.000	16.000
Maschinen	34.000	Kapital C	30.000
Vorräte	62.000	./. 14.000	16.000
Sonstige Wirtschaftsgüter	59.000	Verbindlichkeiten	80.000
Immaterielle Wirtschaftsgüter		Abfindungsverbindlichkeit	
des Anlagevermögens	5.000	gegenüber A	120.000
Firmenwert	15.000		
	232.000		232.000

3.1.3.2 Private Veranlassung

Übersteigt der Abfindungsbetrag das Kapitalkonto des ausscheidenden Mitunternehmers zuzüglich etwaiger anteiliger stiller Reserven sowie eines anteiligen Firmenwerts und sind für diesen Mehrbetrag keine betrieblichen Gründe zu erkennen, so ist eine private Veranlassung gegeben. Die Verbleibenden wenden diesen Mehrbetrag dem ausscheidenden Mitunternehmer in Form einer Schenkung zu. Dieser Mehrbetrag führt folglich weder zu Anschaffungskosten für die anteilig erworbenen Wirtschaftsgüter noch kann er als betrieblicher Aufwand behandelt werden, sondern ist vielmehr als Privatentnahme seitens der verbleibenden Mitunternehmer zu interpretieren.

BEISPIEL 84

A scheidet gegen eine Abfindung i.H.v. 120.000 € aus der Gesellschaft aus. Von diesem Betrag entfallen 92.000 € auf die an B und C veräußerten anteiligen Wirtschaftsgüter einschließlich des anteiligen Geschäftswerts, während 28.000 € eine privat veranlasste Zuwendung von B und C an A darstellen.

LÖSUNG Die OHG bucht diesen Vorgang wie folgt:

Kapital A	60.000	an	Abfindungsverbindlichkeit	
Grund und Boden	1.000		gegenüber A	120.000
Gebäude	5.000			
Maschinen	4.000			
Vorräte	2.000			
immaterielle Wirtschaftsgüter				
des Anlagevermögens	5.000			
Firmenwert	15.000			
Privatentnahme B	14.000			
Privatentnahme C	14.000			
	120.000			**120.000**

Die Bilanz nach dem Ausscheiden des A entspricht der Bilanz in Beispiel 83. ◂|

3.2 Behandlung beim ausscheidenden Mitunternehmer

Ist die Abfindung über dem Buchwert betrieblich veranlasst, so erzielt der ausscheidende Mitunternehmer i. H. d. den Buchwert seines Kapitalkontos übersteigenden Betrags gewerbliche Einkünfte gemäß § 16 Abs. 1 Satz 1 Nr. 2 EStG. Als Veräußerungsgewinn ist der Betrag anzusetzen, um den der Veräußerungspreis nach Abzug der Veräußerungskosten den Wert des Anteils am Betriebsvermögen (= Kapitalkonto des Ausscheidenden) übersteigt. Der Veräußerungsgewinn unterliegt allerdings nur insoweit der Einkommensteuer, als er den Freibetrag nach § 16 Abs. 4 EStG überschreitet.

Betriebliche Veranlassung

FORTSETZUNG BEISPIELE 81, 82, 83 ▬▬▬▬▬▬▬▬▬▬▬▬▬▬▬
Für die betreffenden Fallkonstellationen ergibt sich unter der Annahme, dass die Voraussetzungen zur Inanspruchnahme des § 16 Abs. 4 EStG nicht erfüllt und keine Veräußerungskosten angefallen sind, gemäß § 16 Abs. 2 EStG ein Veräußerungsgewinn i. H. v. 32.000 € (Beispiel 81), 16.000 € (Beispiel 82) bzw. 60.000 € (Beispiel 83). ◂|

Beruht die Abfindung über dem Buchwert des Kapitalkontos zuzüglich anteiliger stiller Reserven und eines anteiligen Firmenwerts hingegen auf einer privaten Veranlassung, so realisiert der ausscheidende Mitunternehmer insoweit keinen Veräußerungsgewinn. Die Zuwendung des Mehrbetrags seitens der verbleibenden Mitunternehmer stellt vielmehr eine nach dem EStG nicht steuerbare Schenkung dar, gegebenenfalls fällt jedoch Schenkungsteuer an.

Private Veranlassung

FORTSETZUNG BEISPIEL 84 ▬▬▬▬▬▬▬▬▬▬▬▬▬▬▬▬▬▬▬▬▬
In Beispiel 84 erzielt A einen Veräußerungsgewinn i. H. v. 32.000 €, während die ihm darüber hinaus zugewendeten 28.000 € eine Schenkung von B und C darstellen. ◂|

4 Abfindung unter dem Buchwert bei positivem Kapitalkonto

4.1 Die Höhe der Abfindung ist betrieblich veranlasst

Ein betrieblicher Grund für eine Abfindung unter dem Buchwert könnte darin bestehen, dass das Betriebsvermögen in der Bilanz überbewertet ist. Weiterhin wäre es denkbar, dass zwar stille Reserven und/oder ein Firmenwert vorhanden sind, der ausscheidende Mitunternehmer jedoch aus betrieblichen Gründen auf einen ihm zustehenden Mehrbetrag verzichtet, z.B. weil er die Zustimmung zu seinem vorzeitigen Ausscheiden erreichen will, oder um die Abfindung früher zu erhalten, als nach dem Gesellschaftsvertrag vorgesehen ist.

4.1.1 Behandlung bei den verbleibenden Mitunternehmern

Unabhängig von der Höhe der Abfindungszahlung stellt sich im Fall des entgeltlichen Erwerbs der Vorgang für die verbleibenden Mitunternehmer als Anschaffung dar, mit der Folge, dass nunmehr die Anschaffungskosten der anteilig erworbenen Wirtschaftsgüter offensichtlich deren Buchwerte unterschreiten (vgl. BFH v. 11.07.1973 – I R 126/71, BStBl. II 1974, S. 50). Konsequenter Weise sind die vormaligen Buchwerte entsprechend abzustocken. Die Bewertung mit diesen Anschaffungskosten bewirkt, dass bei den verbleibenden Mitunternehmern kein Gewinn entsteht.

Überbewertung des Betriebsvermögens   Liegt der Abfindungsbetrag unter dem Buchwert des Kapitalkontos des ausscheidenden Mitunternehmers, so deutet dies darauf hin, dass der Teilwert des Betriebsvermögens geringer ist als dessen Buchwert. Dies kann bei zutreffender Bilanzierung insbesondere dann der Fall sein, wenn der tatsächliche gegenwärtige Wert einzelner Wirtschaftsgüter unter ihrem Buchwert liegt, die Gesellschaft jedoch wegen des Vorliegens einer voraussichtlich nicht dauernden Wertminderung keine Teilwertabschreibung vornehmen darf (§ 6 Abs. 1 Nr. 1 Satz 2, Nr. 2 Satz 2 EStG) oder auf die mögliche Vornahme einer Teilwertabschreibung verzichtet hat. Da der ausscheidende Gesellschafter im Rahmen der Anteilsveräußerung nun die betreffenden anteiligen Wirtschaftsgüter nicht zum Buchwert, sondern eben nur zum geringeren Teilwert an die verbleibenden Gesellschafter veräußern können wird, sind nach dem Ausscheiden des betreffenden Mitunternehmers die im Einzelnen zu hoch zu Buch stehenden Posten des Anlage- und Umlaufvermögens durch den Ansatz entsprechend verminderter Anschaffungskosten zu berichtigen.

Die Herabsetzung der Werte der Wirtschaftsgüter erfolgt dabei i.H.d. Anteils des Ausscheidenden an der betreffenden Überbewertung. Entspricht der Minderbetrag der Abfindung nicht dem Betrag der anteiligen Überbewertung, so ist zu überlegen, nach welchem Aufteilungsmaßstab (Buch- oder Teilwerte) die Abstockung vorzunehmen ist (vgl. dazu mit umgekehrten Vorzeichen die Überlegungen in G V 3.1.2).

BEISPIEL 85

A scheidet zum 01.01.02 aus der OHG aus. Von den verbleibenden Mitunternehmern erhält er eine Abfindung i.H.v. 50.000 €, da das Gebäude um 5.000 € und die Maschinen um 15.000 € zum Zeitpunkt des Ausscheidens überbewertet sind. Eine Teilwertabschreibung ist nicht zulässig, da es sich lediglich um nicht dauerhafte Wertminderungen handelt (§ 6 Abs. 1 Nr. 1 Satz 2 EStG). Stille Reserven sowie ein Geschäftswert sind nicht vorhanden.

LÖSUNG Die Auseinandersetzungsbilanz der OHG gestaltet sich mithin wie folgt:

Aktiva			OHG-Bilanz zum 31.12.01 in €			Passiva
	Buchwerte	Teilwerte			Buchwerte	Teilwerte
Grund und Boden	5.000	5.000	Kapital A		60.000	50.000
Gebäude	46.000	41.000	Kapital B		30.000	25.000
Maschinen	30.000	15.000	Kapital C		30.000	25.000
Vorräte	60.000	60.000	Verbindlichkeiten		80.000	80.000
Sonstige Wirtschafts-						
güter	59.000	59.000				
	200.000	180.000			200.000	180.000

Die Überbewertung des Gebäudes (5.000 €) und der Maschinen (15.000 €) entfällt je zur Hälfte auf A. In diesem Umstand liegt dessen Minderabfindung i. H. v. 10.000 € begründet. Das Gebäude ist folglich um 2.500 € und die Maschinen um 7.500 € abzustocken. Die OHG bucht wie folgt:

Kapital A	60.000	an	Abfindungsverbindlichkeit	
			gegenüber A	50.000
			Gebäude	2.500
			Maschinen	7.500

Die Bilanz gestaltet sich wie folgt:

Aktiva	OHG-Bilanz zum 01.01.02 in €		Passiva
Grund und Boden	5.000	Kapital B	30.000
Gebäude	43.500	Kapital C	30.000
Maschinen	22.500	Verbindlichkeiten	80.000
Vorräte	60.000	Abfindungsverbindlichkeit	
Sonstige Wirtschaftsgüter	59.000	gegenüber A	50.000
	190.000		190.000

Zwar liegen die Teilwerte (Gebäude und Maschinen) immer noch unter den so geminderten Buchwerten, eine Teilwertabschreibung ist aber auch hier nicht vorzunehmen, da es sich um eine voraussichtlich vorübergehende Wertminderung handelt. Lediglich insoweit, als die Wertminderung durch das Ausscheiden des A und die damit einhergehende Veräußerung der anteiligen Wirtschaftsgüter realisiert worden ist, sind die betreffenden Bilanzansätze vermindert worden. ◄|

Sollte der Minderbetrag, also die Differenz zwischen Buchwert des Kapitalkontos des ausscheidenden Mitunternehmers und dem Abfindungsbetrag, die anteiligen Über- bewertungen übersteigen, und besteht hierfür eine betriebliche Veranlassung, so ist zu unterscheiden, ob ein entgeltlicher oder unentgeltlicher Erwerb durch die ver- bleibenden Mitunternehmer vorliegt (vgl. SCHULZE ZUR WIESCHE, 2002, Rz. 237 ff.):

Minderbetrag > anteilige Über- bewertungen

Ein entgeltlicher Erwerb aus betrieblichen Gründen ist gegeben, wenn die Höhe der Abfindung im Rahmen eines echten Leistungsaustausches vereinbart worden ist. Dies könnte beispielsweise der Fall sein, wenn der Gesellschaftsvertrag frühestens in einigen Jahren kündbar ist und erst zu diesem Zeitpunkt eine Abfin-

Entgeltlicher Erwerb aus betrieblichen Gründen

dung i. H. d. Buchwerts des jeweiligen Kapitalkontos vorsieht. Möchte ein Mitunternehmer nunmehr vorzeitig aus der Gesellschaft ausscheiden, so akzeptiert er u. U. die Abzinsung des ihm zustehenden Abfindungsbetrags. Auch könnte der ausscheidende Gesellschafter seinen Anteil »loswerden« wollen, um Nachteile aus der Fortführung der Beteiligung zu vermeiden (vgl. BFH v. 26.06.2002 – IV R 3/01, BStBl. II 2003, S. 112).

Gleichmäßige Abstockung; ggf. Ausgleichsposten

Da die übrigen Gesellschafter die anteiligen Wirtschaftsgüter mithin billiger erworben haben als es ihrem bisherigen Buchwert in der Bilanz entspricht, sind, um einen Ausweis zu Anschaffungskosten zu gewährleisten, die Buchwerte entsprechend abzustocken. Dabei ist der Minderbetrag gleichmäßig von den Buchwerten der aktivierten, im Fall einer vormaligen Überbewertung bereits abgestockten Wirtschaftsgüter, mit Ausnahme der Geldkonten abzusetzen. Fraglich ist allerdings, ob der Abstockungsbetrag nach dem Verhältnis der Teilwerte (so KEMPF/OBERMANN, DB 1998, S. 545, 546), der Buchwerte (so LEY, KÖSDI 2001, S. 12982, 12987) oder der stillen Reserven auf die betreffenden Wirtschaftsgüter zu verteilen ist. Zudem stellt sich die Frage, wie steuerrechtlich zu verfahren ist, wenn der Minderbetrag die anteiligen Buchwerte überschreitet und folglich nicht genügend Abstockungsvolumen zur bilanziellen Darstellung der Anschaffung der anteiligen Wirtschaftsgüter durch die verbleibenden Mitunternehmer zur Verfügung steht. Da aufgrund des Anschaffungskostenprinzips der Ausweis eines laufenden Gewinns bei den Erwerbern ausscheidet und der Ausweis eines negativen Geschäftswerts aufgrund allgemeiner Bilanzierungsgrundsätze abzulehnen ist (vgl. BFH v. 19.02.1981 – IV R 41/78, BStBl. II 1981. S. 730), lässt der BFH in diesem Fall den Ansatz eines negativen Ausgleichspostens zu, welcher mit zukünftigen laufenden Verlusten zu verrechnen bzw. bei Beendigung der Beteiligung gewinnerhöhend aufzulösen ist (vgl. BFH v. 21.04.1994 – IV R 70/92, BStBl. II 1994, S. 745; v. 12.12.1996 – IV R 77/93, BStBl. II 1998, S. 180; hierzu auch FG Düsseldorf v. 15.12.2010, EFG 2011, S. 794, rkr.).

BEISPIEL 86

Das Kapitalkonto des ausscheidenden Gesellschafters X weist einen Stand i. H. v. 200 GE auf; aus betrieblichen Gründen begnügt er sich mit einer Abfindung i. H. v. 100 GE. Hinter dem Mitunternehmeranteil des X stehen folgende anteilige Wirtschaftsgüter:

Wirtschaftsgut	anteiliger Buchwert	anteiliger Teilwert	anteilige stille Reserven
I	100	1.000	900
II	100	100	0
III	0	1.000	1.000
Summe	200	2.100	1.900

Aufteilung des Abstockungsbetrags von 100 GE nach dem Verhältnis der:

- **Teilwerte**
  WG I   = 1.000 / 2.100 × 100   = 47,62
  WG II =   100 / 2.100 × 100   = 4,76
  WG III = 1.000 / 2.100 × 100   = 47,62

- **Buchwerte**

WG I	$= 100 / 200 \times 100$	$= 50{,}00$
WG II	$= 100 / 200 \times 100$	$= 50{,}00$
WG III	$= 0 / 200 \times 100$	$= 0{,}00$

- **Stillen Reserven**

WG I	$= 900 / 1.900 \times 100$	$= 47{,}37$
WG II	$= 0 / 1.900 \times 100$	$= 0{,}00$
WG III	$= 1.000 / 1.900 \times 100$	$= 52{,}63$

Deutlich wird, dass sich in Abhängigkeit von der gewählten Verhältnisgröße unterschiedliche Abstockungsbeträge ergeben. Zudem müsste bei einer Abstockung im Verhältnis der Teilwerte bzw. der stillen Reserven eine Abstockung des WG III um 47,62 GE bzw. 52,63 GE vorgenommen werden, was jedoch in Anbetracht des Buchwertes von 0 GE nicht durchführbar ist. Es wäre mithin ein entsprechender Ausgleichsposten zu bilden. ◀|

Stellungnahme

U. E. ist keiner der vorgenannten Methoden zu folgen, da es aus Sicht der erwerbenden Mitunternehmer zur Ermittlung der zutreffenden Anschaffungskosten für die anteiligen Wirtschaftsgüter weder auf deren vormalige Buchwerte noch auf die daraus abgeleiteten stillen Reserven ankommen kann. Vielmehr ist zur Ermittlung der Anschaffungskosten, ebenso wie im Fall einer Abfindung, bei welcher nicht die gesamten anteiligen stillen Reserven vergütet werden (vgl. hierzu G V 3.1.2), mit SIEGEL (DStR 1991, S. 1477) eine Aufteilung des Gesamtkaufpreises (nicht des Abstockungsbetrags!) auf die anteilig erworbenen Wirtschaftsgüter nach dem Verhältnis der Teilwerte vorzunehmen. Für das vorstehende Beispiel ergibt sich sodann Folgendes:

FORTSETZUNG BEISPIEL 86

Aufteilung des Kaufpreises nach dem Verhältnis der Teilwerte:

WG I	$= 1.000 / 2.100 \times 100$	$= 47{,}62$
WG II	$= 100 / 2.100 \times 100$	$= 4{,}76$
WG III	$= 1.000 / 2.100 \times 100$	$= 47{,}62$

Diese Werte stellen die Anschaffungskosten der anteiligen Wirtschaftsgüter dar. Während der Wertansatz des WG I mithin um 52,38 GE und des WG II um 95,24 GE abzustocken ist, muss der Wertansatz des WG III um 47,62 GE aufgestockt werden. Der Ausweis eines Ausgleichspostens erübrigt sich. Folgt man dieser Aufteilungsmethode, so ist der Ansatz eines Ausgleichspostens allenfalls dann vorzunehmen, wenn keine bzw. nicht genügend abstockungsfähige Wirtschaftsgüter zur Verfügung stehen. ◀|

Unentgeltlicher Erwerb aus betrieblichen Gründen

Sind sich die Mitunternehmer hingegen darüber einig, dass die Abfindung ohne direkte Gegenleistung hinter dem Buchwert des Kapitalkontos des ausscheidenden Mitunternehmers zurückbleiben soll, so erwerben die verbleibenden Mitunternehmer den betreffenden Anteil insoweit unentgeltlich. Sind hierfür betriebliche Gründe ausschlaggebend, beispielsweise weil der ausscheidende Mitunternehmer wegen seines vormaligen betrieblichen Fehlverhaltens auf einen Teil der Abfindungssumme verzichtet, so haben die verbleibenden Mitunternehmer gemäß § 6 Abs. 3 EStG die Buchwerte fortzuführen. I. H. d. Unterschiedsbetrags zwischen dem Buchwert des Kapitalkontos und der Abfindung realisieren die verbleibenden Mitunternehmer einen laufenden gewerblichen Gewinn (vgl. BFH v. 11. 07. 1973 – I R 126/71, BStBl. II 1974, S. 50; SCHMIDT/WACKER, 2015, § 16 Rz. 511; a. A. KIRCHHOF/REISS, 2015,

§ 16 Rz. 162), der allerdings nicht der Gewerbesteuer unterliegt (vgl. FG Düsseldorf v. 03.11.2000, EFG 2001, S. 585, rkr.).

4.1.2 Behandlung beim ausscheidenden Mitunternehmer

Für den ausscheidenden Mitunternehmer entsteht bei Abfindung unter dem Buchwert i.H.d. Unterschiedsbetrags zwischen dem Veräußerungspreis nach Abzug etwaiger Veräußerungskosten und dem Buchwert des Kapitalkontos ein Veräußerungsverlust. Eine Verlustberücksichtigung ist nach den allgemeinen Regelungen der §§ 2 Abs. 3, 10 d EStG möglich.

FORTSETZUNG BEISPIEL 85

In Beispiel 85 realisiert A unter Vernachlässigung etwaiger Veräußerungskosten einen Veräußerungsverlust i.H.v. 10.000 €. ◀|

4.2 Die Höhe der Abfindung ist privat veranlasst

Sind private Gründe für die Vereinbarung einer Abfindung unter dem Buchwert ausschlaggebend, so erwerben insoweit die verbleibenden Mitunternehmer die anteiligen Wirtschaftsgüter unentgeltlich.

Fortführung der Buchwerte und Einlage durch die Verbleibenden

Im Unterschied zum betrieblich veranlassten unentgeltlichen Erwerb, bei dem der ausscheidende Mitunternehmer einen Veräußerungsverlust realisiert, während die verbleibenden Mitunternehmer einen korrespondierenden Ertrag ausweisen, ist im Fall der privaten Veranlassung der Vorgang für die beteiligten Parteien erfolgsneutral. Gemäß § 6 Abs. 3 EStG müssen die verbleibenden Mitunternehmer die Buchwerte der anteilig erworbenen Wirtschaftsgüter fortführen. Der Unterschiedsbetrag zwischen dem Kapitalkonto des ausscheidenden Mitunternehmers und dem Abfindungsbetrag stellt eine Einlage der verbleibenden Mitunternehmer dar; ihre Kapitalkonten sind insoweit erfolgsneutral aufzustocken (vgl. BFH v. 11.07.1973 – I R 126/71, BStBl. II 1974, S. 50). Dies bedeutet, dass der ausscheidende Mitunternehmer gedanklich zu Buchwerten abgefunden wird, sodann außerhalb der Unternehmung den verbleibenden Mitunternehmer den entsprechenden Minderbetrag schenkt, welche diesen daraufhin in die Unternehmung einlegen. Gegebenenfalls fällt bei diesem Vorgang Schenkungsteuer an. Für den ausscheidenden Mitunternehmer entsteht in diesem Fall kein Veräußerungsverlust.

BEISPIEL 87

Innerhalb einer Familienpersonengesellschaft akzeptiert der ausscheidende Mitunternehmer V eine Abfindung i.H.v. 40.000 €, obwohl der Buchwert seines Kapitalkontos 60.000 € beträgt. Den Minderbetrag i.H.v. 20.000 € möchte er seinen zu gleichen Teilen beteiligten Kindern K1 und K2 als verbleibenden Mitunternehmern zuwenden.

LÖSUNG Es liegt eine unentgeltliche Übertragung i.S.v. § 6 Abs. 3 Satz 1 EStG jeweils eines Mitunternehmerteilanteils von V auf K1 bzw. K2 vor. Die Gesellschaft bucht das Ausscheiden des V wie folgt:

Kapital V	60.000	an	Abfindungsverbindlichkeit	
			gegenüber V	40.000
			Einlage K1	10.000
			Einlage K2	10.000

5 Tabellarische Zusammenfassung

Die nachfolgende Tabelle fasst die steuerrechtlichen Implikationen der dargestellten Fallkonstellationen noch einmal zusammen:

Grundsätzlich	Abfindungsbetrag		
	= Buchwert	> Buchwert	< Buchwert
	• Das Kapitalkonto des ausscheidenden Mitunternehmers entfällt. • I. H. d. Abfindungsbetrags ist eine Verbindlichkeit gegenüber dem ausscheidenden Mitunternehmer auszuweisen.		
Betriebliche Veranlassung	Ausscheidender Mitunternehmer		
	Kein Veräußerungsgewinn.	Nach §§ 16, 34 EStG begünstigter Veräußerungsgewinn i. H. d. Mehrbetrags.	Entstehung eines Veräußerungsverlusts i. H. d. Minderbetrags.
	Verbleibende Mitunternehmer		
	Erfolgsneutral, da die Anschaffungskosten den bisherigen Buchwerten der anteilig erworbenen Wirtschaftsgüter entsprechen.	Erfolgsneutral insoweit, als anteilige stille Reserven sowie ein Geschäftswert aktiviert werden können. Ein darüber hinaus gehender Mehrbetrag ist aufwandswirksam (lästiger Gesellschafter).	Bei entgeltlichem Erwerb erfolgsneutral, da i. H. d. Minderbetrags die Buchwerte der anteilig erworbenen Wirtschaftsgüter zu vermindern sind; bei unentgeltlichem Erwerb laufender Gewinn i. H. d. Minderbetrags.
Private Veranlassung	Ausscheidender Mitunternehmer		
	Kein Veräußerungsgewinn.	Nach §§ 16, 34 EStG begünstigter Veräußerungsgewinn bis zur Höhe der anteiligen stillen Reserven einschließlich Geschäftswert; insoweit immer betrieblich veranlasst! Ein darüber hinaus gehender Mehrbetrag ist erfolgsneutral, da Schenkung seitens der verbleibenden Mitunternehmer.	Erfolgsneutral; Schenkung des Minderbetrags an die verbleibenden Mitunternehmer.
	Verbleibende Mitunternehmer		
	Erfolgsneutral, jedoch kein Anschaffungsvorgang. Gemäß § 6 Abs. 3 EStG sind die Buchwerte fortzuführen.	Insoweit betrieblich veranlasst und daher erfolgsneutral, als anteilige stille Reserven sowie ein Geschäftswert aktiviert werden können. Ein darüber hinaus gehender Mehrbetrag ist Entnahme.	Erfolgsneutral, Minderbetrag stellt Einlage der verbleibenden Gesellschafter dar. Buchwertfortführung gemäß § 6 Abs. 3 EStG.

6 Ausscheiden bei negativem Kapitalkonto

6.1 Grundlagen

Handelsrechtliche Bedeutung des negativen Kapitalkontos

Ein negatives Kapitalkonto des Gesellschafters, sei es durch Entnahmen oder durch Verlustzuweisungen entstanden, indiziert für den Fall der Liquidation der Gesellschaft eine wertentsprechende Nachschuss- bzw. Ausgleichsverpflichtung des betreffenden Gesellschafters gegenüber seinen Mitgesellschaftern, vorausgesetzt, ein entsprechender Haftungsumfang des Gesellschafters ist gegeben. Dies ist grundsätzlich der Fall, soweit es sich bei dem betreffenden Mitunternehmer um einen OHG- oder GbR-Gesellschafter bzw. den Komplementär einer KG handelt. Gleiches gilt für einen Kommanditisten, dessen Kapitalkonto durch rückzahlungspflichtige Entnahmen negativ geworden ist, da insoweit gesellschaftsrechtlich eine Ausgleichsverpflichtung besteht. Das Bestehen einer gesellschaftsrechtlich begründeten Ausgleichsverpflichtung für den Fall der Liquidation sei nachfolgend unterstellt. Auf den Fall des beschränkt haftenden Gesellschafters (Kommanditist, atypisch stiller Gesellschafter), welcher zum Ausgleich des negativen Kapitalkontos regelmäßig nicht verpflichtet ist, wird gesondert in G V 6.3.2 eingegangen.

Zusammentreffen zweier Sachverhalte

Im Fall des Ausscheidens bei einem negativen Buchwert des Kapitalkontos treffen zwei Sachverhalte zusammen: Einerseits veräußert der Ausscheidende an die verbleibenden Mitunternehmer die ihm ideell anteilig zuzurechnenden Wirtschaftsgüter, wofür diese ihm bei separater Betrachtung eine entsprechende Abfindungszahlung leisten müssen. Andererseits ist jedoch zugleich der Ausscheidende zum Ausgleich des negativen Buchwerts seines Kapitalkontos verpflichtet, da ihn im Liquidationsfall der Gesellschaft eine entsprechende Zahlungsverpflichtung treffen würde.

Saldiert man nun den Abfindungsanspruch für die Veräußerung der anteiligen Wirtschaftsgüter mit der Ausgleichsverpflichtung des Ausscheidenden, so

Positiver Teilwert des Kapitalkontos

- besteht per Saldo ein Abfindungsanspruch des ausscheidenden Mitunternehmers, wenn die realisierten anteiligen stillen Reserven seine Ausgleichsverpflichtung überkompensieren. In diesem Fall ist der Teilwert des Kapitalkontos des ausscheidenden Mitunternehmers positiv;

Teilwert des Kapitalkontos = Null

- egalisieren sich Ausgleichsverpflichtung und Abfindungsanspruch des ausscheidenden Mitunternehmers bei wertmäßiger Gleichheit. In diesem Fall ist der Teilwert des Kapitalkontos des Ausscheidenden Null;

Negativer Teilwert des Kapitalkontos

- besteht per Saldo eine Ausgleichsverpflichtung des ausscheidenden Mitunternehmers, wenn entweder überhaupt keine stillen Reserven vorhanden sind oder die stillen Reserven betragsmäßig den negativen Buchwert des Kapitalkontos nicht auszugleichen vermögen. Der Teilwert des Kapitalkontos des ausscheidenden Mitunternehmers ist in diesem Fall negativ. Sodann ist es steuerrechtlich bedeutsam, ob der ausscheidende Mitunternehmer die Ausgleichszahlung auch tatsächlich leisten muss, oder ob er von dieser Verpflichtung aus betrieblichen oder privaten Gründen frei wird. Von praktischer Bedeutung ist dabei insbesondere der Fall des ausscheidenden Kommanditisten, der aufgrund seiner beschränkten Haftung handelsrechtlich nicht zum Ausgleich seines negativen Kapitalkontos verpflichtet ist.

Die nachfolgende Abbildung stellt die möglichen Fallkonstellationen noch einmal dar:

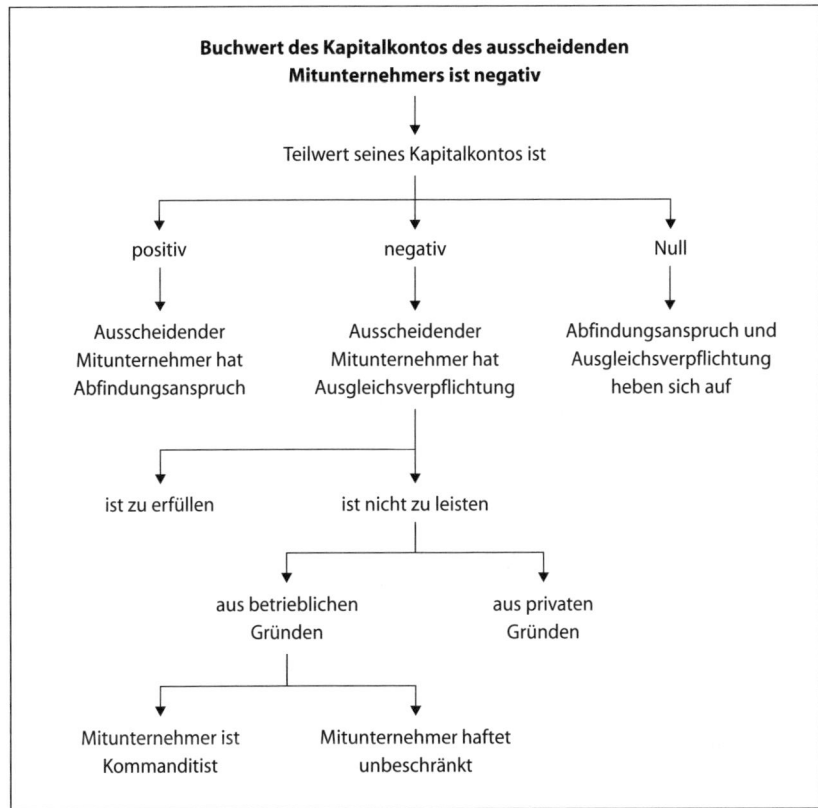

Abb. 13 Fallkonstellationen bei negativem Kapitalkonto des Ausscheidenden

6.2 Positiver Teilwert des Kapitalkontos

6.2.1 Fallkonzeption

BEISPIEL 88

Es gelten weiterhin die Ausgangsdaten des Fallbeispiels (siehe unter G V 1), allerdings errichtet die OHG zu Beginn des Jahres 01 fremdfinanziert ein zweites Gebäude, das ausschließlich betrieblichen Zwecken dient. Die Herstellungskosten des Gebäudes betragen 1.000.000 €, die Anschaffungskosten des Grund und Bodens belaufen sich auf 100.000 €. Die tatsächliche Wertminderung des Gebäudes beträgt 2 % p.a. Es sei unterstellt, dass die OHG aufgrund eines steuerlichen Fördergesetzes im Jahr der Herstellung eine erhöhte Absetzung i.H.v. 75 % der Anschaffungs- oder Herstellungskosten in Anspruch nehmen kann. Hierdurch entsteht gegenüber dem Grundfall ein zusätzlicher Aufwand in 01 i.H.v. 750.000 €, woraus entsprechend verminderte Kapitalkonten resultieren:

Aktiva			OHG-Bilanz zum 31.12.01 in €			Passiva
	Buchwerte	Teilwerte			Buchwerte	Teilwerte
Grund und Boden I	5.000	7.000	Kapital A	60.000		
Grund und Boden II	100.000	100.000	./. 375.000	./. 315.000		82.000
Gebäude I	46.000	56.000	Kapital B	30.000		
Gebäude II	250.000	980.000	./. 187.500	./. 157.500		41.000
Maschinen	30.000	38.000	Kapital C	30.000		
Vorräte	60.000	64.000	./. 187.500	./. 157.500		41.000
Sonstige Wirtschafts-			Verbindlichkeiten	1.180.000	1.180.000	
güter	59.000	59.000				
(Selbsterstellte						
immaterielle Wirt-						
schaftsgüter des AV)	–	10.000				
(Firmenwert)	–	30.000				
	550.000	1.344.000			550.000	1.344.000

Aus den angegebenen Teilwerten ergibt sich, dass die einzelnen Positionen folgende stille Reserven enthalten:

Grund und Boden I	2.000
Gebäude I	10.000
Gebäude II	730.000
Maschinen	8.000
Vorräte	4.000
Selbsterstellte immaterielle Wirtschaftsgüter des AV	10.000
Firmenwert	30.000
Insgesamt	**794.000**

A scheidet zum 01.01.02 aus der OHG aus. Die verbleibenden Mitunternehmer übernehmen den Anteil des A zu gleichen Teilen zu einem Gesamtpreis i. H. v. 82.000 €. ◄|

6.2.2 Behandlung beim ausscheidenden Mitunternehmer

Ermittlung des Abfindungsanspruchs

Da die anteiligen stillen Reserven den Buchwert des negativen Kapitalkontos übersteigen, begleicht der ausscheidende Mitunternehmer durch die Überlassung der anteiligen Wirtschaftsgüter an die verbleibenden Mitunternehmer seine Verpflichtung zum Ausgleich des negativen Kapitalkontos und erhält darüber hinaus einen Zahlungsanspruch. Der Ausgleich des negativen Kapitalkontos durch den ausscheidenden Mitunternehmer beinhaltet für diesen keinerlei steuerliche Konsequenzen, sondern ist als »Einlage« aus dem Privatvermögen erfolgsneutral.

FORTSETZUNG BEISPIEL 88 ▰▰▰▰▰▰▰▰

A realisiert seine anteiligen stillen Reserven i. H. v. 794.000 € × 0,5 = 397.000 €. Von diesem Betrag ist seine Ausgleichsverpflichtung i. H. v. 315.000 € abzuziehen, so dass für ihn ein Zahlungsanspruch i. H. v. 82.000 € verbleibt. ◄|

Ermittlung des Veräußerungsgewinns

Um den Veräußerungsgewinn i. S. v. § 16 Abs. 1 Satz 1 Nr. 2 EStG zu ermitteln, ist von dem Veräußerungspreis nach Abzug etwaiger Veräußerungskosten der Wert des Anteils am Betriebsvermögen abzuziehen. Der ausscheidende Mitunternehmer erzielt folglich einen Veräußerungsgewinn in Höhe seines negativen Kapitalkontos zuzüglich seines Baranspruchs (vgl. BFH v. 16. 12. 1992 – XI R 34/92, BStBl. II 1993, S. 436).

FORTSETZUNG BEISPIEL 88

Unter Vernachlässigung etwaiger Veräußerungskosten ermittelt sich der Veräußerungsgewinn des A wie folgt:

82.000 € ./. (./. 315.000 €) = 397.000 €.

Dass A einen Veräußerungsgewinn i. H. v. 397.000 € erzielt, wird spätestens unter der Annahme deutlich, A, B und C hätten unmittelbar vor dem Ausscheiden des A ihre negativen Kapitalkonten durch entsprechende Bareinlagen ausgeglichen. Sodann würde der Abfindungsanspruch für die anteilig überlassenen Wirtschaftsgüter 397.000 € und der Wert des Anteils am Betriebsvermögen (= Buchwert des Kapitalkontos) 0 € betragen, woraus ein Veräußerungsgewinn i. H. v. ebenfalls 397.000 € resultieren würde. ◀|

6.2.3 Behandlung bei den verbleibenden Mitunternehmern

Die verbleibenden Mitunternehmer müssen i. H. d. von ihnen übernommenen negativen Kapitalkontos zuzüglich einer etwaigen Barverpflichtung die Buchwerte derjenigen Wirtschaftsgüter, die stille Reserven enthalten, anteilig und gleichmäßig aufstocken. Sollten nicht die gesamten dem ausscheidenden Mitunternehmer zustehenden stillen Reserven vergütet werden, sei bezüglich der Problematik, welche Wirtschaftsgüter nach welchem Maßstab buchhalterisch aufzustocken sind, auf die Ausführungen unter G V 3.1 verwiesen. Im vorliegenden Fall stellt sich diese Frage nicht:

FORTSETZUNG BEISPIEL 88

Da die gesamten stillen Reserven des A i. H. v. 397.000 € vergütet werden, müssen die verbleibenden Mitunternehmer B und C die betreffenden Wirtschaftsgüter des Anlagevermögens und Umlaufvermögens entsprechend aufstocken sowie einen Firmenwert aktivieren. Die OHG bucht daher:

Grund und Boden I	1.000	an	Abfindungsverbindlichkeit	
Gebäude I	5.000		gegenüber A	82.000
Gebäude II	365.000		Kapitalkonto A	315.000
Maschinen	4.000			
Vorräte	2.000			
Immaterielle Wirtschaftsgüter des Anlagevermögens	5.000			
Firmenwert	15.000			
	397.000			**397.000**

Die Bilanz gestaltet sich wie folgt:

Aktiva	OHG-Bilanz zum 01.01.02 in €		Passiva
Grund und Boden I	6.000	Kapital B	./. 157.500
Grund und Boden II	100.000	Kapital C	./. 157.500
Gebäude I	51.000	Verbindlichkeiten	1.180.000
Gebäude II	615.000	Abfindungsverbindlichkeit	
Maschinen	34.000	gegenüber A	82.000
Vorräte	62.000		
Sonstige Wirtschaftsgüter	59.000		
Immaterielle Wirtschaftsgüter des Anlagevermögens	5.000		
Firmenwert	15.000		
	947.000		**947.000**

6.3 Negativer Teilwert des Kapitalkontos

6.3.1 Ausgleichszahlung ist zu leisten

6.3.1.1 Fallkonzeption

BEISPIEL 89

Es gelten die Daten aus Beispiel 88 entsprechend; aufgrund statischer Fehlberechnungen und Verwendung minderwertigen Baumaterials können Teile des Gebäudes II für die Produktion nicht verwendet werden. Der Teilwert des Gebäudes bemisst sich zum 31.12.01 nur noch auf 500.000 €. Es ergibt sich folgende Bilanz der Gesellschaft:

Aktiva	OHG-Bilanz zum 31.12.01 in €				Passiva
	Buchwerte	Teilwerte		Buchwerte	Teilwerte
Grund und Boden I	5.000	7.000	Kapital A	./. 315.000	./. 158.000
Grund und Boden II	100.000	100.000	Kapital B	./. 157.500	./. 79.000
Gebäude I	46.000	56.000	Kapital C	./. 157.500	./. 79.000
Gebäude II	250.000	500.000	Verbindlichkeiten	1.180.000	1.180.000
Maschinen	30.000	38.000			
Vorräte	60.000	64.000			
Sonstige Wirtschafts-güter	59.000	59.000			
(Selbsterstellte immaterielle Wirtschaftsgüter des AV)					
(Firmenwert)	–	10.000			
	–	30.000			
	550.000	864.000		550.000	864.000

A scheidet zum 01.01.02 aus. Die verbleibenden Gesellschafter übernehmen dessen Gesellschaftsanteile. A leistet eine Ausgleichszahlung i.H.v. 158.000 €. ◀

6.3.1.2 Behandlung beim ausscheidenden Mitunternehmer

Im vorliegenden Fall muss der ausscheidende Mitunternehmer eine Ausgleichszahlung i.H.d. negativen Teilwerts seines Kapitalkontos leisten. Dies erklärt sich aus dem Umstand, dass er einerseits die ihm ideell anteilig zuzurechnenden Wirtschaftsgüter an die verbleibenden Mitunternehmer veräußert und insoweit die in diesen Wirtschaftsgütern gespeicherten stillen Reserven realisiert, andererseits jedoch zum Ausgleich seines negativen Kapitalkontos verpflichtet ist. Da die stillen Reserven den Buchwert seines Kapitalkontos unterschreiten, verbleibt für den ausscheidenden Mitunternehmer per Saldo eine entsprechende Zahlungsverpflichtung.

Ermittlung des Veräußerungsgewinns

Der ausscheidende Mitunternehmer erzielt einen Veräußerungsgewinn i.S.v. § 16 Abs. 1 Satz 1 Nr. 2 EStG i.H.d. Differenzbetrages zwischen dem Buchwert seines negativen Kapitalkontos und dem Betrag der von ihm zu erbringenden Ausgleichszahlung, was dem Betrag der von ihm realisierten stillen Reserven entspricht. Die Ausgleichszahlung als solche stellt die erfolgsneutrale Tilgung einer betrieblichen Schuld dar (vgl. BFH v. 30.11.1977 – I R 27/75, BStBl. II 1978, S. 149). Muss der ausscheidende Mitunternehmer eine Ausgleichszahlung in voller Höhe seines negativen Kapitalkontos erbringen, weil beispielsweise keinerlei stille Reserven existieren, so entsteht für ihn weder ein Gewinn noch ein Verlust.

FORTSETZUNG BEISPIEL 89

A erzielt einen Veräußerungsgewinn i. H. v. 157.000 €. Dies entspricht dem Wert der auf ihn entfallenden stillen Reserven. ◄|

6.3.1.3 Behandlung bei den verbleibenden Mitunternehmern

Bei der Gesellschaft besteht zunächst i. H. d. negativen Kapitalkontos des ausscheidenden Mitunternehmers eine sonstige Forderung. Es findet jedoch eine Aufrechnung dieser Forderung mit dem Anspruch des ausscheidenden Gesellschafters auf die Vergütung der übergegangenen anteiligen stillen Reserven statt. Diese von den verbleibenden Mitunternehmern erworbenen stillen Reserven sind in der Gesamthandsbilanz der OHG zu aktivieren.

FORTSETZUNG BEISPIEL 89

Die OHG bucht daher:

Grund und Boden I	1.000	an	Kapitalkonto A	315.000
Gebäude I	5.000			
Gebäude II	125.000			
Maschinen	4.000			
Vorräte	2.000			
Immaterielle Wirtschaftsgüter des Anlagevermögens	5.000			
Firmenwert	15.000			
Ausgleichsforderung gegen A	158.000			
	315.000			**315.000**

Die Bilanz gestaltet sich wie folgt:

Aktiva		OHG-Bilanz zum 01.01.02 in €	Passiva
Grund und Boden I	6.000	Kapital B	./. 157.500
Grund und Boden II	100.000	Kapital C	./. 157.500
Gebäude I	51.000	Verbindlichkeiten	1.180.000
Gebäude II	375.000		
Maschinen	34.000		
Vorräte	62.000		
Sonstige Wirtschaftsgüter	59.000		
Immaterielle Wirtschaftsgüter des Anlagevermögens	5.000		
Firmenwert	15.000		
Forderung gegenüber A	158.000		
	865.000		**865.000**

6.3.2 Ausgleichszahlung ist nicht zu leisten

Braucht der ausscheidende Mitunternehmer eine grundsätzlich bestehende Ausgleichsverpflichtung nicht zu erbringen, so kann dies darauf zurückzuführen sein, dass die verbleibenden Gesellschafter auf die Ausgleichszahlung verzichten, wobei hierfür private oder betriebliche Gründe vorliegen können. In der Praxis von größerer Bedeutung ist jedoch das Ausscheiden von Kommanditisten, die aufgrund ihrer beschränkten Haftung trotz negativen Kapitalkontos zu keinem Ausgleich verpflichtet sind.

6.3.2.1 Verzicht der verbleibenden Gesellschafter

Erlass aus privaten Gründen = unentgeltliche Übertragung

Erlassen die verbleibenden Mitunternehmer dem Ausscheidenden seine Ausgleichsverpflichtung aus privaten Gründen, beispielsweise im Rahmen einer Familienpersonengesellschaft mit Rücksicht auf das Verwandtschaftsverhältnis, so liegt insgesamt eine unentgeltliche Übertragung des Mitunternehmeranteils vor. Zwar weist das Ausscheiden des Mitunternehmers grundsätzlich darauf hin, dass er sein Engagement in dem verlustbringenden Betrieb beenden möchte, von diesem Grundsatz kann jedoch bei einer Anteilsübertragung im Wege der vorweggenommenen Erbfolge nicht ausgegangen werden (vgl. BFH v. 10.03.1998 – VIII R 76/96, BStBl. II 1999, S. 269). Vielmehr sei, so der BFH, zu vermuten, dass mit dem Anteil, trotz seines negativen Werts, der subjektiven Einschätzung der Beteiligten zufolge positive Ertragsaussichten verbunden sind.

Rechtsfolge: Buchwertfortführung

Die unentgeltliche Übertragung hat zur Folge, dass gemäß § 6 Abs. 3 EStG die verbleibenden Mitunternehmer die Buchwerte des Ausscheidenden fortzuführen haben. Die Übertragung ist folglich sowohl für den ausgeschiedenen als auch für die verbleibenden Mitunternehmer erfolgsneutral. Die verbleibenden Mitunternehmer vermindern ihre Kapitalkonten um das negative Kapitalkonto des Ausgeschiedenen.

Betriebliche Gründe: Veräußerungsgewinn beim Ausscheidenden, Verlust bei den Verbleibenden

Wird einem unbeschränkt haftenden Gesellschafter seine grundsätzlich bestehende Ausgleichsverpflichtung aus betrieblichen Gründen erlassen, etwa aufgrund seiner Zahlungsunfähigkeit oder der Zielsetzung, ihn zum Verlassen der Gesellschaft zu bewegen, so realisieren die verbleibenden Mitunternehmer einen steuerwirksamen Verlust in entsprechender Höhe. Der ausgeschiedene Mitunternehmer erzielt in diesem Fall einen Veräußerungsgewinn i.H.d. negativen Buchwerts des Kapitalkontos. Dies gilt auch, wenn der ausgeschiedene Mitunternehmer nur im Innenverhältnis durch die Mitgesellschafter von seiner Haftung entbunden ist, d.h., wenn die Gesellschaftsgläubiger ihn nicht aus seiner persönlichen Haftung für die Schulden der Gesellschaft entlassen haben, es sei denn, dass er wegen der schlechten wirtschaftlichen Lage der Gesellschaft und der verbleibenden Gesellschafter nach wie vor mit seiner Inanspruchnahme durch die Gesellschaftsgläubiger rechnen muss (vgl. BFH v. 30.11.1977 – I R 27/75, BStBl. II 1978, S. 149).

6.3.2.2 Ausscheiden eines Kommanditisten

Entstehen eines Veräußerungsgewinns, durch Wegfall des negativen Kapitalkontos, …

Scheidet ein nur beschränkt haftender Mitunternehmer mit einem negativen Kapitalkonto aus der Gesellschaft aus, so ist er gesellschaftsrechtlich grundsätzlich nicht zum Ausgleich des negativen Kapitalkontos verpflichtet (Ausnahme: Entstehung des negativen Kapitalkontos durch rückzahlungspflichtige Entnahmen). Obwohl es folglich für den ausscheidenden Kommanditisten nicht zu einem Wegfall einer Verpflichtung kommen kann, da eine solche eben regelmäßig nicht besteht, resultiert aus dem Wegfall eines aufgrund von Verlusten negativ gewordenen Kapitalkontos ein Veräußerungsgewinn i.S.v. § 16 Abs. 1 Satz 1 Nr. 2 EStG (vgl. BFH v. 28.07.1994 – IV R 53/91, BStBl. II 1995, S. 112; v. 09.05.1996 – IV R 75/93, BStBl. II 1996, S. 474). Dieser Veräußerungsgewinn ist jedoch nur ein Ausgleich dafür, dass zuvor die Zurechnung von Verlustanteilen an den Kommanditisten auch nach Aufzehrung seiner Einlage vorgenommen wurde (vgl. KNOBBE-KEUK, 1993, S. 909).

Ein Veräußerungsgewinn bei Nichtausgleich des negativen Kapitalkontos entsteht auch, wenn das Kapitalkonto nicht durch Verluste, sondern vielmehr durch Entnahmen negativ geworden ist, unabhängig davon, ob diese rückzahlungspflichtig oder nicht rückzahlungspflichtig sind. In beiden Fällen besteht eine Mehrung der wirtschaftlichen Leistungsfähigkeit des betreffenden Gesellschafters insoweit, als er von der bis dahin bestehenden Belastung frei wird, sein negatives Kapitalkonto ausgleichen zu müssen. Erkennbar kommt es zum Wegfall einer solchen Verpflichtung bei rückzahlungspflichtigen Entnahmen dann, wenn die verbleibenden Gesellschafter auf die Rückzahlung verzichten, während es im Fall nicht rückzahlungspflichtiger Entnahmen, die wirtschaftlich nichts anderes als die Vorabentnahme zukünftiger Gewinne darstellen, zweierlei Ansätze gibt, einen Verpflichtungswegfall beim Ausscheidenden zu begründen: Zum einen ließe sich argumentieren, dass auch ein durch die Vorabentnahme zukünftiger Gewinne negativ gewordenes Kapitalkonto bei Ausscheiden des Gesellschafters rückzahlungspflichtig wird (vgl. DE-MUTH, KÖSDI 2013, S. 18381, 18388, Tz. 19); verzichten nun die verbleibenden Gesellschafter auf diesen Anspruch, so ist der Ausscheidende entsprechend bereichert. Nichts anderes ergibt sich, wenn man die Auffassung vertritt, dass auch im Fall eines durch Entnahmen negativ gewordenen Kapitalkontos der Kommanditist dieses mit zukünftigen Gewinnen gemäß § 169 Abs. 1 Satz 2 HGB ausgleichen muss (umstritten vgl. GRUNEWALD in Münchener Kommentar zum HGB, 2012, § 169 Rn. 4). Da diese Verpflichtung im Moment seines Ausscheidens jedoch entfällt, erlangt er insoweit eine Gegenleistung für die Veräußerung seines Kommanditanteils (so BFH v. 09.07.2015 – IV R 19/12, DStR 2015, S. 1859).

... auch, wenn dieses auf Entnahmen beruht

Der Gewinn aus dem Wegfall des negativen Kapitalkontos eines Kommanditisten bei Ausscheiden ist regelmäßig auch dann zu versteuern, wenn dieser im Außenverhältnis weiterhin, etwa aufgrund einer Bürgschaftsverpflichtung, für Verbindlichkeiten der Gesellschaft haftet. Etwas anderes gilt nur dann, wenn der Kommanditist aus dem Haftungsverhältnis bereits in Anspruch genommen worden ist, aber noch nicht gezahlt hat, oder wenn er mit einer Inanspruchnahme durch die Gesellschaftsgläubiger bzw. im Fall von Entnahmen durch die verbleibenden Gesellschafter ernsthaft rechnen muss und keine realisierbaren Ausgleichs- oder Rückgriffsansprüche hat (vgl. BFH v. 12.07.1990 – IV R 37/89, BStBl. II 1991, S. 64; v. 09.07.2015 – IV R 19/12, DStR 2015, S. 1859). In diesem Fall wäre in der Sonderbilanz des Ausscheidenden eine den Veräußerungsgewinn mindernde Rückstellung zu bilden (vgl. OFD München v. 07.05.2004, FR 2004, S. 731; BFH v. 09.07.2015 – IV R 19/12, DStR 2015, S. 1859).

Regelmäßig keine Berücksichtigung von zusätzlichen Haftungsrisiken

Haben sich die Verlustanteile des Kommanditisten, die zur Entstehung des negativen Kapitalkontos geführt haben, steuerlich noch nicht ausgewirkt, weil es sich lediglich um verrechenbare Verluste i. S. v. § 15a EStG handelt, so ist der Veräußerungsgewinn, d. h. der Betrag des negativen Kapitalkontos zzgl. eines etwaigen Baranspruchs, gemäß § 15a Abs. 2 Satz 2 EStG um diese verrechenbaren Verluste zu vermindern (vgl. BFH v. 26.01.1995 – IV R 32/93, BFH/NV 1995, S. 872). Hatten die vorherigen Verlustanteile des Kommanditisten dagegen bereits Steuerwirksamkeit erlangt, da es sich um ausgleichs- oder abzugsfähige Verluste etwa aufgrund einer überschießenden Außenhaftung handelte (vgl. J VII), so wird gerade

Ggf. Saldierung mit verrechenbaren Verlusten

durch die Zurechnung des Veräußerungsgewinns die steuermindernde Wirkung dieser Verluste kompensiert, wenn auch unzureichend, ist doch der Veräußerungsgewinn ggf. durch die §§ 16 Abs. 4, 34 EStG begünstigt.

Bei den Verbleibenden AK i.H.d. anteiligen stillen Reserven, ...

Bei den verbleibenden Mitunternehmern sind zunächst insoweit, als sie von dem Ausscheidenden durch die Übernahme des negativen Kapitalkontos anteilige stille Reserven einschließlich eines Geschäftswerts erwerben, die hierauf entfallenden Beträge als Anschaffungskosten zu aktivieren (vgl. auch SCHMIDT/WACKER, 2015, § 15 a Rz. 218, 225). Übersteigt das negative Kapitalkonto diese Beträge, hängt die Behandlung des übersteigenden Betrags entscheidend davon ab, ob beim Ausscheidenden die Verluste, die zum Entstehen des negativen Kapitalkontos geführt haben, gem. § 15 a EStG lediglich verrechenbar oder aber, z. B. aufgrund einer überschießenden Außenhaftung, ausgleichsfähig waren.

... darüber hinaus Verlust, wenn Verluste zuvor ausgleichsfähig waren ...

In letzterem Fall bestimmt § 52 Abs. 24 Satz 4 EStG, dass bei den verbleibenden Mitunternehmern i. H. d. übernommenen negativen Kapitalkontos – vermindert um die zu aktivierenden anteiligen stillen Reserven – Verlustanteile anzusetzen sind. Dies ist insoweit folgerichtig, als die vorhandenen Rechte und Pflichten im Wege der Anwachsung gemäß § 738 Abs. 1 BGB auf die Verbleibenden anteilig übergehen und infolgedessen auch die in der Vergangenheit entstandenen Verluste nunmehr ausschließlich ihnen zuzurechnen sind (vgl. SCHULZE ZUR WIESCHE, 2002, Rz. 268, m. w. N.). Das Steuerrecht bildet insoweit die zivilrechtliche Zurechnung der Verbindlichkeiten nach. Allerdings sind diese Verlustanteile bei den Verbleibenden insoweit nur verrechenbar, als diese ihrerseits Kommanditisten sind und auf den Verlustanteil § 15 a EStG Anwendung findet (vgl. R 15 a Abs. 6 Satz 5 EStR).

... oder Ausgleichsposten

Waren die Verluste, die auf Seiten des ausscheidenden Mitunternehmers zu dem negativen Kapitalkonto geführt hatten, lediglich verrechenbar i. S. v. § 15 a EStG, so ist § 52 Abs. 24 EStG seinem Wortlaut nach nicht anwendbar. Ein nach der Aktivierung der erworbenen anteiligen stillen Reserven einschließlich eines Geschäftswerts verbleibender Differenzbetrag zur Höhe des übernommenen negativen Kapitalkontos ist mithin nicht in Verlustanteile für die verbleibenden Mitunternehmer umzuwandeln, sondern in einem Ausgleichsposten zu aktivieren und erst mit zukünftigen Gewinnen zu verrechnen. Für die verbleibenden Mitunternehmer ist der Vorgang im Zeitpunkt des Erwerbs des Anteils des Ausscheidenden daher erfolgsneutral (vgl. SCHMIDT/WACKER, 2015, § 15 a Rz. 227, 222). Diese unterschiedliche Behandlung auf Seiten der verbleibenden Mitunternehmer, einerseits Erfolgswirksamkeit bei Übernahme eines negativen Kapitalkontos, welches auf ausgleichs- bzw. abzugsfähigen Verlusten beruht, andererseits Erfolgsneutralität bei Übernahme einen negativen Kapitalkontos, welches auf nur verrechenbaren Verlusten beruht, im Zeitpunkt der Übernahme, wahrt letztlich den Charakter der betreffenden Verlustanteile, auch wenn sie nunmehr anderen Mitunternehmern zuzurechnen sind: Die ausgleichs- bzw. abzugsfähigen Verluste wirken sich sogleich aus, während die lediglich verrechenbaren Verluste erst mit zukünftigen Gewinnen aus der Beteiligung zu saldieren sind.

BEISPIEL 90

Wie Beispiel 89, jedoch handelt es sich um eine KG. Der Ausscheidende A ist Kommanditist und braucht keine Ausgleichszahlung zu leisten. B ist ebenfalls Kommanditist, C ist Komplementär. Ergänzungsbilanzen bestehen keine.

Die Verluste, die zu dem negativen Kapitalkonto des A geführt haben, waren
a) ausgleichsfähig,
b) nach § 15 a Abs. 1 EStG verrechenbar.

LÖSUNG:

a) Die KG bucht den Vorgang wie folgt:

Diverse Wirtschaftsgüter	157.000	an	Kapital A	315.000
Kapital B	79.000			
Kapital C	79.000			

Die Verminderung der Kapitalkonten bei B und C stellt für diese gemäß § 52 Abs. 24 Satz 4 EStG einen steuerlich zu berücksichtigenden Verlust von jeweils 79.000 € dar, der für C wegen seiner Komplementärstellung ausgleichsfähig, für den Kommanditisten B dagegen wegen der Erhöhung seines bereits negativen Kapitalkontos lediglich verrechenbar ist. Für A ergibt sich gemäß § 52 Abs. 24 Satz 3 EStG ein Veräußerungsgewinn gemäß § 16 EStG i.H.v. 315.000 €, der mangels vorliegender verrechenbarer Verluste in vollem Umfang steuerpflichtig ist.

b) In diesem Fall ist § 52 Abs. 24 Satz 3, 4 EStG nicht anwendbar. Die KG bucht wie folgt:

Diverse Wirtschaftsgüter	157.000	an	Kapital A	315.000
Ausgleichsposten	158.000			

Der Ausgleichsposten ist in den Folgejahren zur Kompensation laufender Gewinne erfolgswirksam aufzulösen. Für A ergibt sich ein Veräußerungsgewinn, der mit den verrechenbaren Verlusten saldiert wird. ◀|

H Eintritt von Mitunternehmern

Tritt ein weiterer Mitunternehmer in eine bestehende Personengesellschaft ein, so ist bezüglich der steuerrechtlichen Behandlung dieses Vorgangs zunächst zu unterscheiden, ob der neu eintretende Mitunternehmer zu einer Leistung verpflichtet ist oder ob die Aufnahme unentgeltlich erfolgt.

Fallunterscheidung

I Unentgeltlicher Eintritt

Wird ein zusätzlicher Mitunternehmer ohne Einlage oder sonstige Leistung in eine Personengesellschaft aufgenommen und mindern sich dadurch die Gesellschaftsrechte aller bisheriger Gesellschafter im Verhältnis ihrer bisherigen Beteiligungsquote, stellt dies jeweils eine unentgeltliche Teilanteilsübertragung durch jeden der bisherigen Mitunternehmer dar und entspricht insoweit der unentgeltlichen Aufnahme eines Gesellschafters in ein Einzelunternehmen. Insoweit kann auf D IV 3 verwiesen werden.

Entspricht unentgeltlicher Teilanteilsübertragung

II Entgeltlicher Eintritt

Im Fall des entgeltlichen Eintritts ist von Bedeutung, ob der Eintretende seine Bar- bzw. Sachleistung in das Gesellschaftsvermögen oder in das Privatvermögen der bisherigen Mitunternehmer erbringt.

1 Eintritt gegen Leistung in das Gesellschaftsvermögen

Der Eintritt eines oder auch mehrerer Gesellschafter in eine bestehende Personengesellschaft gegen Bar- oder Sacheinlage (nicht dagegen ohne Einlageleistung, vgl. BFH v. 20.09.2007 – IV R 70/05, BFH/NV 2008, S. 296) in das Gesellschaftsvermögen stellt nach h.M. einen Anwendungsfall des § 24 UmwStG dar (vgl. auch Tz. 24.01 i.V.m. Tz. 01.47 UmwSt-Erlass; SCHMITT in S/H/S, 2013, § 24 UmwStG, Rn. 19). Dabei wird fingiert, dass die Gesellschafter der bisherigen Personengesellschaft ihre Mitunternehmeranteile (und damit die hinter diesen stehenden Wirtschaftsgüter) in eine neue, durch den hinzutretenden Mitunternehmer vergrößerte Personengesellschaft einbringen und im Gegenzug Mitunternehmeranteile an dieser erhalten. Bei dieser Sichtweise handelt es aus steuerrechtlicher Perspektive um die Gründung einer »neuen« Personengesellschaft, woraufhin die steuerrechtlichen Implikationen denen bei der tatsächlichen Gründung einer Personengesellschaft durch Einbringung eines Betriebs, Teilbetriebs oder Mitunternehmeranteils entsprechen (siehe hierzu D IV 2) und der Anwendungsbereich von § 24 UmwStG

§ 24 UmwStG anwendbar

eröffnet ist (kritisch KIRCHHOF/REISS, 2015, § 16 Rz. 29, NIEHUS, FR 2010, S. 1, 8 f.).

Wertansatzwahlrecht bezieht sich auf den einzelnen MU-Anteil

So steht der »neuen« Personengesellschaft gemäß § 24 Abs. 2 UmwStG bei Vorliegen der hierfür notwendigen Voraussetzungen das Wahlrecht zu, die von den bisherigen Gesellschaftern anteilig eingebrachten Wirtschaftsgüter mit dem gemeinen Wert, dem Buchwert oder einem Zwischenwert anzusetzen. Da hinsichtlich eines jeden Mitunternehmeranteils ein gesonderter Einbringungsvorgang vorliegt, kann das Wahlrecht bezüglich der einzelnen Mitunternehmeranteile unterschiedlich ausgeübt werden (vgl. Tz. 24.03, 20.12 UmwSt-Erlass; SCHMITT in S/H/S, 2013, § 24 UmwStG, Rn. 194).

Ansatz zum gemeinen Wert oder …

Im Fall des Ansatzes zum gemeinen Wert erzielen die betreffenden Gesellschafter einen gemäß § 24 Abs. 3 Satz 2 UmwStG nach §§ 16 Abs. 4, 34 EStG begünstigten Veräußerungsgewinn. Insoweit sie allerdings selbst an der »neuen« Personengesellschaft beteiligt sind und bei wirtschaftlicher Betrachtung folglich »an sich selbst« veräußern, gilt dieser Veräußerungsgewinn gemäß §§ 24 Abs. 3 Satz 3 UmwStG, 16 Abs. 2 Satz 3 EStG als laufender und folglich nicht begünstigter Gewinn. Bezüglich der Frage, in welchem Umfang eine Veräußerung an sich selbst vorliegt, ist nicht auf den einzelnen Gesellschafter, sondern auf die einbringenden Gesellschafter in ihrer gesamthänderischen Verbundenheit abzustellen (vgl. Tz. 24.16 UmwSt-Erlass). Zu demselben Ergebnis gelangt man, wenn man nur insoweit eine Veräußerung an den Eintretenden annimmt, als sich die Beteiligungsquote des jeweiligen Mitunternehmers an der Personengesellschaft vermindert hat.

BEISPIEL 91

A, B, C und D sind zu jeweils 1/4 an einer gewerblichen OHG beteiligt. E wird gegen Leistung einer entsprechenden Bareinlage in die Gesellschaft aufgenommen, so dass nach Eintritt des E alle, nunmehr fünf Gesellschafter, zu je 1/5 an der OHG beteiligt sind. Die von den bisherigen Mitunternehmern in die »neue« Personengesellschaft eingebrachten Mitunternehmeranteile an der »alten« Personengesellschaft werden mit dem gemeinen Wert angesetzt.

LÖSUNG Stellt man auf die Gesamtheit der Gesellschafter ab, so ist der Einbringungsgewinn zu 4/5 als laufender und zu 1/5 als begünstigter Gewinn zu qualifizieren, da A, B, C und D vor dem Eintritt des E zu 100 % an der Gesellschaft beteiligt waren und nach dem Hinzutreten des E weiterhin zu 80 % beteiligt sind, in diesem Umfang mithin »an sich selbst« veräußert haben.

Stellt man auf die Veränderung des Anteils eines jeden Gesellschafters ab, so erhält man dasselbe Ergebnis, hat sich dieser doch von 5/20 auf 4/20 vermindert, was bedeutet, dass jeder Altgesellschafter von seinem Mitunternehmeranteil 1/5 an E veräußert hat, 4/5 ihm jedoch weiterhin zuzurechnen sind. ◄|

… zum Buch- oder Zwischenwert

Entscheiden sich die einbringenden Mitunternehmer für einen Zwischenwertansatz, besteht keinerlei steuerliche Begünstigung des Einbringungsgewinns. Im Fall des Buchwertansatzes wird kein Einbringungsgewinn ausgewiesen; die steuerliche Erfassung der stillen Reserven erfolgt in diesem Fall zukünftig durch ein geringeres Abschreibungspotential bzw. höhere Veräußerungs- oder Entnahmegewinne. Bezüglich der Aufstellung von Ergänzungsbilanzen und deren Fortführung kann auf die Ausführungen zur steuerlichen Behandlung der Gründung einer Personengesellschaft verwiesen werden (vgl. D IV 2).

Zum Schicksal eines bestehenden Zins- oder EBITDA-Vortrags siehe D IV 2.6.3. U. E. besteht hier infolge der Einbringungsfiktion der Mitunternehmeranteile an der »alten« Personengesellschaft in eine »neue« Personengesellschaft die Gefahr, dass es, wie bei der Einbringung eines Einzelunternehmens in eine Personengesellschaft, zu einem vollständigen Untergang des Zins- bzw. EBITDA-Vortrags kommt.

Zins- bzw. EBITDA-Vortrag

Sollte der neu eintretende Mitunternehmer seinerseits einen Betrieb, Teilbetrieb oder Mitunternehmeranteil einbringen, so kann er ebenfalls zwischen einem Ansatz zum gemeinen Wert, Buch- oder Zwischenwertansatz wählen. Bringt er hingegen nur einzelne Wirtschaftsgüter gegen Gewährung von Gesellschaftsrechten ein, so ist dies nach § 6 Abs. 5 Satz 3 EStG zu beurteilen, wenn die Wirtschaftsgüter seinem Betriebs- bzw. seinem Sonderbetriebsvermögen entstammen, bzw. als tauschähnlicher Vorgang, wenn es sich um Wirtschaftsgüter seines Privatvermögens handelt (vgl. D IV 1); insoweit ist § 24 UmwStG nicht anwendbar.

Sacheinlage durch den neuen Mitunternehmer

2 Eintritt gegen Leistung in das Privatvermögen der bisherigen Gesellschafter

Erfolgt die Leistung des eintretenden Mitunternehmers nicht in das Gesellschaftsvermögen, sondern in das Privatvermögen der bisherigen Mitunternehmer, so ist analog zur Aufnahme eines Gesellschafters in ein Einzelunternehmen gegen Zuzahlung ins Privatvermögen (vgl. D IV 2.7) von einer Veräußerung von Teilen der bisherigen Mitunternehmeranteile bei anschließender Einbringung in das Betriebsvermögen der neuen Personengesellschaft auszugehen. Im ersten Rechtsakt veräußern daher die bisherigen Mitunternehmer einen Bruchteil ihres jeweiligen Mitunternehmeranteils an den neu eintretenden Gesellschafter; anschließend bringen sie jeweils den bei ihnen verbliebenen Teil ihres vormaligen Mitunternehmeranteils für eigene Rechnung sowie den Anteil des neuen Mitunternehmers für dessen Rechnung in das Betriebsvermögen der neuen, personell erweiterten Gesellschaft gegen Gewährung von Gesellschaftsrechten ein. Bezüglich dieses Einbringungsvorgangs steht der aufnehmenden Personengesellschaft für jeden eingebrachten Mitunternehmeranteil das Wertansatzwahlrecht des § 24 UmwStG zu, welches sich de facto jedoch nur auf den bei dem jeweiligen Altgesellschafter verbliebenen Teil des betreffenden Mitunternehmeranteils bezieht, da sich Buchwert und gemeiner Wert des Anteils des neu hinzugekommenen Gesellschafters entsprechen, hat er doch die hinter dem Anteil stehenden anteiligen Wirtschaftsgüter im Einbringungszeitpunkt zum gemeinen Wert erworben.

Zunächst Veräußerung von Mitunternehmerteilanteilen; anschließend Einbringung nach § 24 UmwStG

Der Gewinn aus dem ersten Rechtsakt ist steuerlich nicht begünstigt, da der Gesetzgeber den Gewinn aus der Veräußerung eines Mitunternehmerteilanteils als laufenden Gewinn qualifiziert hat (§ 16 Abs. 1 Satz 1 Nr. 2 und Satz 2 EStG). Die Frage, ob die bisherigen Mitunternehmer für den Veräußerungs- bzw. Einbringungsgewinn die steuerlichen Vergünstigungen der §§ 16 Abs. 4, 34 Abs. 1 bzw. Abs. 3 EStG beanspruchen können, kann daher nur unter Bezugnahme auf den allgemeinen Normzweck des § 16 EStG beantwortet werden, nach welchem für eine Begünstigung die zusammengeballte Aufdeckung aller stillen Reserven des jeweiligen Mitunternehmeranteils vorliegen muss. Dies ist nur dann der Fall,

§§ 16 Abs. 4, 34 EStG nur bei Ansatz zum gemeinen Wert

wenn von der neuen Personengesellschaft im Ergebnis auch für die Altgesellschafter der Ansatz des gemeinen Werts gewählt wird, weil insoweit der Gewinn aus der Veräußerung des Teilanteils an den Neugesellschafter im Einbringungsgewinn aufgeht (vgl. BFH v. 21.09.2000 – IV R 54/99, BStBl. II 2001, S. 178 zur Aufnahme eines Gesellschafters in ein Einzelunternehmen). Soweit der Einbringende selbst Mitunternehmer der neuen Personengesellschaft ist, gilt der Gewinn allerdings als laufender Gewinn (§§ 24 Abs. 3 Satz 3 UmwStG, 16 Abs. 2 Satz 3 EStG). Wählt der Altgesellschafter für den bei ihm verbliebenen Teil seines Mitunternehmeranteils jedoch gemäß § 24 UmwStG den Buch- oder Zwischenwertansatz, so werden die stillen Reserven seines bisherigen Mitunternehmeranteils teilweise beibehalten; der Gewinn aus der Veräußerung des Teilanteils ist folglich laufender Gewinn (vgl. BFH v. 18.10.1999 – GrS 2/98, BStBl. II 2000, S. 123 ff. zur Aufnahme eines Gesellschafters in ein Einzelunternehmen). Damit entsprechen die Rechtsfolgen der Aufnahme eines weiteren Gesellschafters in eine bestehende Personengesellschaft denjenigen bei Aufnahme eines Gesellschafters in ein bestehendes Einzelunternehmen (vgl. D IV 2.7).

Keine Neutralisierung des Veräußerungsgewinns

Soll die Einbringung der Mitunternehmeranteile der Altgesellschafter zu Buch- oder Zwischenwerten erfolgen, sind entsprechende Ergänzungsbilanzen aufzustellen. Dagegen ist eine Neutralisierung des aus der Veräußerung ihres anteiligen Mitunternehmeranteils an den neu eintretenden Gesellschafter resultierenden Gewinns für die Altgesellschafter grundsätzlich nicht zulässig, da diese Veräußerungsgewinne zuvor durch Verkauf eines Teils des nunmehr eingebrachten Mitunternehmeranteils entstanden sind, nicht aber aus der Einbringung selbst resultieren (vgl. BFH v. 08.12.1994 – IV R 82/92, BStBl. II 1995, S. 599).

I Gesellschafterwechsel

Kennzeichen eines Gesellschafterwechsels ist es, dass ein Gesellschafter der Personengesellschaft ganz oder anteilig seinen Mitunternehmeranteil an einen Dritten veräußert, wobei der Altgesellschafter daraufhin (gegebenenfalls teilweise) seine Mitunternehmerstellung einbüßt und der Erwerber im Zuge des Erwerbs als neuer Mitunternehmer in die Gesellschaft eintritt. Im Unterschied zum Eintritt eines weiteren Gesellschafters in eine bestehende Personengesellschaft stellt der bloße Gesellschafterwechsel keinen Anwendungsfall des § 24 UmwStG dar (vgl. Tz. 24.01 i. V. m. Tz. 01.47 UmwSt-Erlass). Dies ist unmittelbar einsichtig, da der Veräußerer zumindest anteilig seine Mitunternehmerstellung verliert und insoweit für eine Konservierung der stillen Reserven im Zuge eines Buchwertansatzes kein Raum besteht.

§ 24 UmwStG nicht anwendbar

Da es aus steuerrechtlicher Perspektive nicht darauf ankommen kann, an wen der ausscheidende Gesellschafter seinen Mitunternehmeranteil veräußert, kann für die Ermittlung eines etwaigen Veräußerungsgewinns auf Seiten des Ausscheidenden auf die bei einer Veräußerung an seine bisherigen Mitgesellschafter geltenden Grundsätze zurückgegriffen werden: So erzielt der ausscheidende Gesellschafter einen nach §§ 16 Abs. 4, 34 EStG begünstigten Veräußerungsgewinn, sobald der Veräußerungspreis abzüglich der Veräußerungskosten den Buchwert seines Kapitalkontos übersteigt.

Veräußerungspreis > Kapitalkonto

Erlöst der veräußernde Gesellschafter einen unter seinem Kapitalkonto zzgl. Veräußerungskosten liegenden Veräußerungspreis, ist danach zu differenzieren, ob dies aus betrieblichen Gründen (d.h. im Regelfall entgeltlich) oder aus privaten Gründen (d.h. unentgeltlich) erfolgt. Im ersten Fall realisiert der Übertragende einen Veräußerungsverlust; der zweite Fall ist dagegen nach § 6 Abs. 3 EStG auch für den Übertragenden erfolgsneutral.

Veräußerungspreis < Kapitalkonto

Die verbleibenden bisherigen Gesellschafter sind von einem Gesellschafterwechsel steuerlich grundsätzlich nicht betroffen.

Für den neu eintretenden Gesellschafter ist der Erwerb des Mitunternehmeranteils einkommensteuerrechtlich nicht als Erwerb eines Gesellschaftsanteils im Sinne eines einheitlichen Wirtschaftsguts, vergleichbar der Beteiligung an einer Kapitalgesellschaft, zu werten, sondern als entgeltlicher oder unentgeltlicher Erwerb von Anteilen an den einzelnen zum Gesellschaftsvermögen der Mitunternehmerschaft gehörenden Wirtschaftsgütern (ständige Rechtsprechung vgl. BFH v. 20. 11. 2014 – IV R 1/11, BFH/NV 2015, S. 409; v. 06. 07. 1995 – IV R 30/93, BStBl. II 1995, S. 831). Demzufolge hat er im Fall des entgeltlichen Erwerbs die anteiligen Wirtschaftsgüter mit den von ihm aufgewendeten Anschaffungskosten zu aktivieren. In Abhängigkeit von der Höhe des Kaufpreises ist für ihn die Aufstellung einer positiven bzw. negativen Ergänzungsbilanz erforderlich. Im Fall des unentgeltlichen Erwerbs sind die anteiligen Buchwerte nach § 6 Abs. 3 EStG fortzuführen.

Behandlung beim Anteilserwerber

Sollte die Gesellschaft einen Investitionsabzugsbetrag für eine geplante Investition im Gesellschaftsvermögen in Anspruch genommen haben, so ist zu beachten, dass der Gesellschafterwechsel sich diesbezüglich nicht auswirkt, da gemäß § 7 g

Investitionsabzugsbetrag

Abs. 7 EStG die Personengesellschaft als Steuerpflichtiger i. S. v. § 7 g EStG gilt (vgl. HHR/MEYER, § 7 g EStG Anm. 156). Realisiert nun die Gesellschaft nach dem Gesellschafterwechsel die Investition, so ist außerbilanziell der vormalige Investitionsabzugsbetrag hinzuzurechnen. Da diese Hinzurechnung anteilig auf den neuen Gesellschafter entfällt und dessen steuerlichen Gewinn erhöht, sich aber die vorherige gewinnmindernde Berücksichtigung des Investitionsabzugsbetrags anteilig bei dem inzwischen ausgeschiedenen Gesellschafter ausgewirkt hatte, erscheint es für den erwerbenden Gesellschafter angeraten, mit dem veräußernden Gesellschafter eine Steuerklausel zu vereinbaren, wonach ihm dieser die aus der Hinzurechnung des Investitionsabzugsbetrags resultierende Steuerlast zu ersetzen hat. Realisiert die Gesellschaft hingegen die ursprünglich geplante Investition nicht, so wird rückwirkend der vormalige Abzug des Investitionsabzugsbetrags rückgängig gemacht und insoweit auch der vormalige Gewinn des inzwischen ausgeschiedenen Gesellschafters erhöht; der neu eingetretene Gesellschafter bleibt davon unberührt.

Den nachfolgenden Ausführungen sei folgende Fallgestaltung zugrunde gelegt:

FALLBEISPIEL

Gesellschafter der XY-OHG sind X und Y, die jeweils am Gewinn und Verlust sowie am Vermögen der Gesellschaft hälftig beteiligt sind. Die Bilanz der OHG zum 31.12.12 weist folgende Werte aus:

Aktiva	XY-OHG 31.12.12 in €		Passiva
Grund und Boden	30.000	Kapital X	25.000
Gebäude	136.000	Kapital Y	25.000
Büro- und Geschäftsausstattung	10.000	Rücklage R 6.6 EStR	24.000
Waren	5.000	Verbindlichkeiten	150.000
Bank	43.000		
	224.000		224.000

Folgende Wirtschaftsgüter enthalten stille Reserven:

Grund und Boden	44.000 €
Gebäude	18.000 €
Büro- und Geschäftsausstattung	10.000 €
Waren	7.000 €

Der originäre Firmenwert der XY-OHG beläuft sich auf 67.000 €. Die Rücklage für Ersatzbeschaffung gemäß R 6.6 EStR wurde 2012 zulässigerweise gebildet. Die Summe der stillen Reserven einschließlich der in der steuerfreien Rücklage gespeicherten stillen Reserven beträgt folglich 170.000 €.

Die Büro- und Geschäftsausstattung hat eine betriebsgewöhnliche Nutzungsdauer von 10 Jahren, ist fünf Jahre vor dem Gesellschafterwechsel angeschafft und bisher linear abgeschrieben worden. Die tatsächliche Restnutzungsdauer zum Zeitpunkt des Gesellschafterwechsels beträgt acht Jahre. Die Waren werden im Wirtschaftsjahr 2013 vollständig gegen ein Entgelt von 12.000 € veräußert, so dass am 31.12.13 kein Warenbestand mehr vorhanden ist. Das Gebäude ist von der OHG bisher gemäß § 7 Abs. 4 Satz 1 Nr. 1 EStG a. F. mit 4 % jährlich aus 340.000 € Anschaffungskosten abgeschrieben worden. Die Rücklage nach R 6.6 EStR wird im Wirtschaftsjahr 2013 zulässigerweise auf ein bewegliches Ersatzwirtschaftsgut (Anschaffungskosten 100.000 €, Anschaffung am 15.05.13) übertragen. Das Ersatzwirtschaftsgut wird linear über eine betriebsgewöhnliche Nutzungsdauer von vier Jahren abgeschrieben. Der Teilwert des Grund und Bodens vermindert sich im Wirtschaftsjahr 2013 auf 60.000 €; dabei ist von einer dauernden Wertminderung auszugehen. ◄|

I Anteilserwerb bei positivem Kapitalkonto

1 Der Kaufpreis entspricht dem Buchwert des Kapitalkontos

BEISPIEL 92
X scheidet aus der Gesellschaft aus und veräußert seinen Gesellschaftsanteil zum Buchwert seines Kapitalkontos i. H. v. 25.000 € an den neu eintretenden D. ◄|

Entspricht die Kaufpreiszahlung dem Buchwert des Kapitalkontos des ausscheiden- **Erfolgsneutraler** den Gesellschafters, so resultieren aus dem Gesellschafterwechsel weder für den **Vorgang** ausscheidenden noch für den neu eintretenden Gesellschafter ertragsteuerliche Konsequenzen. In der Gesamthandsbilanz tritt an die Stelle des Kapitalkontos des ausgeschiedenen Gesellschafters in identischer Höhe das Kapitalkonto des neuen Gesellschafters. Die unentgeltliche Übertragung stiller Reserven (im Beispiel i. H. v. 85.000 €) ist steuerlich nicht als Tatbestand einer Gewinnrealisierung zu werten.

2 Der Kaufpreis übersteigt den Buchwert des Kapitalkontos

BEISPIEL 93
X scheidet zum 01.01.13 aus der Gesellschaft aus und veräußert seinen Gesellschaftsanteil zum Verkehrswert seines Kapitalkontos i. H. v. 110.000 € an den neu eintretenden D.
LÖSUNG Durch den das Kapitalkonto des X übersteigenden Mehrbetrag i. H. v. 85.000 € vergütet D dem ausscheidenden Gesellschafter X dessen Anteil an den stillen Reserven:

Grund und Boden 44.000 € × 0,5 =	22.000 €
Gebäude 18.000 € × 0,5 =	9.000 €
Büro- und Geschäftsausstattung 10.000 € × 0,5 =	5.000 €
Waren 7.000 € × 0,5 =	3.500 €
Rücklage R 6.6 EStR 24.000 € × 0,5 =	12.000 €
Firmenwert 67.000 € × 0,5 =	33.500 €
Insgesamt	85.000 €

An Stelle des bisherigen Kapitalkontos in der Gesamthandsbilanz des ausgeschiede- **Positive Ergän-** nen Gesellschafters tritt in gleicher Höhe das Kapitalkonto des neu eingetretenen **zungsbilanz für** Gesellschafters. I. H. d. von ihm geleisteten Mehrbetrags liegen zusätzliche Anschaf- **den neuen Mitunter-** fungskosten für den Erwerb der anteiligen Wirtschaftsgüter der Personengesell- **nehmer** schaft vor, die sich in seinem Kapitalkonto in der Gesamthandsbilanz nicht widerspiegeln. Folglich sind zu den Wertansätzen in der Steuerbilanz der Gesellschaft für die aktiven und passiven Wirtschaftsgüter des Gesellschaftsvermögens Wertkorrekturen in einer für den eintretenden Gesellschafter aufzustellenden positiven Ergänzungsbilanz anzubringen. Dabei besteht grundsätzlich die Vermutung, dass die bilanzierten materiellen und immateriellen Wirtschaftsgüter des Gesellschaftsvermögens stille Reserven enthalten oder dass nicht bilanzierte immaterielle Einzelwirtschaftsgüter oder ein originärer Geschäftswert existieren, an denen der eintretende Gesellschafter nunmehr teilhat, und dass der den Buchwert übersteigende Teil der Abfindung Entgelt für den Anteil des neuen Gesellschafters an den stillen

Ausgestaltung der Ergänzungsbilanz

Reserven und/oder an einem Geschäftswert ist (vgl. z. B. BFH v. 29. 10. 1991 – VIII R 148/85, BStBl. II 1992, S. 647).

Übersteigt der Kaufpreis den Buchwert des Kapitalkontos des Ausscheidenden, so erlangt die Ergänzungsbilanz des neuen Mitunternehmers grundsätzlich folgendes Aussehen:

Aktiva	Positive Ergänzungsbilanz	Passiva
Mehrwerte der in der Gesamthandsbilanz unterbewerteten bzw. nicht angesetzten Wirtschaftsgüter der Aktivseite	Mehrkapital	
Minderwerte der in der Gesamthandsbilanz überbewerteten Passiva		

FORTSETZUNG BEISPIEL 93

In Beispiel 93 gestaltet sich die Ergänzungsbilanz wie folgt:

Aktiva	Ergänzungsbilanz D zum 01.01.13 in €		Passiva
Mehrwerte		Mehrkapital	85.000
Grund und Boden	22.000		
Gebäude	9.000		
Büro- und Geschäftsausstattung	5.000		
Waren	3.500		
Rücklage R 6.6 EStR	12.000		
Firmenwert	33.500		
	85.000		85.000

Aufteilung, wenn nicht alle stillen Reserven vergütet werden

Sollte der den Buchwert des Kapitalkontos übersteigende Betrag nicht die gesamten auf den ausscheidenden Mitunternehmer entfallenden stillen Reserven abdecken, so ist zu überlegen, zu welchen Wirtschaftsgütern Wertkorrekturen in der Ergänzungsbilanz des Neuen vorzunehmen sind und nach welchem Maßstab die stillen Reserven auf diese Wirtschaftsgüter zu verteilen sind. Diesbezüglich gelten die unter G V 3.1.2 dargestellten Überlegungen entsprechend.

AfA in der Ergänzungsbilanz

Fraglich ist allerdings, nach welcher Systematik die Wertansätze in der Ergänzungsbilanz fortzuentwickeln sind. Diesbezüglich sind grundsätzlich drei Vorgehensweisen denkbar:

Übernahme der Wertfortführungsparameter aus der Gesellschaftsbilanz?

1. Die Wertansätze in der Ergänzungsbilanz sind unter Übernahme der Wertfortführungsparameter aus der Gesellschaftsbilanz fortzuschreiben, d. h. nach derselben AfA-Methode und auf Basis derselben Restnutzungsdauer (so BODE in BLÜMICH, § 15 EStG Rz. 556 a). Gegen diese Vorgehensweise spricht erkennbar, dass eine an der wirtschaftlichen Leistungsfähigkeit des Neugesellschafters ausgerichtete Besteuerung nicht erreicht werden kann, da seine Anschaffungskosten für die anteiligen Wirtschaftsgüter nach Maßgabe der Restnutzungsdauern aus der Gesamthandsbilanz, nicht aber nach deren tatsächlicher Nutzungsdauer zum Zeitpunkt des Erwerbs periodisiert würden. Im Extremfall, wenn etwa das Wirtschaftsgut in der Gesamthandsbilanz bereits abgeschrieben ist, der Anteilserwerber jedoch im Anteilskaufpreis diesbezüglich stille Reserven vergütet hat und folglich entsprechende wirtschaftsguts-

bezogene Anschaffungskosten hat, würden bei Übernahme der Restnutzungsdauer aus der Gesamthandsbilanz von null Jahren diese Anschaffungskosten unmittelbar aufwandswirksam (vgl. NIEHUS, StuW 2002, S. 116, 121).

2. Die AfA in der Steuerbilanz der Gesellschaft ist unverändert fortzuführen und die Fortentwicklung nur der Mehr- bzw. Minderwerte in den Ergänzungsbilanzen erfolgt auf Basis der tatsächlichen Restnutzungsdauer (dafür SCHMIDT/WACKER, 2015, § 15 Rz. 465 m.w.N.). Erweiternd ließe sich vertreten, dass der Anteilserwerber für die Wertfortführung der Ergänzungsbilanzkorrekturwerte eine andere AfA-Methode als in der Gesellschaftsbilanz wählen kann (vgl. NIEHUS, StuW 2002, S. 116, 119 ff.). Diese Vorgehensweise vermeidet die Nachteile der ersten Methode insoweit, als die in der Ergänzungsbilanz ausgewiesenen Mehrwerte auf ihre tatsächliche Nutzungsdauer zum Zeitpunkt des Anteilserwerbs verteilt werden. Ferner wird dieser Ansatz mit der Überlegung begründet, dass einerseits der Grundsatz der Individualbesteuerung berücksichtigt würde, nämlich insoweit es um die Wertfortschreibung der Ergänzungsbilanzwerte geht, andererseits jedoch zugleich der Grundsatz berücksichtigt würde, dass bezüglich der Wertansätze in der Gesellschaftsbilanz grundsätzlich keine individuelle Bilanzierung durch die einzelnen Gesellschafter erfolge, sondern vielmehr die Bilanzierungsentscheidung einheitlich durch die Vielheit der Gesellschafter in ihrer gesellschaftsrechtlichen Verbundenheit ausgeübt werde. Insofern kann man diesen Ansatz als eine Art Kompromisslösung bezeichnen, der allerdings dazu führt, dass eine Gleichstellung des Anteilserwerbers mit dem Erwerber eines Einzelunternehmens bezüglich der Wertfortführung nur eingeschränkt möglich ist (vgl. NIEHUS, StuW 2002, S. 116, 121; HHR/TIEDE, § 15 Anm. 505). Ob eine solche Kompromisslösung angesichts des Transparenzprinzips und des Leitungsfähigkeitsprinzip noch gerechtfertigt werden kann, erscheint allerdings fraglich. Hinzu kommt, dass im Fall personenbezogener steuerlicher Regelungen eine einheitliche Wertfortführung des Buchwerts aus der Gesellschaftsbilanz ggf. nicht zulässig ist. Dies gilt etwa für die Frage, welche Fassung des § 7 Abs. 4 EStG bezüglich der Gebäude-AfA anwendbar ist; hier ist der Anteilserwerber zugleich als Erwerber des anteiligen Gebäudes anzusehen, woraufhin seine Anschaffungskosten, die sich aus dem anteiligen Buchwert zzgl. seines Ergänzungsbilanzwerts zusammensetzen, nach der zum Erwerbszeitpunkt gültigen Fassung des § 7 Abs. 4 EStG abzuschreiben sind. Nichts anderes gilt, wenn die Gesellschaft etwa ein Wirtschaftsgut zulässigerweise degressiv abschreibt und der Gesellschafterwechsel zu einem Zeitpunkt erfolgt, zu dem die degressive AfA für zu diesem Zeitpunkt angeschaffte Wirtschaftsgüter nicht mehr zulässig ist. Sodann müsste der Anteilserwerber seine Anschaffungskosten für das anteilige Wirtschaftsgut linear abschreiben.

3. Die Wertansätze in der Ergänzungsbilanz sind so fortzuschreiben, dass sich für den Anteilserwerber ein auf Basis seiner individuellen Anschaffungskosten für die anteiligen Wirtschaftsgüter zutreffender AfA-Betrag ergibt. Dabei ist zweierlei zu beachten: Weil sich die Anschaffungskosten bilanziell aus dem anteilig auf den Anteilserwerber entfallenden Buchwert der Wirtschaftsgüter aus der Gesamthandsbilanz und den jeweiligen Korrekturwerten aus seiner Ergänzungsbilanz zusammensetzen und dem Neugesellschafter durch die Wertfort-

Separate Wertfortführung nur der Ergänzungsbilanzwerte?

Wertfortführung auf Basis individueller Anschaffungskosten des Anteilserwerbers?

führung der Wertansätze in der Gesamthandsbilanz nach Maßgabe der Wertfortführungsparameter der Gesellschaft bereits aus der Gesamthandsbilanz ein anteiliger AfA-Betrag zugerechnet wird, ist in der Ergänzungsbilanz nur noch der zum richtigen Gesamt-AfA-Betrag für den betreffenden Neugesellschafter noch fehlende Differenzbetrag abzuschreiben bzw. zuzuschreiben, wenn der aus der Gesamthandsbilanz zugerechnete AfA-Betrag gemessen am richtigen AfA-Betrag zu hoch ist. Bezüglich der anzuwendenden AfA-Methode ist der Gesellschafter zudem nicht an die in der Gesellschaftsbilanz verwendete AfA-Methode gebunden. Mit Urteil vom 20.11.2014 (IV R 1/11, FR 2015, S. 552) hat der IV. Senat des BFH nunmehr diese Auffassung vertreten, weil der Erwerber des Anteils an einer Personengesellschaft bezüglich der Wertfortführung seiner Anschaffungskosten für die anteiligen Wirtschaftsgüter soweit wie möglich einem Einzelunternehmer gleichzustellen sei, dem Anschaffungskosten für entsprechende Wirtschaftsgüter entstanden sind. Zwar lassen Urteilstenor und Begründung durchaus auch eine Interpretation dahingehend zu, der BFH würde hier die Methode Nr. 2 bevorzugen, bei einer zutreffenden Lesart des Urteils ist dieses jedoch als Votum für die Methode Nr. 3 zu verstehen (instruktiv BOLK, DStZ 2015, S. 472, 474; WENDT, FR 2015, S. 554, 555). Für die so verstandene Auffassung des IV. Senats des BFH spricht, dass insoweit eine Gleichstellung mit dem Einzelunternehmer erreicht und damit zugleich eine an der wirtschaftlichen Leistungsfähigkeit des betreffenden Gesellschafters ausgerichtete Besteuerung verwirklicht wird. Zwar wird der Gedanke einer einheitlichen Bilanzierung durch die Gesellschaft bzw. die Gesellschafter in ihrer gesamthänderischen Verbundenheit dadurch negiert, allerdings erweist sich u. E. insoweit die Zielsetzung einer individuell zutreffenden Besteuerung der Gesellschafter als tatsächliche Steuersubjekte als stärkeres Argument. Die der Personengesellschaft zuerkannte partielle Steuerrechtsfähigkeit bezüglich der Gewinnermittlung (siehe hierzu A II 1.2) hat zur Erreichung eines sachlich zutreffenden Besteuerungsergebnisses insoweit in den Hintergrund zu treten. An der vormals vertretenen Auffassung (Methode Nr. 2, vgl. NIEHUS, StuW 2002, S. 116, 121) wird nicht mehr festgehalten.

Teilwertabschreibungen in der Ergänzungsbilanz

Die Vornahme von Teilwertabschreibungen in der Ergänzungsbilanz ist grundsätzlich zulässig. Fraglich ist allerdings, welche bilanziellen Komponenten den Buchwert als relevante Vergleichsgröße ausprägen. So wird einerseits eine gesellschaftsbezogene und damit einheitliche Sichtweise von Gesellschaftsbilanz und Ergänzungsbilanz befürwortet, woraufhin eine Teilwertabschreibung in der Ergänzungsbilanz nur dann zulässig sein soll, wenn der Teilwert den vollständigen Buchwert des betreffenden Wirtschaftsguts aus der Gesellschaftsbilanz, ergänzt um die diesem Wirtschaftsgut zugeordneten Aufwendungen aus der Ergänzungsbilanz, unterschreitet. Andererseits wird eine gesellschafterbezogene Interpretation favorisiert, nach welcher nicht der gesamte, sondern lediglich der anteilige Buchwert des fraglichen Wirtschaftsguts aus der Gesellschaftsbilanz, ergänzt um den Ergänzungsbilanzmehrwert, die relevante Vergleichsgröße ausbildet. In Anbetracht der Tatsache, dass die Fortführung der Ergänzungsbilanz idealiter gesellschafterbezogen den Verzehr der stillen Reserven abbilden soll, ist u. E. der gesellschafterbezogenen Sichtweise zu folgen (vgl. NIEHUS, StuW 2002, S. 116, 124 m. w. N.). Auch die

Grundsätze des BFH-Urteils (v. 20. 11. 2014 – IV R 1/11, BFH/NV 2015, S. 409) weisen in diese Richtung.

Folgt man der hier vertretenen Auffassung, so gestaltet sich in Beispiel 93 die Wertfortführung wie folgt:

FORTSETZUNG BEISPIEL 93

Grund und Boden

Da es sich um ein nicht abnutzbares Wirtschaftsgut handelt, ist keine planmäßige Abschreibung vorzunehmen. Da auch der auf 60.000 € verminderte Teilwert des Grund und Bodens den Buchwert in der Gesellschaftsbilanz (30.000 €) übersteigt, ist in der Gesellschaftsbilanz eine Teilwertabschreibung nicht zulässig. Ob gleichwohl in der Ergänzungsbilanz des D eine solche vorzunehmen ist, hängt davon ab, ob man einer gesellschafterbezogenen oder einer gesellschaftsbezogenen Sichtweise folgt:

Gesellschaftsbezogener Ansatz

Wertansatz aus Gesellschaftsbilanz	30.000 €
Wertansatz aus Ergänzungsbilanz D	22.000 €
Summe	52.000 €
Teilwert	60.000 €

Da der aus Gesellschafts- und Ergänzungsbilanz zusammengefasste Buchwert kleiner als der Teilwert ist, kann eine Teilwertabschreibung nicht vorgenommen werden.

Gesellschafterbezogener Ansatz

Anteiliger Wertansatz aus Gesellschaftsbilanz	30.000 € × 0,5	15.000 €
Wertansatz aus Ergänzungsbilanz D		22.000 €
Summe		37.000 €
Anteiliger Teilwert	60.000 € × 0,5	30.000 €

Eine Teilwertabschreibung i. H. v. 7.000 € ist in der Ergänzungsbilanz vorzunehmen; u. E. zutreffend.

Gebäude

Die bisherige Abschreibung in der Gesellschaftsbilanz erfolgte mit 4 % von 340.000 € = 13.600 € p. a. Der Buchwert im Zeitpunkt des Gesellschafterwechsels beträgt 136.000 €, so dass sich die bisherige Abschreibungsdauer des Gebäudes folglich auf 15 Jahre und die noch verbleibende Restabschreibungsdauer auf 10 Jahre beläuft.

Zu beachten ist, dass D nicht zur Inanspruchnahme der AfA gemäß § 7 Abs. 4 Satz 1 Nr. 1 EStG a. F. i. H. v. 4 % berechtigt ist, sondern für ihn lediglich ein AfA-Satz i. H. v. 3 % zulässig ist (vgl. BMF v. 05. 08. 2002, BStBl. I 2002, S. 710). Es sind mithin die Anschaffungskosten des D für das ihm ideell anteilig zuzurechnende Gebäude mit 3 % abzuschreiben, was einer Abschreibungsdauer von 33,33 Jahren entspricht:

Anteiliger Wertansatz aus Gesellschaftsbilanz	136.000 € × 0,5	68.000 €
Wertansatz aus Ergänzungsbilanz D		9.000 €
Summe		77.000 €
AfA	77.000 € × 0,03	2.310 €
AfA aus Gesellschaftsbilanz anteilig für D	340.000 € × 0,04 × 0,5	6.800 €

Da die AfA, die D aus der Gesellschaftsbilanz zugerechnet wird (6.800 €), den für ihn zutreffenden AfA-Betrag (2.310 €) um 4.490 € übersteigt, ist in dieser Höhe in der Ergänzungsbilanz eine entsprechende Minder-AfA (Zuschreibung) vorzunehmen. Nach 10 Jahren (Restabschreibungsdauer des Gebäudes lt. Gesellschaftsbilanz) erhält D keinen Abschreibungsbetrag mehr aus der Gesellschaftsbilanz zugewiesen. Zu diesem Zeitpunkt hat sich der Wertansatz in seiner Ergänzungsbilanz von ursprünglich 9.000 € um jährlich 4.490 € auf insgesamt 53.900 € erhöht. Mangels AfA aus der Gesamthandsbilanz ist D nunmehr aus der Ergänzungsbilanz eine Mehr-AfA i.H.v. 2.310 € p.a. zuzurechnen. Dies entspricht der Verteilung des dann bestehenden Ergänzungsbilanzwerts auf 23,33 Jahre (33,33 ./. 10,0). Im Ergebnis hat D »sein« anteiliges Gebäude über 33,33 Jahre jährlich mit 2.310 € abgeschrieben.

Büro- und Geschäftsausstattung
In der Gesellschaftsbilanz wird die Büro- und Geschäftsausstattung weiterhin linear mit einem Abschreibungsbetrag i.H.v. 2.000 € abgeschrieben. Die Anschaffungskosten des D für das ihm ideell anteilig zuzurechnende Wirtschaftsgut betrugen insgesamt 10.000 € (anteiliger Buchwert aus der Gesellschaftsbilanz 5.000 € + dem Ausscheidenden vergütete stille Reserven 5.000 €). Für D sind seine individuellen Anschaffungskosten i.H.v. 10.000 € auf die zum Erwerbszeitpunkt angenommene Nutzungsdauer von acht Jahren zu periodisieren. Es ergibt sich folgender AfA-Betrag in seiner Ergänzungsbilanz:

Anteiliger Wertansatz aus Gesellschaftsbilanz	10.000 € × 0,5	5.000 €
Wertansatz aus Ergänzungsbilanz D		5.000 €
Summe		10.000 €
AfA	10.000 € / 8	1.250 €
AfA aus Gesellschaftsbilanz anteilig für D	10.000 € / 5 × 0,5	1.000 €
Mehr-AfA Ergänzungsbilanz D		250 €

Nach fünf Jahren ist die Büro- und Geschäftsausstattung in der Gesellschaftsbilanz abgeschrieben. Zu diesem Zeitpunkt beläuft sich der Ergänzungsbilanzmehrwert noch auf 3.750 € (= 5.000 € – 5 x 250 € Mehr-AfA). Fortan wird dieser Mehrwert mit 1.250 € p.a. abgeschrieben, so dass nach weiteren drei Jahren auch der Mehrwert bilanziell aufgezehrt ist. Im Ergebnis ist es damit gelungen, die Anschaffungskosten des D zutreffend mit 1.250 € p.a. über acht Jahre zu periodisieren.

Waren
Die Waren sind annahmegemäß am 31.12.13 nicht mehr vorhanden. In der Gesamthand ergibt sich aufgrund der Veräußerung gegen ein Entgelt von 12.000 € ein Ertrag i.H.v. 7.000 €. In der Ergänzungsbilanz des D resultiert aus dem um 3.500 € erhöhten Wareneinsatz für ihn ein zusätzlicher Aufwand in dieser Höhe. Im Ergebnis ist die Veräußerung der Waren für D erfolgsneutral, da er X die entsprechenden stillen Reserven bereits im Anteilskaufpreis vergütet hatte.

Firmenwert
Gemäß § 7 Abs. 1 Satz 3 EStG ist eine betriebsgewöhnliche Nutzungsdauer von 15 Jahren anzunehmen. Der Betrag der jährlichen Mehr- bzw. Minderabschreibung in den Ergänzungsbilanzen beläuft sich folglich auf 33.500 €/15 Jahre = 2.233,33 €.

Rücklage R 6.6 EStR
In der Gesellschaftsbilanz bewirkt die Übertragung der Rücklage gemäß R 6.6 EStR eine Verminderung des Wertansatzes des Ersatzwirtschaftsguts von 100.000 € auf 76.000 €. Aufgrund der linearen Abschreibung über eine Nutzungsdauer von vier Jahren ergibt sich zum 31.12.13 in der Gesellschaftsbilanz ein Wertansatz von 57.000 €. In der Ergänzungsbilanz des D verwandelt sich der Mehrwert der Rücklage in einen Mehrwert des Ersatzwirtschaftsguts i.H.v. 12.000 €, welcher über die Nutzungsdauer des Ersatzwirtschaftsguts aufzulösen ist, so dass dieser zum 31.12.13 mit 9.000 € in der Ergänzungsbilanz auszuweisen ist.

Aktiva	Ergänzungsbilanz D zum 31.12.13 in €		Passiva
Grund und Boden	15.000	Mehrkapital	73.507
Gebäude	13.490		
Ersatzwirtschaftsgut	9.000		
Büro- und Geschäftsausstattung	4.750		
Waren	–		
Firmenwert	31.267		
	73.507		73.507

Aus der Wertfortführung seiner Ergänzungsbilanz erleidet D mithin einen Verlust i. H. v. 11.493 €. ◀|

3 Der Kaufpreis unterschreitet den Buchwert des Kapitalkontos

Erwirbt der neu eintretende Mitunternehmer den Mitunternehmeranteil zu einem Kaufpreis, der unterhalb des Buchwerts des Kapitalkontos liegt, so kann dies in einer Überbewertung von Aktivposten und/oder einer Unterbewertung von Passivposten in der Gesamthandsbilanz begründet sein. Gemäß dem Anschaffungskostenprinzip sind die anteilig erworbenen Wirtschaftsgüter für den neu eintretenden Mitunternehmer mit den tatsächlichen Anschaffungskosten zu bewerten, so dass die zu hoch zu Buch stehenden Posten des Anlage- bzw. Umlaufvermögens entsprechend herabzusetzen und/oder die zu gering bewerteten Passivposten entsprechend höher zu bewerten sind. Die erforderlichen Wertkorrekturen bezüglich der in der Gesamthandsbilanz für den neuen Mitunternehmer unzutreffend ausgewiesenen Wirtschaftsgüter werden durch die Aufstellung einer negativen Ergänzungsbilanz vorgenommen. Für die Verteilung des Minderbetrags gelten die Ausführungen in G V 4.1.1 entsprechend. {.margin: **Betriebliche Veranlassung**}

Unterschreitet der Kaufpreis den Buchwert des Kapitalkontos des Ausscheidenden, so erlangt die Ergänzungsbilanz des neuen Mitunternehmers grundsätzlich folgendes Aussehen: {.margin: **Ausgestaltung der Ergänzungsbilanz und ...**}

Aktiva	Negative Ergänzungsbilanz	Passiva
Minderkapital	Minderwerte der in der Gesamthandsbilanz überbewerteten Wirtschaftsgüter der Aktivseite	
	Mehrwerte der in der Gesamthandsbilanz unterbewerteten Passiva	

Die Wertfortführung der Minderwerte in der Ergänzungsbilanz ist u. E. nach den gleichen Grundsätzen wie im Fall einer positiven Ergänzungsbilanz vorzunehmen (zutreffend BOLK, DStZ 2015, S. 472, 475 f.). {.margin: **... Wertfortführung**}

Der ausscheidende Mitunternehmer erzielt aus der Veräußerung seines Anteils einen Veräußerungsverlust i. H. d. Differenz zwischen dem Veräußerungspreis und dem Buchwert seines Kapitalkontos. {.margin: **Verlust für den Veräußernden**}

Ist die Vereinbarung eines unter dem Buchwert des Kapitalkontos befindlichen Kaufpreises hingegen privat veranlasst, so handelt es sich um eine unentgeltliche Übertragung. Gemäß § 6 Abs. 3 EStG hat der Erwerber die Buchwerte fortzuführen; die Aufstellung einer Ergänzungsbilanz entfällt. Der Veräußernde erleidet keinen Veräußerungsverlust. Im Einzelnen gelten die Ausführungen unter G V 4.2 entsprechend.

II Anteilserwerb bei negativem Kapitalkonto

**Aktivierung
vergüteter stiller
Reserven in positiver
Ergänzungsbilanz**

Ist das Kapitalkonto des ausscheidenden Mitunternehmers negativ, so setzen sich die Anschaffungskosten der anteilig erworbenen Wirtschaftsgüter für den neu eintretenden Mitunternehmer aus dem Betrag des übernommenen negativen Kapitalkontos und dem ggf. zu zahlenden Barentgelt zusammen. Die anteiligen stillen Reserven einschließlich des Firmenwerts, die der neu eintretende dem ausscheidenden Mitunternehmer durch die Übernahme seines negativen Kapitalkontos zuzüglich eines etwaigen Barentgelts vergütet hat, sind in einer positiven Ergänzungsbilanz des neuen Mitunternehmers zu aktivieren.

BEISPIEL 94

Wie in Beispiel 88 ist das Kapitalkonto des A durch eine Verlustzurechnung negativ geworden und beläuft sich auf ./. 315.000 €. Der neu eintretende Mitunternehmer D übernimmt den Anteil von A zu einem Preis von 82.000 €.

LÖSUNG Durch die Übernahme des negativen Kapitalkontos und das Barentgelt i. H. v. 82.000 € hat D dem A die anteilig auf ihn entfallenden stillen Reserven einschließlich Firmenwert vergütet. Für D ist folgende positive Ergänzungsbilanz aufzustellen:

Aktiva	Ergänzungsbilanz D zum 01.01.02 in €		Passiva
Mehrwerte		Mehrkapital D	397.000
Grund und Boden I	1.000		
Gebäude I	5.000		
Gebäude II	365.000		
Maschinen	4.000		
Vorräte	2.000		
Immaterielle Wirtschaftsgüter			
des Anlagevermögens	5.000		
Firmenwert	15.000		
	397.000		397.000

Der ausscheidende Mitunternehmer A realisiert einen Veräußerungsgewinn i. H. d. Summe der Abfindung und des Betrags des negativen Kapitalkontos, vermindert um die Kosten der Veräußerung. ◄|

J Beschränkung des Verlustausgleichs bei Kommanditisten

I Handelsrechtliche Grundlagen

Hauptmerkmal der Kommanditgesellschaft ist das Vorliegen zweier Gesellschaftertypen: Während die Rechtsstellung der Komplementäre grundsätzlich jener der OHG-Gesellschafter gleicht, weicht die Position der Kommanditisten hiervon in wesentlichen Punkten ab. Insbesondere ist im Außenverhältnis die Haftung der Kommanditisten auf die im Handelsregister eingetragene Hafteinlage beschränkt.

Haftungsbeschränkung nach außen

Im Innenverhältnis nehmen Kommanditisten nach der Grundkonzeption des § 167 Abs. 3 HGB an Verlusten der Gesellschaft nur bis zur Höhe ihres Kapitalanteils und ihrer eventuell noch ausstehenden Einlage teil. Diese Vorschrift ist allerdings nicht so zu verstehen, dass einem Kommanditisten kein laufender Verlust über sein Kapitalkonto hinaus zurechenbar sei. Vielmehr bezieht sich § 167 Abs. 3 HGB nach herrschender Meinung nur auf den Fall der Liquidation (vgl. DAUMKE/KESSLER, 2000, S. 87): Bei dieser darf dem Kommanditisten kein negativer Anteil am Gesellschaftsvermögen zugewiesen werden, weil dies im Ergebnis einer Nachschusspflicht gleichkäme, welche aufgrund der beschränkten Haftung ausgeschlossen ist. Laufende Verluste der Gesellschaft können dem Kommanditisten dagegen sehr wohl zugewiesen werden, auch mit der Folge, dass sein Kapitalanteil in der Jahresschlussbilanz negativ wird. Das durch Verluste negativ gewordene Kapitalkonto muss dann allerdings durch zukünftige Gewinnanteile erst wieder bis zur Höhe der bedungenen Einlage aufgefüllt werden, bevor dem Kommanditisten Entnahmen aus der Gesellschaft zustehen (§§ 169 Abs. 1, 172 Abs. 4 HGB). Insofern haftet der Kommanditist mit zukünftigen Gewinnanteilen für die ihm zugewiesenen Verluste (sogenannte »Verlusthaftung mit zukünftigen Gewinnanteilen«).

Im Innenverhältnis Haftung mit zukünftigen Gewinnanteilen

II Grundproblematik des steuerlichen Verlustausgleichs

Auch steuerlich wurde die Zurechnung von Verlusten über die Einlage hinaus zunächst im Grundsatz anerkannt (vgl. BFH v. 13.03.1964 – VI 343/62 S, BStBl. III 1964, S. 359; v. 10.11.1980 – GrS 1/79, BStBl. II 1981, S. 164; kritisch hierzu KNOBBE-KEUK, 1993, S. 483 ff.). Danach war ein Kommanditist berechtigt, ihm zugewiesene Verluste mit anderen Einkünften auszugleichen oder nach § 10 d EStG vor- oder zurückzutragen, auch wenn durch den Verlustanteil ein negatives Kapitalkonto entstand oder sich erhöhte.

Vor 1980: Verlustzurechnung über Einlage hinaus im Grundsatz anerkannt

Zwar wurde erkannt, dass der Gesellschafter durch die Verlustzuweisung aufgrund der beschränkten Haftung nicht unmittelbar wirtschaftlich belastet war; weil ihm jedoch zukünftige Gewinnanteile hierdurch verloren gingen, wurde das sofor-

Ggf. spätere Gewinnzurechnung

tige steuerliche Wirksamwerden der Verlustanteile zugelassen. Folgerichtig wurde dieser Verlustausgleich im Ergebnis revidiert, wenn mit zukünftigen Gewinnanteilen nicht mehr zu rechnen war (vgl. hierzu SCHMIDT/WACKER, 2015, § 15 a Rz. 14 ff.).

Problem: Verlust-zuweisungsgesell-schaften

In den siebziger Jahren traten jedoch in zunehmendem Maße Probleme auf, weil das steuerliche Anerkenntnis der unbeschränkten Verlustzuweisung durch sogenannte Verlustzuweisungs- oder Abschreibungsgesellschaften planmäßig ausgenutzt wurde. Deren Finanzierung war darauf ausgerichtet, durch hohe Abschreibungen, z. B. erhöhte oder Sonderabschreibungen, buchmäßige Anfangsverluste zu erleiden und diese ihren nur beschränkt haftenden Gesellschaftern zuzurechnen. Die hierdurch verursachten Steuerminderzahlungen deckten nicht selten nahezu den gesamten Kapitaleinsatz, so dass die Einlage praktisch ohne zusätzlichen Eigenkapitaleinsatz finanziert werden konnte. Aus gesamtwirtschaftlicher Sicht waren nicht nur die Steuerausfälle beklagenswert; vielmehr war auch die Tatsache nicht zu übersehen, dass hierdurch eine effiziente Kapitalallokation stark verzerrt wurde: Die Vorteilhaftigkeit von Anlagemöglichkeiten hing entscheidend davon ab, inwieweit Steuerersparnisse im Wege der Verlustzuweisung möglich waren.

III Regelungsinhalt des § 15 a EStG im Überblick

Ab 1980: Verlustausgleichs-beschränkung, soweit Kapitalkonto negativ wird

Nach einigen zögerlichen Versuchen zur Verhinderung des Buchverlustes selbst (vgl. etwa den inzwischen überholten § 7 a Abs. 6 EStG 1975, der erhöhte Absetzungen und Sonderabschreibungen versagte, soweit sie zu Verlusten führten) reagierte der Gesetzgeber auf diese Entwicklung mit der Einführung des § 15 a EStG ab dem 01.01.1980, in dem insbesondere bestimmt wird, dass der einem Kommanditisten zuzurechnende Anteil am Verlust einer Kommanditgesellschaft weder mit anderen Einkünften ausgeglichen noch nach § 10 d EStG vor- oder zurückgetragen werden darf, soweit für den Kommanditisten ein negatives Kapitalkonto entsteht oder sich erhöht (kritisch hierzu KNOBBE-KEUK, 1993, S. 488 ff.).

Zurechnung das Kapitalkonto über-steigender Verluste setzt Erwartung zu-künftiger Gewinne voraus

Grundvoraussetzung der Anwendung von § 15 a EStG ist damit zunächst, dass dem Kommanditisten steuerlich überhaupt Verluste zugerechnet werden können, die zur Entstehung eines negativen Kapitalkontos führen. Dies setzt voraus, dass künftige Gewinnanteile zu erwarten sind, die der Kommanditist der KG zur Deckung früherer Verluste belassen muss (vgl. BFH v. 10.11.1980 – GrS 1/79, BStBl. II 1981, S. 164). Hierüber ist nach den Verhältnissen am Bilanzstichtag zu entscheiden, wobei bei einer ansonsten gutgehenden KG mit stillen Reserven regelmäßig zu erwarten ist, dass die zukünftige Auflösung der stillen Reserven einen Gewinn der KG und damit auch Gewinnanteile des Kommanditisten bewirken wird, die dieser zur Auffüllung seines negativen Kapitalkontos zu verwenden hat. Nach Auffassung der Finanzverwaltung kommt ein Ausgleich des negativen Kapitalkontos mit künftigen Gewinnanteilen aber dann nicht mehr in Betracht, wenn die KG erheblich überschuldet und/oder insolvent ist, stille Reserven oder ein Geschäftswert nicht oder nicht in ausreichender Höhe vorhanden sind, die KG keine nennenswerten Umsätze mehr tätigt oder ihre werbende Tätigkeit eingestellt hat (vgl. im Einzelnen OFD Frankfurt v. 17.12.2014, , HaufeIndex 7 644 987).

Können dem Kommanditisten nach den dargestellten Grundsätzen grundsätzlich Verluste zugerechnet werden, die sein steuerliches Kapitalkonto übersteigen, verhindert gleichwohl § 15 a EStG insoweit deren Ausgleichs- oder Abzugsfähigkeit im Jahr der Verlustentstehung und -zurechnung. Derartige Verluste gehen jedoch steuerlich nicht »verloren«, sondern sind mit (zukünftigen) Anteilen am Gewinn derselben Kommanditgesellschaft, die dem Kommanditisten in den folgenden Jahren zugerechnet werden, verrechenbar. Nach der Gesetzesbegründung (vgl. BT-Drucksache 8/3648, S. 14) trägt die Regelung der Tatsache Rechnung, dass Verluste den Kommanditisten im Jahr ihrer Entstehung nur bis zur Höhe seines im Handelsregister eingetragenen Haftungsbetrags, der sogenannten Haftsumme, darüber hinausgehende Verluste ihn in diesem Zeitpunkt jedoch weder rechtlich noch wirtschaftlich belasten. Wie oben bereits ausgeführt, ergibt sich eine Belastung erst, wenn später Gewinne entstehen, da diese zunächst zum Ausgleich des negativen Kapitalkontos verwendet werden müssen. § 15 a EStG verschiebt nun das steuerliche Wirksamwerden der Verluste bis zu diesem Zeitpunkt. Im Ergebnis lässt § 15 a EStG also die Verlustzurechnung selbst unangetastet; begrenzt wird allerdings die Möglichkeit, diese Verluste sofort im Jahr der Entstehung steuerlich »auszunutzen«, also einen horizontalen oder vertikalen Verlustausgleich gemäß § 2 Abs. 3 EStG bzw. einen Verlustvortrag oder -rücktrag nach § 10 d EStG vorzunehmen.

Einem Kommanditisten zugerechnete Verlustanteile können damit entweder

- in demselben Veranlagungszeitraum mit anderen Einkünften ausgleichsfähig oder
- bei fehlenden oder nicht ausreichenden übrigen positiven Einkünften im Wege des Verlustvortrags oder -rücktrags gemäß § 10 d EStG abzugsfähig oder
- lediglich mit zukünftigen Gewinnanteilen (zeitlich unbegrenzt) verrechenbar sein.

BEISPIEL 95

A ist Kommanditist der gewerblich tätigen Z-KG. Er hat seine Pflichteinlage von 100.000 € erbracht. Zum 31.12.05 beläuft sich sein steuerliches Kapitalkonto vor Ergebniszuweisung für 05 auf 100.000 €. In den Jahren 05 und 06 werden A jeweils 60.000 € Verlustanteil, in den Jahren 07 und 08 jeweils 15.000 € Gewinnanteil zugewiesen. Einlagen und Entnahmen nimmt A nicht vor.

LÖSUNG Durch die Verlustzuweisung für 05 sinkt das Kapitalkonto auf 40.000 € ab. Da hierdurch weder ein negatives Kapitalkonto entsteht noch sich erhöht, ist der Verlustanteil im Veranlagungszeitraum 05 ausgleichs- bzw. abzugsfähig. Im Jahr 06 sinkt das Kapitalkonto des A auf ./. 20.000 € ab. Gemäß § 15 a Abs. 1 Satz 1 EStG ist der Verlustanteil nur insoweit ausgleichs- bzw. abzugsfähig, als kein negatives Kapitalkonto entsteht, hier also im Umfang von 40.000 €. Die restlichen 20.000 € Verlustanteil, durch die das Kapitalkonto des A negativ wird, sind gemäß § 15 a Abs. 2 EStG lediglich mit zukünftigen Gewinnen aus der Beteiligung verrechenbar. Der Gewinnanteil des Jahres 07 wird in voller Höhe mit den steuerlich noch nicht verwerteten Verlusten des Jahres 06 verrechnet. Im Jahr 08 werden die restlichen noch nicht »verbrauchten« Verluste verrechnet. A hat danach in den Jahren 05 bis 08 aus dieser Beteiligung folgende Einkünfte aus Gewerbetrieb:

in 05	./. 60.000 €
in 06	./. 40.000 €
in 07	0 €
in 08	10.000 €

Der Betrag der verrechenbaren Verluste ist gemäß § 15a Abs. 4 EStG jährlich fortzuschreiben und gesondert festzustellen. Es ergeben sich für die Jahre 05 bis 08 folgende Werte:

per 31.12.05	0 €
per 31.12.06	20.000 €
per 31.12.07	5.000 €
per 31.12.08	0 € ◀

IV Anwendungsbereich der Vorschrift

Weiter Anwendungsbereich

Die Regelung des § 15a EStG erfasst nicht nur das Betätigungsfeld der oben bereits angerissenen Verlustzuweisungsgesellschaften, sondern findet auch bei allen anderen Kommanditgesellschaften und darüber hinaus auch bei Gesellschaftern anderer Rechtsformen Anwendung, soweit deren Haftung der eines Kommanditisten vergleichbar ist (§ 15a Abs. 5 EStG), wenn also der einzelne Gesellschafter im Außenverhältnis nicht bzw. nur beschränkt haftet.

Stille Gesellschaft

Dies ist z. B. der Fall beim stillen Gesellschafter (§ 15a Abs. 5 Nr. 1 EStG). Selbst dann, wenn der Stille im Innenverhältnis unbegrenzt am Verlust teilnimmt und ihn infolgedessen eine Nachschusspflicht trifft, ist nach Auffassung des BFH § 15a EStG anzuwenden (vgl. BFH v. 14.12.1995 – IV R 106/94, BStBl. II 1996, S. 226). Auch eine auf schuldrechtlichen Verpflichtungen beruhende, unbeschränkte Haftung des Stillen gegenüber den Gläubigern des Geschäftsinhabers verhindert die Anwendung von § 15a EStG auf Verlustanteile des stillen Gesellschafters nicht (vgl. BFH v. 11.03.2003 – VIII R 33/01, BStBl. II 2003, S. 705).

GbR

Bei der GbR ist § 15a EStG anzuwenden, soweit die Inanspruchnahme des Gesellschafters durch Vertrag ausgeschlossen oder nach Art und Weise des Geschäftsbetriebs unwahrscheinlich ist (§ 15a Abs. 5 Nr. 2 EStG).

Außen-GbR: i. d. R. kein Haftungsausschluss

Hinsichtlich der Frage, ob die Inanspruchnahme durch Vertrag ausgeschlossen ist, muss zwischen Außen- und Innengesellschaften unterschieden werden. Im Fall der Außen-GbR liegt grundsätzlich eine nach außen nicht allgemein beschränkbare, akzessorische Haftung des Gesellschafters vor. Infolgedessen kann sich eine beschränkte Haftung nur durch individualvertragliche Abrede mit allen Gläubigern der GbR ergeben. Damit dürfte die Anwendung des § 15a EStG auf Außen-GbRs nur im Ausnahmefall möglich sein (vgl. SCHMIDT/WACKER, 2015, § 15a Rz. 202).

Innen-GbR: § 15a EStG wegen fehlender Außenhaftung

Bei der Innen-GbR dagegen ist eine unmittelbare Außenhaftung des nach außen nicht auftretenden Gesellschafters nicht gegeben, wodurch § 15a EStG für diesen Gesellschafter grundsätzlich anwendbar wird. Nach Auffassung des BFH ist dies auch dann der Fall, wenn sich der Gesellschafter im Innenverhältnis zum Verlustausgleich gegenüber dem tätigen Gesellschafter verpflichtet hat (vgl. BFH v. 10.07.2001 – VIII R 45/98, BStBl. II 2002, S. 339) oder wenn er im Interesse des gemeinsamen Unternehmens gegenüber Gläubigern des Geschäftsinhabers Verpflichtungen auf schuldrechtlicher Basis eingeht, etwa als Mitverpflichteter aus einem Darlehensverhältnis (vgl. BFH v. 05.02.2002 – VIII R 31/01, BStBl. II 2002, S. 464).

Unwahrscheinlichkeit der Inanspruchnahme

Die Vergleichbarkeit der Haftung eines Gesellschafters einer Außen- oder Innen-GbR mit derjenigen eines Kommanditisten kann auch darauf beruhen, dass die Inanspruchnahme des Gesellschafters nach Art und Weise des Geschäftsbetriebs unwahrscheinlich ist (§ 15 a Abs. 5 Nr. 2 EStG). Zur Frage, wann dies der Fall ist, sei auf die Ausführungen unter J VII verwiesen.

§ 15 a EStG ist außerdem anzuwenden auf Gesellschafter ausländischer Personengesellschaften, deren Haftung der eines Kommanditisten vergleichbar ist. Weiterhin trifft die Vorschrift sogenannte »haftungslose« Unternehmer, d. h. solche, deren Verpflichtungen nur zu erfüllen sind, soweit Erlöse oder Gewinne erzielt werden. Allerdings dürften in diesem Bereich kaum mehr Verluste anfallen, da nach § 5 Abs. 2 a EStG derartige bedingte Verpflichtungen nicht mehr passivierungsfähig sind (vgl. HHR/RICHTER, § 5 EStG Anm. 1766 m. w. N.). Schließlich ist § 15 a EStG auch anzuwenden auf Mitreeder einer Partenreederei, wenn deren Haftung ganz oder teilweise ausgeschlossen oder deren Inanspruchnahme nach Art und Weise des Geschäftsbetriebs unwahrscheinlich ist. Aufgrund der ausdrücklichen Verweise in §§ 13 Abs. 7, 18 Abs. 4 Satz 2 EStG findet § 15 a EStG nicht nur bei gewerblichen, sondern auch bei land- und forstwirtschaftlich oder freiberuflich tätigen Personengesellschaften Anwendung. Darüber hinaus ordnen § 20 Abs. 1 Nr. 4 EStG und § 21 Abs. 1 Satz 2 EStG die sinngemäße Anwendung auch im Bereich der vermögensverwaltenden Personengesellschaften an (vgl. zur typischen stillen Gesellschaft z. B. BFH v. 23. 07. 2002 – VIII R 36/01, BStBl. II 2002, S. 858; zu Besonderheiten bei vermögensverwaltenden Personengesellschaften siehe auch OFD Frankfurt v. 26. 11. 2010, HaufeIndex 2 766 615).

Weitere Anwendungsfälle

V Kapitalkonto und Anteil am Verlust i. S. v. § 15 a EStG

Sowohl das steuerliche Kapitalkonto als auch der Gewinnanteil eines Mitunternehmers einer Personengesellschaft setzen sich i. d. R. aus unterschiedlichen Teilen zusammen. Zum Anteil am Gesamtgewinn der Personengesellschaft gehören nach § 15 Abs. 1 Nr. 2 EStG neben dem Anteil am Gewinn der betrieblichen Gesamthand ggf. die Ergebnisse aus Ergänzungs- und Sonderbilanzen einschließlich der Vergütungen für Tätigkeiten im Dienste der Gesellschaft. Entsprechend umfasst das steuerliche Kapitalkonto eines Kommanditisten grundsätzlich nicht nur das Kapitalkonto in der steuerlichen Gesamthandsbilanz, sondern auch die Kapitalkonten aus Sonder- und Ergänzungsbilanzen. Unklar war jedoch seit Einführung des § 15 a EStG, ob auch für die Anwendung des § 15 a EStG die Begriffe »Kapitalkonto« und »Anteil am Verlust der Gesellschaft« in dieser Weise auszulegen bzw. abzugrenzen sind.

Sonder- und Ergänzungsbilanzen berücksichtigen?

Einigkeit bestand (und besteht) dahingehend, dass es sich bei beiden Begriffen nicht um handels-, sondern um steuerbilanzielle Werte handelt. Die Höhe des Kapitalkontos laut Handelsbilanz ist daher ebenso wenig maßgeblich wie der handelsrechtlich auf den Kommanditisten entfallende Anteil am Verlust der Gesellschaft.

Handelsrechtliche Werte nicht maßgeblich

Ebenso unstrittig ist die Notwendigkeit des Einbezugs von Ergänzungsbilanzen. Diese enthalten lediglich gesellschafterbezogene Korrekturen zu den Werten der steuerlichen Gesamthandsbilanz, so dass das ausgewiesene Mehr- oder Minderkapital daher ebenso bei der Ermittlung des steuerlichen Kapitalkontos gemäß § 15 a EStG zu berücksichtigen ist wie die sich hieraus ergebenden Mehr- oder Minderge-

Ergänzungsbilanzen sind einzubeziehen

winne bei der Ermittlung des Anteils am Verlust der Gesellschaft (vgl. OFD Frankfurt v. 01.03.2012, HaufeIndex 3 401 792).

Strittig war dagegen insbesondere das Einbeziehen von Kapitalkonten und Ergebnissen aus Sonderbilanzen. Zur Verdeutlichung des Problems diene das folgende Beispiel.

BEISPIEL 96

K ist seit dem 01.01.02 Kommanditist der X-KG und hat seine laut Gesellschaftsvertrag vereinbarte Pflichteinlage von 20.000 € (zugleich im Handelsregister eingetragene Hafteinlage) am 02.01.02 erbracht. In der steuerlichen Gesamthandsbilanz zum 31.12.02 ist für ihn vor Ergebniszurechnung ein Kapitalkonto von 20.000 € ausgewiesen. Eine Ergänzungsbilanz existiert nicht.

Der Anteil des K am gesamthänderisch erlittenen Verlust der X-KG des Jahres 02 beträgt 30.000 €. Nach Verlustzuweisung beträgt daher sein Kapitalkonto laut Gesamthandsbilanz ./. 10.000 €.

K hat seine Kommanditeinlage durch einen Bankkredit fremdfinanziert, der nach 10 Jahren in einem Betrag zu tilgen ist (negatives Sonderbetriebsvermögen II, vgl. C II 2.2.1). Die Zinsen für das Jahr 02 i.H.v. 2.000 € hat K erst am 10.02.03 überwiesen. Die zum 31.12.02 aufzustellende Sonderbilanz weist für K vor Ergebniszuweisung ein negatives Sonderkapital von 20.000 € aus. Das Ergebnis seiner Sonderbilanz beträgt ./. 2.000 € (= Zinsaufwand).

LÖSUNG Bezieht man Kapitalkonto und Ergebnis der Sonderbilanz für die Anwendung des § 15 a EStG mit ein (diese Sichtweise vertrat die Finanzverwaltung bis 1992, vgl. BMF v. 08.05.1981, BStBl. I 1981, S. 308), ergibt sich vor Verlustzuweisung das folgende (zusammengefasste) steuerliche Kapitalkonto:

Kapital lt. Gesamthandsbilanz	20.000 €
Kapital lt. Sonderbilanz	./. 20.000 €
steuerliches Kapitalkonto	0 €

Der Anteil am Verlust der Gesellschaft ermittelt sich bei dieser Betrachtung wie folgt:

Verlustanteil lt. Gesamthandsbilanz	30.000 €
Verlust lt. Sonderbilanz	2.000 €
Anteil am Gesamtverlust der X-KG	32.000 €

Nach Verlustzurechnung beträgt das (zusammengefasste) Kapitalkonto folglich ./. 32.000 € (./. 10.000 € lt. Gesamthandsbilanz, ./. 22.000 € lt. Sonderbilanz). Gemäß § 15 a Abs. 1 Satz 1 EStG wäre daher der gesamte Verlust von 32.000 € nicht mit anderen Einkünften ausgleichsfähig, sondern lediglich mit zukünftigen Gewinnen verrechenbar, da das Kapitalkonto durch die Verlustzurechnung von 0 € auf ./. 32.000 € absinkt. ◀

Dieses Ergebnis ist nicht sachgerecht, weil es der Intention des § 15 a EStG nicht entspricht. Im Beispiel ist K durch die erlittenen Verluste nämlich zumindest i.H.v. 20.000 € unmittelbar wirtschaftlich belastet, weil sein Kapital in der Gesamthandsbilanz von bisher 20.000 € vollständig aufgebraucht ist. Nur soweit dieses Kapitalkonto negativ geworden ist, haftet er lediglich mit seinen zukünftigen Gewinnansprüchen. Eine Ausgleichbeschränkung kann sich nach dem Sinn der Vorschrift nur auf 10.000 € beziehen.

An diesem Ergebnis kann auch das Vorliegen eines negativen Sonderkapitals nichts ändern, denn die Rückzahlung des Kredites ist in jedem Fall von K vorzunehmen, auch wenn z.B. die KG insolvent werden sollte. Eine Beschränkung des Verlustausgleichsvolumens nach § 15 a EStG aufgrund der Existenz eines negativen Sonderbetriebsvermögens wäre mit dem Sinn des § 15 a EStG nicht vereinbar, da K durch die Verpflichtung zur Rückzahlung des Kredites in jedem Fall wirtschaftlich belastet ist.

Als Kapitalkonto i. S. v. § 15 a EStG kommt daher nur das Kapitalkonto laut Gesamthandsbilanz, ggf. korrigiert um ein etwaiges Mehr- oder Minderkapital aus einer Ergänzungsbilanz, in Betracht (vgl. bereits BFH v. 01.06.1989 – IV R 19/88, BStBl. II 1989, S. 1018). Etwas anderes gilt auch dann nicht, wenn das Kapitalkonto in der Sonderbilanz positiv ist. Eine Erhöhung des Verlustausgleichsvolumens hinsichtlich der Verluste aus der Gesamthand kann hierdurch nicht erreicht werden, denn auch bei positivem Sonderkapital ist der Kommanditist durch Anteile am Verlust der Gesamthand, die sein gesamthänderisches Kapitalkonto übersteigen, nur hinsichtlich zukünftig entstehender Gewinnanteile belastet. Dieser Auffassung hat sich auch die Finanzverwaltung angeschlossen (vgl. BMF v. 20.02.1992, BStBl. I 1992, S. 123 im Anschluss an die Entscheidung des BFH v. 14.05.1991 – VIII R 31/88, BStBl. II 1992, S. 167).

Nunmehr BFH und BMF: Kapitalkonto und ...

Entsprechendes gilt auch für den Anteil am Verlust der Gesellschaft: Verluste im Bereich des Sonderbetriebsvermögens belasten den Kommanditisten unmittelbar, da er sich hier nicht auf die Haftungsbeschränkung des Gesellschaftsvertrags berufen kann. Dies gilt unabhängig davon, ob durch die Verluste ein negatives Sonderkapital entsteht oder sich erhöht. Verluste im Sonderbetriebsvermögen sind daher grundsätzlich ausgleichsfähig bzw. nach § 10 d EStG abzugsfähig. Unter dem Verlustanteil i. S. v. § 15a EStG ist folglich lediglich der Anteil am nach den Grundsätzen der steuerlichen Gewinnermittlung in der Gesamthandsbilanz der KG unter Berücksichtigung von Ergänzungsbilanzen festgestellten Verlust zu verstehen. Es handelt sich also um den auf der ersten Stufe der Gewinnermittlung ermittelten Verlustanteil des Kommanditisten.

... Ergebnis der Sonderbilanz sind nicht einzubeziehen

Aufgrund dessen dürfen z. B. auf schuldrechtlicher Basis geleistete Sondervergütungen i. S. d. § 15 Abs. 1 Nr. 2 EStG, z. B. Tätigkeitsvergütungen oder Zinsen für Gesellschafterdarlehen, nicht mit Verlustzuweisungen verrechnet werden. Etwas anderes gilt aber für einen im Zuge der Gewinnverteilungsabrede vereinbarten Gewinnvorab (vgl. hierzu auch C IV 3): Ein solcher mindert den Gewinn der ersten Stufe nicht, sondern ist Teil des auf der ersten Stufe zugerechneten Gewinnanteils und steht somit für einen Verlustausgleich auf der ersten Stufe der Gewinnermittlung zur Verfügung (vgl. FG Münster v. 23.11.2010, EFG 2011, S. 793, rkr.).

Ungeachtet der allgemeinen Diskussion über den Einbezug der Sonderbilanzen ist die Abgrenzung des Kapitalkontos des Kommanditisten auch dann problematisch, wenn für den Kommanditisten in der Gesamthandsbilanz mehrere Konten geführt werden, denn als Kapitalkonto i. S. v. § 15 a EStG sind nur solche zu qualifizieren, auf denen Eigenkapital ausgewiesen wird. Dagegen zählen Konten, auf denen Verbindlichkeiten der Gesellschaft gegenüber dem Kommanditisten erfasst werden, nicht zum Kapitalkonto i. S. v. § 15 a EStG.

Kapitalkonto in der Gesamthandsbilanz

Problematisch ist häufig die Feststellung der Rechtsnatur solcher Konten, auf denen nicht entnommene Gewinnanteile des Kommanditisten erfasst werden. Die Unterscheidung von Eigenkapital ausweisenden Beteiligungs- und Fremdkapital ausweisenden Verbindlichkeitskonten ist grundsätzlich danach vorzunehmen, ob auf dem jeweiligen Konto auch laufende Verluste erfasst werden: Soweit dies der Fall ist, werden die stehengelassenen Gewinne wie eine Einlage behandelt und gehören damit zum Kapitalkonto i. S. v. § 15 a EStG. Andernfalls gelten sie als Verbindlichkeit

Verlustberücksichtigung entscheidend

der Gesellschaft gegenüber dem Kommanditisten, der sie wiederum in seiner Sonderbilanz als Darlehensforderung zu aktivieren hat. Wie oben ausgeführt, hat das hierdurch entstehende Kapitalkonto in der Sonderbilanz aber gerade keine Erhöhung des Verlustausgleichspotentials i.S.v. § 15a EStG zur Folge. Vgl. zu den unterschiedlichen Komponenten des Kapitalkontos i.S.v. § 15a EStG und ihrer Unterscheidung auch BMF v. 30.05.1997, BStBl. I 1997, S. 627.

Vierkontenmodell

Nach Auffassung des BFH ist ein als Darlehenskonto bezeichnetes Kapitalkonto, das im Rahmen eines sog. Vierkontenmodell neben dem Kommanditkapitalkonto, einem Rücklagenkonto und einem Verlustvortragskonto geführt wird, als Eigenkapital anzusehen, wenn laufende Verluste zwar zunächst auf dem Verlustvortragskonto erfasst werden, aber im Fall des Ausscheidens oder der Liquidation mit dem Darlehenskonto zu verrechnen sind (vgl. BFH v. 15.05.2008 – IV R 46/05, BStBl. II 2008, S. 812). Dies gelte auch dann, wenn der Kontostand gewinnunabhängig zu verzinsen ist.

Gesellschafterdarlehen

Gesellschafterdarlehen zählen auch dann nicht zum Kapitalkonto des Kommanditisten i.S.v. § 15a Abs. 1 Satz 1 EStG, wenn für sie zivilrechtlich ein gesetzlicher Nachrang nach der InsO besteht (vgl. zu eigenkapitalersetzenden Darlehen vor Inkrafttreten des MoMiG auch BFH v. 28.03.2000 – VIII R 28/98, BStBl. II 2000, S. 347; OFD Koblenz v. 15.01.2007, DB 2007, S. 546). Gleiches gilt im Fall eines (einfachen oder qualifizierten) Rangrücktritts (vgl. SCHMIDT/WACKER, 2015, § 15a Rz. 90).

Aktivisches Darlehenskonto

Ein separat geführtes Darlehenskonto ist auch dann kein (negatives) Eigenkapitalkonto, wenn es aufgrund umfangreicher, gesellschaftsvertraglich nicht vorgesehener Entnahmen aktivisch wird (vgl. BFH v. 16.10.2008 – IV R 98/06, BStBl. II 2009, S. 272). Im Urteilsfall wurde die als Entnahme bezeichnete Auszahlung von Liquiditätsüberschüssen an die Gesellschafter als Darlehensgewährung der Gesellschaft an die Kommanditisten gewertet. Der Aktivposten in der Bilanz der Kommanditgesellschaft hat daher den Charakter einer Forderung der Gesellschaft gegen den Gesellschafter mit der Folge, dass sich das Verlustausgleichspotential des Kommanditisten nicht verringert.

Finanzplandarlehen

Eine gesonderte Beurteilung erfahren sogenannte Finanzplandarlehen. Hierbei handelt es sich regelmäßig um bei Gründung der Gesellschaft neben der vertragsgemäßen Bareinlage verpflichtend zu gewährende Kredite (sogenannte gesplittete Einlage), die planmäßig in die Finanzierung der Gesellschaft einbezogen und für die Verwirklichung der gesellschaftsvertraglichen Ziele unentbehrlich sind. Derartige Darlehen sind bei der Kommanditgesellschaft als Eigenkapital anzusehen, wenn sie vom Kommanditisten während des Bestehens der Gesellschaft nicht einseitig gekündigt werden können und bei Ausscheiden des Kommanditisten bzw. Liquidation der Gesellschaft mit einem ggf. bestehenden negativen Kapitalkonto des Kommanditisten zu verrechnen sind (vgl. BFH v. 07.04.2005 – IV R 24/03, BStBl. II 2005, S. 589; ODF Koblenz v. 15.01.2007, DB 2007, S. 546). Ob darüber hinaus auch die Unverzinslichkeit der Darlehensgewährung zu fordern ist, hat der BFH in dem genannten Urteil allerdings ausdrücklich offen gelassen.

Hinzuerwerb von Anteilen führt zur Anteilsvereinigung und damit zu einheitlichen Kapitalkonten

Erwirbt ein Kommanditist einen weiteren Anteil hinzu, kommt es gesellschaftsrechtlich und hieran anknüpfend auch steuerrechtlich zu einer Vereinigung mit dem bereits zuvor gehaltenen Anteil, so dass der Kommanditist auch für Zwecke des § 15a EStG nur über einen (zusammengefassten) Anteil mit einem einheitlichen Kapitalkonto und einem einheitlichen Gewinn- bzw. Verlustanteil verfügt. Zugleich ist auch nur eine gemeinsame Ergänzungsbilanz zu führen. In der Folge ist daher eine getrennte Behandlung des rechnerisch auf den »alten« und den »neuen« Anteil entfallenden Verlusts für Zwecke des § 15 a EStG nicht möglich (vgl. FG Köln Urteil vom 14.11.2013, EFG 2014, S. 910, nrk., Rev. eingelegt, Az. BFH: IV R 48/13). Selbst wenn also das Kapitalkonto des hinzuerworbenen Anteils aufgrund der Kaufpreiszahlung und einer entsprechend aufzustellenden Ergänzungsbilanz positiv sein sollte, ist es doch mit dem – ggf. negativen – bisherigen Kapitalkonto des erwerbenden Kommanditisten zusammenzufassen.

BEISPIEL 97

A und B sind mit jeweils 25 % beteiligte Kommanditisten der X-KG. Ihr jeweiliges Kapitalkonto in der Gesamthandsbilanz beläuft sich auf – 200.000 €. Im Gesamthandsvermögen existiert ein nicht bilanzierter Firmenwert i.H.v. 1 Mio €. A erwirbt den Kommanditanteil von B am 31.12.01 gegen Zahlung von 50.000 € und Übernahme des negativen Kapitalkontos des B. Für A wird eine positive Ergänzungsbilanz aufgestellt, auf deren Aktivseite ein Mehrwert für den Firmenwert i.H.v. 250.000 € und auf deren Passivseite ein Mehrkapital i.H.v. 250.000 € ausgewiesen wird. In 02 werden A Verlustanteile in Höhe von insgesamt 50.000 € zugerechnet.

LÖSUNG: Betrachtet man den bisherigen Anteil und den hinzuerworbenen Anteil getrennt, ergäbe sich für den »Altanteil« ein Kapitalkonto i.S.v. § 15 a EStG in Höhe von – 200.000 €, während das Kapitalkonto des hinzuerworbenen Anteils 50.000 € betrüge (= – 200.000 € übernommenes Kapitalkonto in der Gesamthandsbilanz zzgl. 250.000 € Mehrkapital in der Ergänzungsbilanz) und in dieser Höhe ein Verlustausgleichspotential von 50.000 € für den auf diesen Anteil entfallenden Verlust bestünde. Im Ergebnis wäre der auf den hinzuerworbenen Anteil entfallene Verlustanteil von – 25.000 € ausgleichs- bzw. abzugsfähig, da insoweit das Kapitalkonto nicht negativ würde. Nur der auf den »Altanteil« entfallende Verlust wäre nach § 15 a EStG lediglich verrechenbar, da er das negative Kapitalkonto dieses »Altanteils« um 25.000 € erhöhte. Aufgrund der Einheitlichkeit des Kommanditanteils beläuft sich das zusammengefasste Kapitalkonto dagegen nach dem Anteilskauf auf insgesamt -150.000 €; der Verlustanteil des Jahres 02 erhöht dieses negative Kapitalkonto und ist damit nach § 15 a Abs. 1 Satz 1 EStG insgesamt lediglich verrechenbar.

VI Einzelfragen zum Grundtatbestand des § 15 a EStG

1 Anwendung des § 15 a EStG bei Wechsel der Rechtsstellung

Verändert sich die Rechtsstellung eines Gesellschafters, etwa weil er aus der Rechtsstellung eines persönlich haftenden Gesellschafters in diejenige eines Kommanditisten wechselt oder umgekehrt, stellt sich die Frage, ab wann § 15 a EStG anzuwenden ist bzw. wann und mit welchen Rechtsfolgen seine Anwendung endet.

Zivilrechtlich ist für die Begrenzung der Haftung des Kommanditisten dessen Eintragung im Handelsregister nach § 176 HGB konstitutiv. Damit können die Rechtsfolgen des § 15 a EStG im Fall der Beteiligungsumwandlung erst ab dem Jahr eintreten, in dem die Eintragung erfolgt. Zwar findet § 15 a EStG im Fall der Neugründung einer KG auch auf den noch nicht eingetragenen Kommanditisten Anwendung (vgl. BFH v. 19.05.1987 – VIII B 104/85, BFH/NV 1987, S. 640); dies gilt u.E. jedoch nicht bei einem Statuswechsel (dies offen lassend BFH v. 14.10.2003 – VIII R 81/02, BStBl. II 2004, S. 118). Nach Auffassung des BFH ist § 15 a EStG hierbei für das

Wechsel in Kommanditistenstellung

gesamte Jahr anzuwenden, in dem die Haftungsbegrenzung eingetreten ist (vgl. BFH v. 14. 10. 2003 – VIII R 81/02, BStBl. II 2004, S. 118). Eine Verlustausgleichsbegrenzung nur für den Teil des Verlustes, der auf die Zeit nach der Eintragung entfällt, ist daher nicht zulässig (vgl. hierzu auch WILKE, INF 2004, S. 69, 71).

Wechsel in Komplementärsstellung

Im umgekehrten Fall bestimmt sich der Zeitpunkt, ab dem § 15 a EStG nicht mehr anzuwenden ist, grundsätzlich danach, ab wann der Gesellschafter unbeschränkt haftet. Zivilrechtlich ist für die Übernahme der persönlichen Haftung die Eintragung im Handelsregister nicht notwendig; ausreichend ist bereits ein entsprechender Beschluss zur Änderung des Gesellschaftsvertrags. § 15 a EStG ist daher für das gesamte Jahr, in dem der Beschlusses zur Umwandlung der Beteiligung getroffen wurde, nicht mehr anzuwenden, selbst wenn der Antrag auf Eintragung in das Handelsregister erst nach Ablauf des Wirtschaftsjahrs gestellt wird (vgl. BFH v. 12. 02. 2004 – IV R 70/02, BStBl. II 2004, S. 423).

Keine Umwandlung verrechenbarer Verluste

Bezüglich der Frage, ob der Wechsel zur unbeschränkten persönlichen Haftung ggf. in den Vorjahren festgestellte verrechenbare Verluste im Jahr des Wechsels ausgleichs- oder abzugsfähig werden lässt, hat sich der BFH der herrschenden Auffassung (vgl. statt vieler SCHMIDT/WACKER, 2015, § 15 a Rz. 185) angeschlossen und die Auffassung der Vorinstanz verworfen, welche zuvor für eine Umwandlung der bis zum Zeitpunkt des Wechsels der Rechtsstellung verrechenbaren Verluste in ausgleichsfähige Verluste votiert hatte (vgl. BFH v. 12. 02. 2004 – IV R 26/02, BFH/NV 2004, S. 1228, sowie v. 14. 10. 2003 – VIII R 38/02, BStBl. II 2004, S. 115; NIEHUS/WILKE, FR 2004, S. 677, 683 f. sowie WILKE, INF 2004, S. 69). Dies gilt in gleicher Weise, wenn der einzige bisherige Kommanditist den Betrieb der Kommanditgesellschaft nach dem Ausscheiden des Komplementärs weiterführt (vgl. BFH v. 18. 01. 2007 – IV B 133/06, BFH/NV 2007, S. 888).

Anwendung von § 15 a EStG nach Formwechsel GmbH in KG

Wird eine GmbH im Wege des Formwechsels mit Rückwirkung in eine KG umgewandelt (§§ 2, 14 UmwStG), so ist für die Anwendung von § 15 a EStG nicht erst mit Handelsregistereintragung, sondern bereits mit Beginn des Rückwirkungszeitraums, d. h. mit Ablauf des steuerlichen Übertragungsstichtags vom Vorliegen einer KG auszugehen. Insoweit ist die Eintragung des Kommanditisten sowie seiner Haftsumme ebenfalls bereits mit Ablauf des steuerlichen Übertragungsstichtags zu unterstellen (vgl. BFH v. 03. 02. 2010 – IV R 61/07, BStBl. II 2010, S. 942; OFD Niedersachsen v. 10. 11. 2010, HaufeIndex 2 680 960).

2 Auswirkungen von Einlagen auf das Kapitalkonto und das Verlustausgleichsvolumen i. S. v. § 15 a EStG

2.1 Einlagebegriffe und Kapitalkonto i. S. v. § 15 a EStG

Die Höhe des Kapitalkontos eines Kommanditisten und damit sein Verlustausgleichsvolumen nach § 15 a Abs. 1 Satz 1 EStG wird maßgeblich durch die von ihm geleisteten Einlagen bestimmt. In diesem Zusammenhang sind die Begriffe Hafteinlage, Pflichteinlage und geleistete Einlage gegeneinander abzugrenzen und ihre Bedeutung für das Kapitalkonto i. S. v. § 15 a EStG zu erörtern (vgl. hierzu auch OFD Frankfurt v. 22. 03. 2002, HaufeIndex 841 163).

Unter der Hafteinlage (besser: Haftsumme) ist der ins Handelsregister einge- **Haftsumme**
tragene Betrag zu verstehen, mit dem der Kommanditist den Gläubigern der Gesellschaft gegenüber einzustehen hat; die Haftung ist ausgeschlossen, soweit die Haftsumme in das Gesellschaftsvermögen geleistet wurde. Übersteigt die im Handelsregister
eingetragene Haftsumme den tatsächlich geleisteten Betrag (§ 171 Abs. 1 HGB) oder
wird die bereits geleistete Hafteinlage zu einem späteren Zeitpunkt ganz oder teilweise
zurückgezahlt (§ 172 Abs. 4 Satz 1 HGB), so haftet der Kommanditist insoweit den
Gläubigern der Gesellschaft. Steuerlich besteht dann eine sogenannte »erweiterte
Außenhaftung« i.S.d. § 15 a Abs. 1 Satz 2 EStG, woraus sich ggf. ein zusätzliches
Verlustausgleichspotential ergeben kann (vgl. hierzu J VII). Für die Höhe des Kapitalkontos i.S.v. § 15 a Abs. 1 Satz 1 EStG ist die Haftsumme jedoch ohne Bedeutung.

Als Pflichteinlage wird der Betrag bezeichnet, den der Kommanditist aufgrund **Pflichteinlage**
der gesellschaftsvertraglichen Vereinbarungen zu leisten hat. Die Pflichteinlage
betrifft das Innenverhältnis der Gesellschafter untereinander und entspricht der
»bedungenen« Einlage i.S.d. § 169 Abs. 1 Satz 2 HGB. Sie ist für die Anwendung
des § 15 a EStG ohne Bedeutung.

Entscheidend für das Verlustausgleichspotential i.S.v. § 15 a Abs. 1 Satz 1 EStG **Geleistete Einlage**
ist vielmehr die Höhe der zum Bilanzstichtag tatsächlich geleisteten Einlage, welche
die gesellschaftsvertraglich vereinbarte Pflichteinlage sowohl unter- als auch überschreiten kann. Eine tatsächliche Einlageleistung in diesem Sinn setzt grundsätzlich
einen Zugang von Werten im Gesellschaftsvermögen voraus. Die Leistung der
Pflichteinlage liegt nach Auffassung des BFH erst vor, wenn der Gegenwert für die
Einlageverpflichtung in das Gesellschaftsvermögen geleistet ist (vgl. BFH v.
12.02.2004 – VIII B 51/03, HaufeIndex 1 140 065); weder eine in die Bilanz einge-
stellte »ausstehende Einlage« noch eine entsprechende sonstige Forderung der
Gesellschaft gegenüber einem Gesellschafter reichen hierfür aus (vgl. BFH v.
03.12.2002 – IX R 24/00, BFH/NV 2003, S. 894). So gilt etwa bei Banküberweisung
die Einlage erst dann als geleistet, wenn der Geldbetrag dem Empfängerkonto
gutgeschrieben ist (vgl. OFD Rostock v. 22.10.2001, DStR 2001, S. 2115). Entsprechendes gilt erst recht für über die Pflichteinlage hinaus geleistete freiwillige Einlagen des Kommanditisten.

Als Einlageleistung kommen insbesondere Bar- und Sacheinlagen in das Gesell- **Einlageformen**
schaftsvermögen in Betracht, ggf. jedoch auch der laufende Gewinnanteil: Hat der
Kommanditist seine Pflichteinlage geleistet, steht ihm nach § 169 Abs. 1 HGB regelmäßig ein Anspruch auf Auszahlung seines Gewinnanteils zu. Wird dieser nicht
ausgezahlt, sondern auf einem Kapitalkonto gutgebracht, das Beteiligungscharakter
hat, ist auch hierin eine Einlage zu sehen, durch die sich das Kapitalkonto i.S.d.
§ 15 a EStG erhöht (vgl. BFH v. 14.12.1995 – IV R 106/94, BStBl. II 1996, S. 226).
Gleiches gilt auch, wenn ein Kommanditist seinen Gewinnanteil zur Auffüllung
seiner noch nicht erbrachten Pflichteinlage stehen lässt. Dagegen gilt der Gewinnanteil als i.S.v. § 15 a EStG insoweit entnommen, als er bei der KG, einer gesellschaftsvertraglichen Vereinbarung entsprechend, dem Darlehenskonto des Gesellschafters gutgeschrieben wird. Der Höhe nach ergibt sich dieser entnommene Betrag
aus dem Ansatz auf dem Darlehenskonto in der Handelsbilanz. Ein ggf. höherer
StB-Gewinn verbleibt insoweit im steuerlichen Eigenkapital der Gesellschaft und
erhöht damit das Verlustausgleichspotential des Kommanditisten (vgl. OFD Frankfurt v. 12.01.2015, HaufeIndex 7 680 473).

Treuhandverhältnis

Will ein Dritter, z. B. ein Treugeber, die Einlage bewirken, muss auch dessen Leistung zum maßgebenden Stichtag in das Gesellschaftsvermögen erfolgen. Die Überweisung auf ein Treuhandkonto des Treuhandkommanditisten reicht auch bei bestehender Beauftragung/Verpflichtung zur Weiterleitung auf das Gesellschaftskonto nicht aus.

Verlustübernahme als Einlage

U. U. kann der Kommanditist eine bedungene Einlage je nach gesellschaftsvertraglicher Vereinbarung auch durch Übernahme eines Verlustes der KG erbringen. Die Einlageverpflichtung kann dann als Erhöhung der bisherigen Einlage geschuldet sein oder als Sacheinlage an die Stelle einer anderen Einlageverpflichtung treten. In beiden Fällen bewirkt jedoch die bloße Erklärung der Verlustübernahme noch keine tatsächliche Leistung, die eine Erhöhung des Kapitalkontos i. S. des § 15 a EStG nach sich ziehen könnte (vgl. BFH v. 18. 12. 2003 – IV B 201/03, BStBl. II 2004, S. 231; v. 7. 10. 2004 – IV R 50/02, BFH/NV 2005, S. 308). Gleiches gilt für die Übernahme von Bürgschaften, selbst wenn sie zivilrechtlich als eigenkapitalersetzend einzustufen sind (vgl. BFH v. 01. 10. 2002 – IV B 91/01, BFH/NV 2003, S. 304; vgl. hierzu auch OFD Nordrhein-Westfalen v. 07. 07. 2014, HaufeIndex 7 186 172).

Umwandlung von Gesellschafterdarlehen

Als tatsächliche Leistung einer Einlage gilt auch die Umwandlung eines Darlehensanspruchs des Kommanditisten gegenüber der Gesellschaft in handelsrechtliches Eigenkapital. Das nach § 15 a Abs. 1 Satz 1 EStG berücksichtigungsfähige Kapitalkonto des Kommanditisten kann daher dadurch aufgestockt werden, dass auf einem Darlehenskonto erfasste Beträge, z. B. nicht entnommene Gewinnanteile oder aufgrund der Inanspruchnahme aus Bürgschaften durch den Mitunternehmer getilgte Verbindlichkeiten der Gesellschaft, auf das Kapitalkonto II des Kommanditisten umgebucht werden oder die auf dem Darlehenskonto erfassten Beträge durch Änderung des Gesellschaftsvertrags Eigenkapitalcharakter annehmen (vgl. Niedersächsisches FG v. 03. 12. 2014, BB 2015, S. 690). Die Anerkennung dieser Erhöhung des Verlustausgleichspotentials setzt nach Auffassung der Finanzverwaltung voraus, dass die entsprechenden Gesellschafterbeschlüsse vor dem Bilanzstichtag gefasst wurden, die in Eigenkapital umzuwandelnden Darlehensmittel der Gesellschaft zuvor auch tatsächlich zur Verfügung standen und die Darlehensforderung zum Zeitpunkt der Umwandlung in Eigenkapital werthaltig war (vgl. OFD Hannover v. 14. 05. 2007, DStR 2007, S. 1124).

2.2 Behandlung außerbilanzieller Korrekturen

Außerbilanzielle Korrekturen des Steuerbilanzgewinns wirken sich zunächst auf die Höhe des Verlustanteils des Kommanditisten aus: Während die Berücksichtigung steuerfreier Erträge (z. B. Investitionszulagen, nach DBA freigestellte Gewinne oder Erträge i. S. v. § 3 Nr. 40 EStG bzw. § 8 b KStG) zu einer Erhöhung des steuerlichen Verlustanteils führt, bewirken nicht abziehbare Ausgaben (z. B. GewSt oder Aufwendungen nach § 3 c EStG) dessen Verminderung. Zugleich führen sie, soweit es sich handelsrechtlich um Erträge und Aufwendungen handelt, zu einer Veränderung des Kapitalkontos. Hieraus ergibt sich eine Reihe von Problemen bzgl. der Anwendung von § 15 a EStG.

Steuerfreie Einnahmen erhöhen ...

Handelsrechtlich als Erträge gebuchte steuerfreie Einnahmen stellen Kapital auch in der Steuerbilanz dar. Sie führen zu einem erhöhten Verlustausgleichspotential, da sie dem Entstehen eines negativen Kapitalkontos entgegenwirken.

BEISPIEL 98

B ist Kommanditist der A-KG. Seine in das Handelsregister eingetragene und voll einge-
zahlte Haftsumme beträgt 100.000 €. Der auf ihn entfallende handelsrechtliche Verlustanteil des Jahres 01 beläuft sich auf ./. 140.000 €. Die A-KG erhielt im Januar 01 eine
steuerfreie Investitionszulage, die i. H. v. 10.000 € anteilig auf B entfiel. Aus diesem Grund
beträgt der steuerliche Verlustanteil von B ./. 150.000 €.

LÖSUNG

Geleistete Einlage		100.000 €
anteilige steuerfreie Einnahmen		10.000 €
Verlustanteil 01	./.	150.000 €
Kapitalkonto 31.12.01	./.	40.000 €

Durch den Verlustanteil entsteht lediglich ein negatives Kapitalkonto i. H. v. 40.000 €, so
dass sich die ausgleichs- bzw. abzugsfähigen Verluste auf ./. 110.000 € belaufen. Der zum
31.12.01 festzustellende verrechenbare Verlust i. S. v. § 15 a Abs. 1 EStG beläuft sich auf
./. 40.000 €. Das Verlustausgleichsvolumen von B hat sich im Ergebnis durch die steuerfreien Einnahmen um 10.000 € erhöht.

Nicht abziehbare Betriebsausgaben wirken im Grundsatz genau umgekehrt: Sie
führen zum einen dazu, dass der steuerliche Verlust geringer als der handelsrechtliche Verlust ist und bewirken u. E. außerdem eine Verminderung des steuerlichen
Kapitalkontos und damit des Verlustausgleichspotentials (vgl. STEGER, NWB 2011,
S. 3372, 3374 ff.; a. A. wohl KORN, § 15 a Rz. 24.1: Danach mindert sich durch nicht
abziehbare Betriebsausgaben nicht der ausgleichsfähige, sondern der nur verrechenbare Verlust).

**... und nicht abzieh-
bare Betriebsaus-
gaben mindern das
Verlustausgleichs-
potential**

BEISPIEL 99

B ist Kommanditist der A-KG. Seine in das Handelsregister eingetragene und voll einge-
zahlte Haftsumme beträgt 100.000 €. Der auf ihn entfallende handelsrechtliche Verlustanteil des Jahres 01 beläuft sich auf ./. 160.000 €. Dem handelsrechtlichen Gewinn der A-KG
sind im Jahr 01 nicht abziehbare Betriebsausgaben hinzuzurechnen, die i. H. v. 10.000 €
anteilig auf B entfallen. Aus diesem Grund beträgt der steuerliche Verlustanteil von B nur
./. 150.000 €.

LÖSUNG

Geleistete Einlage		100.000 €
anteilige nicht abziehbare Betriebsausgaben	./.	10.000 €
Verlustanteil 01	./.	150.000 €
Kapitalkonto 31.12.01	./.	60.000 €

Der Verlust führt hier zu einem negativen Kapitalkonto i. H. v. 60.000 €; in dieser Höhe sind
zum 31.12.01 verrechenbare Verluste i. S. v. § 15 a Abs. 1 EStG festzustellen. Die verbleibenden ./. 90.000 € Verlustanteil sind ausgleichs- bzw. abzugsfähig. Das Verlustausgleichsvolumen von B hat sich durch die anteilig ihm zuzurechnenden nicht abziehbaren Betriebsausgaben im Ergebnis um 10.000 € vermindert.

Treffen in einem Jahr Einlagen des Kommanditisten und nicht abziehbare Betriebsausgaben zusammen, ist unklar, ob das durch die Einlage geschaffene Verlustausgleichspotential aufgrund der nicht abziehbaren Aufwendungen »verbraucht« wird
oder ob dieses vielmehr trotz der nicht abziehbaren Aufwendungen genutzt werden
kann (zu den verschiedenen Lösungsmöglichkeiten vgl. STEGER, NWB 2011,
S. 3372, 3375). Nicht geklärt ist auch die Frage, ob im Fall nicht abziehbarer, zu
einem negativen Kapitalkonto führender Betriebsausgaben § 15 a Abs. 3 EStG ange-

**Zusammentreffen
mit Einlagen**

wendet werden kann. Dies fordert die Finanzverwaltung z. B. im Fall von zurück-zuzahlenden steuerfreien Einnahmen, die zuvor zu einem erhöhten Verlustausgleich geführt haben (vgl. OFD Frankfurt v. 01.03.2012, HaufeIndex 3401792).

Außerbilanzielle Korrekturen nach § 7 g EStG

Außerbilanzielle Korrekturen, denen keine handelsrechtliche Aufwands- oder Ertragsbuchung zugrunde liegt, insbesondere Abzugs- und Hinzurechnungsbeträge nach § 7 g EStG, sind von § 15 a EStG nicht betroffen, da sie keinen Bezug zur Höhe des Kapitalkontos des Kommanditisten aufweisen. Im Ergebnis wird der Investitionsabzugsbetrag nach § 7 g EStG für Zwecke des § 15 a EStG wie Sonderbetriebsvermögen behandelt (vgl. FG Baden-Württemberg v. 19.11.2014, EFG 2015, S. 636, rkr.). Korrespondierend hierzu erscheint es dann folgerichtig, dass im Investitionsjahr der außerbilanzielle Hinzurechnungsbetrag nach § 7 g Abs. 2 EStG nicht mit verrechenbaren Verlusten voriger Jahre verrechnet werden kann (vgl. FG Münster v. 15.04.2014, EFG 2015. S. 899, rkr.; SCHMELTER/SUCK, DStR 2011, 1637; zur EDV-Umsetzung durch die Finanzverwaltung STEGER, NWB 2011, S. 3372, 3379 ff.).

2.3 Nachträgliche Einlagen

Nachträgliche Einlagen irrelevant

Das Verlustausgleichspotential i. S. d. § 15 a EStG konfiguriert sich maßgeblich danach, in welcher zeitlichen Reihenfolge Einlageleistung und Verlustentstehung erfolgen. So führen Einlagen, die ein Kommanditist in einem der Verlustentstehung nachfolgenden Veranlagungszeitraum leistet (nachträgliche Einlagen), nach § 15 a Abs. 1 a EStG nicht dazu, dass ein für einen früheren Veranlagungszeitraum festgestellter verrechenbarer Verlust nunmehr zu einem ausgleichs- bzw. abzugsfähigen Verlust wird (vgl. zur Rechtslage vor Einführung von § 15 a Abs. 1 a EStG BFH v. 14.12.1995 – IV R 106/94, BStBl. II 1996, S. 226).

BEISPIEL 100

X ist als Kommanditist an der X-GmbH & Co. KG mit einer bereits geleisteten Einlage von 100.000 € beteiligt, was zugleich seiner im Handelsregister eingetragenen Hafteinlage entspricht. Zum 31.12.04 beläuft sich sein Kapitalkonto auf ./. 60.000 €; in gleicher Höhe ist ein verrechenbarer Verlust festgestellt worden. Im Wirtschaftsjahr 05 leistet X eine zusätzliche Einlage i. H. v. 60.000 €. Das Kapitalkonto des X beläuft sich am Jahresende auf 0 €.

LÖSUNG Die Einlage in 05 führt nicht dazu, dass der zum 31.12.04 festgestellte verrechenbare Verlust nunmehr ausgleichs- oder abzugsfähig wird. ◄|

Zeitkongruente Einlagen

Gleichwohl bewirken Einlagen, dass bis zu ihrer Höhe ein in demselben Jahr entstehender Verlust trotz eines negativen Kapitalkontos ausgleichsfähig ist (vgl. BFH v. 14.12.1995 – IV R 106/94, BStBl. II 1996, S. 226).

BEISPIEL 101

X ist als Kommanditist an der X-GmbH & Co. KG mit einer bereits geleisteten Einlage von 100.000 € beteiligt, was zugleich seiner im Handelsregister eingetragenen Hafteinlage entspricht. Zum 31.12.04 beläuft sich sein Kapitalkonto auf ./. 60.000 €; in gleicher Höhe ist ein verrechenbarer Verlust festgestellt worden. Im Wirtschaftsjahr 05 leistet X eine zusätzliche Einlage i. H. v. 50.000 €, eine Aufstockung der Hafteinlage erfolgt nicht. X wird in 05 ein Verlustanteil i. H. v. 70.000 € zugewiesen. Das Kapitalkonto des X beläuft sich folglich am Jahresende auf ./. 80.000 €.

LÖSUNG Die Einlage in 05 führt nicht dazu, dass der zum 31.12.04 festgestellte verrechenbare Verlust nunmehr ausgleichs- oder abzugsfähig wird. Allerdings ist der Verlustanteil des Jahres 05 im Umfang der in diesem Jahr geleisteten Einlagen, mithin i.H.v. 50.000 € ausgleichs- bzw. abzugsfähig, da sich das negative Kapitalkonto per Saldo lediglich von ./. 60.000 € auf ./. 80.000 € erhöht. ◀|

Etwas anderes gilt nur, wenn aufgrund der im Handelsregister eingetragenen Haftsumme bereits zuvor ohne entsprechende Einlage Verluste ausgeglichen wurden. Wird nun die Einlage tatsächlich geleistet und damit die Außenhaftung beendet, entsteht hierdurch kein erneutes Verlustausgleichspotential. Zur haftungsbeendenden Einlage bzw. zu Einlagen mit negativer Tilgungsbestimmung siehe ausführlich J VII.

>**Haftungsbeendende Einlage**

Erfolgt eine Einlage in einem auf die Entstehung eines negativen Kapitalkontos folgenden Jahr (nachträgliche Einlage), so können zwar in diesem Jahr Verluste bis zur Höhe der Einlage ausgeglichen oder abgezogen werden; wird die Einlage jedoch nicht in demselben Jahr durch Verlust »verbraucht«, so entsteht für Folgejahre zunächst insoweit ein gemäß § 15 a Abs. 1 Satz 1 EStG nutzbares Verlustausgleichspotential, da das Kapitalkonto positiv wird.

>**Nachträgliche Einlagen**

Umstritten war jedoch die Frage, ob durch einer Verlustentstehung nachfolgende Einlagen, die im Einlagejahr nicht durch Verluste »verbraucht« werden, für Folgejahre auch insoweit ein Verlustausgleichsvolumen geschaffen wird, als diese lediglich zum Ausgleich eines negativen Kapitalkontos dienen und folglich kein von § 15 a Abs. 1 Satz 1 EStG für den Verlustausgleich gefordertes positives Kapitalkonto erzeugen.

>**Ausgleich eines negativen Kapitalkontos**

BEISPIEL 102 ▮▮

X ist als Kommanditist an der X-GmbH & Co. KG mit einer bereits geleisteten Einlage von 100.000 € beteiligt, was zugleich seiner im Handelsregister eingetragenen Hafteinlage entspricht. Zum 31.12.04 beläuft sich sein Kapitalkonto auf ./. 60.000 €; in gleicher Höhe ist ein verrechenbarer Verlust festgestellt worden. Im Wirtschaftsjahr 05 leistet X eine zusätzliche Einlage i.H.v. 100.000 €, eine Aufstockung der Hafteinlage erfolgt nicht. In 05 wird X weder ein Gewinn noch ein Verlust zugewiesen, so dass sein Kapitalkonto zum 31.12.05 + 40.000 € beträgt. In 06 erzielt X einen anteiligen Verlust i.H.v. 200.000 €. X fragt sich, ob von diesem Verlustanteil lediglich 40.000 € ausgleichsfähig sind, da nur insoweit ein positives Kapitalkonto besteht, oder ob er vielmehr über ein Verlustausgleichspotential i.H.d. Gesamtbetrags seiner nachträglichen Einlage (100.000 €) verfügt. ◀|

Diese Frage wird nunmehr durch § 15 a Abs. 1 a EStG beantwortet (dazu sogleich). Nach § 52 Abs. 33 Satz 6 EStG gilt die gesetzliche Regelung jedoch erst für nach dem 24.12.2008 erbrachte Einlagen. Zum besseren Verständnis und wegen der grundsätzlichen Relevanz der vorgehenden Rechtslage sei daher die Genese der Vorschrift kurz erläutert.

>**Heute § 15 a Abs. 1 a EStG**

Vor dem 25.12.2008 erbrachte Einlagen bewirken nach Auffassung des BFH (v. 14.10.2003 – VIII R 32/01, BStBl. II 2004, S. 359; v. 20.09.2007 – IV R 10/07, BFH/NV 2008, S. 271) auch insoweit, als sie nicht zu einem positiven Kapitalkonto führen, ein zukünftig nutzbares Verlustausgleichpotential. I.H.d. fraglichen Einlagebetrags ist ein sog. Korrekturposten außerhalb der Bilanz zu bilden. Die zukünftigen Verluste sind daraufhin bis zur Höhe des Korrekturpostens auch dann ausgleichsfähig, wenn sie zu einer erneuten Entstehung oder Erhöhung eines be-

>**Zuvor BFH: Korrekturpostenmethode**

stehenden negativen Kapitalkontos führen (vgl. hierzu ausführlich NIEHUS/WILKE, FR 2004, S. 677, 678 ff.).

Die Finanzverwaltung ist dieser Rechtsprechung nach einem vorübergehenden Nichtanwendungserlass schließlich gefolgt (vgl. BMF v. 19.11.2007, DStR 2007, S. 2214).

LÖSUNG BEISPIEL 102

Einlagen vor dem 25.12.2008:
Da aufgrund der in 05 geleisteten Einlage von X dessen Kapitalkonto + 40.000 € beträgt, besteht für Verluste aus zukünftigen Wirtschaftsjahren in dieser Höhe bereits ein Verlustausgleichspotential gemäß § 15 a Abs. 1 Satz 1 EStG. I. H. d. Einlagebetrags, der zum Ausgleich des negativen Kapitalkontos geführt hat (60.000 €), ist ein Korrekturposten zu bilden. Von dem Verlustanteil des Wirtschaftsjahres 06 i. H. v. 200.000 € sind daher insgesamt 100.000 € ausgleichsfähig; davon 40.000 € gemäß § 15 a Abs. 1 Satz 1 EStG sowie 60.000 € wegen des Korrekturpostens, welcher daraufhin aufzulösen ist. Gemäß § 15 a Abs. 4 Satz 1 EStG ist ein verrechenbarer Verlust von insgesamt 160.000 € festzustellen, davon 60.000 € aus den Vorjahren sowie 100.000 € aus 06. ◂|

Mit Einführung des § 15 a Abs. 1 a EStG hat der Gesetzgeber für nach dem 24.12.2008 geleistete Einlagen die ursprüngliche Auffassung der Finanzverwaltung gesetzlich festgeschrieben. Danach bewirken sog. nachträgliche Einlagen, die lediglich zum Ausgleich eines negativen Kapitalkontos geleistet werden, keine Ausgleichs- oder Abzugsfähigkeit des dem Kommanditisten zuzurechnenden Anteils am Verlust eines zukünftigen Wirtschaftsjahres; die Korrekturpostenmethode ist folglich für derartige Einlagen nicht mehr anzuwenden.

LÖSUNG BEISPIEL 102

Einlagen nach dem 24.12.2008:
Da aufgrund der in 05 geleisteten Einlage von X dessen Kapitalkonto + 40.000 € beträgt, besteht für Verluste aus zukünftigen Wirtschaftsjahren in dieser Höhe bereits ein Verlustausgleichspotential gemäß § 15 a Abs. 1 Satz 1 EStG. Der Einlagebetrag, der zum Ausgleich des negativen Kapitalkontos geführt hat (60.000 €), schafft dagegen kein Verlustausgleichsvolumen. Von dem Verlustanteil des Wirtschaftsjahres 06 i. H. v. 200.000 € sind daher lediglich 40.000 € gemäß § 15 a Abs. 1 Satz 1 EStG ausgleichsfähig. Gemäß § 15 a Abs. 4 Satz 1 EStG ist ein verrechenbarer Verlust von insgesamt 220.000 € festzustellen, davon 60.000 € aus den Vorjahren sowie 160.000 € aus 06. ◂|

Soweit nach Abzug von einem Veräußerungs- oder Aufgabegewinn noch ein verrechenbarer Verlust verbleibt, ist dieser gem. § 15 a Abs. 2 Satz 2 EStG im Zeitpunkt der Veräußerung oder Aufgabe des gesamten Mitunternehmeranteils oder der Betriebsveräußerung oder -aufgabe bis zur Höhe der nachträglichen Einlagen ausgleichs- oder abzugsfähig. Im Ergebnis wird damit die steuerliche Berücksichtigung eines Teils der Verluste durch § 15 a Abs. 1 a, 2 EStG ohne sachliche Rechtfertigung ggf. bis zur Beendigung der Mitunternehmerstellung hinausgezögert.

In der Literatur wird diese »rechtsprechungsbrechende« Regelung u.E. zu Recht heftig bis zum Vorwurf der Verfassungswidrigkeit kritisiert (vgl. SCHMIDT/WACKER, 2015, § 15 a Rz. 184 m.w.N.). Dies wird auch dadurch gestützt, dass die Vorschrift zu gravierenden Ungleichbehandlungen führt. So würde bspw. ein zusätzlicher Verlustausgleich für einen Kommanditisten möglich, der statt Leistung einer nachträglichen Einlage seine Haftsumme im Handelsregister erhöhen lässt (vgl. HHR/WENDT, § 15 a EStG Anm. J 08–5). Warum in diesem Fall ein Verlustausgleich gewährt, im Fall einer bereits geleisteten Einlage ein solcher dagegen ausgeschlossen sein soll, ist schlicht nicht nachvollziehbar.

Im Ergebnis werden die Kommanditisten gezwungen, bei Bestehen eines negativen Kapitalkontos i.S.d. § 15 a EStG keinerlei Einlagen zu leisten, solange kein Verlust zugewiesen wird. Kapitalzuführungen werden daher vornehmlich in Form der Darlehensgewährung vorgenommen; im Verlustentstehungsjahr ist der Darlehensbetrag dann zur Erhöhung des Verlustausgleichsvolumens in eine Einlage umzuwandeln, wobei dies allerdings nur im Umfang des werthaltigen Teils der Darlehensforderung gelingt. Alternativ könnte versucht werden, vorgenommene Einlagen, soweit ein das positive Kapitalkonto übersteigender Verlustanteil zu erwarten ist, am Jahresende durch Entnahmen zu neutralisieren und im Folgejahr wieder einzulegen. Hierbei wird man aber ggf. mit Widerstand der Finanzverwaltung rechnen müssen.

Erwirbt ein Kommanditist einen weiteren Kommanditanteil gegen Übernahme des negativen Kapitalkontos und zusätzliche Zahlung an den Ausscheidenden hinzu, ist die Zahlung an den ausscheidenden Kommanditisten nicht als nachträgliche Einlage des Erwerbers in das Gesellschaftsvermögen zu verstehen. Zwar sind die vergüteten Reserven in einer Ergänzungsbilanz zu aktivieren, wodurch sich ein höheres Kapitalkonto ergeben kann. Ein Korrekturposten i.S.d. oben dargestellten BFH-Rechtsprechung kann in diesem Fall aber auch vor Inkrafttreten des § 15 a Abs. 1 a EStG nicht gebildet werden (vgl. FG Köln v. 14.11.2013, EFG 2014, S. 911, nrk., Rev. eingelegt, Az. BFH: IV R 47/13).

Gestaltungs-möglichkeiten

Keine nachträgliche Einlage bei Hinzuerwerb eines Kommanditanteils und Zahlung an den Ausscheidenden

BEISPIEL 97 (Fortsetzung)

Auch vor Inkrafttreten des § 15 a Abs. 1 a EStG entsteht A durch die Zahlung an B kein zusätzliches Verlustausgleichspotential, da es sich nicht um eine nachträgliche Einlage in das Gesellschaftsvermögen handelt. Da aufgrund der Einheitlichkeit des Gesellschaftsanteils das Kapitalkonto des A weiterhin negativ ist, entsteht kein Verlustausgleichspotential.

VII Erweiterter Verlustausgleich bei überschießender Außenhaftung

Soweit Kommanditisten über die erbrachte Einlage hinaus für Verluste der Kommanditgesellschaft gemäß § 171 Abs. 1 HGB haften, sind Verlustanteile gemäß § 15 a Abs. 1 Sätze 2 und 3 EStG auch insoweit ausgleichsfähig, als sie zu einem negativen Kapitalkonto führen. Auch diese Vorschrift dient der Umsetzung des Grundgedankens des § 15 a EStG, Anteile am Verlust der Gesellschaft dann steuerlich wirksam werden zu lassen, wenn sie den Gesellschafter tatsächlich wirtschaftlich belasten.

Regelung des § 15 a Abs. 1 Sätze 2 und 3 EStG

Eine solche sogenannte »überschießende Außenhaftung« liegt z.B. vor, wenn der Kommanditist seine vertraglich vereinbarte Pflichteinlage noch nicht oder nicht vollständig erbracht hat oder wenn die im Innenverhältnis vereinbarte Pflichteinlage niedriger ist als die im Handelsregister eingetragene Haftsumme. Eine Haftung des Kommanditisten kann sich aber auch daraus ergeben, dass dem Gesellschafter seine Einlage zurückbezahlt wurde oder das Kapitalkonto aufgrund von Entnahmen unter

Mögliche Sachverhalte

die Haftsumme abgesunken ist. In diesen Fällen ergibt sich die Haftung aus § 172 Abs. 4 HGB, da die Einlage des Gesellschafters insoweit als nicht geleistet gilt. Dagegen begründen weder eine im Innenverhältnis vereinbarte Nachschusspflicht noch die Übernahme einer Bürgschaft einen erweiterten Verlustausgleich (vgl. SCHMIDT/WACKER, 2015, § 15 a Rz. 128).

BEISPIEL 103

B ist Kommanditist der Y-KG. Die vertraglich vereinbarte Pflichteinlage von 30.000 € hat er vollständig geleistet. Im Handelsregister ist für B eine Haftsumme von 50.000 € eingetragen. Auf B, dessen Kapitalkonto vor Verlustzurechnung am 31.12.03 der Pflichteinlage von 30.000 € entspricht, entfällt in 03 ein Verlustanteil von 60.000 €.

LÖSUNG Durch den Verlustanteil 03 entsteht für B ein negatives Kapitalkonto i. H. v. 30.000 €. Soweit B aufgrund der eingetragenen Haftsumme noch für Schulden der Gesellschaft haftet, sind die Verluste auch dann ausgleichs- oder abzugsfähig, wenn durch sie ein negatives Kapitalkonto entsteht oder sich erhöht. Da B noch mit 20.000 € haftet, sind insgesamt Verluste i. H. v. 50.000 € ausgleichs- oder abzugsfähig. Nur 10.000 € sind als lediglich verrechenbarer Verlust festzustellen. ◀|

Weitere Voraussetzungen

Gemäß § 15 a Abs. 1 Satz 3 EStG ist hierfür Voraussetzung, dass

- der Gesellschafter im Handelsregister eingetragen ist (Anmeldung reicht nicht aus!),
- das Bestehen der Haftung (nicht etwa das Bestehen haftungsbegründender Schulden, vgl. SCHMIDT/WACKER, 2015, § 15 a Rz. 133) nachgewiesen wird, und
- eine Vermögensminderung aufgrund der Haftung nicht durch Vertrag ausgeschlossen oder nach Art und Weise des Geschäftsbetriebs unwahrscheinlich ist.

Die erste Voraussetzung dürfte regelmäßig erfüllt sein; erkennbar wird hier jedoch, dass die überschießende Außenhaftung nur bei Kommanditisten zur Anwendung kommt, nicht dagegen bei den übrigen ggf. von § 15 a EStG erfassten Rechtsformen, da bei diesen keine Registereintragung erfolgt (vgl. zur Innen-GbR BFH v. 05. 02. 2002 – VII R 31/01, BFH/NV 2002, S. 973; zur typischen stillen Gesellschaft BFH v. 16. 10. 2007 – VIII R 21/06, BFH/NV 2008, S. 279; zur atypischen stillen Gesellschaft BFH v. 11. 03. 2003 – VIII R 33/01, BStBl. II 2003, S. 705; vgl. auch OFD Frankfurt v. 26. 11. 2010, HaufeIndex 2 766 615). Insbesondere die dritte Voraussetzung führt im Einzelfall zu erheblichen Auslegungsschwierigkeiten. Weniger problematisch ist dabei die Frage des Vorliegens eines vertraglichen Haftungsausschlusses; ein solcher ergibt sich etwa bei Abschluss von Rückversicherungsverträgen oder bankverbürgten Regressansprüchen gegen die Gesellschaft oder einzelne Gesellschafter (vgl. SCHMIDT/WACKER, 2015, § 15 a Rz. 134). Höchst problematisch ist dagegen die Beurteilung der Wahrscheinlichkeit einer zukünftigen Vermögensminderung aufgrund der Haftung. Hierbei ist nicht auf den status quo, sondern auf die voraussichtliche künftige Entwicklung des Unternehmens abzustellen. Die Annahme der Unwahrscheinlichkeit künftiger Vermögensminderungen kann dabei aufgrund der Prognoseunsicherheit wohl nur die Ausnahme sein. Nach der Rechtsprechung des BFH müsste dazu die finanzielle Ausstattung der Gesellschaft und deren gegenwärtige und zu erwartende Liquidität (nicht nur stichtagsbezogen) im Verhältnis zum nach dem Gesellschaftsvertrag festgelegten Gesellschaftszweck und dessen Umfang so außergewöhnlich günstig sein, dass die finanzielle Inanspruchnahme des zu beurteilenden Kommanditisten nicht zu erwarten ist (vgl. BFH v. 14.05.1991 – VIII R 111/86, BStBl. II 1992, S. 164; SCHMIDT/WACKER, 2015, § 15 a Rz. 135; BMF v. 30.06.1994, BStBl. I 1994, S. 355).

Zu beachten ist außerdem, dass die Erweiterung des Verlustausgleichs nicht mehrmalig hintereinander genutzt werden kann (vgl. BFH v. 26.08.1993 – IV R 112/91, BStBl. II 1994, S. 627).

Nur einmalige Inanspruchnahme

BEISPIEL 104

Wie Beispiel 103. In 04 entfällt auf B wiederum ein Verlustanteil von 60.000 €.
LÖSUNG Obwohl B auch in 04 weiterhin mit 20.000 € haftet, ist der Verlustanteil in voller Höhe lediglich verrechenbar, da B im Vorjahr bereits den erweiterten Verlustausgleich aufgrund der überschießenden Außenhaftung in Anspruch genommen hat. ◀

Folgerichtig führt eine Einlage des Kommanditisten, die geleistet wird, nachdem der Kommanditist die überschießende Außenhaftung bereits zu einem erweiterten Verlustausgleich genutzt hat, regelmäßig nicht zur Entstehung eines erneuten Verlustausgleichspotentials, denn durch die Einlage wird lediglich die Berechtigung zum Verlustausgleich, die sich im Verlustjahr zunächst aus der überschießenden Außenhaftung ergab, durch die insoweit haftungsbeendende Einlage ersetzt (vgl. BFH v. 10.06.1999 – IV B 126/98, BFH/NV 1999, S. 1461; siehe auch R 15 a Abs. 3 Satz 8 EStR).

Kein Verlustausgleichspotential aufgrund haftungsbeendender Einlage

Allerdings wirkt nicht jede Einlage ohne weiteres haftungsbeendend. Vielmehr kann der eine Einlage leistende Kommanditist im Wege einer negativen Tilgungsbestimmung die Rechtsfolge herbeiführen, dass die Haftungsbefreiung nach § 171 Abs. 1 HGB nicht eintritt. Dies führt dazu, dass die Einlage nicht mit der Haftsumme zu verrechnen ist, sondern im Umfang ihres Wertes die Entstehung oder Erhöhung eines negativen Kapitalkontos verhindert und auf diese Weise eine Erhöhung des Verlustausgleichsvolumens i.S.v. § 15 a Abs. 1 Satz 1 EStG bewirkt (vgl. BFH v. 11.10.2007 – IV R 38/05, BFH/NV 2008, S. 274; H 15 a »Einlagen« EStH). Dasselbe gilt, wenn bei Bestehen einer überschießenden Außenhaftung lediglich das Kommanditkapital vertraglich erhöht, die Erhöhung jedoch nicht im Handelsregister eingetragen wird. Auch in diesem Fall kann durch eine entsprechende negative Tilgungsvereinbarung erreicht werden, dass die Einlage nicht auf die noch ausstehende Haftsumme, sondern auf die Erhöhung der vertraglichen Kommanditeinlage vorgenommen wird (vgl. BFH v. 16.10.2008 – IV R 98/06, BStBl. II 2009, S. 272).

Negative Tilgungsbestimmung möglich

Im Fall einer ausländischen Kommanditgesellschaft ist fraglich, ob eine im ausländischen Register eingetragene Haftsumme einen erweiterten Verlustausgleich zu bewirken vermag. Nach dem Wortlaut des § 15 a EStG kommt dies kaum in Betracht, stellt doch § 15 a Abs. 1 Satz 2 EStG ausdrücklich auf eine sich nach § 171 HGB ergebende Haftung und eine in das (deutsche) Handelsregister erfolgte Eintragung des Kommanditisten ab. Zudem erklärt § 15 a Abs. 5 Nr. 3 EStG für Gesellschafter ausländischer Personengesellschaften nur § 15 a Abs. 1 Satz 1 EStG, nicht dagegen die Sätze 2 und 3 für anwendbar. Gleichwohl dürfte eine derartige Differenzierung jedenfalls bei Personengesellschaften im EU-Ausland tendenziell gegen die Niederlassungsfreiheit verstoßen und daher u.U. europarechtswidrig sein (offen gelassen in FG Düsseldorf v. 22.07.2011, EFG 2011, S. 1969, nrk., Rev. eingelegt, Az. BFH: IV R 7/14)

Nicht bei ausländischer Personengesellschaft

VIII Gewinnzurechnung bei Haftungs- oder Einlageminderung

Vermeidung missbräuchlicher Gestaltungen

Grundidee der Regelungen bezüglich der Gewinnzurechnung bei Haftungs- oder Einlageminderung nach § 15 a Abs. 3 EStG ist die Verhinderung missbräuchlicher Gestaltungen: Durch vorübergehende Erhöhung der Einlage oder der im Handelsregister eingetragenen Haftsumme könnten Kommanditisten einen höheren Verlustausgleich erreichen und anschließend die Beträge wieder entnehmen bzw. die Haftsumme wieder reduzieren.

Korrektur durch Gewinnzurechnung

§ 15 a Abs. 3 EStG belässt es zwar im Jahr der Erhöhung der Einlage bzw. des Haftungsbetrags bei dem hierdurch bewirkten erhöhten Verlustausgleich; allerdings wird dieser durch eine fiktive Gewinnzurechnung im Jahr der Einlage- oder Haftungsminderung wieder kompensiert. In gleicher Höhe wird sodann ein lediglich verrechenbarer Verlust festgestellt. Das Ergebnis dieser Vorgehensweise entspricht letzten Endes dem Fall, dass der zunächst ausgeglichene Verlust von Anfang an nur verrechenbar anstatt ausgleichs- oder abzugsfähig gewesen wäre.

1 Gewinnzurechnung bei Einlageminderung

Grundsatz

Soweit ein Kommanditist Verluste ausgeglichen hat und in den folgenden zehn Jahren durch Entnahmen ein negatives Kapitalkonto entsteht oder sich erhöht, ist im Umfang des zuvor vorgenommenen Verlustausgleichs eine Gewinnzurechnung vorzunehmen. Dies gilt jedoch dann nicht, wenn durch die Entnahme eine überschießende Außenhaftung i. S. v. § 171 Abs. 1 HGB entsteht, z. B. weil die Einlage als nicht erbracht gilt.

Gewinnzurechnung nur, soweit Haftung nicht wiederauflebt

Entnahmen führen also auch bei einem dadurch entstehenden negativen Kapitalkonto nicht zu einer Gewinnzurechnung, wenn durch die Entnahme nach § 171 Abs. 1 i. V. m. § 172 Abs. 4 HGB eine überschießende Außenhaftung wieder auflebt bzw. erstmals entsteht. Diese Rechtsfolge ist konsequent, denn in diesem Fall wäre auch bei einer bereits im Verlustjahr erfolgten Entnahme aufgrund der Regelung des § 15 a Abs. 1 Sätze 2 und 3 EStG der Verlustausgleich unberührt geblieben.

BEISPIEL 105 ▰▰▰▰▰▰▰▰▰▰▰▰▰▰▰▰▰▰▰▰▰▰▰▰▰▰▰▰

C ist seit 01.01.03 als Kommanditist mit 50 % an der Z-KG beteiligt. Die vertraglich vereinbarte Pflichteinlage (= Haftsumme) von 60.000 € hat er vollständig geleistet. Auf C entfällt in 03 ein Verlustanteil von 60.000 €. Am 10.01.04 entnimmt C 30.000 € in bar.
LÖSUNG In 03 ist der gesamte Verlustanteil i. H. v. 60.000 € ausgleichsfähig, da das Kapitalkonto aufgrund der vorgenommenen Einlage lediglich bis auf 0 € absinkt. In 04 entsteht durch die Entnahme ein negatives Kapitalkonto i. H. v. ./. 30.000 €. In Höhe dieses Betrags, maximal i. H. d. in den letzten 10 Jahren ausgeglichenen Verluste, ist dem C in 04 ein Gewinn zuzurechnen, soweit durch die Entnahme keine überschießende Außenhaftung entsteht. Dies ist hier jedoch der Fall: Nach § 172 Abs. 4 HGB gilt seine Einlage insoweit als nicht geleistet und die Außenhaftung des C lebt gemäß § 171 Abs. 1 HGB i. H. v. 30.000 € wieder auf. Eine Gewinnzurechnung ist daher hier nicht vorzunehmen. ◀

Wird gleichzeitig mit der Entnahme die Haftsumme im Handelsregister um den Betrag der Entnahme herabgesetzt, resultiert daraus kein Wiederaufleben der Haftung, so dass grundsätzlich eine Gewinnzurechnung zu erfolgen hat. Fraglich ist, ob dies auch dann gilt, wenn aufgrund der zuvor höheren Haftsumme eine Nachhaftung des Kommanditisten gegenüber Alt-Gläubigern gem. § 174 HGB weiter fortbesteht. Nach Auffassung des FG Münster (v. 10.10.2011, EFG 2012, S. 512, nrk., Rev. eingelegt, Az. BFH: IV R 58/11) bleibt eine Gewinnzurechnung hiervon unberührt; eine analoge Anwendung von § 15a Abs. 1 Satz 2, 3 EStG scheitere daran, dass dort explizit auf eine Außenhaftung nach § 171 Abs. 1 HGB, nicht aber auf eine Nachhaftung i. S. v. § 174 Halbsatz 2 HGB abgestellt würde.

Vermeidung der Gewinnzurechnung auch bei Nachhaftung?

Zu einem Wiederaufleben der persönlichen Haftung des Kommanditisten nach § 172 Abs. 4 Satz 1 HGB kommt es auch dann, wenn dieser eine über die Haftsumme hinaus geleistete Einlage, welche durch Verluste verbraucht ist, entnimmt und es dadurch zu einer (weiteren) Verminderung seines Kapitalkontos unter den Betrag der Haftsumme kommt (vgl. BGH v. 05.05.2008 – II ZR 105/07, DStR 2008, S. 1450; BÖTTCHER/KAUTZSCH, NZG 2008, S. 583). Steuerrechtlich folgt aus diesem Wiederaufleben der Haftung, dass eine zur Entstehung oder Erhöhung eines negativen Kapitalkontos führende Entnahme auch insoweit, als sie die Differenz zwischen Haftsumme und überschießender Pflichteinlage nicht überschreitet, also lediglich der Mehrbetrag entnommen wird, nicht zu einer Gewinnzurechnung nach § 15a Abs. 3 Satz 1 EStG führt (vgl. BFH v. 06.03.2008 – IV R 35/07, BStBl. II 2008, S. 867; vgl. auch SCHMIDT/WACKER, 2015, § 15a Rz. 156 in Beispiel 2). Dies ist konsequent, da in dieser Fallkonstellation die wirtschaftliche Belastung des Kommanditisten trotz Entnahme unverändert (hoch) geblieben ist: Die Verringerung seiner wirtschaftlichen Belastung durch die Entnahme ist durch das Wiederaufleben seiner persönlichen Haftung gemäß § 172 Abs. 4 Satz 1 HGB kompensiert worden.

Wiederaufleben der Haftung bei Entnahme zusätzlicher Einlagen

BEISPIEL 106 ▐

C ist seit 01.01.03 als Kommanditist mit 50% an der Z-KG beteiligt. Die vertraglich vereinbarte Pflichteinlage (= Haftsumme) von 30.000 € hat er vollständig geleistet. Am 29.12.03 tätigt C eine zusätzliche Bareinlage i. H. v. 30.000 €, die ihm auf seinem Kapitalkonto gutgeschrieben wird; die Haftsumme wird nicht erhöht. Das Kapitalkonto weist mithin am 31.12.03 vor Verlustzurechnung 60.000 € aus. Auf C entfällt in 03 ein Verlustanteil von 60.000 €. Am 10.01.04 entnimmt C 30.000 € in bar.

LÖSUNG In 03 ist der gesamte Verlustanteil i. H. v. 60.000 € ausgleichsfähig, da das Kapitalkonto aufgrund der vorgenommenen Einlage lediglich bis auf 0 € absinkt. In 04 entsteht durch die Entnahme ein negatives Kapitalkonto i. H. v. ./. 30.000 €. Infolge der Entnahme lebt gemäß § 172 Abs. 4 Satz 1 HGB die persönliche Haftung von C i. H. v. 30.000 € wieder auf. Eine Gewinnzurechnung gemäß § 15a Abs. 3 Satz 1 EStG ist nicht vorzunehmen. ◄▐

Zu einem Wiederaufleben der persönlichen Haftung trotz entnahmebedingten Entstehens eines negativen Kapitalkontos kommt es allerdings insoweit nicht, als die Entnahme die Haftsumme übersteigt, da nur i. H. d. Haftsumme die Haftung wieder aufleben kann. Der die wiederauflebende Haftung übersteigende Betrag der Entnahme führt dann zu einer Gewinnzurechnung nach § 15a Abs. 3 Satz 1 EStG (vgl. BFH v. 06.03.2008 – IV R 35/07, BFH/NV 2008, S. 867).

Entnahme übersteigt Haftsumme

Zudem sind Fälle denkbar, in denen eine Entnahme zwar steuerrechtlich, nicht aber handelsrechtlich vorliegt, so dass zivilrechtlich mangels Entnahme keine Haftung aufleben kann.

Nur steuerliche Entnahme

BEISPIEL 107 ▬▬▬▬▬▬

Wie Beispiel 106, jedoch tätigt C in 04 keine Barentnahme, sondern nutzt ab dem 01.01.04 mit Zustimmung der übrigen Gesellschafter ein der KG gehörendes, bisher als Lagerplatz verwendetes Grundstück im Wert von 60.000 €, um darauf ein privates Einfamilienhaus zu bauen. **LÖSUNG** Steuerlich liegt eine Entnahme des Grundstücks gemeinsam durch alle Gesellschafter vor, da es nunmehr ausschließlich zu privaten Zwecken eines Gesellschafters verwendet wird und daher die Qualifikation als steuerliches Betriebsvermögen der Kommanditgesellschaft verliert (vgl. BFH v. 16.03.1983 – IV R 36/79, BStBl. II 1983, S. 459; vgl. auch H 4.2 Abs. 11 EStH sowie C II 2.1). Auf C entfällt eine Entnahme von 30.000 €. Zivilrechtlich bleibt das Grundstück jedoch Eigentum und damit auch handelsrechtliches Bilanzvermögen der KG. Da es sich folglich handelsrechtlich nicht um eine Entnahme handelt, lebt auch keine Haftung wieder auf. In diesem Fall ist C aufgrund der (nur steuerlich vorliegenden) Entnahme gemäß § 15 a Abs. 3 Sätze 1 und 2 EStG ein fiktiver Gewinn i.H.v. 30.000 € zuzurechnen. In gleicher Höhe ist gemäß § 15 a Abs. 3 Satz 4 EStG per 31.12.04 ein verrechenbarer Verlust festzustellen. ◄|

Saldierung mit zwischenzeitlichen Gewinnen

Grundsätzlich ist die entnahmebedingte Gewinnzurechnung gemäß § 15 a Abs. 3 Satz 2 EStG begrenzt auf die ausgleichsfähigen Verlustanteile des Jahres der Einlageminderung und der zehn vorangegangenen Jahre. Bei Ermittlung des maximalen Hinzurechnungsbetrags sind allerdings die betreffenden Verlustanteile mit den Gewinnanteilen zu saldieren, mit denen sie hätten verrechnet werden können, wenn sie mangels eines ausreichenden Kapitalkontos nicht ausgleichsfähig, sondern lediglich verrechenbar i.S.d. § 15 a Abs. 2 EStG gewesen wären (vgl. BFH v. 20.03.2003 – IV R 42/00, BStBl II 2003, S. 798).

BEISPIEL 108 ▬▬▬▬▬▬

F ist seit 01.01.01 als Kommanditist an der G-KG beteiligt. Die vertraglich vereinbarte Pflichteinlage (= Haftsumme) von 20.000 € hat er vollständig geleistet. Auf F entfiel in den Jahren 01 und 02 jeweils ein Verlustanteil von 20.000 €. Im Jahr 02 leistete F eine zusätzliche Einlage von 20.000 €. Im Jahr 03 betrug sein Gewinnanteil 10.000 €. Am 10.01.04 entnimmt F 50.000 € in bar.

LÖSUNG

	Sachverhalt	Vergleichsfall
Pflichteinlage 01	20.000	0
Verlustanteil 01	./. 20.000	./. 20.000
Kapitalkonto 31.12.01	0	./. 20.000
Einlage 02	20.000	0
Verlustanteil 02	./. 20.000	./. 20.000
Kapitalkonto 31.12.02	0	./. 40.000
Entnahme 03	0	0
Gewinnanteil 03	10.000	10.000
Kapitalkonto 31.12.03	10.000	./. 30.000
Entnahme 04	./. 50.000	./. 10.000
Kapitalkonto nach Entnahme	./. 40.000	./. 40.000

Am 31.12.03 belief sich das Kapitalkonto des F auf 10.000 €. In 04 entsteht durch die Entnahme von 50.000 € ein negatives Kapitalkonto i.H.v. ./. 40.000 €. Eine Gewinnzurechnung scheidet von vornherein nach § 15 a Abs. 3 Satz 1 EStG bzgl. der Rückzahlung der Hafteinlage i.H.v. 20.000 € aus, da insoweit die Haftung wieder auflebt. Die Gewinnzurechnung ist daher insoweit auf 20.000 € begrenzt.

Weiterhin ist die Hinzurechnung auf diejenigen in den letzten 10 Jahren ausgleichs- oder abzugsfähigen Verluste beschränkt, die im Falle eines zu geringen Kapitalkontos bis zur Entnahme auch nicht mit späteren Gewinnen hätten verrechnet werden können. Zur Verdeutlichung diene der in der rechten Spalte dargestellte Vergleichsfall, in dem unterstellt sei, dass in den Jahren 01 und 02 keinerlei Einlagen geleistet und in 04 lediglich 10.000 € entnommen werden. In diesem Fall hätte zunächst der Verlust des Jahres 01 nach § 15 a Abs. 1 Satz 2 EStG ausgeglichen werden können. Dagegen wäre der Verlustanteil des Jahres 02 lediglich als verrechenbar festgestellt worden; hiervon würde im Jahr 03 ein Betrag von 10.000 € mit dem Gewinnanteil saldiert werden und es verblieben zum 31.12.04 verrechenbare Verluste i.H.v. 10.000 €.

Folglich ist im obigen Sachverhalt die Gewinnzurechnung auf lediglich 10.000 € zu begrenzen; in gleicher Höhe entstehen nach § 15 a Abs. 3 Satz 4 EStG verrechenbare Verluste.
◀|

Allerdings kommen für eine solche Saldierung nur diejenigen Gewinne in Betracht, die für eine Verrechnung mit den jeweiligen Verlusten, wenn sie lediglich verrechenbar gewesen wären, auch tatsächlich zur Verfügung gestanden hätten. Es kann demnach nicht ein Verlustanteil fiktiv mit dem Gewinnanteil eines vorangegangenen Jahres verrechnet werden (vgl. BFH v. 20.03.2003 – IV R 42/00, BStBl. II 2003, S. 798).

BEISPIEL 109

F ist seit 01.01.01 als Kommanditist an der G-KG beteiligt. Die vertraglich vereinbarte Pflichteinlage (= Hafteinlage) von 20.000 € hat er vollständig geleistet. Auf F entfiel in 01 ein Verlustanteil von 20.000 €. Im Jahr 02 betrug sein Gewinnanteil 10.000 €, in 03 entfiel auf ihn ein Verlustanteil von 20.000 €. F leistete in 03 eine zusätzliche Einlage von 10.000 €. Am 10.01.04 entnimmt F 40.000 € in bar.

LÖSUNG

	Sachverhalt	Vergleichsfall
Pflichteinlage 01	20.000	0
Verlustanteil 01	./. 20.000	./. 20.000
Kapitalkonto 31.12.01	0	./. 20.000
Gewinnanteil 02	10.000	10.000
Kapitalkonto 31.12.02	10.000	./. 10.000
Einlage 03	10.000	0
Verlustanteil 03	./. 20.000	./. 20.000
Kapitalkonto 31.12.03	0	./. 30.000
Entnahme 04	./. 40.000	./. 10.000
Kapitalkonto nach Entnahme	./. 40.000	./. 20.000

Am 31.12.03 belief sich das Kapitalkonto des F auf 0 €. In 04 entsteht durch die Entnahme von 40.000 € ein negatives Kapitalkonto i. H. v. ./. 40.000 €. Eine Gewinnzurechnung scheidet von vornherein nach § 15 a Abs. 3 Satz 1 EStG bzgl. der Rückzahlung der Hafteinlage i. H. v. 20.000 € aus, da in dieser Höhe die Haftung wieder auflebt. Die Gewinnzurechnung ist daher insoweit auf 20.000 € begrenzt.

Weiterhin ist die Hinzurechnung auf diejenigen in den letzten 10 Jahren ausgleichs- oder abzugsfähigen Verluste beschränkt, die im Falle eines zu geringen Kapitalkontos bis zur Entnahme auch nicht mit späteren Gewinnen hätten verrechnet werden können. Zur Verdeutlichung diene der in der rechten Spalte dargestellte Vergleichsfall, in dem unterstellt sei, dass in den Jahren 01 bis 03 keinerlei Einlagen geleistet und in 04 lediglich 10.000 € entnommen werden. In diesem Fall hätte zunächst der Verlust des Jahres 01 nach § 15 a Abs. 1 Satz 2 EStG ausgeglichen werden können. Der Gewinnanteil des Jahres 02 wäre steuerpflichtig gewesen und der Verlustanteil des Jahres 03 hätte zu einem verrechenbaren Verlust in gleicher Höhe geführt. Hieran hätte auch die Entnahme in 04 nichts geändert. Per 31.12.04 wäre unverändert ein verrechenbarer Verlust i. H. v. 20.000 € festzustellen gewesen.

Folglich bleibt es im obigen Sachverhalt bei einer Gewinnzurechnung von 20.000 €. ◀|

2 Gewinnzurechnung bei Haftungsminderung

Analog zur Behandlung der Einlageminderung erfolgt nach § 15 a Abs. 3 Satz 3 EStG auch dann eine Gewinnzurechnung, wenn die im Handelsregister eingetragene Haftsumme des Kommanditisten herabgesetzt wird und in den Vorjahren aufgrund einer überschießenden Außenhaftung ein erweiterter Verlustausgleich nach § 15 a Abs. 1 Sätze 2 und 3 EStG in Anspruch genommen wurde.

BEISPIEL 110

Wie Beispiel 106, jedoch erreicht C den vollständigen Verlustausgleich in 03 nicht durch eine zusätzliche Bareinlage von 30.000 €, sondern durch Eintragung einer Haftsumme von 60.000 €. Die im Innenverhältnis vereinbarte (und geleistete) Pflichteinlage beläuft sich wie in Beispiel 106 auf 30.000 €. In 04 wird die Haftsumme wieder auf 30.000 € abgesenkt. In 03 ist der gesamte Verlustanteil i. H. v. 60.000 € ausgleichsfähig. Zwar wird das Kapitalkonto durch den Verlust negativ (30.000 € abzgl. 60.000 € = ./. 30.000 €); es besteht aber eine überschießende Außenhaftung i. H. v. 30.000 €, da die im Handelsregister eingetragene Hafteinlage die geleistete Einlage um 30.000 € übersteigt. Daher ist nach § 15 a Abs. 1 Sätze 2 und 3 EStG der Verlust bis zu 30.000 € auch insoweit ausgleichsfähig, als dadurch ein negatives Kapitalkonto entsteht oder sich erhöht. In 04 ist jedoch i. H. d. Haftungsminderung, maximal i. H. d. in den letzten 10 Jahren aufgrund der überschießenden Außenhaftung ausgeglichenen Verluste, dem C ein Gewinn zuzurechnen. In gleicher Höhe ist gemäß § 15 a Abs. 3 Satz 4 EStG per 31.12.04 ein verrechenbarer Verlust festzustellen. Im Ergebnis wird C damit so gestellt, als hätte er keine überschießende Außenhaftung geltend machen können, da in diesem Fall die über das Kapitalkonto hinausgehenden Verlustanteile aus 03 lediglich verrechenbar gewesen wären. Es wird allerdings der Verlustausgleich des Jahres 03 nicht angetastet, sondern erst in 04, also im Jahr der Haftungsminderung, durch die Gewinnzurechnung eine Kompensation des »zu hohen« Verlustausgleichs des Jahres 03 vorgenommen. ◀|

K Besteuerung ausgewählter Mischformen

I GmbH & Co. KG

Als GmbH & Co. KG wird allgemein jede Kommanditgesellschaft bezeichnet, bei der zumindest ein Komplementär die Rechtsform der GmbII aufweist. Unter einer echten GmbH & Co. KG ist eine Kommanditgesellschaft zu verstehen, deren einziger persönlich haftender Gesellschafter eine GmbH ist, während die Kommanditisten natürliche Personen sind. Bei einer typischen GmbH & Co. KG sind darüber hinaus die Kommanditisten zugleich Gesellschafter der Komplementär-GmbH.

Echte und typische GmbH & Co. KG

BEISPIEL 111

Echte GmbH & Co. KG:

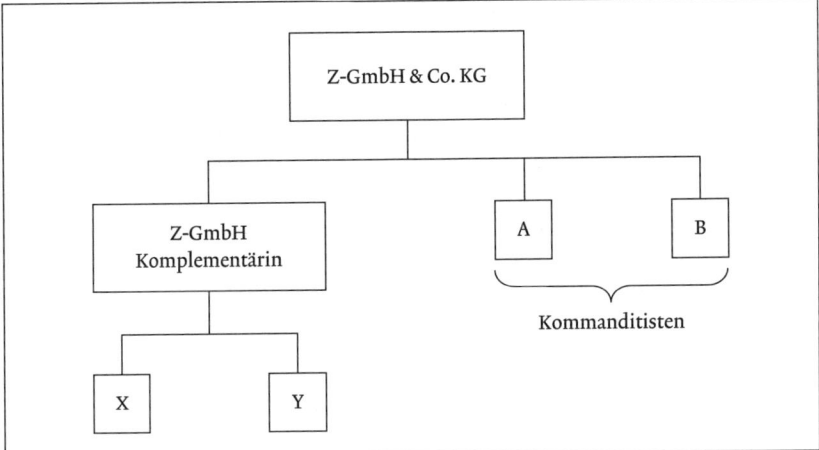

Typische GmbH & Co. KG:

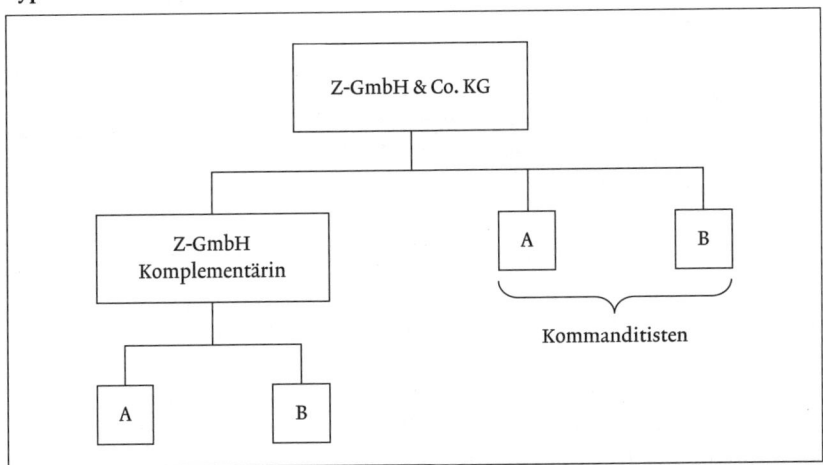

Nachfolgend sei von dem Fall einer typischen GmbH & Co. KG ausgegangen; die gleichfalls anzutreffenden doppel- oder auch mehrstöckigen Konstruktionen seien hingegen vernachlässigt (vgl. zu diesen und weiteren Ausprägungen der GmbH & Co. KG SCHMIDT/WACKER, 2015, § 15 Rz. 700).

GmbH & Co. KG ist Personengesellschaft

Trotz des Fehlens einer unbeschränkt haftenden natürlichen Person und der damit verbundenen wirtschaftlichen Nähe zur Kapitalgesellschaft wird die GmbH & Co. KG sowohl zivil- als auch steuerrechtlich als besondere Form der Kommanditgesellschaft, mithin als Personengesellschaft angesehen. Im Bereich der handelsrechtlichen Rechnungslegung dagegen werden Personengesellschaften, bei denen nicht wenigstens eine natürliche Person zumindest mittelbar als persönlich haftender Gesellschafter beteiligt ist, bezüglich der Vorschriften über die Aufstellung, Prüfung und Offenlegung des Jahresabschlusses weitgehend den Kapitalgesellschaften gleichgestellt (§ 264 a HGB). Steuerrechtlich verbleibt es hingegen dabei, dass die GmbH & Co. KG keine Kapitalgesellschaft i.S.v. § 1 Abs. 1 KStG ist, sondern grundsätzlich eine Mitunternehmerschaft i.S.d. § 15 Abs. 1 Nr. 2 EStG darstellt. Diese Einordnung gilt selbst für den Fall der sogenannten Publikums-GmbH & Co. KG, bei welcher der einzelne Kommanditist aufgrund des meist standardisierten Gesellschaftsvertrags letzten Endes lediglich den Status eines Kapitalanlegers hat (vgl. BFH v. 25.06.1984 – GrS 4/84, BStBl. II 1984, S. 751).

Besonderheiten gegenüber »normaler« KG

Gegenüber einer »normalen« Kommanditgesellschaft ergeben sich bei einer GmbH & Co. KG aus steuerrechtlicher Perspektive Besonderheiten bezüglich

- des Vorliegens einer gewerblichen Mitunternehmerschaft i.S.d. § 15 Abs. 1 Nr. 2 EStG;
- der Abgrenzung des Sonderbetriebsvermögens der Kommanditisten;
- der Qualifikation von Gesellschafter-Geschäftsführergehältern als Sondervergütungen i.S.v. § 15 Abs. 1 Nr. 2 EStG;
- der Angemessenheit der Gewinnverteilungsabrede;
- der Übertragung von Wirtschaftsgütern gemäß § 6 Abs. 5 Satz 5 und 6 EStG (vgl. hierzu E II 2.4.6).

1 Vorliegen einer gewerblichen Mitunternehmerschaft i.S.d. § 15 Abs. 1 Nr. 2 EStG

Ebenso wie bei den übrigen Personengesellschaften sind im Fall der GmbH & Co. KG mit der Gewerblichkeit der Gesellschaft sowie der Mitunternehmereigenschaft der Gesellschafter die Voraussetzungen für eine unmittelbare Anwendbarkeit des § 15 Abs. 1 Nr. 2 EStG zu prüfen.

1.1 Gewerblichkeit der GmbH & Co. KG

Ggf. gewerblich geprägte Personengesellschaft

Für die GmbH & Co. KG hält das Steuerrecht mit der gewerblichen Tätigkeit, der Abfärbung einer teilweisen gewerblichen Tätigkeit sowie der gewerblichen Prägung drei Möglichkeiten bereit, als gewerbliche Personengesellschaft eingestuft zu werden. Während die Gewerblichkeit kraft Ausübung einer gewerblichen Tätigkeit i.S.v. § 15 Abs. 2 EStG bzw. durch die Abfärbung einer solchen Tätigkeit auf den nichtgewerblichen Bereich grundsätzlich alle Personengesellschaften betrifft, stellt die typische GmbH & Co. KG den Paradefall einer gewerblich geprägten Personengesellschaft i.S.v. § 15 Abs. 3 Nr. 2 EStG dar. In diesem Fall resultiert bei einer nichtgewerblichen Tätigkeit der KG aus der alleinigen Komplementärsstellung der GmbH verbunden mit der Geschäftsführung durch die GmbH bzw. durch einen Nichtgesellschafter die Gewerblichkeit der KG insgesamt. Die in § 8 Abs. 2 KStG angeordnete Gewerblichkeit der Einkünfte der GmbH bestimmt insoweit die Einkunftsart der KG, unabhängig von deren tatsächlicher Tätigkeit. Im Einzelnen sei auf die Ausführungen in B II 4 verwiesen.

1.2 Mitunternehmerstellung der Komplementär-GmbH

Die Komplementär-GmbH erfüllt in aller Regel die für die Annahme einer Mitunternehmerstellung erforderlichen Kriterien der Mitunternehmerinitiative und des Mitunternehmerrisikos.

Die Möglichkeit zur Entfaltung von Mitunternehmerinitiative ist zumindest im Fall der echten GmbH & Co. KG schon deswegen anzunehmen, weil dem einzigen persönlich haftenden Gesellschafter allenfalls die Geschäftsführungsbefugnis, nicht aber die Vertretung der KG nach außen entzogen werden kann, da der Kommanditist gemäß § 170 HGB nicht zur Vertretung der Gesellschaft ermächtigt ist. Selbst wenn sich die GmbH die Beschränkung auferlegt hätte, von ihrer Vertretungsmacht keinen Gebrauch zu machen und diese durch Prokuristen oder Handlungsbevollmächtigte wahrnehmen ließe, würde eine solche Beschränkung nur im Innenverhältnis wirken. Da der GmbH nach wie vor die Möglichkeit belassen wäre, ihre Vertretungsmacht tatsächlich auszuüben, und sich zudem die Vertretungsmacht der Prokuristen und Handlungsbevollmächtigten von dem persönlich haftenden Gesellschafter herleitet, ist das Bestehen einer Mitunternehmerinitiative zu bejahen (vgl. BFH v. 11.06.1985 – VIII R 252/80, BStBl. II 1987, S. 33).

Mitunternehmer-initiative

Aufgrund ihrer unbeschränkten persönlichen Haftung ist die Position der Komplementär-GmbH grundsätzlich durch das Tragen von Mitunternehmerrisiko gekennzeichnet. Dies gilt selbst dann, wenn gesellschaftsvertraglich vereinbart worden ist, dass die GmbH am laufenden Ergebnis der KG nicht teilnimmt. Da die Kommanditisten nicht über ihre Einlage hinaus für Schulden der Gesellschaft haften, trifft die Komplementär-GmbH naturgemäß ein hohes mitunternehmerisches Risiko. Diesem Grundsatz steht nicht entgegen, dass die GmbH u.U. keine Einlageverpflichtung hat und sie infolgedessen am Vermögen der KG nicht beteiligt ist (vgl. BFH v. 03.02.1977 – IV R 122/73, BStBl. II 1977, S. 346).

Mitunternehmer-risiko

2 Besonderheiten bezüglich der Gewinnermittlung und -verteilung

2.1 Umfang des Betriebsvermögens

Bezüglich des Umfangs des Betriebsvermögens ergeben sich grundsätzlich keine Abweichungen gegenüber den für Personengesellschaften geltenden allgemeinen Zuordnungsregeln (vgl. C II 2.2). Dies bedeutet beispielsweise, dass Wirtschaftsgüter, welche im Eigentum der GmbH stehen und von dieser der KG zur Nutzung

Allgemeine Zuordnungsregeln finden Anwendung

überlassen werden, notwendiges Sonderbetriebsvermögen I der GmbH in ihrer Eigenschaft als Mitunternehmerin der KG sind, und nicht etwa der Steuerbilanz der GmbH selbst zuzuordnen sind (vgl. BFH v. 13.07.1993 – VIII R 50/92, BStBl. II 1994, S. 282 m.w.N.).

Kompl.-GmbH-Anteile sind beim Kommanditisten SBV II, wenn der Anteil mindestens 10 % umfasst ...

Zu beachten ist jedoch, dass bei der typischen GmbH & Co. KG die Gesellschaftsanteile an der Komplementär-GmbH regelmäßig zum notwendigen Sonderbetriebsvermögen II der Kommanditisten gehören, da sie den betreffenden Mitunternehmern eine Einflussmöglichkeit auf die Geschäftsführung der GmbH vermitteln, welche diese im wirtschaftlichen Interesse der KG ausüben können. Insofern erfährt die Mitunternehmerstellung der Kommanditisten durch ihre Beteiligung an der Komplementär-GmbH eine Verstärkung, so dass die Zurechnung der GmbH-Anteile zum Sonderbetriebsvermögen II gerechtfertigt ist. Anders als die Finanzverwaltung ist allerdings der BFH der Auffassung, eine Minderheitsbeteiligung des Kommanditisten an der Komplementär-GmbH von weniger als 10 % könne regelmäßig keinen erheblichen Einfluss auf die Geschäftsführung der GmbH & Co. KG vermitteln und gehöre daher selbst dann nicht zum notwendigen Sonderbetriebsvermögen, wenn die Komplementär-GmbH erheblich (im entschiedenen Fall zu 99 %) an der GmbH & Co. KG beteiligt ist (vgl. BFH v. 16.04.2015 – IV R 1/12, DStR 2015, S. 1362).

... und die Kompl.-GmbH keinen eigenen Geschäftsbetrieb hat

Unabhängig von der Höhe der Beteiligung erfolgt die Zurechnung zum notwendigen Sonderbetriebsvermögen II nur dann, wenn die GmbH keine andere gewerbliche Tätigkeit ausübt oder ihr eigener Geschäftsbetrieb von nur untergeordneter Bedeutung ist. Erlangt hingegen der eigene Geschäftsbetrieb der GmbH eine gewisse Bedeutung und liegt auch keine anderweitige wirtschaftliche, über die gesellschaftsrechtliche Beteiligung und die Geschäftsführertätigkeit hinausgehende Verflechtung der GmbH mit der KG vor, so besteht eine eigene, von den Geschicken der KG losgelöste Interessensphäre der GmbH mit der Folge, dass die GmbH-Anteile zum Privatvermögen der Kommanditisten gehören, es sei denn, sie werden als gewillkürtes Sonderbetriebsvermögen II in der Sonderbilanz des Kommanditisten aktiviert (vgl. BFH v. 07.07.1992 – VIII R 2/87, BStBl. II 1993, S. 328 sowie OFD München v. 02.04.2001, DStR 2001, S. 1032; zu Anteilen eines Kommanditisten an einer GmbH, die wiederum Kommanditistin derselben KG ist, vgl. BFH v. 23.01.2001 – VIII R 12/99, BStBl. II 2001, S. 825; siehe hierzu auch C II 2.2.1).

Konsequenzen

Erfolgt nach diesen Grundsätzen eine Zurechnung der Geschäftsanteile zum Sonderbetriebsvermögen, führen Ausschüttungen seitens der Komplementär-GmbH bei den sie empfangenden Mitunternehmern nicht zu Einkünften aus Kapitalvermögen, sondern werden gemäß § 15 Abs. 1 Nr. 2 EStG i.V.m. § 20 Abs. 8 EStG in gewerbliche Einkünfte umqualifiziert. Darüber hinaus führt ein im Veräußerungsfall entstehender Veräußerungsgewinn oder -verlust zu Sonderbetriebseinnahmen. In beiden Fällen sind das Teileinkünfteverfahren bzw. § 8 b KStG anzuwenden. Die §§ 17, 20 Abs. 2 EStG finden keine Anwendung.

2.2 Geschäftsführungsvergütungen

Grundsätzlich obliegt bei einer typischen GmbH & Co. KG die Geschäftsführung der Komplementär-GmbH, mit der Folge, dass die Geschäftsführung der KG regelmäßig durch den Geschäftsführer der Komplementär-GmbH ausgeübt wird.

Die steuerrechtliche Behandlung der GmbH-Geschäftsführergehälter hängt einerseits davon ab, ob der Geschäftsführer der GmbH zugleich an der GmbH & Co. KG als Mitunternehmer beteiligt ist. Andererseits ist von Bedeutung, ob er im Rahmen seiner Geschäftsführungstätigkeit ausschließlich für den Geschäftsbetrieb der KG oder daneben auch für den eigenen Geschäftsbetrieb der GmbH tätig wird.

2.2.1 Geschäftsführer der GmbH ist kein Mitunternehmer der KG

Ist der Geschäftsführer der GmbH nicht zugleich auch Mitunternehmer der KG, so stellen für diesen Fremd-Geschäftsführer die Gehaltzahlungen grundsätzlich Einkünfte aus nichtselbständiger Arbeit gemäß § 19 EStG dar. Für die GmbH liegen i. H. d. Gehalts sowie der freiwilligen und gesetzlichen Sozialaufwendungen Betriebsausgaben vor, die insoweit als Sonderbetriebsausgaben im Rahmen der einheitlichen und gesonderten Gewinnfeststellung zu erfassen sind, als sie für die Geschäftsführung der KG aufgewendet werden. Die GmbH hat einen Anspruch auf Ersatz der Aufwendungen durch die KG, soweit die Geschäftsführung nicht bereits im allgemeinen Gewinnanteil abgegolten ist. Der Aufwendungsersatz stellt bei der GmbH Sonderbetriebseinnahmen, auf Ebene der Gesamthand der KG Aufwand dar. **SoBA für die GmbH; Einkünfte gemäß § 19 EStG für den Geschäftsführer**

Ist das von der GmbH gezahlte Geschäftsführergehalt überhöht, ist hierin regelmäßig eine verdeckte Gewinnausschüttung zu sehen, wenn der Geschäftsführer Anteilseigner der GmbH ist oder einem solchen Anteilseigner nahe steht. Andernfalls stellt auch die überhöhte Gehaltzahlung in voller Höhe eine Sonderbetriebsausgabe dar (vgl. KLINGEBIEL in D/P/M, § 8 Abs. 3 Teil D KStG, Tz. 1231 ff.; WASSERMEYER, GmbHR 1999, S. 18, 21). **Bei unangemessenem Gehalt ggf. vGA**

Im Verhältnis der Komplementär-GmbH zur KG ist insbesondere die umsatzsteuerliche Behandlung der Vergütungen für Geschäftsführungs- und Vertretungsleistungen von Bedeutung. Diese richtet sich grundsätzlich danach, ob der Geschäftsführer selbständig tätig wird und die zwischen den Beteiligten getroffenen Vereinbarungen auf einen Leistungsaustausch gegen Sonderentgelt gerichtet sind (vgl. A 1.6 Abs. 3 UStAE). **Umsatzsteuer**

Erbringt die Komplementär-GmbH Geschäftsführungs- und Vertretungsleistungen für die KG, ist sie als juristische Person regelmäßig selbständig tätig. Ist sie zudem nicht am Vermögen und Ergebnis der KG beteiligt, ist in einer Vergütung für ihre Geschäftsführungs- und Vertretungsleistung ein Sonderentgelt zu sehen, so dass regelmäßig ein steuerbarer Leistungsaustausch vorliegt. Auch eine für die Übernahme der unbeschränkten Haftung gezahlte Vergütung (sogenannte Haftungsprämie, siehe hierzu K I 2.4.1) ist als zusätzliches Sonderentgelt für die steuerpflichtige Geschäftsführungs- und Vertretungsleistung anzusehen (vgl. BFH v. 03. 03. 2011 – V R 24/10, BStBl. II 2011, S. 950; A 1.6 Abs. 6 UStAE). **Vergütung an Komplementär-GmbH i. d. R. USt-pflichtig**

Die Umsatzsteuerpflicht der Geschäftsführungs- und Vertretungsleistungen ist insbesondere dann problematisch, wenn auf der Seite der GmbH & Co. KG als Leistungsempfänger der Vorsteuerabzug ausgeschlossen ist. In diesen Fällen kann sich ggf. die Bildung einer sogenannten Einheits-GmbH & Co. KG anbieten, bei der die KG Alleingesellschafterin der Komplementär-GmbH ist, denn in diesem Fall kann eine umsatzsteuerliche Organschaft vorliegen mit der Folge, dass die Komplementär-GmbH ihre Tätigkeit nicht selbständig ausübt. **U. U. Organschaft bei Einheits-GmbH & Co. KG**

2.2.2 Geschäftsführer der GmbH ist zugleich Mitunternehmer der KG

2.2.2.1 Laufende Vergütungen

Gewerbliche Einkünfte für den Geschäftsführer, soweit mittelbar für die KG tätig

Ist der GmbH-Geschäftsführer zugleich als Mitunternehmer, beispielsweise als Kommanditist an der KG beteiligt, so ergeben sich für die Komplementär-GmbH keine Änderungen gegenüber den vorgenannten Grundsätzen. Für den Gesellschafter-Geschäftsführer liegen nun allerdings Vergütungen i. S. v. § 15 Abs. 1 Nr. 2 EStG vor, da er letztlich Tätigkeiten im Dienste der KG ausübt. Dabei ist es unerheblich, ob der Anstellungsvertrag mit der GmbH oder unmittelbar mit der KG geschlossen wurde (vgl. BFH v. 06.07.1999 – VIII R 46/94, BStBl. II 1999, S. 720 m. w. N.). Unterhält die GmbH neben ihrer Tätigkeit als Komplementärin der GmbH & Co. KG einen eigenen Geschäftsbetrieb und führt der Kommanditist auch diesbezüglich die Geschäfte der GmbH, so erzielt er insoweit Einkünfte aus nichtselbständiger Arbeit i. S. v. § 19 EStG. In diesem Fall ist sein Gehalt bezüglich der steuerlichen Behandlung aufzuteilen, so dass nur der Teil, durch welchen die mittelbaren Dienste des Kommanditisten für die KG vergütet werden, in gewerbliche Einkünfte umqualifiziert wird (vgl. SCHMIDT/WACKER, 2015, § 15 Rz. 717; H 15.8 Abs. 3 »Tätigkeitsvergütungen« EStH). Nach Auffassung des BFH setzt eine Aufteilung voraus, dass die beiden Tätigkeiten hinreichend voneinander abgrenzbar sind; andernfalls lägen in vollem Umfang Einkünfte i. S. v. § 19 EStG vor. Allerdings könne die Abgrenzung anhand des von der Komplementär-GmbH erstatteten Teils der Aufwendungen für die Geschäftsführung vorgenommen werden (vgl. BFH v. 14.02.2006 – VIII R 40/03, BFH/NV 2006, S. 1198).

Umsatzsteuer

Umsatzsteuerlich liegt ein Leistungsaustausch zwischen dem Kommanditisten und der Komplementär-GmbH nur vor, wenn die Tätigkeit als selbständig einzustufen ist. Hierbei kommen Einkommen- und Umsatzsteuerrecht regelmäßig zu denselben Ergebnissen. Unerheblich ist es aber nach Auffassung der Finanzverwaltung, dass das Gehalt einkommensteuerlich gemäß § 15 Abs. 1 Nr. 2 EStG in eine Sondervergütung umqualifiziert wird, denn allein hieraus könne noch nicht auf eine selbständige Tätigkeit geschlossen werden. Vielmehr sei auf die allgemeinen zur Abgrenzung des Arbeitnehmerbegriffs entwickelten Grundsätze (H 67 »Allgemeines« LStH) zurückzugreifen (vgl. A 2.2 Abs. 2 UStAE). Soweit danach eine selbständige Tätigkeit vorliegt, ist zu prüfen, ob die Leistung im Rahmen eines Leistungsaustausches gegen Sonderentgelt erbracht wird. Hiervon ist regelmäßig auszugehen, wenn der Kommanditist neben seiner Beteiligung am Gewinn und Verlust eine gesondert vereinbarte Vergütung erhält, die auf der Ebene des Gesamthandsvermögens im Rahmen der Gewinnermittlung aufwandswirksam erfasst wird. Auf die Bezeichnung kommt es nicht an (vgl. A 1.6 Abs. 3 f. UStAE).

2.2.2.2 Pensionszusagen

Pensionszusage durch Komplementär-GmbH ist ebenfalls Sondervergütung

Wird dem geschäftsführenden Kommanditist von der Komplementär-GmbH eine Pensionszusage gegeben, ist die Zusage insoweit, als sie aus der Tätigkeit für die KG resultiert, Bestandteil der Tätigkeitsvergütung i. S. v. § 15 Abs. 1 Nr. 2 EStG. Der Pensionsanspruch ist, korrespondierend mit der Sonderbetriebsausgaben auslösenden Rückstellungsbildung bei der Komplementär-GmbH, ausschließlich in der Sonderbilanz des begünstigten Kommanditisten zu aktivieren (vgl. BFH v. 30.03.2006 –

IV R 25/04, BStBl II 2008, S. 171; v. 14.02.2006 -VIII R 40/03, BStBl II 2008, S. 182). Einer Rückstellungsbildung in der Gesamthandsbilanz der KG bedarf es insoweit nicht (vgl. BMF v. 29.01.2008, BStBl. I 2008, S.317, S. 299, Tz. 12). Gleichwohl besteht regelmäßig ein Anspruch der GmbH auf Ersatz der Aufwendungen für die Geschäftsführung, der zumeist auch eine Erstattung des aus der Bildung der Pensionsrückstellung resultierenden Aufwands beinhalten dürfte.

2.2.2.3 Überhöhte Vergütungen

Ist das von der GmbH gezahlte Geschäftsführergehalt überhöht, hängen die Rechtsfolgen zum einen davon ab, ob der Geschäftsführer neben seiner Stellung als Kommanditist auch Anteilseigner der Komplementär-GmbH ist (vgl. KLINGEBIEL, in D/P/M, § 8 Abs. 3 Teil D KStG, Tz. 1231ff.); zusätzlich ist danach zu differenzieren, ob die Komplementär-GmbH auch den überhöhten Teil des Gehalts von der KG ersetzt bekommt.

Bei unangemessenem Gehalt ...

Ist der Gesellschafter-Geschäftsführer zugleich auch Anteilseigner der Komplementär-GmbH, ist der unangemessene Teil des Gehalts insoweit, als er der GmbH nicht ersetzt wird, als vGA bei der KSt-Veranlagung der GmbH zu erfassen. Beim Geschäftsführer stellt diese vGA bei Zugehörigkeit der GmbH-Anteile zum Sonderbetriebsvermögen II Sonderbetriebseinnahmen des Gesellschafter-Geschäftsführers bei der KG dar und unterliegt infolgedessen dem Teileinkünfteverfahren. Dagegen ist der unangemessene Teil des Gehalts insoweit, als er der GmbH von der KG ersetzt wird, als Entnahme des Gesellschafter-Geschäftsführers aus der KG zu behandeln (vgl. WASSERMEYER, GmbHR 1999, S. 18, 21).

... vGA/SoBE oder Entnahme, wenn GF zugleich Gesellschafter der GmbH

Ist der Gesellschafter-Geschäftsführer kein Anteilseigner der Komplementär-GmbH und steht er auch keinem solchen Anteilseigner nahe, stellt auch der nicht ersetzte unangemessene Teil des Gehalts Sondervergütungen i.S. v. § 15 Abs. 1 Nr. 2 EStG dar; eine verdeckte Gewinnausschüttung liegt nicht vor. Soweit der unangemessene Teil der GmbH von der KG ersetzt wird, ist eine Entnahme des Gesellschafter-Geschäftsführers anzunehmen (vgl. WASSERMEYER, GmbHR 1999, S. 18, 21).

... Sondervergütung oder Entnahme, wenn GF kein Gesellschafter der GmbH

2.3 Anwendung der Zinsschrankenregelung

Zur Anwendung der Zinsschrankenregelung des § 4h EStG (siehe hierzu allgemein C IV 2.3.3) bei einer GmbH & Co. KG ist zu klären, in welchen Fällen die KG und die allein haftende GmbH als Konzern zu qualifizieren sind und ob die KG als nachgeordnete Personengesellschaft i.S.d. § 4h Abs. 2 Satz 2 EStG gilt.

2.3.1 Konzernzugehörigkeit im Fall einer GmbH & Co. KG

Nach u.E. zutreffender Ansicht der Finanzverwaltung sind die Komplementär-GmbH und die KG als ein einheitlicher Betrieb i.S.d. Zinsschrankenregelung anzusehen, wenn sich die Tätigkeit der Komplementär-GmbH auf die Übernahme der Haftung und Geschäftsführung der KG beschränkt (vgl. BMF v. 04.07.2008, BStBl. I 2008, S. 718, Tz. 66). § 4h EStG kommt daher in diesem Fall aufgrund der Standalone Klausel nicht zur Anwendung, wenn weder bei der GmbH noch bei der KG eine anderweitige Konzernzugehörigkeit besteht (vgl. hierzu BLUMENBERG/BENZ,

KG und GmbH sind ein gemeinsamer Betrieb, wenn ...

2007, S. 143) und die KG auch keine nachgeordnete Personengesellschaft mit schädlicher Gesellschafterfremdfinanzierung darstellt. Gleichwohl ist zu konstatieren, dass in dieser Konstellation die Zinsschrankenregelung regelmäßig auch durch Anwendung der Escape-Klausel vermieden werden könnte, da der Einbezug der Komplementär-GmbH keine nennenswerte Änderung der Eigenkapitalquote nach sich ziehen dürfte (vgl. SCHMITZ-HERSCHEIDT, BB 2008, S. 699, 701).

... die GmbH keine eigene Geschäftstätigkeit entfaltet

Kein einheitlicher Betrieb liegt dagegen vor, wenn die Komplementär-GmbH eine eigene Geschäftstätigkeit entfaltet. Hierfür soll es nach Auffassung der Finanzverwaltung bereits ausreichen, dass der Komplementär-GmbH nach den Grundsätzen der Zinsschrankenregelung Zinsaufwendungen zugerechnet werden (vgl. vgl. BMF v. 04.07.2008, BStBl. I 2008, S. 718, Tz. 66). Diese Aussage ist (zumindest) missverständlich, lässt sie sich doch so auslegen, dass eine eigene Geschäftstätigkeit bereits anzunehmen wäre, wenn die GmbH an der KG vermögensmäßig beteiligt ist, denn in diesem Fall sind die im Gesamthandsbereich entstehenden nicht abzugsfähigen Zinsaufwendungen der Komplementär-GmbH nach dem allgemeinen Gewinnverteilungsschlüssel zuzurechnen. Geht man dagegen davon aus, dass mit der »Zurechnung« nicht die gesellschafterbezogene Zurechnung nichtabziehbarer Betriebsausgaben nach § 4h EStG, sondern vielmehr das Vorhandensein eigener nach § 4h EStG zu prüfender Zinsaufwendungen zum eigenen Betrieb der GmbH gemeint ist, so müsste die GmbH eigene Zinsaufwendungen haben; dies ist eher unwahrscheinlich.

U.E. müsste die Komplementär-GmbH dagegen in nennenswertem Umfang außerhalb der GmbH & Co. KG tätig werden. Auch die Erzielung von Sonderbetriebseinnahmen reicht hierfür nicht aus, etwa wenn der KG Grundstücke vermietet oder Darlehen gewährt werden. Nur wenn nach diesen Grundsätzen tatsächlich eine eigene Geschäftstätigkeit der Komplementär-GmbH vorliegt, sind die Komplementär-GmbH und die KG als zwei verschiedene Betriebe i.S.d. Zinsschrankenregelung aufzufassen, für welche die Zinsschranke jeweils getrennt zu prüfen ist.

In diesem Fall ist zu klären, ob die beiden Betriebe zu einem Konzern i.S.d. Zinsschranke zählen, so dass zu deren Vermeidung bei beiden beteiligten Gesellschaften jeweils nur die Anwendung der Escape-Klausel in Frage kommt. In der Literatur wird zur Annahme eines Konzerns gefordert, dass entweder eine der beiden Gesellschaften an der jeweils anderen mehrheitlich beteiligt ist oder ein an beiden Gesellschaften beteiligter Mehrheitsgesellschafter existiert (SCHMITZ-HERSCHEIDT, BB 2008, S. 699, 701, 704; zweifelnd BLUMENBERG/BENZ, 2007, S. 145). Jedenfalls in den Fällen der sogenannten Einheits-GmbH & Co. KG, bei der die KG selbst die Anteile an der Komplementär-GmbH hält, dürfte ein Konzern wohl zwingend vorliegen. U.E. muss es zur Qualifikation eines Konzernverhältnisses nicht zwingend auf die Beteiligungsverhältnisse ankommen, denn bereits die (alleinige) Geschäftsführungsbefugnis der mitunternehmerisch beteiligten Komplementär-GmbH könnte ggf. zur Begründung eines Konzernverhältnisses ausreichen. Zumeist dürfte daher bei einer GmbH & Co. KG, bei der die GmbH und die KG keinen einheitlichen Betrieb i.S.v. § 4h EStG darstellen, das Vorliegen eines Konzerns zu bejahen sein.

2.3.2 Vorliegen einer nachgeordneten Personengesellschaft

Bei einer Personengesellschaft, die einer Kapitalgesellschaft nachgeordnet ist, kommen gemäß § 4 h Abs. 2 Satz 2 EStG die Stand-alone-Klausel und die Escape-Klausel nur dann zur Anwendung, wenn keine schädliche Gesellschafterfremdfinanzierung i. S. v. § 8 a KStG vorliegt.

Keine »Nachord-nung« bei einheit-lichem Betrieb

Im Fall einer GmbH & Co. KG kann diese »Nachordnung« zunächst nur von Relevanz sein, wenn die Komplementär-GmbH und die KG nicht nach den oben ausgeführten Grundsätzen als ein einheitlicher Betrieb anzusehen sind. Die KG kann der Komplementär-GmbH bei dieser Sichtweise also nur nachgeordnet sein, wenn die Komplementär-GmbH eine eigene Geschäftstätigkeit entfaltet. Dies erscheint auch deshalb gerechtfertigt, weil die aufgrund von § 4 h Abs. 2 Satz 2 EStG auch für nachgeordnete Personengesellschaft geltenden Regelungen des § 8 a KStG verhindern sollen, dass eine schädliche Gesellschafter-Fremdfinanzierung von einer Kapitalgesellschaft auf eine nachgeordnete Personengesellschaft verlagert wird; dies setzt aber voraus, dass eigentlich die »vorgelagerte« Kapitalgesellschaft ursprünglich das Fremdkapital erhalten sollte, was bei einer lediglich zur Haftungsbegrenzung dienenden Komplementär-GmbH kaum anzunehmen ist.

Ansonsten ist die KG nachgeordnet

Liegen bei einer GmbH & Co. KG tatsächlich zwei Betriebe i. S. d. § 4 h EStG vor, ist regelmäßig davon auszugehen, dass die KG als der Komplementär-GmbH nachgeordnet zu qualifizieren ist. Dies gilt (vermutlich) unabhängig von der Beteiligungsquote der Komplementär-GmbH (vgl. SCHMITZ-HERSCHEIDT, BB 2008, S. 699, 700). Hinsichtlich der Frage, wann in diesen Fällen die Anwendung der Stand-alone-Klausel und der Escape-Klausel aufgrund einer schädlichen Gesellschafterfremdfinanzierung ausgeschlossen ist, gelten die Ausführungen unter C IV 2.3.3.5 entsprechend.

2.4 Angemessenheit der Gewinnverteilungsabrede

Kriterien der Angemessenheit

Grundsätzlich kann die Gewinnverteilung im Innenverhältnis der Gesellschafter einer KG frei vereinbart werden. Allerdings kann es insbesondere dann, wenn die Komplementärin eine Kapitalgesellschaft ist, die von den Kommanditisten beherrscht wird, aus steuerrechtlicher Perspektive notwendig sein, die Angemessenheit der vertraglich vereinbarten Gewinnverteilung zu überprüfen. Insbesondere im Fall einer zu geringen Gewinnbeteiligung der Komplementär-GmbH besteht die Gefahr einer verdeckten Gewinnausschüttung gemäß § 8 Abs. 3 KStG zugunsten der Gesellschafter der Komplementär-GmbH, die zugleich Kommanditisten der KG sind. Prüfmaßstab ist dabei grundsätzlich der Beitrag des jeweiligen Gesellschafters zum Erreichen des Gesellschaftszwecks; hierbei sind insbesondere die Kapitaleinlage und die sonstigen Tätigkeiten der Gesellschafter für die Gesellschaft zu berücksichtigen. Danach ist die Gewinnbeteiligung der GmbH regelmäßig anzuerkennen, wenn sie auf Dauer den Ersatz der Auslagen (z. B. für die Geschäftsführung) und eine den Kapitaleinsatz und das eventuell vorhandene Haftungsrisiko gebührend berücksichtigende Beteiligung am Gewinn in einer Höhe vorsieht, mit der sich eine aus gesellschafterfremden Personen bestehende GmbH zufrieden gegeben hätte (vgl. BFH v. 15. 11. 1967 – IV R 139/67, BStBl. II 1968, S. 152). Dabei ist danach zu unterscheiden, ob die GmbH selbst eine Kapitaleinlage erbracht hat oder am Vermögen der KG selbst nicht beteiligt ist.

2.4.1 GmbH ist nicht am Kapital der KG beteiligt

Grundsatz: angemessene Leistungsvergütung

Ist die GmbH am Eigenkapital der KG nicht beteiligt, so ist auch eine Beteiligung der GmbH am laufenden Ergebnis der KG nicht zwingend erforderlich, da es insoweit der GmbH freisteht, das ihrem (eingezahlten) Stammkapital entsprechende Vermögen anderweitig ertragbringend zu verwenden und auf diese Weise eine angemessene Rendite der (eingezahlten) Stammeinlagen der Gesellschafter zu erwirtschaften (vgl. KLINGEBIEL, in D/P/M, § 8 Abs. 3 Teil D KStG, Tz. 1241). Erforderlich ist aber eine angemessene Vergütung der seitens der GmbH der KG zur Verfügung gestellten Leistungen, welche in der Erbringung von Geschäftsführungs- und Vertretungsleistungen, der Übernahme des Haftungsrisikos durch Einnahme der Komplementärstellung sowie ggf. durch Gewährung von Darlehen zu erblicken sind.

Entgelt für Geschäftsführung

Für die Wahrnehmung der Geschäftsführung der KG steht der Komplementär-GmbH ein angemessenes Entgelt zu, dass sich an der Höhe der von der GmbH verauslagten Geschäftsführungsgehälter orientiert, soweit diese nach allgemeinen Grundsätzen als angemessen anzusehen und durch die Geschäfte der KG veranlasst sind.

Haftungsprämie

Dass eine angemessene Gewinnverteilungsabrede im Fall der Nichtbeteiligung der GmbH am Vermögen der KG eine Haftungsprämie erfordert, wird durch den Vergleich mit einer sich aus gesellschafterfremden Personen zusammensetzenden Komplementär-GmbH deutlich. In einem derartigen Fall würde diese nämlich ein Entgelt für die Übernahme des Risikos fordern, für die Schulden der KG in Anspruch genommen zu werden und auf diesem Wege ihr eigenes Vermögen zu verlieren. Die Höhe der Haftungsprämie gilt als angemessen, soweit sie sich in Anlehnung an die Höhe banküblicher Avalprovisionen auf 1 % – 5 % p.a. des für die Schulden der KG haftenden GmbH-Vermögens beläuft (vgl. BFH v. 03.02.1977 – IV R 122/73, BStBl. II 1977, S. 346). Im Einzelfall sind das tatsächliche Haftungsrisiko und der Umfang des Vermögens der GmbH angemessen zu berücksichtigen. Die Haftungsprämie kann grundsätzlich bereits in der Gewinnverteilungsabrede (als sogenanntes Gewinnvorab) enthalten sein. Eine nachträgliche Korrektur des gesamthänderischen Ergebnisses der KG ist in diesem Fall nicht erforderlich, da die Haftungsprämie vor der Verteilung des Restgewinns direkt als Gewinnanteil der GmbH zugerechnet wird. Ist hingegen die Haftungsprämie außerhalb der Gewinnverteilungsabrede durch gesonderten Vertrag vereinbart worden, so stellt sie für die KG Aufwand dar und ist bei der GmbH entsprechend als Sonderbetriebseinnahme zu erfassen.

Bei unangemessen geringer Gewinnbeteiligung vGA

Deckt die Haftungsprämie das bestehende Risiko nicht oder nicht ausreichend ab oder werden beispielsweise die Geschäftsführungsgehälter nicht in dem erforderlichen Umfang durch die KG ersetzt, so liegt eine verdeckte Gewinnausschüttung (vGA) gemäß § 8 Abs. 3 KStG seitens der GmbH an ihre Gesellschafter vor, da sie ihnen als Kommanditisten der GmbH & Co. KG durch den Verzicht auf die Haftungsprämie bzw. auf den vollständigen Ersatz der Geschäftsführungsgehälter einen Vorteil in Form einer verhinderten Vermögensmehrung zuwendet, ohne dass dies auf einem den gesellschaftsrechtlichen Bestimmungen entsprechenden Gewinnverwendungsbeschluss beruht. Dabei muss die Vorteilsgewährung durch das Gesellschaftsverhältnis veranlasst sein, wobei es gleichgültig ist, ob der Vorteil dem GmbH-Gesellschafter unmittelbar oder mittelbar durch einen erhöhten Gewinnanteil aus der GmbH & Co. KG zugutekommt (vgl. zur vGA allgemein NIEHUS/ WILKE, 2014, S. 49 ff.).

Verzichtet die Komplementär-GmbH beispielsweise vollständig oder teilweise auf ihre nach den vorstehenden Grundsätzen ermittelte, angemessene Haftungsprämie, so erlangen ihre Gesellschafter, die zugleich Kommanditisten der KG sind, einen Vorteil, da der Gewinn der Kommanditgesellschaft insgesamt nicht durch die Haftungsprämie gemindert wird und ihr Gewinnanteil an dem gesamthänderisch erzielten KG-Gewinn entsprechend höher ausfällt. Die Korrektur aufgrund der vGA erfordert es nunmehr,

Korrektur bei vGA

- der GmbH im Rahmen der Gewinnverteilung einen angemessenen Gewinnanteil zuzuerkennen, woraufhin sich der Gewinnanteil der Kommanditisten entsprechend vermindert;
- anschließend die Ausschüttung dieses Korrekturbetrags durch die GmbH an die Kommanditisten zu fingieren, woraufhin diesen, soweit sich ihre GmbH-Anteile im Sonderbetriebsvermögen befinden, entsprechende Sonderbetriebseinnahmen zugerechnet werden;
- auf diese Ausschüttungen das Teileinkünfteverfahren anzuwenden; danach ist die vGA nach § 3 Nr. 40 d EStG zu 40 % bzw. nach § 8 b Abs. 1 i. V. m. Abs. 5 KStG im Ergebnis zu 95 % steuerfrei zu stellen.
- Soweit der Kommanditist eine natürliche Person ist, ist die Abzugsfähigkeit der mit der GmbH-Beteiligung in wirtschaftlichem Zusammenhang stehenden Sonderbetriebsausgaben nach § 3 c Abs. 2 EStG nur zu 60 % möglich; hieran ändert sich durch das Vorliegen einer vGA nichts (siehe zur Anwendung des Teileinkünfteverfahrens allgemein C IV 2.3.2).

Im Ergebnis erhöht sich durch die vGA der Gesamtgewinn der Mitunternehmerschaft um den steuerpflichtigen Teil der vGA und die ggf. nach § 3 c Abs. 2 EStG nicht abzugsfähigen Sonderbetriebsausgaben. Zugleich verändert sich die formale Zusammensetzung des Gewinns der Kommanditisten, welcher sich nunmehr aus einem entsprechend verringerten Anteil am gesamthänderisch erzielten Gewinn und den korrespondierend erhöhten Sonderbetriebseinnahmen bei ggf. nur in geringerem Umfang abziehbaren Sonderbetriebsausgaben ergibt (vgl. SCHMIDT/WACKER, 2015, § 15 Rz. 724).

BEISPIEL 112

An der A-KG sind X und Y als Kommanditisten beteiligt, während die A-GmbH die Komplementärsstellung innehat, allerdings selbst nicht am Kapital der A-KG beteiligt ist. Am Gewinn und Verlust der A-KG partizipieren die Kommanditisten jeweils zur Hälfte. Gesellschafter der A-GmbH sind X und Y. Die A-GmbH unterhält keinen eigenen Geschäftsbetrieb. Aufgrund der Haftungsübernahme durch die A-GmbH steht dieser eine angemessene Haftungsprämie i. H. v. 3.000 € zu, welche jedoch in der Gewinnverteilungsabrede nicht berücksichtigt wurde. Der gesamthänderisch erzielte Gewinn der KG beträgt 60.000 €, der je zur Hälfte X und Y zugerechnet worden ist. Sonderbetriebsausgaben im Zusammenhang mit den GmbH-Beteiligungen sind nicht angefallen.

LÖSUNG Es liegt eine vGA i. H. v. 3.000 € seitens der A-GmbH an X und Y vor, da die GmbH mit Rücksicht auf das Gesellschaftsverhältnis auf die ihr eigentlich zustehende Haftungsprämie verzichtet hat. Die vGA ist innerhalb der einheitlichen Gewinnfeststellung zu berücksichtigen, indem einerseits der Gewinn der GmbH um die Haftungsprämie i. H. v. 3.000 € erhöht und der Gewinnanteil der Kommanditisten entsprechend anteilig vermindert wird, andererseits den Kommanditisten korrespondierend Sonderbetriebseinnahmen zugerechnet werden, da die GmbH-Anteile dem notwendigen Sonderbetriebsvermögen II zuzurechnen sind. Die Sonderbetriebseinnahmen sind, da es sich bei den Kommanditisten um natürliche Personen handelt, gemäß § 3 Nr. 40 d EStG zu 40 % steuerfrei. Im Ergebnis ergibt sich folgende Gewinnfeststellung:

	Anteil am gesamthänderischen Gewinn	Sonderbetriebseinnahmen	Summe
A-GmbH	3.000	–	3.000
X	28.500	1.500 ./. 600	29.400
Y	28.500	1.500 ./. 600	29.400
Summe	**60.000**	**1.800**	61.800

Der Gesamtgewinn der KG hat sich mithin um den steuerpflichtigen Teil der vGA (1.800 €) erhöht. ◀|

Korrektur bei vE

Sollte der Gewinnanteil der GmbH hingegen zu hoch sein, liegt nach der Auffassung des BFH i.d.R. eine verdeckte Einlage vor (vgl. BFH v. 23.08.1990 – IV R 71/89, BStBl. II 1991, S. 172) mit der Folge, dass der Gewinnanteil der Kommanditisten zu Lasten des Anteils der Komplementär-GmbH zu erhöhen ist. Einer weitergehenden außerbilanziellen Kürzung des Einkommens der GmbH nach § 8 Abs. 3 Satz 3 KStG bedarf es insoweit nicht. Beim Kommanditisten erhöhen sich nach § 6 Abs. 6 Satz 2 EStG die Anschaffungskosten der sich im Sonderbetriebsvermögen befindenden GmbH-Anteile (so auch SCHMIDT/WACKER, 2015, § 15 Rz. 725).

2.4.2 GmbH ist am Kapital der KG beteiligt

Haftungsprämie ggf. nicht erforderlich

Ist die Komplementär-GmbH selbst an Kapital und Ergebnis der KG beteiligt, so ist eine Prämie für die Übernahme des Haftungsrisikos nur hinsichtlich des Teils des Vermögens der GmbH notwendig, mit dem sie über die Einlage hinaus haftet (vgl. BFH v. 15.11.1967 – IV R 139/67, BStBl. II 1968, S. 152). Folglich ist eine Haftungsprämie insgesamt nicht erforderlich, wenn das Stammkapital der GmbH der Einlage bei der KG entspricht und weiteres Vermögen der GmbH nicht vorhanden ist.

Korrektur bei vGA

Zu beachten ist, dass bei einer kapitalmäßigen Beteiligung der GmbH an der KG die GmbH im Fall des Verzichts auf eine angemessene Leistungsvergütung aufgrund des auf sie selbst entfallenden Anteils bereits einen höheren Anteil am KG-Gewinn zugerechnet bekommt, so dass lediglich der auf die Kommanditisten entfallende Anteil der Vorteilsgewährung als vGA zu qualifizieren ist.

BEISPIEL 113

In Beispiel 112 sei die A-GmbH selbst mit 10 % am Vermögen, Gewinn und Verlust der KG beteiligt, die Kommanditisten folglich mit je 45 %. Der A-GmbH steht aufgrund der Existenz weiteren Vermögens eine Haftungsprämie i.H.v. 3.000 € zu, welche innerhalb der Gewinnverteilungsabrede nicht berücksichtigt wurde. Der gesamthänderisch erzielte Gewinn entfällt folglich zunächst zu 6.000 € (= 10 % von 60.000 €) auf die GmbH und zu je 27.000 € auf die Kommanditisten.

LÖSUNG Wäre die Haftungsprämie innerhalb der Gewinnverteilung berücksichtigt worden, hätten sich folgende Gewinnanteile konstituiert:

GmbH:
Haftungsprämie 3.000 € als Gewinnvorab zzgl. 10 % Anteil am verbleibenden Gesamthandsgewinn von 57.000 € = 8.700 €.

Kommanditisten:
Jeweiliger Anteil am verbleibenden Gesamthandsgewinn = 0,45 × 57.000 € = 25.650 €.

Aufgrund des Verzichts auf die Haftungsprämie ergeben sich folgende Korrekturen: Zwar hat die GmbH nicht die Haftungsprämie selbst, aufgrund des um 3.000 € erhöhten gesamthänderischen Gewinns jedoch den auf ihre Beteiligung entfallenden Anteil an der Haftungsprämie (10 % von 3.000 € = 300 €) zugewiesen bekommen. Eine Korrektur ist daher lediglich i. H. d. auf die Kommanditisten entfallenden Vorteils in Höhe 2.700 € erforderlich. Diese 2.700 € erhöhen gemäß der in Beispiel 114 dargestellten Systematik den Gewinnanteil der A-GmbH von 6.000 € auf 8.700 € und sind anschließend je zur Hälfte als Gewinnausschüttung und daher als Sonderbetriebseinnahme den Kommanditisten X und Y zuzurechnen. Wie in Beispiel 114 ist die vGA bei den Kommanditisten nach § 3 Nr. 40 d EStG zu 40 % steuerfrei. ◄

II Doppelstöckige Mitunternehmerschaft

1 Problemstellung und Regelungsbedarf

Zivilrechtlich wird den Personenhandelsgesellschaften (OHG, KG) als Träger von Rechten und Pflichten gemäß §§ 124, 161 Abs. 2 HGB zumindest teilweise eine eigene Rechtssubjektivität zuerkannt. Gleiches gilt für die Außen-GbR (vgl. A I 2.2.1). Aus dieser Einordnung folgt, dass eine OHG, KG oder GbR grundsätzlich auch Gesellschafter an einer anderen Personengesellschaft sein kann. Das Steuerrecht folgt insoweit der zivilrechtlichen Einordnung der Personengesellschaften: Eine OHG, KG oder GbR kann daher auch mit steuerrechtlicher Wirkung die Stellung eines Gesellschafters an einer anderen Personengesellschaft innehaben und ist folglich, soweit sie Mitunternehmerinitiative entfalten kann und ein gewisses Mitunternehmerrisiko trägt, als Mitunternehmer anzusehen.

Personengesellschaften als Mitunternehmer

Aus dieser Mitunternehmerstellung der Personengesellschaft als Obergesellschaft an einer anderen Personengesellschaft, der sogenannten Untergesellschaft, resultierte nun in der Sichtweise des BFH eine steuerliche Abschirmwirkung, weil die Mitunternehmer der Obergesellschaft nicht auch als Mitunternehmer der Untergesellschaft anzusehen seien (vgl. BFH v. 25.02.1991 – GrS 7/89, BStBl. II 1991, S. 691).

Steuerliche Abschirmwirkung nach BFH

BEISPIEL 114 ▰▰▰▰▰▰▰▰▰▰

An der X-KG sind X als Komplementär und die Z-OHG als Kommanditist beteiligt. Gesellschafter der Z-OHG sind Z und W. Z ist als leitender Angestellter bei der X-KG beschäftigt und erhält eine entsprechende Tätigkeitsvergütung. W hat der X-KG gegen einen entsprechenden Mietzins ein Grundstück zur Nutzung überlassen.

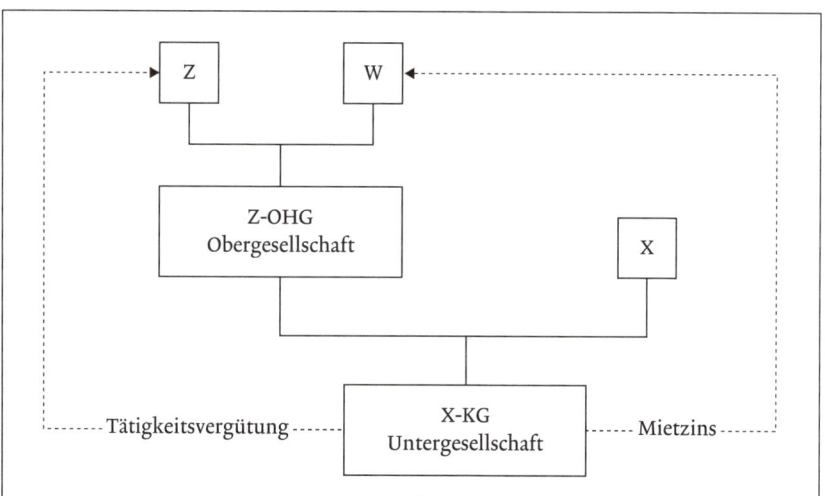

Gemäß obigem BFH-Beschluss waren nun Z und W als Mitunternehmer der Z-OHG und diese wiederum als Mitunternehmerin der X-KG anzusehen, jedoch galten Z und W selbst nicht als Mitunternehmer der X-KG. Die Mitunternehmerstellung der Z-OHG an der X-KG griff mithin nicht auf ihre Gesellschafter Z und W durch. ◀|

Umgehungsmöglich-keit des § 15 Abs. 1 Nr. 2 EStG

Die Konsequenzen des BFH-Beschlusses lagen auf der Hand:

- So wäre § 15 Abs. 1 Nr. 2 EStG auf Vergütungen, die ein Obergesellschafter von der Untergesellschaft für seine Tätigkeit im Dienst der Untergesellschaft oder für die Überlassung von Wirtschaftsgütern oder für die Hingabe von Darlehen an die Untergesellschaft erhalten hat, nicht anwendbar. Eine Umqualifizierung der betreffenden Vergütungen in gewerbliche Einkünfte unterbliebe folglich.
- Jegliche Wirtschaftsgüter, die ein nur mittelbar über die Obergesellschaft an der Untergesellschaft beteiligter Mitunternehmer der Untergesellschaft zur Nutzung überlässt, würden im Privatvermögen verbleiben, da dem betreffenden Eigentümer mangels Mitunternehmerstellung kein Sonderbetriebsvermögen bei der Untergesellschaft zuzurechnen wäre.

FORTSETZUNG BEISPIEL 114 ▬▬▬▬▬▬▬▬▬▬▬▬▬▬▬▬

In Beispiel 114 würden folglich die Tätigkeitsvergütungen des Z Einkünfte aus nichtselbständiger Arbeit und der von W vereinnahmte Mietzins Einkünfte aus Vermietung und Verpachtung darstellen. Das Grundstück des W würde in seinem Privatvermögen verbleiben. Durch die Zwischenschaltung der Z-OHG als Obergesellschaft hätten Z und W die für sie steuerlich unangenehmen Rechtsfolgen des § 15 Abs. 1 Nr. 2 EStG vermieden. ◀|

Der Gesetzgeber war offensichtlich gefordert, um eine rein steuerrechtlich motivierte massenhafte Umgestaltung schlichter Personengesellschaften in doppelstöckige Personengesellschaften zu verhindern.

2 Gesetzliche Regelung: § 15 Abs. 1 Nr. 2 Satz 2 EStG

In Reaktion auf den BFH-Beschluss hat der Gesetzgeber mit dem Steueränderungsgesetz 1992 (BGBl. I 1992, S. 297) § 15 Abs. 1 Nr. 2 EStG um den folgenden Satz 2 ergänzt:

Mittelbar beteiligter Gesellschafter gilt als (Sonder-)Mitunternehmer der Untergesellschaft

»Der mittelbar über eine oder mehrere Personengesellschaften beteiligte Gesellschafter steht dem unmittelbar beteiligten Gesellschafter gleich; er ist als Mitunternehmer des Betriebs der Gesellschaft anzusehen, an der er mittelbar beteiligt ist, wenn er und die Personengesellschaften, die seine Beteiligung vermitteln, jeweils als Mitunternehmer der Betriebe der Personengesellschaften anzusehen sind, an denen sie unmittelbar beteiligt sind.«

Unter den im Gesetz genannten Voraussetzungen wird nunmehr die Mitunternehmereigenschaft der Gesellschafter der Obergesellschaft an der Untergesellschaft fingiert. Fingiert deshalb, weil der Gesetzgeber nicht der Ansicht des BFH entgegen tritt, eine Personengesellschaft könne Mitunternehmerin einer anderen Personengesellschaft sein, sondern lediglich die hieraus resultierenden steuerlichen Konsequenzen durch die vorgenannte Fiktion nicht eintreten lässt.

Nach herrschender, auch vom BFH vertretener Meinung beschränken sich die Auswirkungen von § 15 Abs. 1 Nr. 2 Satz 2 EStG darauf, dass dem an der Untergesellschaft mittelbar beteiligten Obergesellschafter Sonderbetriebsvermögen bei der Untergesellschaft zugerechnet werden kann. Der Obergesellschafter gilt also nicht als »normaler« Mitunternehmer der Untergesellschaft (vgl. LEY, KÖSDI 2010, S. 17 148, 17 149 m. w. N.; BFH v. 06. 09. 2000 – IV R 69/99, BStBl. II 2001, S. 731 zum gewerbesteuerlichen Verlustvortrag bei Wechsel von unmittelbarer zu mittelbarer Beteiligung).

Folgen beschränken sich auf den Sonderbereich

2.1 Tatbestandsvoraussetzungen

Die Regelung des § 15 Abs. 1 Nr. 2 Satz 2 EStG ist an folgende Tatbestandsvoraussetzungen geknüpft (vgl. SCHMIDT/WACKER, 2015, § 15 Rz. 613):

- Bei der Untergesellschaft muss es sich um eine gewerblich tätige oder gewerblich geprägte Personengesellschaft handeln.
- Es muss eine Obergesellschaft vorliegen, die an der Untergesellschaft unmittelbar oder an einer weiteren Personengesellschaft beteiligt ist, die ihrerseits wiederum Obergesellschaft ist.
- Eine ununterbrochene Mitunternehmerkette muss gegeben sein.

Die einzelnen Bedingungen seien nachfolgend kurz erläutert.

2.1.1 Gewinneinkünfte erzielende Untergesellschaft

Um in den unmittelbaren Anwendungsbereich des § 15 Abs. 1 Nr. 2 Satz 2 EStG zu gelangen, muss es sich bei der Untergesellschaft um eine gewerbliche Personengesellschaft handeln. Hierzu genügt auch eine nur teilweise gewerbliche Tätigkeit der Untergesellschaft, da diese gemäß § 15 Abs. 3 Nr. 1 EStG auf die übrigen Tätigkeitsbereiche der Gesellschaft abfärbt und diese mit der Gewerblichkeit »infiziert« (vgl. hierzu B II 3).

Untergesellschaft muss Gewinneinkünfte erzielen

Im Ergebnis i.d.R. gewerbliche Einkünfte

Grundsätzlich ist § 15 Abs. 1 Nr. 2 Satz 2 EStG auch dann entsprechend anzuwenden, wenn die Untergesellschaft Einkünfte aus selbständiger Arbeit (§ 18 Abs. 4 Satz 2 EStG) oder aus Land- und Forstwirtschaft (§ 13 Abs. 7 EStG) erzielt (vgl. HHR/RÄTKE, § 15 EStG Anm. 620). Wegen der Doppelstöckigkeit dürfte indes das Erzielen nicht gewerblicher Einkünfte die Ausnahme sein: Sind Ober- und Untergesellschaft ihrer Tätigkeit nach z. B. freiberuflich tätig, führt regelmäßig die lediglich kapitalmäßige Beteiligung der Obergesellschaft zur Gewerblichkeit der Untergesellschaft, weil die Mitunternehmer der Obergesellschaft in der Untergesellschaft i.d.R. nicht selbst freiberuflich tätig werden.

Zebragesellschaft genügt nicht

§ 15 Abs. 1 Nr. 2 Satz 2 EStG greift aber insbesondere dann nicht ein, wenn eine gewerbliche Obergesellschaft an einer vermögensverwaltenden Personengesellschaft (Untergesellschaft) beteiligt ist (sogenannte Zebragesellschaft).

2.1.2 Beschaffenheit der Obergesellschaft

Bezüglich der Beschaffenheit der Obergesellschaft stellen sich zwei grundsätzliche Fragen:

1. Muss es sich bei der Obergesellschaft selbst um eine gewerbliche Personengesellschaft handeln?
2. Können aus steuerrechtlicher Perspektive nur bestimmte Rechtsformen als Obergesellschaft i.S.v. § 15 Abs. 1 Nr. 2 Satz 2 EStG fungieren?

2.1.2.1 Einkunftsart der Obergesellschaft

Obergesellschaft ist zwingend gewerblich

Die Frage, inwieweit es sich bei der Obergesellschaft um eine gewerbliche Personengesellschaft handeln muss, ist praktisch bedeutungslos geworden, da die Obergesellschaft aufgrund des Haltens einer mitunternehmerischen Beteiligung an der gewerblichen Untergesellschaft über die Abfärbung nach § 15 Abs. 3 Nr. 1 EStG ohnehin zwingend insgesamt gewerblich ist. Die der Abfärbewirkung von Beteiligungseinkünften zwischenzeitlich entgegenstehende Rechtsauffassung des BFH (v. 06.10.2004 – IX R 53/01, BStBl. II 2005, S. 383) ist durch die Erweiterung des Gesetzeswortlauts der Abfärberegelung auf gewerbliche Beteiligungseinkünfte (vgl. hierzu B II 3) mittlerweile gegenstandslos geworden.

Damit ist das originäre Vorliegen (irgend)einer Gewinneinkunftsart bei der Obergesellschaft nicht zwingend erforderlich. Zwar muss der Gesellschafter der Obergesellschaft dem klaren Wortlaut des § 15 Abs. 1 Nr. 2 Satz 2 EStG nach Mitunternehmer derselben sein, um als mittelbarer Mitunternehmer der Untergesellschaft qualifiziert werden zu können; hierzu reicht aber, bei Vorliegen der übrigen Voraussetzungen zur Annahme von Mitunternehmerrisiko und -initiative, wegen der Abfärberegelung bereits das Halten der Beteiligung an der gewerblichen Untergesellschaft aus (vgl. SCHMIDT/WACKER, 2015, § 15 Rz. 613).

2.1.2.2 Rechtsform der Obergesellschaft

Auch GbR sowie ...

Nach inzwischen herrschender Meinung ist die den Personenhandelsgesellschaften zuerkannte zivilrechtliche Verselbständigung auch auf die BGB-Gesellschaft zu übertragen. Steuerrechtlich hat der BFH (v. 25.02.1991 – GrS 7/89, BStBl. II 1991, S. 691) schon zuvor zur Gewährleistung einer gleichmäßigen Besteuerung für eine steuerliche Gleichbehandlung von Personenhandelsgesellschaften und GbR votiert, da es auf den wirtschaftlichen Gehalt der Betätigung, nicht aber auf die Rechtsform der Gesellschaft ankomme und der wirtschaftliche Gehalt der Betätigung von Personenhandelsgesellschaften und mitunternehmerisch tätigen GbR keine grundsätzlichen Unterschiede aufweise.

Sodann ist es unmittelbar einsichtig, auch reine Innengesellschaften, beispielsweise eine atypisch stille Gesellschaft oder eine atypische Unterbeteiligung (vgl. BFH v. 02.10.1997 – IV R 75/96, BStBl. II 1998, S. 137), und Gemeinschaftsverhältnisse, die der Personengesellschaft wirtschaftlich vergleichbar sind, beispielsweise eine Erbengemeinschaft (vgl. BFH v. 01.03.1994 – VIII R 35/92, BStBl. II 1995, S. 241), als mögliche Rechtsformen der Obergesellschaft i.S.v. § 15 Abs. 1 Nr. 2 Satz 2 EStG zu qualifizieren (vgl. SCHMIDT/WACKER, 2015, § 15 Rz. 613 m.w.N.).

... Innengesellschaften und Gemeinschaften als Obergesellschaft, ...

Erst die Zwischenschaltung einer Kapitalgesellschaft verhindert durch das an ihre rechtliche Selbständigkeit anknüpfende Trennungsprinzip das Zustandekommen einer mittelbaren Mitunternehmerstellung der Kapitalgesellschafter an der Untergesellschaft (vgl. SÖFFING, 2005, Rn. 354).

... nicht jedoch Kapitalgesellschaften

BEISPIEL 115

Wie Beispiel 113, jedoch ist statt der Z-OHG die Z-GmbH, deren Gesellschafter Z und W sind, an der X-KG beteiligt.

LÖSUNG Zwar ist die Z-GmbH Mitunternehmerin der X-KG, allerdings sind Z und W nicht als mittelbare Mitunternehmer der X-KG anzusehen. Die seitens der X-KG an Z bzw. W gezahlten Vergütungen werden folglich nicht umqualifiziert und das Grundstück verbleibt im Privatvermögen des W. ◀|

Es ist daher festzuhalten, dass aus steuerrechtlicher Perspektive jegliche Ausprägung einer Personengesellschaft bzw. ein dieser vergleichbares Rechtsverhältnis als Obergesellschaft fungieren kann. Die vor dem Eingehen der Beteiligung auf Ebene der Obergesellschaft vorliegende Einkunftsart ist für die Anwendbarkeit des § 15 Abs. 1 Nr. 2 Satz 2 EStG ohne Bedeutung.

Fazit

2.1.3 Existenz einer ununterbrochenen Mitunternehmerkette

Weitere Anwendungsvoraussetzung von § 15 Abs. 1 Nr. 2 Satz 2 EStG ist die Existenz einer ununterbrochenen Mitunternehmerkette. Dies bedeutet, dass die Regelung nur in solchen Fällen eingreift, in denen der Gesellschafter der Obergesellschaft als Mitunternehmer des Betriebs der Obergesellschaft und diese selbst als Mitunternehmer des Betriebs der Untergesellschaft anzusehen ist. Sowohl die Rechtsstellung des Gesellschafters innerhalb der Obergesellschaft als auch diejenige der Obergesellschaft innerhalb der Untergesellschaft muss folglich die Anforderungskriterien einer Mitunternehmerschaft erfüllen, mithin die Entfaltung von Mitunternehmerinitiative ermöglichen und das Tragen von Mitunternehmerrisiko bewirken.

BEISPIEL 116

An der X-OHG sind X, Y und Z zu je 1/3 beteiligt. Der von der OHG beschäftigte Arbeitnehmer A ist am Anteil des X mit 50% unterbeteiligt. An den anteilig auf X entfallenden stillen Reserven ist A nicht beteiligt.

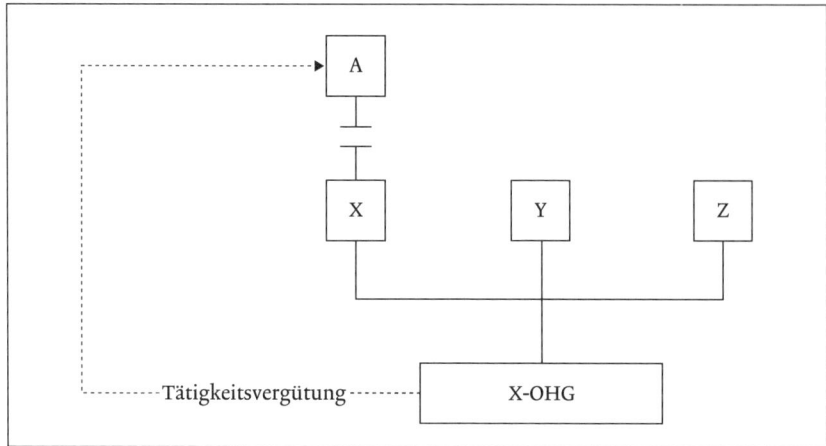

LÖSUNG Da es sich bei der Beteiligung des A um eine typische Unterbeteiligung handelt, besteht zwischen A und X keine Mitunternehmerschaft. Zwar ist X als Mitunternehmer der OHG anzusehen; da die Mitunternehmerkette jedoch an der Stelle X-A unterbrochen ist, greift die Regelung des § 15 Abs. 1 Nr. 2 Satz 2 EStG nicht ein. A ist folglich kein (mittelbarer) Mitunternehmer der OHG, so dass § 15 Abs. 1 Nr. 2 Satz 1 EStG nicht anwendbar ist. A erzielt folglich Einkünfte aus nichtselbständiger Arbeit.

Abwandlung
A ist an den auf X entfallenden stillen Reserven beteiligt.
LÖSUNG Nunmehr handelt es sich bei der Beteiligung des A um eine atypische Unterbeteiligung, was zur Folge hat, dass zwischen A und X eine eigene Mitunternehmerschaft besteht. Da X wie zuvor als Mitunternehmer der OHG anzusehen ist, existiert eine ununterbrochene Mitunternehmerkette, so dass A als (mittelbarer) Mitunternehmer der OHG gilt. Die Tätigkeitsvergütungen des A fallen daher unter § 15 Abs. 1 Nr. 2 Satz 1 EStG und werden folglich in gewerbliche Einkünfte umqualifiziert. ◀|

2.2 Laufende Besteuerung

§ 15 Abs. 1 Nr. 2 Satz 1 EStG greift ein

Wird nun der Gesellschafter der Obergesellschaft steuerrechtlich als Sondermitunternehmer der Untergesellschaft angesehen, so greift die Regelung des § 15 Abs. 1 Nr. 2 Satz 1 EStG ein, was zur Folge hat, dass

1. alle Vergütungen, die ein Obergesellschafter von der Untergesellschaft für eine Tätigkeit im Dienst der Untergesellschaft oder für die Hingabe von Darlehen oder für die Überlassung von Wirtschaftsgütern an die Untergesellschaft bezogen hat, als gewerbliche Einkünfte des Obergesellschafters gelten;
2. im Eigentum des Obergesellschafters stehende Wirtschaftsgüter, welche dieser der Untergesellschaft zur Nutzung überlässt, als Sonderbetriebsvermögen des Obergesellschafters zu qualifizieren sind.

Nebeneinander von mittelbarer und unmittelbarer Mitunternehmerschaft

Bezüglich der laufenden Besteuerung einer doppel- oder mehrstöckigen Personengesellschaft ist nunmehr zu berücksichtigen, dass mittelbare und unmittelbare Mitunternehmerschaften nebeneinander vorliegen. Es stellt sich mithin die Frage, ob die vorgenannten Rechtsfolgen der mittelbaren Mitunternehmerschaft auf der Ebene der Untergesellschaft oder der Obergesellschaft eingreifen.

FORTSETZUNG BEISPIEL 114

So bestehen in Beispiel 114 die mittelbaren Mitunternehmerschaften zwischen Z bzw. W und der X-KG als Untergesellschaft neben den unmittelbaren Mitunternehmerschaften zwischen Z bzw. W und der Z-OHG sowie zwischen der Z-OHG und der X-KG.

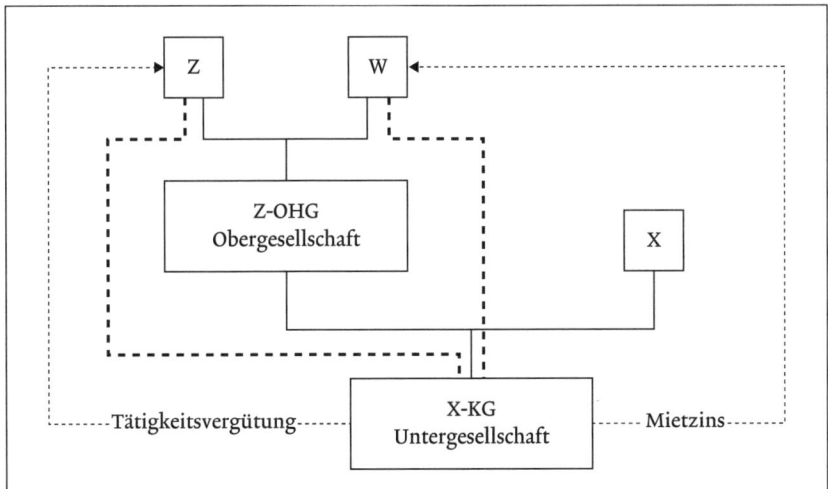

Sind nun die seitens der X-KG an Z bzw. W gezahlten Vergütungen als Sonderbetriebseinnahmen von Z bzw. W im Rahmen der Gewinnermittlung der Untergesellschaft X-KG oder als solche im Rahmen der Gewinnermittlung der Obergesellschaft Z-OHG zu behandeln? Die gleiche Frage stellt sich bezüglich des Grundstücks des W: ist dieses Sonderbetriebsvermögen des W bei der Untergesellschaft oder bei der Obergesellschaft? ◀|

Sondervergütungen und SBV der mittelbaren Mitunternehmer als Bestandteil der Gewinnermittlung der Untergesellschaft

Bei näherem Hinsehen kann letztlich nur eine Verfahrensweise überzeugen: So sind die Sondervergütungen bzw. das Ergebnis der Sonderbilanzen der Obergesellschafter Bestandteil des steuerlichen Gesamtgewinns der Untergesellschaft und werden den Obergesellschaftern im Rahmen der Gewinnverteilung der Untergesellschaft unmittelbar zugerechnet, obwohl sie lediglich eine mittelbare Mitunternehmerstellung innehaben. Dies impliziert, dass auch das Sonderbetriebsvermögen des mittelbaren Mitunternehmers innerhalb der Gewinnermittlung der Untergesellschaft zu berücksichtigen ist. Eine Durchschleusung der Sondervergütungen durch die Obergesellschaft bis auf die Ebene deren unmittelbarer Mitunternehmer scheidet aus, da die Mitunternehmer keinerlei vertragliche Vereinbarung bezüglich der Vergütungen mit der Obergesellschaft, sondern eben nur mit der Untergesellschaft geschlossen haben. Gleiches gilt für das Sonderbetriebsvermögen, da die betreffenden Wirtschaftsgüter im Eigentum der mittelbaren Mitunternehmer der Untergesellschaft, nicht aber der Obergesellschaft stehen (vgl. ZIMMERMANN, 2013, Kapitel G, Rz. 21 f.).

Gewinnanteil der Obergesellschaft

Der auf die Obergesellschaft als unmittelbaren Mitunternehmer entfallende Anteil am Gewinn der Untergesellschaft wird hingegen nicht bereits auf der Ebene der Untergesellschaft den mittelbaren Mitunternehmern, sondern der Obergesellschaft als solcher zugerechnet und anschließend auf der Ebene der Obergesellschaft auf die Obergesellschafter als deren unmittelbare Mitunternehmer verteilt.

FORTSETZUNG BEISPIEL 114

In Beispiel 114 bedeutet dies, dass sowohl die Tätigkeitsvergütung des Z als auch die Einnahmen des W aus der Grundstücksvermietung als gewerbliche Einkünfte gelten. Das im Eigentum des W stehende Grundstück stellt SBV des W bei der X-KG dar.

Die Sondervergütungen für Z und W sind Bestandteil des Gesamtgewinns der X-KG (Untergesellschaft) und werden ihnen als (mittelbaren) Mitunternehmern der X-KG im Rahmen der einheitlichen und gesonderten Gewinnfeststellung unmittelbar zugerechnet. Da Z und W mangels zivilrechtlicher Gesellschafterstellung kein Anteil am Gesamthandsergebnis der X-KG zusteht, erfolgt für sie lediglich die Zuweisung des jeweiligen Ergebnisses der Sonder-GuV auf der zweiten Stufe der Gewinnermittlung. Der auf die Z-OHG (Obergesellschaft) entfallende Anteil am Gewinn der X-KG wird der Z-OHG zugerechnet und findet auf diesem Wege Eingang in die Gewinnverteilung auf der Ebene der Z-OHG. ◀|

2.3 Veräußerung des Anteils an der Obergesellschaft

Veräußerung des Anteils an der Obergesellschaft

Veräußert ein Gesellschafter der Obergesellschaft seinen Mitunternehmeranteil, ist dies als ein einheitlicher Veräußerungsvorgang zu behandeln, der auch die Veräußerung des auf den Veräußernden entfallenden ideellen Teilanteils an der Untergesellschaft umfasst. Wegen der Beendigung der mittelbaren Mitunternehmerstellung in der Untergesellschaft sind zugleich die Wirtschaftsgüter des SBV zum gemeinen Wert in das Privatvermögen zu überführen. Da infolgedessen sämtliche stillen Reserven zur Aufdeckung gelangen, unterliegt der gesamte Vorgang den Begünstigungen der §§ 16 Abs. 4, 34 EStG (vgl. OFD Koblenz v. 28.02.2007, DStR 2007, S. 92; BFH v. 18.09.2007 – I R 79/06, BFH/NV 2008, S. 729; a.A. SCHMIDT/WACKER, 2015, § 16 Rz. 407).

Behandlung beim Erwerber des Anteils an der Obergesellschaft

Vergütet der Erwerber des Anteils an der Obergesellschaft dem veräußernden Mitunternehmer auch stille Reserven im Gesamthandsvermögen der Untergesellschaft, ist für den Erwerber eine entsprechende Ergänzungsbilanz zu bilden. Ob diese Ergänzungsbilanz bei der Obergesellschaft oder bei der Untergesellschaft gebildet wird, ist strittig (vgl. zu den verschiedenen Auffassungen LEY, KÖSDI 2010, S. 17148, 17153 f.; BASCHNAGEL, BB 2015, S. 349, 352). U. E. ist die Ergänzungsbilanz bei der Obergesellschaft aufzustellen, da der Obergesellschafter an der Untergesellschaft nicht unmittelbar am Gesamthandsvermögen beteiligt ist und für ihn daher auch keinerlei Korrekturwerte für die Wirtschaftsgüter des Gesamthandsvermögens der Untergesellschaft bestehen können. Im Ergebnis erscheint es am zweckmäßigsten, bei der Obergesellschaft eine Ergänzungsbilanz zu bilden, die den spiegelbildlichen Ansatz des Mitunternehmeranteils an der Untergesellschaft in der Steuerbilanz der Obergesellschaft für den Erwerber des Anteils an der Obergesellschaft korrigiert (gl. A. LEY, KÖSDI 2010, S. 17148, 17154).

Behandlung von Darlehen zur Finanzierung des Anteils an der Obergesellschaft

Wird der Erwerb des Mitunternehmeranteils an der Obergesellschaft durch ein Darlehen finanziert, ist unklar, ob die Darlehensschuld zum Sonderbetriebsvermögen bei der Ober- oder bei der Untergesellschaft zählt; Entsprechendes gilt für die Zuordnung der Schuldzinsen. Da der Erwerber lediglich einen unmittelbaren Mitunternehmeranteil erwirbt, nämlich denjenigen an der Obergesellschaft, kann die Darlehensschuld nicht im Zusammenhang mit der mittelbaren Beteiligung an der Untergesellschaft stehen. U. E. ist daher die Darlehensschuld in der Sonderbilanz bei der Obergesellschaft auszuweisen.

Hieraus ist allerdings nicht zu folgern, dass es für den Obergesellschafter keinerlei Sonderbetriebsvermögen II bei der Untergesellschaft geben könne. Ist der Obergesellschafter z. B. selbst an der Komplementär-GmbH der Untergesellschaft beteiligt, zählt diese Beteiligung u. E. zum Sonderbetriebsvermögen II bei der Untergesellschaft. Wird auch diese Beteiligung durch ein Darlehen refinanziert, wäre die Darlehensschuld ebenfalls dem Sonderbetriebsvermögen bei der Untergesellschaft zuzurechnen.

Ggf. dennoch SBV II des Obergesellschafters an der Untergesellschaft

III Betriebsaufspaltung

1 Problemstellung und Regelungsbedarf

Unter dem Begriff der Betriebsaufspaltung ist grundsätzlich die Trennung eines bisherigen einheitlichen Betriebs in zwei oder auch mehrere voneinander unabhängige Betriebsteile zu verstehen. Die steuerrechtlich bedeutsame Betriebsaufspaltung ist durch den Umstand gekennzeichnet, dass der Vermögensbesitz in einem Einzelunternehmen bzw. einer Personengesellschaft, dem sogenannten Besitzunternehmen, verbleibt, während die gewerbliche Tätigkeit auf eine Betriebsgesellschaft ausgelagert wird, die regelmäßig die Rechtsform einer Kapitalgesellschaft hat (zu anderen Rechtsformkombinationen vgl. K III 2). Die Betriebsgesellschaft mietet bzw. pachtet sodann wesentliche Betriebsgrundlagen von der Besitzgesellschaft.

Begriff

In steuerrechtlicher Hinsicht stellt sich zum einen die Frage, ob es durch den Vorgang der Aufspaltung zu einer Realisierung etwaig vorhandener stiller Reserven und damit zu einer entsprechenden steuerlichen Belastung kommt; zum anderen gilt es zu überlegen, wie das anschließende Gebilde zweier voneinander unabhängiger Unternehmen bezüglich der Besteuerung zu behandeln ist.

Steuerrechtliche Vorteile der Betriebsaufspaltung

BEISPIEL 117 ▌

X betreibt als Einzelunternehmer ein gewerbliches Unternehmen. Er gründet eine GmbH und überträgt auf diese den Betrieb seines bisherigen Unternehmens einschließlich des gesamten Umlaufvermögens. Das Anlagevermögen, beispielsweise die Maschinen und das Betriebsgrundstück, behält er in seinem Einzelunternehmen zurück und überlässt es fortan der GmbH zur Nutzung.

- Kann die Übertragung des Umlaufvermögens auf die neu gegründete GmbH steuerneutral erfolgen?
- Erzielt X in seinem Einzelunternehmen fortan Einkünfte aus Vermietung und Verpachtung oder aber weiterhin gewerbliche Einkünfte? ◁|

Wendete man in Beispiel 117 ausschließlich die gesetzlichen Normen an, so würde der Steuerpflichtige durch die Aufspaltung seines Einzelunternehmens in zwei Unternehmen in den Genuss zumindest zweier steuerrechtlicher Vorteile gelangen:

- Bei isolierter Betrachtung würde das Besitzunternehmen die Kriterien einer gewerblichen Tätigkeit i. S. v. § 15 Abs. 2 EStG nicht erfüllen, da die Tätigkeit als reine Vermögensverwaltung zu charakterisieren wäre. Der Besitzunternehmer würde mithin Einkünfte aus Vermietung und Verpachtung erzielen, wobei diese Einkünfte in erster Linie aus den vereinnahmten Miet- und Pachtzinsen

Per Saldo keine vollständige gewerbesteuerliche Belastung der Miet- und Pachtzinsen

der Betriebsgesellschaft resultierten. Auf der Ebene des Besitzunternehmens unterlägen sie mangels Gewerblichkeit nicht der Gewerbesteuer, während auf der Ebene des Betriebsunternehmens gemäß § 8 Nr. 1 GewStG lediglich die Hinzurechnung der Miet- oder Pachtentgelte gem. § 8 Nr. 1d–f GewStG vorzunehmen wäre. Durch die Betriebsaufspaltung würde folglich per Saldo ein großer Teil der Miet- und Pachtzinsen einer gewerbesteuerlichen Belastung entzogen.

Keine Steuerbarkeit etwaiger Veräußerungsgewinne

- Da es sich bei den Einkünften aus Vermietung und Verpachtung um eine Überschusseinkunftsart handelt, unterlägen Gewinne aus der Veräußerung der im Besitzunternehmen befindlichen Wirtschaftsgüter regelmäßig nicht der Besteuerung. Aufgrund des Einkünftedualismus, d.h. der Zweiteilung der Einkunftsarten in Gewinneinkunftsarten einerseits und Überschusseinkunftsarten andererseits, sind die innerhalb des Privatvermögens realisierten Wertänderungen grundsätzlich nicht steuerbar, es sei denn, die Regelungen der §§ 17, 20 Abs. 2, 23 EStG greifen ein. Durch die Betriebsaufspaltung würden folglich die Wirtschaftsgüter aus dem Betriebsvermögen in das Privatvermögen gelangen und wären fortan zumeist nicht mehr steuerlich verhaftet.

Betriebsaufgabe

Andererseits würde der Wechsel der Einkunftsart eine Aufgabe des Betriebs des Einzelunternehmens bewirken mit der Folge, dass die stillen Reserven der im Eigentum des vormaligen Einzelunternehmers zurückbehaltenen verbliebenen Wirtschaftsgüter gemäß §§ 16, 34 EStG zu versteuern wären.

Rechtsgrundsätze zur Betriebsaufspaltung

Um einerseits der Aufspaltung eines vormalig einheitlichen Unternehmens auf ein Betriebs- und ein Besitzunternehmen die steuerliche Attraktivität bezüglich der zukünftigen laufenden Besteuerung zu nehmen, andererseits steuerneutrale Aufspaltungsvorgänge zu ermöglichen, hat die Rechtsprechung das Rechtsinstitut der Betriebsaufspaltung kreiert (zur historischen Entwicklung sowie zur Kritik an der Bezeichnung als Rechtsinstitut vgl. KNOBBE-KEUK, 1993, S. 864 ff.). Die Grundsätze zur Betriebsaufspaltung sind von der Finanzverwaltung in die Einkommensteuerrichtlinien übernommen worden (vgl. R 15.7 Abs. 4–8 EStR). Ob sich diese Rechtsgrundsätze auf eine gesetzliche Grundlage zurückführen lassen, ist umstritten (ablehnend etwa KNOBBE-KEUK, 1993, S. 864); der BFH (v. 17.07.1991 – I R 98/88, BStBl. II 1992, S. 246) und Teile der Literatur (vgl. SCHMIDT/WACKER, 2015, § 15 Rz. 807 m.w.N.) erblicken die Rechtsgrundlage in einem in wertender Betrachtungsweise verstandenen Begriff des Gewerbebetriebs i.S.v. § 15 Abs. 1 Satz 1 Nr. 1, Abs. 2 EStG. Zu den steuerrechtsdogmatischen und methodologischen Problemen der Rechtfertigung der Betriebsaufspaltung als ein durch Richterrecht geschaffenes Rechtsinstitut vgl. auch CREZELIUS in FS Streck, 2011, S. 45, 47 ff.

Bei personeller und sachlicher Verflechtung Gewerblichkeit des Besitzunternehmens

Nach diesen Grundsätzen ist in steuerrechtlicher Hinsicht eine Betriebsaufspaltung gegeben, wenn zwischen dem Besitz- und dem Betriebsunternehmen sowohl eine sachliche als auch eine personelle Verflechtung besteht. Sind die Voraussetzungen einer personellen und sachlichen Verflechtung erfüllt, so ist die Vermietung oder Verpachtung nicht mehr als Vermögensverwaltung zu qualifizieren, sondern vielmehr als gewerbliche Tätigkeit anzusehen (vgl. etwa BFH v. 08.11.1971 – GrS 2/71, BStBl. II 1972, S. 63; v. 12.11.1985 – VIII R 240/81, BStBl. II 1986, S. 296) und die aus dem Besitzunternehmen resultierenden Einkünfte gelten mithin als gewerbliche Einkünfte. Das Besitzunternehmen wird zum Gewerbebetrieb i.S.v. § 15 Abs. 1 Satz 1 Nr. 1, Abs. 2 EStG und § 2 Abs. 1 GewStG. Gerechtfertigt wird diese steuerrechtliche Beurteilung mit der Überlegung, dass die hinter dem Besitz- und dem Betriebsunternehmen stehenden Personen einen einheitlichen geschäftlichen Betätigungswillen hätten, der über das Betriebsunternehmen auf die Ausübung einer gewerblichen Betätigung gerichtet sei (vgl. z.B. BFH v. 10.04.1997 – IV R 73/94, BStBl. II 1997, S. 569).

Aufgrund der Gewerblichkeit des Besitzunternehmens unterliegen die Miet- und Pachtzinsen auf dessen Ebene vollständig der Gewerbesteuer, und die dem Betriebsunternehmen zur Nutzung überlassenen Wirtschaftsgüter sind aufgrund ihrer Zugehörigkeit zu einem Betriebsvermögen weiterhin steuerverhaftet. Die oben geschilderten steuerrechtlichen Vorteile einer Betriebsaufspaltung hinsichtlich der laufenden Besteuerung bestehen insoweit nicht mehr. Gewerbesteuerlich ergibt sich zudem ein gewisser Nachteil gegenüber einem einheitlichen Unternehmen, da Miet- und Pachtzinsen der Hinzurechnung gemäß § 8 Nr. 1d–f GewStG unterliegen, woraus sich eine partielle Doppelerfassung ergibt. Dennoch existieren sowohl steuerliche als auch außersteuerliche Gesichtspunkte, die eine Betriebsaufspaltung gegenüber einem einheitlichen Unternehmen vorteilhaft erscheinen lassen.

Zunächst erfolgt im Aufspaltungszeitpunkt keine steuerliche Erfassung der stillen Reserven in dem bei der Besitzgesellschaft verbleibenden Vermögen, da der Betrieb des aufgespalteten Unternehmens wegen der fortgesetzten, nunmehr zwar nicht mehr auf unmittelbarer gewerblicher Betätigung, aber eben auf Betriebsaufspaltungsgrundsätzen beruhenden Gewerblichkeit nicht aufgegeben wurde.

Vermeidung der Betriebsaufgabe

Zudem wird in steuerrechtlicher Hinsicht durch die Betriebsaufspaltung versucht, die steuerlichen Vorteile eines Personenunternehmens mit denen einer Kapitalgesellschaft zu kombinieren. So zeichnet sich beispielsweise die Personenunternehmung durch eine unmittelbare Verlustzurechnung und eine von der Beteiligungshöhe unabhängige erbschaftsteuerliche Begünstigung aus, während die Kapitalgesellschaft mit der Verminderung auch der gewerbesteuerlichen Bemessungsgrundlage durch die Abzugsfähigkeit der Geschäftsführergehälter der Gesellschafter sowie Rückstellungsbildung für etwaige Pensionszusagen gegenüber den Gesellschaftergeschäftsführern andere steuerliche Pluspunkte aufweist (vgl. hierzu SCHMIDT/WACKER, 2015, § 15 Rz. 804; KROSCHEL/WELLISCH, SteuStud 1999, S. 400, 404f.). Zudem lassen insbesondere der niedrige Körperschaftsteuersatz von 15 % und die idealtypisch vollständige Anrechnung der gewerbesteuerlichen Belastung auf die Einkommensteuer im Bereich der Personenunternehmen die Betriebsaufspaltung vorteilhaft erscheinen, soweit es dem Steuerpflichten bei hohen Erträgen gelingt, Gewinnthesaurierungen ausschließlich im Bereich der Betriebskapitalgesellschaft, konsumbedingte Entnahmen hingegen im Bereich des Besitzpersonenunternehmens vorzunehmen (vgl. SCHIFFERS, GmbHR 2000, S. 1005, 1013f.). Gleichwohl ist diesen Vorteilen durch die Tarifbegünstigung nicht entnommener Gewinne bei Personenunternehmen, die partielle gewerbesteuerliche Doppelerfassung der Miet- bzw. Pachtentgelte und die Abschaffung des Staffeltarifs bei der Gewerbesteuer teilweise der Boden entzogen worden.

Kombination der rechtsformspezifischen steuerlichen Vorteile

In zivilrechtlicher Hinsicht bietet die Betriebsaufspaltung durch den Verbleib des Vermögensbesitzes bei der Besitzgesellschaft unter gleichzeitiger Verlagerung der mit der gewerblichen Tätigkeit einhergehenden Haftungsrisiken auf die Betriebskapitalgesellschaft den Vorteil, dass die vermieteten oder verpachteten Wirtschaftsgüter im Regelfall der Haftungsmasse vorenthalten werden. Aus den Bestim-

Zivilrechtliche Vorteile der Betriebsaufspaltung

mungen bezüglich der Rechnungslegung und Publizität des Jahresabschlusses, des Betriebsverfassungsrechts, des Mitbestimmungsgesetzes und des Erbrechts resultieren weitere zivilrechtliche Vorteile der Betriebsaufspaltung, auf die an dieser Stelle nur hingewiesen sei (vgl. hierzu ZIMMERMANN, 2013, Kapitel H, Rz. 9 ff.).

2 Erscheinungsformen

Unterscheidungs-merkmale

Die Erscheinungsformen der Betriebsaufspaltung lassen sich zum einen nach der Art und Weise der Entstehung, zum anderen nach der jeweiligen Rechtsform von Betriebs- und Besitzunternehmen differenzieren.

Echte und unechte Betriebs-aufspaltung

Entsteht eine Betriebsaufspaltung durch die Aufspaltung eines vormalig einheitlichen Unternehmens auf eine Besitzgesellschaft und ein neu gegründetes Betriebsunternehmen, so wird dieser Vorgang als echte Betriebsaufspaltung bezeichnet. Eine unechte Betriebsaufspaltung liegt hingegen vor, wenn zu einer bereits bestehenden Betriebsgesellschaft aufgrund späterer Entwicklungen, z.B. durch Veränderungen im Gesellschafterkreis oder aufgrund neuer Vertragsbeziehungen, ein Besitzunternehmen hinzutritt, wodurch ebenfalls eine Betriebsaufspaltung begründet werden kann.

BEISPIEL 118

X ist alleiniger Gesellschafter der X-GmbH. Er erwirbt ein Grundstück und überlässt dieses der X-GmbH gegen ein angemessenes Entgelt zur Nutzung. Stellt dieses Grundstück für die GmbH eine wesentliche Betriebsgrundlage dar, liegt im steuerrechtlichen Sinne eine (unechte) Betriebsaufspaltung vor. Aufgrund der Grundstücksvermietung ist Gesellschafter X als Besitzunternehmer anzusehen, während die X-GmbH das Betriebsunternehmen verkörpert. ◄|

Eigentliche (klassische) Betriebs-aufspaltung

Wird das Besitzunternehmen in der Rechtsform einer Personengesellschaft oder eines Einzelunternehmens und das Betriebsunternehmen in der Rechtsform einer Kapitalgesellschaft betrieben, so wird dieses Gebilde zumeist als eigentliche oder klassische Betriebsaufspaltung bezeichnet, da es gewissermaßen den Grundtypus der Betriebsaufspaltung repräsentiert. Besitzunternehmen ist hierbei in den meisten Fällen eine GmbH. Denkbar ist aber auch eine Betriebsaufspaltung zwischen einer AG und ihrem Mehrheitsaktionär (vgl. BFH v. 23.03.2011 – X R 45/09, BStBl. II 2011, S. 778; kritisch CREZELIUS in FS Streck, 2011, S. 45, 53 f.) sowie zwischen einer eingetragenen Genossenschaft als Betriebsunternehmen und einer von ihr beherrschten GbR als Besitzunternehmen (vgl. BFH v. 08.09.2011 – IV R 43/07, BFH/NV 2012, S. 222).

Umgekehrte, mit-unternehmerische und kapitalistische Betriebsaufspaltung

Fungiert eine Kapitalgesellschaft als Besitzunternehmen und ein Einzelunternehmen bzw. eine Personengesellschaft als Betriebsunternehmen, ist der Fall einer sogenannten umgekehrten Betriebsaufspaltung gegeben. Werden hingegen Besitz- und Betriebsgesellschaft in der gleichen Rechtsform betrieben, so wird dieses als mitunternehmerische Betriebsaufspaltung, wenn es sich um zwei Personengesellschaften handelt, bzw. als kapitalistische Betriebsaufspaltung bezeichnet, wenn es sich um zwei Kapitalgesellschaften handelt. Die nachfolgende Abbildung fasst noch einmal zusammen:

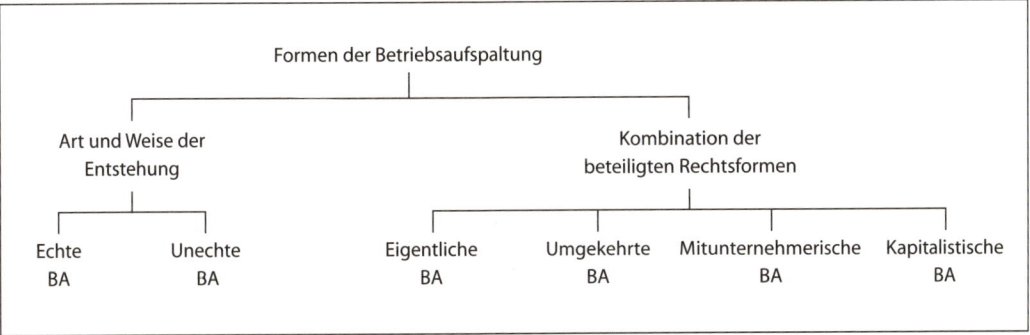

Abb. 14 Formen der Betriebsaufspaltung

Die nachfolgenden Ausführungen unterstellen zunächst die Form der eigentlichen Betriebsaufspaltung, d. h. Existenz eines Besitzpersonenunternehmens sowie einer Betriebskapitalgesellschaft. Die mitunternehmerische Betriebsaufspaltung wird in K IV dargestellt. Eine Differenzierung in echte und unechte Betriebsaufspaltungen erübrigt sich hier, da zumindest im Bereich der laufenden Besteuerung dieselben Rechtsfolgen eintreten. Besonderheiten ergeben sich jedoch bei der echten Betriebsaufspaltung naturgemäß durch den lediglich dort stattfindenden eigentlichen Aufspaltungsvorgang.

3 Voraussetzungen

Der Tatbestand einer Betriebsaufspaltung ist nach steuerrechtlichem Verständnis gegeben, wenn zwischen dem Besitzunternehmen und dem Betriebsunternehmen eine enge sowohl personelle als auch sachliche Verflechtung besteht. In der Sichtweise des BFH indizieren beide Kriterien einen einheitlichen geschäftlichen Betätigungswillen der hinter dem Besitz- und Betriebsunternehmen stehenden Personen, der über das Betriebsunternehmen auf die Ausübung einer gewerblichen Betätigung gerichtet ist (vgl. BFH v. 10. 04. 1997 – IV R 73/94, BStBl. II 1997, S. 569). Dies lässt es gerechtfertigt erscheinen, die ihrer Art nach lediglich vermögensverwaltende Tätigkeit des Besitzunternehmens als originär gewerbliche Tätigkeit einzustufen.

> **Personelle und sachliche Verflechtung als Indiz eines einheitlichen geschäftlichen Betätigungswillens**

Bezüglich der inhaltlichen Abgrenzung der Tatbestandsvoraussetzung ist man auf die notwendigerweise kasuistisch ausgestaltete Rechtsprechung angewiesen.

3.1 Sachliche Verflechtung

Eine enge sachliche Verflechtung ist gegeben, wenn das Besitzunternehmen dem Betriebsunternehmen Wirtschaftsgüter zur Nutzung überlässt, welche für dieses wenigstens eine der wesentlichen Betriebsgrundlagen darstellen (vgl. z. B. BFH v. 23. 01. 1991 – X R 47/87, BStBl. II 1991, S. 405). Das Erfordernis einer sachlichen Verflechtung, konkretisiert in der Überlassung wesentlicher Betriebsgrundlagen, basiert auf der Überlegung, dass bei Wegfall der Nutzungsüberlassung das Unternehmen der Betriebsgesellschaft so nicht fortgeführt werden könne, woraufhin die

> **Überlassung wesentlicher Betriebsgrundlagen, wobei ...**

Besitzgesellschaft bzw. deren Gesellschafter mittelbar über das Miet- bzw. Pachtverhältnis einen beherrschenden Einfluss auf das Betriebsunternehmen erlangen (vgl. BFH v. 04.11.1992 – XI R 1/92, BStBl. II 1993, S. 245; v. 24.08.1989 – IV R 135/86, BStBl. II 1989, S. 1014; SÖFFING/MICKER, 2013, S. 75). Das Kriterium der wesentlichen Betriebsgrundlage wird insoweit folgerichtig alleinig auf das Betriebsunternehmen, nicht aber auf das Besitzunternehmen bezogen. Überzeugen kann dieser Rechtfertigungsversuch indes nicht, kann doch die Besitzgesellschaft bereits aufgrund der bestehenden personellen Verflechtung zwischen Besitz- und Betriebsgesellschaft grundlegenden Einfluss auf die Entscheidungen der Betriebsgesellschaft ausüben. Einer Verstärkung durch die Überlassung wesentlicher Betriebsgrundlagen bedarf es insoweit nicht. Durch das Kriterium der sachlichen Verflechtung soll vielmehr verhindert werden, dass eine jegliche Überlassung von Wirtschaftsgütern, und sei sie für die Betriebsgesellschaft auch noch so unbedeutend, bei einer bestehenden personellen Verflechtung zu einer Qualifizierung als Betriebsaufspaltung führt.

... die Überlassung nur einer wesentlichen Betriebsgrundlage genügt

Nicht erforderlich ist es, dass alle für das Betriebsunternehmen wesentlichen Betriebsgrundlagen vermietet oder verpachtet werden; es genügt nach ständiger BFH-Rechtsprechung bereits die Überlassung nur einer wesentlichen Betriebsgrundlage (vgl. BFH v. 17.11.1992 – VIII R 36/91, BStBl. II 1993, S. 233). Im Unterschied hierzu ist für die Qualifikation eines Sachverhalts als Betriebsaufgabe, Betriebsveräußerung oder Betriebsverpachtung stets die Überführung, Veräußerung bzw. Verpachtung aller wesentlichen Betriebsgrundlagen erforderlich. Die Rechtsprechung begründet die hierzu im Gegensatz stehende Wertung, dass für eine Bejahung der sachlichen Verflechtung bereits die Überlassung nur einer wesentlicher Betriebsgrundlage ausreicht, mit dem Hinweis auf die unechte Betriebsaufspaltung. Da hier das Betriebsunternehmen bereits vor Begründung der Betriebsaufspaltung bestanden habe, sei das Zustandekommen einer Betriebsaufspaltung durch die Überlassung aller wesentlichen Betriebsgrundlagen nicht vorstellbar (vgl. BFH v. 20.09.1973 – IV R 41/69, BStBl. II 1973, S. 869; kritisch hierzu SÖFFING/MICKER, 2013, S. 77).

Eigentum des Besitzunternehmens nicht erforderlich

Einer sachlichen Verflechtung steht nicht entgegen, dass das Besitzunternehmen nicht Eigentümer der überlassenen Betriebsgrundlage ist; vielmehr kann nach der Rechtsprechung des BFH grundsätzlich jede Verpachtung wesentlicher Betriebsgrundlagen eine sachliche Verflechtung begründen, unabhängig davon, ob der Verpächter Eigentümer oder lediglich Nutzungsberechtigter ist. Rechtspositionen, die als Grundlage für ein werbendes Unternehmen ausreichen, genügen grundsätzlich auch zur Betriebsführung in einem Pachtunternehmen, sofern der Verpächter zur Nutzungsüberlassung befugt ist (vgl. BFH v. 12.10.1988 – X R 5/86, BStBl. II 1989, S. 152; v. 18.08.2009 – X R 22/07, BFH/NV 2010, S. 208, jeweils zur echten Betriebsaufspaltung). Nach u.E. zutreffender Auffassung des FG Münster gilt dies auch in den Fällen der unechten Betriebsaufspaltung (FG Münster v. 06.12.2013, EFG 2014, S. 554, nrk., Rev. eingelegt, Az. BFH: X R 5/14).

Kriterien der Wesentlichkeit

Zu den wesentlichen Grundlagen eines Betriebs rechnen diejenigen Wirtschaftsgüter, die für den Betrieb ihrer Art nach von besonderer Bedeutung sind, die also der Betriebszweck erfordert und die besonderes Gewicht für die Betriebsführung besitzen (vgl. z.B. BFH v. 18.05.2004 – X B 167/03, BFH/NV 2004, S. 1262). Aus der Perspektive des Betriebsunternehmens muss es wirtschaftlich einen deutlichen Unterschied machen, ob sich die betreffenden Wirtschaftsgüter im Eigentum des Unternehmens befinden und für Betriebszwecke besonders hergerichtet oder von einem Fremden gemietet sind (vgl. BFH v. 12. 11. 1985 – VIII R 342/82, BStBl. II 1986, S. 299). Dies ist vor allem für Wirtschaftsgüter des Anlagevermögens anzunehmen, die für den Betriebsablauf unerlässlich sind, so dass ein Erwerber des Betriebs diesen nur unter Einsatz dieser Wirtschaftsgüter in der bisherigen Form fortführen könnte. Diese Wirtschaftsgüter werden benötigt, um den Betrieb als funktionierende Wirtschafts- und Organisationseinheit zu erhalten; i.d.R. sind sie zudem nach Art und Größe und vielfach auch durch ihre Gestaltung dem Betriebszweck angepasst (vgl. BFH v. 12. 11. 1985 – VIII R 342/85, BStBl. II 1986, S. 299).

Existenz stiller Reserven unerheblich

Auf das Vorhandensein stiller Reserven und eine damit einhergehende quantitative Abgrenzung der Wesentlichkeit kommt es nicht an (vgl. BFH v. 24. 08. 1989 – IV R 135/86, BStBl. II 1989, S. 1014). Ausschlaggebend sind somit allein die Erfordernisse des Betriebsunternehmens (vgl. BFH v. 26. 05. 1993 – X R 78/91, BStBl. II 1993, S. 718). Insoweit besteht ein Unterschied zu der sich sowohl an funktionalen als auch quantitativen Gesichtspunkten orientierenden Abgrenzung der Wesentlichkeit von Betriebsgrundlagen im Fall einer Betriebsveräußerung (vgl. hierzu SCHMIDT/WACKER, 2015, § 16 Rz. 101).

Verpachtung des gesamten Gewerbebetriebs

Verpachtet im Rahmen einer echten Betriebsaufspaltung die Besitzgesellschaft ihren gesamten Gewerbebetrieb an die Betriebsgesellschaft, so ist das Kriterium einer sachlichen Verflechtung stets erfüllt. In diesem Fall stellt sich die Frage nicht, ob ein einzelnes Wirtschaftsgut, beispielsweise ein Grundstück, für das Besitzunternehmen von besonderem Gewicht ist.

Überlassung von Grundstücken

Bei der Überlassung einzelner Wirtschaftsgüter gilt es hingegen, die vorgenannten, allgemein gehaltenen Merkmale der wesentlichen Betriebsgrundlage auf den jeweiligen Einzelfall anzuwenden. Insbesondere zur Überlassung von Grundstücken kann insoweit auf eine große Anzahl von BFH-Entscheidungen zurückgegriffen werden. So ist zunächst nach dem BFH-Urteil vom 26. 05. 1993 (X R 78/91, BStBl. II 1993, S. 718) bei Grundstücken eine wirtschaftliche Bedeutung insbesondere dann anzunehmen, wenn das Betriebsunternehmen in seiner Betriebsführung auf das ihm zur Nutzung überlassene Grundstück angewiesen ist, weil

- die Betriebsführung durch die Lage des Grundstücks bestimmt wird (z.B. das Ladenlokal eines Getränkeeinzelhandels, vgl. BFH v. 12. 02. 1992 – XI R 18/90, BStBl. II 1992, S. 723) oder
- das Grundstück auf die Bedürfnisse des Betriebs zugeschnitten ist, vor allem dann, wenn die aufstehenden Baulichkeiten für die Zwecke des Betriebsunternehmens hergerichtet oder gestaltet worden sind (z.B. Grundstücke von Fertigungsbetrieben, vgl. BFH v. 10. 04. 1991 – IV R 50/91, BStBl. II 1992, S. 830) oder
- das Betriebsunternehmen aus anderen innerbetrieblichen Gründen ohne ein Grundstück dieser Art den Betrieb nicht fortführen könnte (vgl. z.B. BFH v. 11. 09. 2003 – X B 103/02, BFH/NV 2004, S. 180; v. 03. 06. 2003 – IX R 15/01, BFH/NV 2003, S. 1321; v. 11. 02. 2003 – IX R 43/01, BFH/NV 2003, S. 910).

Ein der Betriebsgesellschaft zur Nutzung überlassenes Gebäude ist grundsätzlich bereits dann als wesentliche Betriebsgrundlage zu qualifizieren, wenn der Betrieb ein Gebäude dieser Art benötigt, das Gebäude für den Betriebszweck geeignet ist und es die räumliche und funktionale Grundlage des Betriebs bildet (vgl. BFH v.

20.04.2004 – VIII R 13/03, BFH/NV 2004, S. 1253). Dies kann weder mit dem Argument, das Betriebsunternehmen könne jederzeit am Markt ein für seine Belange gleichwertiges Grundstück mieten oder kaufen, noch mit der Aussage, die Baulichkeiten seien auch für die Nutzung durch andere Unternehmen geeignet, sondern lediglich durch den Nachweis einer nur geringen wirtschaftlichen Bedeutung für das Betriebsunternehmen abgewendet werden. Eine geringe wirtschaftliche Bedeutung ist allenfalls anzunehmen, wenn das Gebäude entweder seiner Art nach überhaupt nicht für gewerbliche Fertigungszwecke bestimmt ist (z.B. eine ehemalige Schule oder ein Wohngebäude) oder im Vergleich zu vom Betriebsunternehmen in gleicher Weise genutzten Grundstücken nur eine geringe Größe aufweist (vgl. BFH v. 26.03.1992 – IV R 50/91, BStBl. II 1992, S. 830; SCHMIDT/WACKER, 2015, § 15 Rz. 812 m.w.N.). Allerdings ist die Geringfügigkeitsgrenze weitgehend unklar. So wurde z.B. bei einen Filialbetrieb die Vermietung eines Ladenlokals, das nur ca. 9% der gesamten genutzten Fläche des Betriebsunternehmens ausmacht, von der Rechtsprechung als nicht von untergeordneter Bedeutung angesehen (vgl. BFH v. 19.03.2009 – IV R 78/06, BStBl. II 2009, S. 803).

Büro- und Verwaltungsgebäude

Unklar war lange Zeit die Behandlung von zu Büro- oder Verwaltungszwecken genutzten Gebäuden. Während ein derartiges Gebäude zunächst nur dann als wesentliche Betriebsgrundlage qualifiziert wurde, wenn es besonders auf die Bedürfnisse der nutzenden Gesellschaft zugeschnitten war, stellt es nach der aktuellen BFH-Rechtsprechung jedenfalls dann eine wesentliche Betriebsgrundlage i.S.d. Betriebsaufspaltungsgrundsätze dar, wenn es den räumlichen und funktionalen Mittelpunkt der Geschäftstätigkeit der Betriebsgesellschaft bildet (vgl. BFH v. 23.01.2001 – VIII R 71/98, BFH/NV 2001, S. 894). Dies nimmt die Rechtsprechung auch bereits dann an, wenn das Gebäude von der Betriebsgesellschaft für ihre Tätigkeit benötigt wird, für die betrieblichen Zwecke geeignet und für die Betriebsführung nicht von untergeordneter Bedeutung ist (BFH v. 23.05.2000 – VIII R 11/99, BStBl. II 2000, S. 621). Die Finanzverwaltung hat sich der BFH-Rechtsprechung nach anfänglichem Zögern angeschlossen (vgl. BMF v. 18.09.2001, BStBl. I 2001, S. 614 sowie H 15.7 Abs. 5 »Wesentliche Betriebsgrundlage« EStH).

»Allerweltsgebäude« reicht aus

Für die Annahme eines Bürogebäudes als wesentliche Betriebsgrundlage ist es insbesondere auch nicht entscheidend, ob das Gebäude in so besonderer Weise für das Unternehmen hergerichtet wurde, dass es für ein anderes Unternehmen nicht ohne weiteres verwendbar ist, oder ob auch ein anderes Gebäude für die Zwecke des Betriebsunternehmens hätte verwendet werden können. Im Ergebnis soll zwar nicht grundsätzlich jedes zu Büro- oder Verwaltungszwecken genutzte Gebäude quasi »automatisch« zur wesentlichen Betriebsgrundlage werden (vgl. STAPELFELD, DStR 2002, S. 161, 165); gleichwohl kann bei Vorliegen der genannten Kriterien (grundsätzliche Notwendigkeit und Eignung, keine untergeordnete Bedeutung) auch bereits die büromäßige Nutzung eines »Allerweltsgebäudes« zur Qualifizierung als wesentliche Betriebsgrundlage führen (vgl. MÄRKLE, DStR 2002, S. 1109, 1116). Nach der Rechtsprechung des BFH ist eine solche beispielsweise bereits dann anzunehmen, wenn lediglich ein nicht besonders hergerichteter oder gestalteter Teil eines normalen Einfamilienhauses als einziges Büro (Sitz der Geschäftsleitung) an eine Betriebsgesellschaft vermietet wird (vgl. BFH v. 13.07.2006 – IV R 25/05, BStBl. II 2006, S. 804). Selbst im Fall einer an mehreren Standorten tätigen AG, bei der die im Einfamilienhaus der Mehrheitsaktionäre genutzten Räume nur 2% der insgesamt von der AG genutzten Gebäudeflächen ausmachten, nahm das FG München eine sachliche Verflechtung an, weil sich in dem Einfamilienhaus der Unternehmenssitz und der Ort der Geschäftsleitung befanden (vgl. FG München v. 25.02.2013, EFG 2013, S. 846, nrk., Rev. eingelegt, Az. BFH: IV R 16/13) Ob dies allerdings auch gilt, wenn der Gebäudeteil die in § 8 EStDV genannten Grenzen unterschreitet, ist nach wie vor offen.

Auch die Bestellung eines Erbbaurechts an einem Grundstück, das für Zwecke der Betriebsgesellschaft bebaut werden soll, zieht nach Auffassung des BFH eine sachliche Verflechtung nach sich (vgl. BFH v. 19.03.2002 – VIII R 57/99, BStBl. II 2002, S. 662; MÄRKLE, DStR 2002, S. 1109, 1118 m.w.N.). **Erbbaurecht**

Neben Grundstücken können auch Wirtschaftsgüter des beweglichen Anlagevermögens, beispielsweise Maschinen, wesentliche Betriebsgrundlagen bilden (vgl. SCHMIDT/WACKER, 2015, § 15 Rz. 815). Allerdings werden selbst bei Produktionsunternehmen einzelne Maschinen regelmäßig nicht als wesentliche Betriebsgrundlagen eingestuft, wenn sie kurzfristig wieder beschafft werden können (vgl. BFH v. 18.05.2004 – X B 167/03, BFH/NV 2004, S. 1262 m.w.N.). Gleichwohl handelt es sich nach Auffassung des FG Berlin-Brandenburg bei dem an eine Hotelbetriebs-GmbH verpachteten Inventar, das die kompletten Zimmereinrichtungen, Kücheneinrichtungen und sonstigen für den Betrieb eines Hotels erforderlichen Gegenstände umfasst, um wesentliche Betriebsgrundlagen, auch wenn das verpachtete Hotelinventar kurzfristig wiederbeschaffbar ist (vgl. FG Berlin Brandenburg v. 03.04.2014, EFG 2015, S. 289, rkr.) **Bewegliche Wirtschaftsgüter**

Als wesentliche Betriebsgrundlagen kommen auch immaterielle Wirtschaftsgüter in Frage, beispielsweise Erfindungen, auf denen die Umsätze des Betriebsunternehmens in erheblichem Umfang beruhen (vgl. SCHMIDT/WACKER, 2015, § 15 Rz. 808 m.w.N.). Befinden sich die geschäftswertbildenden Faktoren (weiterhin) im Besitzunternehmen, ist auch eine entgeltliche Überlassung des Geschäftsoder Firmenwerts denkbar. Allerdings scheidet eine solche zumindest dann aus, wenn die geschäftswertbildenden Faktoren auf die Betriebsgesellschaft übergegangen sind; in diesem Fall ist auch der Geschäftswert übergegangen und kann folglich nicht mehr überlassen werden (vgl. hierzu K III 5). **Immaterielle Wirtschaftsgüter**

Die vorstehenden Ausführungen verdeutlichen, dass in der Frage, unter welchen Bedingungen eine Überlassung wesentlicher Betriebsgrundlagen gegeben ist, letztlich keine verlässliche Richtschnur, sondern lediglich eine heillose Rechtsprechungskasuistik existiert (vgl. bereits KNOBBE-KEUK, 1993, S. 874). Zur Abschätzung, ob im jeweiligen Einzelfall eine sachliche Verflechtung vorliegen könnte, muss der betroffene Steuerpflichtige hoffen, einen vergleichbaren, bereits entschiedenen Sachverhalt aufzutun. **System kaum erkennbar**

3.2 Personelle Verflechtung

Eine personelle Verflechtung ist nach der ständigen Rechtsprechung des BFH gegeben, wenn eine oder mehrere Personen zusammen sowohl das Besitz- als auch das Betriebsunternehmen in der Weise beherrschen, dass sie in der Lage sind, in beiden Unternehmen einen einheitlichen Geschäfts- und Betätigungswillen durchzusetzen (vgl. BFH v. 01.07.2003 – VIII R 24/01, BStBl. II 2003, S. 757 m.w.N.). Für eine Beherrschung i.S.d. Rechtsprechung zur Betriebsaufspaltung genügt eine sich **Einheitlicher Geschäfts- und Betätigungswille durchsetzbar** aus den Stimmrechtsverhältnissen ergebende Herrschaft über die Geschäfte des täglichen Lebens (vgl. BFH v. 12. 11. 1985 – VIII R 240/81, BStBl. II 1986, S. 296).

Naturgemäß ist es schwierig, die zunächst einleuchtend klingende Formel des einheitlichen Geschäfts- und Betätigungswillens zu konkretisieren und im jeweiligen Einzelfall überzeugend zur Anwendung zu bringen. Die nachfolgenden Ausführungen sind daher nicht als abschließende Darstellung zu verstehen.

3.2.1 Beteiligungsidentität

Einmann-Betriebs-aufspaltung

Paradebeispiel für die Existenz eines einheitlichen geschäftlichen Betätigungswillens ist die Einmann-Betriebsaufspaltung (vgl. SÖFFING/MICKER, 2013, S. 122, 129). Als Besitzunternehmen fungiert hierbei ein Einzelunternehmen, wobei der Besitzunternehmer zugleich alleiniger Gesellschafter der Betriebs-GmbH ist. In diesem Fall kann der Einzelunternehmer seinen Willen sowohl in dem Besitz- als auch in dem Betriebsunternehmen durchsetzen (vgl. Beispiel 118).

Gleiche Beteiligungsquoten an beiden Unternehmen

Eine personelle Verflechtung ist ebenso zu bejahen, wenn an beiden Unternehmen dieselben Personen mit den gleichen Beteiligungsquoten beteiligt sind (sogenannte Beteiligungsidentität). Der Umstand, dass Besitz- wie Betriebsunternehmen von einem einheitlichen geschäftlichen Betätigungswillen getragen werden, ist deutlich erkennbar. Es erscheint kaum denkbar, dass diese Einheit durch einen Interessengegensatz zwischen den Gesellschaftern aufgehoben wird (vgl. BFH v. 05. 09. 1991 – IV R 113/90, BStBl. II 1992, S. 349).

BEISPIEL 119

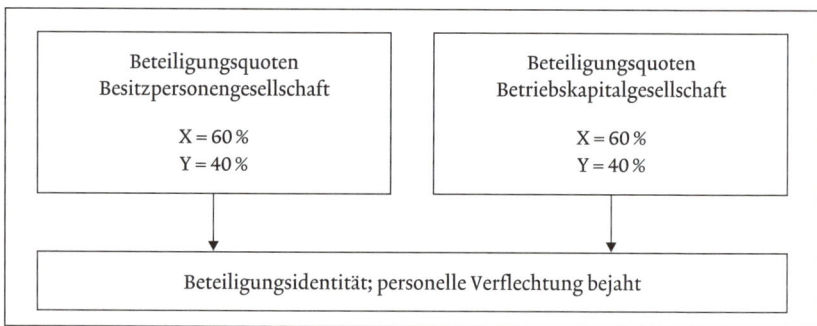

3.2.2 Beherrschungsidentität

Personengruppen-theorie

Eine personelle Verflechtung ist grundsätzlich auch für den Fall anzunehmen, dass die an beiden Unternehmen beteiligten Personen mit unterschiedlichen Quoten beteiligt sind, da es nach der vom BFH vertretenen Personengruppentheorie für die Durchsetzung eines Beherrschungswillens i. d. R. ausreicht, dass eine durch gleichgerichtete Interessen geschlossene Personengruppe in beiden Unternehmen die Mehrheit der Anteile besitzt, auch wenn die Beteiligungsverhältnisse in beiden Unternehmen unterschiedlich sind (vgl. BFH v. 21. 08. 1996 – X R 25/93, BStBl. II 1997, S. 44 m. w. N.).

So hat der BFH eine personelle Verflechtung für den Fall angenommen, dass an der Besitzgesellschaft zwei Gesellschafter zu gleichen Teilen beteiligt sind, während ihre Beteiligungsquoten an der Betriebskapitalgesellschaft sich deutlich unterscheiden. Da eine Missachtung der Interessen des an der Betriebs-GmbH nur geringfügig beteiligten Gesellschafters zur Blockierung der Willensbildung in der Besitzgesellschaft und damit zum Zerbrechen der ganzen Doppelkonstruktion führen würde, sei ein einheitlicher geschäftlicher Geschäfts- und Betätigungswille zu bejahen. Auf die Höhe der Beteiligung eines Gesellschafters, der an der Besitzgesellschaft zu 50 % beteiligt ist, an der Betriebskapitalgesellschaft komme es, soweit insgesamt eine Beherrschungsidentität besteht, dabei nicht an (vgl. BFH v. 24.02.1994 – IV 8–9/93, BStBl. II 1994, S. 466; FG Sachsen-Anhalt v. 25.09.2014, HaufeIndex 7 674 455).

Unterschiedliche Beteiligungsquoten nur an der Betriebs- kapitalgesellschaft

BEISPIEL 120

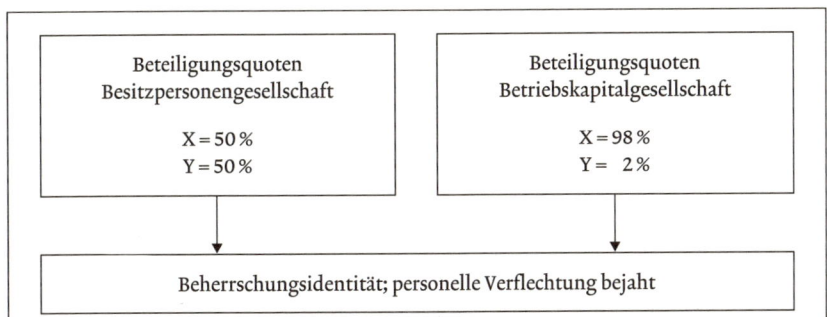

Ebenso besteht eine personelle Verflechtung, wenn jeder Gesellschafter bei isolierter Betrachtung nur ein Unternehmen beherrscht, weil jeder von ihnen nur an einem der beiden Unternehmen über die Mehrheit der Anteile verfügt (vgl. BFH v. 29.08.2001 – VIII B 15/01, BFH/NV 2002, S. 185 sowie v. 24.02.2000 – IV R 62/98, BStBl. II 2000, S. 417; vgl. hierzu auch BVerfG v. 25.03.2004 – 2 BvR 944/00, HFR 2004, S. 691).

BEISPIEL 121

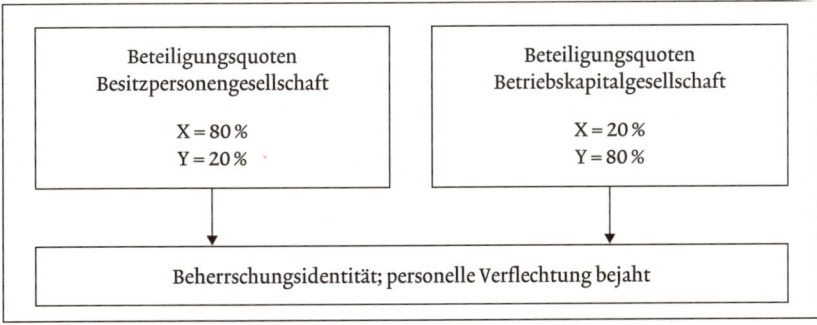

Die Annahme, zwischen den Mitgliedern der an beiden Gesellschaften beteiligten Personengruppe bestünden grundsätzlich gleichgerichtete Interessen, kann indes durch den Nachweis ständiger Interessengegensätze widerlegt werden (vgl. BFH v. 05.09.1991 – IV R 113/90, BStBl. II 1992, S. 349). Belege solcher Interessengegen-

Keine personelle Verflechtung bei Nachweis ständiger Interessengegen- sätze oder …

sätze können beispielsweise Rechtsstreitigkeiten, konträres Abstimmungsverhalten der Gesellschafter auf den Gesellschafterversammlungen oder Streitigkeiten bei der Geschäftsführung sein (vgl. SÖFFING/MICKER, 2013, S. 140 f.). In diesem Fall ist eine personelle Verflechtung nicht gegeben. Allerdings kann trotz des Bestehens von Meinungsverschiedenheiten die personelle Verflechtung fortbestehen, wenn ungeachtet im Einzelfall bestehender Differenzen noch über mehrere Jahre hinweg ein gemeinsamer Zweck verfolgt wird (vgl. FG Sachsen-Anhalt v. 25.09.2014, HaufeIndex 7674455).

... extrem entgegengesetzten Beteiligungsquoten

Ebenso ist die personelle Verflechtung zu verneinen, wenn die Beteiligungen an dem Besitzunternehmen und an dem Betriebsunternehmen der Höhe nach extrem unterschiedlich sind, da in diesem Fall ein natürlicher Interessengegensatz der Beteiligten, z.B. hinsichtlich der Höhe der Pachtzahlungen, anzunehmen ist und daher das Rechtsverhältnis letztlich einer Fremdverpachtung gleicht.

BEISPIEL 122

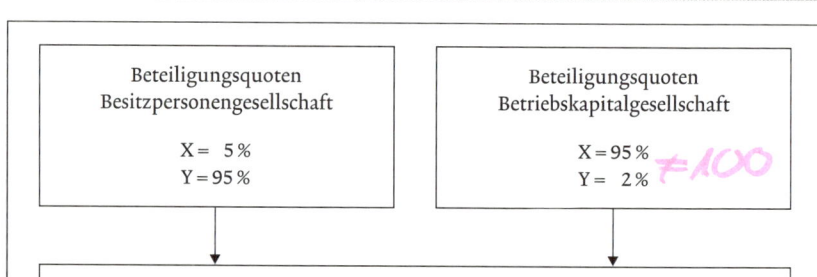

Problematisch ist, dass dem Steuerpflichtigen in der Frage, wie konträr die Beteiligungsverhältnisse ausgestaltet sein müssen, um die Annahme einer personelle Verflechtung zu vermeiden, keine allgemeingültigen Werte zur Verfügung stehen (vgl. die Nachweise bei SÖFFING/MICKER, 2013, S. 142 f.). Zumindest die in Beispiel 121 genannten Beteiligungsverhältnisse von 80% zu 20% beim Besitzunternehmen und im umgekehrten Verhältnis beim Betriebsunternehmen sind nicht als extrem entgegengesetzte Beteiligungsverhältnisse anzusehen (vgl. BFH v. 29.08.2001 – VIII B 15/01, BFH/NV 2002, S. 185).

3.2.2.1 Existenz eines Nur-Betriebsgesellschafters

Mehrheitsverhältnisse sind ausschlaggebend

Eine Beteiligung Dritter an der Betriebsgesellschaft steht der Annahme einer personellen Verflechtung nur dann entgegen, wenn die an beiden Unternehmen beteiligte Personengruppe nicht mehr in der Lage ist, ihren Willen in beiden Unternehmen durchzusetzen, weil sie nicht über die Mehrheit der Anteile und damit der Stimmen verfügt.

BEISPIEL 123

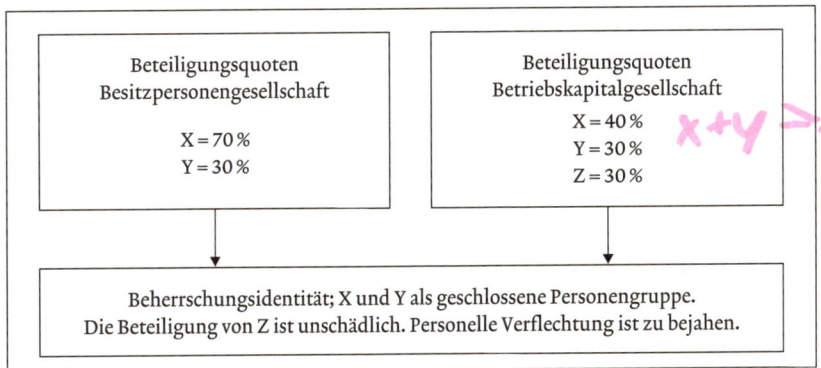

Beteiligungsquoten Besitzpersonengesellschaft	Beteiligungsquoten Betriebskapitalgesellschaft
X = 70 %	X = 40 %
Y = 30 %	Y = 30 %
	Z = 30 %

x+y > 50 %.

Beherrschungsidentität; X und Y als geschlossene Personengruppe. Die Beteiligung von Z ist unschädlich. Personelle Verflechtung ist zu bejahen.

Wäre Z hingegen an der Betriebskapitalgesellschaft mit 50 % und X bzw. Y nur mit je 25 % beteiligt, so ist eine personelle Verflechtung zu verneinen, da die Personengruppe XY ihren Willen in der Betriebsgesellschaft nicht gegen den Nur-Betriebsgesellschafter Z durchsetzen kann. ◀

Eine personelle Verflechtung kann auch dann vorliegen, wenn die einfache Stimmenmehrheit für Gesellschafterbeschlüsse in der Betriebsgesellschaft nach dem Gesellschaftsvertrag nicht ausreicht und die Gruppe der an beiden Unternehmen beteiligten (sogenannten Doppel-)Gesellschafter nicht über eine qualifizierte Stimmrechtsmehrheit verfügt, etwa, wenn der Alleineigentümer des von der Betriebsgesellschaft gemieteten und betrieblich genutzten Grundstücks an der Betriebsgesellschaft nur zu 70 % beteiligt ist, Gesellschafterbeschlüsse jedoch satzungsgemäß einer Dreiviertel-Mehrheit bedürfen. Nach der Rechtsprechung des BFH ist die personelle Verflechtung zumindest dann zu bejahen, wenn der Alleineigentümer des von der Betriebskapitalgesellschaft genutzten Grundstücks zugleich als deren Alleingeschäftsführer die laufenden Geschäfte der Kapitalgesellschaft bestimmt und aufgrund der Höhe seines Stimmrechtsanteils die Möglichkeit hat, gegen seine Interessen gerichtete Beschlüsse – insbesondere auch eine Abberufung als Geschäftsführer ohne wichtigen Grund – zu verhindern (vgl. BFH v. 30.11.2005, BStBl. II 2006 – X R 56/04, S. 415; kritisch hierzu SÖFFING, BB 2006, S. 1529, 1530 f.).

Qualifizierte Stimmrechtsmehrheit nicht in jedem Fall erforderlich

3.2.2.2 Existenz eines Nur-Besitzgesellschafters

Weist die Besitzpersonengesellschaft einen oder mehrere Gesellschafter auf, die nicht zugleich an dem Betriebsunternehmen beteiligt sind, so gilt zwar wie zuvor die Personengruppentheorie, allerdings kann das Einstimmigkeitsprinzip (z.B. gemäß § 709 Abs. 1 BGB bzw. aufgrund gesellschaftsvertraglicher Vereinbarung) auf Ebene der Besitzpersonengesellschaft zur Folge haben, dass keine personelle Verflechtung besteht.

Dies, so der BFH (v. 21.01.1999 – IV R 96/96, BStBl. II 2002, S. 771; v. 11.05.1999 – VIII R 11/97, BStBl. II 1999, S. 722), gelte jedenfalls dann, wenn das Einstimmigkeitsprinzip auch die laufende Verwaltung der vermieteten Wirtschaftsgüter, die sogenannten Geschäfte des täglichen Lebens, einschließt. Für die Ablehnung einer personellen Verflechtung genüge grundsätzlich bereits die rechtliche

Einstimmigkeitsprinzip kann personelle Verflechtung verhindern

BFH: Rechtliches Können des Nur-Besitzgesellschafters genügt

**BMF stimmt grund-
sätzlich zu**

Möglichkeit des Nur-Besitzgesellschafters, zu verhindern, dass die beherrschende Person oder Personengruppe ihren Willen in Bezug auf die laufende Verwaltung des an die Betriebsgesellschaft überlassenen Wirtschaftsguts durchsetzt.

Die Finanzverwaltung hat sich dieser Auffassung grundsätzlich angeschlossen (vgl. BMF v. 07.10.2002, BStBl. I 2002, S. 1028). Danach liegt nunmehr auch nach Auffassung der Finanzverwaltung im Falle eines Nur-Besitzgesellschafters keine personelle Verflechtung vor, wenn für die laufende Verwaltung des an die Betriebsgesellschaft überlassenen Wirtschaftsguts aufgrund vertraglicher oder gesellschaftsrechtlicher Grundlage das Einstimmigkeitsprinzip gilt. Dies ist insbesondere der Fall bei Besitzgesellschaften in der Rechtsform der GbR, da hier auch für die laufende Geschäftsführung das Einstimmigkeitsprinzip gilt, soweit keine anderweitigen gesellschaftsvertraglichen Abreden bestehen. Bei den übrigen Rechtsformen dagegen kann das Einstimmigkeitsprinzip für die Geschäfte des täglichen Lebens nur auf vertraglicher Grundlage herbeigeführt werden (vgl. hierzu auch MÄRKLE, DStR 2002, S. 1109, 1112); ist dies nicht vereinbart, so ist regelmäßig von dem Bestehen einer personellen Verflechtung auszugehen.

BEISPIEL 124

An der XYZ-GbR sind die Gesellschafter X, Y und Z zu je einem Drittel beteiligt. Die XY-GmbH mietet wesentliche Betriebsgrundlagen von der GbR. Gesellschafter der XY-GmbH sind X und Y.

Ist auf Ebene der XYZ-GbR das gesetzliche Einstimmigkeitsprinzip (§ 709 Abs. 1 BGB) gesellschaftsvertraglich nicht abbedungen, so ist eine personelle Verflechtung zu verneinen, da die Personengruppe XY ihre Interessen zwar auf Ebene der GmbH, nicht aber auf Ebene der GbR durchsetzen kann. Werden die Entscheidungen der XYZ-GbR hingegen gemäß Vereinbarung im Gesellschaftsvertrag mit einfacher Mehrheit getroffen, so ist eine personelle Verflechtung anzunehmen. ◀|

**Anders aber bei
Alleingeschäfts-
führung durch
Doppelgesellschafter
sowie ...**

Allerdings liegt nach Auffassung des BFH trotz Einstimmigkeitserfordernis eine personelle Verflechtung vor, wenn in einer Besitz-GbR die laufende Geschäftsführung nach dem Gesellschaftsvertrag allein einem Doppelgesellschafter übertragen wurde. Da die Alleingeschäftsführungsbefugnis alle rechtlichen und tatsächlichen Maßnahmen – mit Ausnahme lediglich der sogenannten Grundlagengeschäfte, zu denen jedoch Maßnahmen im Zusammenhang mit einer Nutzungsüberlassung nicht zählen – umfasse, könne der zur Geschäftsführung befugte Doppelgesellschafter trotz Einstimmigkeitsabrede alle Geschäftsführungsmaßnahmen allein vornehmen, welche die Überlassung der wesentlichen Betriebsgrundlagen betreffen. Zudem könne ihm diese Befugnis nur einstimmig oder aus wichtigem Grund entzogen werden, so dass er das Besitzunternehmen i.S.d. Betriebsaufspaltungsgrundsätze beherrsche und infolge dessen eine personelle Verflechtung zu bejahen sei, soweit er mit anderen Doppelgesellschaftern zusammen auch die Mehrheit der Stimmrechte der Betriebsgesellschaft auf sich vereinigt (vgl. BFH v. 01.07.2003 – VIII R 24/01, BStBl. II 2003, S. 757).

BEISPIEL 125

A und B sind zu gleichen Teilen an der Z-GmbH beteiligt. Die X-GbR vermietet der Z-GmbH ein Grundstück (wesentliche Betriebsgrundlage). Gesellschafter der X-GbR sind A und B zu jeweils 40% und deren Ehepartner zu jeweils 10%. A wurde Alleingeschäftsführungsbefugnis für die GbR übertragen.

LÖSUNG Aufgrund der Alleingeschäftsführungsbefugnis des A sind die übrigen Gesellschafter von der Geschäftsführung ausgeschlossen (§ 710 BGB) und können infolgedessen auf keinerlei Verwaltungsmaßnahmen rechtlicher oder tatsächlicher Art Einfluss nehmen, soweit es sich nicht um Geschäfte handelt, die zu einer Änderung des Bestandes oder der Organisation der Gesellschaft führen (sog. Grundlagengeschäfte). Nach Auffassung des BFH handelt es sich bei der Vermietung oder Verpachtung eines Grundstücks durch das Besitzunternehmen an das Betriebsunternehmen nicht um ein Grundlagengeschäft in diesem Sinne. Die Stellung des A reicht für eine Beherrschung der GbR i.S.d. Rechtsprechungsgrundsätze zur Betriebsaufspaltung aus, auch wenn er als geschäftsführender GbR-Gesellschafter die Betriebs-GmbH nicht alleine, sondern nur zusammen mit B beherrscht. ◀|

Über die Alleingeschäftsführung hinausgehende Befugnisse des Doppelgesellschafters, etwa von den Nur-Besitzgesellschaftern erteilte Generalvollmachten zur Vertretung in allen privaten und behördlichen Angelegenheiten, sind hierfür nicht notwendig (a.A. wohl FG Hamburg v. 31.10.2013, HaufeIndex 6 420 208). Auch die Überlegung, der Doppelgesellschafter könnte ggf. aufgrund des § 181 BGB an einer Durchsetzung seines Willens bei Rechtsgeschäften mit der Besitzgesellschaft gehindert sein, greift jedenfalls dann nicht durch, wenn er in der Betriebsgesellschaft aufgrund seiner beherrschenden Stellung durchsetzen könnte, dass eine anderer, z.B. ein eingesetzter Fremdgeschäftsführer, an seiner Stelle die Betriebsgesellschaft beim Abschluss der Rechtsgeschäfte mit der Besitzgesellschaft vertritt (vgl. BFH v. 24.08.2006 – IX R 52/04, BStBl. II 2007, S. 165).

Personelle Verflechtung bejaht der BFH trotz Einstimmigkeitsabrede auch im Ausnahmefall einer faktischen Beherrschung durch den sowohl am Besitz- als auch am Betriebsunternehmen beteiligten Gesellschafter; allerdings sind an das Vorliegen einer faktischen Beherrschung hohe Anforderungen zu stellen. Weder das jahrelange konfliktfreie Zusammenwirken allein noch der mit der Überlassung wesentlicher Betriebsgrundlagen verbundene wirtschaftliche Druck auf die Geschäftsführung lasse die Konklusion einer faktischen Beherrschung zu (vgl. BFH v. 07.12.1999 – VIII R 50,51/96, BFH/NV 2000, S. 601; zur Annahme einer faktischen Beherrschung vgl. etwa BFH v. 29.01.1997 – XI R 23/96, BStBl. II 1997, S. 437). Für eine solche sei vielmehr erforderlich, dass der betreffende Gesellschafter die Geschäftsführung vollständig an sich zieht und im eigenen Interesse ausübt. Dies setzt voraus, dass die anderen Gesellschafter-Geschäftsführer bei der Beschlussfassung über die Angelegenheiten der Gesellschaft keinen eigenen geschäftlichen Willen entfalten können. Ein auf schuldrechtlichen Rechtsbeziehungen beruhender wirtschaftlicher Druck genügt hierfür regelmäßig nicht (vgl. BFH v. 15.03.2000 – VIII R 82/98, BStBl. II 2002, S. 774).

... im Fall faktischer Beherrschung

Im Unterschied dazu liegt nach unveränderter Auffassung der Finanzverwaltung eine faktische Beherrschung der Besitzgesellschaft durch einen Doppelgesellschafter z.B. bereits dann vor, wenn dieser der Gesellschaft unverzichtbare Wirtschaftsgüter zur Verfügung stellt, die er der Gesellschaft jederzeit entziehen kann (vgl. BMF v. 07.10.2002, BStBl. I 2002, S. 1028 unter IV).

BMF: Überlassung unverzichtbarer WG reicht aus

Ist kraft Gesetz oder laut Gesellschaftsvertrag zumindest für Geschäfte des täglichen Lebens das Mehrheitsprinzip anzuwenden und verfügen die Doppelgesellschafter sowohl in der Betriebs- als auch in der Besitzgesellschaft über die Mehrheit der Stimmrechte, liegt grundsätzlich eine personelle Verflechtung vor.

Stimmrechtsmehrheit der Doppelgesellschafter führt bei Mehrheitsprinzip zur personellen Verflechtung, ...

... es sei denn, Nur-Besitzgesellschafter ist alleinvertretungsberechtigter GF

Stehen allerdings Geschäftsführungsbefugnisse im Besitz- und/oder Betriebsunternehmen nicht oder nicht ausschließlich den Mehrheitsgesellschaftern zu, ist nach der Rechtsprechung des BFH ausnahmsweise im Rahmen einer Gesamtwürdigung aller Umstände des Einzelfalles zu entscheiden, ob die Regelungen zur Geschäftsführung der Annahme einer Beherrschungsidentität entgegenstehen. Danach liegt z. B. trotz Stimmrechtsmehrheit der Doppelgesellschafter in beiden Unternehmen keine personelle Verflechtung vor, wenn ein Nur-Besitzgesellschafter alleinvertretungsberechtigter Geschäftsführer der Besitzgesellschaft und seine Abberufung als Geschäftsführer durch Gesellschafterbeschluss ausgeschlossen ist (vgl. BFH v. 16.05.2013 – IV R 54/11, BFH/NV 2013, S. 1557).

Bruchteilsgemeinschaft

Strittig ist, ob im Fall einer Bruchteilsgemeinschaft, bei der ein zu nicht mehr als 50 % beteiligter Gemeinschafter seinen Grundstücksanteil an eine von ihm mehrheitlich beherrschte GmbH überlässt, eine personelle Verflechtung zwischen dem überlassenden Gemeinschafter und der GmbH anzunehmen oder ob vielmehr die Gemeinschaft selbst als überlassender Rechtsträger anzusehen ist. Der BFH hat in einem Fall die personelle Verflechtung bejaht, da die Überlassung aufgrund der Bruchteilsbetrachtung nicht durch die Gemeinschaft, sondern tatsächlich durch den Gemeinschafter selbst vorgenommen wurde. Im entschiedenen Fall war insbesondere von Bedeutung, dass die Bruchteilsgemeinschaft zunächst dem an der GmbH Beteiligten das Recht zur ausschließlichen Nutzung der in der Folge an die GmbH überlassenen Flächen eingeräumt hat; hiermit war dann nach Auffassung des BFH auch das Recht zur Bestimmung über die Geschäfte des täglichen Lebens für diesen Flächenanteil verbunden, so dass insoweit eine personelle Verflechtung zu bejahen war (vgl. BFH v. 18.08.2009 – X R 22/07, BFH/NV 2010, S. 208).

3.2.2.3 Stimmrechtsausschluss

Auf Ebene der Besitzgesellschaft

Zivilrechtlich ist es umstritten, ob der Gesellschafter einer Personengesellschaft sein Stimmrecht nicht ausüben darf, wenn es sich um die Vornahme eines Rechtsgeschäfts der Personengesellschaft mit ihm selbst oder mit einer von ihm beherrschten Kapitalgesellschaft handelt (vgl. hierzu BFH v. 12.11.1985 – VIII 240/81, BStBl. II 1986, S. 296 m. w. N.). Steuerrechtlich würde ein solcher Stimmrechtsausschluss auf Ebene der Besitzgesellschaft bezüglich der sowohl an der Besitz- als auch an der Betriebsgesellschaft beteiligten Gesellschafter regelmäßig der Annahme einer personellen Verflechtung entgegenstehen, da insoweit der Nur-Besitzgesellschafter allein entscheiden könnte. In Anbetracht der nicht gefestigten zivilrechtlichen Wertung in dieser Frage komme es, so der BFH, auf die tatsächliche Handhabung des Stimmrechtsausschlusses durch die Gesellschafter der Personengesellschaft an (vgl. BFH v. 12.11.1985 – VIII R 240/81, BStBl. II 1986, S. 296). Auch im Vergleich mit der Position des BFH in der vorstehend diskutierten Problematik des Einstimmigkeitsprinzips erscheint diese Entscheidung des BFH konsequent. Während der BFH bezüglich der Auswirkungen des Einstimmigkeitsprinzips der tatsächlichen Handhabung keinerlei Bedeutung zumisst, da die zivilrechtliche Ausgestaltung unstreitig ist, erscheint es in Anbetracht der zivilrechtlich nicht eindeutigen Situation plausibel, bezüglich der Konsequenzen eines Stimmrechtsausschlusses auf die tatsächlichen Gegebenheiten abzustellen.

Hingegen steht ein Stimmrechtsausschluss auf Ebene der Betriebs-GmbH für die an beiden Gesellschaften beteiligten Gesellschafter bei gleichzeitiger Existenz eines Nur-Betriebsgesellschafters bezüglich der Geschäfte mit der Besitzgesellschaft gemäß § 47 Abs. 4 GmbHG einer personellen Verflechtung nicht entgegen, da für die Bestellung und Abberufung des Geschäftsführers grundsätzlich kein Stimmverbot existiert und insoweit die betroffenen Gesellschafter bezüglich der Geschäfte des täglichen Lebens mittelbar über die Bestellung bzw. Abberufung des GmbH-Geschäftsführers ihren Willen durchsetzen können (vgl. BFH v. 26.01.1989 – IV R 151/86, BStBl. II 1989, S. 455; SCHMIDT/WACKER, 2015, § 15 Rz. 828).

Auf Ebene der Betriebskapitalgesellschaft

3.2.2.4 Berücksichtigung von Angehörigenverhältnissen

Fraglich ist auch, ob bereits ein Angehörigenverhältnis (z. B. Ehegatten, Kinder) zwischen den Gesellschaftern für die Annahme grundsätzlich gleichgerichteter Interessen spricht. Sind Ehegatten bzw. Eltern und Kinder sowohl an der Besitzgesellschaft als auch an der Betriebsgesellschaft beteiligt, so ist die Frage nach dem Vorliegen einer personellen Verflechtung beider Unternehmen wie zuvor nach der Personengruppentheorie zu entscheiden. Die Tatsache der Eheschließung bzw. des Kindschaftsverhältnisses ist hierfür grundsätzlich unerheblich.

Grundsatz: Personengruppentheorie wie unter Fremden

Ist ein Ehegatte sowohl an der Besitzgesellschaft als auch an der Betriebsgesellschaft beteiligt, der andere Ehegatte jedoch nur an einer der Unternehmungen, so vertrat der BFH vormals die Ansicht, bereits die Eheschließung als solche berechtige zu der Annahme gleichgerichteter Interessen und legitimiere insoweit eine Zusammenrechnung der Ehegattenanteile. Das BVerfG hat diese Vermutung im Hinblick auf Art. 3 Abs. 1, 6 Abs. 1 GG als verfassungswidrig zurückgewiesen, da sie eine Ungleichbehandlung von Verheirateten und Ledigen impliziere (vgl. BVerfG v. 12.03.1985 – 1 BvR 571/81, 1 BvR 494/82, 1 BvR 47/83, BVerfGE 69, S. 188). Eine Zusammenrechnung von Ehegattenanteilen, so das BVerfG, sei in der beschriebenen Fallkonstellation nur noch dann in Erwägung zu ziehen, wenn zusätzlich zur ehelichen Lebensgemeinschaft Beweisanzeichen für die Existenz gleichgerichteter wirtschaftlicher Interessen vorlägen. So kann es beispielsweise bei Vorliegen eines Stimmrechtsbindungsvertrags oder einer unwiderruflichen Stimmrechtsvollmacht gerechtfertigt sein, dem einen Ehegatten die Geschäftsanteile des anderen Ehegatten an der Betriebs-GmbH zuzurechnen (vgl. BFH v. 11.07.1989 – VIII R 151/85, BFH/NV 1990, S. 99).

Prinzipielle Zusammenrechnung von Ehegattenanteilen verfassungswidrig

BEISPIEL 126

An der Besitzpersonengesellschaft ist A mit 30 % und seine Ehefrau E mit 70 % beteiligt. Gesellschafter der Betriebs-GmbH sind A mit einem Anteil von 60 % und C mit einem Anteil von 40 %.

LÖSUNG Unterstellt man zwischen den Eheleuten A und E bereits aufgrund der Eheschließung gleichgerichtete wirtschaftliche Interessen, so würde die Personengruppe AE sowohl in der Besitzgesellschaft als auch in der Betriebsgesellschaft über die Mehrheitsbeteiligung des A ihre Interessen verwirklichen. Das Merkmal der personellen Verflechtung wäre mithin erfüllt.

Diese Unterstellung ist indes mit Art. 3 Abs. 1, 6 Abs. 1 GG nicht vereinbar, so dass im vorliegenden Fall eine personelle Verflechtung zu verneinen ist. Verpflichtet sich jedoch E durch einen schuldrechtlichen Vertrag, ihr Stimmrecht innerhalb der Besitzgesellschaft gemäß den Weisungen des A auszuüben, so wäre eine Beherrschung der Besitzgesellschaft durch den Ehemann A und daraus folgend eine personelle Verflechtung zu bejahen. ◀|

Gütergemeinschaft

Eine personelle Verflechtung wird auch angenommen, wenn die Ehegatten Gütergemeinschaft vereinbart haben und infolgedessen eine nur von einem Ehegatten erworbene Beteiligung an einer der beiden Gesellschaften zum Gesamtgut beider Ehegatten i.S.v. § 1416 BGB zu rechnen ist (vgl. BFH v. 19.10.2006 – IV R 22/02, BStBl. II 2007, S. 149). Hierin liegt nach Auffassung des BVerfG keine ungerechtfertigte Benachteiligung gegenüber Ehegatten, die in Zugewinngemeinschaft oder Gütertrennung leben (vgl. BVerfG v. 14.02.2008 – 1 BvR 19/07, HFR 2008, S. 754). Die personelle Verflechtung kann zudem trotz Gütergemeinschaft verhindert werden, indem die Anteile an der Betriebskapitalgesellschaft durch Ehevertrag nach § 1418 Abs. 2 Nr. 1 BGB zum Vorbehaltsgut erklärt werden.

Wiesbadener Modell

Sind die Ehegatten weder an dem Besitzunternehmen noch an dem Betriebsunternehmen nebeneinander beteiligt, so ist nach Ansicht des BFH eine personelle Verflechtung grundsätzlich zu verneinen, selbst wenn besondere Beweisanzeichen für gleichgerichtete wirtschaftliche Interessen der Ehegatten gegeben sind. Für eine Zusammenrechnung von Anteilen ist es erforderlich, dass zumindest an einem der Unternehmen beide Ehegatten nebeneinander beteiligt sind (vgl. BFH v. 30.07.1985 – VIII R 263/81, BStBl. II 1986, S. 359). Ist dies nicht gegeben, so werden die Ehegatten im Extremfall jeweils vordringlich die Interessen ihres eigenen Unternehmens verfolgen. Ein sich auf beide Unternehmen erstreckender Geschäfts- und Betätigungswille kann folglich nicht zustande kommen.

BEISPIEL 127

Das Besitzunternehmen gehört der Ehefrau F, während ihr Ehemann M alleiniger Gesellschafter der Betriebs-GmbH ist. Eine personelle Verflechtung besteht nach den soeben dargestellten Grundsätzen nicht. ◀|

Durch dieses sogenannte Wiesbadener Modell kann daher die mitunter unliebsame steuerrechtliche Qualifizierung als Betriebsaufspaltung vermieden werden und die Ehegatten geraten in den Genuss der zuvor skizzierten steuerlichen Vorteile dieser Konstruktion. Angemerkt sei jedoch, dass die mit dem Wiesbadener Modell einhergehenden Übertragungen von Wirtschaftsgütern auch zivilrechtlich greifen. Die wesentlichen Betriebsgrundlagen der Betriebsgesellschaft sind mithin zivilrechtlich nur einem der Ehegatten zuzurechnen, was im Fall einer Scheidung zu nicht unerheblichen betrieblichen Schwierigkeiten führen kann.

BEISPIEL 128

Aufgrund der Trennung von ihrem Ehemann M kündigt die vormalige Ehefrau F aus Beispiel 127 die Miet- und Pachtverträge mit der Betriebsgesellschaft des M. Die Betriebsgesellschaft ist somit ihrer wesentlichen Betriebsgrundlagen beraubt und gerät mangels kurzfristigen Ersatzes in ernsthafte betriebswirtschaftliche Probleme. ◀|

Fazit: Eheschließung grundsätzlich unerheblich

Zusammenfassend ist festzuhalten, dass der Tatbestand der Eheschließung für das Vorliegen einer personellen Verflechtung grundsätzlich unerheblich ist. Die Ehegatten werden insoweit nicht anders behandelt als ledige Gesellschafter. So stellt beispielsweise auch die Annahme einer personellen Verflechtung aufgrund von Stimmrechtsbindungsverträgen kein Spezifikum bezüglich der Zusammenrechnung von Ehegattenanteilen dar, sondern greift ebenso bei nicht verheirateten Gesellschaftern ein.

Bezüglich der Frage, ob die Anteile minderjähriger Kinder mit denen ihrer Eltern zusammengerechnet werden, findet grundsätzlich die Personengruppentheorie Anwendung. Für den Fall, dass sowohl die Eltern als auch die Kinder an beiden Unternehmen beteiligt sind und sie als Personengruppe ihre Interessen durchsetzen können, ist daher eine personelle Verflechtung anzunehmen. Ist das Kind hingegen nur an einem, die Eltern dagegen an beiden Unternehmen beteiligt, so zieht die Finanzverwaltung das Vermögenssorgerecht der Eltern (§ 1626 BGB) als Kriterium für die gleichgerichtete Ausübung der Rechte von Eltern und Kindern aus der Beteiligung heran (vgl. im Einzelnen R 15.7 Abs. 8 EStR sowie KUSSMAUL/ SCHWARZ, GmbHR 2012, S. 834, 836). Zum Wegfall der personellen Verflechtung wegen Volljährigkeit der Kinder vgl. K III 7.

Minderjährige Kinder

4 Laufende Besteuerung

4.1 Besitzunternehmen ist Gewerbebetrieb

Sind mit der sachlichen und personellen Verflechtung die tatbestandlichen Voraussetzungen der Betriebsaufspaltung erfüllt, so hat dies zur Folge, dass eine ihrer Art nach vermögensverwaltende und damit nicht gewerbliche Betätigung, nämlich das Vermieten oder Verpachten von Wirtschaftsgütern durch die Besitzgesellschaft, zum Gewerbebetrieb wird (vgl. dazu etwa BFH v. 08.11.1971 – GrS 2/71, BStBl. II 1972, S. 63; v. 12.11.1985 – VIII R 240/81, BStBl. II 1986, S. 296). Die Annahme einer gewerblichen Tätigkeit basiert im Wesentlichen auf der Überlegung, dass die hinter dem Besitz- und dem Betriebsunternehmen stehenden Personen einen einheitlichen geschäftlichen Betätigungswillen hätten, der über das Betriebsunternehmen auf die Ausübung einer gewerblichen Betätigung gerichtet sei (vgl. z.B. BFH v. 10.04.1997 – IV R 73/94, BStBl. II 1997, S. 569). Die Rechtsprechung zur Betriebsaufspaltung wird als verfassungsgemäß angesehen, da sie die Grenzen der zulässigen richterlichen Rechtsfortbildung nicht überschreite (vgl. BVerfG v. 25.03.2004 – 2 BvR 944/00, HFR 2004, S. 691; v. 12.03.1985 – 1 BvG 571/81, 1 BvG 494/82, 1 BvG 47/83, BVerfGE 69, S. 188). Die steuerrechtlichen Konsequenzen der Gewerblichkeit des Besitzunternehmens sind weitreichend.

Keine Vermögensverwaltung

Bei den Einkünften aus Gewerbebetrieb handelt es sich um eine Gewinneinkunftsart. Innerhalb der Gewinnermittlung sind folglich Wertveränderungen auf der Vermögensebene grundsätzlich zu berücksichtigen. Da die vermieteten bzw. verpachteten Wirtschaftsgüter Betriebsvermögen des Besitzunternehmens darstellen (vgl. etwa BFH v. 08.03.1989 – X R 9/86, BStBl. II 1989, S. 714), sind mithin die in diesen Wirtschaftsgütern enthaltenen stillen Reserven bzw. stillen Lasten steuerverhaftet.

Wirtschaftsgüter des Besitzunternehmens sind steuerverhaftet

Zum notwendigen Betriebsvermögen des Besitzunternehmens gehören neben den an das Betriebsunternehmen zur Nutzung überlassenen Wirtschaftsgütern insbesondere auch die Anteile an der Betriebskapitalgesellschaft (vgl. BFH v. 08.03.1989 – X R 9/86, BStBl. II 1989, S. 714; v. 23.07.1981 – IV R 103/87, BStBl. II 1982, S. 60; OFD München v. 02.04.2001, DStR 2001, S. 1032). Wird das Besitzunternehmen in der Rechtsform einer Personengesellschaft betrieben und befinden sich die Anteile an der Betriebskapitalgesellschaft nicht im Gesamthandseigentum,

Umfang des Betriebsvermögens …

sondern im Eigentum einzelner Gesellschafter, so stellen diese Anteile notwendiges Sonderbetriebsvermögen II der betreffenden Gesellschafter dar (vgl. etwa BFH v. 16.04.1991 – VIII R 63/87, BStBl. II 1991, S. 832; kritisch SÖFFING/MICKER, 2013, S. 307 f.).

Dies gilt ggf. nicht nur für die Anteile an der eigentlichen Betriebsgesellschaft, sondern auch für Anteile des Besitz-Personengesellschafters an einer Kapitalgesellschaft, die mit der Betriebsgesellschaft in einer für diese vorteilhaften und nicht nur kurzfristigen Geschäftsbeziehung steht (vgl. BFH v. 25.11.2004 – IV R 7/03, BStBl. II 2005, S. 354). Ebenso sind Darlehensforderungen eines Besitzgesellschafters gegenüber der Betriebskapitalgesellschaft dem notwendigen Sonderbetriebsvermögen II zumindest dann zuzuordnen, wenn die Laufzeit des Darlehens an die Dauer der Beteiligung an der Betriebskapitalgesellschaft gebunden ist (vgl. BFH v. 10.11.1994 – IV R 15/93, BStBl. II 1995, S. 452).

BEISPIEL 129

A und B sind Gesellschafter der AB-GbR. Die GbR überlässt der AC-GmbH, deren Gesellschafter A und C sind, wesentliche Betriebsgrundlagen zur Nutzung. Für die Dauer seiner Mitgliedschaft bzw. die Laufzeit der Gesellschaft gewährt A der AC-GmbH ein Darlehen i. H. v. 100.000 €.

LÖSUNG Unter der Annahme, dass die Voraussetzungen der sachlichen und personellen Verflechtung vorliegen, gehören sowohl die GmbH-Anteile des A als auch das von ihm der AC-GmbH gewährte Darlehen zum notwendigen Sonderbetriebsvermögen II des A bei der AB-GbR. ◄

Übernimmt ein Gesellschafter der Besitzpersonengesellschaft eine Bürgschaft für Verbindlichkeiten der Betriebsgesellschaft, so gehört die hieraus resultierende Bürgschaftsverbindlichkeit zu seinem Sonderbetriebsvermögen bei der Besitzgesellschaft, wenn die Haftungsübernahme zugunsten der Betriebsgesellschaft durch den Betrieb der Besitzgesellschaft veranlasst war (vgl. BFH v. 22.01.2003 – X R 60/99, BFH/NV 2003, S. 900).

… und der Betriebseinnahmen

Über die Miet- bzw. Pachtzahlungen seitens der Betriebsgesellschaft hinaus sind beispielsweise auch etwaige Gewinnausschüttungen sowie die auf der Gewährung eines Darlehens basierenden Zinszahlungen der Betriebskapitalgesellschaft als Betriebseinnahmen des Besitzunternehmens bzw. Sonderbetriebseinnahmen des betreffenden Gesellschafters des Besitzunternehmens anzusehen. Diese Zuordnung zu den Betriebseinnahmen resultiert aus der Tatsache, dass die jeweiligen Wirtschaftsgüter, auf welchen die Einnahmen basieren, zuvor als Betriebs- bzw. Sonderbetriebsvermögen qualifiziert wurden und daher unmittelbar mit der Betriebsaufspaltung verbunden sind. Insofern determinieren die vorgenannten Bestandteile des Betriebsvermögens zugleich den Umfang der Betriebseinnahmen des Besitzunternehmens.

Keine Abgeltungsteuer für Ausschüttungen der Betriebsgesellschaft

Die Zuordnung der Ausschüttungen aus der Betriebsgesellschaft zu den gewerblichen Einkünften hat ferner zur Folge, dass sie nach § 32 d Abs. 1 EStG i. V. m. § 20 Abs. 8 EStG nicht der Abgeltungsteuer unterliegen, sondern gemäß § 3 Nr. 40 d EStG i. V. m. § 3 Nr. 40 Satz 2 EStG zwingend dem progressiven Einkommensteuertarif unter Berücksichtigung des Teileinkünfteverfahrens unterworfen werden. Auch das Abzugsverbot für mit den Ausschüttungen im Zusammenhang stehende Werbungskosten ist insoweit nicht anzuwenden; vielmehr gilt für Betriebsausgaben § 3 c Abs. 2 EStG.

An einer unmittelbaren Verbindung zur Betriebsaufspaltung als solcher fehlt es allerdings bezüglich solcher Vergütungen, die ein Besitzgesellschafter von der Betriebskapitalgesellschaft beispielsweise aufgrund eines Anstellungsvertrags erhält. Diese Vergütungen sind daher nicht als Einnahmen des Besitzunternehmens anzusehen, sondern stellen in Abhängigkeit von der Tätigkeit des Besitzgesellschafters Einkünfte aus nichtselbständiger bzw. selbständiger Arbeit dar (vgl. BFH v. 09.07.1970 – IV R 16/69, BStBl. II 1970, S. 722; zur mitunternehmerischen Betriebsaufspaltung siehe K IV).

Geschäftsführergehälter

BEISPIEL 130

In Beispiel 129 erhält A von der AC-GmbH für die Hingabe des Darlehens laufende Zinszahlungen sowie eine Gewinnausschüttung. Zugleich ist er als Geschäftsführer der AC-GmbH angestellt und bezieht ein jährliches Gehalt i.H.v. 100.000 €.
LÖSUNG Sowohl die Zinserträge als auch die bezogene Gewinnausschüttung gehören zu den Sonderbetriebseinnahmen des A und sind folglich im Gewinn der Mitunternehmerschaft AB-GbR enthalten; hinsichtlich der Gewinnausschüttung ist das Teileinkünfteverfahren zu beachten. Das Geschäftsführungsgehalt stellt hingegen Einkünfte aus nichtselbständiger Arbeit dar. ◄

Wird das Besitzunternehmen in der Rechtsform einer Personengesellschaft betrieben, so färbt gemäß § 15 Abs. 3 Nr. 1 EStG die als gewerblich qualifizierte Vermietungstätigkeit gegenüber der Betriebsgesellschaft auf die übrigen Tätigkeiten des Besitzunternehmens ab. Selbst eine nur geringfügige gewerbliche Tätigkeit reicht für den Eintritt der Abfärbewirkung aus (vgl. BFH v. 13.11.1997 – IV R 67/96, BStBl. II 1998, S. 254). Erst bei Vorliegen äußerst geringfügiger gewerblicher Einkünfte will der BFH von einer Anwendung des § 15 Abs. 3 Nr. 1 EStG absehen; siehe hierzu B II 3.3.1. Unseres Erachtens müsste dies in Betriebsaufspaltungsfällen ebenso gelten (offengelassen in BFH v. 16.05.2013 – IV R 54/11, BFH/NV 2013, S. 1557). Jedoch dürfte die Grenze der äußersten Geringfügigkeit innerhalb einer Betriebsaufspaltungssituation regelmäßig überschritten sein.

Besitzunternehmen ist Personengesellschaft/Abfärberegelung greift ein

Bei konsequenter Anwendung des § 15 Abs. 3 Nr. 1 EStG erzielt die Personengesellschaft mithin insgesamt gewerbliche Einkünfte, so dass auch solche Vermietungen, die nicht gegenüber der Betriebsgesellschaft, sondern gegenüber Dritten erfolgen, letztlich zu gewerblichen Einkünften führen. Auch diese, nicht aus der eigentlichen Betriebsaufspaltung resultierenden Einkünfte werden sodann zur Gewerbesteuer herangezogen (vgl. BFH v. 22.02.2005 – VIII R 53/02, BFH/NV 2005, S. 1624), und ebenso werden etwaige stille Reserven steuerverhaftet. Diese Abfärbung einer teilweisen gewerblichen Tätigkeit einer Personengesellschaft auf deren übrige Tätigkeiten ist als solche kein Spezifikum der Betriebsaufspaltung. Bemerkenswert ist jedoch, dass in diesem Fall die abfärbende gewerbliche Tätigkeit selbst erst durch die Umqualifizierung einer ihrer Beschaffenheit nach unter die Einkunftsart Vermietung und Verpachtung fallenden Tätigkeit als gewerblich eingestuft worden ist.

Konsequenz: Gewerblichkeit erstreckt sich auf alle Einkünfte des Besitzunternehmens

BEISPIEL 131

Die AB-GbR aus Beispiel 129 vermietet neben den Überlassungen an die AC-GmbH zusätzlich ein sich im Gesellschaftsvermögen befindliches Grundstück an X.

LÖSUNG Gemäß § 15 Abs. 3 Nr. 1 EStG färbt die aus Betriebsaufspaltungsgrundsätzen als gewerblich qualifizierte Tätigkeit der Vermietung an die AC-GmbH auf die Einkünfte aus der Grundstücksvermietung an X ab. Folglich gelten auch diese Einkunftsteile der AB-GbR als gewerblich und unterliegen der Gewerbesteuer. Zugleich ist das Grundstück steuerlich verhaftet. ◄|

Auch die Einkünfte der Nur-Besitz-gesellschafter gelten als gewerblich

Darüber hinaus ist die gewerbliche Tätigkeit des Besitzunternehmens nicht etwa auf diejenigen Gesellschafter begrenzt, die auch an der Betriebsgesellschaft beteiligt sind, sondern die Umqualifizierung erfasst auch solche Gesellschafter, die nur an der Besitzgesellschaft beteiligt sind. Folglich erzielen auch diese Nur-Besitzgesellschafter fortan gewerbliche Einkünfte, welche mit den vorgenannten steuerlichen Nachteilen der gewerbesteuerlichen Belastung und der Steuerverstrickung etwaiger stiller Reserven behaftet sind.

BEISPIEL 132

In Beispiel 129 erzielt daher auch der Nur-Besitzgesellschafter B aus seiner Beteiligung an der AB-GbR gewerbliche Einkünfte, obwohl isoliert betrachtet für seine Person das Kriterium der personellen Verflechtung mangels Beteiligung an der AC-GmbH nicht erfüllt ist. ◄|

Der BFH rechtfertigt diese Auswirkungen mit dem Argument, dass sich die Art der Einkünfte der Gesellschafter einer Personengesellschaft regelmäßig nach der Tätigkeit der Gesellschaft bestimme (vgl. BFH v. 12.11.1985 – VIII R 240/81, BStBl. II 1986, S. 296). Gegen diese »Mitgefangen-Mitgehangen-These« (SÖFFING/MICKER, 2013, S. 297 ff.) ist einzuwenden, dass der BFH mitunter selbst bereit ist, von einer einheitlichen Betrachtung der Personengesellschaft abzuweichen, wenn andernfalls eine sachlich zutreffende Besteuerung des Gesellschafters nicht möglich erscheint (siehe A II 1.2).

4.2 Gewerbesteuerliche Auswirkungen

Gewerbesteuer-pflicht des Besitz-unternehmens

Das Besitzunternehmen unterliegt der Gewerbesteuer (vgl. etwa BFH v. 16.06.1982 – I R 118/80, BStBl. II 1982, S. 662; v. 15.01.1998 – IV R 8/97, BStBl. II 1998, S. 478). Die gewerbesteuerliche Entlastung durch die Abzugsfähigkeit der Miet- und Pachtzinsen auf der Ebene des Betriebsunternehmens wird damit im Grundsatz durch die gewerbesteuerliche Belastung auf der Ebene des Besitzunternehmens kompensiert. Hinzu tritt die partielle Doppelerfassung der Miet- und Pachtzinsen aufgrund von § 8 Nr. 1 d – f GewStG. Gegenüber der reinen GmbH dürfte dies aber regelmäßig durch den gewerbesteuerlichen Freibetrag (§ 11 Abs. 1 Nr. 1 GewStG) beim Besitzunternehmen und insbesondere durch die Anrechenbarkeit der Gewerbesteuer beim Besitzgesellschafter gemäß § 35 EStG mehr als kompensiert werden. Zudem erfolgt keine Hinzurechnung soweit die Pacht für die Überlassung ungeschützter Erfindungen, Know-how, Firmenwert, Kundenstamm oder sonstiger ungeschützter geistiger Werte gezahlt wird (vgl. koordinierter Ländererlass v. 02.07.2012, BStBl. I 2012, S. 630, Rz. 33; CARLÉ/URBACH, KÖSDI 2012, S. 18095).

Merkmalsüber-tragung bei GewSt-Befreiung

Ist die Betriebsgesellschaft von der Gewerbesteuer befreit, etwa nach § 3 Nr. 20 GewStG, erstreckt sich diese Befreiung im Grundsatz auch auf die infolge der Betriebsaufspaltung gewerblichen Einkünfte aus der Vermietungs- und Verpachtungstätigkeit der Besitzgesellschaft (sog. Merkmalsübertragung; vgl. BFH v.

19.10.2006 – IV R 22/02, BFH/NV 2007, S. 149; v. 29.03.2006 – X R 59/00, BStBl. II 2006, S. 661; differenzierend FM Nordrhein-Westfalen v. 06.10.2010, DStR 2010, S. 2462). Dies gilt allerdings insoweit nicht, als die Besitzgesellschaft eine eigene originär gewerbliche und nicht steuerbefreite Tätigkeit ausübt (vgl. FM Nordrhein-Westfalen v. 06.10.2010, DStR 2010, S. 2462; MICKER, DStR 2012, S. 589, 592 f.); auch eine gewerbliche Prägung des Besitzunternehmens nach § 15 Abs. 3 Nr. 2 EStG verhindert nach Auffassung des FG Rheinland-Pfalz die Merkmalsübertragung (FG Rheinland-Pfalz v. 24.04.2013, EFG 2013, S. 1675, nrk., Rev. eingelegt, Az. BFH: IV R 26/13).

Konsequenterweise wird dem Besitzunternehmen aber auch dann, wenn es lediglich Grundbesitz verwaltet, die erweiterte Kürzung nach § 9 Nr. 1 Satz 2 GewStG nicht gewährt (vgl. H 9.2 Abs. 2 GewStH »Betriebsaufspaltung«; OFD Nordrhein-Westfalen v. 09.09.2013, DStR 2014, S. 427). Dies gilt sowohl für die an die Betriebsgesellschaft vermieteten Grundstücke als auch für solche, die an Dritte überlassen werden (vgl. BFH v. 22.02.2005 – VIII R 53/02, BFH/NV 2005, S. 1624). Allerdings ist dem Besitzunternehmen die erweiterte Kürzung nach Auffassung des FG München ausnahmsweise zuzugestehen, wenn die Betriebskapitalgesellschaft ihrerseits Anspruch auf die erweiterte Kürzung nach § 9 Nr. 1 S. 2 GewStG hat, mithin Besitz- und Betriebsunternehmen als gedachtes Einheitsunternehmen einer vermögensverwaltenden Tätigkeit nachgehen würden, die keine Gewerbesteuer nach sich zöge (vgl. FG München v. 05.08.2014, EFG 2014, S. 2069, nrk., Rev. eingelegt, Az. BFH: X R 54/14).

Keine erweiterte Kürzung

4.3 Besonderheiten bei der Gewinnermittlung

Besitz- und Betriebsunternehmen stellen trotz ihrer wirtschaftlichen Verflechtung im Rahmen einer Betriebsaufspaltung rechtlich selbständige Unternehmen dar (vgl. etwa BFH v. 01.10.1996 – VIII R 44/95, BStBl. II 1997, S. 530 m.w.N.). Folge dieser Selbständigkeit ist, dass die Unternehmen ihren Gewinn selbständig und unabhängig voneinander ermitteln. Ein allgemeiner Grundsatz, dass bei einer Betriebsaufspaltung Besitz- und Betriebsunternehmen durchgängig korrespondierend bilanzieren müssen, besteht nicht (vgl. BFH v. 08.03.1989 – X R 9/86, BStBl. II 1989, S. 714). So bedarf beispielsweise die Wahl eines abweichenden Wirtschaftsjahrs durch eine im Wege der Betriebsaufspaltung entstandene Betriebsgesellschaft nicht der Zustimmung des Finanzamts (vgl. BFH v. 12.02.2015 – IV R 63/11, BFH/NV 2015, S. 832; v. 27.09.1979 – IV R 89/76, BStBl. II 1980, S. 94).

Rechtlich selbständige Unternehmen

Noch nicht höchstrichterlich geklärt ist, ob die Besitzgesellschaft auch dann dazu verpflichtet ist, ihren Gewinn durch Betriebsvermögensvergleich zu ermitteln, wenn bei ihr isoliert betrachtet die §§ 140, 141 AO nicht einschlägig sind. Der BFH hatte zunächst zugunsten der Bilanzierungspflicht der Besitzgesellschaft votiert, dies allerdings nicht mit den Spezifika der Betriebsaufspaltung (z.B. der engen Verflechtung mit der Betriebskapitalgesellschaft) begründet, sondern damit, dass in den zu entscheidenden Fällen wegen der nachträglichen Aufdeckung der Betriebsaufspaltung eine rückwirkende Gewinnermittlung durchzuführen sei, bei der dem Steuerpflichtigen die Wahl zwischen der Gewinnermittlung nach § 4 Abs. 1 EStG und § 4 Abs. 3 EStG verwehrt sei (vgl. BFH v. 08.03.1989 – X R 9/86, BStBl. II 1989, S. 714). Indes hat der BFH mittlerweile die Auffassung aufgegeben, eine rückwir-

Buchführungspflicht des Besitzunternehmens?

kende Wahl zwischen § 4 Abs. 1 und Abs. 3 EStG sei nicht möglich (vgl. BFH v. 19.03.2009 – IV R 57/07, BStBl. II 2009, S. 659). Zumindest außerhalb der Betriebsaufspaltung wird nunmehr auch die nachträgliche Wahl der Gewinnermittlung nach § 4 Abs. 3 EStG anerkannt (vgl. hierzu auch KOLBE, NWB 2010, S. 412, 414 f.). Unklar ist allerdings weiterhin, ob sich die Buchführungspflicht der Besitzgesellschaft bereits aus der engen Verflechtung mit der bilanzierungspflichtigen Betriebskapitalgesellschaft herleiten lässt (so u.U. SCHMIDT/WACKER, 2015, § 15 Rz. 869). Diese Auffassung wird vom FG Hamburg (v. 10.08.2012, HaufeIndex 3 429 456, rkr.) verneint, das aus der rechtlichen und wirtschaftlichen Eigenständigkeit von Besitz- und Betriebsunternehmen u.E. zu Recht die Zulässigkeit einer Gewinnermittlung nach § 4 Abs. 3 EStG im Besitzunternehmen folgert.

TW-Abschreibung auf Pachtforderung nur, wenn auch der TW der Beteiligung dauerhaft gesunken ist

Aus der Selbständigkeit beider Unternehmen folgt, dass die Besitzgesellschaft ihre (Pacht-)Forderungen gegenüber der Betriebsgesellschaft ggf. im Wege einer Teilwertabschreibung im Wert korrigieren kann (vgl. BFH v. 08.03.1989 – X R 9/86, BStBl. II 1989, S. 714). Hierbei ist allerdings nach Auffassung des BFH zu berücksichtigen, dass Besitzunternehmen und Betriebsgesellschaften regelmäßig wirtschaftlich eng miteinander verbunden sind. Eine Teilwertabschreibung auf eine (eigenkapitalersetzende) Darlehensforderung kann daher nur nach den Maßstäben vorgenommen werden, die für die Teilwertabschreibung der Beteiligung des Besitzunternehmens an der Betriebsgesellschaft bestehen. Da Besitz- und Betriebsunternehmen in funktionaler Hinsicht eine Einheit bilden, sei hierfür zudem eine Gesamtbetrachtung der Ertragsaussichten beider Unternehmen erforderlich (vgl. BFH v. 14.10.2009 – X R 45/06, BStBl. II 2010, S. 274). Nur wenn die Ertragsaussichten dauerhaft so gering sind, dass ein gedachter Erwerber des Besitzunternehmens für die Beteiligung einen unter ihrem Buchwert liegenden Preis zu zahlen bereit wäre, sei auch eine Teilwertabschreibung auf eine Pachtforderung gerechtfertigt. Allerdings ist offen, ob diese Grundsätze auch nach Abschaffung des Eigenkapitalersatzrechts durch das MoMiG und Einführung einer generellen Nachrangigkeit von Gesellschafterforderungen im Insolvenzverfahren weiter unverändert gelten (vgl. KOLBE, BBK 2010, S. 412, 419 f.).

Forderungsverzicht

Verzichtet die Besitzgesellschaft auf bereits entstandene Pachtforderungen, liegt darin zunächst in Höhe des Teilwerts der Forderung eine verdeckte Einlage in die Betriebskapitalgesellschaft; insoweit bleibt der Verzicht auf der Ebene der Besitzgesellschaft steuerneutral, weil sich komplementär zum Ausbuchen der Forderung die Anschaffungskosten der Anteile an der Betriebskapitalgesellschaft erhöhen. Der nicht werthaltige Teil der Forderung führt dagegen im Grundsatz bei der Betriebsgesellschaft zu Ertrag und bei der Besitzgesellschaft zu Aufwand.

Anwendung von § 3 c Abs. 2 EStG bei nicht fremdüblicher Nutzungsüberlassung …

Sowohl bezüglich Teilwertabschreibungen auf Pachtforderungen gegenüber der Betriebsgesellschaft als auch bezüglich des Aufwands aus dem Ausbuchen des nicht werthaltigen Teils einer Forderung bei einem Forderungsverzicht war unabhängig von der grundsätzlichen Zulässigkeit der Teilwertabschreibung in der Steuerbilanz strittig, ob und ggf. in welchen Fällen der abschreibungsbedingte Aufwand der Abzugsbeschränkung des § 3 c Abs. 2 EStG unterliegt. Die Kontroverse betraf darüber hinaus auch auf das überlassene Wirtschaftsgut bezogene Aufwendungen wie AfA, Teilwertabschreibungen oder Erhaltungsaufwendungen sowie laufende Aufwendungen einschließlich Finanzierungskosten, soweit die Nutzungsüberlassung nicht fremdüblich erfolgte (vgl. BMF v. 08.11.2010, BStBl. I 2010, S. 1292).

Auch auf Teilwertabschreibungen bezüglich sonstiger Darlehensforderungen im Betriebsvermögen war nach Auffassung der Finanzverwaltung § 3 c Abs. 2 EStG anzuwenden, wenn zwischen der Darlehensgewährung und der Beteiligung an der Betriebsgesellschaft ein Veranlassungszusammenhang besteht. Ein solcher sei insbesondere gegeben, wenn das Darlehen unverzinslich oder unbesichert gewährt oder in der Krise stehengelassen wurde; Entsprechendes gelte bei Rückgriffsforderungen gegenüber der Betriebsgesellschaft aufgrund einer Bürgschaftsinanspruchnahme (vgl. BMF v. 08.11.2010, BStBl. I 2010, S. 1292).

Nach Auffassung des BFH (vgl. BFH v. 28.02.2013 – IV R 49/11, BStBl. II 2013, S. 802 sowie IV R 4/11, BFH/NV 2013, S. 1081; v. 18.04.2012 – X R 5/10, BStBl. II 2013, S. 785 sowie X R 7/10, BStBl. II 2013, S. 791) ist in dieser Frage zwischen laufenden Aufwendungen einerseits und substanzbezogenen Aufwendungen andererseits zu unterscheiden.

Laufende Aufwendungen, bei Grundstücken z. B. Energiekosten, Versicherungsbeiträge und Finanzierungskosten, unterliegen nach Auffassung von BFH und Finanzverwaltung insoweit dem Teilabzugsverbot des § 3 c Abs. 2 EStG, als bei ihnen infolge einer teil- oder unentgeltlichen Nutzungsüberlassung an die Betriebsgesellschaft (ggf. anteilig) ein Veranlassungszusammenhang mit dem Teileinkünfteverfahren unterliegenden Erträgen angenommen wird. Dies beruht auf der Überlegung, dass der vom Gesellschafter gewährte Nutzungsvorteil den Gewinn der Betriebsgesellschaft erhöht; die hierbei entstehenden laufenden, nicht substanzbezogenen Aufwendungen dienen damit nicht der Erzielung von in vollem Umfang steuerpflichtigen Pachteinnahmen, sondern der Erzielung von Erträgen aus der Beteiligung an der Betriebsgesellschaft, sei es aufgrund von Gewinnausschüttungen oder aufgrund einer Veräußerung oder Entnahme der Beteiligung, die sämtlich aufgrund von § 3 Nr. 40 d EStG nur zu 60 % steuerpflichtig sind (vgl. BFH v. 28.02.2013 – IV R 49/11, BStBl. II 2013, S. 802). Im Fall einer verbilligten und damit teilentgeltlichen Überlassung ist die Kürzung der Aufwendungen nur anteilig vorzunehmen, wobei es auf das Verhältnis zwischen dem tatsächlich gezahlten zum fremdüblichen Pachtentgelt ankommt.

... erfolgt nach BFH nur bei laufenden, ...

Substanzbezogene Aufwendungen dagegen, z. B. AfA oder Teilwertabschreibungen sowie Erhaltungsaufwendungen bezüglich der verpachteten Wirtschaftsgüter, sind nach Auffassung des BFH unabhängig davon, ob die Nutzungsüberlassung an die Betriebsgesellschaft voll-, teil- oder unentgeltlich erfolgt, in vollem Umfang steuerlich zu berücksichtigen; ein zur Anwendung von § 3 c Abs. 2 EStG führender Zusammenhang mit Erträgen, die nach § 3 Nr. 40 EStG nur zu 60 % steuerpflichtig sind, sei insbesondere deshalb nicht gegeben, weil Substanzgewinne aus einer anschließenden Wertaufholung, Veräußerung oder Entnahme voll steuerpflichtig seien. Dies gelte gleichermaßen auch für substanzbezogene Aufwendungen bezüglich Darlehens- oder Pachtforderungen, auf die § 3 c Abs. 2 EStG ebenfalls unabhängig von der Fremdüblichkeit der Nutzungsüberlassung nicht anzuwenden sei, z. B. bei Abschreibungen aufgrund von Uneinbringlichkeit oder infolge eines Forderungsverzichts (vgl. BFH v. 18.04.2012 – X R 7/10, BStBl. II 2013, S. 791), sowie für bürgschaftsbedingte Aufwendungen, etwa bezüglich Wertminderungen von Rückgriffsansprüchen aus bürgschaftsbedingter Inanspruchnahme oder bezüglich der Rückstellungsbildung bei drohender Inanspruchnahme (vgl. BFH v. 18.04.2012 – X R 5/10, BStBl. II 2013, S. 785).

... nicht jedoch bei substanzbezogenen Aufwendungen

BMF schließt sich an, jedoch Gesetzesänderung ab VZ 2015

Die Finanzverwaltung ist der Auffassung des BFH bezüglich der vollen Abzugsfähigkeit von substanzbezogenen Aufwendungen zunächst gefolgt (vgl. BMF v. 23. 10. 2013, BStBl. I 2013, S. 1269). Für nach dem 31. 12. 2014 beginnende Wirtschaftsjahre sind allerdings wegen der Änderung von § 3 c Abs. 2 Sätze 2–6 EStG i. d. F. des ZollkodexAnpG nunmehr auch auf die Substanz bezogene Aufwendungen von § 3 c Abs. 2 EStG betroffen, soweit sie (ggf. anteilig) mit einer gesellschaftsrechtlich veranlassten teil- oder unentgeltlichen Nutzungsüberlassung an die Betriebsgesellschaft durch einen zu mehr als 25 % unmittelbar oder mittelbar beteiligten Gesellschafter zusammenhängen. Die Anforderungen an die Beteiligungshöhe dürften in Betriebsaufspaltungsfällen aufgrund der personellen Verflechtung zwischen Besitz- und Betriebsgesellschaft regelmäßig erfüllt sein. Im Ergebnis hat der Gesetzgeber damit die Rechtslage zu § 3 c Abs. 2 EStG im Sinne der ursprünglichen Auffassung der Finanzverwaltung (vgl. BMF v. 08. 11. 2010, BStBl. I 2010, S. 1292) festgeschrieben.

BEISPIEL 133 ▬▬▬▬▬▬▬▬▬▬▬▬▬▬▬▬▬▬▬▬▬▬▬▬

(aus Korn, Ch., SteuK 2015, S. 23)
Die B-GbR (Besitzgesellschaft) verpachtet für 600.000 € jährlich ein Grundstück an die C-GmbH (Betriebsgesellschaft). Die angemessene Pacht würde 900.000 € betragen. Beide Unternehmen sind sachlich und personell verflochten; es besteht eine Betriebsaufspaltung. Die Aufwendungen der B-GbR betragen 600.000 €; hiervon entfallen 420.000 € auf AfA und Erhaltungsaufwendungen und 180.000 € auf Schuldzinsen.
LÖSUNG Die Nutzungsüberlassung erfolgt, veranlasst durch das Gesellschaftsverhältnis, zu einem Drittel unentgeltlich. Für vor dem 01. 01. 2015 beginnende Wirtschaftsjahre sind nach übereinstimmender Auffassung von BFH und Finanzverwaltung lediglich die laufenden Aufwendungen, hier also die Finanzierungskosten, anteilig im Umfang von 60.000 € (= 1/3 von 180.000 €) dem Teilabzugsverbot zu unterwerfen und damit zu 40 % (= 24.000 €) nicht abziehbar. Die substanzbezogenen Aufwendungen von 420.000 € (AfA, Erhaltungsaufwand) sind dagegen von § 3 c Abs. 2 EStG nicht betroffen.
Für nach dem 31. 12. 2014 beginnende Wirtschaftsjahre sind nach § 3 c Abs. 2 Satz 6 EStG n. F. dagegen ein Drittel der gesamten Aufwendungen der B-GbR, mithin 200.000 € dem Teilabzugsverbot zu unterwerfen und damit zu 40 % (= 80.000 €) nicht abziehbar.

Wechsel des Veranlassungszusammenhangs

Inwieweit es wegen eines Veranlassungszusammenhangs mit teilweise steuerfreien Beteiligungseinkünften zu einer Anwendung des § 3 c Abs. 2 EStG kommt, ist für jeden Veranlagungszeitraum gesondert zu prüfen, da sich der Veranlassungszusammenhang hinsichtlich des überlassenen Wirtschaftsguts oder des gewährten Darlehens im Zeitablauf ändern kann, etwa wenn sich aufgrund einer Vereinbarung über den künftigen Verzicht auf fremdübliche Miet- oder Pachtzinsen ein Übergang von einer voll entgeltlichen Überlassung zu einer voll unentgeltlichen Überlassung vollzieht (vgl. BFH-Urteil v. 28. 02. 2013, IV R 49/11, BStBl. 2013 II, S. 802). Insoweit kann es zu einem Wechsel des Veranlassungszusammenhangs kommen. Dies gilt u. E. auch rückwirkend im Fall eines nachträglichen Verzichts auf Forderungen bezüglich ursprünglich fremdüblich vereinbarter Pachtentgelte. Allerdings ergibt sich ein Wechsel des Veranlassungszusammenhangs bei zunächst fremdüblichen Konditionen nur, wenn der Verzicht bzw. die Minderung der Pachthöhe gesellschaftsrechtlich veranlasst ist. Dagegen scheidet eine Anwendung von § 3 c Abs. 2 EStG grundsätzlich aus, wenn Verzicht oder Minderung aus betrieblicher Veranlassung erfolgen und ein fremder Dritter den Verzicht ebenfalls akzeptieren würde, etwa wenn die Besitzgesellschaft auf zunächst fremdüblich vereinbarte Pachtzahlungen wegen später eingetretener Unüblichkeit der Pacht (z. B. gesunkenes Pachtniveau) oder bei Sanierungsmaßnahmen unter Beteiligung Dritter verzichtet (vgl. BMF v. 23. 10. 2013, BStBl. I 2013, S. 1269).

Obwohl Besitz- und Betriebsunternehmen im Grundsatz ihren Gewinn unabhängig voneinander ermitteln, sind einander entsprechende Bilanzposten in Ausnahmefällen korrespondierend zu bilanzieren. Dies ist z. B. dann der Fall, wenn der Besitzgesellschaft ein Warenrückgabeanspruch bezüglich des überlassenen Umlaufvermögens bzw. ein Substanzerhaltungsanspruch bezüglich des überlassenen Anlagevermögens gegenüber der Betriebsgesellschaft zusteht (vgl. explizit BFH v. 08. 03. 1989 – X R 9/86, BStBl. II 1989, S. 714 m. w. N.). **In Ausnahmefällen korrespondierende Bilanzierung**

Verpflichtet sich beispielsweise das Betriebsunternehmen in einer sogenannten Substanzerhaltungsvereinbarung gegenüber dem Besitzunternehmen, das ihr überlassene Anlagevermögen instand zu halten bzw. zu erneuern sowie bei Ablauf des Pachtvertrags die betreffenden Wirtschaftsgüter in ihrem ursprünglichen Zustand ggf. unter Berücksichtigung der technischen Entwicklung an das Besitzunternehmen zurückzugeben, so ist die aus dieser Vereinbarung resultierende Verpflichtung seitens des Betriebsunternehmens bilanziell durch eine Rückstellung abzubilden. Gemäß § 6 Abs. 1 Nr. 3 d EStG ist die Rückstellung zeitanteilig in gleichen Raten anzusammeln. Bezüglich der Bewertung der Rückstellung ist gemäß § 6 Abs. 1 Nr. 3 f EStG von den Wiederbeschaffungskosten am Bilanzstichtag auszugehen. Die Rückstellung ist folglich so zu bemessen, dass sie am Ende der betriebsgewöhnlichen Nutzungsdauer den zu diesem Zeitpunkt bestehenden Wiederbeschaffungskosten entspricht. Das Abzinsungsgebot des § 6 Abs. 1 Nr. 3 e EStG ist zu beachten. **Betriebsunternehmen bildet Rückstellung für Substanzerhaltung**

Nach bisheriger Rechtsprechung des BFH ist auf Ebene der Besitzgesellschaft der Substanzerhaltungsanspruch korrespondierend, d. h. in wertmäßiger Übereinstimmung mit der Rückstellung des Betriebsunternehmens, zu bilanzieren (vgl. etwa BFH v. 17. 02. 1998 – VIII R 28/95, BStBl. II 1998, S. 505; v. 03. 12. 1991 – VIII R 88/87, BStBl. II 1993, S. 89; deutlich BFH v. 21. 12. 1965 – IV 22/764 S, BStBl. III 1966, S. 147). Dies gilt u. E. unabhängig davon, ob der Verpächter bezüglich konkreter Substanzerhaltungsmaßnahmen oder Ersatzbeschaffungen bereits in Verzug ist. Der Anspruch ist vielmehr mit dem jährlich zuwachsenden Teilanspruch zu aktivieren, der sich z. B. bei einem abnutzbaren Wirtschaftsgut aufgrund der betrieblichen Nutzung ergibt, auch wenn zum Bilanzstichtag noch keine konkrete Instandsetzung oder Ersatzbeschaffung notwendig ist. Einschränkend wird allerdings die Auffassung vertreten, eine Aktivierung sei nur insoweit möglich, als die Notwendigkeit der Pachterneuerung oder Instandhaltung während der Pachtzeit bereits eingetreten, aber noch nicht erfüllt ist (so u. U. WEBER-GRELLET, FR 2015, S. 557). **Besitzunternehmen aktiviert korrespondierenden Substanzerhaltungsanspruch**

Weiter noch geht der IV. Senat, der jedenfalls bei Instandhaltungsfällen die korrespondierende Aktivierung eines Anspruchs mit der Begründung verneint hat, dem Verpächter seien, wenn man überhaupt eine Forderung annehmen könne, jedenfalls für diese keine Anschaffungskosten entstanden (vgl. BFH v. 12. 02. 2015 – IV R 63/11, DStR 2015, S. 811). Eine Reaktion der Finanzverwaltung auf dieses Urteil steht noch aus. Unklar bleibt hier, warum sich der IV. Senat im genannten Urteil mit der oben angeführten Rechtsprechung des VIII. Senats jedenfalls nicht explizit auseinandersetzt. Ob dies darauf beruht, dass, wie in der Literatur gemut- **Ablehnende BFH-Rechtsprechung zu Instandhaltungsansprüchen …**

maßt wird, bezüglich der Aktivierung von Substanzerhaltungsansprüchen beim Verpächter zwischen Instandhaltungs- und Erneuerungsansprüchen zu differenzieren ist (vgl. STRAHL in BeSt 2015, S. 21; HOFFMANN in DStR 2015, S. 814), kann hier noch nicht abschließend beurteilt werden.

Jedenfalls im Fall von Pachterneuerungsverpflichtungen, die während der vereinbarten Überlassungsdauer voraussichtlich zu erfüllen sein werden, hat u.E. nach wie vor eine korrespondierende Aktivierung des Ersatzanspruchs beim Besitzunternehmen zu erfolgen. Nach der oben angeführten Rechtsprechung des VIII. Senats ist die Höhe des Substanzerhaltungsanspruchs dabei an den Wiederbeschaffungskosten zu orientieren; die mit der Rückstellungsbildung korrespondierende Bilanzierung bewirkt u.E. zugleich, dass die durch das Abzinsungsgebot herbeigeführte wertmäßige Verminderung der Rückstellung auf der Ebene der Betriebsgesellschaft auf den Wertansatz des Substanzerhaltungsanspruchs auf der Ebene der Besitzgesellschaft übergreift.

BEISPIEL 134

Die Betriebsgesellschaft hat von der Besitzgesellschaft eine Maschine gepachtet, deren Nutzungsdauer fünf Jahre beträgt. Das Besitzunternehmen schreibt die Maschine linear ab. Die Anschaffungskosten der Maschine betrugen 100.000 €; die Wiederbeschaffungskosten belaufen sich am Ende des ersten Jahres der Nutzung auf 125.000 €.

LÖSUNG Zu Beginn der Nutzungsüberlassung gelten folgende, vereinfachte Bilanzen:

Aktiva	Bilanz Betriebsgesellschaft zum 01.01. in €		Passiva
Diverse Aktiva	100.000	Eigenkapital	100.000
	100.000		100.000

Aktiva	Bilanz Besitzgesellschaft zum 01.01. in €		Passiva
Maschine	100.000	Eigenkapital	100.000
	100.000		100.000

Bei korrespondierender Bilanzierung ergibt sich zum 31.12. Folgendes:
Die Betriebsgesellschaft muss ihre zukünftige Belastung aus der Substanzerhaltungsabrede bilanziell in Form einer Rückstellung abbilden. Der Rückstellungsbetrag für das erste Jahr der Nutzung ist an den Wiederbeschaffungskosten der Maschine im Zeitpunkt des Bilanzstichtags zu bemessen:

$125.000 \, € \times 1/5 = 25.000 \, €$

und muss über den noch ausstehenden Zeitraum bis zum Beginn der Erfüllung abgezinst werden:

$25.000 \, €/1,055^4 = 20.180 \, €.$

Unter Vernachlässigung aller weiteren Geschäftsvorfälle gestaltet sich die Bilanz der Betriebsgesellschaft wie folgt:

Aktiva	Bilanz Betriebsgesellschaft zum 31.12. in €			Passiva
Diverse Aktiva	100.000	Eigenkapital		100.000
		Verlust	./. 20.180	79.820
		Substanzerhaltungs-rückstellung		20.180
	100.000			100.000

Auf Ebene des Besitzunternehmens ist der Wertansatz der Maschine um den Betrag der Abschreibung (= 20.000 €) zu vermindern. Zugleich ist ein Substanzerhaltungsanspruch korrespondierend zu dem Ansatz der Rückstellung des Betriebsunternehmens zu aktivieren, mithin i. H. v. 20.180 €.

Aktiva	Bilanz Besitzgesellschaft zum 31.12. in €		Passiva	
Maschine	80.000	Eigenkapital	100.000	
Substanzerhaltungsanspruch	20.180	Gewinn	180	100.180
	100.180			100.180

Führt man das Beispiel fort, so hat nach 5 Jahren die Rückstellung der Betriebsgesellschaft einen Betrag von 125.000 € erreicht und entspricht damit den Wiederbeschaffungskosten, soweit die Wiederbeschaffungskosten in den Jahren 2 bis 5 keiner weiteren Änderung unterlagen. Der Erneuerungsanspruch der Besitzgesellschaft beträgt ebenfalls 125.000 €; die Maschine ist vollständig abgeschrieben. Erwirbt nun die Betriebsgesellschaft für die Besitzgesellschaft eine neue Maschine, so ist diese in der Bilanz der Besitzgesellschaft mit den Anschaffungskosten zu aktivieren und der Ausgleichsanspruch hierfür auszubuchen. In der Bilanz des Betriebsunternehmens ist die Rückstellung in Anspruch zu nehmen. ◀|

Zumindest bis zur Einführung des Abzinsungsgebots für Rückstellungen führte die korrespondierende Bilanzierung zu dem Ergebnis, dass bei gestiegenen Wiederbeschaffungskosten das betreffende Wirtschaftsgut in der Bilanz des Besitzunternehmens per Saldo mit einem über den fortgeführten Anschaffungs- oder Herstellungskosten liegenden Wert angesetzt wurde, da der auf den Wiederbeschaffungskosten basierende sukzessive Aufbau des Erneuerungsanspruchs regelmäßig die planmäßigen Abschreibungen überkompensierte. Diese dürfte aus der Verwendung der Wiederbeschaffungskosten als Wertmaßstab resultierende werterhöhende Wirkung zumindest in den ersten Jahren der Nutzungsüberlassung meist durch die aufgrund der Abzinsung mittelbar herbeigeführte Wertminderung des Substanzerhaltungsanspruchs übertroffen werden. Der in der Literatur geäußerten Kritik, ein Wertansatz über den fortgeführten Anschaffungs- oder Herstellungskosten sei grundsätzlich nicht zulässig und die Wertkorrespondenz daher aufzugeben (vgl. SÖFFING/MICKER, 2013, S. 315 f. m. w. N.), wird also zumindest im Ergebnis unversehens entsprochen.

Verwendung der Wiederbeschaffungskosten und Rückstellungsabzinsung als gegenläufige Effekte

4.4 Auswirkungen der Zinsschrankenregelung

Hinsichtlich der Zinsschrankenregelung des § 4 h EStG greift für die klassische Betriebsaufspaltung grundsätzlich die Stand-alone-Klausel gemäß § 4 h Abs. 2 b EStG, da eine Betriebsaufspaltung nach der Gesetzesbegründung nicht als Konzern qualifizieren soll (vgl. BT-Drucksache 16/4841, S. 50; BMF v. 08.07.2008, BStBl. I 2008, S. 718, Tz. 63). Damit ist weder bei der Besitzpersonengesellschaft noch bei der Betriebskapitalgesellschaft § 4 h EStG anzuwenden.

Kein Konzern i. S. v. § 4 h EStG, aber …

Allerdings gilt dies gemäß § 8 a Abs. 2 KStG dann nicht für die Betriebskapitalgesellschaft, wenn die Vergütungen für Fremdkapital an wesentlich beteiligte Anteilseigner mehr als 10 % des Nettozinsaufwands der Gesellschaft betragen. Hierbei sind auch Vergütungen an Doppelgesellschafter mit einzubeziehen, jedoch nur solche, die auf der Überlassung von Geldkapital beruhen. Die aufgrund der Überlassung der wesentlichen Betriebsgrundlagen gezahlten Miet- oder Pachtzinsen

… ggf. schädliche Gesellschafter-Fremdfinanzierung gemäß § 8 a KStG

stellen daher keine Vergütungen für Fremdkapital dar und sind daher sowohl bzgl. der Zinsschrankenregel als solcher als auch bei der Beurteilung des Vorliegens einer schädlichen Gesellschafterfremdfinanzierung unbeachtlich. Schädlich wäre es aber, wenn an wesentlich beteiligte Anteilseigner, diesen nahe stehende Personen oder rückgriffsberechtigte Dritte Zinszahlungen i. H. v. mehr als 10 % des Nettozinsaufwands geleistet werden. Als Empfänger dieser Vergütungen kommen dabei nicht nur Doppelgesellschafter, sondern auch die Besitzgesellschaft selbst oder einzelne Nur-Betriebsgesellschafter in Frage.

BEISPIEL 135

An der XYZ-GmbH sind X, Y und Z mit je 1/3 beteiligt. X und Y sind zu gleichen Teilen Gesellschafter der XY-GbR, die der XYZ-GmbH im Rahmen einer Betriebsaufspaltung ein Grundstück als wesentliche Betriebsgrundlage gegen einen angemessenen Mietzins überlässt. Der Zinssaldo der XYZ-GmbH beträgt 6 Mio. €, das steuerliche EBITDA i. S. v. § 4 h EStG beläuft sich auf 18 Mio. €. Aufgrund entsprechender Darlehensverträge zahlt die XYZ-GmbH u. a. folgende Vergütungen für Fremdkapital:

an Z:	180.000 €
an X:	210.000 €
an die XY-GbR:	240.000 €

Alle drei Zahlungen sind bezüglich der Frage, ob eine schädliche Gesellschafterfremdfinanzierung vorliegt, einzubeziehen. Da diese insgesamt 630.000 € betragen und damit die Grenze von 10 % des Netto-Zinsaufwands der XYZ-GmbH übersteigen (10 % von 6 Mio. € = 600.000 € < 630.000 €), kann die XYZ-GmbH gemäß § 8 a Abs. 2 KStG die Stand-alone-Klausel des § 4 h Abs. 2 b EStG nicht anwenden. Die Nettozinsaufwendungen sind daher nur i. H. v. 30 % des steuerlichen EBITDA, mithin i. H. v. 5.400.000 € abziehbar; es verbleibt ein Zinsvortrag i. H. v. 600.000 €. ◀|

5 Steuerrechtliche Konsequenzen der Entstehung

Gewinnrealisierung bei Übertragung von WG auf die Betriebskapitalgesellschaft?

Typischerweise wird die Betriebsaufspaltung durch die Aufspaltung eines bisherigen Einzelunternehmens bzw. einer Personengesellschaft in ein Besitzpersonenunternehmen und eine Betriebskapitalgesellschaft begründet, wobei zwar wesentliche Betriebsgrundlagen bei dem Besitzunternehmen verbleiben, jedoch zumindest das Umlaufvermögen, ggf. aber auch Teile des Anlagevermögens auf die Betriebskapitalgesellschaft übertragen werden. Soweit die Wirtschaftsgüter bei der Besitzpersonengesellschaft verbleiben, sind in jedem Fall die Buchwerte fortzuführen, da weder eine Veräußerung noch eine Entnahme und, wegen der fortgesetzten Gewerblichkeit aufgrund der Betriebsaufspaltungsgrundsätze, auch keine Betriebsaufgabe vorliegt (vgl. BFH v. 16. 04. 1991 – VIII R 63/87, BStBl. II 1991, S. 832). Bezüglich der auf die Betriebskapitalgesellschaft übergehenden Wirtschaftsgüter stellt sich jedoch die Frage, ob etwaig vorhandene stille Reserven aufzudecken sind oder eine steuerneutrale Übertragung zulässig ist. Diese Problematik ist keinesfalls auf den Moment der Entstehung der Betriebsaufspaltung beschränkt, sondern tritt ebenso bei Übertragungen innerhalb einer bereits existierenden Betriebsaufspaltung auf.

§ 20 UmwStG im Regelfall nicht anwendbar

Eine Einbringung in eine Kapitalgesellschaft i. S. v. § 20 UmwStG liegt im Regelfall nicht vor, da lediglich einzelne Wirtschaftsgüter, nicht aber der erforderliche Teilbetrieb übertragen wird, mit der Folge, dass ein Bewertungswahlrecht der

Betriebskapitalgesellschaft zur Fortführung der Buchwerte regelmäßig nicht gegeben ist. Die Frage der Gewinnrealisierung ist daher alleinig mittels einkommensteuerlicher Normen zu beantworten.

Bis zum 31.12.1998 war die Übertragung von Wirtschaftsgütern aus der Besitzpersonengesellschaft auf die Betriebskapitalgesellschaft nach Auffassung der Finanzverwaltung grundsätzlich steuerneutral möglich, da die stillen Reserven bedingt durch die Zugehörigkeit der Kapitalgesellschaftsanteile zum Sonderbetriebsvermögen der Besitzgesellschafter (vgl. hierzu K III 4) ohnehin steuerlich verhaftet blieben (vgl. BMF v. 22.01.1985, BStBl. I 1985, S. 97). Lediglich in dem Sonderfall, dass Anteile an der Betriebsgesellschaft Nicht-Besitz-Gesellschaftern gehören, forderte die Finanzverwaltung eine (anteilige) Auflösung der stillen Reserven bei der Übertragung (zur alten Rechtslage vgl. BFH v. 16.06.2004 – X R 34/03, BStBl. II 2005, S. 378).

Vormals: steuerneutrale Übertragung zulässig

Nach aktueller Rechtslage sind Übertragungen dagegen grundsätzlich nicht mehr steuerneutral möglich, sondern implizieren immer eine Realisierung der in den betreffenden Wirtschaftsgütern enthaltenen stillen Reserven, sei es durch einen tauschähnlichen Vorgang, sei es im Wege der verdeckten Einlage:

Gewinnrealisierung gemäß …

Erhält der Steuerpflichtige für die Übertragung der Wirtschaftsgüter im Gegenzug Gesellschaftsrechte an der Betriebskapitalgesellschaft, so liegt ein tauschähnliches Rechtsgeschäft vor. Gemäß § 6 Abs. 6 Satz 1 EStG muss die aufnehmende Betriebskapitalgesellschaft das auf sie übertragene Wirtschaftsgut mit dem gemeinen Wert der ihrerseits hingegebenen Gesellschaftsanteile ansetzen. Eine Übertragung zu Buchwerten scheidet folglich aus.

… § 6 Abs. 6 Satz 1 EStG oder …

BEISPIEL 136

Der Einzelunternehmer X gründet eine Betriebs-GmbH. Seine im Gesellschaftsvertrag festgelegte Einlageverpflichtung erfüllt er u.a. durch die Übertragung des Umlaufvermögens sowie von Teilen des Anlagevermögens seines Einzelunternehmens. Der Buchwert der übertragenen Wirtschaftsgüter beträgt 50.000 €, der gemeine Wert 80.000 €. Das Einzelunternehmen überlässt fortan der Betriebs-GmbH wesentliche Betriebsgrundlagen zur Nutzung.

LÖSUNG Die Übertragung der Wirtschaftsgüter des Einzelunternehmens auf die Betriebs-GmbH ist als tauschähnlicher Vorgang zu qualifizieren, da X im Gegenzug Gesellschaftsrechte an der GmbH erhält. Gemäß § 6 Abs. 6 Satz 1 EStG bemessen sich die Anschaffungskosten seiner GmbH-Beteiligung nach dem gemeinen Wert der hingegebenen Wirtschaftsgüter. Die GmbH-Beteiligung ist dem Betriebsvermögen des Einzelunternehmens zuzurechnen. Innerhalb seines Einzelunternehmens bucht X diesen Vorgang wie folgt:

Beteiligung X-GmbH	80 T€	an	Diverse Wirtschaftsgüter	50 T€
			Sonstiger betrieblicher Ertrag	30 T€

Eine verdeckte Einlage liegt vor, wenn der Steuerpflichtige im Gegenzug für die Einlage der Wirtschaftsgüter keine neuen Gesellschaftsanteile an der Betriebskapitalgesellschaft erhält. In diesem Fall erhöhen sich gemäß § 6 Abs. 6 Satz 2 EStG die Anschaffungskosten der Beteiligung an der Kapitalgesellschaft um den Teilwert der eingelegten Wirtschaftsgüter. Da sich die Kapitalgesellschaftsanteile regelmäßig im Betriebsvermögen des Besitzunternehmens bzw. im Sonderbetriebsvermögen der Besitzpersonengesellschafter befinden, ist die vorgeschriebene Erhöhung der Anschaffungskosten gleichbedeutend mit einer Gewinnrealisierung i.H.d. Differenz

… § 6 Abs. 6 Satz 2 EStG

zwischen dem Buchwert des eingebrachten Wirtschaftsguts und der Erhöhung des Beteiligungsansatzes um den Teilwert des betreffenden Wirtschaftsguts.

BEISPIEL 137

Bei Vorliegen der in Beispiel 136 entstandenen Betriebsaufspaltung überträgt X ein bis dato in seinem Einzelunternehmen verbliebenes Grundstück (Buchwert 50.000 €, Teilwert 90.000 €) auf die Betriebs-GmbH. Neue Kapitalgesellschaftsanteile erhält er nicht.

LÖSUNG Es handelt sich um eine verdeckte Einlage. Gemäß § 6 Abs. 6 Satz 2 EStG erhöhen sich die Anschaffungskosten seiner sich im Betriebsvermögen befindlichen GmbH-Beteiligung um den Teilwert des übertragenen Grundstücks.

X bucht diesen Vorgang wie folgt:

Beteiligung X-GmbH	90 T€	an	Grundstück	50 T€
			Sonstiger betrieblicher	
			Ertrag	40 T€

Wirtschaftliche Einheit spricht gegen Gewinnrealisierung

Diese legislativ erzwungene Aufdeckung der stillen Reserven ist zunächst zu kritisieren, da, wie die Qualifikation des Besitzunternehmens als Gewerbebetrieb verdeutlicht, Besitz- und Betriebsunternehmen trotz ihrer rechtlichen Trennung im Ergebnis als wirtschaftliche Einheit anzusehen sind. Zwar lässt sich grundsätzlich als Begründung anführen, dass eine Buchwertübertragung die Möglichkeit eröffnen würde, die in den übertragenen Wirtschaftsgütern liegenden stillen Reserven nach deren Übertragung auf die Betriebskapitalgesellschaft unter Ausnutzung des niedrigeren Körperschaftsteuersatzes zu realisieren; dieses Argument kann aber nach Einführung des § 34a EStG i.d.F. des UntStRefG 2008, der auch bei Personenunternehmen die Möglichkeit schafft, nicht entnommene Gewinne begünstigt zu besteuern, nicht mehr überzeugen.

Ggf. zwingende Übertragung des Geschäftswerts

Auf den ersten Blick erscheint die fehlende Möglichkeit der Buchwertübertragung für die Praxis nur geringe Probleme aufzuwerfen, werden doch regelmäßig die werthaltigen und damit in aller Regel auch mit stillen Reserven behafteten Wirtschaftsgüter gerade nicht auf die Betriebsgesellschaft übertragen, sondern im Besitzunternehmen zurückbehalten. Gravierende materielle Folgen ergeben sich jedoch, wenn es im Zeitpunkt der Begründung der Betriebsaufspaltung zur Übertragung eines ggf. vorhandenen (originären) Geschäftswerts kommt: Nach der Rechtsprechung des BFH geht der Geschäftswert jedenfalls dann im Wege der verdeckten Einlage auf die Betriebsgesellschaft über, wenn bei der Begründung einer Betriebsaufspaltung sämtliche Aktiva und Passiva einschließlich der Firma mit Ausnahme des (die stillen Reserven enthaltenden) Immobiliarvermögens auf die Betriebsgesellschaft übertragen werden und das zurückbehaltene Betriebsgrundstück der Betriebsgesellschaft langfristig zur Nutzung überlassen wird (BFH v. 16.06.2004 – X R 34/03, BStBl. II 2005, S. 378; v. 27.03.2001 – I R 42/00, BStBl. II 2001, S. 771). Infolgedessen ist der Geschäftswert bei der Betriebsgesellschaft mit dem gemeinen Wert zu aktivieren, wodurch in gleicher Höhe Gewinn im Besitzunternehmen entsteht. Wie in Beispiel 137 erhöht sich der Buchwert der Anteile an der Betriebskapitalgesellschaft entsprechend. Ein Verbleib des Firmenwerts im Besitzunternehmen ist nur dann möglich, wenn sich dort auch weiterhin die wesentlichen geschäftswertbildenden Faktoren befinden, zu denen z.B. der Ruf des Unternehmens, der Kundenstamm oder die Betriebsorganisation gezählt wird. Hiervon ist der BFH z.B. ausgegangen, wenn nicht nur die Betriebsgrundstücke, sondern z.B. auch die übrigen Maschinen und Betriebsausstattungen, der Fuhrpark und eben auch der Geschäftswert, mithin die gesamten wesentlichen Betriebsgrundlagen im Besitzunternehmen verbleiben und an die Betriebsgesellschaft verpachtet werden (vgl. BFH v. 14.01.1998 – X R 57/93, BFH/NV 1998, S. 1160).

6 Steuerrechtliche Konsequenzen bei Änderung des Gesellschafterkreises

Als problematisch kann es sich erweisen, wenn bei einer bereits bestehenden Betriebsaufspaltung zusätzliche Gesellschafter im Wege einer Kapitalerhöhung in die Betriebsgesellschaft aufgenommen werden und diese lediglich eine Stammeinlage ohne Agio zu erbringen haben, obwohl in dem Vermögen der Betriebsgesellschaft stille Reserven existieren. Die neu hinzutretenden Nur-Betriebs-Gesellschafter erbringen dabei für die auf sie übergehenden stillen Reserven des Betriebsunternehmens keinerlei Gegenleistung. Eine derartige Konstellation kann sich insbesondere ergeben, wenn Angehörige am Betriebsunternehmen beteiligt werden sollen und ihre Beteiligung lediglich durch Erbringung der Stammeinlage bewirkt werden soll.

Kapitalerhöhung ohne Agio

BEISPIEL 138

V ist Alleingesellschafter der X-GmbH (Stammkapital 30.000 €, stille Reserven 400.000 €), der er im Rahmen einer klassischen Betriebsaufspaltung ein Grundstück verpachtet. Im Rahmen einer Kapitalerhöhung wird das Stammkapital der X-GmbH um 10.000 € auf 40.000 € erhöht; die neuen Geschäftsanteile übernimmt die Tochter T des V gegen Einzahlung des Nennwerts. Ein Agio für die auf T übergehenden stillen Reserven der X-GmbH hat T nicht zu leisten. ◄|

Da die Anteile an der Betriebsgesellschaft zum Betriebsvermögen des Besitzunternehmens zählen und sich deren Wert infolge der Ausgabe der neuen Anteile zum Nennwert vermindert, liegt insoweit, als für diese Minderung keine betriebliche Veranlassung besteht, eine Entnahme des Doppelgesellschafters aus dem Besitzunternehmen vor. Der Wert der Entnahme entspricht der Differenz zwischen dem Wert der im Rahmen der Kapitalerhöhung übernommenen Anteile und der geleisteten Einlage (vgl. BFH v. 17.11.2005 – III R 8/03, BStBl. II 2006, S. 287); dies ist zugleich der Betrag der stillen Reserven, der auf die im Rahmen der Kapitalerhöhung entstandenen neuen Anteile an der Betriebsgesellschaft übergegangen ist (vgl. hierzu auch SÖFFING, BB 2006, S. 1529, 1530).

Überspringen stiller Reserven führt zur Entnahme

FORTSETZUNG BEISPIEL 138

Da von den stillen Reserven der X-GmbH nach der Kapitalerhöhung 1/4 auf die neuen Anteile der T entfallen und sich der Wert der Anteile des V an der X-GmbH infolgedessen um 100.000 € vermindert hat, liegt in dieser Höhe eine Entnahme des V aus dem Besitzunternehmen vor. In Höhe dieser Entnahme entsteht laufender und GewSt-pflichtiger Gewinn im Besitzunternehmen des V. ◄|

Würde dagegen ein angemessenes Agio vereinbart oder würde zugleich ein Anteil an dem Besitzunternehmen unentgeltlich übertragen, ließe sich die Besteuerung eines Entnahmegewinns vermeiden (vgl. SCHOOR, StuB 2007, S. 24, 29).

Vermeidung möglich

7 Steuerrechtliche Konsequenzen der Beendigung

Beendigung der Betriebsaufspaltung durch sachliche oder personelle Entflechtung

Durch die Veränderung der Beteiligungsverhältnisse oder der zwischen Besitz- und Betriebsunternehmen vereinbarten Nutzungsüberlassungen kann die Beendigung einer bestehenden Betriebsaufspaltung einerseits gezielt herbeigeführt werden, andererseits jedoch auch unbeabsichtigtes Ergebnis sein. Werden beispielsweise Anteile an der Betriebsgesellschaft veräußert, so dass keine Beteiligungs- bzw. Beherrschungsidentität mehr gewährleistet ist (vgl. BFH v. 25.08.1993 – XI R 6/93, BStBl. II 1994, S. 23), oder tritt die Insolvenz des Betriebsunternehmens ein (vgl. BFH v. 06.03.1997 – XI R 2/96, BStBl. II 1997, S. 460), kommt es zu einer personellen Entflechtung von Besitz- und Betriebsunternehmen. Da die vormalige personelle Verflechtung fortan nicht mehr existent ist, besteht die Betriebsaufspaltung ab diesem Zeitpunkt nicht mehr. Die gleiche Rechtsfolge tritt im Fall der sachlichen Entflechtung ein, hervorgerufen beispielsweise durch die Beendigung des Miet- oder Pachtverhältnisses oder durch die Tatsache, dass das zur Nutzung überlassene Wirtschaftsgut nicht mehr eine der wesentlichen Betriebsgrundlagen der Betriebsgesellschaft darstellt.

Personelle Entflechtung im Erbfall

Die Gefahr des Wegfalls der personellen Verflechtung stellt sich insbesondere auch in Erbfällen, wenn nicht alle Erben mit denselben Quoten Gesellschafter an Besitz- und Betriebsgesellschaft werden. Wenn es hier nicht gelingt, durch geeignete Erbauseinandersetzung innerhalb von sechs Monaten die personelle Verflechtung zu erhalten (vgl. BMF v. 14.03.2006, BStBl. I 2006, S. 253, Tz. 8), droht die Betriebsaufspaltung wegzufallen. Hier bietet es sich ggf. an, bereits vor dem Erbfall dafür Sorge zu tragen, dass sich alle Anteile an der Betriebsgesellschaft im Gesamthandsvermögen der Besitzgesellschaft befinden (Einheitsbetriebsaufspaltung). Da in diesem Fall nur die Anteile an der Besitzgesellschaft vererbt werden, wird die personelle Entflechtung infolge des Erbfalls vermieden (vgl. CARLÉ/URBACH, KÖSDI 2012, S. 18101).

Betriebsaufgabe i.S.d. § 16 Abs. 3 Satz 1 EStG

Die endgültige Beendigung der Betriebsaufspaltung führt regelmäßig zur Betriebsaufgabe i.S.d. § 16 Abs. 3 Satz 1 EStG auf der Ebene des Besitzunternehmens und damit zur Versteuerung der in den Wirtschaftsgütern des Betriebsvermögens enthaltenen stillen Reserven (vgl. etwa BFH v. 24.08.2006 – IX R 52/04, BStBl. II 2007, S. 165; v. 25.08.1993 – XI R 6/93, BStBl. II 1994, S. 23; v. 26.05.1993 – X R 78/91, BStBl. II 1993, S. 718; kritisch CREZELIUS in FS Streck, 2011, S. 45, 52 f.). Zur Abmilderung der aus der schlagartigen Realisierung der u.U. über einen langen Zeitraum gebildeten stillen Reserven resultierenden Steuerlast können die vergünstigenden Regelungen der §§ 16 Abs. 4, 34 Abs. 1 und 3 EStG in Anspruch genommen werden, soweit deren weitere Voraussetzungen erfüllt sind.

Keine Betriebsaufgabe bei …

… unterbrochener Betriebsaufspaltung

In einer Reihe von Fällen hat die höchstrichterliche Rechtsprechung das zwingende Vorliegen einer Betriebsaufgabe und die damit verbundene Realisierung der stillen Reserven infolge des Wegfalls der Verflechtungstatbestände verneint:

- Wird eine Betriebsaufspaltung nicht endgültig beendet, sondern lediglich unterbrochen, weil beispielsweise die personelle Verflechtung später wieder auflebt, ist die Betriebsaufgabe keine zwingende Rechtsfolge (vgl. BFH v. 06.03.1997 – XI R 2/96, BStBl. II 1997, S. 460).

… Wiederaufleben des Verpächterwahlrechts

- Erfüllt die Überlassung der Wirtschaftsgüter die Voraussetzungen der Betriebsverpachtung und erklärt das Besitzunternehmen im Zusammenhang mit dem Wegfall der personellen Verflechtung nicht die Betriebsaufgabe, so erzielt es im

Rahmen der Verpachtung weiterhin gewerbliche Einkünfte (vgl. BFH v. 05.02.2003 – VIII B 134/01, BFH/NV 2003, S. 909 m.w.N.; vgl. auch R 15.9 Abs. 5 EStR sowie H 15.9 Abs. 5 EStH).

- Entfällt die personelle Verflechtung durch Eintritt der Volljährigkeit bisher minderjähriger Kinder, so gewährt die Finanzverwaltung dem Steuerpflichtigen aus Billigkeitsgründen auf Antrag das Wahlrecht zur Fortsetzung der gewerblichen Tätigkeit im Rahmen einer Betriebsverpachtung auch dann, wenn die Voraussetzung einer Betriebsverpachtung, d.h. die Überlassung aller wesentlichen Betriebsgrundlagen an das Betriebsunternehmen, nicht erfüllt ist (vgl. R 16 Abs. 2 Satz 4 EStR). … **Wahlrecht zur Fortsetzung aus Billigkeitsgründen**

- Entfällt die sachliche Verflechtung, z.B. durch endgültige Einstellung der werbenden Tätigkeit der Betriebsgesellschaft, liegt auf der Ebene der Besitzgesellschaft keine Betriebsaufgabe, sondern lediglich eine Betriebsunterbrechung vor, wenn die Absicht besteht, den Betrieb innerhalb eines überschaubaren Zeitraums in gleichartiger oder ähnlicher Weise wieder aufzunehmen. Hiervon ist auszugehen, solange die Fortsetzung objektiv möglich ist und eine eindeutige Aufgabeerklärung nicht abgegeben wird. Die Fortsetzung ist objektiv nur dann möglich, wenn das vormalige Besitzunternehmen sämtliche für den Betrieb wesentlichen Betriebsgrundlagen unverändert zurückbehält (vgl. BFH v. 14.03.2006 – VIII R 80/03, BStBl. II 2006, S. 591). Die Beendigung einer Betriebsaufspaltung, bei der von der Besitzgesellschaft nicht alle wesentlichen Betriebsgrundlagen überlassen werden, wird daher von dieser Sichtweise nicht umfasst. … **Betriebsunterbrechung**

Liegt keiner der beschriebenen Fälle vor, kann die Aufdeckung der stillen Reserven infolge der endgültigen Beendigung der Betriebsaufspaltung regelmäßig dann vermieden werden, wenn es gelingt, die Gewerblichkeit des Besitzunternehmens auf einem anderen Wege zu erhalten. Hierzu bieten sich folgende Überlegungen an (vgl. SCHMIDT/WACKER, 2015, § 15 Rz. 865): **Vermeidungsstrategien**

- Übt die Besitzpersonengesellschaft bereits vor Beendigung der Betriebsaufspaltung neben der Nutzungsüberlassung auch eine eigene, originär gewerbliche Tätigkeit i.S.v. § 15 Abs. 1 Nr. 1 EStG aus oder nimmt sie eine solche im Zusammenhang mit der Beendigung der Betriebsaufspaltung auf, so greift die Abfärberegelung des § 15 Abs. 3 Nr. 1 EStG mit der Folge, dass das Besitzunternehmen weiterhin in vollem Umfang gewerbliche Einkünfte erzielt. Zu beachten ist in diesem Zusammenhang die Rechtsprechungsentwicklung, welche die Abfärbung mitunter nicht eintreten lässt, sowie die Tatsache, dass der (Besitz)Einzelunternehmer grundsätzlich nicht in den Anwendungsbereich des § 15 Abs. 3 Nr. 1 EStG fällt. **Abfärbung durch andere gewerbliche Tätigkeit**

- Das Besitzunternehmen erfüllt die Voraussetzungen des § 15 Abs. 3 Nr. 2 EStG, indem es beispielsweise eine GmbH als einzigen persönlich haftenden Gesellschafter beteiligt und die Kommanditisten nicht zur Führung der Geschäfte berechtigt. Sodann ist eine gewerblich geprägte Personengesellschaft gegeben, deren Einkünfte unabhängig von ihrer tatsächlichen Tätigkeit als gewerblich gelten. **Gewerbliche Prägung**

- Das Besitzunternehmen wird unter Ansatz der Buchwerte gemäß § 20 UmwStG in eine Kapitalgesellschaft umgewandelt. Diese erzielt gemäß § 8 Abs. 2 KStG stets gewerbliche Einkünfte. **Umwandlung in KapGes**

IV Mitunternehmerische Betriebsaufspaltung

1 Begriff und systematische Einordnung

Mitunternehmerische BA als Sonderfall der Schwesterpersonengesellschaften

Eine mitunternehmerische Betriebsaufspaltung liegt vor, wenn Besitz- und Betriebsunternehmen in der Rechtsform einer Personengesellschaft betrieben werden und beide Unternehmen sowohl personell als auch sachlich miteinander verflochten sind. Der Gesellschafterkreis beider Gesellschaften ist mithin teilweise oder sogar vollständig identisch, da andernfalls das Kriterium der personellen Verflechtung nicht erfüllt wäre. Insofern stellt die mitunternehmerische Betriebsaufspaltung einen Spezialfall der Schwesterpersonengesellschaften dar, deren typisches Merkmal ein zumindest partiell identischer Gesellschafterkreis ist. Gegenüber den Schwesterpersonengesellschaften im Allgemeinen ist die mitunternehmerische Betriebsaufspaltung zusätzlich um das Merkmal der sachlichen Verflechtung angereichert. Die Schwesterpersonengesellschaften sind nicht mit doppel- bzw. mehrstöckigen Personengesellschaften zu verwechseln, welche durch eine mitunternehmerische Beteiligung einer Personengesellschaft an einer anderen Personengesellschaft gekennzeichnet sind (vgl. K II).

Gewerblichkeit des Besitzunternehmens resultiert i. d. R. aus BA-Grundsätzen

Darüber hinaus unterscheiden sich mitunternehmerische Betriebsaufspaltung und nicht sachlich miteinander verflochtene Schwesterpersonengesellschaften hinsichtlich der Qualifikation ihrer Einkünfte. So konstituiert sich bei Vorliegen einer Betriebsaufspaltungssituation die Gewerblichkeit des Besitzunternehmens i. d. R. alleinig durch die Grundsätze zur Betriebsaufspaltung, es sei denn, das Besitzunternehmen würde bereits vor Begründung der Betriebsaufspaltung gewerbliche Einkünfte erzielen. Hingegen ist im Fall der Existenz von solchen Schwesterpersonengesellschaften, die nicht zugleich die Kriterien einer Betriebsaufspaltung erfüllen, ihre jeweils zutreffende Einkunftsart unabhängig von der Einkunftsart der anderen Gesellschaft zu bestimmen.

Subsidiaritätsthese

Mit Urteil vom 23. 04. 1996 (VIII R 13/95; BStBl. II 1998, S. 325) entschied der BFH, dass die Qualifikation des Vermögens als Gesellschaftsvermögen der Besitzgesellschaft und der Einkünfte aus der Verpachtung dieses Vermögens als Einkünfte der Gesellschafter der Besitzgesellschaft bei einer mitunternehmerischen Betriebsaufspaltung Vorrang vor der Qualifikation als Sonderbetriebsvermögen und als Sonderbetriebseinkünfte der Gesellschafter bei der Betriebsgesellschaft habe. Gerechtfertigt sei dies, da die von der Betriebsgesellschaft bezogenen Vergütungen für die Besitzgesellschaft ohnehin zu Einkünften aus Gewerbebetrieb führten, so dass die Gründe, die zu einem Durchgriff durch das beschränkt rechtsfähige Steuerrechtssubjekt »Personengesellschaft« bei einer nichtgewerblichen Tätigkeit geführt hätten, in diesem Fall nicht zum Tragen kämen. Die vormalige Rechtsprechung, welche einen Vorrang der Zuordnungswirkung des § 15 Abs. 1 Nr. 2 EStG vor den Grundsätzen zur mitunternehmerischen Betriebsaufspaltung betonte (vgl. BFH v. 25. 04. 1985 – IV R 36/82, BStBl. II 1985, S. 622), wurde explizit aufgegeben. Die Finanzverwaltung hat sich der Rechtsprechung des BFH angeschlossen (vgl. BMF v. 28. 04. 1998, BStBl. I 1998, S. 583). Damit ist, wie bei der Überlassung von Wirtschaftsgütern zwischen gewerblichen Schwesterpersonengesellschaften, die Subsidiaritätsthese, nach welcher die Zurechnung der betreffenden Wirtschaftsgüter zum Betriebsvermögen der überlassenden Mitunternehmerschaft vorrangig gegenüber deren anteiliger Zurechnung zum Sonderbetriebsvermögen der an beiden Gesellschaften beteiligten Mitunternehmer bei der nutzenden Gesellschaft ist (siehe hierzu C II 3), auch in solchen Fällen anzuwenden, in denen die Gewerblichkeit der überlassenden Gesellschaft alleinig durch Betriebsaufspaltungsgrundsätze begründet wird.

Zu beachten ist, dass der beschriebene Vorrang des eigenen Betriebsvermögens der Besitzgesellschaft vor dem Sonderbetriebsvermögen der Betriebsgesellschaft nur dann gilt, wenn es sich bei der Betriebsgesellschaft um eine gewerbliche Mitunternehmerschaft handelt. Erzielt diese dagegen freiberufliche Einkünfte, so liegt keine Betriebsaufspaltung vor und die an die Betriebsgesellschaft überlassenen Wirtschaftsgüter zählen bei dieser zum Sonderbetriebsvermögen (vgl. BFH v. 10. 11. 2005 – IV R 25/04, BStBl. II 2006, S. 73; CARLÉ/URBACH, KÖSDI 2012, S. 18 096).

Gilt nicht bei freiberuflicher Betriebsgesellschaft

Befindet sich die der Betriebspersonengesellschaft überlassene wesentliche Betriebsgrundlage nicht in einem Gesamthandsvermögen, sondern handelt es sich um Bruchteilseigentum, so ist nach Auffassung des BFH regelmäßig davon auszugehen, dass sich die Miteigentümer zumindest konkludent zu einer GbR zusammengeschlossen haben. Das im Bruchteilseigentum stehende Wirtschaftsgut wird dabei zu Sonderbetriebsvermögen I dieser als Besitzpersonengesellschaft fungierenden GbR, welche als »Quasi-Willensbildungs-GbR« kein originäres Gesamthandsvermögen besitzt (vgl. BFH v. 18. 08. 2005 – IV R 59/04, BStBl. II 2005, S. 830). Eine solche Situation kann z. B. vorliegen, wenn im Rahmen einer unentgeltlichen Übertragung eines Teilmitunternehmeranteils funktional wesentliches Sonderbetriebsvermögen quotal entsprechend mit übertragen wird, ohne dass diesbezüglich ein Gesamthandsvermögen begründet wird.

Bruchteilsgemeinschaft als Besitzgesellschaft

BEISPIEL 139 ▰

(vgl. BMF v. 07. 12. 2006, BStBl. I 2006, S. 766)
A ist zu 60 % an der gewerblichen X-OHG beteiligt, der er auch ein im Sonderbetriebsvermögen befindliches Grundstück zur Nutzung überlässt. A überträgt die Hälfte seines Mitunternehmeranteils (50 % des Gesamthandsanteils und 50 % des im Sonderbetriebsvermögen befindlichen Grundstücks) unentgeltlich auf C. A und C überlassen das Grundstück weiterhin der X-OHG entgeltlich zur Nutzung.
a) Das Grundstück steht im Gesamthandsvermögen von A und C.
b) Das Grundstück steht im Bruchteilseigentum von A und C.

LÖSUNG

a) In einem ersten Schritt liegt eine unentgeltliche Teilanteilsübertragung nach § 6 Abs. 3 Satz 1 EStG vor, die zwingend eine Buchwertfortführung vorschreibt. Im zweiten Schritt ändert sich aufgrund der steuerlichen Beurteilung des neu entstandenen Gebildes als mitunternehmerische Betriebsaufspaltung die bisherige Zuordnung des Grundstücks als Sonderbetriebsvermögen bei der OHG. Das Grundstück wird Gesamthandsvermögen bei der AC-GbR. Die damit verbundene Übertragung des Sonderbetriebsvermögens in das Gesamthandsvermögen der AC-GbR erfolgt nach § 6 Abs. 5 Satz 3 Nr. 2 EStG zum Buchwert.

b) Wie unter a) liegt auch hier eine die Buchwertfortführung nach sich ziehende unentgeltliche Teilanteilsübertragung nach § 6 Abs. 3 Satz 1 EStG vor. Im zweiten Schritt wird das Grundstück nunmehr jedoch Sonderbetriebsvermögen von A und C bei der »gesamthandsvermögenslosen« AC-GbR. Die damit verbundene Überführung des Sonderbetriebsvermögens bei der OHG auf das Sonderbetriebsvermögen bei der AC-GbR erfolgt nach § 6 Abs. 5 Satz 2 EStG ebenfalls zum Buchwert. ◂|

BFH: ggf. weiterhin »latentes« SBV

Wird wie in Beispiel 139 eine mitunternehmerische Betriebsaufspaltung durch unentgeltliche Übertragung eines Teilmitunternehmeranteils begründet und gelangt dabei das anteilig übertragene Sonderbetriebsvermögen aus dem Sonderbetriebsvermögen des bisherigen Mitunternehmers in das Sonder- oder Gesamthandsvermögen der neu entstandenen Besitzpersonengesellschaft, verliert es nach Auffassung des BFH gleichwohl nicht seine Sonderbetriebsvermögenseigenschaft bei der Betriebsgesellschaft; diese wird lediglich durch die Zurechnung zum Betriebsvermögen der Besitzpersonengesellschaft überlagert. Insoweit liegt während des Bestehens der mitunternehmerischen Betriebsaufspaltung »latentes« Sonderbetriebsvermögen der Betriebspersonengesellschaft vor, das mit der Beendigung der Betriebsaufspaltung wieder auflebt (vgl. BFH v. 22.09.2011 – IV R 33/08, BStBl. II 2012, S. 10). Diese bestehen bleibende Zuordnung zum Sonderbetriebsvermögen der nutzenden Personengesellschaft hat z. B. zur Folge, dass die steuerneutrale Übertragung aus dem Sonderbetriebsvermögen bei der nutzenden Gesellschaft in das (Sonder-)Betriebsvermögen der Besitzgesellschaft nicht als Entnahme i. S. v. § 4 Abs. 4 a EStG anzusehen ist.

2 Rechtsfolgen

Aus der Auffassung, auch im Fall der mitunternehmerischen Betriebsaufspaltung den Zuordnungscharakter des § 15 Abs. 1 Nr. 2 EStG in den Hintergrund zu drängen, indem einer Zuordnung zu dem Betriebsvermögen der Besitzgesellschaft gegenüber einer Qualifikation als (anteiliges) Sonderbetriebsvermögen der Vorrang gewährt wird, ergeben sich im Wesentlichen die nachfolgenden ertragsteuerlichen Rechtsfolgen (vgl. BMF v. 28.04.1998, BStBl. I 1998, S. 584):

Auch ein Nur-Besitzgesellschafter erzielt gewerbliche Einkünfte

Aus der Rechtsprechung zur mitunternehmerischen Betriebsaufspaltung resultiert die Zuordnung der betreffenden Wirtschaftsgüter zu einem eigenen Betriebsvermögen der Besitzgesellschaft, also im Ergebnis die Eigengewerblichkeit der Besitzgesellschaft insgesamt. Auch die Nur-Besitzgesellschafter erzielen mithin gewerbliche Einkünfte, und die stillen Reserven der sich andernfalls in ihrem Privatvermögen befindenden anteiligen Wirtschaftsgüter sind fortan aufgrund der Zurechnung zum Betriebsvermögen steuerverstrickt. Würde man hier, wie es die Rechtsprechung des BFH vormals annahm, Betriebsaufspaltungsgrundsätze nicht anwenden, so erzielten die ausschließlich an der (in diesem Fall lediglich vermögensverwaltend tätigen) Besitzgesellschaft beteiligten Gesellschafter i. d. R. Einkünfte aus Vermietung und Verpachtung. Ihre Anteile an den der Betriebspersonengesellschaft überlassenen Wirtschaftsgütern wären dem Privatvermögen zuzurechnen, während die Anteile der Doppelgesellschafter deren Sonderbetriebsvermögen bei der Betriebspersonengesellschaft zuzuordnen wären. Es läge daher der Fall einer sogenannten Zebragesellschaft vor.

Abfärberegelung greift ein

Auf Ebene der Besitzpersonengesellschaft greift ggf. die Abfärberegelung des § 15 Abs. 3 Nr. 1 EStG ein. Die Eigengewerblichkeit der Besitzpersonengesellschaft, welche alleinig der Zuordnung der an die Betriebspersonengesellschaft überlassenen Wirtschaftsgüter zu ihrem Betriebsvermögen geschuldet ist, färbt auf ihre übrigen Überschusseinkünfte ab.

BEISPIEL 140

Die bis dato vermögensverwaltend tätige XY-GbR vermietet eines ihrer Grundstücke an die personenidentische und daher personell verflochtene gewerblich tätige XY-OHG. Das Grundstück stellt für die XY-OHG eine wesentliche Betriebsgrundlage dar. Die übrigen Grundstücke sind fremdvermietet.

LÖSUNG Da die Voraussetzungen einer Betriebsaufspaltung erfüllt sind und eine anteilige Zurechnung des an die XY-OHG überlassenen Grundstücks zu den jeweiligen Sonderbetriebsvermögen der Mitunternehmer der XY-OHG ausscheidet, gilt die XY-GbR bezüglich der Grundstücksüberlassung an die XY-OHG als Gewerbebetrieb. Gemäß § 15 Abs. 3 Nr. 1 EStG sind auch die nicht gegenüber der XY-OHG erzielten Nutzungsentgelte als gewerbliche Einnahmen anzusehen und sämtliche Grundstücke dem Betriebsvermögen zuzurechnen. ◀|

Da nunmehr von zwei Gewerbebetrieben auszugehen ist, ergeben sich insoweit gewerbesteuerliche Mehrbelastungen, als die in den Entgelten für die Nutzungsüberlassung typisiert enthaltenen Finanzierungsaufwendungen einerseits für die Gläubigerpersonengesellschaft Betriebseinnahmen darstellen und folglich deren gewerbesteuerliche Bemessungsgrundlage erhöhen, während andererseits auf der Ebene der Schuldnerpersonengesellschaft deren Aufwandswirksamkeit im Rahmen der Gewinnermittlung durch ihre Hinzurechnung bei der Ermittlung des Gewerbeertrags gemäß § 8 Nr. 1 GewStG teilweise kompensiert wird. Rechnete man hingegen die Vergütungen zu den Sondervergütungen der an beiden Gesellschaften beteiligten Mitunternehmer bei der Schuldnerpersonengesellschaft, so ergäbe sich lediglich eine einmalige gewerbesteuerliche Belastung: Die Aufwandswirksamkeit der Vergütungen auf gesamthänderischer Ebene würde durch die Qualifikation als Sondervergütungen kompensiert, für eine Hinzurechnung gemäß § 8 Nr. 1 GewStG bliebe insoweit kein Raum.

Gewerbesteuerliche Doppelbelastung

Eine Ergebnissaldierung zwischen Besitz- und Betriebspersonengesellschaft im Bereich der Gewerbesteuer ist nicht möglich, d.h., ein positiver Gewerbeertrag der Besitzpersonengesellschaft kann nicht mit einem negativen Gewerbeertrag der Betriebspersonengesellschaft verrechnet werden (und umgekehrt). Hingegen ermöglichte eine (anteilige) Zuordnung der Wirtschaftsgüter zu dem Sonderbetriebsvermögen, bei der Betriebspersonengesellschaft ein sodann existentes Sonderbetriebsergebnis mit dem Gesamthandsergebnis zu saldieren.

Keine Ergebnissaldierung im Bereich der Gewerbesteuer

Aufgrund der mit der Anwendung der Betriebsaufspaltungsgrundsätze einhergehenden Eigengewerblichkeit der Besitzpersonengesellschaft kann nicht nur die ohnehin schon gewerbliche Betriebspersonengesellschaft, sondern auch die Besitzpersonengesellschaft den gewerbesteuerlichen Freibetrag in Anspruch nehmen. Gegenüber der vormaligen Qualifikation der Nutzungsentgelte als Sondervergütungen stellt dies eine Besserstellung dar, welche die zuvor skizzierten gewerbesteuerlichen Nachteile ggf. im Einzelfall zu kompensieren vermag.

Doppelte Inanspruchnahme des gewerbesteuerlichen Freibetrags

Ggf. resultiert im Fall der Anteilsveräußerung aus der Zurechnung der überlassenen Wirtschaftsgüter zu dem Betriebsvermögen der Besitzpersonengesellschaft ein steuerlicher Vorteil für den an beiden Gesellschaften beteiligten Mitunternehmer. Da der betreffende Mitunternehmer nunmehr insgesamt über zwei Mitunternehmeranteile verfügt, bedeutet dies gegenüber der vormaligen Rechtslage, welche durch die Existenz nur eines Mitunternehmeranteils inklusive Sonderbetriebsvermögen gekennzeichnet war, eine Flexibilisierung im Veräußerungsfall bzw. bei der

Inanspruchnahme der §§ 16, 34 EStG möglich

Beendigung der Betriebsaufspaltung. So ist nunmehr auch die Veräußerung bzw. Einbringung der Anteile an der Besitzpersonengesellschaft gemäß §§ 16, 34 EStG begünstigt, während es sich vormals lediglich um die Veräußerung bzw. Einbringung einzelner Wirtschaftsgüter des bisherigen Sonderbetriebsvermögens mit der Folge eines laufenden Gewinns handelte. Allerdings liegen bei Veräußerung beider Anteile eben auch zwei Veräußerungsvorgänge vor, von denen nur jeweils einer gemäß §§ 16 Abs. 4, 34 Abs. 3 EStG begünstigt ist, da beide Vorschriften jeweils nur einmal im Leben durch den Steuerpflichtigen in Anspruch genommen werden können. Im Falle der Zugehörigkeit der überlassenen Wirtschaftsgüter zum Sonderbetriebsvermögen wäre hingegen die Veräußerung des Anteils am Gesamthandsvermögen und des Sonderbetriebsvermögens insgesamt als Veräußerung eines Mitunternehmeranteils bzw. Aufgabe eines solchen zu qualifizieren, so dass der sich insgesamt ergebende Gewinn durch die vorgenannten Begünstigungsregelungen erfasst würde.

Fazit

Es zeigt sich, dass für die Doppelgesellschafter die nachteiligen Rechtsfolgen der Rechtsprechung zur mitunternehmerischen Betriebsaufspaltung vorwiegend gewerbesteuerlicher Natur sind. In Anbetracht der im Idealfall vollständigen Kompensation der gewerbesteuerlichen Belastung im Wege der typisierten Anrechnung auf die Einkommensteuerlast dürften die vorgenannten Nachteile an Entscheidungsrelevanz verloren haben. Für die Nur-Besitzgesellschafter besteht allerdings die andernfalls nicht gegebene steuerliche Verstrickung der vermieteten bzw. verpachteten Wirtschaftsgüter. Von den negativen Auswirkungen der Abfärberegelung sind hingegen sowohl die an beiden Gesellschaften beteiligten Mitunternehmer als auch die Nur-Besitzgesellschafter betroffen. Zu den möglichen Vermeidungsstrategien bezüglich dieser Rechtsfolge sei auf B II 3 verwiesen.

Literaturverzeichnis

Aufsätze

Baschnagel, Matthias, Ertragsteuerliche Aspekte doppelstöckiger Personengesellschaften, BB 2015, 349–354

Bolk, Wolfgang, Auflösung von Ergänzungsbilanzen, DStZ 2015, S. 472–478

Böttcher, Lars/Kautzsch, Michael, Die Haftung des Kommanditisten bei Rückzahlung des Aufgeldes – Anmerkung zu BGH, U. v. 05.05.2008 – II ZR 105/07 –, NZG 2008, 583–585

Brandenberg, Hermann, Abschied vom Gesamtplan – neuer Betriebsbegriff – Konsequenzen aus der Entscheidung des BFH vom 2.8.2012 – IV R 41/11, DB 2013, 17–23

Brandenberg, Hermann, Personengesellschaften, Stbg 2012, 145–158

Brandenberg, Hermann, Anmerkungen zu BFH v. 18.09.2013 – X R 42/10, MittBayNot 2014, 392–393

Brunsbach, Stefan/Mock, Oliver, Einbringung von Kapitalgesellschaftsbeteiligungen in eine vermögensverwaltende Personengesellschaft, BB 2013, 1051–1053

Bünning, Martin, Anmerkungen zu BFH v. 11.04.2013 – III R 32/12, BB 2013, 2226

Carle, Thomas/Urbach, Elmar, Betriebsaufspaltung – Gestaltungschancen und Gestaltungsrisiken, KÖSDI2012, 18093–18102

Crezelius, Georg, Besteuerung aus Drittverhalten – Überlegungen zu sog. Behaltefristen, FR 2002, 805–811

Crezelius, Georg, Die Betriebsaufspaltung – ein methodologischer Irrgarten, in: Festschrift für Michael Streck zum 70. Geburtstag, 2011, 45–58

Crezelius, Georg, Gewährung von Gesellschaftsrechten bei § 6 Abs. 5 EStG, §§ 20, 24 UmwStG, DB 2004, 397–401

Demuth, Ralf, Übertragung von Einzel-Wirtschaftsgütern im Anwendungsbereich des § 6 Abs. 5 Satz 3 EStG – Neue Erkenntnisse und Tendenzen bei teilentgeltlichen Übertragungsvorgängen, EStB 2012, 457–461

Demuth, Ralf, Negatives Kapitalkonto bei Aufgabe und Veräußerung im EStG, KÖSDI 2013, 18381–18391

Dornheim, Bertram, Teilentgeltliche Übertragung einzelner Wirtschaftsgüter bei Mitunternehmerschaften – BFH fordert BMF zum Beitritt auf, FR 2014, 869–876

Dötsch, Franz, Mitunternehmer und Mitunternehmerschaft, in : Dötsch, Franz u.a., Die Personengesellschaft im Steuerrecht, Köln 2011

Drüen, Klaus Dieter, Rechtsformneutralität der Unternehmensbesteuerung als verfassungsrechtlicher Imperativ?, GmbHR 2008, 393–403

Drüen, Klaus-Dieter, Über Zweck und Grenzen der Abfärberegelung des § 15 Abs. 3 Nr. 1 EStG – Trendwende durch das Urteil des XI. Senats des BFH vom 11.8.1999?, FR 2000, 177–186

Ettinger, Jochen/Schmitz, Markus, Einbringungen ins Sonderbetriebsvermögen – Anwendbarkeit des § 24 UmwStG nach dem SEStEG, DStR 2009, 1248–1252

Förster, Guido, SEStEG: Rechtsänderungen im EStG, DB 2007, 72–80

Förster, Guido/Brinkmann, Lars, Teilentgeltliche Nachfolge in betriebliche Einheiten, BB 2003, 657–665

Geissler, Michael, Die verbilligte Übertragung betrieblicher Sachgesamtheiten,- Anwendung der Einheitstheorie bei § 16 EStG und § 24 UmwStG, FR 2014, 152–158

Gosch, Dietmar, Anmerkungen zu BFH v. 10.04.2013 – I R 80/12, BFH/PR 2013, 442–443

Graw, Christian, Der Teilbetrieb im Umwandlungssteuerrecht nach dem Umwandlungssteuer-Erlass 2011, IFSt-Schrift Nr. 488 (2013)

Groh, Manfred, Trennungs- und Transparenzprinzip im Steuerrecht der Personengesellschaften, ZIP 1998, 89–95

Groh, Manfred, Die atypische stille Gesellschaft als fiktive Gesamthandsgesellschaft, in: Festschrift für Heinrich Wilhelm Kruse zum 70. Geburtstag, 2001, 417–432

Groh, Manfred, Sondervergütung oder Gewinn vorab?, DStZ 2001, 358–359

Groh, Manfred, Teilwerteinbringung von betrieblichen Einzelwirtschaftsgütern in Personengesellschaften, DB 2003, 1403–1409

Groh, Manfred, Die Bilanz der Unterbeteiligungsgesellschaft, in: Festschrift für Hans-Joachim Priester zum 70. Geburtstag, 2007, 107–122

Hahne, Klaus D., Die Begünstigung von Beteiligungen an Personengesellschaften bei der »Zinsschranke«- Gestaltungsmöglichkeiten zur Erhöhung des steuerlichen Zinsabzugs, DStR 2007, 1947–1950

Herbst, Christian/Stegemann, Dieter, Zur Reichweite der korrespondierenden Bilanzierung bei Mitunternehmerschaften, DStR 2013, 176–180

Hess, Ines, Die Realteilung einer Personengesellschaft – Anmerkungen zum BMF-Schreiben vom 28.2.2006, DStR 2006, 777–782

Hey, Johanna, Von der Verlegenheitslösung des § 35 EStG zur Reform der Gewerbesteuer? – Wie die Mängel der pauschalen Gewerbesteueranrechnung den Gesetzgeber zum Handeln zwingen, FR 2001, 870–880

Hey, Johanna, Unternehmenssteuerreform: das Konzept der Sondertarifierung des § 34 a EStG-E – Was will der Gesetzgeber und was hat er geregelt?, DStR 2007, 925–931

Höck, Edith, § 15 a EStG oder die Verfehlung eines hohen Zieles, Stbg 2006, 261–265

Hoffmann, Wolf-Dieter, Die Zinsschranke bei mitunternehmerischen Personengesellschaften, GmbHR 2008, 113–119

Hoffmann, Wolf- Dieter, Der Transfer von Einzel-Wirtschaftsgütern gemäß § 6 Abs. 5 EStG nach Verabschiedung des UntStFG, GmbHR 2002, 125–134

Hoffmann, Wolf-Dieter, Die einer Körperschaft nachgeordnete Mitunternehmerschaft bei der Zinsschranke, GmbHR 2008, 183–188

Hoffmann, Wolf-Dieter, Anmerkungen zum BFH-Urteil v. 12.02.2015 – IV R 29/12, DStR 2015, 814

Hörger, Helmut/Stobbe, Thomas, Die Zuordnung stiller Reserven beim Ausscheiden eines Gesellschafters einer Personengesellschaft – Modifizierte Stufentheorie, DStR 1991, 1230–1235

Huber, Steffen/Liebernickel, Martin, Übertragung von Wirtschaftsgütern auf eine Personengesellschaft: Risiken und Chancen der aktuellen Rechtsprechung, Ubg 2009, 844–847

Hüttemann, Rainer, Einkünfteermittlung bei Gesellschaften, in: Hey, Johanna, Einkünfteermittlung, DStJG 34, Köln 2011, 291–319

Jachmann, Monika, § 6 b EStG – quo vadis? – Die gleichbleibende Ratio des § 6 b EStG im wechselnden Kontext der §§ 6 Abs. 3, 6 Abs. 5 und 16 Abs. 3 EStG, DStZ 2002, 203–215

Jäschke, Dirk, Übertragung von Wirtschaftsgütern und Mitunternehmeranteilen, - Aktuelle Einzelfragen nach der jüngeren Rechtsprechung des BFH, dem Umwandlungssteuer-Erlass 2011 und dem BMF-Schreiben vom 8.12.2011-, GmbHR 2012, 601–613

Kanzler, H.-J., Zur überzeugenden Lösung eines Gesetzespuzzles- Kommentar zum BFH Urteil v. 2.8.2012 – IV R 41/11, FR 2012, 1120–1121

Kanzler, Hans-Joachim, Anmerkungen zu BFH v. 11.04.2013 – III R 32/12,FR 2013, 1083–1084

Kanzler, Hans-Joachim, Drei Urteile zu Bagatellgrenzen für die Infektion nichtgewerblicher Mitunternehmerschaften und noch mehr offene Fragen, Kommentar zu BFH v. 27.8.2014 – VIII R 6/12, VIII R 16/11, VIII R 41/11, FR 2015, 512–514

Kellersmann, Dietrich, Korrespondierende Fortschreibung von Ergänzungsbilanzen nach der Einbringung in eine Personengesellschaft, DB 1997, 2047–2052

Kempermann, Michael, Kommentar zum BFH Urteil IV R 29/04 – Teilanteilsveräußerung unter Zurückbehaltung wesentlicher Betriebsgrundlagen im Sonderbetriebsvermögen einer Freiberufler-GbR nicht tarifbegünstigt; mitunternehmerische Betriebsaufspaltung von Schwesterpersonengesellschaften bei Freiberufler GbR nicht möglich, FR 2006, 276–280

Kempermann, Michael, Probleme der Freiberufler-Personengesellschaft in der neueren Rechtsprechung, FR 2007, 577–583

Kempf, Andreas/Obermann, Achim, Offene Fragen zur Abstockung beim Kauf von Anteilen an Personengesellschaften, DB 1998, 545–547

Kessler, Wolfgang/Philipp, Moritz, Rechtssache National Grid Indus BV – Ende oder Bestätigung der Entstrickungsbesteuerung?, DStR 2012, 267–272

Kloster, Anja/Kloster, Lars, Auslegungs- und Anwendungsprobleme bei der Restrukturierung von Mitunternehmerschaften – Die Reform der Reform des § 6 Abs. 5 EStG durch das UntStFG, GmbHR 2002, 717–732

Knobbe-Keuk, Brigitte, Zum Entwurf eines Gesetzes zur vordringlichen Regelung von Fragen der Besteuerung von Personengesellschaften, BB 1985, 941–948

Koch, Dirk/Jürging, Hendrik, Praxistipps für die Übertragung in das steuerbilanzielle Sonderbetriebsvermögen bei Einbringung nach § 24 UmwStG n.F., BB 2009, 710–713

Kolbe, Stefan, Aktuelles zu Bilanzierung und Gewinnermittlung bei Betriebsaufspaltungen – Buchführung, Anteilsbewertung und Darlehen, BBK 2010, 412–420

Korn, Klaus, Buchwertfortführung für die Übertragung einzelner Wirtschaftsgüter bei Mitunternehmerschaften, KÖSDI 2002, 13272–13284

Korn, Klaus, Neues zur Besteuerung von Freiberuflern, KÖSDI 2003, 13605–13615

Korn, Klaus, Die Zinsschranke nach § 4h EStG, KÖSDI 2008, 15866–15883

Korn, Klaus, Ergebnisverteilungs-Sonderregelung für Pensionsansprüche von Mitunternehmern, BeSt 2009, 24–25

Korn, Klaus, Keine Abfärbewirkung geringfügiger gewerblicher Einnahmen freiberuflicher Personengesellschaften, NWB 2015, 1042–1051

Korn, Christian, Wesentliche Änderungen durch das Gesetz zur Anpassung der Abgabenordnung an den Zollkodex der Union und zur Änderung weiterer steuerlicher Vorschriften, SteuK 2015, S. 23–28

Kroschel, Jörg/Wellisch, Dietmar, Das Rechtsinstitut der Betriebsaufspaltung – Zum Stand der Rechtsprechung, SteuStud 1999, 400–407

Kubata, Adrian/Riegler, Fabian/Straßen, Laura, Zur Gewerblichkeit freiberuflich tätiger Personengesellschaften, DStR 2014, 1949–1955

Kußmaul, Heinz/Ruiner, Christoph/Schappe, Christian, Problemfelder bei der Anwendung der Zinsschranke auf Personengesellschaften, DStR 2008, 904–910

Kußmaul, Heinz/Schwarz, Christian, Voraussetzungen, Erscheinungsformen und Modelle der Betriebsaufspaltung, GmbHR 2012, 834–841

Leuering, Dieter, Die rechtliche Behandlung von Buchwertklauseln, NJW-Spezial 2008, 239–240

Ley, Ursula, Ergänzungsbilanzen beim Erwerb von Personengesellschaftsanteilen, bei Einbringungen nach § 24 UmwStG und bei Übertragungen nach § 6 Abs. 5 Satz 3 EStG, KÖSDI 2001, 12982–12996

Ley, Ursula, Sonderbetriebsvermögen in der Beratungspraxis, KÖSDI 2003, 13907–13918

Ley, Ursula, Zur Buchführungs- und Abschlusserstellungspflicht sowie zur Ausübung von Bilanzierungswahlrechten in der Sonderbilanz eines Mitunternehmers – zugleich Besprechung des BFH-Urteils vom 25.01.2006, WPg 2006, 904–909

Ley, Ursula, Die Sondertatbestände der Tarifbegünstigung für nicht entnommene Gewinne gemäß § 34a Abs. 5–7 EStG – Anmerkungen zu den Ausführungen des im Entwurf vorliegenden BMF-Schreibens, Ubg 2008, 214–220

Ley, Ursula, Ausgewählte Fragen und Probleme der Besteuerung doppelstöckiger Personengesellschaften, KÖSDI 2010, 17148–17164

Ley, Ursula/Brandenberg, Hermann Bernwart, Unternehmensteuerreform 2008: Thesaurierung und Nachversteuerung bei Personenunternehmen, FR 2007, 1085–1109

Märkle, Rudi, Beratungsschwerpunkt Betriebsaufspaltung – neueste Rechtsprechung und Verwaltungsanweisungen, DStR 2002, 1109–1118

Märkle, Rudi, Neue Beratungssignale der Rechtsprechung zur Mitunternehmerschaft, DStR 2000, 797–808

Mayer, Lars, Notwendiges Zusammentreffen von § 24 UmwStG und § 6 Abs. 5 EStG, DStR 2003, 1553–1559

Meyer, Bernd/Ball, Jochen, Die mitunternehmerische Betriebsaufspaltung – Anmerkungen zum BMF-Schreiben vom 28.4.1998-, FR 1998, 1075–1084

Meyering, Stephan, Ermittlung der Anschaffungskosten im Rahmen der Bewertung gemäß § 6 Abs. 1 Nr. 7 EStG, DStR 2008, 1008–1016

Micker, Lars, Aktuelle Praxisfragen der Betriebsaufspaltung, DStR 2012, 589–594

Mitschke, Wolfgang, Konkretisierung der gesetzlichen Entstrickungsregelungen und Kodifizierung der finalen Betriebsaufgabetheorie durch das Jahressteuergesetz 2010 – Zugleich eine Erwiderung auf die Beiträge von Richter/Heyd, Ubg 2011, S. 172ff und Ungemach, Ubg 2011, S. 251ff., Ubg 2011, 328–336

Neu, Norbert, Nutzungsüberlassungen zwischen Schwesterpersonengesellschaften – Anmerkungen zum BMF-Schreiben vom 28.4.1998, DStR 1998, 1250–1253

Neu, Norbert/Stamm, Andreas, Aktuelles Beratungs-Know-How Personengesellschaftsbesteuerung, DStR 2005, 141–149

Neyer, Wolfgang, Gewerbesteuer bei Teilveräußerung eines Mitunternehmeranteils, BB 2005, 577–581

Niehus, Ulrich, Zur (Nicht)Anwendbarkeit von § 15 Abs. 3 Nr. 1 EStG bei vermögensverwaltenden Personengesellschaften, FR 2002, 977–982

Niehus, Ulrich, Fortführung von Ergänzungsbilanzen, StuW 2002, 116–125

Niehus, Ulrich, Die steuerrechtliche Ungleichbehandlung von betrieblich beteiligten Zebragesellschaftern und Mitunternehmern, DStZ 2004, 143–154

Niehus, Ulrich, Zur Anwendung von Realteilungsgrundsätzen und § 6b EStG auf die Übertragung von Wirtschaftsgütern bei Schwesterpersonengesellschaften, FR 2005, 278–285

Niehus, Ulrich, Zur Realisierung stiller Reserven über gewerblich geprägte Personengesellschaften – zugleich ein Plädoyer zur Abschaffung von § 15 Abs. 3 Nr. 2 EStG, StuW 2008, 359–374

Niehus, Ulrich, Einbringung in PersGes: Systematische Überlegungen zum Anwendungsbereich von § 24 UmwStG unter Berücksichtigung von § 1 Abs. 3 UmwG, FR 2010, 1–10

Niehus, Ulrich/Wilke, Helmuth, Anmerkungen zur Thesaurierungsbegünstigung in Umstrukturierungsfällen unter Berücksichtigung des Anwendungsschreibens zu § 34a EStG und der durch das JStG 2009 nicht umgesetzten gesetzgeberischen Änderungsüberlegungen, DStZ 2009, 14–29

Niehus, Ulrich/Wilke, Helmuth, Zur Anwendung der Gesamtplanrechtsprechung in Ausgliederungsfällen (Teil 1 und 2), SteuK 2011, 225–230

Niehus, Ulrich/Wilke, Helmuth, Einlagen des Kommanditisten bei negativem Kapitalkonto sowie Haftungsausweitung aufgrund Wechsels der Rechtsstellung – Anmerkungen zur jüngeren BFH-Rechtsprechung zu § 15 a EStG, FR 2004, 677–685

Niehus, Ulrich/Wilke, Helmuth, Maß und Ausmaß von Gewinnrealisierung bei Übertragung gegen Teil- oder Mischentgelt im Anwendungsbereich des § 6 Abs. 5 Satz 3 EStG, FR 2005, 1012–1016

Niehus, Ulrich/Wilke, Helmuth, Konkretisierung des Anwendungsbereichs steuerneutraler Realteilungen, FR 2012, 1093–1103

Niehus, Ulrich/Wilke, Helmuth, Übertragung von Wirtschaftsgütern zwischen Schwesterpersonengesellschaften, Steuk 2010, 385–386

Offerhaus, Klaus, Aufnahme in eines Teilhabers in ein Einzelunternehmen gegen Zuzahlung ins Privatvermögen, in: Umwandlungen im Zivil- und Steuerrecht, Festschrift für Siegfried Widmann zum 65. Geburtstag am 22. Mai 2000, 2000, 441–458

Ott, Hans, Auslagerung wesentlicher Betriebsgrundlagen bei Umstrukturierungen und Unternehmensnachfolge, StuB 2015, 488–494

Paus, Bernhard, Der Arbeitgeberanteil zur Sozialversicherung als Gewinnanteil des Kommanditisten, DStZ 2006, 336–337

Paus, Bernhard, Der rückwirkende Ansatz des gemeinen Werts im Rahmen der Realteilung, FR 2002, 866 874

Pickhardt-Poremba, Natalie/Engelsing, Lutz, Unterbeteiligung an gewerblich und an nur vermietend und verpachtend tätigen Personengesellschaften, DStZ 2000, 281–287

Rasche, Ralf, Stellt eine das gesamte Nennkapital einer Kapitalgesellschaft umfassende Beteiligung einen (fiktiven) Teilbetrieb i. S. d. § 24 Abs. 1 UmwStG dar?, GmbHR 2007, 793–795

Reiss, Wolfram, Einbringung von Wirtschaftsgütern des Privatvermögens in das Betriebsvermögen einer Mitunternehmerschaft – Anmerkungen zu den BMF-Schreiben vom 29. 3. 2000 und vom 26. 11. 2004, DB 2005, 358–366

Reiss, Wolfram, Personengesellschaften, in: Leitgedanken des Rechts, Band II, Staat und Bürger, Festschrift für Paul Kirchhof, Heidelberg 2013, 1925–1936

Rödder, Thomas/Schumacher, Andreas, Das kommende SEStEG – Teil I: die geplanten Änderungen des EStG, KStG und AStG – Der Regierungsentwurf eines Gesetzes über steuerliche Begleitmaßnahmen zur Einführung der Europäischen Gesellschaft und zur Änderung weiterer steuerrechtlicher Vorschriften, DStR 2006, 1481–1494

Rödder, Thomas/Schumacher, Andreas, Das kommende SEStEG – Teil II: Das geplante neue Umwandlungssteuergesetz – Der Regierungsentwurf eines Gesetzes über steuerliche Begleitmaßnahmen zur Einführung der Europäischen Gesellschaft und zur Änderung weiterer steuerrechtlicher Vorschriften, DStR 2006, 1525–1542

Rödder, Thomas/Schumacher, Andreas, Das SEStEG – Überblick über die endgültige Fassung und die Änderungen gegenüber dem Regierungsentwurf, DStR 2007, 369–377

Rogall, Matthias, Steuerneutrale Bar- und Sachabfindung beim Ausscheiden aus Personengesellschaften – zum Verhältnis von § 6 Abs. 5 EStG zu § 16 EStG, DStR 2006, 731–736

Rogall, Matthias, Sonderbetriebsvermögen und der Konflikt zwischen Einbringung eines Teilbetriebs und Einbringung eines Teil-Mitunternehmeranteils nach §§ 20 und 24 UmwStG, DB 2005, 410–414

Rogall, Matthias/Dreßler, Daniel, Wirtschaftsgutübertragung nach § 6 Abs. 5 Satz 3 EStG und das Zusammenspiel mit § 6 Abs. 3 EStG – durch die aktuelle Rechtsprechung induzierte Änderungen, Ubg 2013, 73–83

Rogall, Matthias/Stangl, Ingo, Die Realteilung einer Personengesellschaft – Anmerkungen zum BMF, Schr. v. 28. 2. 2006, FR 2006, 345–357

Röhner, Jörg, Die bilanzielle Durchführung der Realteilung, StuW 2008, 144–153

Röhrig, Alfred P., Die Sachwertabfindung im Lichte des StSenkG – Lässt sich die Aufdeckung stiller Reserven wie bei der Realteilung vermeiden?, EStB 2001, 27–30

Rose, Gerd, Sonder-Gewerbesteuer aus § 18 Abs. 4 UmwStG nach Formwechsel vor 1999? – Kritische Würdigung des BFH-Urteils VIII R 23/01 vom 11.12.2001, FR 2005, 1–6

Schaflitzl, Andreas, Änderungen bei der Übertragung von Einzelwirtschaftsgütern im Bereich der Mitunternehmerschaften (§ 6 Abs. 5 EStG) , 29–32, in: Linklaters, Oppenhoff & Rädler, Steueränderungen zum 1.1.2002 im Unternehmensbereich- Unternehmenssteuerfortentwicklungsgesetz, Steueränderungsgesetz 2001, Steuerverkürzungsbekämpfungsgesetz und Gesetz zur Eindämmung illegaler Betätigung im Baugewerbe-, DB 2002, Beilage Nr. 1, 1–72

Scheffler, Wolfram/Christ, Ramona/Mayer, Georg, Einbringung von Einzelunternehmen in eine Personengesellschaft, DStR 2014, 1564–1569

Schell, Matthias, Realteilung i. S. d. § 16 Abs. 3 Satz 2 bis 4 EStG – Anmerkung zum BMF-Schreiben vom 28.2.2006, BB 2006, 1026–1030

Schiffers, Joachim, Steuersenkungsgesetz – Steuerliche Rechtsformwahl und Rechtsformoptimierung, GmbHR 2000, 1005–1014

Schmelter, Martin/Suck, Jendrik, Die Wirkungen des Investitionsabzugsbetrages nach § 7 g EStG auf die Verluste bei beschränkter Haftung nach § 15 a EStG, DStR 2011, 1637–1642

Schmitz-Herscheidt, Fabian, Zinsschranke und Gesellschafterfremdfinanzierung bei nachgeordneten Mitunternehmerschaften, BB 2008, 699–705

Schoor, Hans Walter, Echte und unechte Betriebsaufspaltung: Ausgewählte Problemfälle und Gestaltungsmerkmale, StuB 2007, 24–30

Schulze zur Wiesche, Dieter, Beteiligungen als Sonderbetriebsvermögen II, DStZ 2007, 602–606

Schulze zur Wiesche, Dieter, GmbH-Beteiligungen als Sonderbetriebsvermögen der Personengesellschaft, GmbHR 2012, 785–793

Schulze-Osterloh, Joachim, Verfassungswidrigkeit der Kodifikation der Abfärbetheorie (§ 15 Abs. 3 Nr. 1 EStG), in: Gedächtnisschrift für Brigitte Knobbe-Keuk, 1997, 531–540

Seitz, Werner, Realteilung von Personengesellschaften im Ertragsteuerrecht, StbJb. 2004/2005, 201–226

Siegel, Theodor, Stille Reserven beim Unternehmens- oder Anteilsverkauf, Geschäftswert und Teilwert – Ergänzungen zu Hörger/Stobbe und Fußnoten zu Schult/Richter, DStR 1991, 1477–1481

Söffing, Günter, Aktuelles zur Betriebsaufspaltung, BB 2006, 1529–1533

Söffing, Günter, Durchgriff durch die Personengesellschaft, Stbg 1996, 289–299

Söffing, Günter, Überlegungen zum Sonderbetriebsvermögen II, BB 2003, 616–617

Söffing, Günter, Für die Anwendung der Subsidiaritätsthese in Fällen der Bilanzierungskonkurrenz – Zur Auslegung des § 15 Abs. 1 Satz 1 Nr. 2 Satz 1 Teilsatz 2 EStG –, DB 2007, 1994–1997

Sonneborn, Andrea M., Realteilung einer Personengesellschaft nach dem Steuersenkungsgesetz, DStZ 2001, 579–585

Stapelfeld, Ait, Die aktuelle BFH-Rechtsprechung zur Problematik der Büro- und Verwaltungsgebäude als wesentliche Betriebsgrundlagen im Rahmen der Betriebsaufspaltung – Zugleich Anmerkung zu den BMF-Schreiben vom 18.9.2001 und 20.12.2001, DStR 2002, 161–165

Stapperfend, Thomas, Die Infektion im Einkommensteuerrecht – Ein Beitrag zum Krankheitsbild des Einkommensteuergesetzes, StuW 2006, 303–310

Steger, Michael, Verluste bei beschränkter Haftung: Außerbilanzielle Zu-/Abrechnungen im Anwendungsbereich des § 15 a EStG, NWB 2011, 3372–3382

Strahl, Martin, Vermögensverwaltende Personengesellschaften im Ertragsteuerrecht, KÖSDI 2001, 12802–12811

Strahl, Martin, Grenzen der Aktivierung und der korrespondierenden Bilanzierung, BeSt 2015, 21–22

Strahl, Martin, Höchst praxisrelevante Entwicklungen im Umwandlungssteuerrecht, KÖSDI 2015, 19329–19339

Stuhrmann, Gerd, Zur Realteilung durch Bar- und Sachwertabfindung, DStR 2005, 1355–1357

Thiel, Jochen/Sterner, Ingo, Entlastung der Personenunternehmen durch Begünstigung des nicht entnommenen Gewinns, DB 2007, 1099–1107

Tulloch, Anthony/Wellisch, Dietmar, Die Ergebnisverteilungsabreden für die Gesellschafter von vermögensverwaltenden Personengesellschaften – Anmerkung zum BFH-Urteil vom 13. 10. 1998, VIII R 4/98, DStR 1999, 1093–1097

Ungemach, Markus, Europarechtliche und abkommensrechtliche Beurteilung der Entstrickungsregelungen des deutschen Umwandlungssteuerrechts, Ubg 2011, 251–261

van Lishaut, Ingo, Steuersenkungsgesetz: Mitunternehmerische Einzelübertragungen i. S. des § 6 Abs. 5 Satz 3 ff. EStG n.F., DB 2000, 1784–1789

Wälzholz, Eckhard, Abfindungsklauseln in Gesellschaftsverträgen- Zivil- und Steuerrecht- 3. Leitthema: Mittelstand, StbJb. 2010/2011, 109–147

Wassermeyer, Franz, Verdeckte Gewinnausschüttungen bei einer GmbH & Co KG, GmbHR 1999, 18–23

Wassermeyer, Franz, Entstrickungsbesteuerung und EU-Recht, EuZW 2012, 921–922

Weber-Grellet, Heinrich, Anmerkungen zu BFH v. 12. 02. 2015 – IV R 29/12, FR 2015, 557–558

Wendt, Michael, Teilanteilsübertragung und Ausnahme eines Gesellschafters in ein Einzelunternehmen nach den Änderungen des EStG durch das UntStFG, FR 2002, 127–138

Wendt, Michael, Übertragung von Wirtschaftsgütern zwischen Mitunternehmerschaft und Mitunternehmer – § 6 Abs. 5 EStG idF des UntStFG als zweiter Versuch zur »Wiedereinführung des Mitunternehmererlasses«, FR 2002, 53–66

Wendt, Michael, Gestaltung der Steuerrechtsordnung, Realteilung und Ausscheiden gegen Sachwertabfindung – Vorrang des Kontinuitätsprinzips?, in: Festschrift für Joachim Lang zum 70. Geburtstag – Gestaltung der Steuerrechtsordnung, 2012, 699–718

Wendt, Michael, Rechtsprechungs-Highlights zum Unternehmenssteuerrecht der Personengesellschaften, StbJb. 2012/2013, 29–54

Wendt, Michael, Rechtsprechungs-Highlights zum Unternehmenssteuerrecht der Personengesellschaften, StbJb. 2013/2014, 33–61

Wendt, Michael, Anmerkungen zu BFH v. 09. 12. 2014 – IV R 29/14, FR 2015, 459–460

Wendt, Michael, Anmerkungen zu BFH v. 20. 11. 2014 – IV R 1/11, FR 2015, 554–555

Wilke, Helmuth, Vom Komplementär zum Kommanditisten und umgekehrt – Zweifelsfragen im Zusammenhang mit § 15 a EStG, INF 2004, 69–73

Kommentare und Monographien

BeBiKo	Förschle, Gerhart/ Grottel, Bernd/ Schmidt, Stefan/ Schubert, Wolfgang/ Winkeljohann, Norbert, Beck'scher Bilanzkommentar: Handels- und Steuerbilanz, 9. Auflage, München 2014
Birk/Desens/Tappe	Birk, Dieter/ Desens, Marc/ Tappe, Henning, Steuerrecht, 17. Auflage, Heidelberg 2014
Blumenberg/Benz	Blumenberg, Jens/ Benz, Sebastian, Die Unternehmensteuerreform 2008, Köln 2007
B/F/F/K	Breithecker, Volker/ Förster, Guido/ Förster, Ursula/ Klapdor, Ralf, Unternehmensteuerreformgesetz 2008, Kommentar zum UntStRefG 2008, Berlin 2007
Blümich	Blümich, hrsg. von Heuermann, Bernd, EStG, KStG, GewStG, Kommentar (Loseblattsammlung)
Brönner	Brönner, Herbert, Die Besteuerung der Gesellschaften, 18. Auflage, Stuttgart 2007
Budde u.a.	Budde, Wolfgang Dieter/ Förschle Gerhart/ Winkeljohann, Norbert, Sonderbilanzen, 4. Auflage, München 2008
Daumke/Kessler	Daumke, Michael/ Kessler, Jürgen, Gesellschaftsrecht, 3. Auflage, München 2000
D/P/M	Dötsch, Ewald/ Pung, Alexandra/ Möhlenbrock, Rolf, Die Körperschaftsteuer, Kommentar zum KStG, zum UmwStG und zu den einkommensteuerlichen Vorschriften der Anteilseignerbesteuerung (Loseblattsammlung)
Engel	Engel, Michaela, Vermögensverwaltende Personengesellschaften im Ertragsteuerrecht, 2. Auflage, Herne 2015
FGS/BDi	Flick Gocke Schaumburg/BDI, Der Umwandlungssteuer-Erlass 2011, Bonn 2012
Haritz/Menner	Haritz, Detlev/ Menner, Stefan, Umwandlungssteuergesetz Kommentar, 4. Auflage, München 2015
HHR	Herrmann, Carl/ Heuer, Gerhard/ Raupach, Arndt, Einkommensteuer- und Körperschaftsteuergesetz Kommentar (Loseblattsammlung)
Kirchhof	Kirchhof, Paul, EStG Kommentar, 14. Auflage, Köln 2015
Knobbe-Keuk	Knobbe-Keuk, Brigitte, Bilanz- und Unternehmenssteuerrecht, 9. Auflage, Köln 1993
Koenig	Koenig, Ulrich, Abgabenordnung Kommentar, 3. Auflage, München 2014
Korn	Korn, Klaus/ Carlé, Dieter/ Stahl, Rudolf/ Strahl, Martin, Einkommensteuergesetz Kommentar (Loseblattsammlung)
K/S/M	Kirchhof, Paul/ Söhn, Hartmut/ Mellinghoff, Rudolf, Einkommensteuergesetz Kommentar (Loseblattsammlung)
Niehus/Wilke	Niehus, Ulrich/ Wilke, Helmuth, Die Besteuerung der Kapitalgesellschaften, 4. Auflage, Stuttgart 2014
Prinz	Umwandlungen im Internationalen Steuerrecht, Köln 2013
PWC	PricewaterhouseCoopers AG, Reform des Umwandlungssteuerrechts, Stuttgart 2007

PWC	PricewaterhouseCoopers AG, Unternehmensteuerreform 2008, Stuttgart 2007
R/H/vL	Rödder, Thomas/ Herlinghaus, Andreas/ van Lishaut, Ingo, Umwandlungssteuergesetz, Kommentar, Köln 2013
S/H/S	Schmitt, Joachim/ Hörtnagl, Robert/ Stratz, Rolf-Christian, Umwandlungsgesetz Umwandlungssteuergesetz Kommentar, 6. Auflage, München 2013
Schmidt	Schmidt, Ludwig, Einkommensteuergesetz Kommentar, 34. Auflage, München 2015
Schmidt, K.	Schmidt, Karsten, Gesellschaftsrecht, 4. Auflage, Köln 2002
Schulze zur Wiesche	Schulze zur Wiesche, Dieter, Betriebsveräußerung, Gesellschafterwechsel und Betriebsaufgabe im Steuerrecht, 8. Auflage, Heidelberg 2002
Söffing	Söffing, Günter, Besteuerung der Mitunternehmer, 5. Auflage, Herne/ Berlin 2005
Söffing/Micker	Söffing, Günter/ Micker, Lars, Die Betriebsaufspaltung, 5. Auflage, Herne/ Berlin 2013
Tipke	Tipke, Klaus, Die Steuerrechtsordnung, Bd. II, 2. Auflage, Köln 2003
Tipke/Lang	Tipke, Klaus/ Lang, Joachim, Steuerrecht, 22. Auflage, Köln 2015
Tipke/Kruse	Tipke, Klaus/ Kruse, Heinrich Wilhelm, Abgabenordnung – Finanzgerichtsordnung Kommentar (Loseblattsammlung)
Widmann/Mayer	Widmann, Siegfried/ Mayer, Dieter, Umwandlungsrecht (Loseblattsammlung)
Zimmermann	Zimmermann, Reimar/ Hottmann, Jürgen/ Kiebele, Sabrina/ Schaeberle, Jürgen/ Scheel, Thomas, Die Personengesellschaft im Steuerrecht, 11. Auflage, Achim 2013

Stichwortverzeichnis